ŒUVRES COMPLÈTES

DE

CHATEAUBRIAND

—

TOME VI

PARIS. — IMPRIMERIE DE J. CLAYE
RUE SAINT-BENOIT, 7

ŒUVRES COMPLÈTES

DE

CHATEAUBRIAND

NOUVELLE ÉDITION
REVUE AVEC SOIN SUR LES ÉDITIONS ORIGINALES

PRÉCÉDÉE D'UNE

ÉTUDE LITTÉRAIRE SUR CHATEAUBRIAND

PAR

M. SAINTE-BEUVE

DE L'ACADÉMIE FRANÇAISE

Vignettes dessinées par G. Staal, Racinet, etc., et gravées par F. Delannoy,
G. Thibault, Outhwaitte, Massard, etc.

—◇—

VOYAGES EN AMÉRIQUE, EN ITALIE, AU MONT-BLANC
MÉLANGES LITTÉRAIRES

—◇—

PARIS
GARNIER FRÈRES, ÉDITEURS
6 RUE DES SAINTS-PÈRES 6

VOYAGE
EN AMÉRIQUE

AVERTISSEMENT

DE L'ÉDITION DE 1827.

Je n'ai rien à dire de particulier sur le *Voyage en Amérique* qu'on va lire ; le récit en est tiré, comme le sujet des *Natchez*, du manuscrit original des *Natchez* mêmes : ce Voyage porte en soi son commentaire et son histoire.

Mes différents ouvrages offrent d'assez fréquents souvenirs de ma course en Amérique : j'avois d'abord songé à les recueillir et à les placer sous leur date dans ma narration ; mais j'ai renoncé à ce parti, pour éviter un double emploi. Je me suis contenté de rappeler ces passages ; j'en ai pourtant cité quelques-uns, lorsqu'ils m'ont paru nécessaires à l'intelligence du texte et qu'ils n'ont pas été trop longs.

Je donne dans l'*Introduction* un fragment des *Mémoires de ma vie*, afin de familiariser le lecteur avec le jeune voyageur qu'il doit suivre outre-mer. J'ai corrigé avec soin la partie déjà écrite ; la partie qui relate les faits postérieurs à l'année 1791, et qui nous amène jusqu'à nos jours, est entièrement neuve.

En parlant des républiques espagnoles, j'ai raconté (en tout ce qu'il m'étoit *permis* de raconter) ce que j'aurois désiré faire dans l'intérêt de ces États naissants, lorsque ma position politique me donnoit quelque influence sur les destinées des peuples.

Je n'ai point été assez téméraire pour toucher à ce grand sujet avant de m'être entouré des lumières dont j'avois besoin. Beaucoup de volumes imprimés et de mémoires inédits m'ont servi à composer une douzaine de pages. J'ai consulté des hommes qui ont voyagé et résidé dans les républiques espagnoles : je dois à l'obligeance de M. le chevalier d'Esménard des renseignements précieux sur les emprunts américains.

La préface qui précède le *Voyage en Amérique* est une espèce d'histoire des voyages : elle présente au lecteur le tableau général de la science géographique, et, pour ainsi dire, la *feuille de route* de l'homme sur le globe.

Quant à mes voyages en Italie, il n'y a de connu du public que ma lettre adressée de Rome à M. de Fontanes, et quelques pages sur le Vésuve : les lettres et les notes qu'on trouvera réunies à ces opuscules n'avoient point encore été publiées.

Les *Cinq jours en Auvergne*, morceau inédit, suivent, dans l'ordre chronologique, les Lettres et les Notes sur l'Italie.

Le *Voyage au Mont-Blanc* parut en 1806, peu de mois avant mon départ pour la Grèce.

PRÉFACE[1].

Les voyages sont une des sources de l'histoire : l'histoire des nations étrangères vient se placer, par la narration des voyageurs, auprès de l'histoire particulière de chaque pays.

Les voyages remontent au berceau de la société : les livres de Moïse nous représentent les premières migrations des hommes. C'est dans ces livres que nous voyons le patriarche conduire ses troupeaux aux plaines de Chanaan, l'Arabe errer dans ses solitudes de sable, et le Phénicien explorer les mers.

Moïse fait sortir la seconde famille des hommes des montagnes de l'Arménie ; ce point est central par rapport aux trois grandes races, jaune, noire et blanche : les Indiens, les Nègres et les Celtes ou autres peuples du Nord.

Les peuples pasteurs se retrouvent dans Sem, les peuples commerçants dans Cham, les peuples militaires dans Japhet. Moïse peupla l'Europe des descendants de Japhet : les Grecs et les Romains donnent Japetus pour père à l'espèce humaine.

Homère, soit qu'il ait existé un poëte de ce nom, soit que les ouvrages qu'on lui attribue n'offrent qu'un recueil des traditions de la Grèce, Homère nous a laissé dans l'*Odyssée* le récit d'un voyage ; il nous transmet aussi les idées que l'on avoit dans cette première antiquité sur la configuration de la terre : selon ces idées, la terre représentoit un disque environné par le fleuve Océan. Hésiode a la même cosmographie.

---

[1]. Obligé de resserrer un tableau immense dans le cadre étroit d'une préface, je crois pourtant n'avoir omis rien d'essentiel. Si cependant des lecteurs, curieux de ces sortes de recherches, désiroient en savoir davantage, ils peuvent consulter les savants ouvrages des d'Anville, des Robertson, des Gosselin, des Malte-Brun, des Walkenaër, des Pinkerton, des Rennel, des Cuvier, des Jomard, etc.

Hérodote, le père de l'histoire comme Homère est le père de la poésie, étoit comme Homère un voyageur. Il parcourut le monde connu de son temps. Avec quel charme n'a-t-il pas décrit les mœurs des peuples! On n'avoit encore que quelques cartes côtières des navigateurs phéniciens et la mappemonde d'Anaximandre corrigée par Hécatée : Strabon cite un itinéraire du monde de ce dernier.

Hérodote ne distingue bien que deux parties de la terre, l'Europe et l'Asie; la Libye ou l'Afrique ne sembleroit, d'après ses récits, qu'une vaste péninsule de l'Asie. Il donne les routes de quelques caravanes dans l'intérieur de la Libye, et la relation succincte d'un voyage autour de l'Afrique. Un roi d'Égypte, Nécos, fit partir des Phéniciens du golfe Arabique : ces Phéniciens revinrent en Égypte par les colonnes d'Hercule; ils mirent trois ans à accomplir leur navigation, et ils racontèrent qu'ils avoient vu le soleil à leur droite. Tel est le fait rapporté par Hérodote.

Les anciens eurent donc, comme nous, deux espèces de voyageurs : les uns parcouroient la terre, les autres les mers. A peu près à l'époque où Hérodote écrivoit, le Carthaginois Hannon accomplissoit son *Périple* [1]. Il nous reste quelque chose du recueil fait par Scylax des excursions maritimes de son temps.

Platon nous a laissé le roman de cette Atlantide, où l'on a voulu retrouver l'Amérique. Eudoxe, compagnon de voyage du philosophe, composa un itinéraire universel, dans lequel il lia la géographie à des observations astronomiques.

Hippocrate visita les peuples de la Scythie : il appliqua les résultats de son expérience au soulagement de l'espèce humaine.

Xénophon tient un rang illustre parmi ces voyageurs armés qui ont contribué à nous faire connoître la demeure que nous habitons.

Aristote, qui devançoit la marche des lumières, tenoit la terre pour sphérique; il en évaluoit la circonférence à quatre cent mille stades; il croyoit, ainsi que Christophe Colomb le crut, que les côtes de l'Hespérie étoient en face de celles de l'Inde. Il avoit une idée vague de l'Angleterre et de l'Irlande, qu'il nomme Albion et Jerne; les Alpes ne lui étoient point inconnues, mais il les confondoit avec les Pyrénées.

Dicéarque, un de ses disciples, fit une description charmante de la Grèce, dont il nous reste quelques fragments, tandis qu'un autre disciple d'Aris-

---

1. Je l'ai donné tout entier dans l'*Essai historique*.

tote, Alexandre le Grand, alloit porter le nom de cette Grèce jusque sur les rivages de l'Inde. Les conquêtes d'Alexandre opérèrent une révolution dans les sciences comme chez les peuples.

Androstène, Néarque et Onésicritus reconnurent les côtes méridionales de l'Asie. Après la mort du fils de Philippe, Séleucus Nicanor pénétra jusqu'au Gange; Patrocle, un de ses amiraux, naviguа sur l'océan Indien. Les rois grecs de l'Égypte ouvrirent un commerce direct avec l'Inde et la Taprobane; Ptolémée Philadelphe envoya dans l'Inde des géographes et des flottes; Timosthène publia une description de tous les ports connus, et Ératosthène donna des bases mathématiques à un système complet de géographie. Les caravanes pénétroient ainsi dans l'Inde par deux routes : l'un se terminoit à Palibothra en descendant le Gange; l'autre tournoit les monts Imaüs.

L'astronome Hipparque annonça une grande terre qui devoit joindre l'Inde à l'Afrique : on y verra si l'on veut l'univers de Colomb.

La rivalité de Rome et de Carthage rendit Polybe voyageur, et lui fit visiter les côtes de l'Afrique jusqu'au mont Atlas, afin de mieux connoître le peuple dont il vouloit écrire l'histoire. Eudoxe de Cyzique tenta, sous le règne de Ptolémée Physcon et de Ptolémée Lathyre, de faire le tour de l'Afrique par l'ouest; il chercha aussi une route plus directe pour passer des ports du golfe Arabique aux ports de l'Inde.

Cependant les Romains, en étendant leurs conquêtes vers le nord, levèrent de nouveaux voiles : Pythéas de Marseille avoit déjà touché à ces rivages d'où devoient venir les destructeurs de l'empire des Césars. Pythéas naviguа jusque dans les mers de la Scandinavie, fixa la position du cap Sacré et du cap Calbium (Finistère) en Espagne, reconnut l'île Uxisama (Ouessant), celle d'Albion, une des Cassitérides des Carthaginois, et surgit à cette fameuse Thulé dont on a voulu faire l'Islande, mais qui, selon toute apparence, est la côte du Jutland.

Jules César éclaircit la géographie des Gaules, commença la découverte de la Germanie et des côtes de l'île des Bretons : Germanicus porta les aigles romaines aux rives de l'Elbe.

Strabon, sous le règne d'Auguste, renferma dans un corps d'ouvrage les connoissances antérieures des voyageurs et celles qu'il avoit lui-même acquises. Mais si sa géographie enseigne des choses nouvelles sur quelque partie du globe, elle fait rétrograder la science sur quelques points : Strabon distingue les îles Cassitérides de la Grande-Bretagne, et il a l'air de croire que les premières (qui ne peuvent être dans cette hypothèse que les Sorlingues) produisoient l'étain : or l'étain se tiroit des mines de Cornouailles; et lorsque le géographe grec écrivoit, il y avoit déjà longtemps que l'étain d'Albion arrivoit au monde romain à travers les Gaules.

Dans la Gaule ou la Celtique, Strabon supprime à peu près la péninsule armoricaine; il ne connoît point la Baltique, quoiqu'elle passât déjà pour un grand lac salé, le long duquel on trouvoit la *côte de l'Ambre jaune*, la Prusse d'aujourd'hui.

A l'époque où florissoit Strabon, Hippalus fixa la navigation de l'Inde par le golfe Arabique, en expérimentant les vents réguliers que nous appelons *moussons* : un de ces vents, le vent du sud-ouest, celui qui conduisoit dans l'Inde, prit le nom d'*Hippale*. Des flottes romaines partoient régulièrement du port de Bérénice vers le milieu de l'été, arrivoient en trente jours au port d'Océlis ou à celui de Cané dans l'Arabie, et de là en quarante jours à Muziris, premier entrepôt de l'Inde. Le retour, en hiver, s'accomplissoit dans le même espace de temps; de sorte que les anciens ne mettoient pas cinq mois pour aller aux Indes et pour en revenir. Pline et le Périple de la mer Érythréenne (dans les petits géographes) fournissent ces détails curieux.

Après Strabon, Denis le Périégète, Pomponius Mela, Isidore de Charax, Tacite et Pline, ajoutent aux connoissances déjà acquises sur les nations. Pline surtout est précieux par le nombre des voyages et des relations qu'il cite. En le lisant nous voyons que nous avons perdu une description complète de l'empire romain faite par ordre d'Agrippa, gendre d'Auguste; que nous avons perdu également des Commentaires sur l'Afrique par le roi Juba, commentaires extraits des livres carthaginois; que nous avons perdu une relation des îles Fortunées par Statius Sebosus, des Mémoires sur l'Inde par Sénèque, un Périple de l'historien Polybe, trésors à jamais regrettables. Pline sait quelque chose du Thibet; il fixe le point oriental du monde à l'embouchure du Gange; au nord, il entrevoit les Orcades; il connoît la Scandinavie et donne le nom de *golfe Codan* à la mer Baltique.

Les anciens avoient à la fois des cartes routières et des espèces de livres de poste : Végèse distingue les premières par le nom de *picta*, et les seconds par celui d'*annotata*. Trois de ces itinéraires nous restent : l'*Itinéraire d'Antonin*, l'*Itinéraire de Bordeaux à Jérusalem* et la *Table de Peutinger*. Le haut de cette table, qui commençoit à l'ouest, a été déchiré; la Péninsule espagnole manque, ainsi que l'Afrique occidentale; mais la table s'étend à l'est jusqu'à l'embouchure du Gange, et marque des routes dans l'intérieur de l'Inde.

Cette carte a vingt-et-un pieds de long sur un pied de large ; c'est une zone ou un grand chemin du monde antique.

Voilà à quoi se réduisoient les travaux et les connoissances des voyageurs et des géographes avant l'apparition de l'ouvrage de Ptolémée. Le monde d'Homère étoit une île parfaitement ronde, entourée, comme nous l'avons dit, du fleuve Océan. Hérodote fit de ce monde une plaine sans limites précises, Eudoxe de Cnide le transforma en un globe d'à peu près treize mille stades de diamètre; Hipparque et Strabon lui donnèrent deux cent cinquante-deux mille stades de circonférence, de huit cent trente-trois stades au degré. Sur ce globe on traçoit un carré, dont le long côté couroit d'occident en orient ; ce carré étoit divisé par deux lignes, qui se coupoient à angle droit : l'une, appelée le *diaphragme*, marquoit de l'ouest à l'est la longueur ou la *longitude* de la terre ; elle avoit soixante-dix-sept mille huit cents stades ; l'autre, d'une moitié plus courte, indiquoit du nord au sud la largeur ou la *latitude* de cette terre; les supputations commencent au méridien d'Alexandrie. Par cette géographie, qui faisoit la terre beaucoup plus longue que large, on voit d'où nous sont venues ces expressions impropres de *longitude* et de *latitude*.

Dans cette carte du monde habité se plaçoient l'Europe, l'Asie et l'Afrique : l'Afrique et l'Asie se joignoient aux régions australes, ou étoient séparées par une mer qui raccourcissoit extrêmement l'Afrique. Au nord les continents se terminoient à l'embouchure de l'Elbe, au sud vers les bords du Niger, à l'ouest au cap Sacré en Espagne, et à l'est aux bouches du Gange ; sous l'équateur une zone torride, sous les pôles une zone glacée, étoient réputées inhabitables.

Il est curieux de remarquer que presque tous ces peuples appelés *barbares*, qui firent la conquête de l'empire romain et d'où sont sorties les nations modernes, habitoient au delà des limites du monde connu de Pline et de Strabon, dans des pays dont on ne soupçonnoit pas même l'existence.

Ptolémée, qui tomba néanmoins dans de graves erreurs, donna des bases mathématiques à la position des lieux. On voit paroître dans son travail un assez grand nombre de nations sarmates. Il indique bien le Volga, et redescend jusqu'à la Vistule.

En Afrique il confirme l'existence du Niger, et peut-être nomme-t-il Tombouctou dans Tucabath ; il cite aussi un grand fleuve qu'il appelle *Gyr*.

En Asie, son pays des Sines n'est point la Chine, mais probablement le royaume de Siam. Ptolémée suppose que la terre d'Asie, se prolongeant vers le midi, se joint à une terre inconnue, laquelle terre se réunit par l'ouest à l'Afrique. Dans la Sérique de ce géographe il faut voir le Thibet, lequel fournit à Rome la première grosse soie.

Avec Ptolémée finit l'histoire des voyages des anciens, et Pausanias nous fait voir le dernier cette Grèce antique, dont le génie s'est noblement réveillé de nos jours à la voix de la civilisation nouvelle. Les nations barbares paroissent, l'empire romain s'écroule ; de la race des Goths, des Francs, des Huns, des Slaves, sortent un autre monde et d'autres voyageurs.

Ces peuples étoient eux-mêmes de grandes caravanes armées, qui des rochers de la Scandinavie et des frontières de la Chine marchoient à la découverte de l'empire romain. Ils venoient apprendre à ces prétendus maîtres du monde qu'il y avoit d'autres hommes que les esclaves soumis au joug des Tibère et des Néron ; ils venoient enseigner leur pays aux géographes du Tibre : il fallut bien placer ces nations sur la carte ; il fallut bien croire à l'existence des Goths et des Vandales quand Alaric et Genseric eurent écrit leurs noms sur les murs du Capitole. Je ne prétends point raconter ici les migrations et les établissements des barbares ; je chercherai seulement dans les débris qu'ils entassèrent les anneaux de la chaîne qui lie les voyageurs anciens aux voyageurs modernes.

Un déplacement notable s'opéra dans les investigations géographiques par le déplacement des peuples. Ce que les anciens nous font le mieux connoître, c'est le pays qu'ils habitoient ; au delà des frontières de l'Empire Romain tout est pour eux déserts et ténèbres. Après l'invasion des barbares nous ne savons presque plus rien de la Grèce et de l'Italie, mais nous commençons à pénétrer les contrées qui enfantèrent les destructeurs de l'ancienne civilisation.

Trois sources reproduisirent les voyages parmi les peuples établis sur les ruines du monde romain : le zèle de la religion, l'ardeur des conquêtes, l'esprit d'aventures et d'entreprises, mêlé à l'avidité du commerce.

Le zèle de la religion conduisit les premiers comme les derniers missionnaires dans les pays les plus lointains. Avant le IVe siècle, et pour ainsi dire du temps des apôtres, qui furent eux-mêmes des pèlerins, les prêtres du vrai Dieu portoient de toutes parts le flambeau de la foi. Tandis que le sang des martyrs couloit dans les amphithéâtres, des ministres de paix prêchoient la miséricorde aux vengeurs du sang chrétien : les conquérants étoient déjà en partie conquis par l'Évangile lorsqu'ils arrivèrent sous les murs de Rome.

Les ouvrages des Pères de l'Église mentionnent une foule de pieux voyageurs. C'est une mine que l'on n'a pas assez fouillée, et qui sous le seul rapport de la géographie et de l'histoire des peuples renferme des trésors.

Un moine Égyptien, dès le v*e* siècle de notre ère, parcourut l'Éthiopie et composa une topographie du monde chrétien ; un Arménien, du nom de Chorenenzis, écrivit un ouvrage géographique. L'historien des Goths, Jornandès, évêque de Ravenne, dans son histoire et dans son livre *de Origine mundi*, consigne, au vi*e* siècle, des faits importants sur les pays du nord et de l'est de l'Europe. Le diacre Varnefrid publia une histoire des Lombards ; un autre Goth, l'Anonyme de Ravenne, donna un siècle plus tard la description générale du monde. L'apôtre de l'Allemagne, saint Boniface, envoyoit au pape des espèces de mémoires sur les peuples de l'Esclavonie. Les Polonois paroissent pour la première fois sous le règne d'Othon II, dans les huit livres de la précieuse Chronique de Ditmar. Saint Otton, évêque de Bemberg, sur l'invitation d'un ermite espagnol appelé *Bernard*, prêche la foi en parcourant la Prusse. Otton vit la Baltique, et fut étonné de la grandeur de cette mer. Nous avons malheureusement perdu le journal du voyage que fit, sous Louis le Débonnaire, en Suède et en Danemark Anscaire, moine de Corbie, à moins toutefois que ce journal, qui fut envoyé à Rome en 1260, n'existe dans la bibliothèque du Vatican. Adam de Brême a puisé dans cet ouvrage une partie de sa propre relation des royaumes du Nord ; il mentionne de plus la Russie, dont Kiow étoit la capitale, bien que dans les Sagas l'empire russe soit nommé *Gardavike*, et que Holmgard, aujourd'hui Novogorod, soit désigné comme la principale cité de cette empire naissant.

Giraud Barry, Dicuil retracent l'un le tableau de la principauté de Galles et de l'Irlande sous le règne de Henri II ; l'autre retourne à l'examen des mesures de l'empire romain sous Théodose.

Nous avons des cartes du moyen âge : un tableau topographique de toutes les provinces du Danemark, vers l'an 1231, sept cartes du royaume d'Angleterre et des îles voisines, dans le xii*e* siècle, et le fameux livre connu sous le nom de *Doomsdaybook*, entrepris par ordre de Guillaume le Conquérant. On trouve dans cette statistique le cadastre des terres cultivées, habitées ou désertes de l'Angleterre, le nombre des habitants libres ou serfs, et jusqu'à celui des troupeaux et des ruches d'abeilles. Sur ces cartes sont grossièrement dessinées les villes et les abbayes : si d'un côté ces dessins nuisent aux détails géographiques, d'un autre côté ils donnent une idée des arts de ce temps.

Les pèlerinages à la Terre Sainte forment une partie considérable des monuments graphiques du moyen âge. Ils eurent lieu dès le IVe siècle, puisque saint Jérôme assure qu'il venoit à Jérusalem des pèlerins de l'Inde, de l'Éthiopie, de la Bretagne et de l'Hibernie; il paroît même que l'*Itinéraire de Bordeaux à Jérusalem* avoit été composé vers l'an 333, pour l'usage des pèlerins des Gaules.

Les premières années du VIe siècle nous fournissent l'*Itinéraire* d'Antonin de Plaisance. Après Antonin vient, dans le VIIe siècle, saint Arculfe, dont Adamannus écrivit la relation; au VIIIe siècle nous avons deux voyages à Jérusalem de saint Guilbaud, et une relation des lieux saints par le vénérable Bède; au IXe siècle, Bernard Lemoine; aux Xe et XIe siècles, Olderic, évêque d'Orléans, le Grec Eugisippe, et enfin Pierre l'Ermite.

Alors commencent les croisades : Jérusalem demeure entre les mains des princes françois pendant quatre-vingt-huit ans. Après la reprise de Jérusalem par Saladin, les fidèles continuèrent à visiter la Palestine, et depuis Focas, dans le XIIIe siècle, jusqu'à Pococke, dans le XVIIIe; les pèlerinages se succèdent sans interruption[1].

Avec les croisades on vit renaître ces historiens voyageurs dont l'antiquité avoit offert les modèles. Raymond d'Agiles, chanoine de la cathédrale du Puy en Velay, accompagna le célèbre évêque Adhémar à la première croisade : devenu chapelain du comte de Toulouse, il écrivit avec Pons de Balazun, brave chevalier, tout ce dont il fut témoin sur la route et à la prise de Jérusalem. Raoul de Caen, loyal serviteur de Tancrède, nous peint la vie de ce chevalier : Robert Lemoine se trouva au siége de Jérusalem.

Soixante ans plus tard, Foulcher de Chartres et Odon de Deuil allèrent aussi en Palestine : le premier avec Baudouin, roi de Jérusalem, le second avec Louis VII, roi de France. Jacques de Vitry devint évêque de Saint-Jean-d'Acre.

Guillaume de Tyr, qui s'éleva vers la fin du royaume de Jérusalem, passa sa vie sur les chemins de l'Europe et de l'Asie. Plusieurs historiens de nos vieilles chroniques furent ou des moines et des prélats errants, comme Raoul, Glaber et Flodoard, ou des guerriers, tels que Nithard, petit-fils de Charlemagne, Guillaume de Poitiers, Ville-Hardouin, Joinville, et tant d'autres qui racontent leurs expéditions lointaines. Pierre Devaulx-Cernay étoit une espèce d'ermite dans les effroyables camps de Simon de Montfort.

Une fois arrivé aux chroniques en langue vulgaire, on doit surtout remar-

---

1. Voyez le second Mémoire de mon Introduction à l'*Itinéraire*.

quer Froissart, qui n'écrivit, à proprement parler, que ses voyages : c'étoit en chevauchant qu'il traçoit son histoire. Il passoit de la cour du roi d'Angleterre à celle du roi de France, et de celle-ci à la petite cour chevaleresque des comtes de Foix. « Quand j'eus séjourné en la cité de Paumiers trois jours, me vint d'aventure un chevalier du comte de Foix qui revenoit d'Avignon, lequel on appeloit messire Espaing du Lyon, vaillant homme et sage et beau chevalier, et pouvoit alors être en âge de cinquante ans. Je me mis en sa compagnie, et fûmes six jours sur le chemin. En chevauchant, ledit chevalier (puisqu'il avoit dit au matin ses oraisons) se devisoit le plus du jour à moi, en demandant des nouvelles : aussi, quand je lui en demandois, il m'en respondoit, etc. » On voit Froissart arriver dans de grands hôtels, dîner à peu près aux heures où nous dînons, aller au bain, etc. L'examen des voyages de cette époque me porte à croire que la civilisation domestique du XIV° siècle étoit infiniment plus avancée que nous ne nous l'imaginons.

En retournant sur nos pas, au moment de l'invasion de l'Europe civilisée par les peuples du Nord, nous trouvons les voyageurs et les géographes arabes qui signalent dans les mers des Indes des rivages inconnus des anciens : leurs découvertes furent aussi fort importantes en Afrique : Massudi, Ibn-Haukal, Al-Edrisi, Ibn-Alouardi, Hamdoullah, Abulféda, El-Bakoui, donnent des descriptions très-étendues de leur propre patrie et des contrées soumises aux armes des Arabes. Ils voyoient au nord de l'Asie un pays affreux, qu'entouroit une muraille énorme, et un château de Gog et de Magog. Vers l'an 715, sous le calife Walid, les Arabes connurent la Chine, où ils envoyèrent par terre des marchands et des ambassadeurs : ils y pénétrèrent aussi par mer dans le IX° siècle : Wahab et Abuzaïd abordèrent à Canton. Dès l'an 850 les Arabes avoient un agent commercial dans la province de ce nom ; ils commerçoient avec quelques villes de l'intérieur, et, chose singulière ! ils y trouvèrent des communautés chrétiennes.

Les Arabes donnoient à la Chine plusieurs noms : le Cathai comprenoit les provinces du nord, le Tchin ou le Sin les provinces du midi. Introduits dans l'Inde, sous la protection de leurs armes, les disciples de Mahomet parlent dans leurs récits des belles vallées de Cachemire aussi pertinemment que des voluptueuses vallées de Grenade. Ils avoient jeté des colonies dans plusieurs îles de la mer de l'Inde, telles que Madagascar et les Moluques, où les Portugais les trouvèrent après avoir doublé le cap de Bonne-Espérance.

Tandis que les marchands militaires de l'Asie faisoient, à l'orient et au midi, des découvertes inconnues à l'Europe subjuguée par les barbares, ceux de ces barbares restés dans leur première patrie, les Suédois, les Norvégiens, les Danois, commençoient au nord et à l'ouest d'autres découvertes, également ignorées de l'Europe franque et germanique. Other le Norvégien s'avançoit jusqu'à la mer Blanche, et Wulfstan le Danois décrivoit la mer Baltique, qu'Éginhard avoit déjà décrite, et que les Scandinaves appeloient le *Lac salé de l'Est*. Wulfstan raconte que les Estiens, ou peuples qui habitoient à l'orient de la Vistule, buvoient le lait de leurs juments comme les Tartares, et qu'ils laissoient leur héritage aux meilleurs cavaliers de leur tribu.

Le roi Alfred nous a conservé l'Abrégé de ces relations. C'est lui qui le premier a divisé la Scandinavie en provinces ou royaumes tels que nous les connoissons aujourd'hui. Dans les langues gothiques, la Scandinavie portoit le nom de *Mannaheim*, ce qui signifie *pays des hommes*, et ce que le latin du VI° siècle a traduit énergiquement par l'équivalent de ces mots : *fabrique du genre humain*.

Les pirates normands établirent en Irlande les colonies de Dublin, d'Ulster et de Connaught; ils explorèrent et soumirent les îles de Shetland, les Orcades et les Hébrides; ils arrivèrent aux îles Feroer, à l'Islande, devenue les archives de l'histoire du Nord; au Groënland, qui fut habité alors et habitable, et enfin peut-être à l'Amérique. Nous parlerons plus tard de cette découverte ainsi que du voyage et de la carte des deux frères Zeni.

Mais l'empire des califes s'étoit écroulé ; de ses débris s'étoient formées plusieurs monarchies : le royaume des Aglabites et ensuite des Fatimites en Égypte, les despotats d'Alger, de Fez, de Tripoli, de Maroc, sur les côtes d'Afrique. Les Turcomans, convertis à l'islamisme, soumirent l'Asie occidentale depuis la Syrie jusqu'au mont Casbhar. La puissance ottomane passa en Europe, effaça les dernières traces du nom romain, et poussa ses conquêtes jusqu'au delà du Danube.

Gengis-Kan paroît, l'Asie est bouleversée et subjuguée de nouveau. Oktaï-Kan détruit le royaume des Cumanes et des Nioutchis; Mangu s'empare du califat de Bagdad, Kublaï-Kan envahit la Chine et une partie de l'Inde. De cet empire Mongol, qui réunissoit sous un même joug l'Asie presque entière, naissent tous les kanats que les Européens rencontrèrent dans l'Inde.

Les princes européens, effrayés de ces Tartares qui avoient étendu leurs ravages jusque dans la Pologne, la Silésie et la Hongrie, cherchèrent à connoître les lieux d'où partoit ce prodigieux mouvement : les papes et les rois envoyèrent des ambassadeurs à ces nouveaux fléaux de Dieu. Ascelin, Carpin, Rubruquis, pénétrèrent dans le pays des Mongols. Rubruquis trouva que Caracorum, ville capitale de ce kan maître de l'Asie, avoit à peu près l'étendue du village de Saint-Denis : elle étoit environnée d'un mur de terre; on y voyoit deux mosquées et une église chrétienne.

Il y eut des itinéraires de la Grande-Tartarie à l'usage des missionnaires : André Lusimel prêcha le christianisme aux Mongols ; Ricold de Monte-Crucis pénétra aussi dans la Tartarie.

Le rabbin Benjamin de Tudèle a laissé une relation de ce qu'il a vu ou de ce qu'il a entendu dire sur les trois parties du monde (1160).

Enfin Marc-Paul, noble Vénitien, ne cessa de parcourir l'Asie pendant près de vingt-six années. Il fut le premier Européen qui pénétra dans la Chine, dans l'Inde au delà du Gange, et dans quelques îles de l'océan Indien (1271-95). Son ouvrage devint le manuel de tous les marchands en Asie et de tous les géographes en Europe.

Marc-Paul cite Pékin et Nankin ; il nomme encore une ville de Quinsaï, la plus grande du monde : on comptoit douze mille ponts sur les canaux dont elle étoit traversée ; on y consommoit par jour quatre-vingt-quatorze quintaux de poivre. Le voyageur vénitien fait mention dans ses récits de la porcelaine ; mais il ne parle point du thé : c'est lui qui nous a fait connoître le Bengale, le Japon, l'île de Bornéo, et la mer de la Chine, où il compte sept mille quatre cent quarante îles, riches en épiceries.

Ces princes tartares ou mongols, qui dominèrent l'Asie et passèrent dans quelques provinces de l'Europe, ne furent pas des princes sans mérite ; ils ne sacrifioient ni ne réduisoient leurs prisonniers en esclavage. Leurs camps se remplirent d'ouvriers européens, de missionnaires, de voyageurs, qui occupèrent même sous leur domination des emplois considérables. On pénétroit avec plus de facilité dans leur empire que dans ces contrées féodales où un abbé de Clugny tenoit les environs de Paris pour une contrée si lointaine et si peu connue, qu'il n'osoit s'y rendre.

Après Marc-Paul, vinrent Pegoletti, Oderic, Mandeville, Clavijo, Josaphat, Barbaro : ils achevèrent de décrire l'Asie. Alors on alloit souvent par terre à Pékin ; les frais du voyage s'élevoient de 300 à 350 ducats. Il y avoit un papier monnoie en Chine ; on le nommoit *babisci* ou *balis*.

Les Génois et les Vénitiens firent le commerce de l'Inde et de la Chine en caravanes par deux routes différentes : Pegoletti marque dans le plus grand détail les stations d'une des routes (1353). En 1312 on rencontre à Pékin un évêque appelé *Jean de Monte Corvino*.

Cependant le temps marchoit : la civilisation faisoit des progrès rapides :

des découvertes dues au hasard ou au génie de l'homme séparoient à jamais les siècles modernes des siècles antiques, et marquoient d'un sceau nouveau les générations nouvelles. La boussole, la poudre à canon, l'imprimerie, étoient trouvées pour guider le navigateur, le défendre et conserver le souvenir de ses périlleuses expéditions.

Les Grecs et les Romains avoient été nourris aux bords de cette étendue d'eau intérieure qui ressemble plutôt à un grand lac qu'à un océan : l'empire ayant passé aux barbares, le centre de la puissance politique se trouva placé principalement en Espagne, en France et en Angleterre, dans le voisinage de cette mer Atlantique qui baignoit, vers l'occident, des rivages inconnus. Il fallut donc s'habituer à braver les longues nuits et les tempêtes, à compter pour rien les saisons, à sortir du port dans les jours de l'hiver comme dans les jours de l'été, à bâtir des vaisseaux dont la force fût en proportion de celle du nouveau Neptune contre lequel ils avoient à lutter.

Nous avons déjà dit un mot des entreprises hardies de ces pirates du Nord qui, selon l'expression d'un panégyriste, sembloient avoir vu le fond de l'abîme à découvert; d'une autre part les républiques formées en Italie des ruines de Rome, du débris des royaumes des Goths, des Vandales et des Lombards, avoient continué et perfectionné l'ancienne navigation de la Méditerranée. Les flottes vénitiennes et génoises avoient porté les croisés en Égypte, en Palestine, à Constantinople, dans la Grèce; elles etoient allées chercher à Alexandrie et dans la mer Noire les riches productions de l'Inde.

Enfin, les Portugais poursuivoient en Afrique les Maures, déjà chassés des rives du Tage; il falloit des vaisseaux pour suivre et nourrir le long des côtes les combattants. Le cap Nunez arrêta longtemps les pilotes; Jilianez le doubla en 1433; l'île de Madère fut découverte ou plutôt retrouvée; les Açores émergèrent du sein des flots; et comme on étoit toujours persuadé, d'après Ptolémée, que l'Asie s'approchoit de l'Afrique, on prit les Açores pour les îles qui, selon Marc-Paul, bordoient l'Asie dans la mer des Indes. On a prétendu qu'une statue équestre, montrant l'occident du doigt, s'élevoit sur le rivage de l'île de Corvo; des monnoies phéniciennes ont été aussi rapportées de cette île.

Du cap Nunez les Portugais surgirent au Sénégal; ils longèrent successivement les îles du Cap-Vert, la côte de Guinée, le cap Mesurado au midi de Sierra-Leone, le Benin et le Congo. Barthélemy Diaz atteignit en 1486 le fameux cap des Tourmentes, qu'on appela bientôt d'un nom plus propice.

Ainsi fut reconnue cette extrémité méridionale de l'Afrique qui, d'après les géographes grecs et romains, devoit se réunir à l'Asie. Là s'ouvroient les régions mystérieuses où l'on n'étoit entré jusque alors que par cette mer des prodiges qui vit Dieu et s'enfuit : *Mare vidit et fugit.*

« Un spectre immense, épouvantable, s'élève devant nous : son attitude est menaçante, son air farouche, son teint pâle, sa barbe épaisse et fangeuse ; sa chevelure est chargée de terre et de gravier, ses lèvres sont noires, ses dents livides ; sous d'épais sourcils, ses yeux roulent étincelants. . . . .

« Il parle : sa voix formidable semble sortir des gouffres de Neptune. . .

« Je suis le génie des tempêtes, dit-il ; j'anime ce vaste promontoire que les Ptolémée, les Strabon, les Pline et les Pomponius, qu'aucun de vos savants n'a connu. Je termine ici la terre africaine, à cette cime qui regarde le pôle antarctique, et qui, jusqu'à ce jour, voilée aux yeux des mortels, s'indigne en ce moment de votre audace. . . . .

« De ma chair desséchée, de mes os convertis en rochers, les dieux, les inflexibles dieux ont formé le vaste promontoire qui domine ces vastes ondes. . . . .

« A ces mots, il laissa tomber un torrent de larmes, et disparut. Avec lui s'évanouit la nuée ténébreuse, et la mer sembla pousser un long gémissement [1]. »

Vasco de Gama, achevant une navigation d'éternelle mémoire, aborda en 1498 à Calicut, sur la côte de Malabar.

Tout change alors sur le globe ; le monde des anciens est détruit. La mer des Indes n'est plus une mer intérieure, un bassin entouré par les côtes de l'Asie et de l'Afrique ; c'est un océan qui d'un côté se joint à l'Atlantique, de l'autre aux mers de la Chine et à une mer de l'Est, plus vaste encore. Cent royaumes civilisés, arabes ou indiens, mahométans ou idolâtres, des îles embaumées d'aromates précieux, sont révélés aux peuples de l'Occident. Une nature toute nouvelle apparoît ; le rideau qui depuis des milliers de siècles cachoit une partie du monde se lève : on découvre la patrie du soleil, le lieu d'où il sort chaque matin pour dispenser la lumière ; on voit à nu ce sage et brillant Orient dont l'histoire se mêloit pour nous aux voyages de Pythagore, aux conquêtes d'Alexandre, aux souvenirs des croisades, et dont les parfums nous arrivoient à travers les champs de l'Arabie et les mers de la Grèce. L'Europe lui envoya un poëte pour le saluer, le chanter et le peindre ; noble ambassadeur de qui le génie et la fortune sembloient avoir

1. *Les Lusiades.*

une sympathie secrète avec les régions et les destinées des peuples de l'Inde! Le poëte du Tage fit entendre sa triste et belle voix sur les rivages du Gange; il leur emprunta leur éclat, leur renommée et leurs malheurs : il ne leur laissa que leurs richesses.

Et c'est un petit peuple, enfermé dans un cercle de montagnes à l'extrémité occidentale de l'Europe, qui se fraya le chemin à la partie la plus pompeuse de la demeure de l'homme.

Et c'est un autre peuple de cette même péninsule, un peuple non encore arrivé à la grandeur dont il est déchu ; c'est un pauvre pilote génois, longtemps repoussé de toutes les cours, qui découvrit un nouvel univers aux portes du Couchant, au moment où les Portugais abordoient les champs de l'Aurore.

Les anciens ont-ils connu l'Amérique ?

Homère plaçoit l'Élysée dans la mer occidentale, au delà des ténèbres Cimmériennes : étoit-ce la terre de Colomb ?

La tradition des Hespérides et ensuite des *Iles Fortunées* succéda à celle de l'Élysée. Les Romains virent les îles Fortunées dans les Canaries, mais ne détruisirent point la croyance populaire de l'existence d'une terre plus reculée à l'occident.

Tout le monde a entendu parler de l'Atlantide de Platon : ce devoit être un continent plus grand que l'Asie et l'Afrique réunies, lequel étoit situé dans l'Océan occidental en face du détroit de Gades ; position juste de l'Amérique. Quant aux villes florissantes, aux dix royaumes gouvernés par des rois fils de Neptune, etc., l'imagination de Platon a pu ajouter ces détails aux traditions égyptiennes. L'Atlantide fut, dit-on, engloutie dans un jour et une nuit au fond des eaux. C'étoit se débarrasser à la fois du récit des navigateurs phéniciens et des romans du philosophe grec.

Aristote parle d'une île si pleine de charmes, que le sénat de Carthage défendit à ses marins d'en fréquenter les parages sous peine de mort. Diodore nous fait l'histoire d'une île considérable et éloignée, où les Carthaginois étoient résolus de transporter le siége de leur empire s'ils éprouvoient en Afrique quelque malheur.

Qu'est-ce que cette Panchœa d'Evhémère, niée par Strabon et Plutarque, décrite par Diodore et Pomponius Mela, grande île située dans l'Océan au sud de l'Arabie, île enchantée où le phénix bâtissoit son nid sur l'autel du soleil ?

Selon Ptolémée, les extrémités de l'Asie se réunissoient à une *terre inconnue* qui joignoit l'Afrique par l'occident.

Presque tous les monuments géographiques de l'antiquité indiquent un continent austral : je ne puis être de l'avis des savants qui ne voient dans ce continent qu'un contre-poids systématique imaginé pour balancer les terres boréales : ce continent étoit sans doute fort propre à remplir sur les cartes des espaces vides ; mais il est aussi très-possible qu'il y fut dessiné comme le souvenir d'une tradition confuse : son gisement au sud de la rose des vents, plutôt qu'à l'ouest, ne seroit qu'une erreur insignifiante parmi les énormes transpositions des géographies de l'antiquité.

Restent pour derniers indices les statues et les médailles phéniciennes des Açores, si toutefois les statues ne sont pas ces ornements de gravure appliqués aux anciens postulants de cet archipel.

Depuis la chute de l'empire romain et la reconstruction de la société par les barbares, des vaisseaux ont-ils touché aux côtes de l'Amérique avant ceux de Christophe Colomb?

Il paroît indubitable que les rudes explorateurs des ports de la Norwège et de la Baltique rencontrèrent l'Amérique septentrionale dans la première année du XIe siècle. Ils avoient découvert les îles Feroer vers l'an 864, l'Islande de 868 à 872, le Groënland en 982, et peut-être cinquante ans plus tôt. En 1001, un Islandois appelé *Biorn*, passant au Groënland, fut chassé par une tempête au sud-ouest, et tomba sur une terre basse toute couverte de bois. Revenu au Groënland, il raconte son aventure. Leif, fils d'Éric Rauda, fondateur de la colonie norwégienne du Groënland, s'embarque avec Biorn ; ils cherchent et retrouvent la côte vue par celui-ci : ils appellent *Helleland* une île rocailleuse, et *Marcland* un rivage sablonneux. Entraînés sur une seconde côte, ils remontent une rivière, et hivernent sur le bord d'un lac. Dans ce lieu, au jour le plus court de l'année, le soleil reste huit heures sur l'horizon. Un marinier allemand, employé par les deux chefs, leur montre quelques vignes sauvages : Biorn et Leif laissent en partant à cette terre le nom de *Vinland*.

Dès lors le Vinland est fréquenté des Groënlandois : ils y font le commerce des pelleteries avec les sauvages. L'évêque Éric, en 1121, se rend du Groënland au Vinland pour prêcher l'Évangile aux naturels du pays.

Il n'est guère possible de méconnoître à ces détails quelque terre de l'Amérique du Nord vers les 49 degrés de latitude, puisqu'au jour le plus court de l'année, noté par les voyageurs, le soleil resta huit heures sur l'horizon. Au 49e degré de latitude on tomberoit à peu près à l'embouchure du Saint-Laurent. Ce 49e degré vous porte aussi sur la partie septentrionale de l'île de

Terre-Neuve. Là coulent de petites rivières qui communiquent à des lacs fort multipliés dans l'intérieur de l'île.

On ne sait pas autre chose de Leif, de Biorn et d'Éric. La plus ancienne autorité pour les faits à eux relatifs est le recueil des *Annales de l'Islande* par Hauk, qui écrivoit en 1300, conséquemment trois cents ans après la découverte vraie ou supposée du Vinland.

Les frères Zeni, Vénitiens, entrés au service d'un chef des îles Feroer et Shetland, sont censés avoir visité de nouveau, vers l'an 1380, le Vinland des anciens Groënlandois : il existe une carte et un récit de leur voyage. La carte présente au midi de l'Islande et au nord-est de l'Écosse, entre le 64e et le 65e degré de latitude nord, une île appelée *Frislande;* à l'ouest de cette île et au sud du Groënland, à une distance d'à peu près quatre cents lieues, cette carte indique deux côtes sous le nom d'*Estotiland* et de *Droceo*. Des pêcheurs de Frislande jetés, dit le récit, sur l'Estotiland, y trouvèrent une ville bien bâtie et fort peuplée ; il y avoit dans cette ville un roi et un interprète qui parloit latin.

Les Frislandois naufragés furent envoyés par le roi d'Estotiland vers un pays situé au midi, lequel pays étoit nommé *Droceo :* des anthropophages les dévorèrent, un seul excepté. Celui-ci revint à Estotiland après avoir été longtemps esclave dans le Droceo, contrée qu'il représente comme étant d'une immense étendue, comme un *nouveau monde*.

Il faudroit voir dans l'Estotiland l'ancien Vinland des Norwégiens : ce Vinland seroit Terre-Neuve ; la ville d'Estotiland offriroit le reste de la colonie norwégienne, et la contrée de Droceo ou Drogeo deviendroit la Nouvelle-Angleterre.

Il est certain que le Groënland a été découvert vers le milieu du xe siècle; il est certain que la pointe méridionale du Groënland est fort rapprochée de la côte du Labrador ; il est certain que les Esquimaux, placés entre les peuples de l'Europe et ceux de l'Amérique, paroissent tenir davantage des premiers que des seconds ; il est certain qu'ils auroient pu montrer aux premiers Norwégiens établis au Groënland la route du nouveau continent ; mais enfin trop de fables et d'incertitudes se mêlent aux aventures des Norwégiens et des frères Zeni pour qu'on puisse ravir à Colomb la gloire d'avoir abordé le premier aux terres américaines.

La carte de navigation des deux Zeni et la relation de leur voyage, exécuté en 1380, ne furent publiées qu'en 1558 par un descendant de Nicolo Zeno : or, en 1558 les prodiges de Colomb avoient éclaté : des jalousies nationales pouvoient porter quelques hommes à revendiquer un honneur qui certes étoit digne d'envie; les Vénitiens réclamoient Estotiland pour Venise, comme les Norwégiens Vinland pour Berghen.

Plusieurs cartes du xiv⁵ et du xv⁵ siècle présentent des découvertes faites ou à faire dans la grande mer, au sud-ouest et à l'ouest de l'Europe. Selon les historiens génois, Doria et Vivaldi mirent à la voile dans le dessein de se rendre aux Indes par l'occident, et ils ne revinrent plus. L'île de Madère se rencontre sur un portulan espagnol de 1384, sous le nom d'*isola di Leguame*. Les îles Açores paroissent aussi dès l'an 1380. Enfin, une carte tracée en 1436 par André Bianco, Vénitien, dessine à l'occident des îles Canaries une terre d'Antilla, et au nord de ces Antilles une autre île appelée *isola de la Man Satanaxio*.

On a voulu faire de ces îles les Antilles et Terre-Neuve; mais l'on sait que Marc-Paul prolongeoit l'Asie au sud-est, et plaçoit devant elle un archipel qui, s'approchant de notre continent par l'ouest, devoit se trouver pour nous à peu près dans la position de l'Amérique. C'est en cherchant ces Antilles indiennes, ces Indes occidentales, que Colomb découvrit l'Amérique : une prodigieuse erreur enfanta une miraculeuse vérité.

Les Arabes ont eu quelque prétention à la découverte de l'Amérique : les frères Almagurins, de Lisbonne, pénétrèrent, dit-on, aux terres les plus reculées de l'occident. Un manuscrit arabe raconte une tentative infructueuse dans ces régions où tout étoit ciel et eau.

Ne disputons point à un grand homme l'œuvre de son génie. Qui pourroit dire ce que sentit Christophe Colomb, lorsque, ayant franchi l'Atlantique, lorsque, au milieu d'un équipage révolté, lorsque, prêt à retourner en Europe sans avoir atteint le but de son voyage, il aperçut une petite lumière sur une terre inconnue que la nuit lui cachoit! Le vol des oiseaux l'avoit guidé vers l'Amérique; la lueur du foyer d'un sauvage lui découvrit un nouvel univers. Colomb dut éprouver quelque chose de ce sentiment que l'Écriture donne au Créateur, quand, après avoir tiré la terre du néant, il vit que son ouvrage étoit bon : *Vidit Deus quod esset bonum*. Colomb créoit un monde. On sait le reste : l'immortel Génois ne donna point son nom à l'Amérique; il fut le premier Européen qui traversa chargé de chaînes cet océan dont il avoit le premier mesuré les flots. Lorsque la gloire est de cette nature qui sert aux hommes, elle est presque toujours punie.

Tandis que les Portugais côtoient les royaumes du Quitève, de Sédanda, de Mozambique, de Mélinde, qu'ils imposent des tributs à des rois mores, qu'ils pénètrent dans la mer Rouge, qu'ils achèvent le tour de l'Afrique, qu'ils visitent le golfe Persique et les deux presqu'îles de l'Inde, qu'ils sillonnent les mers de la Chine, qu'ils touchent à Canton, reconnoissent le Japon, les îles des Épiceries et jusqu'aux rives de la Nouvelle-Hollande, une foule de navigateurs suivent le chemin tracé par les voiles de Colomb, Cortès renverse l'empire du Mexique et Pizarre celui du Pérou. Ces conquérants marchoient de surprise en surprise, et n'étoient pas eux-mêmes la chose la moins étonnante de leurs aventures. Ils croyoient avoir exploré tous les abimes en atteignant les derniers flots de l'Atlantique, et du haut des montagnes Panama, ils aperçurent un second océan qui couvroit la moitié du globe. Nuguez Balboa descendit sur la grève, entra dans les vagues jusqu'à la ceinture, et, tirant son épée, prit possession de cette mer au nom du roi d'Espagne.

Les Portugais exploitoient alors les côtes de l'Inde et de la Chine : les compagnons de Vasco de Gama et de Christophe Colomb se saluoient des deux bords de la mer inconnue qui les séparoit : les uns avoient retrouvé un ancien monde, les autres découvert un monde nouveau; des rivages de l'Amérique aux rivages de l'Asie, les chants du Camoëns répondoient aux chants d'Ercylla, à travers les solitudes de l'océan Pacifique.

Jean et Sébastien Cabot donnèrent à l'Angleterre l'Amérique septentrionale; Corteréal releva la Terre-Neuve, donna le Labrador, remarqua l'entrée de la baie d'Hudson, qu'il appela le *Détroit d'Anian*, et par lequel on espéra trouver un passage aux Indes orientales. Jacques Cartier, Vorazani, Ponce de Léon, Walter Raleigh, Ferdinand de Soto, examinèrent et colonisèrent le Canada, l'Acadie, la Virginie, les Florides. En venant atterrir au Spitzberg, les Hollandois dépassèrent les limites fixées à la problématique Thulé; Hudson et Baffin s'enfoncèrent dans les baies qui portent leurs noms.

Les îles du golfe Mexicain furent placées dans leurs positions mathématiques. Améric Vespuce avait fait la délinéation des côtes de la Guyane, de la Terre-Ferme et du Brésil; Solis trouva Rio de la Plata; Magellan, entrant dans le détroit nommé de lui, pénètre dans le grand Océan : il est tué aux Philippines. Son vaisseau arrive aux Indes par l'occident, revient en Europe par le cap de Bonne-Espérance, et achève ainsi le premier tour du monde. Le voyage avoit duré onze cent quatre-vingt-quatre jours; on peut l'accomplir aujourd'hui dans l'espace de huit mois.

On croyoit encore que le détroit de Magellan étoit le seul déversoir qui donnât passage à l'océan Pacifique, et qu'au midi de ce détroit la terre américaine rejoignoit un continent austral : Francis Drake d'abord, et ensuite

Shouten et Lemaire, doublèrent la pointe méridionale de l'Amérique. La géographie du globe fut alors fixée de ce côté : on sut que l'Amérique et l'Afrique, se terminant aux caps de Horn et de Bonne-Espérance, pendoient en pointes vers le pôle antarctique, sur une mer australe parsemée de quelques îles.

Dans le grand Océan, la Californie, son golfe et la mer Vermeille avoient été connus de Cortès; Cabrillo remonta le long des côtes de la Nouvelle-Californie jusqu'au 43° degré de latitude nord; Galli s'éleva au 57° degré. Au milieu de tant de périples réels, Maldonado, Juan de Fuca et l'amiral de Fonte placèrent leurs voyages chimériques. Ce fut Behring qui fixa au nord-ouest les limites de l'Amérique septentrionale, comme Lemaire avoit fixé au sud-est les bornes de l'Amérique méridionale. L'Amérique barre le chemin de l'Inde comme une longue digue entre deux mers.

Une cinquième partie du monde vers le pôle austral avoit été aperçue par les premiers navigateurs portugais : cette partie du monde est même dessinée assez correctement sur une carte du XVIᵉ siècle, conservée dans le muséum britannique : mais cette terre, longée de nouveau par les Hollandois, successeurs des Portugais aux Moluques, fut nommée par eux *terre de Diemen*. Elle reçut enfin le nom de *Nouvelle-Hollande*, lorsqu'en 1642 Abel Tasman en eut achevé le tour : Tasman, dans ce voyage, eut connoissance de la Nouvelle-Zélande.

Des intérêts de commerce et des guerres politiques ne laissèrent pas longtemps les Espagnols et les Portugais en jouissance paisible de leurs conquêtes. En vain le pape avoit tracé la fameuse ligne qui partageoit le monde entre les héritiers du génie de Gama et de Colomb. Le vaisseau de Magellan avoit prouvé physiquement aux plus incrédules que la terre étoit ronde et qu'il existoit des antipodes. La ligne droite du souverain pontife ne divisoit donc plus rien sur une surface circulaire, et se perdoit dans le ciel. Les prétentions et les droits furent bientôt mêlés et confondus.

Les Portugais s'établirent en Amérique et les Espagnols aux Indes; les Anglois, les François, les Danois, les Hollandois accoururent au partage de la proie. On descendoit pêle-mêle sur tous les rivages : on plantoit un poteau, on arboroit un pavillon : on prenoit possession d'une mer, d'une île, d'un continent au nom d'un souverain de l'Europe, sans se demander si des peuples, des rois, des hommes policés ou sauvages n'étoient point les maîtres légitimes de ces lieux. Les missionnaires pensoient que le monde appartenoit à la Croix, dans ce sens que le Christ, conquérant pacifique, devoit soumettre toutes les nations à l'Évangile ; mais les aventuriers du xv⁰ et du xvi⁰ siècle prenoient la chose dans un sens plus matériel ; ils croyoient sanctifier leur cupidité en déployant l'étendard du salut sur une terre idolâtre ; ce signe d'une puissance de charité et de paix devenoit celui de la persécution et de la discorde.

Les Européens s'attaquèrent de toutes parts : une poignée d'étrangers répandus sur des continents immenses sembloient manquer d'espace pour se placer. Non-seulement les hommes se disputoient ces terres et ces mers où ils espéroient trouver l'or, les diamants, les perles, ces contrées qui produisent l'ivoire, l'encens, l'aloès, le thé, le café, la soie, les riches étoffes, ces îles où croissent le cannellier, le muscadier, le poivrier, la canne à sucre, le palmier au sagou, mais ils s'égorgeoient encore pour un rocher stérile sous les glaces des deux pôles, ou pour un chétif établissement dans le coin d'un vaste désert. Ces guerres, qui n'ensanglantoient jadis que leur berceau, s'étendirent avec les colonies européennes à toute la surface du globe, enveloppèrent des peuples qui ignoroient jusqu'au nom des pays et des rois auxquels on les immoloit. Un coup de canon tiré en Espagne, en Portugal, en France, en Hollande, en Angleterre, au fond de la Baltique, faisoit massacrer une tribu sauvage au Canada, précipitoit dans les fers une famille nègre de la côte de Guinée, ou renversoit un royaume dans l'Inde. Selon les divers traités de paix, des Chinois, des Indous, des Africains, des Américains, se trouvoient François, Anglois, Portugais, Espagnols, Hollandois, Danois : quelques parties de l'Afrique, de l'Asie et de l'Amérique changeoient de maîtres selon la couleur d'un drapeau arrivé d'Europe. Les gouvernements de notre continent ne s'arrogeoient pas seuls cette suprématie : de simples compagnies de marchands, des bandes de flibustiers faisoient la guerre à leur profit, gouvernoient des royaumes tributaires, des îles fécondes, au moyen d'un comptoir, d'un agent de commerce ou d'un capitaine de forbans.

Les premières relations de tant de découvertes sont pour la plupart d'une naïveté charmante ; il s'y mêle beaucoup de fables, mais ces fables n'obscurcissent point la vérité. Les auteurs de ces relations sont trop crédules, sans doute, mais ils parlent en conscience ; chrétiens peu éclairés, souvent passionnés, mais sincères, s'ils vous trompent, c'est qu'ils se trompent eux-mêmes. Moines, marins, soldats, employés dans ces expéditions, tous vous disent leurs dangers et leurs aventures avec une piété et une chaleur qui se communiquent. Ces espèces de nouveaux croisés qui vont en quête de nouveaux mondes racontent ce qu'ils ont vu ou appris : sans s'en douter, ils excellent à peindre, parce qu'ils réfléchissent fidèlement l'image de l'objet placé sous leurs yeux. On sent dans leurs récits l'étonnement et l'admiration qu'ils éprouvent à la vue de ces mers virginales, de ces terres primitives qui se déploient devant eux, de cette nature qu'ombragent des arbres gigantesques, qu'arrosent des fleuves immenses, que peuplent des animaux inconnus, nature que Buffon a devinée dans sa description du Kamitchi, qu'il a, pour ainsi dire, chantée en parlant de *ces oiseaux attachés au char du soleil sous la zone brûlante que bornent les tropiques, oiseaux qui volent sans cesse sous ce ciel enflammé, sans s'écarter des deux limites extrêmes de la route du grand astre.*

Parmi les voyageurs qui écrivirent le journal de leurs courses, il faut compter quelques-uns des grands hommes de ces temps de prodiges. Nous avons les quatre *Lettres de Cortès à Charles Quint;* nous avons une *Lettre de Christophe Colomb à Ferdinand et Isabelle,* datée des Indes occidentales, le 7 juillet 1503 ; M. de Navarette en publie une autre adressée au pape, dans laquelle le pilote génois promet au souverain pontife de lui donner le détail de ses découvertes et de laisser des commentaires comme César. Quel trésor si ces lettres et ces commentaires se retrouvoient dans la bibliothèque du Vatican! Colomb étoit poëte aussi comme César; il nous reste de lui des vers latins. Que cet homme fût inspiré du ciel, rien de plus naturel sans doute. Aussi Giustiniani, publiant un Psautier hébreu, grec, arabe et chaldéen, plaça en note la vie de Colomb sous le psaume *Cœli enarrant gloriam Dei,* comme une récente merveille qui racontoit la gloire de Dieu.

Il est probable que les Portugais en Afrique et les Espagnols en Amérique recueillirent des faits cachés alors par des gouvernements jaloux. Le nouvel état politique du Portugal et l'émancipation de l'Amérique espagnole favoriseront des recherches intéressantes. Déjà le jeune et infortuné voyageur Bowdich a publié la relation des découvertes des Portugais dans l'intérieur de l'Afrique, entre Angola et Mozambique, tirée des manuscrits originaux. On a maintenant un rapport secret et extrêmement curieux sur l'état du Pérou pendant le voyage de La Condamine. M. de Navarette donne la collection des voyages des Espagnols avec d'autres mémoires inédits concernant l'histoire de la navigation.

Enfin, en descendant vers notre âge, commencent ces voyages modernes où la civilisation laisse briller toutes ses ressources, la science tous ses moyens. Par terre, les Chardin, les Tavernier, les Bernier, les Tournefort, les Niébuhr, les Pallas, les Norden, les Shaw, les Hornemann, réunissent leurs beaux travaux à ceux des écrivains des *Lettres édifiantes.* La Grèce et l'Égypte

voient des explorateurs qui pour découvrir un monde passé bravent des
périls comme les marins qui cherchèrent un nouveau monde : Buonaparte
et ses quarante mille voyageurs battent des mains aux ruines de Thèbes.

Sur la mer, Drake, Sarmiento, Candish, Sebald de Weert, Spilberg, Noort,
Woodrogers, Dampier, Gemelli-Carreri, La Barbinais, Byron, Wallis, Anson,
Bougainville, Cook, Carteret, La Pérouse, Entrecasteaux, Vancouver, Freycinet, Duperré, ne laissent plus un écueil inconnu[1].

L'océan Pacifique cessant d'être une immense solitude, devient un riant
archipel, qui rappelle la beauté et les enchantements de la Grèce.

L'Inde, si mystérieuse, n'a plus de secrets; ses trois langues sacrées sont
divulguées, ses livres les plus cachés sont traduits : on s'est initié aux
croyances philosophiques qui partagèrent les opinions de cette vieille terre;
la succession des patriarches de Bouddhah est aussi connue que la généalogie
de nos familles. La société de Calcutta publie régulièrement les nouvelles
scientifiques de l'Inde; on lit le sanscrit, on parle le chinois, le javanois, le
tartare, le turc, l'arabe, le persan, à Paris, à Bologne, à Rome, à Vienne, à
Berlin, à Pétersbourg, à Copenhague, à Stockholm, à Londres. On a retrouvé
jusqu'à la langue des morts, jusqu'à cette langue perdue avec la race qui
l'avoit inventée; l'obélisque du désert a présenté ses caractères mystérieux,
et on les a déchiffrés; les momies ont déployé leurs passeports de la tombe,
et on les a lus. La parole a été rendue à la pensée muette, qu'aucun homme
vivant ne pouvoit plus exprimer.

Les sources du Gange ont été recherchées par Webb, Raper, Hearsay et
Hodgson; Moorcroft a pénétré dans le petit Thibet : les pics d'Hymalaya sont
mesurés. Citer avec le major Renell mille voyageurs à qui la science est à
jamais redevable, c'est chose impossible.

En Afrique, le sacrifice de Mungo-Park a été suivi de plusieurs autres
sacrifices : Bowdich, Toole, Belzoni, Beaufort, Peddie, Woodney, on péri :
néanmoins ce continent redoutable finira par être traversé.

Dans le cinquième continent, les montagnes Bleues sont passées : on pénètre
peu à peu cette singulière partie du monde où les fleuves semblent couler
à contre-sens, de la mer à l'intérieur, où les animaux ressemblent peu à ceux
qu'on a connus, où les cygnes sont noirs, où le kangourou s'élance comme

---

1. C'est toujours avec un sentiment de plaisir et d'orgueil que j'écris des noms
françois : n'oublions pas dans les derniers temps les voyages de M. Julien dans
l'Afrique occidentale, de M. Caillaud en Égypte, de M. Gau en Nubie, de M. Drovetti aux Oasis, etc.

une sauterelle, où la nature, ébauchée ainsi que Lucrèce l'a décrite au bord du Nil, nourrit une espèce de monstre, un animal qui tient de l'oiseau, du poisson et du serpent, qui nage sous l'eau, pond un œuf et frappe d'un aiguillon mortel.

En Amérique, l'illustre Humboldt a tout peint et tout dit.

Le résultat de tant d'efforts, les connoissances positives acquises sur tant de lieux, le mouvement de la politique, le renouvellement des générations, le progrès de la civilisation, ont changé le tableau primitif du globe.

Les villes de l'Inde mêlent à présent à l'architecture des Brames des palais italiens et des monuments gothiques; les élégantes voitures de Londres se croisent avec les palanquins et les caravanes sur les chemins du Tigre et de l'Éléphant. De grands vaisseaux remontent le Gange et l'Indus : Calcutta, Bombay, Bénarès, ont des spectacles, des soirées savantes, des imprimeries. Le pays des *Mille et une Nuits*, le royaume de Cachemire, l'empire du Mogol, les mines de diamants de Golconde, les mers qu'enrichissent les perles orientales, cent vingt millions d'hommes que Bacchus, Sésostris, Darius, Alexandre, Tamerlan, Gengis-Kan, avoient conquis, ou voulu conquérir, ont pour propriétaires et pour maîtres une douzaine de marchands anglois dont on ne sait pas le nom, et qui demeurent à quatre milles lieues de l'Indostan, dans une rue obscure de la cité de Londres. Ces marchands s'embarrassent très-peu de cette vieille Chine, voisine de leurs cent vingt millions de vassaux : lord Hastings leur a proposé d'en faire la conquête avec vingt mille hommes. Mais quoi! le thé baisseroit de prix sur les bords de la Tamise! Voilà ce qui sauve l'empire de Tobi, fondé deux mille six cent trente-sept ans avant l'ère chrétienne[1], de ce Tobi contemporain de Réhu, trisaïeul d'Abraham.

En Afrique, un monde européen commence au cap de Bonne-Espérance. Le révérend Jonh Campbell, parti de ce cap, a pénétré dans l'Afrique australe jusqu'à la distance de onze mille milles; il a trouvé des cités très-peuplées (Machéou, Kurréchane), des terres bien cultivées et des fonderies de fer. Au nord de l'Afrique, le royaume de Bornou et le Soudan, proprement dit, ont offert à MM. Clapperton et Denham trente-six villes plus ou moins considérables, une civilisation avancée, une cavalerie nègre, armée comme les anciens chevaliers.

L'ancienne capitale d'un royaume nègre mahométan présentoit des ruines de palais, retraite des éléphants, des lions, des serpents et des autruches.

1. Je suis la chronologie chinoise; il faut en rabattre une couple de mille ans.

On peut apprendre à tout moment que le major Laing est entré dans ce Tombouctou si connu et si ignoré. D'autres Anglois, attaquant l'Afrique par la côte de Benin, vont rejoindre ou ont rejoint, en remontant les fleuves, leurs courageux compatriotes arrivés par la Méditerranée. Le Nil et le Niger nous auront bientôt découvert leurs sources et leurs cours. Dans ces régions brûlantes, le lac Stad rafraîchit l'air ; dans ces déserts de sable, sous cette zone torride, l'eau gèle au fond des outres, et un voyageur célèbre, le docteur Oudney, est mort de la rigueur du froid.

Au pôle antarctique, le capitaine Smith a découvert la Nouvelle-Shetland. c'est tout ce qui reste de la fameuse terre australe de Ptolémée. Les baleines sont innombrables et d'une énorme grosseur dans ces parages ; une d'entre elles attaqua le navire américain l'*Essex* en 1820, et le coula à fond.

La Grande Océanique n'est plus un morne désert ; des malfaiteurs anglois, mêlés à des colons volontaires, ont bâti des villes dans ce monde ouvert le dernier aux hommes. La terre a été creusée ; on y a trouvé le fer, la houille, le sel, l'ardoise, la chaux, la plombagine, l'argile à potier, l'alun, tout ce qui est utile à l'établissement d'une société. La Nouvelle-Galles du Sud a pour capitale Sidney, dans le port Jackson. Paramatta est situé au fond du havre ; la ville de Windsor prospère au confluent du South-Creek et du Hawkesbury. Le gros village de Liverpool a rendu féconds les bords de Georges-River qui se décharge dans la baie Botanique (Botany-Bay), située à quatorze milles au sud du port Jackson.

L'île Van-Diemen est aussi peuplée ; elle a des ports superbes, des montagnes entières de fer ; sa capitale se nomme *Hobart*.

Selon la nature de leurs crimes, les déportés à la Nouvelle-Hollande sont ou détenus en prison, ou occupés à des travaux publics, ou fixés sur des concessions de terre. Ceux dont les mœurs se réforment deviennent libres ou restent dans la colonie, avec des billets de permission.

La colonie a déjà des revenus : les taxes montoient en 1819 à 21,179 livres sterling, et servoient à diminuer d'un quart les dépenses du gouvernement.

La Nouvelle-Hollande a des imprimeries, des journaux politiques et littéraires, des écoles publiques, des théâtres, des courses de chevaux, des grands chemins, des ponts de pierre, des édifices religieux et civils, des machines à vapeur, des manufactures de drap, de chapeaux et de faïence ; on y construit des vaisseaux. Les fruits de tous les climats, depuis l'ananas jusqu'à la pomme, depuis l'olive jusqu'au raisin, prospèrent dans cette terre, qui fut de malédiction. Les moutons, croisés de moutons anglois et de moutons du cap de Bonne-Espérance, les purs mérinos surtout, y sont devenus d'une rare beauté.

L'Océanique porte ses blés aux marchés du Cap, ses cuirs aux Indes, ses viandes salées à l'Ile-de-France. Ce pays, qui n'envoyoit en Europe il y a une vingtaine d'années que des kangourous et quelques plantes, expose aujourd'hui ses laines de mérinos aux marchés de Liverpool, en Angleterre ; elles s'y sont vendues jusqu'à onze sous six deniers la livre, ce qui surpassoit de quatre sous le prix donné pour les plus fines laines d'Espagne aux mêmes marchés.

Dans la mer Pacifique, même révolution. Les îles Sandwich forment un royaume civilisé par Taméama. Ce royaume a une marine composée d'une vingtaine de goëlettes et de quelques frégates. Des matelots anglois déserteurs sont devenus des princes : ils ont élevé des citadelles, que défend une bonne artillerie ; ils entretiennent un commerce actif, d'un côté avec l'Amérique, de l'autre avec l'Asie. La mort de Taméama a rendu la puissance aux petits seigneurs féodaux des îles Sandwich, mais n'a point détruit les germes de la civilisation. On a vu dernièrement à l'Opéra de Londres un roi et une reine de ces insulaires qui avoient mangé le capitaine Cook, tout en adorant ses os dans le temple consacré au dieu Rono. Ce roi et cette reine ont succombé à l'influence du climat humide de l'Angleterre ; et c'est lord Byron, héritier de la pairie du grand poëte, mort à Missolonghi, qui a été chargé de transporter aux îles Sandwich les cercueils de la reine et du roi décédés : voilà, je pense, assez de contrastes et de souvenirs.

Otaïti a perdu ses danses, ses chœurs, ses mœurs voluptueuses. Les belles habitantes de la nouvelle Cythère, trop vantées peut-être par Bougainville, sont aujourd'hui, sous leurs arbres à pain et leurs élégants palmiers, des puritaines qui vont au prêche, lisent l'Écriture avec des missionnaires méthodistes, controversent du matin au soir, et expient dans un grand ennui la trop grande gaieté de leurs mères. On imprime à Otaïti des Bibles et des ouvrages ascétiques.

Un roi de l'île, le roi Pomario, s'est fait législateur : il a publié un code de lois criminelles en dix-neuf titres, et nommé quatre cents juges pour faire exécuter ces lois : le meurtre seul est puni de mort. La calomnie au *premier degré* porte sa peine : le calomniateur est obligé de construire de ses propres mains une grande route de deux à quatre milles de long et de douze pieds de large. « La route doit être bombée, dit l'ordonnance royale, afin que les eaux de pluie s'écoulent des deux côtés. » Si une pareille loi existoit en France, nous aurions les plus beaux chemins de l'Europe.

Les sauvages de ces îles enchantées, qu'admirèrent Juan Fernandès, Anson, Dampier, et tant d'autres navigateurs, se sont transformés en matelots anglois. Un avis de la *Gazette de Sidney*, dans la Nouvelle-Galles, annonce que les insulaires d'Otaïti et de la Nouvelle-Zélande, Roni, Paoutou, Popoti, Tiapoa, Moaï, Topa, Fieou, Aiyong et Haouho, vont partir du port Jackson dans des navires de la colonie.

Enfin, parmi ces glaces de notre pôle, d'où sortirent avec tant de peine et de dangers Gmelin, Ellis, Frédéric Martens, Philipp, Davis, Gilbert, Hudson, Thomas Button, Baffin, Fox, James, Munk, Jacob May, Owin, Koscheley; parmi ces glaces où d'infortunés Hollandois, demi-morts de froid et de faim, passèrent l'hiver au fond d'une caverne qu'assiégeoient les ours ; dans ces mêmes régions polaires, au milieu d'une nuit de plusieurs mois, le capitaine Parry, ses officiers et son équipage, pleins de santé, chaudement enfermés dans leur vaisseau, ayant des vivres en abondance, jouoient la comédie, exécutoient des danses et représentoient des mascarades : tant la civilisation perfectionnée a rendu la navigation sûre, a diminué les périls de toutes espèces, a donné à l'homme les moyens de braver l'intempérie des climats!

Dans le voyage même qui vient à la suite de cette préface, je parlerai des changements arrivés en Amérique. Je remarquerai seulement ici les résultats différents qu'ont eus pour le monde les découvertes de Colomb et celles de Gama.

L'espèce humaine n'a retiré que peu de bonheur des travaux du navigateur portugais. Les sciences, sans doute, ont gagné à ces travaux; des erreurs de géographie et de physique ont été détruites; les pensées de l'homme se sont agrandies à mesure que la terre s'est étendue devant lui ; il a pu comparer davantage en visitant plus de peuples; il a pris plus de considération pour lui-même en voyant ce qu'il pouvoit faire; il a senti que l'espèce humaine croissoit; que les générations passées étoient mortes enfants : ces connoissances, ces pensées, cette expérience, cette estime de soi, sont entrées comme éléments généraux dans la civilisation; mais aucune amélioration politique ne s'est opérée dans les vastes régions où Gama vint plier ses voiles ; les Indiens n'ont fait que changer de maîtres. La consommation des denrées de leur pays, diminuée en Europe par l'inconstance des goûts et des modes, n'est plus même un objet de lucre : on ne courroit pas maintenant au bout du monde pour chercher ou pour s'emparer d'une île qui porteroit le muscadier. Les productions de l'Inde ont été d'ailleurs ou imitées ou naturalisées dans d'autres parties du globe. En tout, les découvertes de Gama sont une magnifique aventure, mais elles ne sont que cela ; elles ont eu peut-être l'inconvénient d'augmenter la prépondérance d'un peuple de manière à devenir dangereuse à l'indépendance des autres peuples.

Les découvertes de Colomb, par leurs conséquences, qui se développent aujourd'hui, ont été une véritable révolution, autant pour le monde moral que pour le monde physique : c'est ce que j'aurai l'occasion de développer dans la conclusion de mon *Voyage*. N'oublions pas toutefois que le continent retrouvé par Gama n'a pas demandé l'esclavage d'une autre partie de la terre, et que l'Afrique doit ses chaînes à cette Amérique si libre aujourd'hui. Nous pouvons admirer la route que traça Colomb sur le gouffre de l'Océan ; mais pour les pauvres nègres c'est le chemin qu'au dire de Milton la Mort et le Mal construisirent sur l'abîme.

Il ne me reste plus qu'à mentionner les recherches au moyen desquelles a été complétée dernièrement l'histoire géographique de l'Amérique septentrionale.

On ignoroit encore si ce continent s'étendoit sous le pôle en rejoignant le Groënland ou des terres arctiques, ou s'il se terminoit à quelque terre contiguë à la baie d'Hudson et au détroit de Behring.

En 1772 Hearn avoit découvert la mer à l'embouchure de la rivière de la Mine de Cuivre ; Mackensie l'avait vue en 1789 à l'embouchure du fleuve qui porte son nom. Le capitaine Ross et ensuite le capitaine Parry furent envoyés, l'un en 1818, l'autre en 1819, explorer de nouveau ces régions glacées. Le capitaine Parry pénétra dans le détroit de Lancastre, passa vraisemblablement sur le pôle magnétique, et hiverna au mouillage de l'île Melville.

En 1821 il fit la reconnaissance de la baie d'Hudson, et retrouva Repulsebay. Guidé par le récit des Esquimaux, il se présenta au goulet d'un détroit qu'obstruoient les glaces, et qu'il appela le *détroit de La Fury et de L'Hécla*, du nom des vaisseaux qu'il montoit : là il aperçut le dernier cap au nord-est de l'Amérique.

Le capitaine Francklin, dépêché en Amérique pour seconder par terre les efforts du capitaine Perry, descendit de la rivière de la Mine de Cuivre, entra dans la mer polaire, et s'avança à l'est jusqu'au golfe du *Couronnement de Georges IV*, à peu près dans la direction et à la hauteur de Repulsebay.

En 1825, dans une seconde expédition, le capitaine Francklin descendit le

Mackensie, vit la mer Arctique, revint hiverner sur le lac de l'Ours, et redescendit le Mackensie en 1826. A l'embouchure de ce fleuve l'expédition angloise se partagea : une moitié, pourvue de deux canots, alla retrouver à l'est la rivière de la Mine de Cuivre; l'autre, sous les ordres de Francklin lui-même, et pareillement munie de deux canots, se dirigea vers l'ouest.

Le 9 juillet, le capitaine fut arrêté par les glaces : le 4 août il recommença à naviguer. Il ne pouvoit guère avancer plus d'un mille par jour; la côte étoit si plate, l'eau si peu profonde, qu'on put rarement descendre à terre. Des brumes épaisses et des coups de vent mettoient de nouveaux obstacles aux progrès de l'expédition.

Elle arriva cependant le 18 août au 150e méridien et au 70e degré 30 minutes nord. Le capitaine Francklin avoit ainsi parcouru plus de la moitié de la distance qui sépare l'embouchure du Mackenzie du cap de Glace, au-dessus du détroit de Behring : l'intrépide voyageur ne manquoit point de vivres, ses canots n'avoient souffert aucune avarie ; les matelots jouissoient d'une bonne santé; la mer était ouverte; mais les instructions de l'amirauté étoient précises; elles défendoient au capitaine de prolonger ses recherches s'il ne pouvoit atteindre la baie de Kotzebue avant le commencement de la mauvaise saison. Il fut donc obligé de revenir à la rivière de Mackensie, et le 21 septembre il rentra dans le lac de l'Ours, où il retrouva l'autre partie de l'expédition.

Celle-ci avoit achevé son exploration des rivages, depuis l'embouchure du Mackensie jusqu'à celle de la rivière de la Mine de Cuivre; elle avoit même prolongé sa navigation jusqu'au golfe du *Couronnement de Georges IV*, et remonté vers l'est jusqu'au 118e méridien : partout s'étoient présentés de bons ports et une côte plus abordable que la côte relevée par le capitaine Francklin.

Le capitaine russe Otto Kotzebue découvrit en 1816, au nord-est du détroit de Behring, une passe ou entrée qui porte aujourd'hui son nom; c'est dans cette passe que le capitaine anglois Beechey étoit allé sur une frégate attendre, au nord-est de l'Amérique, le capitaine Francklin, qui venoit vers lui du nord-ouest. La navigation du capitaine Beechey s'étoit heureusement accomplie : arrivé en 1826 au lieu et au temps du rendez-vous, les glaces n'avoient arrêté son grand vaisseau qu'au 72e degré 30 minutes de latitude nord. Obligé alors d'ancrer sous une côte, il remarquoit tous les jours des baïdars (nom russe des embarcations indiennes dans ces parages) qui passoient et repassoient par des ouvertures entre la glace et la terre; il croyoit voir à chaque instant arriver ainsi le capitaine Francklin.

Nous avons dit que celui-ci avoit atteint dès le 18 août 1826 le 150ᵉ méridien de Greenwich et le 70ᵉ degré 30 minutes de latitude nord : il n'étoit donc éloigné du cap de Glace que de 10 degrés en longitude ; degrés qui dans cette latitude élevée ne donnent guère plus de quatre-vingt-une lieues. Le cap de Glace est éloigné d'une soixantaine de lieues de la passe de Kotzebue : il est probable que le capitaine Francklin n'auroit pas même été obligé de doubler ce cap, et qu'il eût trouvé quelque chenal en communication immédiate avec les eaux de l'entrée de Kotzebue : dans tous les cas, il n'avoit plus que cent vingt-cinq lieues à faire pour rencontrer la frégate du capitaine Beechey !

C'est à la fin du mois d'août, et pendant le mois de septembre, que les mers polaires sont le moins encombrées de glaces. Le capitaine Beechey ne quitta la passe de Kotzebue que le 14 octobre : ainsi le capitaine Francklin auroit eu près de deux mois, du 18 août au 14 octobre, pour faire cent vingt-cinq lieues, dans la meilleure saison de l'année. On ne sauroit trop déplorer l'obstacle que des instructions, d'ailleurs fort humaines, ont mis à la marche du capitaine Francklin. Quels transports de joie mêlée d'un juste orgueil n'auroient point fait éclater les marins anglois en achevant la découverte du passage du nord-ouest, en se rencontrant au milieu des glaces, en s'embrassant dans des mers non encore sillonnées par des vaisseaux, à cette extrémité jusque alors inconnue du Nouveau Monde ! Quoi qu'il en soit, on peut regarder le problème géographique comme résolu ; le passage du nord-ouest existe, la configuration extérieure de l'Amérique est tracée.

Le continent de l'Amérique se termine au nord-ouest, dans la baie d'Hudson, par une péninsule appelée *Melville*, dont la dernière pointe, ou le dernier cap, se place au 69ᵉ degré 48 minutes de latitude nord, et au 82ᵉ degré 50 minutes de longitude ouest de Greenwich. Là se creuse un détroit entre ce cap et la terre de Cockburn, lequel détroit, nommé le *détroit de La Fury et de L'Hécla*, ne présenta au capitaine Parry qu'une masse solide de glace.

La péninsule nord-ouest s'attache au continent vers la baie de Repulse ; elle ne peut pas être très-large à sa racine, puisque le golfe du *Couronnement de Georges IV*, découvert par le capitaine Francklin dans son premier voyage, descend au sud jusqu'au 66ᵉ degré et demi, et que son extrémité méridionale n'est éloignée que de soixante-sept lieues de la partie la plus occidentale de la baie Wager. Le capitaine Lyon fut renvoyé à la baie de Repulse, afin de passer par terre du fond de cette baie au golfe du *Couronnement de*

Georges IV. Les glaces, les courants et les tempêtes arrêtèrent le vaisseau de cet aventureux marin.

Maintenant, poursuivant notre investigation, et nous plaçant de l'autre côté de la péninsule *Melville*, dans ce golfe du *Couronnement de Georges IV*, nous trouvons l'embouchure de la rivière de la Mine de Cuivre à 67 degrés 42 minutes 35 secondes de latitude nord, et à 115 degrés 49 minutes 33 secondes de longitude ouest de Greenwich. Hearn avoit indiqué cette embouchure quatre degrés et un quart plus au nord en latitude, et quatre degrés et un quart plus à l'ouest en longitude.

De l'embouchure de la rivière de la Mine de Cuivre, naviguant vers l'embouchure du Mackenzie, on remonte le long de la côte jusqu'au 70e degré 37 minutes de latitude nord, on double un cap, et l'on redescend à l'embouchure orientale du Mackenzie par les 69 degrés 29 minutes. De là, la côte se porte à l'ouest vers le détroit de Behring, en s'élevant jusqu'au 70e degré 30 minutes de latitude nord, sous le 150e méridien de Greenwich, point où le capitaine Francklin s'est arrêté le 18 août 1826. Il n'étoit plus alors, comme je l'ai dit, qu'à 10 degrés de longitude ouest du cap de Glace : ce cap est à peu près par les 71 degrés de latitude.

En relevant maintenant les divers points, nous trouvons :

Le dernier cap nord-ouest du continent de l'Amérique septentrionale au 69e degré 48 minutes de latitude nord, et au 82e degré 50 minutes de longitude ouest de Greenwich; le cap *Turnagain*, dans le golfe du *Couronnement de Georges IV*, au 68e degré 30 minutes de latitude nord; l'embouchure de la rivière de la Mine de Cuivre, au 60e degré 49 minutes 35 secondes de latitude nord, et au 115e degré 49 minutes 33 secondes de longitude ouest de Greenwich; un cap sur la côte entre la rivière de la Mine de Cuivre et le Mackenzie, au 70e degré 37 minutes de latitude nord, et au 126e degré 52 minutes de longitude ouest de Greenwich; l'embouchure de Mackenzie, au 69e degré 29 minutes de latitude, et au 133e degré 24 minutes de longitude : le point où s'est arrêté le capitaine Francklin, au 70e degré 30 minutes de latitude nord et au 15e méridien à l'ouest de Greenwich; enfin le cap de Glace, 10 degrés de longitude plus à l'ouest, au 71e degré de latitude nord.

Ainsi, depuis le dernier cap nord-ouest de l'Amérique septentrionale, dans le *détroit de L'Hécla et de La Fury*, jusqu'au cap de Glace, au-dessus du détroit de Behring, la mer forme un golfe large, mais assez peu profond, qui se termine à la côte nord-ouest de l'Amérique; cette côte court est et ouest, offrant dans le golfe général trois ou quatre baies principales, dont les pointes ou promontoires approchent de la latitude où sont placés le dernier cap nord-ouest de l'Amérique, au *détroit de La Fury et de L'Hécla*, et le cap de Glace, au-dessus du détroit de Behring.

Devant ce golfe gisent, entre le 70ᵉ et le 75ᵉ degrés de latitude, toutes les découvertes résultantes de trois voyages du capitaine Parry, l'île présumée de *Cockburn*, les délinéations du *détroit du Prince régent*, les îles du *Prince Léopold*, de *Bathurst*, de *Melville*, la terre de *Banks*. Il ne s'agit plus que de trouver entre ces sols disjoints un passage libre à la mer qui baigne la côte nord-ouest de l'Amérique, et qui seroit peut-être navigable dans la saison opportune, pour des vaisseaux baleiniers.

M. Macleod a raconté à M. Douglas, aux grandes chutes de la Colombia, qu'il existe un fleuve coulant parallèlement au fleuve Mackenzie, et se jetant dans la mer près le cap de Glace. Au nord de ce cap est une île où des vaisseaux russes viennent faire des échanges avec les naturels du pays. M. Macleod a visité lui-même la mer polaire, et passé, dans l'espace de onze mois, de l'océan Pacifique à la baie d'Hudson. Il déclare que la mer est libre dans la mer polaire après le mois de juillet.

Tel est l'état actuel des choses à l'extérieur de l'Amérique septentrionale, relativement à ce fameux passage que je m'étois mis en tête de chercher, et qui fut la première cause de mon excursion d'outre-mer. Voyons ce qu'ont fait les derniers voyageurs dans l'intérieur de cette même Amérique.

Au nord-ouest, tout est découvert dans ces déserts glacés et sans arbres qui enveloppent le lac de l'Esclave et celui de l'Ours [1]. Mackensie partit le 3 juin 1789 du fort Chipiouyan, sur le lac des Montagnes, qui communique à celui de l'Esclave par un courant d'eau : le lac de l'Esclave voit naître le fleuve qui se jette dans la mer du pôle, et qu'on appelle maintenant le *fleuve Mackenzie*.

Le 10 octobre 1792 Mackenzie partit une seconde fois du fort Chipiouyan : dirigeant sa course à l'ouest, il traversa le lac des Montagnes, et remonta la rivière Oungigah, ou rivière de la Paix, qui prend sa source dans les montagnes Rocheuses. Les missionnaires françois avoient déjà connu ces montagnes sous le nom de montagnes des *Pierres brillantes*. Mackenzie franchit

---

1. On peut voir, dans l'analyse que j'ai donnée des *Voyages de Mackenzie*, l'histoire des découvertes qui ont précédé celles de Mackenzie dans l'Amérique septentrionale.

ces montagnes, rencontra un grand fleuve, le Tacoutché-Tessé, qu'il prit mal à propos pour la Colombia : il n'en suivit point le cours, et se rendit à l'océan Pacifique par un autre rivière, qu'il nomma la *rivière du Saumon*.

Il trouva des traces multipliées du capitaine Vancouver ; il observa la latitude à 52 degrés 21 minutes 33 secondes, et il écrivit avec du vermillon sur un rocher : « Alexandre Mackenzie est venu du Canada ici par terre, le 22 juillet 1793. » A cette époque que faisions-nous en Europe?

Par un petit mouvement de jalousie nationale dont ils ne se rendent pas compte, les voyageurs américains parlent peu du second itinéraire de Mackenzie; itinéraire qui prouve que cet Anglois a eu l'honneur de traverser le premier le continent de l'Amérique septentrionale depuis la mer Atlantique jusqu'au grand Océan.

Le 7 mai 1792 le capitaine américain Robert Gray aperçut à la côte nord-ouest de l'Amérique septentrionale l'embouchure d'un fleuve sous le 46° degré 19 minutes de latitude nord et le 126° degré 14 minutes 15 secondes de longitude ouest, méridien de Paris. Robert Gray entra dans ce fleuve le 11 du même mois, et il l'appela la *Colombia*. c'étoit le nom du vaisseau qu'il commandoit.

Vancouver arriva au même lieu le 19 octobre de la même année : Broughton, avec la conserve de Vancouver, passa la barre de la Colombia et remonta le fleuve quatre-vingt-quatre milles au-dessus de cette barre.

Les capitaines Lewis et Clarke, arrivés par le Missouri, descendirent des montagnes Rocheuses, et bâtirent en 1805, à l'entrée de la Colombia, un fort, qui fut abandonné à leur départ.

En 1811 les Américains élevèrent un autre fort, sur la rive gauche du même fleuve : ce fort prit le nom d'*Astoria*, du nom de M. J.-J. Astor, négociant de New-York et directeur de la compagnie des pelleteries à l'océan Pacifique.

En 1810 une troupe d'associés de la compagnie se réunit à Saint-Louis du Mississipi, et fit une nouvelle course à la Colombia, à travers les montagnes Rocheuses : plus tard, en 1812, quelques-uns de ces associés, conduits par M. R. Stuart, revinrent de la Colombia à Saint-Louis. Tout est donc connu de ce côté. Les grands affluents du Missouri, la rivière des Osages, la rivière de la Roche-Jaune, aussi puissante que l'Ohio, ont été remontés : les établissements américains communiquent par ces fleuves au nord-ouest avec les tribus indiennes les plus reculées, au sud-est avec les habitants du Nouveau-Mexique.

PRÉFACE.

En 1820 M. Cass, gouverneur du territoire du Michigan, partit de la ville du Détroit, bâtie sur le canal qui joint le lac Érié au lac Saint-Clair, suivit la grande chaîne des lacs, et rechercha les sources du Mississipi; M. Schoolcraft rédigea le journal de ce voyage, plein de faits et d'instruction. L'expédition entra dans le Mississipi par la rivière du Lac-de-Sable : le fleuve en cet endroit étoit large de deux cents pieds. Les voyageurs le remontèrent, et franchirent quarante-trois rapides : le Mississipi alloit toujours se rétrécissant, et au saut de Peckagoma il n'avoit plus que quatre-vingts pieds de largeur. « L'aspect du pays change, dit M. Schoolcraft : la forêt qui ombrageoit les bords du fleuve disparoît; il décrit de nombreuses sinuosités dans une prairie large de trois milles, où s'élèvent des herbes très-hautes, de la folle-avoine et des joncs, et bordée de collines de hauteur médiocre et sablonneuses, où croissent quelques pins jaunes. Nous avons navigué longtemps sans avancer beaucoup ; il sembloit que nous fussions arrivés au niveau supérieur des eaux : le courant du fleuve n'étoit que d'un mille par heure. Nous n'apercevions que le ciel et les herbes au milieu desquelles nos canots se frayoient un passage; elles cachoient tous les objets éloignés. Les oiseaux aquatiques étoient extrêmement nombreux, mais il n'y avoit pas de pluviers. »

L'expédition traversa le petit et le grand lac Ouinnipec : cinquante milles plus haut, elle s'arrêta dans le lac supérieur du Cèdre-Rouge, auquel elle imposa le nom de *Cassina*, en l'honneur de M. Cass.

C'est là que se trouve la principale source du Mississipi : le lac a dix-huit milles de long sur six de large. Son eau est transparente et ses bords sont ombragés d'ormes, d'érables et de pins. M. Pike, autre voyageur qui place une des principales sources du Mississipi au lac de la Sangsue, met le lac Cassina au 47° degré 42 minutes 40 secondes de latitude nord.

La rivière La Biche sort du lac du même nom, et entre dans le lac Cassina. « En estimant à soixante milles, dit M. Schoolcraft, la distance du lac Cassina au lac La Biche, source du Mississipi la plus éloignée, on aura pour la longueur totale du cours de ce fleuve trois mille trente-huit milles. L'année précédente je l'avois descendu (le Mississipi) depuis Saint-Louis dans un bateau à vapeur, et le 10 juillet j'avois passé son embouchure pour aller à New-York. Ainsi, un peu plus d'un an après, je me trouvois près de sa source, assis dans un canot indien. »

M. Schoolcraft fait observer qu'à peu de distance du lac La Biche les eaux coulent au nord dans la rivière Rouge, qui descend à la baie d'Hudson.

PRÉFACE.

Trois ans plus tard, en 1823, M. Beltrami a parcouru les mêmes régions. Il porte les sources septentrionales du Mississipi à cent milles au-dessus du lac Cassina ou du Cèdre-Rouge. M. Beltrami affirme qu'avant lui aucun voyageur n'a passé au delà du lac du Cèdre-Rouge. Il décrit ainsi sa découverte des sources du Mississipi :

« Nous nous trouvons sur les plus hautes terres de l'Amérique septentrionale... Cependant tout y est plaine, et la colline où je suis n'est pour ainsi dire qu'une éminence formée au milieu pour servir d'observatoire.

« En promenant ses regards autour de soi, on voit les eaux couler au sud vers le golfe du Mexique; au nord, vers la mer Glaciale; à l'est, vers l'Atlantique, et à l'ouest se diriger vers la mer Pacifique.

« Un grand plateau couronne cette suprême élévation ; et, ce qui étonne davantage, un lac jaillit au milieu.

« Comment s'est-il formé, ce lac? d'où viennent ces eaux? C'est au grand architecte de l'univers qu'il faut le demander... Ce lac n'a aucune issue, et mon œil, qui est assez perçant, n'a pu découvrir, dans aucun lointain de l'horizon le plus clair, aucune terre qui s'élève au-dessus de son niveau; toutes sont au contraire beaucoup inférieures...

« Vous avez vu les sources de la rivière que j'ai remontée jusqu'ici (la rivière Rouge) : elles sont précisément au pied de la colline, et filtrent en ligne directe du bord septentrional du lac ; elles sont les sources de la rivière Rouge ou Sanglante. De l'autre côté, vers le sud, d'autres sources forment un joli petit bassin d'environ quatre-vingts pas de circonférence; ces eaux filtrent aussi du lac, et ces sources... ce sont les sources du Mississipi.

« Ce lac a trois milles de tour environ ; il est fait en forme de cœur, et il parle à l'âme; la mienne en a été émue : il étoit juste de le tirer du silence où la géographie, après tant d'expéditions, le laissoit encore, et de le faire connoître au monde d'une manière distinguée. Je lui ai donné le nom de cette dame respectable dont la vie, comme il a été dit par son illustre amie, madame la comtesse d'Albani, *a été un cours de morale en action*, la mort, une calamité pour tous ceux qui avoient le bonheur de la connoître... J'ai appelé ce lac le *lac Julie;* et les sources des deux fleuves, les *sources Juliennes de la rivière Sanglante*, les *sources Juliennes du Mississipi*.

« J'ai cru voir l'ombre de Colombo, d'Americo Vespucci, des Cabotto, de Verazani, etc., assister avec joie à cette grande cérémonie, et se féliciter qu'un de leurs compatriotes vînt réveiller par de nouvelles découvertes le souvenir des services qu'ils ont rendus au monde entier par leurs talents, leurs exploits et leurs vertus. »

C'est un étranger qui écrit en françois : on reconnoîtra facilement le goût, les traits, le caractère et le juste orgueil du génie italien.

La vérité est que le plateau où le Mississipi prend sa source est une terre unie, mais culminante, dont les versants envoient les eaux au nord, à l'est, au midi et à l'ouest; que sur ce plateau sont creusés une multitude de lacs; que ces lacs répandent des rivières qui coulent à tous les rumbs de vent. Le sol de ce plateau supérieur est mouvant comme s'il flottoit sur des abîmes. Dans la saison des pluies, les rivières et les lacs débordent : on diroit d'une mer, si cette mer ne portoit des forêts de folle-avoine de vingt et trente pieds de hauteur. Les canots, perdus dans ce double océan d'eau et d'herbes, ne se peuvent diriger qu'à l'aide des étoiles ou de la boussole. Quand des tempêtes surviennent, les moissons fluviales plient, se renversent sur les embarcations, et des millions de canards, de sarcelles, de morelles, de hérons, de bécassines s'envolent en formant un nuage au-dessus de la tête des voyageurs.

Les eaux débordées restent pendant quelques jours incertaines de leur penchant; peu à peu elles se partagent. Une pirogue est doucement entraînée vers les mers polaires, les mers du midi, les grands lacs du Canada, les affluents du Missouri, selon le point de la circonférence sur lequel elle se trouve lorsqu'elle a dépassé le milieu de l'inondation. Rien n'est étonnant et majestueux comme ce mouvement et cette distribution des eaux centrales de l'Amérique du Nord.

Sur le Mississipi inférieur, le major Pike, en 1806, M. Nuttal, en 1819, ont parcouru le territoire d'Arkansa, visité les Osages, et fourni des renseignements aussi utiles à l'histoire naturelle qu'à la topographie.

Tel est ce Mississipi, dont je parlerai dans mon *Voyage;* fleuve que les François descendirent les premiers en venant du Canada; fleuve qui coula sous leur puissance, et dont la riche vallée regrette encore leur génie.

Colomb découvrit l'Amérique dans la nuit du 11 au 12 octobre 1492 : le capitaine Francklin a complété la découverte de ce monde nouveau le 18 août 1826. Que de générations écoulées, que de révolutions accomplies, que de changements arrivés chez les peuples dans cet espace de trois cent trente-trois ans neuf mois et vingt-quatre jours!

Le monde ne ressemble plus au monde de Colomb. Sur ces mers ignorées au-dessus desquelles on voyoit s'élever une *main noire*, la *main de Satan*[1], qui saisissoit les vaisseaux pendant la nuit et les entraînoit au fond de l'abîme; dans ces régions antarctiques, séjour de la nuit, de l'épouvante et des fables; dans ces eaux furieuses du cap Horn et du cap des Tempêtes, où pâlissoient les pilotes; dans ce double océan qui bat ses doubles rivages; dans ces parages jadis si redoutés, des bateaux de poste font régulièrement des trajets pour le service des lettres et des voyageurs. On s'invite à dîner d'une ville florissante en Amérique à une ville florissante en Europe, et l'on arrive à l'heure marquée. Au lieu de ces vaisseaux grossiers, malpropres, infects, humides, où l'on ne vivoit que de viandes salées, où le scorbut vous dévoroit, d'élégants navires offrent aux passagers des chambres lambrissées d'acajou, ornées de tapis, de glaces, de fleurs, de bibliothèques, d'instruments de musique, et toutes les délicatesses de la bonne chère. Un voyage qui demandera plusieurs années de perquisitions sous les latitudes les plus diverses n'amènera pas la mort d'un seul matelot.

Les tempêtes? On en rit. Les distances? Elles ont disparu. Un simple baleinier fait voile au pôle austral : si la pêche n'est pas bonne, il revient au pôle boréal : pour prendre un poisson, il traverse deux fois les tropiques, parcourt deux fois un diamètre de la terre, et touche en quelques mois aux deux bouts de l'univers. Aux portes des tavernes de Londres on voit affichée l'annonce du départ du *paquebot de la terre de Diemen* avec toutes les *commodités possibles* pour les passagers aux Antipodes, et cela auprès de l'annonce du départ du *paquebot de Douvres à Calais*. On a des *Itinéraires de poche*, des *Guides*, des *Manuels* à l'usage des personnes qui se proposent de faire un *voyage d'agrément autour du monde*. Ce voyage dure neuf ou dix mois, quelquefois moins. On part l'hiver en sortant de l'opéra; on touche aux îles Canaries, à Rio-Janeiro, aux Philippines, à la Chine, aux Indes, au cap de Bonne-Espérance, et l'on est revenu chez soi pour l'ouverture de la chasse.

Les bateaux à vapeur ne connoissent plus de vents contraires sur l'Océan, de courants opposés dans les fleuves : kiosques ou palais flottants à deux ou trois étages, du haut de leurs galeries on admire les plus beaux tableaux de la nature dans les forêts du Nouveau Monde. Des routes commodes franchissent le sommet des montagnes, ouvrent des désert naguère inaccessibles : quarante mille voyageurs viennent de se rassembler en partie de plaisir à la

---

[1]. Voyez les vieilles cartes et les navigateurs arabes.

cataracte de Niagara. Sur des chemins de fer glissent rapidement les lourds chariots du commerce; et s'il plaisoit à la France, à l'Allemagne et à la Russie, d'établir une ligne télégraphique jusqu'à la muraille de la Chine, nous pourrions écrire à quelques Chinois de nos amis, et recevoir la réponse dans l'espace de neuf ou dix heures. Un homme qui commenceroit son pèlerinage à dix-huit ans, et le finiroit à soixante, en marchant seulement quatre lieues par jour, auroit achevé dans sa vie près de sept fois le tour de notre chétive planète. Le génie de l'homme est véritablement trop grand pour sa petite habitation : il faut en conclure qu'il est destiné à une plus haute demeure.

Est-il bon que les communications entre les hommes soient devenues aussi faciles? Les nations ne conserveroient-elles pas mieux leur caractère en s'ignorant les unes les autres, en gardant une fidélité religieuse aux habitudes et aux traditions de leurs pères? J'ai vu dans ma jeunesse de vieux Bretons murmurer contre les chemins que l'on vouloit ouvrir dans leurs bois, alors même que ces chemins devoient élever la valeur des propriétés riveraines.

Je sais qu'on peut appuyer ce système de déclamations fort touchantes : le bon vieux temps a sans doute son mérite; mais il faut se souvenir qu'un état politique n'en est pas meilleur parce qu'il est caduc et routinier; autrement il faudroit convenir que le despotisme de la Chine et de l'Inde, où rien n'a changé depuis trois mille ans, est ce qu'il y a de plus parfait dans ce monde. Je ne vois pourtant pas ce qu'il peut y avoir de si heureux à s'enfermer pendant une quarantaine de siècles avec des peuples en enfance et des tyrans en décrépitude.

Le goût et l'admiration du stationnaire viennent des jugements faux que l'on porte sur la vérité des faits et sur la nature de l'homme : sur la vérité des faits, parce qu'on suppose que les anciennes mœurs étoient plus pures que les mœurs modernes, complète erreur; sur la nature de l'homme, parce qu'on ne veut pas voir que l'esprit humain est perfectible.

Les gouvernements qui arrêtent l'essor du génie ressemblent à ces oiseleurs qui brisent les ailes de l'aigle pour l'empêcher de prendre son vol.

Enfin, on ne s'élève contre les progrès de la civilisation que par l'obsession des préjugés : on continue à voir les peuples comme on les voyoit autrefois, isolés, n'ayant rien de commun dans leurs destinées. Mais si l'on considère l'espèce humaine comme une grande famille qui s'avance vers le même but; si l'on ne s'imagine pas que tout est fait ici-bas pour qu'une petite province, un petit royaume, restent éternellement dans leur ignorance, leur pauvreté, leurs institutions politiques, telles que la barbarie, le temps et le hasard les ont produites, alors ce développement de l'industrie, des sciences et des arts semblera ce qu'il est en effet, une chose légitime et naturelle. Dans ce mouvement universel on reconnoîtra celui de la société, qui, finissant son histoire particulière, commence son histoire générale.

Autrefois, quand on avoit quitté ses foyers comme Ulysse, on étoit un objet de curiosité; aujourd'hui, excepté une demi-douzaine de personnages hors de ligne par leur mérite individuel, qui peut intéresser au récit de ses courses? Je viens me ranger dans la foule des voyageurs obscurs qui n'ont vu que ce que tout le monde a vu, qui n'ont fait faire aucun progrès aux sciences, qui n'ont rien ajouté au trésor des connoissances humaines; mais je me présente comme le dernier historien des peuples de la terre de Colomb, de ces peuples dont la race ne tardera pas à disparoître; je viens dire quelques mots sur les destinées futures de l'Amérique, sur ces autres peuples héritiers des infortunés Indiens : je n'ai d'autre prétention que d'exprimer des regrets et des espérances.

INTRODUCTION

Dans une note de l'*Essai historique* [1], écrite en 1794, j'ai raconté, avec des détails assez étendus, quel avoit été mon dessein en passant en Amérique ; j'ai plusieurs fois parlé de ce même dessein dans mes autres ouvrages, et particulièrement dans la préface d'*Atala*. Je ne prétendois à rien moins qu'à découvrir le passage au nord-ouest de l'Amérique, en retrouvant la mer Polaire, vue par Hearne en 1772, aperçue plus à l'ouest en 1789 par Mackenzie, reconnue par le capitaine Parry, qui s'en approcha en 1819, à travers le détroit de Lancastre, et en 1821 à l'extrémité du *détroit de L'Hécla et de La Fury* [2] ; enfin le capitaine Franklin, après avoir descendu successivement la rivière de Hearne en 1821, et celle de Mackenzie en 1826, vient d'explorer les bords de cet océan, qu'environne une ceinture de glaces, et qui jusqu'à présent a repoussé tous les vaisseaux.

Il faut remarquer une chose particulière à la France : la plupart de ses voyageurs ont été des hommes isolés, abandonnés à leurs propres forces et à leur propre génie : rarement le gouvernement ou des compagnies particulières les ont employés ou secourus. Il est arrivé de là que des peuples étrangers, mieux avisés, ont fait, par un concours de volontés nationales, ce que les individus françois n'ont pu achever. En France on a le courage ; le courage mérite le succès, mais il ne suffit pas toujours pour l'obtenir

---

1. *Essai historique sur les Révolutions*, IIe partie, chap. XXIII.
2. Cet intrépide marin étoit reparti pour le Spitzberg avec l'intention d'aller jusqu'au pôle en traîneau. Il est resté soixante et un jours sur la glace sans pouvoir dépasser le 82e degré 45 minutes de latitude N.

Aujourd'hui, que j'approche de la fin de ma carrière, je ne puis m'empêcher, en jetant un regard sur le passé, de songer combien cette carrière eût été changée pour moi si j'avois rempli le but de mon voyage. Perdu dans ces mers sauvages, sur ces grèves hyperboréennes où aucun homme n'a imprimé ses pas, les années de discorde qui ont écrasé tant de générations avec tant de bruit seroient tombées sur ma tête en silence : le monde auroit changé moi absent. Il est probable que je n'aurois jamais eu le malheur d'écrire; mon nom seroit demeuré inconnu, ou il s'y fût attaché une de ces renommées paisibles qui ne soulèvent point l'envie et qui annoncent moins de gloire que de bonheur. Qui sait même si j'aurois repassé l'Atlantique, si je ne me serois pas fixé dans les solitudes par moi découvertes, comme un conquérant au milieu de ses conquêtes? Il est vrai que je n'aurois pas figuré au congrès de Vérone, et qu'on ne m'eût pas appelé *monseigneur* dans l'hôtellerie des affaires étrangères, rue des Capucines, à Paris.

Tout cela est fort indifférent au terme de la route : quelle que soit la diversité des chemins, les voyageurs arrivent au commun rendez-vous; ils y parviennent tous également fatigués, car ici-bas depuis le commencement jusqu'à la fin de la course on ne s'assied pas une seule fois pour se reposer : comme les Juifs au festin de la Pâque, on assiste au banquet de la vie à la hâte, debout, les reins ceints d'une corde, les souliers aux pieds et le bâton à la main.

Il est donc inutile de redire quel étoit le but de mon entreprise, puisque je l'ai dit cent fois dans mes autres écrits. Il me suffira de faire observer au lecteur que ce premier voyage pouvoit devenir le dernier si je parvenois à me procurer tout d'abord les ressources nécessaires à ma grande découverte; mais dans le cas où je serois arrêté par des obstacles imprévus, ce premier voyage ne devoit être que le prélude d'un second, qu'une sorte de reconnoissance dans le désert.

Pour s'expliquer la route qu'on me verra prendre, il faut aussi se souvenir du plan que je m'étois tracé : ce plan est rapidement esquissé dans la note de l'*Essai historique* ci-dessus indiquée. Le lecteur y verra qu'au lieu de remonter au septentrion, je voulois marcher à l'ouest, de manière à attaquer la rive occidentale de l'Amérique, un peu au-dessus du golfe de Californie. De là, suivant le profil du continent, et toujours en vue de la mer, mon dessein étoit de me diriger vers le nord jusqu'au détroit de Behring, de doubler le dernier cap de l'Amérique, de descendre à l'est le long des rivages de la mer Polaire, et de rentrer dans les États-Unis par la baie d'Hudson, le Labrador et le Canada.

INTRODUCTION.

Ce qui me déterminoit à parcourir une si longue côte de l'océan Pacifique étoit le peu de connoissance que l'on avoit de cette côte. Il restoit des doutes, même après les travaux de Vancouver, sur l'existence d'un passage entre le 40e et le 60e degré de latitude septentrionale : la rivière de la Colombie, les gisements du Nouveau Cornouailles, le détroit de Chelchoff, les régions Aleutiennes, le golfe de Bristol ou de Cook, les terres des Indiens Tchouko-tches, rien de tout cela n'avoit encore été exploré par Kotzebue et les autres navigateurs russes ou américains. Aujourd'hui le capitaine Franklin, évitant plusieurs mille lieues de circuit, s'est épargné la peine de chercher à l'occident ce qui ne se pouvoit trouver qu'au septentrion.

Maintenant je prierai encore le lecteur de rappeler dans sa mémoire divers passages de la préface générale de mes *OEuvres complètes,* et de la préface de l'*Essai historique,* où j'ai raconté quelque particularités de ma vie. Destiné par mon père à la marine, et par ma mère à l'état ecclésiastique, ayant choisi moi-même le service de terre, j'avois été présenté à Louis XVI : afin de jouir des honneurs de la cour et de *monter dans les carrosses,* pour parler le langage du temps, il falloit avoir au moins le rang de capitaine de cavalerie : j'étois ainsi capitaine de cavalerie de droit et sous-lieutenant d'infanterie de fait, dans le régiment de Navarre. Les soldats de ce régiment, dont le marquis de Mortemart étoit colonel, s'étant insurgés comme les autres, je me trouvai dégagé de tout lien vers la fin de 1790. Quand je quittai la France, au commencement de 1791, la révolution marchoit à grands pas : les principes sur lesquels elle se fondoit étoient les miens, mais je détestois les violences qui l'avoient déjà déshonorée : c'étoit avec joie que j'allois chercher une indépendance plus conforme à mes goûts, plus sympathique à mon caractère.

A cette même époque le mouvement de l'émigration s'accroissoit; mais comme on ne se battoit pas, aucun sentiment d'honneur ne me forçoit, contre le penchant de ma raison, à me jeter dans la folie de Coblentz. Une émigration plus raisonnable se dirigeoit vers les rives de l'Ohio; une terre de liberté offroit son asile à ceux qui fuyoient la liberté de leur patrie. Rien ne prouve mieux le haut prix des institutions généreuses que cet exil volontaire des partisans du pouvoir absolu dans un monde républicain.

Au printemps de 1791 je dis adieu à ma respectable et digne mère, et je m'embarquai à Saint-Malo; je portois au général Washington une lettre de recommandation du marquis de La Rouairie. Celui-ci avoit fait la guerre de l'indépendance en Amérique; il ne tarda pas à devenir célèbre en France par la conspiration royaliste à laquelle il donna son nom. J'avois pour compagnons de voyage de jeunes séminaristes de Saint-Sulpice, que leur supérieur, homme de mérite, conduisoit à Baltimore. Nous mîmes à la voile : au bout de quarante-huit heures nous perdîmes la terre de vue, et nous entrâmes dans l'Atlantique.

Il est difficile aux personnes qui n'ont jamais navigué de se faire une idée des sentiments qu'on éprouve lorsque du bord d'un vaisseau on n'aperçoit plus que la mer et le ciel. J'ai essayé de retracer ces sentiments dans le chapitre du *Génie du Christianisme* intitulé *Deux Perspectives de la nature*, et dans *Les Natchez*, en prêtant mes propres émotions à *Chactas*. L'*Essai historique* et l'*Itinéraire* sont également remplis des souvenirs et des images de ce qu'on peut appeler le désert de l'Océan. Me trouver au milieu de la mer, c'étoit n'avoir pas quitté ma patrie; c'étoit, pour ainsi dire, être porté dans mon premier voyage par ma nourrice, par la confidente des mes premiers plaisirs. Qu'il me soit permis, afin de mieux faire entrer le lecteur dans l'esprit de la relation qu'il va lire, de citer quelques pages de mes Mémoires inédits : presque toujours notre manière de voir et de sentir tient aux réminiscences de notre jeunesse.

C'est à moi que s'appliquent les vers de Lucrèce

> Tum porro puer ut sævis projectus ab undis
> Navita. . . . .

Le ciel voulut placer dans mon berceau une image de mes destinées.

« Élevé comme le compagnon des vents et des flots, ces flots, ces vents, cette solitude, qui furent mes premiers maîtres, convenoient peut-être mieux à la nature de mon esprit et à l'indépendance de mon caractère. Peut-être dois-je à cette éducation sauvage quelque vertu que j'aurois ignorée : la vérité est qu'aucun système d'éducation n'est en soi préférable à un autre. Dieu fait bien ce qu'il fait; c'est sa providence qui nous dirige, lorsqu'elle nous appelle à jouer un rôle sur la scène du monde. »

Après les détails de l'enfance viennent ceux de mes études. Bientôt échappé du toit paternel, je dis l'impression que fit sur moi Paris, la cour, le monde; je peins la société d'alors, les hommes que je rencontrai; les premiers mouvements de la révolution : la suite des dates m'amène à l'époque de mon départ pour les États-Unis. En me rendant au port je visitai la terre où s'étoit écoulée une partie de mon enfance : je laisse parler les *Mémoires*.

« Je n'ai revu Combourg que trois fois : à la mort de mon père toute la famille se trouva réunie au château pour se dire adieu. Deux ans plus tard j'accompagnai ma mère à Combourg : elle vouloit meubler le vieux manoir; mon frère y devoit amener ma belle-sœur : mon frère ne vint point en Bretagne, et bientôt il monta sur l'échafaud avec la jeune femme[1] pour qui ma mère avoit préparé le lit nuptial. Enfin, je pris le chemin de Combourg en me rendant au port, lorsque je me décidai à passer en Amérique.

« Après seize années d'absence, prêt à quitter de nouveau le sol natal pour les ruines de la Grèce, j'allai embrasser au milieu des landes de ma pauvre Bretagne ce qui me restoit de ma famille; mais je n'eus pas le courage d'entreprendre le pèlerinage des champs paternels. C'est dans les bruyères de Combourg que je suis devenu le peu que je suis; c'est là que j'ai vu se réunir et se disperser ma famille. De dix enfants que nous avons été, nous ne restons plus que trois. Ma mère est morte de douleur; les cendres de mon père ont été jetées au vent.

« Si mes ouvrages me survivoient, si je devois laisser un nom, peut-être un jour, guidé par ces Mémoires, le voyageur s'arrêteroit un moment aux lieux que j'ai décrits. Il pourroit reconnoître le château, mais il chercheroit en vain le *grand mail* ou le grand bois : il a été abattu; le berceau de mes songes a disparu comme ces songes. Demeuré seul debout sur son rocher, l'antique donjon semble regretter les chênes qui l'environnoient et le protégeoient contre les tempêtes. Isolé comme lui, j'ai vu comme lui tomber autour de moi ma famille, qui embellissoit mes jours et me prêtoit son abri : grâce au ciel, ma vie n'est pas bâtie sur terre aussi solidement que les tours où j'ai passé ma jeunesse. »

Les lecteurs connoissent à présent le voyageur auquel ils vont avoir affaire dans le récit de ses premières courses.

1. Mlle de Rosambeau, petite-fille de M. de Malesherbes, exécutée avec son mari et sa mère le même jour que son illustre aïeul.

VOYAGE
EN AMÉRIQUE

Je m'embarquai donc à Saint-Malo, comme je l'ai dit; nous prîmes la haute mer, et le 6 mai 1791, vers les huit heures du matin, nous découvrîmes le pic de l'île de Pico, l'une des Açores : quelques heures après, nous jetâmes l'ancre dans une mauvaise rade, sur un fond de roches, devant l'île Graciosa. On en peut lire la description dans l'*Essai historique*. On ignore la date précise de la découverte de cette île.

C'étoit la première terre étrangère à laquelle j'abordois; par cette raison même il m'en est resté un souvenir qui conserve chez moi l'empreinte et la vivacité de la jeunesse. Je n'ai pas manqué de conduire Chactas aux Açores, et de lui faire voir la fameuse statue que les premiers navigateurs prétendirent avoir trouvée sur ces rivages.

Des Açores, poussés par les vents sur le banc de Terre-Neuve, nous fûmes obligés de faire une seconde relâche à l'île Saint-Pierre. « T. et moi, dis-je encore dans l'*Essai historique*, nous allions courir dans les montagnes de cette île affreuse; nous nous perdions au milieu des brouillards dont elle est sans cesse couverte, errant au milieu des nuages et des bouffées de vent, entendant les mugissements d'une mer que nous ne pouvions découvrir, égarés sur une bruyère laineuse et morte, au bord d'un torrent rougeâtre qui couloit entre des rochers. »

Les vallées sont semées, dans différentes parties, de cette espèce de pin dont les jeunes pousses servent à faire une bière amère. L'île est environnée de plusieurs écueils, entre lesquels on remarque celui du *Colombier*, ainsi nommé parce que les oiseaux de mer y font leur nid au printemps. J'en ai donné la description dans le *Génie du Christianisme*.

L'île Saint-Pierre n'est séparée de celle de Terre-Neuve que par un détroit assez dangereux : de ses côtes désolées on découvre les rivages, encore plus désolés, de Terre-Neuve. En été, les grèves de ces îles sont couvertes de poissons qui sèchent au soleil, et en hiver, d'ours blancs qui se nourrissent des débris oubliés par les pêcheurs.

Lorsque j'abordai à Saint-Pierre, la capitale de l'île consistoit, autant qu'il m'en souvient, dans une assez longue rue, bâtie le long de la mer. Les habitants, fort hospitaliers, s'empressèrent de nous offrir leur table et leur maison. Le gouverneur logeoit à l'extrémité de la ville. Je dînai deux ou trois fois chez lui. Il cultivoit dans un des fossés du fort quelques légumes d'Europe. Je me souviens qu'après le dîner il me montroit son *jardin;* nous allions ensuite nous asseoir au pied du mât du pavillon planté sur la forteresse. Le drapeau françois flottoit sur notre tête, tandis que nous regardions une mer sauvage et les côtes sombres de l'île de Terre-Neuve, en parlant de la patrie.

Après une relâche de quinze jours, nous quittâmes l'île Saint-Pierre, et le bâtiment, faisant route au midi, atteignit la latitude des côtes du Maryland et de la Virginie : les calmes nous arrêtèrent. Nous jouissions du plus beau ciel; les nuits, les couchers et les levers du soleil étoient admirables. Dans le chapitre du *Génie du Christianisme* déjà cité, intitulé *Deux perspectives de la nature,* j'ai rappelé une de ces pompes nocturnes et une de ces magnificences du couchant. « Le globe du soleil, prêt à se plonger dans les flots, apparoissoit entre les cordages du navire, au milieu des espaces sans bornes, etc. »

Il ne s'en fallut guère qu'un accident ne mît un terme à tous mes projets.

La chaleur nous accabloit; le vaisseau, dans un calme plat, sans voile, et trop chargé de ses mâts, étoit tourmenté par le roulis. Brûlé sur le pont et fatigué du mouvement, je voulus me baigner, et quoique nous n'eussions point de chaloupe dehors, je me jetai du mât de beaupré à la mer. Tout alla d'abord à merveille, et plusieurs passagers m'imitèrent. Je nageois sans regarder le vaisseau ; mais quand je vins à tourner la tête, je m'aperçus que le courant l'avoit déjà entraîné bien loin. L'équipage étoit accouru sur le pont; on avoit filé un grelin aux autres nageurs. Des requins se montroient dans les eaux du navire, et on leur tiroit du bord des coups de fusil pour les écarter. La houle étoit si grosse qu'elle retardoit mon retour et épuisoit mes forces. J'avois un abîme au-dessous de moi, et les requins pouvoient à tout moment m'emporter un bras ou une jambe. Sur le bâtiment, on s'efforçoit de mettre un canot à la mer; mais il falloit établir un palan, et cela prenoit un temps considérable.

Par le plus grand bonheur, une brise presque insensible se leva : le vaisseau, gouvernant un peu, se rapprocha de moi ; je pus m'emparer du bout de la corde ; mais les compagnons de ma témérité s'étoient accrochés à cette corde ; et quand on nous attira au flanc du bâtiment, me trouvant à l'extrémité de la file, ils pesoient sur moi de tout leur poids. On nous repêcha ainsi un à un, ce qui fut long. Les roulis continuoient ; à chacun d'eux nous plongions de dix ou douze pieds dans la vague, ou nous étions suspendus en l'air à un même nombre de pieds, comme des poissons au bout d'une ligne. A la dernière immersion, je me sentis prêt à m'évanouir ; un roulis de plus, et c'en étoit fait. Enfin on me hissa sur le pont à demi mort : si je m'étois noyé, le bon débarras pour moi et pour les autres !

Quelques jours après cet accident, nous aperçûmes la terre : elle étoit dessinée par la cime de quelques arbres qui sembloient sortir du sein de l'eau : les palmiers de l'embouchure du Nil me découvrirent depuis le rivage de l'Égypte de la même manière. Un pilote vint à notre bord. Nous entrâmes dans la baie de Chesapeake, et le soir même on envoya une chaloupe chercher de l'eau et des vivres frais. Je me joignis au parti qui alloit à terre, et une demi-heure après avoir quitté le vaisseau je foulai le sol américain.

Je restai quelque temps les bras croisés, promenant mes regards autour de moi dans un mélange de sentiments et d'idées que je ne pouvois débrouiller alors, et que je ne pourrois peindre aujourd'hui. Ce continent ignoré du reste du monde pendant toute la durée des temps anciens et pendant un grand nombre de siècles modernes ; les premières destinées sauvages de ce continent, et ses secondes destinées depuis l'arrivée de Christophe Colomb ; la domination des monarchies de l'Europe ébranlée dans ce Nouveau Monde ; la vieille société finissant dans la jeune Amérique ; une république d'un genre inconnu jusque alors, annonçant un changement dans l'esprit humain et dans l'ordre politique ; la part que ma patrie avoit eue à ces événements ; ces mers et ces rivages devant en partie leur indépendance au pavillon et au sang françois ; un grand homme sortant à la fois du milieu des discordes et des déserts, Washington habitant une ville florissante dans le même lieu où un siècle auparavant Guillaume Penn avoit acheté un morceau de terre de quelques Indiens ; les États-Unis renvoyant à la France, à travers l'Océan, la révolution et la liberté que la France avoit soutenues de ses armes ; enfin, mes propres desseins, les découvertes que je voulois tenter dans ces solitudes natives, qui étendoient encore leur vaste royaume derrière l'étroit empire d'une civilisation étrangère : voilà les choses qui occupoient confusément mon esprit.

Nous nous avançâmes vers une habitation assez éloignée pour y acheter ce qu'on voudroit nous vendre. Nous traversâmes quelques petits bois de baumiers et de cèdres de la Virginie qui parfumoient l'air. Je vis voltiger des oiseaux moqueurs et des cardinaux, dont les chants et les couleurs m'annoncèrent un nouveau climat. Une négresse de quatorze ou quinze ans, d'une beauté extraordinaire, vint nous ouvrir la barrière d'une maison qui tenoit à la fois de la ferme d'un Anglois et de l'habitation d'un colon. Des troupeaux de vaches paissoient dans des prairies artificielles entourées de palissades dans lesquelles se jouoient des écureuils gris, noirs et rayés; des nègres scioient des pièces de bois, et d'autres cultivoient des plantations de tabac. Nous achetâmes des gâteaux de maïs, des poules, des œufs, du lait, et nous retournâmes au bâtiment mouillé dans la baie.

On leva l'ancre pour gagner la rade, et ensuite le port de Baltimore. Le trajet fut lent; le vent manquoit. En approchant de Baltimore, les eaux se rétrécirent : elles étoient d'un calme parfait; nous avions l'air de remonter un fleuve bordé de longues avenues : Baltimore s'offrit à nous comme au fond d'un lac. En face de la ville s'élevoit une colline ombragée d'arbres, au pied de laquelle on commençoit à bâtir quelques maisons. Nous amarrâmes au quai du port. Je couchai à bord, et ne descendis à terre que le lendemain. J'allai loger à l'auberge, où l'on porta mes bagages. Les séminaristes se retirèrent avec leur supérieur à l'établissement préparé pour eux, d'où ils se sont dispersés en Amérique.

Baltimore, comme toutes les autres métropoles des États-Unis, n'avoit pas l'étendue qu'elle a aujourd'hui : c'étoit une jolie ville fort propre et fort animée. Je payai mon passage au capitaine, et lui donnai un dîner d'adieu dans une très-bonne taverne auprès du port. J'arrêtai ma place au stage, qui faisoit trois fois la semaine le voyage de Philadelphie. A quatre heures du matin je montai dans ce stage, et me voilà roulant sur les grands chemins du Nouveau Monde, où je ne connoissois personne, où je n'étois connu de qui que ce soit : mes compagnons de voyage ne m'avoient jamais vu, et je ne devois jamais les revoir après notre arrivée à la capitale de la Pensylvanie.

La route que nous parcourûmes étoit plutôt tracée que faite. Le pays étoit assez nu et assez plat : peu d'oiseaux, peu d'arbres, quelques maisons éparses, point de villages, voilà ce que présentoit la campagne et ce qui me frappa désagréablement.

En approchant de Philadelphie nous rencontrâmes des paysans allant au marché, des voitures publiques et d'autres voitures fort élégantes. Philadelphie me parut une belle ville : les rues larges; quelques-unes, plantées d'arbres, se coupent à angle droit dans un ordre régulier du nord au sud et de l'est à l'ouest. La Delaware coule parallèlement à la rue qui suit son bord occidental : c'est une rivière qui seroit considérable en Europe, mais dont on ne parle pas en Amérique. Ses rives sont basses et peu pittoresques.

Philadelphie à l'époque de mon voyage (1791) ne s'étendoit point encore jusqu'au Schuylkill ; seulement le terrain en avançant vers cet affluent étoit divisé par lots, sur lesquels on construisoit quelques maisons isolées.

L'aspect de Philadelphie est froid et monotone. En général, ce qui manque aux cités des États-Unis, ce sont les monuments et surtout les vieux monuments. Le protestantisme, qui ne sacrifie point à l'imagination, et qui est lui-même nouveau, n'a point élevé ces tours et ces dômes dont l'antique religion catholique a couronné l'Europe. Presque rien à Philadelphie, à New-York, à Boston, ne s'élève au-dessus de la masse des murs et des toits. L'œil est attristé de ce niveau.

Les États-Unis donnent plutôt l'idée d'une colonie que d'une nation mère ; on y trouve des usages plutôt que des mœurs. On sent que les habitants ne sont point nés du sol : cette société, si belle dans le présent, n'a point de passé ; les villes sont neuves, les tombeaux sont d'hier. C'est ce qui m'a fait dire dans *Les Natchez* : « Les Européens n'avoient point encore de tombeaux en Amérique, qu'ils y avoient déjà des cachots. C'étoient les seuls monuments du passé pour cette société sans aïeux et sans souvenirs. »

Il n'y a de vieux en Amérique que les bois, enfants de la terre, et la liberté, mère de toute société humaine : cela vaut bien des monuments et des aïeux.

Un homme débarqué, comme moi, aux États-Unis plein d'enthousiasme pour les anciens, un Caton qui cherchoit partout la rigidité des premières mœurs romaines, dut être fort scandalisé de trouver partout l'élégance des vêtements, le luxe des équipages, la frivolité des conversations, l'inégalité des fortunes, l'immoralité des maisons de banque et de jeu, le bruit des salles de bal et de spectacle. A Philadelphie, j'aurois pu me croire dans une ville angloise : rien n'annonçoit que j'eusse passé d'une monarchie à la république.

On a pu voir dans l'*Essai historique* qu'à cette époque de ma vie j'admirois beaucoup les républiques : seulement je ne les croyois pas possibles à l'âge du monde où nous étions parvenus, parce que je ne connoissois que la liberté à la manière des anciens, la liberté fille des mœurs dans une société naissante ; j'ignorois qu'il y eût une autre liberté fille des lumières et d'une vieille civilisation ; liberté dont la république représentative a prouvé la réalité. On n'est plus aujourd'hui obligé de labourer soi-même son petit champ, de repousser les arts et les sciences, d'avoir les ongles crochus et la barbe sale pour être libre.

Mon *désappointement* politique me donna sans doute l'humeur qui me fit écrire la note satirique contre les quakers, et même un peu contre tous les Américains, note que l'on trouve dans l'*Essai historique*. Au reste, l'apparence du peuple dans les rues de la capitale de la Pensylvanie étoit agréable ; les hommes se montroient proprement vêtus ; les femmes, surtout les quakeresses, avec leur chapeau uniforme, paroissoient extrêmement jolies.

Je rencontrai plusieurs colons de Saint-Domingue et quelques François émigrés. J'étois impatient de commencer mon voyage au désert : tout le monde fut d'avis que je me rendisse à Albany, où, plus rapproché des défrichements et des nations indiennes, je serois à même de trouver des guides et d'obtenir des renseignements.

Lorsque j'arrivai à Philadelphie, le grand Washington n'y étoit pas. Je fus obligé de l'attendre une quinzaine de jours ; il revint. Je le vis passer dans une voiture qu'emportoient avec rapidité quatre chevaux fringants, conduits à grandes guides. Washington, d'après mes idées d'alors, étoit nécessairement Cincinnatus ; Cincinnatus en carrosse dérangeoit un peu ma république de l'an de Rome 296. Le dictateur Washington pouvoit-il être autre chose qu'un rustre piquant ses bœufs de l'aiguillon et tenant le manche de sa charrue ? Mais quand j'allai porter ma lettre de recommandation à ce grand homme, je retrouvai la simplicité du vieux Romain.

Une petite maison dans le genre anglois, ressemblant aux maisons voisines, étoit le palais du Président des États-Unis : point de gardes, pas même de valets. Je frappai ; une jeune servante ouvrit. Je lui demandai si le général étoit chez lui ; elle me répondit qu'il y étoit. Je répliquai que j'avois une lettre à lui remettre. La servante me demanda mon nom, difficile à prononcer en anglois, et qu'elle ne put retenir. Elle me dit alors doucement : *Walk in, sir,* « Entrez, monsieur ; » et elle marcha devant moi dans un de ces étroits et longs corridors qui servent de vestibule aux maisons angloises : elle m'introduisit dans un parloir, où elle me pria d'attendre le général.

Je n'étois pas ému. La grandeur de l'âme ou celle de la fortune ne m'imposent point : j'admire la première sans en être écrasé ; la seconde m'inspire plus de pitié que de respect. Visage d'homme ne me troublera jamais.

Au bout de quelques minutes le général entra. C'étoit un homme d'une grande taille, d'un air calme et froid plutôt que noble : il est ressemblant dans ses gravures. Je lui présentai ma lettre en silence ; il l'ouvrit, courut à la signature, qu'il lut tout haut avec exclamation : « Le colonel Armand ! » C'étoit ainsi qu'il appeloit et qu'avoit signé le marquis de La Rouairie.

Nous nous assîmes ; je lui expliquai, tant bien que mal, le motif de mon voyage. Il me répondoit par monosyllabes françois ou anglois, et m'écoutoit avec une sorte d'étonnement. Je m'en aperçus, et je lui dis avec un peu de vivacité : « Mais il est moins difficile de découvrir le passage du nord-ouest que de créer un peuple comme vous l'avez fait. » *Well, well, young man !* s'écria-t-il en me tendant la main. Il m'invita à dîner pour le jour suivant, et nous nous quittâmes.

Je fus exact au rendez-vous : nous n'étions que cinq ou six convives. La conversation roula presque entièrement sur la révolution françoise. Le général nous montra une clef de la Bastille : ces clefs de la Bastille étoient des jouets assez niais qu'on se distribuoit alors dans les deux Mondes. Si Washington avoit vu, comme moi, dans les ruisseaux de Paris, les *vainqueurs de la Bastille,* il auroit eu moins de foi dans sa relique. Le sérieux et la force de la révolution n'étoient pas dans ces orgies sanglantes. Lors de la révocation de l'édit de Nantes, en 1685, la même populace du faubourg Saint-Antoine démolit le temple protestant à Charenton avec autant de zèle qu'elle dévasta l'église de Saint-Denis en 1793.

Je quittai mon hôte à dix heures du soir, et je ne l'ai jamais revu ; il partit le lendemain pour la campagne, et je continuai mon voyage.

Telle fut ma rencontre avec cet homme qui a affranchi tout un monde. Washington est descendu dans la tombe avant qu'un peu de bruit se fût attaché à mes pas ; j'ai passé devant lui comme l'être le plus inconnu ; il étoit dans tout son éclat, et moi dans toute mon obscurité. Mon nom n'est peut-être pas demeuré un jour entier dans sa mémoire. Heureux pourtant que ses regards soient tombés sur moi ! je m'en suis senti échauffé le reste de ma vie : il y a une vertu dans les regards d'un grand homme.

J'ai vu depuis Buonaparte : ainsi la Providence m'a montré les deux personnages qu'elle s'étoit plu à mettre à la tête des destinées de leurs siècles.

Si l'on compare Washington et Buonaparte homme à homme, le génie du premier semble d'un vol moins élevé que celui du second. Washington n'appartient pas, comme Buonaparte, à cette race des Alexandre et des César, qui dépasse la stature de l'espèce humaine. Rien d'étonnant ne s'attache à sa personne ; il n'est point placé sur un vaste théâtre; il n'est point aux prises avec les capitaines les plus habiles et les plus puissants monarques du temps; il ne traverse point les mers; il ne court point de Memphis à Vienne et de Cadix à Moscou : il se défend avec une poignée de citoyens sur une terre sans souvenirs et sans célébrité, dans le cercle étroit des foyers domestiques. Il ne livre point de ces combats qui renouvellent les triomphes sanglants d'Arbelles et de Pharsale; il ne renverse point les trônes pour en recomposer d'autres avec leurs débris; *il ne met point le pied sur le cou des rois;* il ne leur fait point dire, sous les vestibules de son palais :

> Qu'ils se font trop attendre, et qu'Attila s'ennuie.

Quelque chose de silencieux enveloppe les actions de Washington; il agit avec lenteur : on diroit qu'il se sent le mandataire de la liberté de l'avenir, et qu'il craint de la compromettre. Ce ne sont pas ses destinées que porte ce héros d'une nouvelle espèce, ce sont celles de son pays; il ne se permet pas de jouer ce qui ne lui appartient pas. Mais de cette profonde obscurité quelle lumière va jaillir! Cherchez les bois inconnus où brilla l'épée de Washington, qu'y trouverez-vous? Des tombeaux? Non, un monde! Washington a laissé les États-Unis pour trophée sur son champ de bataille.

Buonaparte n'a aucun trait de ce grave Américain : il combat sur une veille terre, environnée d'éclat et de bruit; il ne veut créer que sa renommée; il ne se charge que de son propre sort. Il semble savoir que sa mission sera courte, que le torrent qui descend de si haut s'écoulera promptement : il se hâte de jouir et d'abuser de sa gloire comme d'une jeunesse fugitive. A l'instar des dieux d'Homère, il veut arriver en quatre pas au bout du monde; il paroît sur tous les rivages, il inscrit précipitamment son nom dans les fastes de tous les peuples; il jette en courant des couronnes à sa famille et à ses soldats; il se dépêche dans ses monuments, dans ses lois, dans ses victoires. Penché sur le monde, d'une main il terrasse les rois, de l'autre il abat le géant révolutionnaire; mais en écrasant l'anarchie il étouffe la liberté, et finit par perdre la sienne sur son dernier champ de bataille.

Chacun est récompensé selon ses œuvres : Washington élève une nation à l'indépendance : magistrat retiré, il s'endort paisiblement sous son toit paternel, au milieu des regrets de ses compatriotes et de la vénération de tous les peuples.

Buonaparte ravit à une nation son indépendance : empereur déchu, il est précipité dans l'exil, où la frayeur de la terre ne le croit pas encore assez emprisonné sous la garde de l'Océan. Tant qu'il se débat contre la mort, foible et enchaîné sur un rocher, l'Europe n'ose déposer les armes. Il expire : cette nouvelle, publiée à la porte du palais devant laquelle le conquérant avoit fait proclamer tant de funérailles, n'arrête ni n'étonne le passant : qu'avoient à pleurer les citoyens?

La république de Washington subsiste; l'empire de Buonaparte est détruit : il s'est écoulé entre le premier et le second voyage d'un François qui a trouvé une nation reconnoissante là où il avoit combattu pour quelques colons opprimés.

Washington et Buonaparte sortirent du sein d'une république : nés tous deux de la liberté, le premier lui a été fidèle, le second l'a trahie, Leur sort, d'après leur choix, sera différent dans l'avenir.

Le nom de Washington se répandra avec la liberté d'âge en âge; il marquera le commencement d'une nouvelle ère pour le genre humain.

Le nom de Buonaparte sera redit aussi par les générations futures; mais il ne se rattachera à aucune bénédiction, et servira souvent d'autorité aux oppresseurs, grands ou petits.

Washington a été tout entier le représentant des besoins, des idées, des lumières, des opinions de son époque; il a secondé, au lieu de contrarier, le mouvement des esprits; il a voulu ce qu'il devoit vouloir, la chose même à laquelle il étoit appelé : de là la cohérence et la perpétuité de son ouvrage. Cet homme, qui frappe peu, parce qu'il est naturel et dans des proportions justes, a confondu son existence avec celle de son pays; sa gloire est le patrimoine commun de la civilisation croissante; sa renommée s'élève comme un de ces sanctuaires où coule une source intarissable pour le peuple.

Buonaparte pouvoit enrichir également le domaine public : il agissoit sur la nation la plus civilisée, la plus intelligente, la plus brave, la plus brillante de la terre. Quel seroit aujourd'hui le rang occupé par lui dans l'univers s'il eût joint la magnanimité à ce qu'il avoit d'héroïque, si, Washington et Buonaparte à la fois, il eût nommé la liberté héritière de sa gloire!

Mais ce géant démesuré ne lioit point complétement ses destinées à celles de ses contemporains : son génie appartenoit à l'âge moderne, son ambition étoit des vieux jours; il ne s'aperçut pas que les miracles de sa vie dépassoient de beaucoup la valeur d'un diadème, et que cet ornement gothique lui siéroit mal. Tantôt il faisoit un pas avec le siècle, tantôt il reculoit vers le passé; et, soit qu'il remontât ou suivît le cours du temps, par sa force prodigieuse il entraînoit ou repoussoit les flots. Les hommes ne furent à ses yeux qu'un moyen de puissance; aucune sympathie ne s'établit entre leur bonheur et le sien. Il avoit promis de les délivrer, et il les enchaîna; il s'isola d'eux, ils s'éloignèrent de lui. Les rois d'Égypte plaçoient leurs pyramides funèbres non parmi des campagnes florissantes, mais au milieu des sables stériles : ces grands tombeaux s'élèvent comme l'éternité dans la solitude : Buonaparte a bâti, à leur image, le monument de sa renommée.

Ceux qui, ainsi que moi, ont vu le conquérant de l'Europe et le législateur de l'Amérique, détournent aujourd'hui les yeux de la scène du monde : quelques histrions, qui font pleurer ou rire, ne valent pas la peine d'être regardés.

Un stage semblable à celui qui m'avoit amené de Baltimore à Philadelphie me conduisit de Philadelphie à New-York, ville gaie, peuplée et commerçante, qui pourtant étoit bien loin d'être ce qu'elle est aujourd'hui. J'allai en pèlerinage à Boston pour saluer le premier champ de bataille de la liberté américaine. « J'ai vu les champs de Lexington ; je m'y suis arrêté en silence, comme le voyageur aux Thermopyles, à contempler la tombe de ces guerriers des deux Mondes, qui moururent les premiers pour obéir aux lois de la patrie. En foulant cette terre philosophique qui me disoit, dans sa muette éloquence, comment les empires se perdent et s'élèvent, j'ai confessé mon néant devant les lois de la Providence et baissé mon front dans la poussière[1]. »

Revenu à New-York, je m'embarquai sur le paquebot qui faisoit voile pour Albany, en remontant la rivière d'Hudson, autrement appelée la *rivière du Nord*.

Dans une note de l'*Essai historique*, j'ai décrit une partie de ma navigation sur cette rivière, au bord de laquelle disparoît aujourd'hui, parmi les républicains de Washington, un des rois de Buonaparte, et quelque chose de plus, un de ses frères. Dans cette même note j'ai parlé du major André, de cet infortuné jeune homme sur le sort duquel un ami, dont je ne cesse de déplorer la perte, a laissé tomber de touchantes et courageuses paroles lorsque Buonaparte étoit près de monter au trône où s'étoit assise Marie-Antoinette[2].

Arrivé à Albany, j'allai chercher un M. Swift, pour lequel on m'avoit donné une lettre à Philadelphie. Cet Américain faisoit la traite des pelleteries avec les tribus indiennes enclavées dans le territoire cédé par l'Angleterre aux États-Unis ; car les puissances civilisées se partagent sans façon, en Amérique, des terres qui ne leur appartiennent pas. Après m'avoir entendu, M. Swift me fit des objections très-raisonnables : il me dit que je ne pouvois pas entreprendre de prime

---

1. *Essai historique*, 1re partie, chap. XXXIII.
2. M. DE FONTANES, *Éloge de Washington*.

abord, seul, sans secours, sans appui, sans recommandation pour les postes anglois, américains, espagnols, où je serois forcé de passer, un voyage de cette importance ; que, quand j'aurois le bonheur de traverser sans accident tant de solitudes, j'arriverois à des régions glacées où je périrois de froid ou de faim. Il me conseilla de commencer à m'acclimater en faisant une première course dans l'intérieur de l'Amérique, d'apprendre le sioux, l'iroquois et l'esquimau, de vivre quelque temps parmi les coureurs de bois canadiens et les agents de la compagnie de la baie d'Hudson. Ces expériences préliminaires faites, je pourrois alors, avec l'assistance du gouvernement françois, poursuivre ma hasardeuse entreprise.

Ces conseils, dont je ne pouvois m'empêcher de reconnoître la justesse, me contrarioient ; si je m'en étois cru, je serois parti pour aller tout droit au pôle, comme on va de Paris à Saint-Cloud. Je cachai cependant à M. Swift mon déplaisir. Je le priai de me procurer un guide et des chevaux, afin que je me rendisse à la cataracte de Niagara, et de là à Pittsbourg, d'où je pourrois descendre l'Ohio. J'avois toujours dans la tête le premier plan de route que je m'étois tracé.

M. Swift engagea à mon service un Hollandois qui parloit plusieurs dialectes indiens. J'achetai deux chevaux, et je me hâtai de quitter Albany.

Tout le pays qui s'étend aujourd'hui entre le territoire de cette ville et celui de Niagara est habité, cultivé et traversé par le fameux canal de New-York ; mais alors une grande partie de ce pays étoit déserte.

Lorsque après avoir passé le Mohawk, je me trouvai dans des bois qui n'avoient jamais été abattus, je tombai dans une sorte d'ivresse que j'ai encore rappelée dans l'*Essai historique* : « J'allois d'arbre en arbre, à droite et à gauche indifféremment, me disant en moi-même : Ici plus de chemin à suivre, plus de villes, plus d'étroites maisons, plus de présidents de républiques, de rois... Et pour essayer si j'étois enfin rétabli dans mes droits originels, je me livrois à mille actes de volonté qui faisoient enrager le grand Hollandois qui me servoit de guide, et qui dans son âme me croyoit fou [1]. »

Nous entrions dans les anciens cantons des six nations iroquoises. Le premier sauvage que nous rencontrâmes étoit un jeune homme qui marchoit devant un cheval sur lequel étoit assise une Indienne parée à la manière de sa tribu. Mon guide leur souhaita le bonjour en passant.

On sait déjà que j'eus le bonheur d'être reçu par un de mes com-

---

1. *Essai historique*, IIe partie, chap. LVII.

patriotes sur la frontière de la solitude, par ce M. Violet, maître de danse chez les sauvages. On lui payoit ses leçons en peaux de castor et en jambons d'ours. « Au milieu d'une forêt, on voyoit une espèce de grange; je trouvai dans cette grange une vingtaine de sauvages, hommes et femmes, barbouillés comme des sorciers, le corps demi-nu, les oreilles découpées, des plumes de corbeau sur la tête et des anneaux passés dans les narines. Un petit François, poudré et frisé comme autrefois, habit vert-pomme, veste de droguet, jabot et manchettes de mousseline, racloit un violon de poche, et faisoit danser Madelon Friquet à ces Iroquois. M. Violet, en me parlant des Indiens, me disoit toujours : *Ces messieurs sauvages et ces dames sauvagesses.* Il se louoit beaucoup de la légèreté de ses écoliers : en effet, je n'ai jamais vu faire de telles gambades. M. Violet, tenant son petit violon entre son menton et sa poitrine, accordoit l'instrument fatal ; il crioit en iroquois : *A vos places !* et toute la troupe sautoit comme une bande de démons[1]. »

C'étoit une chose assez étrange pour un disciple de Rousseau que cette introduction à la vie sauvage par un bal que donnoit à des Iroquois un ancien marmiton du général Rochambeau. Nous continuâmes notre route. Je laisse maintenant parler le manuscrit : je le donne tel que je le trouve, tantôt sous la forme d'un *récit*, tantôt sous celle d'un *journal,* quelquefois en *lettres* ou en simples *annotations*.

LES ONONDAGAS.

Nous étions arrivés au bord du lac auquel les Onondagas, peuplade iroquoise, ont donné leur nom. Nos chevaux avoient besoin de repos. Je choisis avec mon Hollandois un lieu propre à établir notre camp. Nous en trouvâmes un dans une gorge de vallée, à l'endroit où une rivière sort en bouillonnant du lac. Cette rivière n'a pas couru cent toises au nord en directe ligne qu'elle se replie à l'est, et court parallèlement au rivage du lac, en dehors des rochers qui servent de ceinture à ce dernier.

Ce fut dans la courbe de la rivière que nous dressâmes notre appareil de nuit : nous fichâmes deux hauts piquets en terre ; nous plaçâmes horizontalement dans la fourche de ces piquets une longue perche; appuyant des écorces de bouleau, un bout sur le sol, l'autre bout sur la gaule transversale, nous eûmes un toit digne de notre

1. *Itinéraire,* t. V.

palais. Le bûcher de voyage fut allumé pour faire cuire notre souper et chasser les maringouins. Nos selles nous servoient d'oreiller sous l'*ajoupa*, et nos manteaux de couverture.

Nous attachâmes une sonnette au cou de nos chevaux, et nous les lâchâmes dans les bois. Par un instinct admirable, ces animaux ne s'écartent jamais assez loin pour perdre de vue le feu que leurs maîtres allument la nuit afin de chasser les insectes et de se défendre des serpents.

Du fond de notre hutte nous jouissions d'une vue pittoresque. Devant nous s'étendoit le lac, assez étroit et bordé de forêts et de rochers; autour de nous la rivière, enveloppant notre presqu'île de ses ondes vertes et limpides, balayoit ses rivages avec impétuosité.

Il n'étoit guère que quatre heures après-midi lorsque notre établissement fut achevé. Je pris mon fusil et j'allai errer dans les environs. Je suivis d'abord le cours de la rivière ; mes recherches botaniques ne furent pas heureuses : les plantes étoient peu variées. Je remarquai des familles nombreuses de *plantago virginica*, et de quelques autres beautés de prairies, toutes assez communes; je quittai les bords de la rivière pour les côtes du lac, et je ne fus pas plus chanceux. A l'exception d'une espèce de rhododendrum, je ne trouvai rien qui valût la peine de m'arrêter : les fleurs de cet arbuste, d'un rose vif, faisoient un effet charmant avec l'eau bleue du lac où elles se miroient, et le flanc brun du rocher dans lequel elles enfonçoient leurs racines.

Il y avoit peu d'oiseaux ; je n'aperçus qu'un couple solitaire qui voltigeoit devant moi, et qui sembloit se plaire à répandre le mouvement et l'amour sur l'immobilité et la froideur de ces sites. La couleur du mâle me fit reconnoître l'oiseau blanc, ou le *passer nivalis* des ornithologistes. J'entendis aussi la voie de cette espèce d'orfraie que l'on a fort bien caractérisée par cette définition, *strix exclamator*. Cet oiseau est inquiet comme tous les tyrans : je me fatiguai vainement à sa poursuite.

Le vol de cette orfraie m'avoit conduit à travers les bois jusqu'à un vallon resserré par des collines nues et pierreuses. Dans ce lieu extrêmement retiré on voyoit une méchante cabane de sauvage bâtie à mi-côte entre les rochers : une vache maigre paissoit dans un pré au-dessous.

J'ai toujours aimé ces petits abris : l'animal blessé se tapit dans un coin ; l'infortuné craint d'étendre au dehors avec sa vue des sentiments que les hommes repoussent. Fatigué de ma course, je m'**assis** au haut du coteau que je parcourois, ayant en face la hutte indienne sur le coteau opposé. Je couchai mon fusil auprès de moi, et je m'abandonnai à ces rêveries dont j'ai souvent goûté le charme.

J'avois à peine passé ainsi quelques minutes, que j'entendis des voix au fond du vallon. J'aperçus trois hommes qui conduisoient cinq ou six vaches grasses. Après les avoir mises paître dans les prairies, ils marchèrent vers la vache maigre, qu'ils éloignèrent à coups de bâton.

L'apparition de ces Européens dans un lieu si désert me fut extrêmement désagréable; leur violence me les rendit encore plus importuns. Ils chassoient la pauvre bête parmi les roches en riant aux éclats, et en l'exposant à se rompre les jambes. Une femme sauvage, en apparence aussi misérable que sa vache, sortit de la hutte isolée, s'avança vers l'animal effrayé, l'appela doucement et lui offrit quelque chose à manger. La vache courut à elle en allongeant le cou avec un petit mugissement de joie. Les colons menacèrent de loin l'Indienne, qui revint à sa cabane. La vache la suivit. Elle s'arrêta à la porte, où son amie la flattoit de la main, tandis que l'animal reconnoissant léchoit cette main secourable. Les colons s'étoient retirés.

Je me levai, je descendis la colline, je traversai le vallon, et, remontant la colline opposée, j'arrivai à la hutte, résolu de réparer autant qu'il étoit en moi la brutalité des hommes blancs. La vache m'aperçut, et fit un mouvement pour fuir; je m'avançai avec précaution, et je parvins, sans qu'elle s'en allât, jusqu'à l'habitation de sa maîtresse.

L'Indienne étoit rentrée chez elle. Je prononçai le salut qu'on m'avoit appris : Siègoh! *Je suis venu!* L'Indienne, au lieu de me rendre mon salut par la répétition d'usage : *Vous êtes venu!* ne répondit rien. Je jugeai que la visite d'un de ses tyrans lui étoit importune. Je me mis alors à mon tour à caresser la vache. L'Indienne parut étonnée : je vis sur son visage jaune et attristé des signes d'attendrissement et presque de gratitude. Ces mystérieuses relations de l'infortune remplirent mes yeux de larmes : il y a de la douceur à pleurer sur des maux qui n'ont été pleurés de personne.

Mon hôtesse me regarda encore quelque temps avec un reste de doute, comme si elle craignoit que je ne cherchasse à la tromper ; elle fit ensuite quelques pas, et vint elle-même passer sa main sur le front de sa compagne de misère et de solitude.

Encouragé par cette marque de confiance, je dis en anglois, car j'avois épuisé mon indien : « Elle est bien maigre! » L'Indienne repartit aussitôt en mauvais anglois : « Elle mange fort peu. » *She eats very little.* « On l'a chassée rudement, » repris-je. Et la femme me répondit : «Nous sommes accoutumées à cela toutes deux, *both.* » Je repris : « Cette prairie n'est donc pas à vous? » Elle répondit : « Cette prairie était à mon mari, qui est mort. Je n'ai point d'enfants, et les blancs mènent leurs vaches dans ma prairie. »

Je n'avois rien à offrir à cette indigente créature : mon dessein eût été de réclamer la justice en sa faveur; mais à qui m'adresser dans un pays où le mélange des Européens et des Indiens rendoit les autorités confuses, où le droit de la force enlevoit l'indépendance au sauvage, et où l'homme policé, devenu à demi sauvage, avoit secoué le joug de l'autorité civile?

Nous nous quittâmes, moi et l'Indienne, après nous être serré la main. Mon hôtesse me dit beaucoup de choses que je ne compris point, et qui étoient sans doute des souhaits de prospérité pour l'étranger. S'ils n'ont pas été entendus du ciel, ce n'est pas la faute de celle qui prioit, mais la faute de celui pour qui la prière étoit offerte : toutes les âmes n'ont pas une égale aptitude au bonheur, comme toutes les terres ne portent pas également des moissons.

Je retournai à mon *ajoupa,* où je fis un assez triste souper. La soirée fut magnifique; le lac, dans un repos profond, n'avoit pas une ride sur ses flots; la rivière baignoit en murmurant notre presqu'île, que décoroient de faux ébéniers non encore défleuris; l'oiseau nommé *coucou des Carolines* répétoit son chant monotone; nous l'entendions tantôt plus près, tantôt plus loin, suivant que l'oiseau changeoit le lieu de ses appels amoureux.

Le lendemain j'allai avec mon guide rendre visite au premier sachem des Onondagas, dont le village n'étoit pas éloigné. Nous arrivâmes à ce village à dix heures du matin. Je fus environné aussitôt d'une foule de jeunes sauvages, qui me parloient dans leur langue, en y mêlant des phrases angloises et quelques mots françois : ils faisoient grand bruit et avoient l'air fort joyeux. Ces tribus indiennes, enclavées dans les défrichements des blancs, ont pris quelque chose de nos mœurs : elles ont des chevaux et des troupeaux; leurs cabanes sont remplies de meubles et d'ustensiles achetés d'un côté à Québec, à Montréal, à Niagara, au Détroit; de l'autre dans les villes des États-Unis.

Le sachem des Onondagas étoit un vieil Iroquois dans toute la rigueur du mot : sa personne gardoit le souvenir des anciens usages et des anciens temps du désert : grandes oreilles découpées, perle pendante au nez, visage bariolé de diverses couleurs, petite touffe de cheveux sur le sommet de la tête, tunique bleue, manteau de peau, ceinture de cuir, avec le couteau de scalpe et le casse-tête, bras tatoués, mocassines aux pieds, chapelet ou collier de porcelaine à la main.

Il me reçut bien et me fit asseoir sur sa natte. Les jeunes gens s'emparèrent de mon fusil; ils en démontèrent la batterie avec une adresse surprenante, et replacèrent les pièces avec la même dextérité : c'étoit un simple fusil de chasse à deux coups.

Le sachem parloit anglois et entendoit le françois : mon interprète savoit l'iroquois, de sorte que la conversation fut facile. Entre autres choses le vieillard me dit que, quoique sa nation eût toujours été en guerre avec la mienne, elle l'avoit toujours estimée. Il m'assura que les sauvages ne cessoient de regretter les François ; il se plaignit des Américains, qui bientôt ne laisseroient pas aux peuples dont les ancêtres les avoient reçus assez de terre pour couvrir leurs os.

Je parlai au sachem de la détresse de la veuve indienne : il me dit qu'en effet cette femme étoit persécutée, qu'il avoit plusieurs fois sollicité à son sujet les commissaires américains, mais qu'il n'en avoit pu obtenir justice ; il ajouta qu'autrefois les Iroquois se la seroient faite.

Les femmes indiennes nous servirent un repas. L'hospitalité est la dernière vertu sauvage qui soit restée aux Indiens au milieu des vices de la civilisation européenne. On sait quelle étoit autrefois cette hospitalité : une fois reçu dans une cabane on devenoit inviolable : le foyer avoit la puissance de l'autel ; il vous rendoit sacré. Le maître de ce foyer se fût fait tuer avant qu'on touchât à un seul cheveu de votre tête.

Lorsqu'une tribu chassée de ses bois, ou lorsqu'un homme venoit demander l'hospitalité, l'étranger commençoit ce qu'on appeloit la danse du suppliant. Cette danse s'exécutoit ainsi :

Le suppliant avançoit quelques pas, puis s'arrêtoit en regardant le supplié, et reculoit ensuite jusqu'à sa première position. Alors les hôtes entonnoient le chant de l'étranger : « Voici l'étranger, voici l'envoyé du Grand-Esprit. » Après le chant, un enfant alloit prendre la main de l'étranger pour le conduire à la cabane. Lorsque l'enfant touchoit le seuil de la porte, il disoit : « Voici l'étranger ! » et le chef de la cabane répondoit : « Enfant, introduis l'homme dans ma cabane. » L'étranger, entrant alors sous la protection de l'enfant, alloit, comme chez les Grecs, s'asseoir sur la cendre du foyer. On lui présentoit le calumet de paix ; il fumoit trois fois, et les femmes disoient le chant de la consolation : « L'étranger a retrouvé une mère et une femme : le soleil se lèvera et se couchera pour lui comme auparavant. »

On remplissoit d'eau d'érable une coupe consacrée : c'étoit une calebasse ou un vase de pierre qui reposoit ordinairement dans le coin de la cheminée, et sur lequel on mettoit une couronne de fleurs. L'étranger buvoit la moitié de l'eau, et passoit la coupe à son hôte qui achevoit de la vider.

Le lendemain de ma visite au chef des Onondagas je continuai mon voyage. Ce vieux chef s'étoit trouvé à la prise de Québec : il avoit assisté à la mort du général Wolf. Et moi, qui sortois de la hutte d'un sauvage, j'étois nouvellement échappé du palais de Versailles, et je venois de m'asseoir à la table de Washington.

A mesure que nous avancions vers Niagara, la route, plus pénible, étoit à peine tracée par des abatis d'arbres : les troncs de ces arbres servoient de ponts sur les ruisseaux ou de fascines dans les fondrières. La population américaine se portoit alors vers les concessions de Génésée. Les gouvernements des États-Unis vendoient ces concessions plus ou moins cher, selon la bonté du sol, la qualité des arbres, le cours et la multitude des eaux.

Les défrichements offroient un curieux mélange de l'état de nature et de l'état civilisé. Dans le coin d'un bois qui n'avoit jamais retenti que des cris du sauvage et des bruits de la bête fauve, on rencontroit une terre labourée; on apercevoit du même point de vue la cabane d'un Indien et l'habitation d'un planteur. Quelques-unes de ces habitations, déjà achevées, rappeloient la propreté des fermes angloises et hollandoises; d'autres n'étoient qu'à demi terminées, et n'avoient pour toit que le dôme d'une futaie.

J'étois reçu dans ces demeures d'un jour; j'y trouvois souvent une famille charmante, avec tous les agréments et toutes les élégances de l'Europe; des meubles d'acajou, un piano, des tapis, des glaces; tout cela à quatre pas de la hutte d'un Iroquois. Le soir, lorsque les serviteurs étoient revenus des bois ou des champs, avec la cognée ou la charrue, on ouvroit les fenêtres; les jeunes filles de mon hôte chantoient, en s'accompagnant sur le piano, la musique de Paësiello et de Cimarosa, à la vue du désert, et quelquefois au murmure d'une cataracte.

Dans les terrains les meilleurs s'établissoient des bourgades. On ne peut se faire une idée du sentiment et du plaisir qu'on éprouve en voyant s'élancer la flèche d'un nouveau clocher du sein d'une vieille forêt américaine. Comme les mœurs angloises suivent partout les Anglois, après avoir traversé des pays où il n'y avoit pas trace d'habitants, j'apercevois l'enseigne d'une auberge qui pendoit à une branche d'arbre sur le bord du chemin, et que balançoit le vent de la solitude. Des chasseurs, des planteurs, des Indiens, se rencontroient à ces caravansérails; mais la première fois que je m'y reposai je jurai bien que ce seroit la dernière.

Un soir, en entrant dans ces singulières hôtelleries, je restai stupéfait à l'aspect d'un lit immense bâti en rond autour d'un poteau :

chaque voyageur venoit prendre sa place dans ce lit, les pieds au poteau du centre, la tête à la circonférence du cercle, de manière que les dormeurs étoient rangés symétriquement comme les rayons d'une roue ou les bâtons d'un éventail. Après quelque hésitation, je m'introduisis pourtant dans cette machine, parce que je n'y voyois personne. Je commençois à m'assoupir lorsque je sentis la jambe d'un homme qui se glissoit le long de la mienne : c'étoit celle de mon grand diable de Hollandois qui s'étendoit auprès de moi. Je n'ai jamais éprouvé une plus grande horreur de ma vie. Je sautai dehors de ce cabas hospitalier, maudissant cordialement les bons usages de nos bons aïeux. J'allai dormir dans mon manteau au clair de la lune : cette compagne de la couche du voyageur n'avoit rien du moins que d'agréable, de frais et de pur.

Le manuscrit manque ici, ou plutôt ce qu'il contenoit a été inséré dans mes autres ouvrages. Après plusieurs jours de marche, j'arrive à la rivière Génésée ; je vois de l'autre côté de cette rivière la merveille du serpent à sonnettes attiré par le son d'une flûte [1] ; plus loin je rencontre une famille sauvage, et je passe la nuit avec cette famille à quelque distance de la chute du Niagara. On retrouve l'histoire de cette rencontre et la description de cette nuit dans l'*Essai historique* et dans le *Génie du Christianisme*.

Les sauvages du saut de Niagara, dans la dépendance des Anglois, étoient chargés de la garde de la frontière du Haut-Canada de ce côté. Ils vinrent au-devant de nous armés d'arcs et de flèches, et nous empêchèrent de passer.

Je fus obligé d'envoyer le Hollandois au fort Niagara chercher une permission du commandant pour entrer sur les terres de la domination britannique : cela me serroit un peu le cœur, car je songeois que la France avoit jadis commandé dans ces contrées. Mon guide revint avec la permission : je la conserve encore ; elle est signée : Le capitaine *Gordon*. N'est-il pas singulier que j'aie retrouvé le même nom anglois sur la porte de ma cellule à Jérusalem [2] ?

Je restai deux jours dans le village des sauvages. Le manuscrit offre en cet endroit la minute d'une lettre que j'écrivois à l'un de mes amis en France. Voici cette lettre :

1. *Génie du Christianisme.* 2. *Itinéraire*

LETTRE ÉCRITE DE CHEZ LES SAUVAGES DE NIAGARA.

Il faut que je vous raconte ce qui s'est passé hier matin chez mes hôtes. L'herbe étoit encore couverte de rosée ; le vent sortoit des forêts tout parfumé, les feuilles du mûrier sauvage étoient chargées des cocons d'une espèce de ver à soie, et les plantes à coton du pays, renversant leurs capsules épanouies, ressembloient à des rosiers blancs.

Les Indiennes s'occupoient de divers ouvrages, réunies ensemble au pied d'un gros hêtre pourpre. Leurs plus petits enfants étoient suspendus dans des réseaux aux branches de l'arbre : la brise des bois berçoit ces couches aériennes d'un mouvement presque insensible. Les mères se levoient de temps en temps pour voir si leurs enfants dormoient et s'ils n'avoient point été réveillés par une multitude d'oiseaux qui chantoient et voltigeoient à l'entour. Cette scène étoit charmante.

Nous étions assis à part, l'interprète et moi, avec les guerriers, au nombre de sept ; nous avions tous une grande pipe à la bouche ; deux ou trois de ces Indiens parloient anglois.

A quelque distance de jeunes garçons s'ébattoient : mais au milieu de leurs jeux, en sautant, en courant, en lançant des balles, ils ne prononçoient pas un mot. On n'entendoit point l'étourdissante criaillerie des enfants européens ; ces jeunes sauvages bondissoient comme des chevreuils, et ils étoient muets comme eux. Un grand garçon de sept ou huit ans, se détachant quelquefois de la troupe, venoit téter sa mère, et retournoit jouer avec ses camarades.

L'enfant n'est jamais sevré de force ; après s'être nourri d'autres aliments, il épuise le sein de sa mère comme la coupe que l'on vide à la fin d'un banquet. Quand la nation entière meurt de faim, l'enfant trouve encore au sein maternel une source de vie. Cette coutume est peut-être une des causes qui empêchent les tribus américaines de s'accroître autant que les familles européennes.

Les pères ont parlé aux enfants et les enfants ont répondu aux pères. Je me suis fait rendre compte du colloque par mon Hollandois. Voici ce qui s'est passé :

Un sauvage d'une trentaine d'années a appelé son fils, et l'a invité à sauter moins fort ; l'enfant a répondu : *C'est raisonnable*. Et, sans faire ce que le père lui disoit, il est retourné au jeu.

Le grand-père de l'enfant l'a appelé à son tour, et lui a dit : *Fais cela* ; et le petit garçon s'est soumis. Ainsi l'enfant a désobéi à son père, qui le *prioit,* et a obéi à son aïeul, qui lui *commandoit.* Le père n'est presque rien pour l'enfant.

On n'inflige jamais une punition à celui-ci ; il ne reconnoît que l'autorité de l'âge et celle de sa mère. Un crime réputé affreux et sans exemple parmi les Indiens est celui d'un fils rebelle à sa mère. Lorsqu'elle est devenue vieille, il la nourrit.

A l'égard du père, tant qu'il est jeune, l'enfant le compte pour rien ; mais lorsqu'il avance dans la vie, son fils l'honore, non comme père, mais comme vieillard, c'est-à-dire comme un homme de bons conseils et d'expérience.

Cette manière d'élever les enfants dans toute leur indépendance devroit les rendre sujets à l'humeur et aux caprices ; cependant les enfants des sauvages n'ont ni caprices ni humeur, parce qu'ils ne désirent que ce qu'ils savent pouvoir obtenir. S'il arrive à un enfant de pleurer pour quelque chose que sa mère n'a pas, on lui dit d'aller prendre cette chose où il l'a vue : or, comme il n'est pas le plus fort, et qu'il sent sa foiblesse, il oublie l'objet de sa convoitise. Si l'enfant sauvage n'obéit à personne, personne ne lui obéit : tout le secret de sa gaieté ou de sa raison est là.

Les enfants indiens ne se querellent point, ne se battent point : ils ne sont ni bruyants, ni tracassiers, ni hargneux ; ils ont dans l'air je ne sais quoi de sérieux comme le bonheur, de noble comme l'indépendance.

Nous ne pourrions pas élever ainsi notre jeunesse ; il nous faudroit commencer par nous défaire de nos vices : or nous trouvons plus aisé de les ensevelir dans le cœur de nos enfants, prenant soin seulement d'empêcher ces vices de paroître au dehors.

Quand le jeune Indien sent naître en lui le goût de la pêche, de la chasse, de la guerre, de la politique, il étudie et imite les arts qu'il voit pratiquer à son père : il apprend alors à coudre un canot, à tresser un filet, à manier l'arc, le fusil, le casse-tête, la hache, à couper un arbre, à bâtir une hutte, à expliquer les *colliers.* Ce qui est un amusement pour le fils devient une autorité pour le père : le droit de la force et de l'intelligence de celui-ci est reconnu, et ce droit le conduit peu à peu au pouvoir du sachem.

Les filles jouissent de la même liberté que les garçons : elles font à peu près ce qu'elles veulent, mais elles restent davantage avec leurs mères, qui leur enseignent les travaux du ménage. Lorsqu'une jeune Indienne a mal agi, sa mère se contente de lui jeter des gouttes d'eau au visage et de lui dire : *Tu me déshonores.* Ce reproche manque rarement son effet.

Nous sommes restés jusqu'à midi à la porte de la cabane ; le soleil étoit devenu brûlant. Un de nos hôtes s'est avancé vers les petits garçons, et leur a dit : *Enfants, le soleil vous mangera la tête, allez dormir.* Ils se sont tous écriés : *C'est juste.* Et pour toute marque d'obéissance ils ont continué de jouer, après être convenus que le soleil leur *mangeroit* la tête.

Mais les femmes se sont levées, l'une montrant de la sagamité dans un vase de bois, l'autre un fruit favori, une troisième déroulant une natte pour se coucher : elles ont appelé la troupe obstinée, en joignant à chaque nom un mot de tendresse. A l'instant les enfants ont volé vers leurs mères comme une couvée d'oiseaux. Les femmes les ont saisis en riant, et chacune d'elles a emporté avec assez de peine son fils, qui mangeoit dans les bras maternels ce qu'on venoit de lui donner.

Adieu, je ne sais si cette lettre écrite du milieu des bois vous arrivera jamais.

Je me rendis du village des Indiens à la cataracte de Niagara. La description de cette cataracte, placée à la fin d'*Atala*, est trop connue pour la reproduire ; d'ailleurs elle fait encore partie d'une note sur l'*Essai historique* ; mais il y a dans cette même note quelques détails si intimement liés à l'histoire de mon voyage, que je crois devoir les répéter ici.

A la cataracte de Niagara, l'échelle indienne qui s'y trouvoit jadis étant rompue, je voulus, en dépit des représentations de mon guide, me rendre au bas de la chute par un rocher à pic d'environ deux cents pieds de hauteur. Je m'aventurai dans la descente. Malgré les rugissements de la cataracte et l'abîme effrayant qui bouillonnoit au-dessous de moi, je conservai ma tête et parvins à une quarantaine de pieds du fond. Mais ici le rocher lisse et vertical n'offroit plus ni racines ni fentes où pouvoir reposer mes pieds. Je demeurai suspendu par la main à toute ma longueur, ne pouvant ni remonter ni descendre, sentant mes doigts s'ouvrir peu à peu de lassitude sous le poids de mon corps et voyant la mort inévitable. Il y a peu d'hommes qui aient passé dans leur vie deux minutes comme je les comptai alors, suspendu sur le gouffre de Niagara. Enfin mes mains s'ouvrirent et je tombai. Par le bonheur le plus inouï je me trouvai sur le roc vif, où j'aurois dû me briser cent fois, et cependant je ne me sentois pas grand mal ; j'étois à un demi-pouce de l'abîme, et je n'y avois pas roulé ; mais lorsque le froid de l'eau commença à me pénétrer, je m'aperçus que je n'en étois pas quitte à aussi bon marché que je l'avois cru d'abord. Je sentis une douleur insupportable au bras gauche ; je l'avois cassé au-dessous du coude. Mon guide, qui me regardoit d'en haut, et auquel je fis signe, courut chercher quelques sauvages, qui, avec beaucoup de peine, me remontèrent avec des cordes de bouleau et me transportèrent chez eux.

Ce ne fut pas le seul risque que je courus à Niagara. En arrivant, je m'étois rendu à la chute, tenant la bride de mon cheval entortillée à mon bras ; tandis que je me penchois pour regarder en bas, un serpent à sonnettes remua dans les buissons voisins ; le cheval s'effraye, recule en se cabrant et en approchant du gouffre. Je ne puis dégager mon bras des rênes, et le cheval, toujours plus effarouché, m'entraîne après lui. Déjà ses pieds de devant quittoient la terre, et accroupi sur le bord de l'abîme, il ne s'y tenoit plus que par force de reins. C'en étoit fait de moi, lorsque l'animal, étonné lui-même du nouveau péril, fait un nouvel effort, s'abat en dedans par une pirouette et s'élance à dix pieds loin du bord [1].

Je n'avois qu'une fracture simple au bras : deux lattes, un bandage et une écharpe suffirent à ma guérison. Mon Hollandois ne voulut pas aller plus loin. Je le payai, et il retourna chez lui. Je fis un nouveau marché avec des Canadiens de Niagara, qui avoient une partie de leur famille à Saint-Louis des Illinois, sur le Mississipi.

Le manuscrit présente maintenant un aperçu général des lacs du Canada.

LACS DU CANADA.

Le trop-plein des eaux du lac Érié se décharge dans le lac Ontario, après avoir formé la cataracte de Niagara. Les Indiens trouvoient autour du lac Ontario le baume blanc dans le baumier ; le sucre dans l'érable, le noyer et le merisier ; la teinture rouge dans l'écorce de la perousse ; le toit de leurs chaumières dans l'écorce du bois blanc : ils trouvoient le vinaigre dans les grappes rouges du vinaigrier, le miel et le coton dans les fleurs de l'asperge sauvage ; l'huile pour les cheveux dans le tournesol, et une panacée pour les blessures dans la *plante universelle*. Les Européens ont remplacé ces bienfaits de la nature par les productions de l'art : les sauvages ont disparu.

---

1. *Essai historique.*

CHÛTE DU NIAGARA

Garnier frères, Éditeurs.

Le lac Érié a plus de cent lieues de circonférence. Les nations qui peuploient ses bords furent exterminées par les Iroquois il y a deux siècles ; quelques hordes errantes infestèrent ensuite des lieux où l'on n'osoit s'arrêter.

C'est une chose effrayante que de voir les Indiens s'aventurer dans des nacelles d'écorce sur ce lac où les tempêtes sont terribles. Ils suspendent leurs manitous à la poupe des canots, et s'élancent au milieu des tourbillons de neige, entre les vagues soulevées. Ces vagues, de niveau avec l'orifice des canots, ou les surmontant, semblent les aller engloutir. Les chiens des chasseurs, les pattes appuyées sur le bord, poussent des cris lamentables, tandis que leurs maîtres, gardant un profond silence, frappent les flots en mesure avec leurs pagayes. Les canots s'avancent à la file : à la proue du premier se tient debout un chef, qui répète le monosyllabe OAH, la première voyelle sur une note élevée et courte, la seconde sur une note sourde et longue ; dans le dernier canot est encore un chef debout, manœuvrant une grande rame en forme de gouvernail. Les autres guerriers sont assis, les jambes croisées, au fond des canots : à travers le brouillard, la neige et les vagues, on n'aperçoit que les plumes dont la tête de ces Indiens est ornée, le cou allongé des dogues hurlant, et les épaules des deux sachems, pilote et augure, on diroit des dieux de ces eaux.

Le lac Érié est encore fameux par ses serpents. A l'ouest de ce lac, depuis les îles aux Couleuvres jusqu'aux rivages du continent, dans un espace de plus de vingt milles, s'étendent de larges nénuphars : en été les feuilles de ces plantes sont couvertes de serpents entrelacés les uns aux autres. Lorsque les reptiles viennent à se mouvoir aux rayons du soleil, on voit rouler leurs anneaux d'azur, de pourpre, d'or et d'ébène ; on ne distingue dans ces horribles nœuds, doublement, triplement formés, que des yeux étincelants, des langues à triple dard, des gueules de feu, des queues armées d'aiguillons ou de sonnettes, qui s'agitent en l'air comme des fouets. Un sifflement continuel, un bruit semblable au froissement des feuilles mortes dans une forêt, sortent de cet impur Cocyte.

Le détroit qui ouvre le passage du lac Huron au lac Érié tire sa renommée de ses ombrages et de ses prairies. Le lac Huron abonde en poisson ; on y pêche l'artikamègue et des truites qui pèsent deux cents livres. L'île de Matimoulin étoit fameuse ; elle renfermoit le reste de la nation des Ontawais, que les Indiens faisoient descendre du grand Castor. On a remarqué que l'eau du lac Huron, ainsi que celle du lac Michigan, croît pendant sept mois, et diminue dans la même proportion pendant sept autres. Tous ces lacs ont un flux et reflux plus ou moins sensibles.

Le lac Supérieur occupe un espace de plus de 4 degrés entre le 46ᵉ et le 50ᵉ de latitude nord, et non moins de 8 degrés entre le 87ᵉ et le 95ᵉ de longitude ouest, méridien de Paris ; c'est-à-dire que cette mer intérieure a cent lieues de large et environ deux cents de long, donnant une circonférence d'à peu près six cents lieues.

Quarante rivières réunissent leurs eaux dans cet immense bassin ; deux d'entre elles, l'Allinipigon et le Michipicroton, sont deux fleuves considérables ; le dernier prend sa source dans les environs de la baie d'Hudson.

Des îles ornent le lac, entre autres l'île Maurepas, sur la côte septentrionale, l'île Pontchartrain, sur la rive orientale ; l'île Minong vers la partie méridionale, et l'île du Grand-Esprit, ou des Ames, à l'occident : celle-ci pourroit former le territoire d'un État en Europe ; elle mesure trente-cinq lieues de long et vingt de large.

Les caps remarquables du lac sont : la pointe Kioucounan, espèce d'isthme s'allongeant de deux lieues dans les flots ; le cap Minabeaujou, semblable à un phare ; le cap de Tonnerre, près de l'anse du même nom, et le cap Rochedebout, qui s'élève perpendiculairement sur les grèves comme un obélisque brisé.

Le rivage méridional du lac Supérieur est bas, sablonneux, sans abri ; les côtes septentrionales et orientales sont au contraire montagneuses, et présentent une succession de rochers taillés à pic. Le lac lui-même est creusé dans le roc. A travers son onde verte et transparente, l'œil découvre à plus de trente et quarante pieds de profondeur des masses de granit de différentes formes, et dont quelques-unes paroissent comme nouvellement sciées par la main de l'ouvrier. Lorsque le voyageur, laissant dériver son canot, regarde, penché sur le bord, la crête de ces montagnes sous-marines, il ne peut jouir longtemps de ce spectacle ; ses yeux se troublent, et il éprouve des vertiges.

Frappée de l'étendue de ce réservoir des eaux, l'imagination s'accroît avec l'espace : selon l'instinct commun de tous les hommes, les Indiens ont attribué la formation de cet immense bassin à la même puissance qui arrondit la voûte du firmament ; ils ont ajouté à l'admiration qu'inspire la vue du lac Supérieur la solennité des idées religieuses.

Ces sauvages ont été entraînés à faire de ce lac l'objet principal de leur culte, par l'air de mystère que la nature s'est plu à attacher à l'un de ses plus grands ouvrages. Le lac Supérieur a un flux et un reflux irréguliers : ses eaux, dans les plus grandes chaleurs de l'été, sont froides comme la neige à un demi-pied au-dessous de leur surface ; ces mêmes eaux gèlent rarement dans les hivers rigoureux de ces climats, alors même que la mer est gelée.

Les productions de la terre autour du lac varient selon les différents sols : sur la côte orientale on ne voit que des forêts d'érables rachitiques et déjetés, qui croissent presque horizontalement dans du sable ; au nord, partout où le roc vif laisse à la végétation quelque gorge, quelques revers de vallée, on aperçoit des buissons de groseilliers sans épines, et des guirlandes d'une espèce de vigne qui porte un fruit semblable à la framboise, mais d'un rose plus pâle. Çà et là s'élèvent des pins isolés.

Parmi le grand nombre de sites que présentent ces solitudes, deux se font particulièrement remarquer.

En entrant dans le lac Supérieur par le détroit de Sainte-Marie, on voit à gauche des îles qui se courbent en demi-cercle, et qui toutes plantées d'arbres à fleurs ressemblent à des bouquets dont le pied trempe dans l'eau ; à droite, les caps du continent s'avancent dans les vagues : les uns sont enveloppés d'une pelouse qui marie sa verdure au double azur du ciel et de l'onde ; les autres, composés d'un sable rouge et blanc, ressemblent, sur le fond du lac bleuâtre, à des rayons d'ouvrages de marqueterie. Entre ces caps longs et nus s'entremêlent de gros promontoires revêtus de bois qui se répètent invertis dans le cristal au-dessous. Quelquefois aussi les arbres serrés forment un épais rideau sur la côte, et quelquefois clair-semés ils bordent la terre comme des avenues ; alors leurs troncs écartés ouvrent des points d'optique miraculeux. Les plantes, les rochers, les couleurs, diminuent de proportion ou changent de teinte à mesure que le paysage s'éloigne ou se rapproche de la vue.

Ces îles au midi et ces promontoires à l'orient, s'inclinant par l'occident les uns sur les autres, forment et embrassent une vaste rade, tranquille quand l'orage bouleverse les autres régions du lac. Là se jouent des milliers de poissons et d'oiseaux aquatiques ; le canard noir du Labrador se perche sur la pointe d'un brisant ; les vagues environnent ce solitaire en deuil des festons de leur blanche écume ; des plongeons disparoissent, se montrent de nouveau, disparoissent encore ; l'oiseau des lacs plane à la surface des flots, et le martin pêcheur agite rapidement ses ailes d'azur pour fasciner sa proie.

Par delà les îles et les promontoires enfermant cette rade, au débouché du détroit de Sainte-Marie, l'œil découvre les plaines fluides et sans bornes du lac. Les surfaces mobiles de ces plaines s'élèvent et se perdent graduellement dans l'étendue ; du vert d'émeraude elles passent au bleu pâle, puis à l'outremer, puis à l'indigo. Chaque teinte se fondant l'une dans l'autre, la dernière se termine à l'horizon, où elle se joint au ciel par une barre d'un sombre azur.

Ce site, sur le lac même, est proprement un site d'été : il faut en jouir lorsque la nature est calme et riante, le second paysage est au contraire un paysage d'hiver : il demande une saison orageuse et dépouillée.

Près de la rivière Allinipigon s'élève une roche énorme et isolée, qui domine le lac. A l'occident se déploie une chaîne de rochers, les uns couchés, les autres plantés dans le sol, ceux-ci perçant l'air de leurs pics arides, ceux-là de leurs sommets arrondis ; leurs flancs verts, rouges et noirs, retiennent la neige dans leurs crevasses, et mêlent ainsi l'albâtre à la couleur des granits et des porphyres.

Là croissent quelques-uns de ces arbres de forme pyramidale que la nature entremêle à ses grandes architectures et à ses grandes ruines, comme les colonnes de ces édifices debout ou tombés : le pin se dresse sur les plinthes des rochers, et des herbes hérissées de glaçons pendent tristement de leurs corniches ; on croiroit voir les débris d'une cité dans les déserts de l'Asie, pompeux monuments, qui avant leur chute dominoient les bois, et qui portent maintenant des forêts sur leurs combles écroulés.

Derrière la chaîne de rochers que je viens de décrire se creuse comme un sillon une étroite vallée : la rivière du Tombeau passe au milieu. Cette vallée n'offre en été qu'une mousse flasque et jaune ; des rayons de fongus, au chapeau de diverses couleurs, dessinent les interstices de rochers. En hiver, dans cette solitude remplie de neige, le chasseur ne peut découvrir les oiseaux et les quadrupèdes peints de la blancheur des frimas que par les becs colorés des premiers, les museaux noirs et les yeux sanglants des seconds. Au bout de la vallée, et loin par delà, on aperçoit la cime des montagnes hyperboréennes où Dieu a placé la source des quatre plus grands fleuves de l'Amérique septentrionale. Nés dans le même berceau, ils vont, après un cours de douze cents lieues, se mêler, aux quatre points de l'horizon, à quatre océans : le Mississipi se perd, au midi, dans le golfe Mexicain ; le Saint-Laurent se jette, au levant, dans l'Atlantique ; l'Ontawais se précipite, au nord, dans les mers du pôle, et le fleuve de l'Ouest porte au couchant le tribut de ses ondes à l'océan de Nontouka [1].

Après cet aperçu des lacs vient un commencement de journal qui ne porte que l'indication des heures.

1. C'étoit la Géographie erronée du temps : elle n'est plus la même aujourd'hui.

JOURNAL SANS DATE.

Le ciel est pur sur ma tête, l'onde limpide sous mon canot, qui fuit devant une légère brise. A ma gauche sont des collines taillées à pic et flanquées de rochers d'où pendent des convolvulus à fleurs blanches et bleues, des festons de bignonias, de longues graminées, des plantes saxatiles de toutes les couleurs ; à ma droite règnent de vastes prairies. A mesure que le canot avance, s'ouvrent de nouvelles scènes et de nouveaux points de vue : tantôt ce sont des vallées solitaires et riantes, tantôt des collines nues ; ici c'est une forêt de cyprès, dont on aperçoit les portiques sombres ; là c'est un bois léger d'érables, où le soleil se joue comme à travers une dentelle.

Liberté primitive, je te retrouve enfin ! Je passe comme cet oiseau qui vole devant moi, qui se dirige au hasard, et n'est embarrassé que du choix des ombrages. Me voilà tel que le Tout-Puissant m'a créé, souverain de la nature, porté triomphant sur les eaux, tandis que les habitants des fleuves accompagnent ma course, que les peuples de l'air me chantent leurs hymnes, que les bêtes de la terre me saluent, que les forêts courbent leur cime sur mon passage. Est-ce sur le front de l'homme de la société, ou sur le mien, qu'est gravé le sceau immortel de notre origine ? Courez vous enfermer dans vos cités, allez vous soumettre à vos petites lois ; gagnez votre pain à la sueur de votre front, ou dévorez le pain du pauvre ; égorgez-vous pour un mot, pour un maître ; doutez de l'existence de Dieu, ou adorez-le sous des formes superstitieuses : moi j'irai errant dans mes solitudes ; pas un seul battement de mon cœur ne sera comprimé, pas une seule de mes pensées ne sera enchaînée ; je serai libre comme la nature ; je ne reconnoîtrai de souverain que celui qui alluma la flamme des soleils et qui d'un seul coup de sa main fit rouler tous les mondes[1].

Sept heures du soir.

Nous avons traversé la fourche de la rivière et suivi la branche du sud-est. Nous cherchions le long du canal une anse où nous pussions débarquer. Nous sommes entrés dans une crique qui s'enfonce sous un promontoire chargé d'un bocage de tulipiers. Ayant tiré notre canot à terre, les uns ont amassé des branches sèches pour notre feu, les autres ont préparé l'ajoupa. J'ai pris mon fusil, et je me suis enfoncé dans le bois voisin.

1. Je laisse toutes ces choses de la jeunesse : on voudra bien les pardonner.

Je n'y avois pas fait cent pas que j'ai aperçu un troupeau de dindes occupées à manger des baies de fougères et des fruits d'aliziers. Ces oiseaux diffèrent assez de ceux de leur race naturalisés en Europe : ils sont plus gros ; leur plumage est couleur d'ardoise, glacé sur le cou, sur le dos, et à l'extrémité des ailes d'un rouge de cuivre ; selon les reflets de la lumière, ce plumage brille comme de l'or bruni. Ces dindes sauvages s'assemblent souvent en grandes troupes. Le soir elles se perchent sur les cimes des arbres les plus élevés. Le matin elles font entendre du haut de ces arbres leur cri répété ; un peu après le lever du soleil leurs clameurs cessent, et elles descendent dans les forêts.

Nous nous sommes levés de grand matin pour partir à la fraîcheur ; les bagages ont été rembarqués ; nous avons déroulé notre voile. Des deux côtés nous avions de hautes terres chargées de forêts : le feuillage offroit toutes les nuances imaginables : l'écarlate fuyant sur le rouge, le jaune foncé sur l'or brillant, le brun ardent sur le brun léger, le vert, le blanc, l'azur, lavés en mille teintes plus ou moins foibles, plus ou moins éclatantes. Près de nous c'étoit toute la variété du prisme ; loin de nous, dans les détours de la vallée, les couleurs se mêloient et se perdoient dans des fonds veloutés. Les arbres harmonioient ensemble leurs formes : les uns se déployoient en éventail, d'autres s'élevoient en cône, d'autres s'arrondissoient en boule, d'autres étoient taillés en pyramide. Mais il faut se contenter de jouir de ce spectacle sans chercher à le décrire.

Dix heures du matin.

Nous avançons lentement. La brise a cessé, et le canal commence à devenir étroit : le temps se couvre de nuages.

Midi.

Il est impossible de remonter plus haut en canot ; il faut maintenant changer notre manière de voyager ; nous allons tirer notre canot à terre, prendre nos provisions, nos armes, nos fourrures pour la nuit, et pénétrer dans les bois.

Trois heures.

Qui dira le sentiment qu'on éprouve en entrant dans ces forêts aussi vieilles que le monde, et qui seules donnent une idée de la création telle qu'elle sortit des mains de Dieu? Le jour, tombant d'en haut à travers un voile de feuillage, répand dans la profondeur du bois une demi-lumière changeante et mobile, qui donne aux objets une grandeur fantastique. Partout il faut franchir des arbres abattus, sur lesquels s'élèvent d'autres générations d'arbres. Je cherche en vain une issue dans ces solitudes ; trompé par un jour plus vif, j'avance à travers les herbes, les orties, les mousses, les lianes et l'épais humus composé des débris des végétaux ; mais je n'arrive qu'à une clairière formée par quelques pins tombés. Bientôt la forêt redevient plus sombre ; l'œil n'aperçoit que des troncs de chênes et de noyers qui se succèdent les uns les autres, et qui semblent se serrer en s'éloignant : l'idée de l'infini se présente à moi.

Six heures.

J'avois entrevu de nouveau une clarté, et j'avois marché vers elle. Me voilà au point de lumière : triste champ, plus mélancolique que les forêts qui l'environnent ! Ce champ est un ancien cimetière indien. Que je me repose un instant dans cette double solitude de la mort et de la nature : est-il un asile où j'aimasse mieux dormir pour toujours ?

Sept heures.

Ne pouvant sortir de ces bois, nous y avons campé. La réverbération de notre bûcher s'étend au loin : éclairé en dessous par la lueur scarlatine, le feuillage paroît ensanglanté ; les troncs des arbres les plus proches s'élèvent comme des colonnes de granit rouge, mais les plus distants, atteints à peine de la lumière, ressemblent, dans l'enfoncement du bois, à de pâles fantômes rangés en cercle au bord d'une nuit profonde.

Minuit.

Le feu commence à s'éteindre, le cercle de sa lumière se rétrécit. J'écoute : un calme formidable pèse sur ces forêts ; on diroit que des silences succèdent à des silences. Je cherche vainement à entendre dans un tombeau universel quelque bruit qui décèle la vie. D'où vient ce soupir ? D'un de mes compagnons : il se plaint, bien qu'il sommeille. Tu vis, donc tu souffres : voilà l'homme.

Minuit et demi.

Le repos continue ; mais l'arbre décrépit se rompt, il tombe. Les forêts mugissent ; mille voix s'élèvent. Bientôt les bruits s'affoiblissent; ils meurent dans des lointains presque imaginaires : le silence envahit de nouveau le désert.

Une heure du matin.

Voici le vent; il court sur la cime des arbres; il les secoue en passant sur ma tête. Maintenant c'est comme le flot de la mer qui se brise tristement sur le rivage.

Les bruits ont réveillé les bruits. La forêt est toute harmonie. Est-ce les sons graves de l'orgue que j'entends, tandis que des sons plus légers errent dans les voûtes de verdure? Un court silence succède; la musique aérienne recommence; partout de douces plaintes, des murmures qui renferment en eux-mêmes d'autres murmures; chaque feuille parle un différent langage, chaque brin d'herbe rend une note particulière.

Une voix extraordinaire retentit : c'est celle de cette grenouille qui imite les mugissements du taureau. De toutes les parties de la forêt les chauves-souris accrochées aux feuilles élèvent leurs chants monotones : on croit ouïr des glas continus ou le tintement funèbre d'une cloche. Tout nous ramène à quelque idée de la mort, parce que cette idée est au fond de la vie.

Dix heures du matin.

Nous avons repris notre course : descendus dans un vallon inondé, des branches de chêne-saule étendues d'une racine de jonc à une autre racine nous ont servi de pont pour traverser le marais. Nous préparons notre dîner au pied d'une colline couverte de bois, que nous escaladerons bientôt pour découvrir la rivière que nous cherchons.

Une heure.

Nous nous sommes remis en marche; les gelinottes nous promettent pour ce soir un bon souper.

Le chemin s'escarpe, les arbres deviennent rares; une bruyère glissante couvre le flanc de la montagne.

Six heures.

Nous voilà au sommet : au-dessous de nous on n'aperçoit que la cime des arbres. Quelques rochers isolés sortent de cette mer de verdure, comme des écueils élevés au-dessus de la surface de l'eau. La carcasse d'un chien, suspendue à une branche de sapin, annonce le sacrifice indien offert au génie de ce désert. Un torrent se précipite à nos pieds, et va se perdre dans une petite rivière.

Quatre heures du matin.

La nuit a été paisible. Nous nous sommes décidés à retourner à notre bateau, parce que nous étions sans espérance de trouver un chemin dans ces bois.

Neuf heures.

Nous avons déjeuné sous un vieux saule tout couvert de convolvulus et rongé par de larges potirons. Sans les maringouins, ce lieu seroit fort agréable : il a fallu faire une grande fumée de bois vert pour chasser nos ennemis. Les guides ont annoncé la visite de quelques voyageurs qui pouvoient être encore à deux heures de marche de l'endroit où nous étions. Cette finesse de l'ouïe tient du prodige : il y a tel Indien qui entend les pas d'un autre Indien à quatre et cinq heures de distance, en mettant l'oreille à terre. Nous avons vu arriver en effet au bout de deux heures une famille sauvage ; elle a poussé le cri de bienvenue : nous y avons répondu joyeusement.

Midi.

Nos hôtes nous ont appris qu'ils nous entendoient depuis deux jours; qu'ils savoient que nous étions des *chairs blanches,* le bruit que nous faisions en marchant étant plus considérable que le bruit fait par les chairs rouges. J'ai demandé la cause de cette différence ; on m'a répondu que cela tenoit à la manière de rompre les branches et de se frayer un chemin. Le blanc révèle aussi sa race à la pesanteur de son pas; le bruit qu'il produit n'augmente pas progressivement : l'Européen tourne dans les bois ; l'Indien marche en ligne droite.

La famille indienne est composée de deux femmes, d'un enfant et de trois hommes. Revenus ensemble au bateau, nous avons fait un grand feu au bord de la rivière. Une bienveillance mutuelle règne parmi nous : les femmes ont apprêté notre souper, composé de truites saumonées et d'une grosse dinde. Nous autres *guerriers,* nous fumons et devisons ensemble. Demain nos hôtes nous aideront à porter notre canot à un fleuve qui n'est qu'à cinq milles du lieu où nous sommes.

Le journal finit ici. Une page détachée qui se trouve à la suite nous transporte au milieu des Apalaches. Voici cette page :

Ces montagnes ne sont pas, comme les Alpes et les Pyrénées, des monts entassés régulièrement les uns sur les autres, élevant au-dessus des nuages leurs sommets couverts de neige. A l'ouest et au nord, elles ressemblent à des murs perpendiculaires de quelques mille pieds, du haut desquels se précipitent les fleuves qui tombent dans l'Ohio et le Mississipi. Dans cette espèce de grande fracture, on aperçoit des sentiers qui serpentent au milieu des précipices avec les torrents. Ces sentiers et ces torrents sont bordés d'une espèce de pin dont la cime est couleur de vert de mer, et dont le tronc presque lilas est marqué de taches obscures produites par une mousse rase et noire.

Mais du côté du sud et de l'est, les Apalaches ne peuvent presque plus porter le nom de montagnes : leurs sommets s'abaissent graduellement jusqu'au sol qui borde l'Atlantique ; elles versent sur ce sol d'autres fleuves qui fécondent des forêts de chênes verts, d'érables, de noyers, de mûriers, de marronniers, de pins, de sapins, de copalmes, de magnolias et de mille espèces d'arbustes à fleurs.

Après ce court fragment vient un morceau assez étendu sur le cours de l'Ohio et du Mississipi, depuis Pittsbourg jusqu'aux Natchez. Le récit s'ouvre par la description des monuments de l'Ohio. Le *Génie du Christianisme* a un passage et une note sur ces monuments ; mais ce que j'ai écrit dans ce passage et dans cette note diffère en beaucoup de points de ce que je dis ici [1].

Représentez-vous des restes de fortifications ou de monuments, occupant une étendue immense. Quatre espèces d'ouvrages s'y font remarquer : des bastions carrés, des lunes, des demi-lunes et des *tumuli*. Les bastions, les lunes et demi-lunes sont réguliers, les fossés

---

1. Depuis l'époque où j'écrivis cette Dissertation, des hommes savants et des Sociétés archéologiques américaines ont publié des *Mémoires sur les ruines de l'Ohio*. Ils sont curieux sous deux rapports :

1° Ils rappellent les traditions des tribus indiennes ; ces tribus indiennes disent toutes qu'elles sont venues de l'ouest aux rivages de l'Atlantique, un siècle ou deux (autant qu'on en peut juger) avant la découverte de l'Amérique par les Européens ; qu'elles eurent dans leurs longues marches beaucoup de peuples à combattre, particulièrement sur les rives de l'Ohio, etc.

2° Les *Mémoires* des savants américains mentionnent la découverte de quelques idoles trouvées dans des tombeaux, lesquelles idoles ont un caractère purement asiatique. Il est très-certain qu'un peuple beaucoup plus civilisé que les sauvages actuels de l'Amérique a fleuri dans la vallée de l'Ohio et du Mississipi. Quand et comment a-t-il péri ? C'est ce qu'on ne saura peut-être jamais. Ces *Mémoires* dont je parle sont peu connus, et méritent de l'être. On les trouve dans le journal intitulé *Nouvelles Annales des Voyages*.

larges et profonds, les retranchements faits de terre avec des parapets à pan incliné; mais les angles des glacis correspondent à ceux des fossés, et ne s'inscrivent pas comme le parallélogramme dans le polygone.

Les *tumuli* sont des tombeaux de forme circulaire. On a ouvert quelques-uns de ces tombeaux : on a trouvé au fond un cercueil formé de quatre pierres, dans lequel il y avoit des ossements humains. Ce cercueil étoit surmonté d'un autre cercueil contenant un autre squelette, et ainsi de suite jusqu'au haut de la pyramide, qui peut avoir de vingt à trente pieds d'élévation.

Ces constructions ne peuvent être l'ouvrage des nations actuelles de l'Amérique; les peuples qui les ont élevées devoient avoir une connoissance des arts supérieure même à celle des Mexicains et des Péruviens.

Faut-il attribuer ces ouvrages aux Européens modernes? Je ne trouve que Ferdinand de Soto qui ait pénétré anciennement dans les Florides, et il ne s'est jamais avancé au delà d'un village de Chicassas, sur une des branches de la Mobile : d'ailleurs, avec une poignée d'Espagnols, comment auroit-il remué toute cette terre et à quel dessein?

Sont-ce les Carthaginois ou les Phéniciens qui jadis, dans leur commerce autour de l'Afrique et aux îles Cassitérides, ont été poussés aux régions américaines? Mais avant de pénétrer plus avant dans l'ouest, ils ont dû s'établir sur les côtes de l'Atlantique : pourquoi alors ne trouve-t-on pas la moindre trace de leur passage dans la Virginie, les Géorgies et les Florides? Ni les Phéniciens ni les Carthaginois n'enterroient leurs morts comme sont enterrés les morts des fortifications de l'Ohio. Les Égyptiens faisoient quelque chose de semblable; mais les momies étoient embaumées, et celles des tombes américaines ne le sont pas; on ne sauroit dire que les ingrédients manquoient : les gommes, les résines, les camphres, les sels, sont ici de toutes parts.

L'Atlantide de Platon auroit-elle existé? L'Afrique, dans des siècles inconnus, tenoit-elle à l'Amérique? Quoi qu'il en soit, une nation ignorée, une nation supérieure aux générations indiennes de ce moment, a passé dans ces déserts. Quelle étoit cette nation? Quelle révolution l'a détruite? Quand cet événement est-il arrivé! Questions qui nous jettent dans cette immensité du passé où les siècles s'abîment comme des songes.

Les ouvrages dont je parle se trouvent à l'embouchure du grand Miamis, à celle du Muskingum à la *Crique du Tombeau*, et sur une des branches du Scioto : ceux qui bordent cette rivière occupent un espace de plus de deux heures de marche en descendant vers l'Ohio. Dans le

Kentucky, le long du Tennessée, chez les Siminoles, vous ne pouvez faire un pas sans apercevoir quelques vestiges de ces monuments.

Les Indiens s'accordent à dire que quand leurs pères vinrent de l'ouest, ils trouvèrent les ouvrages de l'Ohio tels qu'on les voit aujourd'hui. Mais la date de cette migration des Indiens d'occident en orient varie selon les nations. Les Chicassas, par exemple, arrivèrent dans les forts qui couvrent les fortifications il n'y a guère plus de deux siècles : ils mirent sept ans à accomplir leur voyage, ne marchant qu'une fois chaque année, et emmenant des chevaux dérobés aux Espagnols, devant lesquels il se retiroient.

Une autre tradition veut que les ouvrages de l'Ohio aient été élevés par les Indiens *blancs*. Ces Indiens *blancs*, selon les Indiens *rouges*, devoient être venus de l'orient ; et lorsqu'ils quittèrent le lac sans rivages (la mer), ils étoient vêtus comme les Chairs-Blanches d'aujourd'hui.

Sur cette foible tradition, on a raconté que, vers l'an 1170, Ogan, prince du pays de Galles, ou son fils Madoc, s'embarqua avec un grand nombre de ses sujets[1], et qu'il aborda à des pays inconnus, vers l'occident. Mais est-il possible d'imaginer que les descendants de ces Gallois aient pu construire les ouvrages de l'Ohio, et qu'en même temps, ayant perdu tous les arts, ils se soient trouvés réduits à une poignée de guerriers errants dans les bois comme les autres Indiens?

On a aussi prétendu qu'aux sources du Missouri des peuples nombreux et civilisés vivent dans des enceintes militaires pareilles à celles des bords de l'Ohio ; que ces peuples se servent de chevaux et d'autres animaux domestiques ; qu'ils ont des villes, des chemins publics, qu'ils sont gouvernés par des rois[2].

La tradition religieuse des Indiens sur les monuments de leurs déserts n'est pas conforme à leur tradition historique. Il y a, disent-ils, au milieu de ces ouvrages, une caverne ; cette caverne est celle du Grand-Esprit. Le Grand-Esprit créa les Chicassas dans cette caverne. Le pays étoit alors couvert d'eau ; ce que voyant le Grand-Esprit, il bâtit des murs de terre pour mettre sécher dessus les Chicassas.

---

1. C'est une altération des traditions islandoises et des poétiques histoires des Sagas.

2. Aujourd'hui les sources du Missouri sont connues : on n'a rencontré dans ces régions que des sauvages. Il faut pareillement reléguer parmi les fables cette histoire d'un temple où on auroit trouvé une Bible, laquelle Bible ne pouvoit être lue par des Indiens *blancs*, possesseurs du temple, et qui avoient perdu l'usage de l'écriture. Au reste, la colonisation des Russes au nord-ouest de l'Amérique auroit bien pu donner naissance à ces bruits d'un peuple blanc établi vers les sources du Missouri.

Passons à la description du cours de l'Ohio. L'Ohio est formé par la réunion de la Monongahela et de l'Alleghany, la première rivière prenant sa source au sud, dans les montagnes Bleues ou les Apalaches; la seconde, dans une autre chaîne de ces montagnes au nord, entre le lac Érié et le lac Ontario : au moyen d'un court partage, l'Alleghany communique avec le premier lac. Les deux rivières se joignent au-dessous du fort jadis appelé le fort Duquesne, aujourd'hui le fort Pitt, ou Pittsbourg : leur confluent est au pied d'une haute colline de charbon de terre; en mêlant leurs ondes, elles perdent leurs noms, et ne sont plus connues que sous celui de l'Ohio, qui signifie à bon droit *belle rivière*.

Plus de soixante rivières apportent leurs richesses à ce fleuve; celles dont le cours vient de l'est et du midi sortent des hauteurs qui divisent es eaux tributaires de l'Atlantique des eaux descendantes à l'Ohio et au Mississipi; celles qui naissent à l'ouest et au nord découlent des collines dont le double versant nourrit les lacs du Canada et alimente le Mississipi et l'Ohio.

L'espace où roule ce dernier fleuve offre dans son ensemble un large vallon bordé de collines d'égales hauteurs; mais, dans les détails, à mesure que l'on voyage avec les eaux, ce n'est plus cela.

Rien d'aussi fécond que les terres arrosées par l'Ohio : elles produisent sur les coteaux des forêts de pins rouges, des bois de lauriers, de myrtes, d'érables à suc, de chênes de quatre espèces; les vallées donnent le noyer, l'alizier, le frêne, le tupelo; les marais portent le bouleau, le tremble, le peuplier et le cyprès chauve. Les Indiens font des étoffes avec l'écorce du peuplier; ils mangent la seconde écorce du bouleau; ils emploient la sève de la bourgène pour guérir la fièvre et pour chasser les serpents; le chêne leur fournit des flèches, le frêne des canots.

Les herbes et les plantes sont très-variées; mais celles qui couvrent toutes les campagnes sont : l'herbe à buffle, de sept à huit pieds de haut, l'herbe à trois feuilles, la folle-avoine, ou le riz sauvage, et l'indigo.

Sous un sol partout fertile, à cinq ou six pieds de profondeur, on rencontre généralement un lit de pierre blanche, base d'un excellent humus; cependant, en approchant du Mississipi, on trouve d'abord à la surface du sol une terre forte et noire, ensuite une couche de craie de diverses couleurs, et puis des bois entiers de cyprès chauves, engloutis dans la vase.

Sur le bord du Chanon, à deux cents pieds au-dessous de l'eau, on prétend avoir vu des caractères tracés aux parois d'un précipice : on en a conclu que l'eau couloit jadis à ce niveau, et que des nations inconnues écrivirent ces lettres mystérieuses en passant sur le fleuve.

Une transition subite de température et de climat se fait remarquer sur l'Ohio : aux environs du Canaway, le cyprès chauve cesse de croître, et les sassafras disparoissent; les forêts de chênes et d'ormeaux se multiplient. Tout prend une couleur différente : les verts sont plus foncés, leurs nuances plus sombres.

Il n'y a, pour ainsi dire, que deux saisons sur le fleuve : les feuilles tombent tout à coup en novembre; les neiges les suivent de près; le vent du nord-ouest commence, et l'hiver règne. Un froid sec continue avec un ciel pur jusqu'au mois de mars; alors le vent tourne au nord-est, et en moins de quinze jours, les arbres chargés de givre apparoissent couverts de fleurs. L'été se confond avec le printemps.

La chasse est abondante. Les canards branchus, les linottes bleues, les cardinaux, les chardonnerets pourpres, brillent dans la verdure des arbres; l'oiseau *whet-shaw* imite le bruit de la scie; l'oiseau-chat miaule, et les perroquets qui apprennent quelques mots autour des habitations les répètent dans les bois. Un grand nombre de ces oiseaux vivent d'insectes : la chenille verte à tabac, le ver d'une espèce de mûrier blanc, les mouches luisantes, l'araignée d'eau, leur servent principalement de nourriture; mais les perroquets se réunissent en grandes troupes et dévastent les champs ensemencés. On accorde une prime pour chaque tête de ces oiseaux : on donne la même prime pour les têtes d'écureuil.

L'Ohio offre à peu près les mêmes poissons que le Mississipi. Il est assez commun d'y prendre des truites de trente à trente-cinq livres, et une espèce d'esturgeon dont la tête est faite comme la pelle d'une pagaye.

En descendant le cours de l'Ohio on passe une petite rivière appelée le Lic des grands Os. On appelle *lic* en Amérique des bancs d'une terre blanche un peu glaiseuse, que les buffles se plaisent à lécher; ils y creusent avec leur langue des sillons. Les excréments de ces animaux sont si imprégnés de la terre du lic, qu'ils ressemblent à des morceaux de chaux. Les buffles recherchent les lics à cause des sels qu'ils contiennent : ces sels guérissent les animaux ruminants des tranchées que leur cause la crudité des herbes. Cependant les terres de la vallée de l'Ohio ne sont point salées au goût; elles sont au contraire extrêmement insipides.

Le lic de la rivière du Lic est un des plus grands que l'on connoisse; les vastes chemins que les buffles ont tracés à travers les herbes pour y aborder seroient effrayants si l'on ne savoit que ces taureaux sauvages sont les plus paisibles de toutes les créatures. On a découvert dans ce lic une partie du squelette d'un mammouth : l'os de la cuisse pesoit soixante-dix livres, les côtes comptoient dans leur courbure sept pieds, et la tête trois pieds de long ; les dents mâchelières portoient cinq pouces de largeur et huit de hauteur, les défenses quatorze pouces de la racine à la pointe.

De pareilles dépouilles ont été rencontrées au Chili et en Russie. Les Tartares prétendent que le mammouth existe encore dans leur pays à l'embouchure des rivières : on assure aussi que des chasseurs l'ont poursuivi à l'ouest du Mississipi. Si la race de ces animaux a péri, comme il est à croire, quand cette destruction dans des pays si divers et dans des climats si différents est-elle arrivée? Nous ne savons rien, et pourtant nous demandons tous les jours à Dieu compte de ses ouvrages!

Le Lic des grands Os est à environ trente milles de la rivière Kentucky, et à cent huit milles à peu près des rapides de l'Ohio. Les bords de la rivière Kentucky sont taillés à pic comme des murs. On remarque dans ce lieu un chemin fait par les buffles, qui descend du haut d'une colline, des sources de bitume qu'on peut brûler en guise d'huile, des grottes qu'embellissent des colonnes naturelles, et un lac souterrain qui s'étend à des distances inconnues.

Au confluent du Kentucky et de l'Ohio le paysage déploie une pompe extraordinaire : là, ce sont des troupeaux de chevreuils qui de la pointe du rocher vous regardent passer sur les fleuves; ici des bouquets de vieux pins se projettent horizontalement sur les flots ; des plaines riantes se déroulent à perte de vue, tandis que des rideaux de forêts voilent la base de quelques montagnes dont la cime apparoît dans le lointain.

Ce pays si magnifique s'appelle pourtant le Kentucky, du nom de sa rivière, qui signifie *rivière de sang :* il doit ce nom funeste à sa beauté même : pendant plus de deux siècles les nations du parti des Chéroquois et du parti des nations iroquoises s'en disputèrent les chasses. Sur ce champ de bataille, aucune tribu indienne n'osoit se fixer : les Sawanoes, les Miamis, les Piankiciawoes, les Wayoes, les Kaskasias, les Delawares, les Illinois, venoient tour à tour y combattre. Ce ne fut que vers l'an 1752 que les Européens commencèrent à savoir quelque chose de positif sur les vallées situées à l'ouest des monts Alleghany, appelés d'abord les *montagnes Endless* (sans fin), ou *Kittanniny*, ou *montagnes Bleues*. Cependant Charlevoix, en 1720, avoit parlé du cours de l'Ohio ; et le fort Duquesne, aujourd'hui fort Pitt (Pitts-Burgh), avoit été tracé par les François à la jonction des deux rivières mères de l'Ohio. En 1752, Louis Evant publia une carte du pays situé sur l'Ohio et le Kentucky; Jacques Macbrive fit une course dans ce désert en 1754; Jones Finley y pénétra en 1757; le colonel Boone le découvrit entièrement en 1769, et s'y établit avec sa famille en 1775. On prétend que le docteur Wood et Simon Kenton furent les premiers Européens qui descendirent l'Ohio en 1773, depuis le fort Pitt jusqu'au Mississipi. L'orgueil national des Américains les porte à s'attribuer le mérite de la plupart des découvertes à l'occident des États-Unis; mais il ne faut pas oublier que les François du Canada et de la Louisiane, arrivant par le nord et par le midi, avoient parcouru ces régions long-temps avant les Américains, qui venoient du côté de l'orient et que gênoient dans leur route la confédération des Creeks et les Espagnols des Florides.

Cette terre commence (1791) à se peupler par les colonies de la Pensylvanie, de la Virginie et de la Caroline, et par quelques-uns de mes malheureux compatriotes fuyant devant les premiers orages de la révolution

Les générations européennes seront-elles plus vertueuses et plus libres sur ces bords que les générations américaines qu'elles auront exterminées? Des esclaves ne laboureront-ils point la terre sous le fouet de leur maître, dans ces déserts où l'homme promenoit son indépendance? Des prisons et des gibets ne remplaceront-ils point la cabane ouverte et le haut chêne, qui ne porte que le nid des oiseaux? La richesse du sol ne fera-t-elle point naître de nouvelles guerres? Le Kentucky cessera-t-il d'être la *terre du sang*, et les édifices des hommes embelliront-ils mieux les bords de l'Ohio que les monuments de la nature?

Du Kentucky aux rapides de l'Ohio on compte à peu près quatre-vingts milles. Ces rapides sont formés par une roche qui s'étend sous l'eau dans le lit de la rivière; la descente de ces rapides n'est ni dangereuse ni difficile, la chute moyenne n'étant guère que de quatre à cinq pieds dans l'espace d'un tiers de lieue. La rivière se divise en deux canaux par des îles groupées au milieu des rapides. Lorsqu'on s'abandonne au courant, on peut passer sans alléger les bateaux, mais il est impossible de les remonter sans diminuer leur charge.

Le fleuve, à l'endroit des rapides, a un mille de large. Glissant sur le magnifique canal, la vue est arrêtée à quelque distance au-dessous de sa chute par une île couverte d'un bois d'ormes enguirlandés de lianes et de vigne vierge.

Au nord se dessinent les collines de la *Crique d'Argent* : la première de ces collines trempe perpendiculairement dans l'Ohio; sa falaise, taillée à grandes facettes rouges, est décorée de plantes; d'autres collines parallèles, couronnées de forêts, s'élèvent derrière la première colline, fuient en montant de plus en plus dans le ciel, jusqu'à ce que leur sommet, frappé de lumière, devienne de la couleur du ciel et s'évanouisse.

Au midi sont des savanes parsemées de bocages et couvertes de buffles, les uns couchés, les autres errants, ceux-ci paissant l'herbe, ceux-là arrêtés en groupe, et opposant les uns aux autres leurs têtes baissées. Au milieu de ce tableau les rapides, selon qu'ils sont frappés des rayons du soleil, rebroussés par le vent, ou ombrés par les nuages, s'élèvent en bouillons d'or, blanchissent en écume, ou roulent à flots brunis.

Au bas des rapides est un îlot où les corps se pétrifient. Cet îlot est couvert d'eau au temps des débordements; on prétend que la vertu pétrifiante confinée à ce petit coin de terre ne s'étend pas au rivage voisin.

Des rapides à l'embouchure du Wabash on compte trois cent seize milles. Cette rivière communique, au moyen d'un portage de neuf milles, avec le Miamis du lac qui se décharge dans l'Érié. Les rivages du Wabash sont élevés; on y a découvert une mine d'argent.

A quatre-vingt-quatorze milles au-dessous de l'embouchure du Wabash commence une cyprière. De cette cyprière aux bancs Jaunes, toujours en descendant l'Ohio, il y a cinquante-six milles : on laisse à gauche les embouchures de deux rivières qui ne sont qu'à dix-huit milles de distance l'une de l'autre.

La première rivière s'appelle le Chéroquois ou le Tennessée; elle sort des monts qui séparent les Carolines et les Géorgies de ce qu'on appelle les terres de l'Ouest; elle roule d'abord d'orient en occident au pied des monts : dans cette première partie de son cours, elle est rapide et tumultueuse; ensuite elle tourne subitement au nord; grossie de plusieurs affluents, elle épand et retient ses ondes, comme pour se délasser, après une fuite précipitée de quatre cents lieues. A son embouchure, elle a six cents toises de large, et dans un endroit nommé le Grand-Détour elle présente une nappe d'eau d'une lieue d'étendue.

La seconde rivière, le Shanawon ou le Cumberland, est la compagne du Chéroquois ou du Tennessée. Elle passe avec lui son enfance dans les mêmes montagnes, et descend avec lui dans les plaines. Vers le milieu de sa carrière, obligée de quitter le Tennessée, elle se hâte de parcourir des lieux déserts, et les deux jumeaux, se rapprochant vers la fin de leur vie, expirent à quelque distance l'un de l'autre dans l'Ohio, qui les réunit.

Le pays que ces rivières arrosent est généralement entrecoupé de collines et de vallées rafraîchies par une multitude de ruisseaux : cependant, il y a quelques plaines de cannes sur le Cumberland et plusieurs grandes cyprières. Le buffle et le chevreuil abondent dans ce pays, qu'habitent encore des nations sauvages, particulièrement les Chéroquois. Les cimetières indiens sont fréquents, triste preuve de l'ancienne population de ces déserts.

De la grande cyprière sur l'Ohio aux bancs Jaunes j'ai dit que la route estimée est d'environ cinquante-six mille. Les bancs Jaunes sont ainsi nommés de leur couleur : placés sur la rive septentrionale de l'Ohio, on les rase de près, parce que l'eau est profonde de ce côté. L'Ohio a presque partout un double rivage, l'un pour la saison des débordements, l'autre pour les temps de sécheresse.

Des bancs Jaunes à l'embouchure de l'Ohio dans le Mississipi, par les 36° 51' de latitude, on compte à peu près trente-cinq milles.

Pour bien juger du confluent des deux fleuves, il faut supposer que l'on part d'une petite île sous la rive orientale du Mississipi, et que l'on veut entrer dans l'Ohio : à gauche vous apercevez le Mississipi, qui coule dans cet endroit presque est et ouest, et qui présente une grande eau troublée et tumultueuse ; à droite, l'Ohio, plus transparent que le cristal, plus paisible que l'air, vient lentement du nord au sud, décrivant une courbe gracieuse : l'un et l'autre dans les saisons moyennes ont à peu près deux milles de large au moment de leur rencontre. Le volume de leur fluide est presque le même ; les deux fleuves, s'opposant une résistance égale, ralentissent leur cours, et paroissent dormir ensemble pendant quelques lieues dans leur lit commun.

La pointe où ils marient leurs flots est élevée d'une vingtaine de pieds au-dessus d'eux : composé de limon et de sable, ce cap marécageux se couvre de chanvre sauvage, de vigne qui rampe sur le sol ou qui grimpe le long des tuyaux de l'herbe à buffle ; des chênes-saules croissent aussi sur cette langue de terre qui disparoît dans les grandes inondations. Les fleuves débordés et réunis ressemblent alors à un vaste lac.

Le confluent du Missouri et du Mississipi présente peut-être encore quelque chose de plus extraordinaire. Le Missouri est un fleuve fougueux, aux eaux blanches et limoneuses, qui se précipite dans le pur et tranquille Mississipi avec violence. Au printemps, il détache de ses rives de vastes morceaux de terre : ces îles flottantes descendant le cours du Missouri avec leurs arbres couverts de feuilles ou de fleurs, les uns encore debout, les autres à moitié tombés, offrent un spectacle merveilleux.

De l'embouchure de l'Ohio aux mines de fer, sur la côte orientale du Mississipi, il n'y a guère plus de quinze milles; des mines de fer à l'embouchure de la rivière de Chicassas on marque soixante-sept milles. Il faut faire cent quatre milles pour arriver aux collines de Margette, qu'arrose la petite rivière de ce nom; c'est un lieu rempli de gibier.

Pourquoi trouve-t-on tant de charme à la vie sauvage? Pourquoi l'homme le plus accoutumé à exercer sa pensée s'oublie-t-il joyeusement dans le tumulte d'une chasse? Courir dans les bois, poursuivre des bêtes sauvages, bâtir sa hutte, allumer son feu, apprêter soi-même son repas auprès d'une source, est certainement un très-grand plaisir. Mille Européens ont connu ce plaisir, et n'en ont plus voulu d'autre, tandis que l'Indien meurt de regret si on l'enferme dans nos cités. Cela prouve que l'homme est plutôt un être actif qu'un être contemplatif; que dans sa condition naturelle il lui faut peu de chose, et que la simplicité de l'âme est une source inépuisable de bonheur.

De la rivière Margette à celle de Saint-François on parcourt soixante-dix milles. La rivière de Saint-François a reçu son nom des François, et elle est encore pour eux un rendez-vous de chasse.

On compte cent huit milles de la rivière Saint-François aux Akansas ou Arkansas. Les Akansas nous sont encore fort attachés. De tous les Européens, mes compatriotes sont les plus aimés des Indiens. Cela tient à la gaieté des François, à leur valeur brillante, à leur goût de la chasse et même de la vie sauvage; comme si la plus grande civilisation se rapprochoit de l'état de nature!

La rivière d'Akansas est navigable en canot pendant plus de quatre cent cinquante milles : elle coule à travers une belle contrée ; sa source paroît être cachée dans les montagnes du Nouveau-Mexique.

De la rivière des Akansas à celle des Yazous, cent cinquante-huit milles. Cette dernière rivière a cent toises de largeur à son embouchure. Dans la saison des pluies, les grands bateaux peuvent remonter le Yazou à plus de quatre-vingts milles; une petite cataracte oblige seulement à un portage. Les Yazous, les Chactas et les Chicassas habitoient autrefois les diverses branches de cette rivière. Les Yazous ne faisoient qu'un peuple avec les Natchez.

La distance des Yazous aux Natchez par le fleuve se divise ainsi : des côtes des Yazous au Bayouk-Noir, trente-neuf milles; du Bayouk-Noir à la rivière des Pierres, trente milles; de la rivière des Pierres aux Natchez, dix milles.

Depuis les côtes des Yazous jusqu'au Bayouk-Noir, le Mississipi est rempli d'îles et fait de longs détours ; sa largeur est d'environ deux milles, sa profondeur de huit à dix brasses. Il seroit facile de diminuer les distances en coupant des pointes. La distance de la Nouvelle-Orléans à l'embouchure de l'Ohio, qui n'est que de quatre cent soixante milles en ligne droite, est de huit cent cinquante-six sur le fleuve. On pourroit raccourcir de ce trajet deux cent cinquante milles au moins.

Du Bayouk-Noir à la rivière des Pierres, on remarque des carrières de pierres. Ce sont les premières que l'on rencontre à partir de l'embouchure du Mississipi jusqu'à la petite rivière qui a pris le nom de ces carrières.

Le Mississipi est sujet à deux inondations périodiques, l'une au printemps, l'autre en automne : la première est la plus considérable ; elle commence en mai et finit en juin. Le courant du fleuve file alors cinq milles à l'heure, et l'ascension des contre-courants est à peu près de la même vitesse : admirable prévoyance de la nature ! car, sans ces contre-courants, les embarcations pourroient à peine remonter le fleuve [1]. A cette époque, l'eau s'élève à une grande hauteur, noie ses rivages, et ne retourne point au fleuve dont elle est sortie, comme l'eau du Nil ; elle reste sur la terre, ou filtre à travers le sol, sur lequel elle dépose un sédiment fertile.

La seconde crue a lieu aux pluies d'octobre ; elle n'est pas aussi considérable que celle du printemps. Pendant ces inondations, le Mississipi charrie des trains de bois énormes et pousse des mugissements. La vitesse ordinaire du cours du fleuve est d'environ deux milles à l'heure.

Les terres un peu élevées qui bordent le Mississipi, depuis la Nouvelle-Orléans jusqu'à l'Ohio, sont presque toutes sur la rive gauche ; mais ces terres s'éloignent ou se rapprochent plus ou moins du canal, laissant quelquefois entre elles et le fleuve des savanes de plusieurs milles de largeur. Les collines ne courent pas toujours parallèlement au rivage ; tantôt elles divergent en rayons à de grandes distances, et présentent, dans les perspectives qu'elles ouvrent, des vallées plantées de mille sortes d'arbres : tantôt elles viennent converger au fleuve, et forment une multitude de caps qui se mirent dans l'onde. La rive droite du Mississipi est rase, marécageuse, uniforme, à quelques exceptions près : au milieu des hautes cannes vertes ou dorées qui la décorent, on voit bondir des buffles ou étinceler les eaux d'une multitude d'étangs remplis d'oiseaux aquatiques.

Les poissons du Mississipi sont la perche, le brochet, l'esturgeon et les colles ; on y pêche aussi des crabes énormes.

---

1. Les bateaux à vapeur ont fait disparoître la difficulté de la navigation d'amont.

Le sol autour du fleuve fournit la rhubarbe, le coton, l'indigo, le safran, l'arbre ciré, le sassafras, le lin sauvage; un ver du pays file une assez forte soie; la drague, dans quelques ruisseaux, amène de grandes huîtres à perles, mais dont l'eau n'est pas belle. On connoît une mine de vif-argent, une autre de lapis-lazuli, et quelques mines de fer.

La suite du manuscrit contient la description du pays des Natchez et celle du cours du Mississipi jusqu'à la Nouvelle-Orléans. Ces descriptions sont complétement transportées dans *Atala* et dans les *Natchez*.

Immédiatement après la description de la Louisiane, viennent dans le manuscrit quelques extraits des voyages de Bartram, que j'avois traduits avec assez de soin. A ces extraits sont entremêlées mes rectifications, mes observations, mes réflexions, mes additions, mes propres descriptions, à peu près comme les notes de M. Ramond à sa traduction du *Voyage de Coxe en Suisse*. Mais, dans mon travail, le tout est beaucoup plus enchevêtré, de sorte qu'il est presque impossible de séparer ce qui est de moi de ce qui est de Bartram, ni souvent même de le reconnoître. Je laisse donc le morceau tel qu'il est sous ce titre :

DESCRIPTION DE QUELQUES SITES DANS L'INTÉRIEUR DES FLORIDES.

Nous étions poussés par un vent frais. La rivière alloit se perdre dans un lac qui s'ouvroit devant nous, et qui formoit un bassin d'environ neuf lieues de circonférence. Trois îles s'élevoient du milieu de ce lac; nous fîmes voile vers la plus grande, où nous arrivâmes à huit heures du matin.

Nous débarquâmes à l'orée d'une plaine de forme circulaire; nous mîmes notre canot à l'abri sous un groupe de marronniers qui croissoient presque dans l'eau. Nous bâtîmes notre hutte sur une petite éminence. La brise de l'est souffloit, et rafraîchissoit le lac et les forêts. Nous déjeûnâmes avec nos galettes de maïs, et nous nous dispersâmes dans l'île, les uns pour chasser, les autres pour pêcher ou pour cueillir des plantes.

Nous remarquâmes une espèce d'hibiscus. Cette herbe énorme, qui croit dans les lieux bas et humides, monte à plus de dix ou douze pieds, et se termine en un cône extrêmement aigu : les feuilles, lisses, légèrement sillonnées, sont ravivées par de belles fleurs cramoisies, que l'on aperçoit à une grande distance.

L'agavé vivipare s'élevoit encore plus haut dans les criques salées, et présentoit une forêt d'herbes de trente pieds perpendiculaires. La graine mûre de cette herbe germe quelquefois sur la plante même, de sorte que le jeune plant tombe à terre tout formé. Comme l'agavé vivipare croît souvent au bord des eaux courantes, ses graines nues emportées du flot étoient exposées à périr : la nature les a développées pour ces cas particuliers sur la vieille plante, afin qu'elles pussent se fixer par leurs petites racines en s'échappant du sein maternel.

Le souchet d'Amérique étoit commun dans l'île. Le tuyau de ce souchet ressemble à celui d'un jonc noueux, et sa feuille à celle du poireau. Les sauvages l'appellent *apoya matsi*. Les filles indiennes de mauvaise vie broient cette plante entre deux pierres, et s'en frottent le sein et les bras.

Nous traversâmes une prairie semée de jacobée à fleurs jaunes, d'alcée à panaches roses, et d'obélia, dont l'aigrette est pourpre. Des vents légers se jouant sur la cime de ces plantes brisoient leurs flots d'or, de rose et de pourpre, ou creusoient dans la verdure de longs sillons.

La sénéka, abondante dans les terrains marécageux, ressembloit, par la forme et par la couleur, à des scions d'osier rouge ; quelques branches rampoient à terre, d'autres s'élevoient dans l'air : la sénéka a un petit goût amer et aromatique. Auprès d'elle croissoit le convolvulus des Carolines, dont la feuille imite la pointe d'une flèche. Ces deux plantes se trouvent partout où il y a des serpents à sonnettes : la première guérit de leur morsure ; la seconde est si puissante, que les sauvages, après s'en être frotté les mains, manient impunément ces redoutables reptiles. Les Indiens racontent que le Grand-Esprit a eu pitié des guerriers de la chair rouge *aux jambes nues*, et qu'il a semé lui-même ces herbes salutaires, malgré la réclamation des âmes des serpents.

Nous reconnûmes la serpentaire sur les racines des grands arbres ; l'arbre pour le mal de dents, dont le tronc et les branches épineuses sont chargés de protubérances grosses comme des œufs de pigeon ; l'arctosta ou canneberge, dont la cerise rouge croît parmi les mousses et guérit du flux hépatique. La bourgène, qui a la propriété de chasser les couleuvres, poussoit vigoureusement dans des eaux stagnantes couvertes de rouille.

Un spectacle inattendu frappa nos regards : nous découvrîmes une ruine indienne ; elle étoit située sur un monticule au bord du lac ; on remarquoit sur la gauche un cône de terre de quarante à quarante-cinq pieds de haut ; de ce cône partoit un ancien chemin tracé à travers un magnifique bocage de magnolias et de chênes verts, et qui venoit aboutir à une savane. Des fragments de vases et d'ustensiles divers étoient dispersés çà et là, agglomérés avec des fossiles, des coquillages, des pétrifications de plantes et des ossements d'animaux.

Le contraste de ces ruines et de la jeunesse de la nature, ces monuments des hommes dans un désert où nous croyions avoir pénétré les premiers, causoient un grand saisissement de cœur et d'esprit. Quel peuple avoit habité cette île? Son nom, sa race, le temps de son existence, tout est inconnu ; il vivoit peut-être lorsque le monde qui le cachoit dans son sein étoit encore ignoré des trois autres parties de la terre. Le silence de ce peuple est peut-être contemporain du bruit que faisoient de grandes nations européennes tombées à leur tour dans le silence, et qui n'ont laissé elles-mêmes que des débris.

Nous examinâmes les ruines : des anfractuosités sablonneuses du tumulus sortoit une espèce de pavot à fleur rose, pesant au bout d'une tige inclinée d'un vert pâle. Les Indiens tirent de la racine de ce pavot une boisson soporifique ; la tige et la fleur ont une odeur agréable, qui reste attachée à la main lorsqu'on y touche. Cette plante étoit faite pour orner le tombeau d'un sauvage : ses racines procurent le sommeil, et le parfum de sa fleur, qui survit à cette fleur même, est une assez douce image du souvenir qu'une vie innocente laisse dans la solitude.

Continuant notre route et observant les mousses, les graminées pendantes, les arbustes échevelés, et tout ce train de plantes au port mélancolique qui se plaisent à décorer les ruines, nous observâmes une espèce d'œnothère pyramidale, haute de sept à huit pieds, à feuilles oblongues, dentelées et d'un vert noir ; sa fleur est jaune. Le soir, cette fleur commence à s'entr'ouvrir ; elle s'épanouit pendant la nuit ; l'aurore la trouve dans tout son éclat ; vers la moitié du matin elle se fane ; elle tombe à midi : elle ne vit que quelques heures, mais elle passe ces heures sous un ciel serein. Qu'importe alors la brièveté de sa vie ?

A quelques pas de là s'étendoit une lisière de mimosa ou de sensitive ; dans les chansons des sauvages, l'âme d'une jeune fille est souvent comparée à cette plante [1].

---

1. Tous ces divers passages sont de moi ; mais je dois à la vérité historique de dire que si je voyois aujourd'hui ces ruines indiennes de l'Alabama, je rabattrois de leur antiquité.

En retournant à notre camp, nous traversâmes un ruisseau tout bordé de dionées; une multitude d'éphémères bourdonnoient à l'entour. Il y avoit aussi sur ce parterre trois espèces de papillons : l'un blanc comme l'albâtre, l'autre noir comme le jais avec des ailes traversées de bandes jaunes, le troisième portant une queue fourchue, quatre ailes d'or barrées de bleu et semées d'yeux de pourpre. Attirés par les dionées, ces insectes se posoient sur elles ; mais ils n'en avoient pas plus tôt touché les feuilles qu'elles se refermoient et enveloppoient leur proie.

De retour à notre ajoupa, nous allâmes à la pêche pour nous consoler du peu de succès de la chasse. Embarqués dans le canot, avec les filets et les lignes, nous côtoyâmes la partie orientale de l'île, au bord des algues et le long des caps ombragés : la truite étoit si vorace que nous la prenions à des hameçons sans amorce; le poisson appelé le poisson d'or étoit en abondance. Il est impossible de voir rien de plus beau que ce petit roi des ondes : il a environ cinq pouces de long; sa tête est couleur d'outremer; ses côtés et son ventre étincellent comme le feu; une barre brune longitudinale traverse ses flancs; l'iris de ses larges yeux brille comme de l'or bruni. Ce poisson est carnivore.

A quelque distance du rivage, à l'ombre d'un cyprès chauve, nous remarquâmes de petites pyramides limoneuses qui s'élevoient sous l'eau et montoient jusqu'à sa surface. Une légion de poissons d'or faisoit en silence les approches de ces citadelles. Tout à coup l'eau bouillonnoit; les poissons d'or fuyoient. Des écrevisses armées de ciseaux, sortant de la place insultée, culbutoient leurs brillants ennemis. Mais bientôt les bandes éparses revenoient à la charge, faisoient plier à leur tour les assiégés, et la brave mais lente garnison rentroit à reculons pour se réparer dans la forteresse

Le crocodile, flottant comme le tronc d'un arbre, la truite, le brochet, la perche, le cannelet, la basse, la brême, le poisson tambour, le poisson d'or, tous ennemis mortels les uns des autres, nageoient pêle-mêle dans le lac, et sembloient avoir fait une trêve afin de jouir en commun de la beauté de la soirée : le fluide azuré se peignoit de leurs couleurs changeantes. L'onde étoit si pure, que l'on eût cru pouvoir toucher du doigt les acteurs de cette scène, qui se jouoient à vingt pieds de profondeur dans leur grotte de cristal.

Pour regagner l'anse où nous avions notre établissement, nous n'eûmes qu'à nous laisser dériver au gré de l'eau et des brises. Le soleil approchoit de son couchant : sur le premier plan de l'île paroissoient des chênes verts, dont les branches horizontales formoient le parasol, et des azaléas qui brilloient comme des réseaux de corail.

Derrière ce premier plan s'élevoient les plus charmants de tous les arbres, les papayas : leur tronc droit, grisâtre et guilloché, de la hauteur de vingt à vingt-cinq pieds, soutient une touffe de longues feuilles à côtes, qui se dessinent comme l'*S* gracieuse d'un vase antique. Les fruits, en forme de poire, sont rangés autour de la tige ; on les prendroit pour des cristaux de verre ; l'arbre entier ressemble à une colonne d'argent ciselé, surmontée d'une urne corinthienne.

Enfin, au troisième plan, montoient graduellement dans l'air les magnolias et les liquidambars.

Le soleil tomba derrière le rideau d'arbres de la plaine ; à mesure qu'il descendoit, les mouvements de l'ombre et de la lumière répandoient quelque chose de magique sur le tableau : là, un rayon se glissoit à travers le dôme d'une futaie et brilloit comme une escarboucle enchâssée dans le feuillage sombre ; ici, la lumière divergeoit entre les troncs et les branches, et projetoit sur les gazons des colonnes croissantes et des treillages mobiles. Dans les cieux, c'étoient des nuages de toutes les couleurs, les uns fixes, imitant de gros promontoires ou de vieilles tours près d'un torrent, les autres flottant en fumée de rose ou en flocons de soie blanche. Un moment suffisoit pour changer la scène aérienne : on voyoit alors des gueules de four enflammées, de grands tas de braise, des rivières de laves, des paysages ardents. Les mêmes teintes se répétoient sans se confondre ; le feu se détachoit du feu, le jaune pâle du jaune pâle, le violet du violet : tout étoit éclatant, tout étoit enveloppé, pénétré, saturé de lumière.

Mais la nature se joue du pinceau des hommes : lorsqu'on croit qu'elle a atteint sa plus grande beauté, elle sourit et s'embellit encore.

A notre droite étoient les ruines indiennes ; à notre gauche notre camp de chasseurs ; l'île dérouloit devant nous ses paysages gravés ou modelés dans les ondes. A l'orient, la lune, touchant l'horizon, sembloit reposer immobile sur les côtes lointaines ; à l'occident, la voûte du ciel paroissoit fondue en une mer de diamants et de saphirs, dans laquelle le soleil, à demi plongé, avoit l'air de se dissoudre.

Les animaux de la création étoient, comme nous, attentifs à ce grand spectacle : le crocodile, tourné vers l'astre du jour, lançoit par sa gueule béante l'eau du lac en gerbes colorées ; perché sur un rameau desséché, le pélican louoit à sa manière le Maître de la nature, tandis que la cigogne s'envoloit pour le bénir au-dessus des nuages !

Nous te chanterons aussi, Dieu de l'univers, toi qui prodigues tant de merveilles ! la voix d'un homme s'élèvera avec la voix du désert : tu distingueras les accents du foible fils de la femme, au milieu du bruit des sphères que ta main fait rouler, du mugissement de l'abîme dont tu as scellé les portes.

A notre retour dans l'île, j'ai fait un repas excellent ; des truites fraîches, assaisonnées avec des cimes de canneberge étoient un mets digne de la table d'un roi : aussi étois-je bien plus qu'un roi. Si le sort m'avoit placé sur le trône, et qu'une révolution m'en eût précipité, au lieu de traîner ma misère dans l'Europe comme Charles et Jacques, j'aurois dit aux amateurs : « Ma place vous fait envie, eh bien ! essayez du métier, vous verrez qu'il n'est pas si bon. Égorgez-vous pour mon vieux manteau ; je vais jouir dans les forêts de l'Amérique de la liberté que vous m'avez rendue. »

Nous avions un voisin à notre souper : un trou semblable à la tanière d'un blaireau étoit la demeure d'une tortue : la solitaire sortit de sa grotte, et se mit à marcher gravement au bord de l'eau. Ces tortues diffèrent peu des tortues de mer ; elles ont le cou plus long. On ne tua point la paisible reine de l'île.

Après le souper, je me suis assis à l'écart sur la rive ; on n'entendoit que le bruit du flux et du reflux du lac, prolongé le long des grèves ; des mouches luisantes brilloient dans l'ombre et s'éclipsoient lorsqu'elles passoient sous les rayons de la lune. Je suis tombé dans cette espèce de rêverie connue de tous les voyageurs : nul souvenir distinct de moi ne me restoit ; je me sentois vivre comme partie du grand tout et végéter avec les arbres et les fleurs. C'est peut-être la disposition la plus douce pour l'homme, car, alors même qu'il est heureux, il y a dans ses plaisirs un certain fonds d'amertume, un je ne sais quoi qu'on pourroit appeler la tristesse du bonheur. La rêverie du voyageur est une sorte de plénitude de cœur et de vide de tête qui vous laisse jouir en repos de votre existence : c'est par la pensée que nous troublons la félicité que Dieu nous donne : l'âme est paisible, l'esprit est inquiet.

Les sauvages de la Floride racontent qu'il y a au milieu d'un lac une île où vivent les plus belles femmes du monde. Les Muscogulges ont voulu plusieurs fois tenter la conquête de l'île magique ; mais les retraites élyséennes fuyant devant leurs canots finissoient par disparoître : naturelle image du temps que nous perdons à la poursuite de nos chimères. Dans ce pays étoit aussi une fontaine de Jouvence : qui voudroit rajeunir ?

Le lendemain, avant le lever du soleil, nous avons quitté l'île, traversé le lac et rentré dans la rivière par laquelle nous y étions descendus. Cette rivière étoit remplie de caïmans. Ces animaux ne sont dangereux que dans l'eau, surtout au moment d'un débarquement. A terre, un enfant peut aisément les devancer en marchant d'un pas ordinaire. Pour éviter leurs embûches, on met le feu aux herbes et aux roseaux : c'est alors un spectacle curieux que' de voir de grands espaces d'eau surmontés d'une chevelure de flamme.

Lorsque le crocodile de ces régions a pris toute sa croissance, il mesure environ vingt à vingt-quatre pieds de la tête à la queue. Son corps est gros comme celui d'un cheval : ce reptile auroit exactement la forme du lézard commun si sa queue n'étoit comprimée des deux côtés comme celle d'un poisson. Il est couvert d'écailles à l'épreuve de la balle, excepté auprès de la tête et entre les pattes. Sa tête a environ trois pieds de long; les naseaux sont larges; la mâchoire supérieure de l'animal est la seule qui soit mobile; elle s'ouvre à angle droit sur la mâchoire inférieure : au-dessous de la première sont placées deux grosses dents comme les défenses d'un sanglier, ce qui donne au monstre un air terrible.

La femelle du caïman pond à terre des œufs blanchâtres, qu'elle recouvre d'herbes et de vase. Ces œufs, quelquefois au nombre de cent, forment avec le limon dont ils sont recouverts de petites meules de quatre pieds de haut et de cinq pieds de diamètre à leur base : le soleil et la fermentation de l'argile font éclore ces œufs. Une femelle ne distingue point ses propres œufs des œufs d'une autre femelle; elle prend sous sa garde toutes les couvées du soleil. N'est-il pas singulier de trouver chez des crocodiles les enfants communs de la république de Platon ?

La chaleur étoit accablante; nous naviguions au milieu des marais; nos canots prenoient l'eau : le soleil avait fait fondre la poix du bordage. Il nous venoit souvent des bouffées brûlantes du nord; nos coureurs de bois prédisoient un orage, parce que le rat des savanes montoit et descendoit incessamment le long des branches du chêne vert; les maringouins nous tourmentoient affreusement. On apercevoit des feux errants sur les lieux bas.

Nous avons passé la nuit fort mal à l'aise, sans ajoupa, sur une presqu'île formée par des marais; la lune et tous les objets étoient noyés dans un brouillard rouge. Ce matin la brise a manqué, et nous nous sommes rembarqués pour tâcher de gagner un village indien à quelques milles de distance; mais il nous a été impossible de remonter longtemps la rivière, et nous avons été obligés de débarquer sur la pointe d'un cap couvert d'arbres, d'où nous commandons une vue immense. Des nuages sortent tour à tour de dessous l'horizon du nord-ouest, et montent lentement dans le ciel. Nous nous faisons, du mieux que nous pouvons, un abri avec des branches.

Le soleil se couvre, les premiers roulements du tonnerre se font entendre ; les crocodiles y répondent par un sourd rugissement, comme un tonnerre répond à un autre tonnerre. Une immense colonne de nuages s'étend au nord-est et au sud-est ; le reste du ciel est d'un cuivre sale, demi-transparent et teint de la foudre. Le désert éclairé d'un jour faux, l'orage suspendu sur nos têtes et près d'éclater, offrent un tableau plein de grandeur.

Voilà l'orage ! qu'on se figure un déluge de feu sans vent et sans l'odeur de soufre remplit l'air ; la nature est éclairée comme à la eau ; lueur d'un embrasement.

A présent les cataractes de l'abîme s'ouvrent ; les grains de pluie ne sont point séparés : un voile d'eau unit les nuages à la terre.

Les Indiens disent que le bruit du tonnerre est causé par des oiseaux immenses qui se battent dans l'air et par les efforts que fait un vieillard pour vomir une couleuvre de feu. En preuve de cette assertion, ils montrent des arbres où la foudre a tracé l'image d'un serpent. Souvent les orages mettent le feu aux forêts ; elles continuent de brûler jusqu'à ce que l'incendie soit arrêté par le cours de quelque fleuve : ces forêts brûlées se changent en lacs et en marais.

Le courlis, dont nous entendons la voix dans le ciel au milieu de la pluie et du tonnerre, nous annonce la fin de l'ouragan. Le vent déchire les nuages qui volent brisés à travers le ciel ; le tonnerre et les éclairs attachés à leurs flancs les suivent ; l'air devient froid et sonore : il ne reste plus de ce déluge que des gouttes d'eau qui tombent en perles du feuillage des arbres. Nos filets et nos provisions de voyage flottent dans les canots remplis d'eau jusqu'à l'échancrure des avirons.

Le pays habité par les Creeks (la confédération des Muscogulges, des Siminoles et des Chéroquois) est enchanteur. De distance en distance la terre est percée par une multitude de bassins qu'on appelle des *puits*, et qui sont plus ou moins larges, plus ou moins profonds : ils communiquent par des routes souterraines aux lacs, aux marais et aux rivières. Tous ces puits sont placés au centre d'un monticule planté des plus beaux arbres, et dont les flancs creusés ressemblent aux parois d'un vase rempli d'une eau pure. De brillants poissons nagent au fond de cette eau.

Dans la saison des pluies, les savanes deviennent des espèces de lacs au-dessus desquels s'élèvent, comme des îles, les monticules dont nous venons de parler.

Cuscowilla, village siminole, est situé sur une chaîne de collines graveleuses à quatre cents toises d'un lac ; des sapins écartés les uns des autres, et se touchant seulement par la cime, séparent la ville et le lac : entre leurs troncs, comme entre des colonnes, on aperçoit des cabanes, le lac et ses rivages attachés d'un côté à des forêts, de l'autre à des prairies : c'est à peu près ainsi que la mer, la plaine et les ruines d'Athènes se montrent, dit-on [1], à travers les colonnes isolées du temple de Jupiter Olympien.

Il seroit difficile d'imaginer rien de plus beau que les environs d'Apalachucla, la ville de la paix. A partir du fleuve Chata-Uche, le terrain s'élève en se retirant à l'horizon du couchant; ce n'est pas par une pente uniforme, mais par des espèces de terrasses posées les unes sur les autres.

A mesure que vous gravissez de terrasse en terrasse, les arbres changent selon l'élévation du sol : au bord de la rivière ce sont des chênes-saules, des lauriers et des magnolias ; plus haut des sassafras et des platanes, plus haut encore des ormes et des noyers; enfin la dernière terrasse est plantée d'une forêt de chênes, parmi lesquels on remarque l'espèce qui traîne de longues mousses blanches. Des rochers nus et brisés surmontent cette forêt.

Des ruisseaux descendent en serpentant de ces rochers, coulent parmi les fleurs et la verdure, ou tombent en nappes de cristal. Lorsque, placé de l'autre côté de la rivière Chata-Uche, on découvre ces vastes degrés couronnés par l'architecture des montagnes, on croiroit voir le temple de la nature et le magnifique perron qui conduit à ce monument.

Au pied de cet amphithéâtre est une plaine où paissent des troupeaux de taureaux européens, des escadrons de chevaux de race espagnole, des hordes de daims et de cerfs, des bataillons de grues et de dindes, qui marbrent de blanc et de noir le fond vert de la savane. Cette association d'animaux domestiques et sauvages, les huttes siminoles, où l'on remarque les progrès de la civilisation à travers l'ignorance indienne, achèvent de donner à ce tableau un caractère que l'on ne retrouve nulle part.

Ici finit, à proprement parler, l'*Itinéraire* ou le mémoire des lieux parcourus; mais il reste dans les diverses parties du manuscrit une multitude de détails sur les mœurs et les usages des Indiens. J'ai réuni ces détails dans des chapitres communs, après les avoir soigneusement revus et amené ma narration jusqu'à l'époque actuelle. Trente-six ans écoulés depuis mon voyage ont apporté bien des lumières et changé bien des choses, dans l'Ancien et dans le Nouveau Monde; ils ont dû

---

1. Je les ai vues depuis.

modifier les idées et rectifier les jugements de l'écrivain. Avant de passer aux *mœurs des sauvages*, je mettrai sous les yeux des lecteurs quelques esquisses de l'*histoire naturelle* de l'Amérique septentrionale.

HISTOIRE NATURELLE.

CASTORS.

Quand on voit pour la première fois les ouvrages des castors, on ne peut s'empêcher d'admirer celui qui enseigna à une pauvre petite bête l'art des architectes de Babylone, et qui souvent envoie l'homme, si fier de son génie, à l'école d'un insecte

Ces étonnantes créatures ont-elles rencontré un vallon où coule un ruisseau, elles barrent ce ruisseau par une chaussée; l'eau monte et remplit bientôt l'intervalle qui se trouve entre les deux collines : c'est dans ce réservoir que les castors bâtissent leurs habitations. Détaillons la construction de la chaussée.

Des deux flancs opposés des collines qui forment la vallée commence un rang de palissades entrelacées de branches et revêtues de mortier. Ce premier rang est fortifié d'un second rang placé à quinze pieds en arrière du premier. L'espace entre les deux palissades est comblé avec de la terre.

La levée continue de venir ainsi des deux côtés de la vallée, jusqu'à ce qu'il ne reste plus qu'une ouverture d'une vingtaine de pieds au centre; mais à ce centre l'action du courant opérant dans toute son énergie, les ingénieurs changent de matériaux : ils renforcent le milieu de leurs substructions hydrauliques de troncs d'arbres entassés les uns sur les autres, et liés ensemble par un ciment semblable à celui des palissades. Souvent la digue entière a cent pieds de long, quinze de haut et douze de large à la base ; diminuant d'épaisseur dans une proportion mathématique à mesure qu'elle s'élève, elle n'a plus que trois pieds de surface au plan horizontal qui la termine.

Le côté de la chaussée opposé à l'eau se retire graduellement en talus ; le côté extérieur garde un parfait aplomb.

Tout est prévu : le castor sait par la hauteur de la levée combien il doit bâtir d'étages à sa maison future ; il sait qu'au delà d'un certain nombre de pieds il n'a plus d'inondation à craindre, parce que l'eau passeroit alors par-dessus la digue. En conséquence une chambre qui surmonte cette digue lui fournit une retraite dans les grandes crues ; quelquefois il pratique une écluse de sûreté dans la chaussée, écluse qu'il ouvre et ferme à son gré.

La manière dont les castors abattent les arbres est très-curieuse : ils les choisissent toujours au bord d'une rivière. Un nombre de travailleurs proportionné à l'importance de la besogne ronge incessamment les racines : on n'incise point l'arbre du côté de la terre, mais du côté de l'eau, pour qu'il tombe sur le courant. Un castor, placé à quelque distance, avertit les bûcherons par un sifflement quand il voit pencher la cime de l'arbre attaqué, afin qu'ils se mettent à l'abri de la chute. Les ouvriers traînent le tronc abattu à l'aide du flottage jusqu'à leurs villes, comme les Égyptiens, pour embellir leurs métropoles, faisoient descendre sur le Nil les obélisques taillés dans les carrières d'Éléphantine.

Les palais de la Venise de la solitude, construits dans le lac artificiel, ont deux, trois, quatre et cinq étages, selon la profondeur du lac. L'édifice, bâti sur pilotis, sort des deux tiers de sa hauteur hors de l'eau : les pilotis sont au nombre de six ; ils supportent le premier plancher, fait de brins de bouleau croisés. Sur ce plancher s'élève le vestibule du monument : les murs de ce vestibule se courbent et s'arrondissent en voûte recouverte d'une glaise polie comme un stuc. Dans le plancher du portique est ménagée une trappe par laquelle les castors descendent au bain ou vont chercher les branches de tremble pour leur nourriture : ces branches sont entassées sous l'eau dans un magasin commun, entre les pilotis des diverses habitations. Le premier étage du palais est surmonté de trois autres, construits de la même manière, mais divisés en autant d'appartements qu'il y a de castors. Ceux-ci sont ordinairement au nombre de dix ou douze, partagés en trois familles : ces familles s'assemblent dans le vestibule déjà décrit et y prennent leur repas en commun : la plus grande propreté règne de toutes parts. Outre le passage du bain, il y a des issues pour les divers besoins des habitants ; chaque chambre est tapissée de jeunes branches de sapin, et l'on n'y souffre pas la plus petite ordure. Lorsque les propriétaires vont à leur maison des champs, bâtie au bord du lac et construite comme celle de la ville, personne ne prend leur place, leur appartement demeure vide jusqu'à leur retour. A la fonte des neiges, les citoyens se retirent dans les bois.

Comme il y a une écluse pour le trop-plein des eaux, il y a une route secrète pour l'évacuation de la cité : dans les châteaux gothiques un souterrain creusé sous les tours aboutissoit dans la campagne.

Il y a des infirmeries pour les malades. Et c'est un animal foible et informe qui achève tous ces travaux, qui fait tous ces calculs!

Vers le mois de juillet, les castors tiennent un conseil général : ils examinent s'il est expédient de réparer l'ancienne ville et l'ancienne chaussée, ou s'il est bon de construire une cité nouvelle et une nouvelle digue. Les vivres manquent-ils dans cet endroit, les eaux et les chasseurs ont-ils trop endommagé les ouvrages, on se décide à former un autre établissement. Juge-t-on au contraire que le premier peut subsister, on remet à neuf les vieilles demeures, et l'on s'occupe des provisions d'hiver.

Les castors ont un gouvernement régulier : des édiles sont choisis pour veiller à la police de la république. Pendant le travail commun, des sentinelles préviennent toute surprise. Si quelque citoyen refuse de porter sa part des charges publiques, on l'exile; il est obligé de vivre honteusement seul dans un trou. Les Indiens disent que ce paresseux puni est maigre et qu'il a le dos pelé en signe d'infamie. Que sert à ces sages animaux tant d'intelligence? L'homme laisse vivre les bêtes féroces et extermine les castors, comme il souffre les tyrans et persécute l'innocence et le génie.

La guerre n'est malheureusement point inconnue aux castors : il s'élève quelquefois entre eux des discordes civiles, indépendamment des contestations étrangères qu'ils ont avec les rats musqués. Les Indiens racontent que si un castor est surpris en maraude sur le territoire d'une tribu qui n'est pas la sienne, il est conduit devant le chef de cette tribu, et puni correctionnellement; à la récidive, on lui coupe cette utile queue qui est à la fois sa charrette et sa truelle : il retourne ainsi mutilé chez ses amis, qui s'assemblent pour venger son injure. Quelquefois le différend est vidé par un duel entre les deux chefs des deux troupes, ou par un combat singulier de trois contre trois, de trente contre trente, comme le combat des Curiaces et des Horaces, ou des trente Bretons contre les trente Anglois. Les batailles générales sont sanglantes : les sauvages qui surviennent pour dépouiller les morts en ont souvent trouvé plus de quinze couchés au lit d'honneur. Les castors vainqueurs s'emparent de la ville des castors vaincus, et, selon les circonstances, ils y établissent une colonie ou y entretiennent une garnison.

La femelle du castor porte deux, trois, et jusqu'à quatre petits; elle les nourrit et les instruit pendant une année. Quand la population devient trop nombreuse, les jeunes castors vont former un nouvel établissement, comme un essaim d'abeilles échappé de la ruche. Le castor vit chastement avec une seule femelle; il est jaloux, et tue quelquefois sa femme pour cause ou soupçon d'infidélité.

La longueur moyenne du castor est de deux pieds et demi à trois pieds; sa largeur, d'un flanc à l'autre, d'environ quatorze pouces; il peut peser quarante-cinq livres; sa tête ressemble à celle du rat; ses yeux sont petits, ses oreilles courtes, nues en dedans, velues en dehors; ses pattes de devant n'ont guère que trois pouces de long, et sont armées d'ongles creux et aigus; ses pattes de derrière, palmées comme celles du cygne, lui servent à nager; la queue est plate, épaisse d'un pouce, recouverte d'écailles hexagones, disposées en tuiles comme celles des poissons; il use de cette queue en guise de truelle et de traîneau. Ses mâchoires, extrêmement fortes, se croisent ainsi que les branches des ciseaux; chaque mâchoire est garnie de dix dents, dont deux incisives de deux pouces de longueur : c'est l'instrument avec lequel le castor coupe les arbres, équarrit leurs troncs, arrache leur écorce et broie les bois tendres dont il se nourrit.

L'animal est noir, rarement blanc ou brun; il a deux poils, le premier long, creux et luisant; le second, espèce de duvet qui pousse sous le premier, est le seul employé dans le feutre. Le castor vit vingt ans. La femelle est plus grosse que le mâle, et son poil est plus grisâtre sous le ventre. Il n'est pas vrai que le castor se mutile lorsqu'il tombe vivant entre les mains des chasseurs, afin de soustraire sa postérité à l'esclavage. Il faut chercher une autre étymologie à son nom.

La chair des castors ne vaut rien, de quelque manière qu'on l'apprête. Les sauvages la conservent cependant après l'avoir fait boucaner à la fumée: ils la mangent lorsque les vivres viennent à leur manquer.

La peau du castor est fine sans être chaude; aussi la chasse du castor n'avoit autrefois aucun renom chez les Indiens : celle de l'ours, où ils trouvoient avantage et péril, étoit la plus honorable. On se contentoit de tuer quelques castors pour en porter la dépouille comme parure, mais on n'immoloit pas des peuplades entières. Le prix que les Européens ont mis à cette dépouille a seul amené dans le Canada l'extermination de ces quadrupèdes, qui tenoient par leur instinct le premier rang chez les animaux. Il faut cheminer très-loin vers la baie d'Hudson pour trouver maintenant des castors; encore ne montrent-ils plus la même industrie, parce que le climat est trop froid : diminués en nombre, ils ont baissé en intelligence, et ne développent plus les facultés qui naissent de l'association [1].

---

1. On a retrouvé des castors entre le Missouri et le Mississipi; ils sont surtout extrêmement nombreux au delà des montagnes Rocheuses, sur les branches de la

Ces républiques comptoient autrefois cent et cent cinquante citoyens ; quelques-unes étoient encore plus populeuses. On voyoit auprès de Québec un étang formé par des castors, qui suffisoit à l'usage d'un moulin à scie. Les réservoirs de ces amphibies étoient souvent utiles, en fournissant de l'eau aux pirogues qui remontoient les rivières pendant l'été. Des castors faisoient ainsi pour des sauvages, dans la Nouvelle-France, ce qu'un esprit ingénieux, un grand roi et un grand ministre ont fait dans l'ancienne pour des hommes policés.

OURS.

Les ours sont de trois espèces en Amérique : l'ours brun ou jaune, l'ours noir et l'ours blanc. L'ours brun est petit et frugivore ; il grimpe aux arbres.

L'ours noir est plus grand ; il se nourrit de chair, de poisson et de fruits ; il pêche avec une singulière adresse. Assis au bord d'une rivière, de sa patte droite il saisit dans l'eau le poisson qu'il voit passer, et le jette sur le bord. Si, après avoir assouvi sa faim, il lui reste quelque chose de son repas, il le cache. Il dort une partie de l'hiver dans les tanières ou dans les arbres creux où il se retire. Lorsqu'aux premiers jours de mars il sort de son engourdissement, son premier soin est de se purger avec des simples.

Il vivoit de régime et mangeoit à ses heures.

L'ours blanc ou l'ours marin fréquente les côtes de l'Amérique septentrionale, depuis les parages de Terre-Neuve jusqu'au fond de la baie de Baffin, gardien féroce de ces déserts glacés.

CERF.

Le cerf du Canada est une espèce de renne que l'on peut apprivoiser. Sa femelle, qui n'a point de bois, est charmante ; et si elle avoit les oreilles plus courtes, elle ressembleroit assez bien à une légère jument angloise.

Colombie ; mais les Européens ayant pénétré dans ces régions, les castors seront bientôt exterminés. Déjà l'année dernière (1826) on a vendu à Saint-Louis, sur le Mississipi, cent paquets de peaux de castor, chaque paquet pesant cent livres, et chaque livre de cette précieuse marchandise vendue au prix de cinq gourdes.

ORIGNAL.

L'orignal a le muffle du chameau, le bois plat du daim, les jambes du cerf. Son poil est mêlé de gris, de blanc, de rouge et de noir; sa course est rapide.

Selon les sauvages, les orignaux ont un roi surnommé le *grand orignal*; ses sujets lui rendent toutes sortes de devoirs. Ce grand orignal a les jambes si hautes, que huit pieds de neige ne l'embarrassent point du tout. Sa peau est invulnérable; il a un bras qui lui sort de l'épaule, et dont il use de la même manière que les hommes se servent de leurs bras.

Les jongleurs prétendent que l'orignal a dans le cœur un petit os qui, réduit en poudre, apaise les douleurs de l'enfantement; ils disent aussi que la corne du pied gauche de ce quadrupède appliquée sur le cœur des épileptiques les guérit radicalement. L'orignal, ajoutent-ils, est lui-même sujet à l'épilepsie; lorsqu'il sent approcher l'attaque il se tire du sang de l'oreille gauche avec la corne de son pied gauche, et se trouve soulagé.

BISON.

Le bison porte basses ses cornes noires et courtes; il a une longue barbe de crin; un toupet pareil pend échevelé entre ses deux cornes jusque sur ses yeux. Son poitrail est large, sa croupe effilée, sa queue épaisse et courte; ses jambes sont grosses et tournées en dehors; une bosse d'un poil roussâtre et long s'élève sur ses épaules comme la première bosse du dromadaire. Le reste de son corps est couvert d'une laine noire, que les Indiennes filent pour en faire des sacs à blé et des couvertures. Cet animal a l'air féroce, et il est fort doux.

Il y a des variétés dans les bisons, ou, si l'on veut, dans les *buffaloes*, mot espagnol *anglicisé*. Les plus grands sont ceux que l'on rencontre entre le Missouri et le Mississipi; ils approchent de la taille d'un moyen éléphant. Ils tiennent du lion par la crinière, du chameau par la bosse, de l'hippopotame ou du rhinocéros par la queue et la peau de l'arrière-train, du taureau par les cornes et par les jambes.

Dans cette espèce, le nombre des femelles surpasse de beaucoup celui des mâles. Le taureau fait sa cour à la génisse en galopant en rond autour d'elle. Immobile au milieu du cercle, elle mugit doucement. Les sauvages imitent dans leurs jeux propitiatoires ce manége, qu'ils appellent la *danse du bison*.

Le bison a des temps irréguliers de migration : on ne sait trop où il va ; mais il paroît qu'il remonte beaucoup au nord en été, puisqu'on le retrouve aux bords du lac de l'Esclave, et qu'on l'a rencontré jusque dans les îles de la mer Polaire. Peut-être aussi gagne-t-il les vallées des montagnes Rocheuses à l'ouest et les plaines du Nouveau Mexique au midi. Les bisons sont si nombreux dans les steppes verdoyants du Missouri, que quand ils émigrent leur troupe met quelquefois plusieurs jours à défiler comme une immense armée : on entend leur marche à plusieurs milles de distance, et l'on sent trembler la terre.

Les Indiens tannent supérieurement la peau du bison avec l'écorce du bouleau : l'os de l'épaule de la bête tuée leur sert de grattoir.

La viande du bison, coupée en tranches larges et minces, séchée au soleil ou à la fumée, est très-savoureuse ; elle se conserve plusieurs années, comme du jambon : les bosses et les langues des vaches sont les parties les plus friandes à manger fraîches. La fiente du bison brûlée donne une braise ardente, elle est d'une grande ressource dans les savanes, où l'on manque de bois. Cet utile animal fournit à la fois les aliments et le feu du festin. Les Sioux trouvent dans sa dépouille la couche et le vêtement. Le bison et le sauvage, placés sur le même sol, sont le taureau et l'homme dans l'état de nature : ils ont l'air de n'attendre tous les deux qu'un sillon, l'un pour devenir domestique, l'autre pour se civiliser.

FOUINE.

La fouine américaine porte auprès de la vessie un petit sac rempli d'une liqueur roussâtre : lorsque la bête est poursuivie, elle lâche cette eau en s'enfuyant ; l'odeur en est telle que les chasseurs et les chiens même abandonnent la proie : elle s'attache aux vêtements et fait perdre la vue. Cette odeur est une sorte de musc pénétrant qui donne des vertiges : les sauvages prétendent qu'elle est souveraine pour les maux de tête.

RENARDS.

Les renards du Canada sont de l'espèce commune ; ils ont seulement l'extrémité du poil d'un noir lustré. On sait la manière dont ils prennent les oiseaux aquatiques : La Fontaine, le premier des naturalistes, ne l'a pas oublié dans ses immortels tableaux.

Le renard canadien fait donc au bord d'un lac ou d'un fleuve mille sauts et gambades. Les oies et les canards, charmés qu'ils sont, s'approchent pour le mieux considérer. Il s'assied alors sur son derrière, et remue doucement la queue. Les oiseaux, de plus en plus satisfaits, abordent au rivage, s'avancent en dandinant vers le futé quadrupède, qui affecte autant de bêtise qu'ils en montrent. Bientôt la sotte volatile s'enhardit au point de venir becqueter la queue du *maître-passé*, qui s'élance sur sa proie.

LOUPS.

Il y a en Amérique diverses sortes de loups : celui qu'on appelle *cervier* vient pendant la nuit aboyer autour des habitations. Il ne hurle jamais qu'une fois au même lieu ; sa rapidité est si grande, qu'en moins de quelques minutes on entend sa voix à une distance prodigieuse de l'endroit où il a poussé son premier cri.

RAT MUSQUÉ.

Le rat musqué vit au printemps de jeunes pousses d'arbrisseaux, et en été de fraises et de framboises ; il mange des baies de bruyères en automne, et se nourrit en hiver de racines d'orties. Il bâtit et travaille comme le castor. Quand les sauvages ont tué un rat musqué, ils paroissent fort tristes : ils fument autour de son corps et l'environnent de manitous, en déplorant leur parricide : on sait que la femelle du rat musqué est la mère du genre humain.

CARCAJOU.

Le carcajou est une espèce de tigre ou de grand chat. La manière dont il chasse l'orignal avec ses alliés les renards est célèbre. Il monte sur un arbre, se couche à plat sur une branche abaissée, et s'enveloppe d'une queue touffue qui fait trois fois le tour de son corps. Bientôt on entend des glapissements lointains, et l'on voit paroître un orignal rabattu par trois renards, qui manœuvrent de manière à le diriger vers l'embuscade du carcajou. Au moment où la bête lancée passe sous l'arbre fatal, le carcajou tombe sur elle, lui serre le cou avec sa queue, et cherche à lui couper avec les dents la veine jugulaire. L'orignal bondit, frappe l'air de son bois, brise la neige sous ses pieds : il se traîne sur ses genoux, fuit en ligne directe, recule, s'accroupit, marche par sauts, secoue sa tête. Ses forces s'épuisent, ses flancs battent, son sang ruisselle le long de son cou, ses jarrets tremblent, plient. Les trois renards arrivent à la curée : tyran équitable, le carcajou divise également la proie entre lui et ses satellites. Les sauvages n'attaquent jamais le carcajou et les renards dans ce moment : ils disent qu'il seroit injuste d'enlever à ces autres chasseurs le fruit de leurs travaux.

OISEAUX.

Les oiseaux sont plus variés et plus nombreux en Amérique qu'on ne l'avoit cru d'abord : il en a été ainsi pour l'Afrique et pour l'Asie. Les premiers voyageurs n'avoient été frappés en arrivant que de ces grands et brillants volatiles qui sont comme des fleurs sur les arbres ; mais on a découvert depuis une foule de petits oiseaux chanteurs, dont le ramage est aussi doux que celui de nos fauvettes.

POISSONS.

Les poissons dans les lacs du Canada, et surtout dans les lacs de la Floride, sont d'une beauté et d'un éclat admirables.

SERPENTS.

L'Amérique est comme la patrie des serpents. Le serpent d'eau ressemble au serpent à sonnettes ; mais il n'en a ni la sonnette ni le venin. On le trouve partout.

J'ai parlé plusieurs fois dans mes ouvrages du serpent à sonnettes : on sait que les dents dont il se sert pour répandre son poison ne sont point celles avec lesquelles il mange. On peut lui arracher les premières, et il ne reste plus alors qu'un assez beau serpent plein d'intelligence et qui aime passionnément la musique. Aux ardeurs du midi, dans le plus profond silence des forêts, il fait entendre sa sonnette pour appeler sa femelle : ce signal d'amour est le seul bruit qui frappe alors l'oreille du voyageur.

La femelle porte quelquefois vingt petits ; quand ceux-ci sont poursuivis, ils se retirent dans la gueule de leur mère, comme s'ils rentroient dans le sein maternel.

Les serpents en général, et surtout le serpent à sonnettes, sont en grande vénération chez les indigènes de l'Amérique, qui leur attribuent un esprit divin : ils les apprivoisent au point de les faire venir coucher l'hiver dans des boîtes placées au foyer d'une cabane. Ces singuliers pénates sortent de leurs habitacles au printemps, pour retourner dans les bois.

Un serpent noir, qui porte un anneau jaune au cou, est assez malfaisant ; un autre serpent tout noir, sans poison, monte sur les arbres, et donne la chasse aux oiseaux et aux écureuils. Il charme l'oiseau par ses regards, c'est-à-dire qu'il l'effraye. Cet effet de la peur, qu'on a voulu nier, est aujourd'hui mis hors de doute : la peur casse les jambes à l'homme : pourquoi ne briseroit-elle pas les ailes à l'oiseau ?

Le serpent ruban, le serpent vert, le serpent piqué, prennent leurs noms de leurs couleurs et des dessins de leur peau ; ils sont parfaitement innocents et d'une beauté remarquable.

Le plus admirable de tous est le serpent appelé de *verre,* à cause de la fragilité de son corps, qui se brise au moindre contact. Ce reptile est presque transparent, et reflète les couleurs comme un prisme. Il vit d'insectes, et ne fait aucun mal : sa longueur est celle d'une petite couleuvre.

Le serpent à épines est court et gros. Il porte à la queue un dard dont la blessure est mortelle.

Le serpent à deux têtes est peu commun : il ressemble assez à la vipère; toutefois ses têtes ne sont pas comprimées.

Le serpent siffleur est fort multiplié dans la Géorgie et dans les Florides. Il a dix-huit pouces de long ; sa peau est sablée de noir sur un fond vert. Lorsqu'on approche de lui, il s'aplatit, devient de différentes couleurs, et ouvre la gueule en sifflant. Il se faut bien garder d'entrer dans l'atmosphère qui l'environne ; il a le pouvoir de décomposer l'air autour de lui. Cet air imprudemment respiré fait tomber en langueur. L'homme attaqué dépérit, ses poumons se vicient, et au bout de quelques mois il meurt de consomption : c'est le dire des habitants du pays.

ARBRES ET PLANTES.

Les arbres, les arbrisseaux, les plantes, les fleurs, transportés dans nos bois, dans nos champs, dans nos jardins, annoncent la variété et la richesse du règne végétal en Amérique. Qui ne connoît aujourd'hui le laurier couronné de roses appelé *Magnolia,* le marronnier qui porte une véritable hyacinthe, le catalpa qui reproduit la fleur de l'oranger, le tulipier qui prend le nom de sa fleur, l'érable à sucre, le hêtre pourpre, le sassafras, et parmi les arbres verts et résineux, le pin du lord Weymouth, le cèdre de la Virgie, le baumier de Gilead, et ce cyprès de la Louisiane, aux racines noueuses, au tronc énorme, dont la feuille ressemble à une dentelle de mousse ? les lilas, les azaléas, les pompadouras ont enrichi nos printemps ; les aristoloches, les ustérias, les bignonias, les décumarias, les célustris, ont mêlé leurs fleurs, leurs fruits et leurs parfums à la verdure de nos lierres.

Les plantes à fleurs sont sans nombre : l'éphémère de Virginie, l'hélonias, le lis du Canada, le lis appelé *superbe,* la tigridie panachée, l'achillée rose, le dahlia, l'hellénie d'automne, les phlox de toutes les espèces se confondent aujourd'hui avec nos fleurs natives.

Enfin, nous avons exterminé presque partout la population sauvage ; et l'Amérique nous a donné la pomme de terre, qui prévient à jamais la disette parmi les peuples destructeurs des Américains

ABEILLES.

Tous ces végétaux nourrissent de brillants insectes. Ceux-ci ont reçu dans leurs tribus notre mouche à miel, qui est venue à la découverte de ces savanes et de ces forêts embaumées dont on racontoit tant de merveilles. On a remarqué que les colons sont souvent précédés dans les bois du Kentucky et du Tennessée par des abeilles : avant-garde des laboureurs, elles sont le symbole de l'industrie et de la civilisation, qu'elles annoncent. Étrangères à l'Amérique, arrivées à la suite des voiles de Colomb, ces conquérantes pacifiques n'ont ravi à un nouveau monde de fleurs que des trésors dont les indigènes ignoroient l'usage ; elles ne se sont servies de ces trésors que pour enrichir le sol dont elles les avoient tirés. Qu'il faudroit se féliciter, si toutes les invasions et toutes les conquêtes ressembloient à celles de ces filles du ciel !

Les abeilles ont pourtant eu à repousser des myriades de moustiques et de maringouins, qui attaquoient leurs essaims dans le tronc des arbres; leur génie a triomphé de ces envieux, méchants et laids ennemis. Les abeilles ont été reconnues reines du désert, et leur monarchie administrative s'est établie dans les bois auprès de la république de Washington.

MŒURS DES SAUVAGES.

Il y a deux manières également fidèles et infidèles de peindre les sauvages de l'Amérique septentrionale : l'une est de ne parler que de leurs lois et de leurs mœurs, sans entrer dans le détail de leurs coutumes bizarres, de leurs habitudes souvent dégoûtantes pour les hommes civilisés. Alors on ne verra que des Grecs et des Romains ; car les lois des Indiens sont graves et les mœurs souvent charmantes.

L'autre manière consiste à ne représenter que les habitudes et les coutumes des sauvages, sans mentionner leurs lois et leurs mœurs ; alors on n'aperçoit plus que des cabanes enfumées et infectes dans lesquelles se retirent des espèces de singes à parole humaine. Sidoine Apollinaire se plaignoit d'être obligé *d'entendre le rauque langage du Germain et de fréquenter le Bourguignon, qui se frottoit les cheveux avec du beurre.*

Je ne sais si la chaumine du vieux Caton, dans le pays des Sabins, étoit beaucoup plus propre que la hutte d'un Iroquois. Le malin Horace pourroit sur ce point nous laisser des doutes.

Si l'on donne aussi les mêmes traits à tous les sauvages de l'Amérique septentrionale, on altérera la ressemblance ; les sauvages de la Louisiane et de la Floride différoient en beaucoup de points des sauvages du Canada. Sans faire l'histoire particulière de chaque tribu, j'ai rassemblé tout ce que j'ai su des Indiens sous ces titres :

Mariages, enfants, funérailles; Moissons, fêtes, danses et jeu; Année, division et règlement du temps, calendrier naturel; Médecine; Langues indiennes; Chasse; Guerre; Religion; Gouvernement. Une conclusion générale fait voir l'Amérique telle qu'elle s'offre aujourd'hui.

MARIAGES, ENFANTS, FUNÉRAILLES.

Il y a deux espèces de mariages parmi les sauvages : le premier se fait par le simple accord de la femme et de l'homme ; l'engagement est pour un temps plus ou moins long, et tel qu'il a plu au couple qui se marie de le fixer. Le terme de l'engagement expiré, les deux époux se séparent : tel étoit à peu près le concubinage légal en Europe, dans le VIIIe et le IXe siècle.

Le second mariage se fait pareillement en vertu du consentement de l'homme et de la femme ; mais les parents interviennent. Quoique ce mariage ne soit point limité, comme le premier, à un certain nombre d'années, il peut toujours se rompre. On a remarqué que chez les Indiens le second mariage, le mariage légitime, étoit préféré par les jeunes filles et les vieillards, et le premier par les vieilles femmes et les jeunes gens.

Lorsqu'un sauvage s'est résolu au mariage légal, il va avec son père faire la demande aux parents de la femme. Le père revêt des habits qui n'ont point encore été portés ; il orne sa tête de plumes nouvelles, lave l'ancienne peinture de son visage, met un nouveau fard, et change l'anneau pendant à son nez ou à ses oreilles ; il prend dans sa main droite un calumet dont le fourneau est blanc, le tuyau bleu, et empenné avec des queues d'oiseaux; dans sa main gauche il tient son arc détendu en guise de bâton. Son fils le suit chargé de peaux d'ours, de castors et d'orignaux; il porte en outre deux colliers de porcelaine à quatre branches et une tourterelle vivante dans une cage.

Les prétendants vont d'abord chez le plus vieux parent de la jeune fille; ils entrent dans sa cabane, s'asseyent devant lui sur une natte, et le père du jeune guerrier, prenant la parole, dit : « Voilà des peaux. Les deux colliers, le calumet bleu et la tourterelle demandent ta fille en mariage. »

Si les présents sont acceptés, le mariage est conclu, car le consentement de l'aïeul ou du plus ancien sachem de la famille l'emporte sur le consentement paternel. L'âge est la source de l'autorité chez les sauvages : plus un homme est vieux, plus il a d'empire. Ces peuples font dériver la puissance divine de l'éternité du Grand-Esprit.

Quelquefois le vieux parent, tout en acceptant les présents, met à son consentement quelque restriction. On est averti de cette restriction si, après avoir aspiré trois fois la vapeur du calumet, le fumeur laisse échapper la première bouffée au lieu de l'avaler, comme dans un consentement absolu.

De la cabane du vieux parent on se rend au foyer de la mère et de la jeune fille. Quand les songes de celle-ci ont été néfastes, sa frayeur est grande. Il faut que les songes, pour être favorables, n'aient représenté ni les Esprits, ni les aïeux, ni la patrie, mais qu'ils aient montré des berceaux, des oiseaux et des biches blanches. Il y a pourtant un moyen infaillible de conjurer les rêves funestes, c'est de suspendre un collier rouge au cou d'un marmouset de bois de chêne : chez les hommes civilisés l'espérance a aussi ses colliers rouges et ses marmousets.

Après cette première demande, tout a l'air d'être oublié; un temps considérable s'écoule avant la conclusion du mariage : la vertu de prédilection du sauvage est la patience. Dans les périls les plus imminents, tout se doit passer comme à l'ordinaire : lorsque l'ennemi est aux portes, un guerrier qui négligeroit de fumer tranquillement sa pipe, assis les jambes croisées au soleil, passeroit pour une *vieille femme*.

Quelle que soit donc la passion du jeune homme, il est obligé d'affecter un air d'indifférence et d'attendre les ordres de la famille. Selon la coutume ordinaire, les deux époux doivent demeurer d'abord dans la cabane de leur plus vieux parent; mais souvent des arrangements particuliers s'opposent à l'observation de cette coutume. Le futur mari bâtit alors sa cabane : il en choisit presque toujours l'emplacement dans quelque vallon solitaire, auprès d'un ruisseau ou d'une fontaine, et sous les bois qui la peuvent cacher.

Les sauvages sont tous, comme les héros d'Homère, des médecins, des cuisiniers et des charpentiers. Pour construire la hutte du mariage, on enfonce dans la terre quatre poteaux, ayant un pied de circonférence et douze pieds de haut : ils sont destinés à marquer les quatre angles d'un parallélogramme de vingt pieds de long sur dix-huit de large. Des mortaises creusées dans ces poteaux reçoivent des traverses, lesquelles forment, quand leurs intervalles sont remplis avec de la terre, les quatre murailles de la cabane.

Dans les deux murailles longitudinales on pratique deux ouvertures : l'une sert d'entrée à tout l'édifice, l'autre conduit dans une seconde chambre semblable à la première, mais plus petite.

On laisse le prétendu poser seul les fondements de sa demeure ; mais il est aidé dans la suite du travail par ses compagnons. Ceux-ci arrivent chantant et dansant ; ils apportent des instruments de maçonnerie faits de bois ; l'omoplate de quelque grand quadrupède leur sert de truelle. Ils frappent dans la main de leur ami, sautent sur ses épaules, font des railleries sur son mariage, et achèvent la cabane. Montés sur les poteaux et les murs commencés, ils élèvent le toit d'écorce de bouleau ou de chaume de maïs ; mêlant du poil de bête fauve et de la paille de folle-avoine hachée dans de l'argile rouge, ils enduisent de ce mastic les murailles à l'extérieur et à l'intérieur. Au centre ou à l'une des extrémités de la grande salle, les ouvriers plantent cinq longues perches, qu'ils entourent d'herbe sèche et de mortier : cette espèce de cône devient la cheminée, et laisse échapper la fumée par une ouverture ménagée dans le toit. Tout ce travail se fait au milieu des brocards et des chants satiriques : la plupart de ces chants sont grossiers ; quelques-uns ne manquent pas d'une certaine grâce :

« La lune cache son front sous un nuage ; elle est honteuse, elle rougit ; c'est qu'elle sort du lit du soleil. Ainsi se cachera et rougira... le lendemain de ses noces, et nous lui dirons : Laisse-nous donc voir tes yeux. »

Les coups de marteau, le bruit des truelles, le craquement des branches rompues, les ris, les cris, les chansons, se font entendre au loin, et les familles sortent de leurs villages pour prendre part à ces ébattements.

La cabane étant terminée en dehors, on la lambrisse en dedans avec du plâtre quand le pays en fournit, avec de la terre glaise au défaut de plâtre. On pèle le gazon resté dans l'intérieur de l'édifice : les ouvriers, dansant sur le sol humide, l'ont bientôt pétri et égalisé. Des nattes de roseaux tapissent ensuite cette aire ainsi que les parois du logis. Dans quelques heures est achevée une hutte qui cache souvent sous un toit d'écorce plus de bonheur que n'en recouvrent les voûtes d'un palais.

Le lendemain on remplit la nouvelle habitation de tous les meubles et comestibles du propriétaire : nattes, escabelles, vases de terre et de bois, chaudières, seaux, jambons d'ours et d'orignaux, gâteaux secs, gerbes de maïs, plantées pour nourriture ou pour remèdes : ces divers objets s'accrochent aux murs ou s'étalent sur des planches; dans un trou garni de cannes éclatées, on jette le maïs et la folle-avoine. Les instruments de pêche, de chasse, de guerre et d'agriculture, la crosse du labourage, les piéges, les filets faits avec la moelle intérieure du faux palmier, les hameçons de dents de castor, les arcs, les flèches, les casse-têtes, les haches, les couteaux, les armes à feu, les cornes pour porter la poudre, les chichikoués, les tambourins, les fifres, les calumets, le fil de nerfs de chevreuil, la toile de mûrier ou de bouleau; les plumes, les perles, les colliers, le noir, l'azur et le vermillon pour la parure, une multitude de peaux, les unes tannées, les autres avec leurs poils : tels sont les trésors dont on enrichit la cabane.

Huit jours avant la célébration du mariage, la jeune femme se retire à la cabane des purifications, lieu séparé où les femmes entrent et restent trois ou quatre jours par mois, et où elles vont faire leurs couches. Pendant les huit jours de retraite, le guerrier engagé chasse : il laisse le gibier dans l'endroit où il le tue; les femmes le ramassent et le portent à la cabane des parents pour le festin de noces. Si la chasse a été bonne, on en tire un augure favorable.

Enfin le grand jour arrive. Les jongleurs et les principaux sachems sont invités à la cérémonie. Une troupe de jeunes guerriers va chercher le marié chez lui; une troupe de jeunes filles va pareillement chercher la mariée à sa cabane. Le couple promis est orné de ce qu'il a de plus beau en plumes, en colliers, en fourrures, et de plus éclatant en couleurs.

Les deux troupes, par des chemins opposés, surviennent en même temps à la hutte du plus vieux parent. On pratique une seconde porte à cette hutte, en face de la porte ordinaire : environné de ses compagnons, l'époux se présente à l'une des portes; l'épouse, entourée de ses compagnes, se présente à l'autre. Tous les sachems de la fête sont assis dans la cabane, le calumet à la bouche. La bru et le gendre vont se placer sur des rouleaux de peaux à l'une des extrémités de la cabane.

Alors commence en dehors la danse nuptiale entre les deux chœurs restés à la porte. Les jeunes filles, armées d'une crosse recourbée, imitent les divers ouvrages du labour ; les jeunes guerriers font la garde autour d'elles, l'arc à la main. Tout à coup un parti ennemi sortant de la forêt s'efforce d'enlever les femmes, celles-ci jettent leur hoyau et s'enfuient ; leurs frères volent à leur secours. Un combat simulé s'engage ; les ravisseurs sont repoussés.

A cette pantomime succèdent d'autres tableaux tracés avec une vivacité naturelle ; c'est la peinture de la vie domestique, le soin du ménage, l'entretien de la cabane, les plaisirs et les travaux du foyer ; touchantes occupations d'une mère de famille. Ce spectacle se termine par une ronde où les jeunes filles tournent à rebours du cours du soleil, et les jeunes guerriers selon le mouvement apparent de cet astre.

Le repas suit : il est composé de soupes, de gibier, de gâteaux de maïs, de canneberges, espèce de légumes, de pommes de mai, sorte de fruit porté par une herbe, de poissons, de viandes grillées et d'oiseaux rôtis. On boit dans les grandes calebasses le suc de l'érable ou du sumac, et dans de petites tasses de hêtre une préparation de cassine, boisson chaude que l'on sert comme du café. La beauté du repas consiste dans la profusion des mets.

Après le festin la foule se retire. Il ne reste dans la cabane du plus vieux parent que douze personnes, six sachems de la famille du mari, six matrones de la famille de la femme. Ces douze personnes, assises à terre, forment deux cercles concentriques ; les hommes décrivent le cercle extérieur. Les conjoints se placent au centre des deux cercles : ils tiennent horizontalement, chacun par un bout, un roseau de six pieds de long. L'époux porte dans la main droite un pied de chevreuil ; l'épouse élève de la main gauche une gerbe de maïs. Le roseau est peint de différents hiéroglyphes qui marquent l'âge du couple uni et la lune où se fait le mariage. On dépose aux pieds de la femme les présents du mari et de sa famille, savoir : une parure complète, le jupon d'écorce de mûrier, le corset pareil, la mante de plumes d'oiseaux ou de peau de martre, les mocassines brodées en poil de porc-épic, les bracelets de coquillages, les anneaux ou les perles pour le nez et pour les oreilles.

A ces vêtements sont mêlés un berceau de jonc, un morceau d'agaric, des pierres à fusil pour allumer le feu, la chaudière pour faire bouillir les viandes, le collier de cuir pour porter les fardeaux, et la bûche du foyer. Le berceau fait palpiter le cœur de l'épouse, la chaudière et le collier ne l'effrayent point : elle regarde avec soumission ces marques de l'esclavage domestique.

Le mari ne demeure pas sans leçons : un casse-tête, un arc, une pagaye, lui annoncent ses devoirs : combattre, chasser et naviguer. Chez quelques tribus, un lézard vert, de cette espèce dont les mouvements sont si rapides que l'œil peut à peine les saisir, des feuilles mortes entassées dans une corbeille, font entendre au nouvel époux que le temps fuit et que l'homme tombe. Ces peuples enseignent par des emblèmes la morale de la vie, et rappellent la part des soins que la nature a distribués à chacun de ses enfants.

Les deux époux enfermés dans le double cercle des douze parents ayant déclaré qu'ils veulent s'unir, le plus vieux parent prend le roseau de six pieds ; il le sépare en douze morceaux, lesquels il distribue aux douze témoins : chaque témoin est obligé de représenter sa portion de roseau pour être réduite en cendre si les époux demandent un jour le divorce.

Les jeunes filles qui ont amené l'épouse à la cabane du plus vieux parent l'accompagnent avec des chants à la hutte nuptiale ; les jeunes guerriers y conduisent de leur côté le nouvel époux. Les conviés à la fête retournent à leurs villages : ils jettent en sacrifice aux Manitous des morceaux de leurs habits dans les fleuves, et brûlent une part de leur nourriture.

En Europe, afin d'échapper aux lois militaires on se marie : parmi les sauvages de l'Amérique septentrionale, nul ne se pouvoit marier qu'après avoir combattu pour la patrie. Un homme n'étoit jugé digne d'être père que quand il avoit prouvé qu'il sauroit défendre ses enfants. Par une conséquence de cette mâle coutume, un guerrier ne commençoit à jouir de la considération publique que du jour de son mariage.

La pluralité des femmes est permise ; un abus contraire livre quelquefois une femme à plusieurs maris : des hordes plus grossières offrent leurs femmes et leurs filles aux étrangers. Ce n'est pas une dépravation, mais le sentiment profond de leur misère qui pousse ces Indiens à cette sorte d'infamie ; ils pensent rendre leur famille plus heureuse en changeant le sang paternel.

Les sauvages du nord-ouest voulurent avoir de la race du premier nègre qu'ils aperçurent : ils le prirent pour un mauvais esprit : ils espérèrent qu'en le naturalisant chez eux ils se ménageroient des intelligences et des protecteurs parmi les génies noirs.

L'adultère dans la femme étoit autrefois puni chez les Hurons par la mutilation du nez : on vouloit que la faute restât gravée sur le visage.

En cas de divorce, les enfants sont adjugés à la femme : chez les animaux, disent les sauvages, c'est la femelle qui nourrit les petits.

On taxe d'incontinence une femme qui devient grosse la première année de son mariage; elle prend quelquefois le suc d'une espèce de rue pour détruire son fruit trop hâtif : cependant (inconséquences naturelles aux hommes) une femme n'est estimée qu'au moment où elle devient mère. Comme mère, elle est appelée aux délibérations publiques; plus elle a d'enfants, et surtout de fils, plus on la respecte.

Un mari qui perd sa femme épouse la sœur de sa femme quand elle a une sœur, de même qu'une femme qui perd son mari épouse le frère de ce mari s'il a un frère : c'étoit à peu près la loi athénienne. Une veuve chargée de beaucoup d'enfants est fort recherchée.

Aussitôt que les premiers symptômes de la grossesse se déclarent, tous rapports cessent entre les époux. Vers la fin du neuvième mois, la femme se retire à la hutte des purifications, où elle est assistée par les matrones. Les hommes, sans en excepter le mari, ne peuvent entrer dans cette hutte. La femme y demeure trente ou quarante jours après ses couches, selon qu'elle a mis au monde une fille ou un garçon.

Lorsque le père a reçu la nouvelle de la naissance de son enfant, il prend un calumet de paix dont il entoure le tuyau avec des pampres de vigne vierge, et court annoncer l'heureuse nouvelle aux divers membres de la famille. Il se rend d'abord chez les parents maternels, parce que l'enfant appartient exclusivement à la mère. S'approchant du sachem le plus âgé, après avoir fumé vers les quatre points cardinaux, il lui présente sa pipe, en disant : « Ma femme est mère. » Le sachem prend la pipe, fume à son tour, et dit en ôtant le calumet de sa bouche : « Est-ce un guerrier? »

Si la réponse est affirmative, le sachem fume trois fois vers le soleil; si la réponse est négative, le sachem ne fume qu'une fois. Le père est reconduit en cérémonie plus ou moins loin, selon le sexe de l'enfant. Un sauvage devenu père prend une tout autre autorité dans la nation; sa dignité d'homme commence avec sa paternité.

Après les trente ou quarante jours de purification, l'accouchée se dispose à revenir à sa cabane : les parents s'y rassemblent pour imposer un nom à l'enfant : on éteint le feu ; on jette au vent les anciennes cendres du foyer; on prépare un bûcher composé de bois odorants : le prêtre ou jongleur, une mèche à la main, se tient prêt à allumer le feu nouveau : on purifie les lieux d'alentour en les aspergeant avec de l'eau de fontaine.

Bientôt s'avance la jeune mère : elle vient seule, vêtue d'une robe nouvelle; elle ne doit rien porter de ce qui lui a servi autrefois. Sa mamelle gauche est découverte; elle y suspend son enfant complétement nu; elle pose un pied sur le seuil de sa porte.

Le prêtre met le feu au bûcher : le mari s'avance, et reçoit son enfant des mains de sa femme. Il le reconnoît d'abord et l'avoue à haute voix. Chez quelques tribus les parents du même sexe que l'enfant assistent seuls aux relevailles. Après avoir baisé les lèvres de son enfant, le père le remet au plus vieux sachem; le nouveau né passe entre les bras de toute sa famille : il reçoit la bénédiction du prêtre et les vœux des matrones.

On procède ensuite au choix d'un nom : la mère reste toujours sur le seuil de la cabane. Chaque famille a ordinairement trois ou quatre noms qui reviennent tour à tour; mais il n'est jamais question que de ceux du côté maternel. Selon l'opinion des sauvages, c'est le père qui crée l'âme de l'enfant, la mère n'en engendre que le corps[1] : on trouve juste que le corps ait un nom qui vienne de la mère.

Quand on veut faire un grand honneur à l'enfant, on lui confère le nom le plus ancien dans sa famille : celui de son aïeule, par exemple. Dès ce moment l'enfant occupe la place de la femme dont il a recueilli le nom; on lui donne en lui parlant le degré de parenté que son nom fait revivre : ainsi un oncle peut saluer un neveu du titre de *grand'-mère;* coutume qui prêteroit au rire si elle n'étoit infiniment touchante. Elle rend pour ainsi dire la vie aux aïeux; elle reproduit dans la foiblesse des premiers ans la foiblesse du vieil âge; elle lie et rapproche les deux extrémités de la vie, le commencement et la fin de la famille; elle communique une espèce d'immortalité aux ancêtres, en les supposant présents au milieu de leur postérité; elle augmente les soins que la mère a pour l'enfance par le souvenir des soins qu'on prit de la sienne : la tendresse filiale redouble l'amour maternel.

Après l'imposition du nom, la mère entre dans la cabane; on lui rend son enfant, qui n'appartient plus qu'à elle. Elle le met dans un berceau. Ce berceau est une petite planche du bois le plus léger, qui porte un lit de mousse ou de coton sauvage : l'enfant est déposé tout nu sur cette couche; deux bandes d'une peau moelleuse l'y retiennent et préviennent sa chute, sans lui ôter le mouvement. Au-dessus de la tête du nouveau né est un cerceau sur lequel on étend un voile pour éloigner les insectes et pour donner de la fraîcheur et de l'ombre à la petite créature.

J'ai parlé ailleurs[2] de la mère indienne; j'ai raconté comment elle

---

1. Voyez *Les Natchez.*
2. *Atala,* le *Génie du Christianisme, Les Natchez,* etc.

porte ses enfants ; comment elle les suspend aux branches des arbres ; comment elle leur chante ; comment elle les pare, les endort et les réveille ; comment, après leur mort, elle les pleure ; comment elle va répandre son lait sur le gazon de leur tombe, ou recueillir leur âme sur les fleurs [1].

Après le mariage et la naissance, il conviendroit de parler de la mort, qui termine les scènes de la vie ; mais j'ai si souvent décrit les funérailles des sauvages, que la matière est presque épuisée.

Je ne répéterai donc point ce que j'ai dit dans Atala et dans Les Natchez relativement à la manière dont on habille le décédé, dont on le peint, dont on s'entretient avec lui, etc. J'ajouterai seulement que parmi toutes les tribus il est d'usage de se ruiner pour les morts : la famille distribue ce qu'elle possède aux convives du repas funèbre ; il faut manger et boire tout ce qui se trouve dans la cabane. Au lever du soleil, on pousse de grands hurlements sur le cercueil d'écorce où gît le cadavre ; au coucher du soleil, les hurlements recommencent : cela dure trois jours, au bout desquels le défunt est enterré. On le recouvre du mont du tombeau ; s'il fut guerrier renommé, un poteau peint en rouge marque sa sépulture.

Chez plusieurs tribus les parents du mort se font des blessures aux jambes et aux bras. Un mois de suite, on continue les cris de douleur au coucher et au lever du soleil, et pendant plusieurs années on accueille par des mêmes cris l'anniversaire de la perte que l'on a faite.

Quand un sauvage meurt l'hiver à la chasse, son corps est conservé sur les branches des arbres ; on ne lui rend les derniers honneurs qu'après le retour des guerriers au village de sa tribu. Cela se pratiquoit jadis ainsi chez les Moscovites.

Non-seulement les Indiens ont des prières, des cérémonies différentes, selon le degré de parenté, la dignité, l'âge et le sexe de la personne décédée, mais ils ont encore des temps d'exhumation publique [2], de commémoration générale.

Pourquoi les sauvages de l'Amérique sont-ils de tous les peuples ceux qui ont le plus de vénération pour les morts ? Dans les calamités nationales, la première chose à laquelle on pense, c'est à sauver les trésors de la tombe : on ne reconnoît la propriété légale que là où sont ensevelis les ancêtres. Quand les Indiens ont plaidé leurs droits de possession, ils se sont toujours servis de cet argument, qui leur

---

1. Voyez, pour l'éducation des enfants, la lettre ci-dessus, p. 67.
2. *Atala.*

paroissoit sans réplique : « Dirons-nous aux os de nos pères : Levez-vous, et suivez-nous dans une terre étrangère ? » Cet argument n'étant point écouté, qu'ont-ils fait ? ils ont emporté les ossements, qui ne les pouvoient suivre.

Les motifs de cet attachement extraordinaire à de saintes reliques se trouvent facilement. Les peuples civilisés ont pour conserver les souvenirs de leur patrie les monuments des lettres et des arts ; ils ont des cités, des palais, des tours, des colonnes, des obélisques ; ils ont la trace de la charrue dans les champs par eux cultivés ; leurs noms sont gravés sur l'airain et le marbre ; leurs actions conservées dans les chroniques.

Les sauvages n'ont rien de tout cela : leur nom n'est point écrit sur les arbres de leurs forêts ; leur hutte, bâtie dans quelques heures, périt dans quelques instants : la simple crosse de leur labour, qui n'a fait qu'effleurer la terre, n'a pu même élever un sillon ; leurs chansons traditionnelles s'évanouissent avec la dernière mémoire qui les retient, avec la dernière voix qui les répète. Il n'y a donc pour les tribus du Nouveau-Monde qu'un seul monument : la tombe. Enlevez à des sauvages les os de leurs pères, vous leur enlevez leur histoire, leur loi et jusqu'à leurs dieux ; vous ravissez à ces hommes dans la postérité la preuve de leur existence comme celle de leur néant.

MOISSONS, FÊTES, RÉCOLTE DE SUCRE D'ÉRABLE, PÊCHES, DANSES ET JEUX.

MOISSONS

On a cru et on a dit que les sauvages ne tiroient pas parti de la terre : c'est une erreur. Ils sont principalement chasseurs, à la vérité, mais tous s'adonnent à quelque genre de culture, tous savent employer les plantes et les arbres aux besoins de la vie. Ceux qui occupoient le beau pays qui forme aujourd'hui les États de la Géorgie, du Tennessée, de l'Alabama, du Mississipi, étoient sous ce rapport plus civilisés que les naturels du Canada.

Chez les sauvages, tous les travaux publics sont des fêtes : lorsque les derniers froids étoient passés, les femmes siminoles, chicassoises, natchez, s'armoient d'une crosse de noyer, mettoient sur leur tête des corbeilles à compartiments remplies de semailles de maïs, de graine de melon d'eau, de féveroles et de tournesols. Elles se rendoient au champ commun, ordinairement placé dans une position facile à défendre, comme sur une langue de terre entre deux fleuves ou dans un cercle de collines.

A l'une des extrémités du champ, les femmes se rangeoient en ligne et commençoient à remuer la terre avec leur crosse, en marchant à reculons.

Tandis qu'elles rafraîchissoient ainsi l'ancien labourage sans former de sillon, d'autres Indiennes les suivoient ensemençant l'espace préparé par leurs compagnes. Les féveroles et le grain de maïs étoient jetés ensemble sur le guéret, les quenouilles du maïs étant destinées à servir de tuteurs ou de rames au légume grimpant.

Des jeunes filles s'occupoient à faire des couches d'une terre noire et lavée : elles répandoient sur ces couches des graines de courge et de tournesol ; on allumoit autour de ces lits de terre des feux de bois vert, pour hâter la germination au moyen de la fumée.

Les sachems et les jongleurs présidoient au travail ; les jeunes hommes rôdoient autour du champ commun et chassoient les oiseaux par leurs cris.

FÊTES.

La fête de blé vert arrivoit au mois de juin : on cueilloit une certaine quantité de maïs tandis que le grain étoit encore en lait. De ce grain, alors excellent, on pétrissoit le tossomanony, espèce de gâteau qui sert de provisions de guerre ou de chasse.

Les quenouilles de maïs, mises bouillir dans de l'eau de fontaine, sont retirées à moitié cuites et présentées à un feu sans flamme. Lorsqu'elles ont acquis une couleur roussâtre, on les égrène dans un *poutagan* ou mortier de bois. On pile le grain en l'humectant. Cette pâte, coupée en tranches et séchée au soleil, se conserve un temps infini. Lorsqu'on veut en user, il suffit de la plonger dans de l'eau, du lait de noix ou du jus d'érable ; ainsi détrempée, elle offre une nourriture saine et agréable.

La plus grande fête des Natchez étoit la fête du feu nouveau, espèce de jubilé en l'honneur du soleil, à l'époque de la grande moisson : le soleil étoit la divinité principale de tous les peuples voisins de l'empire mexicain.

Un crieur public parcouroit les villages, annonçant la cérémonie au son d'une conque. Il faisoit entendre ces paroles :

« Que chaque famille prépare des vases vierges, des vêtements qui n'ont point été portés ; qu'on lave les cabanes ; que les vieux grains, les vieux habits, les vieux ustensiles, soient jetés et brûlés dans un feu commun au milieu de chaque village ; que les malfaiteurs reviennent : les sachems oublient leurs crimes. »

Cette amnistie des hommes accordée aux hommes au moment où la terre leur prodigue ses trésors, cet appel général des heureux et des infortunés, des innocents et des coupables au grand banquet de la nature étoient un reste touchant de la simplicité primitive de la race humaine.

Le crieur reparaissoit le second jour, prescrivoit un jeûne de soixante-douze heures, une abstinence rigoureuse de tout plaisir, et ordonnoit en même temps la *médecine des purifications*. Tous les Natchez prenoient aussitôt quelques gouttes d'une racine qu'ils appeloient la *racine du sang*. Cette racine appartient à une espèce de plantin ; elle distille une liqueur rouge, violent émétique. Pendant les trois jours d'abstinence et de prières, on gardoit un profond silence ; on s'efforçoit de se détacher des choses terrestres pour s'occuper uniquement de Celui qui mûrit le fruit sur l'arbre et le blé dans l'épi.

A la fin du troisième jour, le crieur proclamoit l'ouverture de la fête, fixée au lendemain.

A peine l'aube avoit-elle blanchi le ciel, qu'on voyoit s'avancer, par les chemins brillants de rosée, les jeunes filles, les jeunes guerriers, les matrones et les sachems. Le temple du soleil, grande cabane qui ne recevoit le jour que par deux portes, l'une du côté de l'occident et l'autre du côté de l'orient, étoit le lieu du rendez-vous ; on ouvroit la porte orientale ; le plancher et les parois intérieures du temple étoient couverts de nattes fines, peintes et ornées de différents hiéroglyphes. Des paniers rangés en ordre dans le sanctuaire renfermoient les ossements des plus anciens chefs de la nation, comme les tombeaux dans nos églises gothiques.

Sur un autel placé en face de la porte orientale, de manière à recevoir les premiers rayons du soleil levant, s'élevoit une idole représentant un chouchouacha. Cet animal, de la grosseur d'un cochon de lait, a le poil du blaireau, la queue du rat, les pattes du singe ; la femelle porte sous le ventre une poche où elle nourrit ses petits. A droite de l'image du chouchouacha étoit la figure d'un serpent à sonnettes, à gauche un marmouset grossièrement sculpté. On entretenoit dans un vase de pierre, devant les symboles, un feu d'écorce de chêne, qu'on ne laissoit jamais éteindre, excepté la veille de la fête du feu nouveau ou de la moisson : les prémices des fruits étoient suspendues autour de l'autel, les assistants ordonnés ainsi dans le temple :

Le grand-chef ou le *soleil*, à droite de l'autel ; à gauche, la femme-chef, qui, seule de toutes les femmes, avoit le droit de pénétrer dans le sanctuaire ; auprès du *soleil* se rangeoient successivement les deux chefs de guerre, les deux officiers pour les traités, et les principaux sachems ; à côté de la femme-chef s'asseyoient l'édile ou l'inspecteur des travaux publics, les quatre hérauts des festins, et ensuite les jeunes guerriers. A terre, devant l'autel, des tronçons de cannes séchées, couchés obliquement les uns sur les autres jusqu'à la hauteur de dix-huit pouces, traçoient des cercles concentriques dont les différentes révolutions embrassoient, en s'éloignant du centre, un diamètre de douze à treize pieds.

Le grand-prêtre debout, au seuil du temple, tenoit les yeux attachés sur l'orient. Avant de présider à la fête, il s'étoit plongé trois fois dans le Mississipi. Une robe blanche d'écorce de bouleau l'enveloppoit et se rattachoit autour de ses reins par une peau de serpent. L'ancien hibou empaillé, qu'il portoit sur sa tête, avoit fait place à la dépouille d'un jeune oiseau de cette espèce. Ce prêtre frottoit lentement l'un contre l'autre deux morceaux de bois sec, et prononçoit à voix basse des paroles magiques. A ses côtés, deux acolytes souleuoient par les anses deux coupes remplies d'une espèce de sorbet noir. Toutes les femmes, le dos tourné à l'orient, appuyées d'une main sur leur crosse de labour, de l'autre tenant leurs petits enfants, décrivoient en dehors un grand cercle à la porte du temple.

Cette cérémonie avoit quelque chose d'auguste : le vrai Dieu se fait sentir jusque dans les fausses religions ; l'homme qui prie est respectable ; la prière qui s'adresse à la Divinité est si sainte de sa nature, qu'elle donne quelque chose de sacré à celui-là même qui la prononce, innocent, coupable ou malheureux. C'étoit un touchant spectacle que celui d'une nation assemblée dans un désert à l'époque de la moisson pour remercier le Tout-Puissant de ses bienfaits, pour chanter ce Créateur qui perpétue le souvenir de la création en ordonnant chaque matin au soleil de se lever sur le monde.

Cependant un profond silence régnoit dans la foule. Le grand-prêtre observoit attentivement les variations du ciel. Lorsque les couleurs de l'aurore, muées du rose au pourpre, commençoient à être traversées des rayons d'un feu pur et devenoient de plus en plus vives, le prêtre accéléroit la collision de deux morceaux de bois sec. Une mèche soufrée de moelle de sureau étoit préparée afin de recevoir l'étincelle. Les deux maîtres de cérémonies s'avançoient à pas mesurés, l'un vers le grand-chef, l'autre vers la femme-chef. De temps en temps ils s'inclinoient; et s'arrêtant enfin devant le grand-chef et devant la femme-chef, ils demeuroient complétement immobiles.

Des torrents de flamme s'échappoient de l'orient, et la portion supérieure du disque du soleil se montroit au-dessus de l'horizon. A l'instant le grand-prêtre pousse l'oah sacré, le feu jaillit du bois échauffé par le frottement, la mèche soufrée s'allume, les femmes, en dehors du temple, se retournent subitement et élèvent toutes à la fois vers l'astre du jour leurs enfants nouveau-nés et la crosse du labourage.

Le grand-chef et la femme-chef boivent le sorbet noir que leur présentent les maîtres de cérémonies; le jongleur communique le feu aux cercles de roseau : la flamme serpente en suivant leur spirale. Les écorces de chêne sont allumées sur l'autel, et ce feu nouveau donne ensuite une nouvelle semence aux foyers éteints du village. Le grand-chef entonne l'hymne au soleil.

Les cercles de roseau étant consumés et le cantique achevé, la femme-chef sortoit du temple, et se mettoit à la tête des femmes, qui, toutes rangées à la file, se rendoient au champ commun de la moisson. Il n'étoit pas permis aux hommes de les suivre. Elles alloient cueillir les premières gerbes de maïs pour les offrir au temple, et pétrir avec le surplus les pains azymes du banquet de la nuit.

Arrivées aux cultures, les femmes arrachoient dans le carré attribué à leur famille un certain nombre des plus belles gerbes de maïs, plante superbe, dont les roseaux de sept pieds de hauteur, environnés de feuilles vertes et surmontés d'un rouleau de grains dorés, ressemblent à ces quenouilles entourées de rubans que nos paysannes consacrent dans les églises de village. Des milliers de grives bleues, de petites colombes de la grosseur d'un merle, des oiseaux de rizière, dont le plumage gris est mêlé de brun, se posent sur la tige des gerbes, et s'envolent à l'approche des moissonneuses américaines, entièrement cachées dans les avenues des grands épis. Les renards noirs font quelquefois des ravages considérables dans ces champs.

Les femmes revenoient au temple, portant les prémices en faisceau sur leur tête; le grand-prêtre recevoit l'offrande, et la déposoit sur l'autel. On fermoit la porte orientale du sanctuaire, et l'on ouvroit la porte occidentale.

Rassemblée à cette dernière porte lorsque le jour alloit clore, la foule dessinoit un croissant dont les deux pointes étoient tournées vers le soleil ; les assistants, le bras droit levé, présentoient les pains azymes à l'astre de la lumière. Le jongleur chantoit l'hymne du soir ; c'étoit l'éloge du soleil à son coucher : ses rayons naissants avoient fait croître le maïs, ses rayons mourants avoient sanctifié les gâteaux formés du grain de la gerbe moissonnée.

La nuit venue, on allumoit des feux ; on faisoit rôtir des oursons, lesquels, engraissés de raisins sauvages, offroient à cette époque de l'année un mets excellent. On mettoit griller sur des charbons des dindes de savanes, des perdrix noires, des espèces de faisans plus gros que ceux d'Europe. Ces oiseaux ainsi préparés s'appeloient la *nourriture des hommes blancs*. Les boissons et les fruits servis à ces repas étoient l'eau de smilax, d'érable, de plane, de noyer blanc, les pommes de mai, les plankmines, les noix. La plaine resplendissoit de la flamme des bûchers ; on entendoit de toutes parts les sons du chichikoué, du tambourin et du fifre, mêlés aux voix des danseurs et aux applaudissements de la foule.

Dans ces fêtes, si quelque infortuné retiré à l'écart promenoit ses regards sur les jeux de la plaine, un sachem l'alloit chercher, et s'informoit de la cause de sa tristesse ; il guérissoit ses maux s'ils n'étoient pas sans remède, ou le soulageoit du moins s'ils étoient de nature à ne pouvoir finir.

La moisson du maïs se fait en arrachant les gerbes ou en les coupant à deux pieds de hauteur sur leur tige. Le grain se conserve dans des outres ou dans des fosses garnies de roseaux. On garde aussi les gerbes entières ; on les égrène à mesure que l'on en a besoin. Pour réduire le maïs en farine, on le pile dans un mortier ou on l'écrase entre deux pierres. Les sauvages usent aussi de moulins à bras achetés des Européens.

La moisson de la folle-avoine ou de riz sauvage suit immédiatement celle du maïs. J'ai parlé ailleurs de cette moisson [1].

RÉCOLTE DU SUCRE D'ÉRABLE.

La récolte du suc d'érable se faisoit et se fait encore parmi les sauvages deux fois l'année. La première récolte a lieu vers la fin de février, de mars ou d'avril, selon la latitude du pays où croît l'érable à sucre. L'eau recueillie après les légères gelées de la nuit se convertit en sucre, en la faisant bouillir sur un grand feu. La quantité de sucre obtenue par ce procédé varie selon les qualités de l'arbre. Ce sucre,

---

1. Dans *Les Natchez*.

léger de digestion, est d'une couleur verdâtre, d'un goût agréable et un peu acide.

La seconde récolte a lieu quand la sève de l'arbre n'a pas assez de consistance pour se changer en suc. Cette sève se condense en une espèce de mélasse qui, étendue dans de l'eau de fontaine, offre une liqueur fraîche pendant les chaleurs de l'été.

On entretient avec grand soin le bois d'érable de l'espèce rouge et blanche. Les érables les plus productifs sont ceux dont l'écorce paroît noire et galeuse. Les sauvages ont cru observer que ces accidents sont causés par le pivert noir à tête rouge, qui perce l'érable dont la sève est la plus abondante. Ils respectent ce pivert comme un oiseau intelligent et un bon génie.

A quatre pieds de terre environ, on ouvre dans le tronc d'érable deux trous de trois quarts de pouce de profondeur, et perforés du haut en bas pour faciliter l'écoulement de la sève.

Ces deux premières incisions sont tournées au midi; on en pratique deux autres semblables du côté du nord. Ces quatre taillades sont ensuite creusées, à mesure que l'arbre donne sa sève, jusqu'à la profondeur de deux pouces et demi.

Deux auges de bois sont placées aux deux faces de l'arbre au nord et au midi, et des tuyaux de sureau introduits dans les fentes servent à diriger la sève dans ces auges.

Toutes les vingt-quatre heures on enlève le suc écoulé; on le porte sous des hangars couverts d'écorce; on le fait bouillir dans un bassin de pierre en l'écumant. Lorsqu'il est réduit à moitié par l'action d'un feu clair, on le transvase dans un autre bassin, où l'on continue à le faire bouillir jusqu'à ce qu'il ait pris la consistance d'un sirop. Alors, retiré du feu, il repose pendant douze heures. Au bout de ce temps on le précipite dans un troisième bassin, prenant soin de ne pas remuer le sédiment tombé au fond de la liqueur.

Ce troisième bassin est à son tour remis sur des charbons demi-brûlés et sans flamme. Un peu de graisse est jetée dans le sirop pour l'empêcher de surmonter les bords du vase. Lorsqu'il commence à filer, il faut se hâter de le verser dans un quatrième et dernier bassin de bois, appelé le *refroidisseur*. Une femme vigoureuse le remue en rond, sans discontinuer, avec un bâton de cèdre, jusqu'à ce qu'il ait pris le grain du sucre. Alors elle le coule dans des moules d'écorce qui donnent au fluide coagulé la forme de petits pains coniques : l'opération est terminée.

Quand il ne s'agit que des mélasses, le procédé finit au second feu.

L'écoulement des érables dure quinze jours, et ces quinze jours sont une fête continuelle. Chaque matin on se rend au bois d'érables, ordinairement arrosé par un courant d'eau. Des groupes d'Indiens et d'Indiennes sont dispersés au pied des arbres; des jeunes gens dansent et jouent à différents jeux ; des enfants se baignent sous les yeux des sachems. A la gaieté de ces sauvages, à leur demi-nudité, à la vivacité des danses, aux luttes non moins bruyantes des baigneurs, à la mobilité et à la fraîcheur des eaux, à la vieillesse des ombrages, on croirait assister à l'une de ces scènes de Faunes et de Dryades décrites par les poëtes.

Tum vero in numerum Faunosque ferasque videres
Ludere.

PÊCHES.

Les sauvages sont aussi habiles à la pêche qu'adroits à la chasse : ils prennent le poisson avec des hameçons et des filets ; ils savent aussi épuiser les viviers. Mais ils ont de grandes pêches publiques. La plus célèbre de toutes ces pêches étoit celle de l'esturgeon, qui avoit lieu sur le Mississipi et sur ses affluents.

Elle s'ouvroit par le mariage du filet. Six guerriers et six matrones portant ce filet s'avançoient au milieu des spectateurs sur la place publique, et demandoient en mariage pour leur fils, le filet, deux jeunes filles qu'ils désignoient.

Les parents des jeunes filles donnoient leur consentement, et les jeunes filles et le filet étoient mariés par le jongleur avec les cérémonies d'usage : le doge de Venise épousoit la mer !

Des danses de caractère suivoient le mariage. Après les noces du filet on se rendoit au fleuve, au bord duquel étoient assemblés les canots et les pirogues. Les nouvelles épouses, enveloppées dans le filet, étoient portées à la tête du cortége : on s'embarquoit après s'être muni de flambeaux de pin et de pierres pour battre le feu. Le filet, ses femmes, le jongleur, le grand-chef, quatre sachems, huit guerriers pour manier les rames, montoient une grande pirogue qui prenoit le devant de la flotte.

La flotte cherchoit quelque baie fréquentée par l'esturgeon. Chemin faisant, on pêchoit toutes les autres sortes de poissons : la truite, avec la seine, le poisson-armé, avec l'hameçon. On frappe l'esturgeon d'un dard attaché à une corde, laquelle est nouée à la barre intérieure du canot. Le poisson frappé fuit en entraînant le canot; mais peu à peu sa fuite se ralentit, et il vient expirer à la surface de l'eau. Les différentes attitudes des pêcheurs, le jeu des rames, le mouvement des voiles, la position des pirogues, groupées ou dispersées, montrant le flanc, la poupe ou la proue, tout cela compose un spectacle très-pittoresque : les paysages de la terre forment le fond immobile de ce mobile tableau

A l'entrée de la nuit, on allumoit dans les pirogues des flambeaux dont la lueur se répétoit à la surface de l'onde. Les canots, pressés, jetoient des masses d'ombres sur les flots rougis ; on eût pris les pêcheurs indiens qui s'agitoient dans ces embarcations pour leurs Manitous, pour ces êtres fantastiques, création de la superstition et des rêves du sauvage.

A minuit le jongleur donnoit le signal de la retraite, déclarant que le filet vouloit se retirer avec ses deux épouses. Les pirogues se rangoient sur deux lignes. Un flambeau étoit symétriquement et horizontalement placé entre chaque rameur sur le bord des pirogues : ces flambeaux, parallèles à la surface du fleuve, paroissoient, disparoissoient à la vue par le balancement des vagues, et ressembloient à des rames enflammées plongeant dans l'onde pour faire voguer les canots.

On chantoit alors l'épithalame du filet : le filet, dans toute la gloire d'un nouvel époux, étoit déclaré vainqueur de l'esturgeon qui porte une couronne et qui a douze pieds de long. On peignoit la déroute de l'armée entière des poissons : le lencornet, dont les barbes servent à entortiller son ennemi, le chaousaron, pourvu d'une lance dentelée, creuse et percée par le bout, l'artimègue qui déploie un pavillon blanc, les écrevisses qui précèdent les guerriers-poissons, pour leur frayer le chemin, tout cela étoit vaincu par le filet.

Venoient des strophes qui disoient la douleur des veuves des poissons. « En vain ces veuves apprennent à nager, elles ne reverront plus ceux avec qui elles aimoient à errer dans les forêts sous les eaux ; elles ne se reposeront plus avec eux sur des couches de mousse que recouvroit une voûte transparente. » Le filet est invité, après tant d'exploits, à dormir dans les bras de ses deux épouses.

DANSES.

La danse chez les sauvages, comme chez les anciens Grecs et chez la plupart des peuples enfants, se mêle à toutes les actions de la vie. On danse pour les mariages, et les femmes font partie de cette danse ; on danse pour recevoir un hôte, pour fumer un calumet ; on danse pour les moissons ; on danse pour la naissance d'un enfant ; on danse surtout pour les morts. Chaque chasse a sa danse, laquelle consiste dans l'imitation des mouvements, des mœurs et des cris de l'animal dont la poursuite est décidée : on grimpe comme un ours, on bâtit comme un castor, on galope en rond comme un bison, on bondit comme un chevreuil, on hurle comme un loup, et l'on glapit comme un renard.

Dans la danse des braves ou de la guerre, les guerriers, complétement armés, se rangent sur deux lignes ; un enfant marche devant eux, un chichikoué à la main ; c'est l'*enfant des songes,* l'enfant qui a *rêvé* sous l'inspiration des bons ou des mauvais manitous. Derrière les guerriers vient le jongleur, le prophète ou l'augure interprète des songes de l'enfant.

Les danseurs forment bientôt un double cercle en mugissant sourdement, tandis que l'enfant, demeuré au centre de ce cercle, prononce, les yeux baissés, quelques mots inintelligibles. Quand l'enfant lève la tête, les guerriers sautent et mugissent plus fort : ils se vouent à Athaensic, manitou de la haine et de la vengeance. Une espèce de coryphée marque la mesure en frappant sur un tambourin. Quelquefois les danseurs attachent à leurs pieds de petites sonnettes achetées des Européens.

Si l'on est au moment de partir pour une expédition, un chef prend la place de l'enfant, harangue les guerriers, frappe à coups de massue l'image d'un homme ou celle du manitou de l'ennemi, dessinées grossièrement sur la terre. Les guerriers recommençant à danser, assaillent également l'image, imitent les attitudes de l'homme qui combat, brandissent leurs massues ou leurs haches, manient leurs mousquets ou leurs arcs, agitent leurs couteaux avec des convulsions et des hurlements.

Au retour de l'expédition, la danse de la guerre est encore plus affreuse : des têtes, des cœurs, des membres mutilés, des crânes avec leurs chevelures sanglantes sont suspendus à des piquets plantés en terre. On danse autour de ces trophées, et les prisonniers qui doivent être brûlés assistent au spectacle de ces horribles joies. Je parlerai de quelques autres danses de cette nature à l'article de la guerre.

JEUX.

Le jeu est une action commune à l'homme ; il a trois sources : la nature, la société, les passions. De là trois espèces de jeux : les jeux de l'enfance, les jeux de la virilité, les jeux de l'oisiveté ou des passions.

Les jeux de l'enfance, inventés par les enfants eux-mêmes, se retrouvent sur toute la terre. J'ai vu le petit sauvage, le petit Bedouin, le petit nègre, le petit François, le petit Anglois, le petit Allemand, le petit Italien, le petit Espagnol, le petit Grec opprimé, le petit Turc oppresseur, lancer la balle et rouler le cerceau. Qui a montré à ces enfants si divers par leurs langues, si différents par leurs races, leurs mœurs et leurs pays, qui leur a montré ces mêmes jeux? Le Maître des hommes, le Père de la grande et même famille : il enseigna à l'innocence ces amusements, développement des forces, besoin de la nature.

La seconde espèce de jeux est celle qui, servant à apprendre un art, est un besoin de la société. Il faut ranger dans cette espèce les jeux gymnastiques, les courses de char, la naumachie chez les anciens, les joutes, les castilles, les pas d'armes, les tournois dans le moyen âge, la paume, l'escrime, les courses de chevaux et les jeux d'adresse chez les modernes. Le théâtre avec ses pompes est une chose à part, et le génie le réclame comme une de ses récréations : il en est de même de quelques combinaisons de l'esprit, comme le jeu de dames et des échecs.

La troisième espèce de jeux, les jeux de hasard, est celle où l'homme expose sa fortune, son honneur, quelquefois sa liberté et sa vie avec une fureur qui tient du délire ; c'est un besoin des passions. Les dés chez les anciens, les cartes chez les modernes, les osselets chez les sauvages de l'Amérique septentrionale, sont au nombre de ces récréations funestes.

On retrouve les trois espèces de jeux dont je viens de parler chez les Indiens.

Les jeux de leurs enfants sont ceux de nos enfants; ils ont la balle et la paume [1], la course, le tir de l'arc pour la jeunesse, et de plus le *jeu des plumes,* qui rappelle un ancien jeu de chevalerie.

Les guerriers et les jeunes filles dansent autour de quatre poteaux, sur lesquels sont attachés des plumes de différentes couleurs : de temps en temps un jeune homme sort des quadrilles et enlève une plume de la couleur que porte sa maîtresse : il attache cette plume dans ses cheveux, et rentre dans les chœurs de danse. Par la disposition de la plume et la forme des pas, l'Indienne devine le lieu que son amant lui indique pour rendez-vous. Il y a des guerriers qui prennent des plumes d'une couleur dont aucune danseuse n'est parée : cela veut dire que ce guerrier n'aime point ou n'est point aimé. Les femmes mariées ne sont admises que comme spectatrices à ce jeu.

---

1. Voyez *Les Natchez.*

Parmi les jeux de la troisième espèce, les jeux de l'oisiveté ou des passions, je ne décrirai que celui des osselets.

A ce jeu, les sauvages pleigent leurs femmes, leurs enfants, leur liberté ; et lorsqu'ils ont joué sur promesse et qu'ils ont perdu, ils tiennent leur promesse. Chose étrange ! l'homme, qui manque souvent aux serments les plus sacrés, qui se rit des lois, qui trompe sans scrupule son voisin et quelquefois son ami, qui se fait un mérite de la ruse et de la duplicité, met son honneur à remplir les engagements de ses passions, à tenir sa parole au crime, à être sincère envers les auteurs, souvent coupables, de sa ruine et les complices de sa dépravation.

Au jeu des osselets, appelé aussi le *jeu du plat*, deux joueurs seuls tiennent la main ; le reste des joueurs parie pour ou contre : les deux adversaires ont chacun leur marqueur. La partie se joue sur une table ou simplement sur le gazon.

Les deux joueurs qui tiennent la main sont pourvus de six ou huit dés ou osselets, ressemblant à des noyaux d'abricot taillés à six faces inégales : les deux plus larges faces sont peintes, l'une en blanc, l'autre en noir.

Les osselets se mêlent dans un plat de bois un peu concave ; le joueur fait pirouetter ce plat ; puis, frappant sur la table ou sur le gazon, il fait sauter en l'air les osselets.

Si tous les osselets, en tombant, présentent la même couleur, celui qui a joué gagne cinq points : si cinq osselets, sur six ou huit, amènent la même couleur, le joueur ne gagne qu'un point pour la première fois ; mais si le même joueur répète le même coup, il fait rafle de tout, et gagne la partie, qui est en quarante.

A mesure que l'on prend des points, on en défalque autant sur la partie de l'adversaire.

Le gagnant continue de tenir la main ; le perdant cède sa place à l'un des parieurs de son côté, appelé à volonté par le marqueur de sa partie : les marqueurs sont les personnages principaux de ce jeu : on les choisit avec de grandes précautions, et l'on préfère surtout ceux à qui l'on croit le manitou le plus fort et le plus habile.

La désignation des marqueurs amène de violents débats : si un parti a nommé un marqueur dont le manitou, c'est-à-dire la fortune, passe pour redoutable, l'autre parti s'oppose à cette nomination : on a quelquefois une très-grande idée de la puissance du manitou d'un homme qu'on déteste ; dans ce cas l'intérêt l'emporte sur la passion, et l'on adopte cet homme pour marqueur, malgré la haine qu'on lui porte.

Le marqueur tient à la main une petite planche sur laquelle il note les coups en craie rouge : les sauvages se pressent en foule autour des joueurs; tous les yeux sont attachés sur le plat et sur les osselets; chacun offre des vœux et fait des promesses aux bons génies. Quelquefois les valeurs engagées sur le coup de dés sont immenses pour des Indiens; les uns y ont mis leur cabane; les autres se sont dépouillés de leurs vêtements, et les jouent contre les vêtements des parieurs du parti opposé; d'autres, enfin, qui ont déjà perdu tout ce qu'ils possèdent, proposent contre un foible enjeu leur liberté; ils offrent de servir pendant un certain nombre de mois ou d'années celui qui gagneroit le coup contre eux.

Les joueurs se préparent à leur ruine par des observances religieuses : ils jeûnent, ils veillent, ils prient; les garçons s'éloignent de leurs maîtresses, les hommes mariés de leurs femmes; les songes sont observés avec soin. Les intéressés se munissent d'un sachet où ils mettent toutes les choses auxquelles ils ont rêvé, de petits morceaux de bois, des feuilles d'arbres, des dents de poissons, et cent autres manitous supposés propices. L'anxiété est peinte sur les visages pendant la partie; l'assemblée ne seroit pas plus émue s'il s'agissoit du sort de la nation. On se presse autour du marqueur; on cherche à le toucher, à se mettre sous son influence; c'est une véritable frénésie; chaque coup est précédé d'un profond silence et suivi d'une vive acclamation. Les applaudissements de ceux qui gagnent, les imprécations de ceux qui perdent, sont prodigués aux marqueurs, et des hommes ordinairement chastes et modérés dans leurs propos vomissent des outrages d'une grossièreté et d'une atrocité incroyables.

Quand le coup doit être décisif, il est souvent arrêté avant d'être joué : des parieurs de l'un ou l'autre parti déclarent que le moment est fatal, qu'il ne faut pas encore faire sauter les osselets. Un joueur, apostrophant ces osselets, leur reproche leur méchanceté et les menace de les brûler : un autre ne veut pas que l'affaire soit décidée avant qu'il ait jeté un morceau de petun dans le fleuve; plusieurs demandent à grands cris le saut des osselets; mais il suffit qu'une seule voix s'y oppose pour que le coup soit de droit suspendu. Lorsqu'on se croit au moment d'en finir, un assistant s'écrie : « Arrêtez! arrêtez! ce sont les meubles de ma cabane qui me portent malheur! » Il court à sa cabane, brise et jette tous les meubles à la porte, et revient en disant : « Jouez! jouez! »

Souvent un parieur se figure que tel homme lui porte malheur; il faut que cet homme s'éloigne du jeu s'il n'y est pas mêlé, ou que l'on trouve un autre homme dont le manitou, au jugement du parieur, puisse vaincre celui de l'homme qui porte malheur. Il est arrivé que des commandants françois au Canada, témoins de ces déplorables scènes, se sont vus forcés de se retirer pour satisfaire aux caprices d'un Indien. Et il ne s'agit pas de traiter légèrement ces caprices : toute la nation prendroit fait et cause pour le joueur ; la religion se mêleroit de l'affaire, et le sang couleroit.

Enfin, quand le coup décisif se joue, peu d'Indiens ont le courage d'en supporter la vue ; la plupart se précipitent à terre, ferment les yeux, se bouchent les oreilles, et attendent l'arrêt de la fortune comme on attendroit une sentence de vie ou de mort.

ANNÉE, DIVISION ET RÈGLEMENT DU TEMPS, CALENDRIER NATUREL.

ANNÉE.

Les sauvages divisent l'année en douze lunes, division qui frappe tous les hommes ; car la lune, disparoissant et reparoissant douze fois, coupe visiblement l'année en douze parties, tandis que l'année solaire, véritable année, n'est point indiquée par des variations dans le disque du soleil.

DIVISION DU TEMPS.

Les douze lunes tirent leurs noms des labeurs, des biens et des maux des sauvages, des dons et des accidents de la nature : conséquemment ces noms varient selon le pays et les usages des diverses peuplades. Charlevoix en cite un grand nombre. Un voyageur moderne[1] donne ainsi les mois des Sioux et les mois des Cipawois :

MOIS DES SIOUX.		LANGUE SIOUSE.
Mars,	la lune du mal des yeux.	Wisthociasia-oni.
Avril,	la lune du gibier.	Mograhoandi-oni.
Mai,	la lune des nids.	Mograhochandà-oni.
Juin,	la lune des fraises.	Wojusticiascià-oni.
Juillet,	la lune des cerises.	Champascià-oni.
Août,	la lune des buffaloes.	Tantankakiocu-oni,

1. Beltrami.

MOIS DES SIOUX.   **LANGUE SIOUSE.**

Septembre.	la lune de la folle-avoine.	Wasipi-onì.
Octobre.	la lune de la fin de la folle-avoine. . .	Sciwostapi-onì.
Novembre,	la lune du chevreuil.	Takiouka-onì.
Décembre,	la lune du chevreuil qui jette ses cornes.	Ah esciakiouska-onì.
Janvier,	la lune de valeur.	Ouwikari-onì.
Février,	la lune des chats sauvages.	Owiciata-onì.

MOIS DES CIPAWOIS.   **LANGUE ALGONQUINE.**

Juin,	la lune des fraises.	Hode i min-quisìs.
Juillet,	la lune des fruits brûlés.	Mikin-quisìs.
Août,	la lune des feuilles jaunes.	Wathebaqui-quisìs.
Septembre,	la lune des feuilles tombantes.	Inaqui-quisìs.
Octobre,	la lune du gibier qui passe.	Bina-hamo-quisìs.
Novembre,	la lune de la neige.	Kaskadino-quisìs.
Décembre,	la lune du Petit-Esprit.	Manito-quisìs.
Janvier,	la lune du Grand-Esprit.	Kitci-manito-quisìs.
Février,	la lune des aigles qui arrivent.	Wamebinni-quisìs.
Mars,	la lune de la neige durcie.	Ouabanni-quisìs.
Avril,	la lune des raquettes aux pieds.	Pokaodaquimi-quisìs.
Mai,	la lune des fleurs.	Wabigon-quisìs.

Les années se comptent par neiges ou par fleurs : le vieillard et la jeune fille trouvent ainsi le symbole de leurs âges dans le nom de leurs années.

CALENDRIER NATUREL.

En astronomie, les Indiens ne connoissent guère que l'étoile polaire; ils l'appellent l'*étoile immobile*; elle leur sert pour se guider pendant la nuit. Les Osages ont observé et nommé quelques constellations. Le jour, les sauvages n'ont pas besoin de boussole ; dans les savanes, la pointe de l'herbe qui penche du côté du sud, dans les forêts, la mousse qui s'attache au tronc des arbres du côté du nord, leur indiquent le septentrion et le midi. Ils savent dessiner sur des écorces des cartes géographiques où les distances sont désignées par les nuits de marche.

Les diverses limites de leur territoire sont des fleuves, des montagnes, un rocher où l'on aura conclu un traité, un tombeau au bord d'une forêt, une grotte du Grand-Esprit dans une vallée.

Les oiseaux, les quadrupèdes, les poissons, servent de baromètre, de thermomètre, de calendrier aux sauvages : ils disent que le castor leur a appris à bâtir et à se gouverner, le carcajou à chasser avec des chiens, parce qu'il chasse avec des loups, l'épervier d'eau à pêcher avec une huile qui attire le poisson.

Les pigeons, dont les volées sont innombrables, les bécasses américaines, dont le bec est d'ivoire, annoncent l'automne aux Indiens ; les perroquets et les piverts leur prédisent la pluie par des sifflements tremblotants.

Quand le maukawis, espèce de caille, fait entendre son chant au mois d'avril depuis le lever jusqu'au coucher du soleil, le Siminole se tient assuré que les froids sont passés : les femmes sèment les grains d'été ; mais quand le maukawis se perche la nuit sur une cabane, l'habitant de cette cabane se prépare à mourir.

Si l'oiseau blanc se joue au haut des airs, il annonce un orage ; s'il vole le soir au-devant du voyageur, en se jetant d'une aile sur l'autre, comme effrayé, il prédit des dangers.

Dans les grands événements de la patrie, les jongleurs affirment que Kit-chi-manitou se montre au-dessus des nuages porté par son oiseau favori, le wakon, espèce d'oiseau de paradis aux ailes brunes, et dont la queue est ornée de quatre longues plumes vertes et rouges.

Les moissons, les jeux, les chasses, les danses, les assemblées des sachems, les cérémonies du mariage, de la naissance et de la mort, tout se règle par quelques observations tirées de l'histoire de la nature. On sent combien ces usages doivent répandre de grâce et de poésie dans le langage ordinaire de ces peuples. Les nôtres se réjouissent à la Grenouillère, grimpent au mât de cocagne, moissonnent à la mi-août, plantent des oignons à la Saint-Fiacre, et se marient à la Saint-Nicolas

MÉDECINE.

La science du médecin est une espèce d'initiation chez les sauvages : elle s'appelle la *grande médecine* ; on y est affilié comme à une franc-maçonnerie ; elle a ses secrets, ses dogmes, ses rites.

Si les Indiens pouvoient bannir du traitement des maladies les coutumes superstitieuses et les jongleries des prêtres, ils connoîtroient tout ce qu'il y a d'essentiel dans l'art de guérir ; on pourroit même dire que cet art est presque aussi avancé chez eux que chez les peuples civilisés.

Ils connoissent une multitude de simples propres à fermer les blessures ; ils ont l'usage du *garent oguen*, qu'ils appellent encore *aba-*

soutchenza, à cause de sa forme : c'est le *ginseng* des Chinois. Avec la seconde écorce de sassafras, ils coupent les fièvres intermittentes : les racines du lycnis à feuilles de lierre leur servent pour faire passer les enflures du ventre ; ils emploient le *bellis* du Canada, haut de six pieds, dont les feuilles sont grasses et cannelées, contre la gangrène : il nettoie complétement les ulcères, soit qu'on le réduise en poudre, soit qu'on l'applique cru et broyé.

L'hédisaron à trois feuilles, dont les fleurs rouges sont disposées en épi, a la même vertu que le bellis.

Selon les Indiens, la forme des plantes a des analogies et des ressemblances avec les différentes parties du corps humain que ces plantes sont destinées à guérir, ou avec les animaux malfaisants dont elles neutralisent le venin. Cette observation mériteroit d'être suivie : les peuples simples, qui dédaignent moins que nous les indications de la Providence, sont moins sujets que nous à s'y tromper.

Un des grands moyens employés par les sauvages dans beaucoup de maladies, ce sont les bains de vapeur. Ils bâtissent à cet effet une cabane qu'ils appellent la *cabane des sueurs*. Elle est construite avec des branches d'arbres plantées en rond et attachées ensemble par la cime, de manière à former un cône ; on les garnit en dehors de peaux de différents animaux : on y ménage une très-petite ouverture pratiquée contre terre, et par laquelle on entre en se traînant sur les genoux et sur les mains. Au milieu de cette étuve est un bassin plein d'eau que l'on fait bouillir en y jetant des cailloux rougis au feu ; là vapeur qui s'élève de ce bassin est brûlante, et en moins de quelques minutes le malade se couvre de sueur.

La chirurgie n'est pas à beaucoup près aussi avancée que la médecine parmi les Indiens. Cependant ils sont parvenus à suppléer à nos instruments par des inventions ingénieuses. Ils entendent très-bien les bandages applicables aux fractures simples : ils ont des os aussi pointus que des lancettes pour saigner et pour scarifier les membres rhumatisés ; ils sucent le sang à l'aide d'une corne, et en tirent la quantité prescrite. Des courges pleines de matières combustibles auxquelles ils mettent le feu leur tiennent lieu de ventouses. Ils ouvrent des ustions avec des nerfs de chevreuil, ils font des siphons avec les vessies des divers animaux.

Les principes de la boîte fumigatoire employée quelque temps en Europe, dans le traitement des noyés, sont connus des Indiens. Ils se servent à cet effet d'un large boyau fermé à l'une des extrémités, ouvert à l'autre par un petit tube de bois ; on enfle ce boyau avec de la fumée, et l'on fait entrer cette fumée dans les intestins du noyé.

Dans chaque famille on conserve ce qu'on appelle le *sac de médecine*; c'est un sac rempli de manitous et de différents simples d'une grande puissance. On porte ce sac à la guerre : dans les camps c'est un palladium, dans les cabanes un dieu Lare.

Les femmes pendant leurs couches se retirent à la cabane de purification; elles y sont assistées par des matrones. Celles-ci, dans les accouchements ordinaires, ont les connoissances suffisantes, mais dans les accouchements difficiles, elles manquent d'instruments. Lorsque l'enfant se présente mal et qu'elles ne le peuvent retourner, elles suffoquent la mère, qui, se débattant contre la mort, délivre son fruit par l'effort d'une dernière convulsion. On avertit toujours la femme en travail avant de recourir à ce moyen; elle n'hésite jamais à se sacrifier. Quelquefois la suffocation n'est pas complète; on sauve à la fois l'enfant et son héroïque mère.

La pratique est encore, dans ces cas désespérés, de causer une grande frayeur à la femme en couches; une troupe de jeunes gens s'approchent en silence de la cabane des purifications, et poussent tout à coup un cri de guerre : ces clameurs échouent auprès des femmes courageuses, et il y en a beaucoup.

Quand un sauvage tombe malade, tous ses parents se rendent à sa hutte. On ne prononce jamais le mot de mort devant un ami du malade : l'outrage le plus sanglant qu'on puisse faire à un homme, c'est de lui dire : « Ton père est mort. »

Nous avons vu le côté sérieux de la médecine des sauvages, nous allons en voir le côté plaisant, le côté qu'auroit peint un Molière indien, si ce qui rappelle les infirmités morales et physiques de notre nature n'avoit quelque chose de triste.

Le malade a-t-il des évanouissements, dans les intervalles où on peut le supposer mort, les parents, assis selon les degrés de parenté autour de la natte du moribond, poussent des hurlements qu'on entendroit d'une demi-lieue. Quand le malade reprend ses sens les hurlements cessent pour recommencer à la première crise.

Cependant le jongleur arrive; le malade lui demande s'il reviendra à la vie : le jongleur ne manque pas de répondre qu'il n'y a que lui, jongleur, qui puisse lui rendre la santé. Alors le malade qui se croit près d'expirer harangue ses parents, les console, les invite à bannir la tristesse et à bien manger.

On couvre le patient d'herbes, de racines et de morceaux d'écorce; on souffle avec un tuyau de pipe sur les parties de son corps où le mal est censé résider; le jongleur lui parle dans la bouche pour conjurer, s'il en est temps encore, l'esprit infernal.

Le malade ordonne lui-même le repas funèbre : tout ce qui reste de vivres dans la cabane se doit consommer. On commence à égorger les chiens, afin qu'ils aillent avertir le Grand-Esprit de la prochaine arrivée de leur maître. A travers ces puérilités, la simplicité avec laquelle un sauvage accomplit le dernier acte de la vie a pourtant quelque chose de grand.

En déclarant que le malade va mourir, le jongleur met sa science à l'abri des événements et fait admirer son art si le malade recouvre la santé.

Quand il s'aperçoit que le danger est passé, il n'en dit rien, et commence ses adjurations.

Il prononce d'abord des mots que personne ne comprend; puis il s'écrie : « Je découvrirai le maléfice ; je forcerai Kitchi-Manitou à fuir devant moi. »

Il sort de la hutte; les parents le suivent; il court s'enfoncer dans la *cabane des sueurs* pour recevoir l'inspiration divine. Rangés dans une muette terreur autour de l'étuve, les parents entendent le prêtre qui hurle, chante, crie en s'accompagnant d'un chichikoué. Bientôt il sort tout nu par le soupirail de la hutte, l'écume aux lèvres et les yeux tors : il se plonge, dégouttant de sueur, dans une eau glacée, se roule par terre, fait le mort, ressuscite, vole à sa hutte en ordonnant aux parents d'aller l'attendre à celle du malade.

Bientôt on le voit revenir, tenant un charbon à moitié allumé dans sa bouche et un serpent dans sa main.

Après de nouvelles contorsions autour du malade, il laisse tomber le charbon et s'écrie : « Réveille-toi, je te promets la vie ; le Grand-Esprit m'a fait connoître le sort qui te faisoit mourir. » Le forcené se jette sur le bras de sa dupe, le déchire avec les dents, et ôtant de sa bouche un petit os qu'il y tenoit caché : « Voilà, s'écrie-t-il, le maléfice que j'ai arraché de ta chair ! » Alors le prêtre demande un chevreuil et des truites pour en faire un repas, sans quoi le malade ne pourroit guérir : les parents sont obligés d'aller sur-le-champ à la chasse et à la pêche.

Le médecin mange le dîner; cela ne suffit pas. Le malade est menacé d'une rechute, si l'on n'obtient, dans une heure, le manteau d'un chef qui réside à deux ou trois journées de marche du lieu de la scène. Le jongleur le sait; mais comme il prescrit à la fois la règle et donne les dispenses, moyennant quatre ou cinq manteaux profanes fournis par les parents, il les tient quittes du manteau sacré réclamé par le ciel.

Les fantaisies du malade, qui revient tout naturellement à la vie, augmentent la bizarrerie de cette cure : le malade s'échappe de son lit, se traîne sur les pieds et sur les mains derrière les meubles de la cabane. Vainement on l'interroge ; il continue sa ronde et pousse des cris étranges. On le saisit : on le remet sur sa natte ; on le croit en proie à une attaque de son mal : il reste tranquille un moment, puis il se relève à l'improviste et va se plonger dans un vivier ; on l'en retire avec peine ; on lui présente un breuvage : « Donne-le à cet original, » dit-il en désignant un de ses parents.

Le médecin cherche à pénétrer la cause du nouveau délire du malade. « Je me suis endormi, répond gravement celui-ci, et j'ai rêvé que j'avois un bison dans l'estomac. » La famille semble consternée ; mais soudain les assistants s'écrient qu'ils sont aussi possédés d'un animal : l'un imite le cri d'un carribou, l'autre l'aboiement d'un chien, un troisième le hurlement d'un loup ; le malade contrefait à son tour le mugissement de son bison : c'est un charivari épouvantable. On fait transpirer le songeur sur une infusion de sauge et de branches de sapin ; son imagination est guérie par la complaisance de ses amis, et il déclare que le bison lui est sorti du corps. Ces folies, mentionnées par Charlevoix, se renouvellent tous les jours chez les Indiens.

Comment le même homme, qui s'élevoit si haut lorsqu'il se croyoit au moment de mourir, tombe-t-il si bas lorsqu'il est sûr de vivre ? Comment de sages vieillards, des jeunes gens raisonnables, des femmes sensées, se soumettent-ils aux caprices d'un esprit déréglé ? Ce sont là les mystères de l'homme, la double preuve de sa grandeur et de sa misère.

LANGUES INDIENNES.

Quatre langues principales paroissent se partager l'Amérique septentrionale : l'algonquin et le huron au nord et à l'est, le sioux à l'ouest, et le chicassais au midi ; mais les dialectes diffèrent pour ainsi dire de tribu à tribu. Les Creeks actuels parlent le chicassais mêlé d'algonquin.

L'ancien natchez n'étoit qu'un dialecte plus doux du chicassais.

Le natchez, comme le huron et l'algonquin, ne connoissoit que deux genres, le masculin et le féminin ; il rejetoit le neutre. Cela est naturel chez des peuples qui prêtent des sens à tout, qui entendent des voix dans tous les murmures, qui donnent des haines et des amours aux plantes, des désirs à l'onde, des esprits immortels aux animaux, des âmes aux rochers. Les noms en natchez ne se déclinoient point ; ils prenoient seulement au pluriel la lettre *k* ou le monosyllabe *ki*, si le nom finissoit par une consonne.

Les verbes se distinguoient par la caractéristique, la terminaison et l'augment. Ainsi les Natchez disoient : *T-ija*, je marche ; *ni Tija-ban*, je marchois ; *ni-ga Tija*, je marcherai ; *ni-ki Tija*, je marcherai ou j'ai marché.

Il y avoit autant de verbes qu'il y avoit de substantifs exposés à la même action ; ainsi *manger* du maïs étoit un autre verbe que *manger* du chevreuil ; se *promener* dans une forêt se disoit d'une autre manière que se promener sur une colline ; *aimer son ami* se rendoit par le verbe *napitilima*, qui signifie j'estime ; *aimer sa maîtresse* s'exprimoit par le verbe *nisakia*, qu'on peut traduire par *je suis heureux*. Dans les langues des peuples près de la nature, les verbes sont ou très-multipliés ou peu nombreux, mais surchargés d'une multitude de lettres qui en varient les significations : le père, la mère, le fils, la femme, le mari, pour exprimer leurs divers sentiments, ont cherché des expressions diverses ; ils ont modifié d'après les passions humaines la parole primitive que Dieu a donnée à l'homme avec l'existence. Le verbe étoit un et renfermoit tout : l'homme en a tiré les langues avec leurs variations et leurs richesses ; langues où l'on trouve pourtant quelques mots radicalement les mêmes, restés comme type ou preuve d'une commune origine.

Le chicassais, racine du natchez, est privé de la lettre *r*, excepté dans les mots dérivés de l'algonquin, comme *arrego, je fais la guerre*, qui se prononce avec une sorte de déchirement de son. Le chicassais a des aspirations fréquentes pour le langage des passions violentes, telles que la haine, la colère, la jalousie ; dans les sentiments tendres, dans les descriptions de la nature, ses expressions sont pleines de charme et de pompe.

Les Sioux, que leur tradition fait venir du Mexique sur le haut Mississipi, ont étendu l'empire de leur langue depuis ce fleuve jusqu'aux montagnes Rocheuses, à l'ouest, et jusqu'à la rivière Rouge, au nord : là se trouvent les Cypowois, qui parlent un dialecte de l'algonquin et qui sont ennemis des Sioux.

La langue siouse siffle d'une manière assez désagréable à l'oreille : c'est elle qui a nommé presque tous les fleuves et tous les lieux à l'ouest du Canada, le Mississipi, le Missouri, l'Osage, etc. On ne sait rien encore ou presque rien de sa grammaire.

L'algonquin et le huron sont des langues mères de tous les peuples de la partie de l'Amérique septentrionale comprise entre les sources du Mississipi, la baie d'Hudson et l'Atlantique, jusqu'à la côte de la Caroline. Un voyageur qui sauroit ces deux langues pourroit parcourir plus de dix-huit cents lieues de pays sans interprète, et se faire entendre de plus de cent peuples.

La langue algonquine commençoit à l'Acadie et au golfe Saint-Laurent ; tournant du sud-est par le nord jusqu'au sud-ouest, elle embrassoit une étendue de douze cents lieues. Les indigènes de la Virginie la parloient ; au delà, dans les Carolines, au midi, dominoit la langue chicassaise. L'idiome algonquin, au nord, venoit finir chez les Cypowois. Plus loin encore, au septentrion, paroît la langue des Esquimaux ; à l'ouest, la langue algonquine touchoit la rive gauche du Mississipi : sur la rive droite règne la langue siouse.

L'algonquin a moins d'énergie que le huron ; mais il est plus doux, plus élégant et plus clair : on l'emploie ordinairement dans les traités ; il passe pour la langue polie ou la langue classique du désert.

Le huron étoit parlé par le peuple qui lui a donné son nom, et par les Iroquois, colonie de ce peuple.

Le huron est une langue complète ayant ses verbes, ses noms, ses pronoms et ses adverbes. Les verbes simples ont une double conjugaison, l'une absolue, l'autre réciproque ; les troisièmes personnes ont les deux genres, et les nombres et les temps suivent le mécanisme de la langue grecque. Les verbes actifs se multiplient à l'infini, comme dans la langue chicassaise.

Le huron est sans labiales ; on le parle du gosier, et presque toutes les syllabes sont aspirées. La diphthongue *ou* forme un son extraordinaire qui s'exprime sans faire aucun mouvement des lèvres. Les missionnaires, ne sachant comment l'indiquer, l'ont écrit par le chiffre 8.

Le génie de cette noble langue consiste surtout à personnifier l'action, c'est-à-dire à tourner le passif par l'actif. Ainsi, l'exemple est cité par le père Rasle : « Si vous demandiez à un Européen pourquoi Dieu l'a créé, il vous diroit : C'est pour le connoître, l'aimer, le servir, et par ce moyen mériter la gloire éternelle. »

Un sauvage vous répondroit dans la langue huronne : « Le Grand-Esprit a pensé de nous : qu'ils me connoissent, qu'ils m'aiment, qu'ils me servent, alors je les ferai entrer dans mon illustre félicité. »

La langue huronne ou iroquoise a cinq principaux dialectes.

Cette langue n'a que quatre voyelles, *a, e, i, o,* et la diphthongue 8, qui tient un peu de la consonne et de la valeur du *w* anglois ; elle a six consonnes, *h, k, n, r, s, t.*

Dans le huron, presque tous les noms sont verbes. Il n'y a point d'infinitif ; la racine du verbe est la première personne du présent de l'indicatif.

Il y a trois temps primitifs dont se forment tous les autres : le présent de l'indicatif, le prétérit indéfini, et le futur simple affirmatif.

Il n'y a presque pas de substantifs abstraits ; si on en trouve quelques-uns, ils ont été évidemment formés après coup du verbe concret, en modifiant une de ses personnes.

Le huron a un duel comme le grec, et deux premières personnes plurielles et duelles. Point d'auxiliaire pour conjuguer les verbes; point de participes ; point de verbes passifs ; on tourne par l'actif : *Je suis aimé,* dites : *On m'aime,* etc. Point de pronoms pour exprimer les relations dans les verbes : elles se connoissent seulement par l'initiale du verbe, que l'on modifie autant de différentes fois et d'autant de différentes manières qu'il y a de relations possibles entre les différentes personnes des trois nombres, ce qui est énorme. Aussi ces relations sont-elles la clef de la langue. Lorsqu'on les comprend (elles ont des règles fixes), on n'est plus arrêté.

Une singularité, c'est que, dans les verbes, les impératifs ont une première personne.

Tous les mots de la langue huronne peuvent se composer entre eux. Il est général, à quelques exceptions près, que l'objet du verbe, lorsqu'il n'est pas un nom propre, s'inclut dans le verbe même, et ne fait plus qu'un seul mot, mais alors le verbe prend la conjugaison du nom ; car tous les noms appartiennent à une conjugaison. Il y en a cinq.

Cette langue a un grand nombre de particules explétives, qui seules ne signifient rien, mais qui répandues dans le discours lui donnent une grande force et une grande clarté. Les particules ne sont pas toujours les mêmes pour les hommes et pour les femmes. Chaque genre a les siennes propres.

Il y a deux genres, le genre noble, pour les hommes, et le genre non noble, pour les femmes et les animaux mâles ou femelles. En disant d'un lâche qu'il est une femme, on masculinise le mot *femme ;* en disant d'une femme qu'elle est un homme, on féminise le mot *homme.*

La marque du genre noble et du genre non noble, du singulier, du duel et du pluriel, est la même dans les noms que dans les verbes, lesquels ont tous, à chaque temps et à chaque nombre, deux troisièmes personnes, noble et non noble.

Chaque conjugaison est absolue, réfléchie, réciproque et relative. J'en mettrai ici un exemple.

Conjugaison absolue.

SINGULIER PRÉSENT DE L'INDICATIF.

Iks8ens. — Je hais, etc.

DUEL.

Tenis8ens. — Toi et moi, etc.

PLURIEL.

Te8as8ens. — Vous et nous, etc.

Conjugaison réfléchie.

SINGULIER.

Katats8ens. — Je me hais, etc.

DUEL.

Tiatats8ens. — Nous nous, etc.

PLURIEL.

Te8atats8ens. — Vous et nous, etc.

Pour la conjugaison réciproque on ajoute *te* à la conjugaison réfléchie, en changeant *r* en *h* dans les troisièmes personnes du singulier et du pluriel.

On aura donc :

Tekatats8ens. — Je me hais, *muwtuò*, avec quelqu'un.

Conjugaison relative du même verbe, du même temps.

SINGULIER.

Relation de la première personne aux autres.

Kons8ens. — *Ego te odi*, etc.

Relation de la seconde personne aux autres.

Taks8ens. — *Tu me.*

Relation de la troisième masculine aux autres.

Rask8ens. — *Ille me.*

Relation de la troisième personne féminine aux autres.

8aks8ens. — *Illa me*, etc.

Relation de la troisième personne indéfinie on.

Ionks8ens. — On me haït.

DUEL.

La relation du duel au duel et au pluriel devient plurielle. On ne mettra donc que la relation du duel au singulier.

Relation du duel aux autres personnes.

Kenis8ens. — *Nos 2 te*, etc.

Les troisièmes personnes duelles aux autres sont les mêmes que les plurielles.

PLURIEL.

Relation de la première plurielle aux autres.

K8as8ens. — *Nos te*, etc.

Relation de la seconde plurielle aux autres.

Tak8as8ens. — *Vos me.*

Relation de la troisième plurielle masculine aux autres.

Ronks8ens. — *Illi me.*

Relation de la troisième féminine plurielle aux autres.

Ionsks8ens. — *Illæ me.*

Conjugaison d'un nom

SINGULIER.

Hieronke. — Mon corps.
Tsieronke. — Ton corps.
Raieronke. — Son — à lui.
Kaieronke. — Son — à elle.
Ieronke. — Le corps de quelqu'un.

DUEL.

Tenieronke. — Notre (*meum et tuum*).
Iakeniieronke. — Notre (*meum et illum*).
Seniieronke. — Votre 2.
Niieronke. — Leur 2 à eux.
Kaniieronke. — Leur 2 à elles.

PLURIEL.

Te8aieronke. — Notre (*nost. et vest.*).
Iak8aieronke. — Notre (*nost. et illor.*).

Et ainsi de tous les noms. En comparant la conjugaison de ce nom avec la conjugaison absolue du verbe *iks8ens*, je hais, on voit que ce sont absolument les mêmes modifications aux trois nombres : *k* pour la première personne, *s* pour la seconde ; *r* pour la troisième noble, *ka* pour la troisième non noble ; *ni* pour le duel. Pour le pluriel, on redouble *te8a, se8a rati, konti,* changeant *k* en *te8a, s* en *se8a, ra* en *rati, ka* en *konti,* etc.

La relation dans la parenté est toujours du plus grand au plus petit. Exemple :

Mon père, *rakenika,* celui qui m'a pour fils. (Relation de la troisième personne à la première.)
Mon fils, *rienha,* celui que j'ai pour fils. (Relation de la première à la troisième personne.)
Mon oncle, *rakenchaa, rak...* (Relation de la troisième personne à la première.)
Mon neveu, *rion8atenha, ri...* (Relation de la première à la troisième personne, comme dans le verbe précédent.)

Le verbe *vouloir* ne se peut traduire en iroquois. On se sert de *ikire, penser;* ainsi :

Je veux aller là.
Ikere etho iake.
Je pense aller là.

Les verbes qui expriment une chose qui n'existe plus au moment où l'on parle n'ont point de parfait, mais seulement un imparfait, comme *ronnhek8e,* imparfait, il a vécu, il ne vit plus. Par analogie à cette règle : si *j'ai aimé* quelqu'un et si je *l'aime encore,* je me servirai du parfait *kenon8ehon.* Si je ne l'aime plus, je me servirai de l'imparfait *kenon8esk8e :* je *l'aimois,* mais je *ne l'aime plus :* voilà pour les temps.

Quant aux personnes, les verbes qui expriment une chose que l'on ne fait pas volontairement n'ont pas de premières personnes, mais seulement une troisième relative aux autres. Ainsi, j'éternue, *te8akitsionk8a,* relation de la troisième à la première : cela m'*éternue* ou me fait éternuer.

Je bâille, *te8akskara8ata,* même relation de la troisième non noble à la première *8ak,* cela m'*ouvre la bouche.* La seconde personne, *tu bâilles, tu éternues,* sera la relation de la même troisième personne non noble à la seconde *tesatsionk8a, tesaskara8ata,* etc.

Pour les termes des verbes, ou régimes indirects, il y a une variété suffisante de modifications aux finales qui les expriment intelligiblement ; et ces modifications sont soumises à des règles fixes.

Kninons, j'achète. *Kehninonse*, j'achète pour quelqu'un. *Kehninon*, j'achète de quelqu'un. — *Katennietha*, j'envoie. *Kehnieta*, j'envoie par quelqu'un. *Keiatennietennis*, j'envoie à quelqu'un.

Du seul examen de ces langues, il résulte que des peuples surnommés par nous *sauvages* étoient fort avancés dans cette civilisation qui tient à la combinaison des idées. Les détails de leur gouvernement confirmeront de plus en plus cette vérité [1].

CHASSE.

Quand les vieillards ont décidé la chasse du castor ou de l'ours, un guerrier va de porte en porte dans les villages, disant : « Les chefs vont partir ; que ceux qui veulent les suivre se peignent de noir et jeûnent, pour apprendre à l'Esprit des songes où les ours et les castors se tiennent cette année. »

A cet avertissement tous les guerriers se barbouillent de noir de fumée détrempé avec de l'huile d'ours ; le jeûne de huit nuits commence : il est si rigoureux qu'on ne doit pas même avaler une goutte d'eau, et il faut chanter incessamment, afin d'avoir d'heureux songes.

Le jeûne accompli, les guerriers se baignent : on sert un grand festin. Chaque Indien fait le récit de ses songes : si le plus grand nombre de ces songes désigne un même lieu pour la chasse, c'est là qu'on se résout d'aller.

On offre un sacrifice expiatoire aux âmes des ours tués dans les chasses précédentes, et on les conjure d'être favorables aux nouveaux chasseurs, c'est-à-dire qu'on prie les ours défunts de laisser assommer

---

[1]. J'ai puisé la plupart des renseignements curieux que je viens de donner sur la langue huronne dans une petite grammaire iroquoise manuscrite qu'a bien voulu m'envoyer M. Marcoux, missionnaire au saut Saint-Louis, district de Montréal, dans le bas Canada. Au reste, les jésuites ont laissé des travaux considérables sur les langues sauvages du Canada. Le P. Chaumont, qui avoit passé cinquante ans parmi les Hurons, a composé une grammaire de leur langue. Nous devons au P. Rasle, enfermé dix ans dans un village d'Abénakis, de précieux documents. Un dictionnaire françois-iroquois est achevé ; nouveau trésor pour les philologues. On a aussi le manuscrit d'un dictionnaire iroquois et anglais ; malheureusement le premier volume, depuis la lettre A jusqu'à la lettre L, a été perdu.

les ours vivants. Chaque guerrier chante ses anciens exploits contre les bêtes fauves.

Les chansons finies, on part complétement armé. Arrivés au bord d'un fleuve, les guerriers, tenant une pagaye à la main, s'asseyent deux à deux dans le fond des canots. Au signal donné par le chef, les canots se rangent à la file : celui qui tient la tête sert à rompre l'effort de l'eau lorsqu'on navigue contre le cours du fleuve. A ces expéditions, on mène des meutes, et l'on porte des lacets, des piéges, des raquettes à neige.

Lorsqu'on est parvenu au rendez-vous, les canots sont tirés à terre et environnés d'une palissade revêtue de gazon. Le chef divise les Indiens en compagnies composées d'un même nombre d'individus. Après le partage des chasseurs, on procède au partage du pays de chasse. Chaque compagnie bâtit une hutte au centre du lot qui lui est échu.

Le neige est déblayée, des piquets sont enfoncés en terre, et des écorces de bouleau appuyées contre ces piquets : sur ces écorces, qui forment les murs de la hutte, s'élèvent d'autres écorces inclinées l'une vers l'autre; c'est le toit de l'édifice : un trou ménagé dans ce toit laisse échapper la fumée du foyer. La neige bouche en dehors les vides de la bâtisse, et lui sert de ravalement ou de crépi. Un brasier est allumé au milieu de la cabane; des fourrures couvrent le sol ; les chiens dorment sur les pieds de leurs maîtres; loin de souffrir du froid, on étouffe. La fumée remplit tout : les chasseurs, assis ou couchés, tâchent de se placer au-dessous de cette fumée.

On attend que les neiges soient tombées, que le vent du nord-est, en rassérénant le ciel, ait amené un froid sec, pour commencer la chasse du castor. Mais, pendant les jours qui précèdent cette nuaison on s'occupe de quelques chasses intermédiaires, telles que celles des outres, des renards et des rats musqués.

Les trappes employées contre ces animaux sont des planches plus ou moins épaisses, plus ou moins larges. On fait un trou dans la neige : une des extrémités des planches est posée à terre, l'autre extrémité est élevée sur trois morceaux de bois agencés dans la forme du chiffre 4. L'amorce s'attache à l'un des jambages de ce chiffre; l'animal qui la veut saisir s'introduit sous la planche, tire à soi l'appât, abat la trappe, est écrasé.

Les amorces diffèrent selon les animaux auxquels elles sont destinées : au castor on présente un morceau de bois de tremble, au renard et au loup un lambeau de chair, au rat musqué des noix et divers fruits secs.

On tend les trappes pour les loups à l'entrée des passes, au débouché d'un fourré ; pour les renards, au penchant des collines, à quelque distance des garennes ; pour le rat musqué, dans les taillis de frênes ; pour les loutres, dans les fossés des prairies et dans les joncs des étangs.

On visite les trappes le matin : on part de la hutte deux heures avant le jour.

Les chasseurs marchent sur la neige avec des raquettes : ces raquettes ont dix-huit pouces de long sur huit de large ; de forme ovale par devant, elles se terminent en pointe par derrière ; la courbe de l'ellipse est de bois de bouleau, plié et durci au feu. Les cordes transversales et longitudinales sont faites de lanières de cuir : elles ont six lignes en tous sens ; on les renforce avec des scions d'osier. La raquette est assujettie aux pieds au moyen de trois bandelettes. Sans ces machines ingénieuses il seroit impossible de faire un pas l'hiver dans ces climats ; mais elles blessent et fatiguent d'abord, parce qu'elles obligent à tourner les genoux en dedans et à écarter les jambes.

Lorsqu'on procède à la visite et à la levée des piéges, dans les mois de novembre et de décembre, c'est ordinairement au milieu des tourbillons de neige, de grêle et de vent : on voit à peine à un demi-pied devant soi. Les chasseurs marchent en silence ; mais les chiens, qui sentent la proie, poussent des hurlements. Il faut toute la sagacité du sauvage pour retrouver les trappes ensevelies, avec les sentiers, sous les frimas.

A un jet de pierre des piéges, le chasseur s'arrête, afin d'attendre le lever du jour ; il demeure debout, immobile au milieu de la tempête, le dos tourné au vent, les doigts enfoncés dans la bouche : à chaque poil des peaux dont il est enveloppé se forme une aiguille de givre, et la touffe de cheveux qui couronne sa tête devient un panache de glace.

A la première lueur du jour, lorsqu'on aperçoit les trappes tombées, on court aux fins de la bête. Un loup ou un renard, les reins à moitié cassés, montre aux chasseurs ses dents blanches et sa gueule noire : les chiens font raison du blessé.

On balaye la nouvelle neige, on relève la machine ; on y met une pâture fraîche, observant de dresser l'embûche sous le vent. Quelquefois les piéges sont détendus sans que le gibier y soit resté : cet accident est l'effet de la matoiserie des renards ; ils attaquent l'amorce en avançant la patte par le côté de la planche, au lieu de s'engager sous la trappe ; ils emportent sains et saufs la picorée.

Si la première levée des piéges a été bonne, les chasseurs retournent triomphants à la hutte ; le bruit qu'ils font alors est incroyable : ils racontent les captures de la matinée ; ils invoquent les manitous ;

ils crient sans s'entendre ; ils déraisonnent de joie, et les chiens ne sont pas muets. De ce premier succès on tire les présages les plus heureux pour l'avenir.

Lorsque les neiges ont cessé de tomber, que le soleil brille sur leur surface durcie, la chasse du castor est proclamée. On fait d'abord au Grand-Castor une prière solennelle, et on lui présente une offrande de petun. Chaque Indien s'arme d'une massue pour briser la glace, d'un filet pour envelopper la proie. Mais quelle que soit la rigueur de l'hiver, certains petits étangs ne gèlent jamais dans le Haut-Canada : ce phénomène tient ou à l'abondance de quelques sources chaudes, ou à l'exposition particulière du sol.

Ces réservoirs d'eau non congélables sont souvent formés par les castors eux-mêmes, comme je l'ai dit à l'article de l'histoire naturelle. Voici comment on détruit les paisibles créatures de Dieu :

On pratique à la chaussée de l'étang où vivent les castors un trou assez large pour que l'eau se perde et pour que la ville merveilleuse demeure à sec. Debout sur la chaussée, un assommoir à la main, leurs chiens derrière eux, les chasseurs sont attentifs : ils voient les habitations se découvrir à mesure que l'eau baisse. Alarmé de cet écoulement rapide, le peuple amphibie, jugeant, sans en connoître la cause, qu'une brèche s'est faite à la chaussée, s'occupe aussitôt à la fermer. Tous nagent à l'envi : les uns s'avancent pour examiner la nature du dommage ; les autres abordent au rivage pour chercher des matériaux ; d'autres se rendent aux maisons de campagne pour avertir les citoyens. Les infortunés sont environnés de toutes parts : à la chaussée la massue étend roide mort l'ouvrier qui s'efforçoit de réparer l'avarie ; l'habitant réfugié dans sa maison champêtre n'est pas plus en sûreté : le chasseur lui jette une poudre qui l'aveugle, et les dogues l'étranglent. Les cris des vainqueurs font retentir les bois, l'eau s'épuise, et l'on marche à l'assaut de la cité.

La manière de prendre les castors dans les viviers gelés est différente : des percées sont ménagées dans la glace ; emprisonnés sous leur voûte de cristal, les castors s'empressent de venir respirer à ces ouvertures. Les chasseurs ont soin de recouvrir l'endroit brisé avec de la bourre de roseau ; sans cette précaution, les castors découvriroient l'embuscade que leur cache la moelle du jonc répandue sur l'eau. Ils approchent donc du soupirail ; le remole qu'ils font en nageant les trahit : le chasseur plonge son bras dans l'issue, saisit l'animal par une patte, le jette sur la glace, où il est entouré d'un cercle d'assassins, dogues et hommes. Bientôt attaché à un arbre, un sauvage l'écorche à moitié vivant, afin que son poil aille envelopper au delà des mers la tête d'un habitant de Londres ou de Paris.

L'expédition contre les castors terminée, on revient à la hutte des chasses, en chantant des hymnes au Grand-Castor, au bruit du tambour et du chichikoué.

L'écorchement se fait en commun. On plante des poteaux : deux chasseurs se placent à chaque poteau, qui porte deux castors suspendus par les jambes de derrière. Au commandement du chef, on ouvre le ventre des animaux tués et on les dépouille. S'il se trouve une femelle parmi les victimes, la consternation est grande ; non-seulement c'est un crime religieux de tuer les femelles du castor, mais c'est encore un délit politique, une cause de guerre entre les tribus. Cependant l'amour du gain, la passion des liqueurs fortes, le besoin d'armes à feu, l'ont emporté sur la force de la superstition et sur le droit établi ; des femelles en grande quantité ont été traquées, ce qui produira tôt ou tard l'extinction de leur race.

La chasse finit par un repas composé de la chair des castors. Un orateur prononce l'éloge des défunts comme s'il n'avoit pas contribué à leur mort : il raconte tout ce que j'ai rapporté de leurs mœurs; il loue leur esprit et leur sagesse : « Vous n'entendrez plus, dit-il, la voix des chefs qui vous commandoient et que vous aviez choisis entre tous les guerriers castors pour vous donner des lois. Votre langage, que les jongleurs savent parfaitement, ne sera plus parlé au fond du lac; vous ne livrerez plus de batailles aux loutres, vos cruels ennemis. Non, castors! mais vos peaux serviront à acheter des armes, nous porterons vos jambons fumés à nos enfants, nous empêcherons nos chiens de briser vos os, qui sont si durs. »

Tous les discours, toutes les chansons des Indiens, prouvent qu'ils s'associent aux animaux, qu'ils leur prêtent un caractère et un langage, qu'ils les regardent comme des instituteurs, comme des êtres doués d'une âme intelligente. L'Écriture offre souvent l'instinct des animaux en exemple à l'homme.

La chasse de l'ours est la chasse la plus renommée chez les sauvages. Elle commence par de longs jeûnes, des purgations sacrées et des festins, elle a lieu en hiver. Les chasseurs suivent des chemins affreux, le long des lacs, entre des montagnes dont les précipices sont cachés dans la neige. Dans les défilés dangereux, ils offrent le sacrifice réputé le plus puissant auprès du génie du désert : ils suspendent un chien vivant aux branches d'un arbre, et l'y laissent mourir enragé. Des huttes élevées chaque soir à la hâte ne donnent qu'un mauvais abri : on y est glacé d'un côté et brûlé de l'autre; pour se défendre contre la fumée, on n'a d'autre ressource que de se coucher sur le ventre, le visage enseveli dans des peaux. Les chiens affamés hurlent, passent et repassent sur le corps de leurs maîtres : lorsque ceux-ci croient aller prendre un chétif repas, le dogue, plus alerte, l'engloutit.

Après des fatigues inouïes, on arrive à des plaines couvertes de forêts de pins, retraite des ours. Les fatigues et les périls sont oubliés ; l'action commence.

Les chasseurs se divisent et embrassent, en se plaçant à quelque distance les uns des autres, un grand espace circulaire. Rendus aux différents points du cercle, ils marchent, à l'heure fixée, sur un rayon qui tend au centre, examinant avec soin sur ce rayon les vieux arbres qui recèlent les ours : l'animal se trahit par la marque que son haleine laisse dans la neige.

Aussitôt que l'Indien a découvert les traces qu'il cherche, il appelle ses compagnons, grimpe sur le pin, et, à dix ou douze pieds de terre, trouve l'ouverture par laquelle le solitaire s'est retiré dans sa cellule : si l'ours est endormi, on lui fend la tête ; deux autres chasseurs, montant à leur tour sur l'arbre, aident le premier à retirer le mort de sa niche et à le précipiter.

Le guerrier explorateur et vainqueur se hâte alors de descendre : il allume sa pipe, la met dans la gueule de l'ours, et soufflant dans le fourneau du calumet, remplit de fumée le gosier du quadrupède. Il adresse ensuite des paroles à l'âme du trépassé ; il le prie de lui pardonner sa mort, de ne point lui être contraire dans les chasses qu'il pourroit entreprendre. Après cette harangue, il coupe le filet de la langue de l'ours, pour le brûler au village, afin de découvrir, par la manière dont il pétillera dans la flamme, si l'esprit de l'ours est ou n'est pas apaisé.

L'ours n'est pas toujours renfermé dans le tronc d'un pin ; il habite souvent un tanière dont il a bouché l'entrée. Cet ermite est quelquefois si replet, qu'il peut à peine marcher, quoiqu'il ait vécu une partie de l'hiver sans nourriture.

Les guerriers partis des différents points du cercle, et dirigés vers le centre, s'y rencontrent enfin, apportant, traînant ou chassant leur proie : on voit quelquefois arriver ainsi de jeunes sauvages qui poussent devant eux, avec une baguette, un gros ours trottant pesamment sur la neige. Quand ils sont las de ce jeu, ils enfoncent un couteau dans le cœur du pauvre animal.

La chasse de l'ours, comme toutes les autres chasses, finit par un repas sacré. L'usage est de faire rôtir un ours tout entier et de le servir aux convives, assis en rond sur la neige, à l'abri des pins, dont les branches étagées sont aussi couvertes de neige. La tête de la victime, peinte de rouge et de bleu, est exposée au haut d'un poteau. Des orateurs lui adressent la parole ; il prodiguent les louanges au mort, tandis qu'ils dévorent ses membres. « Comme tu montois au haut des arbres ! quelle force dans tes étreintes ! quelle constance dans tes entreprises ! quelle sobriété dans tes jeûnes ! Guerrier à l'épaisse fourrure, au printemps les jeunes ourses brûloient d'amour pour toi. Maintenant tu n'es plus ; mais ta dépouille fait encore les délices de ceux qui la possèdent. »

On voit souvent assis pêle-mêle avec les sauvages à ces festins des dogues, des ours et des loutres apprivoisés.

Les Indiens prennent pendant cette chasse des engagements qu'ils ont de la peine à remplir. Ils jurent, par exemple, de ne point manger avant d'avoir porté la patte du premier ours qu'ils tueront à leur mère ou à leur femme, et quelquefois leur mère et leur femme sont à trois ou quatre cents milles de la forêt où ils ont assommé la bête. Dans ces cas on consulte le jongleur, lequel, au moyen d'un présent, accommode l'affaire. Les imprudents faiseurs de vœux en sont quittes pour brûler en l'honneur du Grand-Lièvre la partie de l'animal qu'ils avoient dévouée à leurs parents.

La chasse de l'ours finit vers la fin de février, et c'est à cette époque que commence celle de l'orignal. On trouve de grandes troupes de ces animaux dans les jeunes semis de sapins.

Pour les prendre, on enferme un terrain considérable dans deux triangles de grandeur inégale, et formés de pieux hauts et serrés. Ces deux triangles se communiquent par un de leurs angles, à l'issue duquel on tend des lacets. La base du plus grand triangle reste ouverte, et les guerriers s'y rangent sur une seule ligne. Bientôt ils s'avancent poussant de grands cris, frappant sur une espèce de tambour. Les orignaux prennent la fuite dans l'enclos cerné par les pieux. Ils cherchent en vain un passage, arrivent au détroit fatal, et demeurent embarrassés dans les filets. Ceux qui les franchissent se précipitent dans le petit triangle, où ils sont aisément percés de flèches.

La chasse du bison a lieu pendant l'été, dans les savanes qui bordent le Missouri ou ses affluents. Les Indiens, battant la plaine, poussent les troupeaux vers le courant d'eau. Quand ils refusent de fuir, on embrase les herbes, et les bisons se trouvent resserrés entre l'incendie et le fleuve. Quelques milliers de ces pesants animaux mugissant à la fois, traversant la flamme ou l'onde, tombant atteints par la balle ou percés par l'épieu, offrent un spectacle étonnant.

Les sauvages emploient encore d'autres moyens d'attaque contre les bisons : tantôt ils se déguisent en loups, afin de les approcher ; tantôt ils attirent les vaches, en imitant le mugissement du taureau. Aux derniers jours de l'automne, lorsque les rivières sont à peine gelées, deux ou trois tribus réunies dirigent les troupeaux vers ces rivières. Un Sioux, revêtu de la peau d'un bison, franchit le fleuve sur la glace mince ; les bisons trompés le suivent, le pont fragile se rompt sous le lourd bétail, que l'on massacre au milieu des débris flottants. Dans ces occasions les chasseurs emploient la flèche : le coup muet de cette arme n'épouvante point le gibier, et le trait est repris par l'archer quand l'animal est abattu. Le mousquet n'a pas cet avantage : il y a perte et bruit dans l'usage du plomb et de la poudre.

On a soin de prendre les bisons sous le vent, parce qu'ils flairent l'homme à une grande distance. Le taureau blessé revient sur le coup ; il défend la génisse, et meurt souvent pour elle.

Les Sioux errant dans les savanes, sur la rive droite du Mississipi, depuis les sources de ce fleuve jusqu'au saut Saint-Antoine, élèvent des chevaux de race espagnole, avec lesquels ils lancent les bisons.

Ils ont quelquefois de singuliers compagnons dans cette chasse : ce sont les loups. Ceux-ci se mettent à la suite des Indiens afin de profiter de leurs restes, et dans la mêlée ils emportent les veaux égarés.

Souvent aussi ces loups chassent pour leur propre compte. Trois d'entre eux amusent une vache par leurs folâtreries : tandis que, naïvement attentive, elle regarde les jeux de ces traîtres, un loup tapi dans l'herbe la saisit aux mamelles ; elle tourne la tête pour s'en débarrasser, et les trois complices du brigand lui sautent à la gorge.

Sur le théâtre de cette chasse s'exécute, quelques mois après, une chasse non moins cruelle, mais plus paisible, celle des colombes : on les prend la nuit au flambeau, sur les arbres isolés où elles se reposent pendant leur migration du nord au midi.

Le retour des guerriers au printemps, quand la chasse a été bonne, est une grande fête. On revient chercher les canots ; on les radoube avec de la graisse d'ours et de la résine de térébinthe ; les pelleteries, les viandes fumées, les bagages sont embarqués, et l'on s'abandonne au cours des rivières, dont les rapides et les cataractes ont disparu sous la crue des eaux.

En approchant des villages, un Indien, mis à terre, court avertir la nation. Les femmes, les enfants, les vieillards, les guerriers restés aux cabanes, se rendent au fleuve. Ils saluent la flotte par un cri, auquel la flotte répond par un autre cri. Les pirogues rompent leur file, se rangent bord à bord et présentent la proue. Les chasseurs sautent sur la rive, et rentrent aux villages dans l'ordre observé au départ.

Chaque Indien chante sa propre louange : « Il faut être homme pour attaquer les ours comme je l'ai fait ; il faut être homme pour apporter de telles fourrures et des vivres en si grande abondance. » Les tribus applaudissent. Les femmes suivent portant le produit de la chasse.

On partage les peaux et les viandes sur la place publique ; on allume le feu du retour ; on y jette les filets de langues d'ours : s'ils sont charnus et pétillent bien, c'est l'augure le plus favorable ; s'ils sont secs et brûlent sans bruit, la nation est menacée de quelque malheur.

Après la danse du calumet, on sert le dernier repas de la chasse : il consiste en un ours amené vivant de la forêt : on le met cuire tout entier avec la peau et les entrailles dans une énorme chaudière. Il ne faut rien laisser de l'animal, ne point briser ses os, coutume judaïque ; il faut boire jusqu'à la dernière goutte de l'eau dans laquelle il a bouilli : le sauvage dont l'estomac repousse l'aliment appelle à son secours ses compagnons. Ce repas dure huit ou dix heures : les festoyants en sortent dans un état affreux ; quelques-uns payent de leur vie l'horrible plaisir que la superstition impose. Un sachem clôt la cérémonie :

« Guerriers, le Grand-Lièvre a regardé nos flèches ; vous avez montré la sagesse du castor, la prudence de l'ours, la force du bison, la vitesse de l'orignal. Retirez-vous, et passez la lune de feu à la pêche et aux jeux. » Ce discours se termine par un OAH! cri religieux, trois fois répété.

Les bêtes qui fournissent la pelleterie aux sauvages sont : le blaireau, le renard gris, jaune et rouge, le pécan, le gopher, le racoon, le lièvre gris et blanc, le castor, l'hermine, la martre, le rat musqué, le chat-tigre ou carcajou, la loutre, le loup-cervier, la bête puante, l'écureuil noir, gris et rayé, l'ours, et le loup de plusieurs espèces.

Les peaux à tanner se tirent de l'orignal, de l'élan, de la brebis de montagne, du chevreuil, du daim, du cerf et du bison.

LA GUERRE.

Chez les sauvages tout porte les armes, hommes, femmes et enfants ; mais le corps des combattants se compose en général du cinquième de la tribu.

Quinze ans est l'âge légal du service militaire. La guerre est la grande affaire des sauvages et tout le fond de leur politique; elle a quelque chose de plus légitime que la guerre chez les peuples civilisés, parce qu'elle est presque toujours déclarée pour l'existence même du peuple qui l'entreprend : il s'agit de conserver des pays de chasse ou des terrains propres à la culture. Mais, par la raison même que l'Indien ne s'applique que pour vivre à l'art qui lui donne la mort, il en résulte des fureurs implacables entre les tribus : c'est la nourriture de la famille qu'on se dispute. Les haines deviennent individuelles : comme les armées sont peu nombreuses, comme chaque ennemi connoît le nom et le visage de son ennemi, on se bat encore avec acharnement par des antipathies de caractère et par des ressentiments particuliers; ces enfants du même désert portent dans leurs querelles étrangères quelque chose de l'animosité des troubles civils.

A cette première et générale cause de guerre parmi les sauvages viennent se mêler d'autres raisons de prises d'armes, tirées de quelque motif superstitieux, de quelques dissensions domestiques, de quelque intérêt né du commerce des Européens. Ainsi, tuer des femelles de castor étoit devenu chez les hordes du nord de l'Amérique un sujet légitime de guerre.

La guerre se dénonce d'une manière extraordinaire et terrible. Quatre guerriers, peints en noir de la tête aux pieds, se glissent dans les plus profondes ténèbres chez le peuple menacé : parvenus aux portes des cabanes, ils jettent au foyer de ces cabanes un casse-tête peint en rouge, sur le pied duquel sont marqués, par des signes connus des sachems, les motifs des hostilités : les premiers Romains lançoient une javeline sur le territoire ennemi. Ces hérauts d'armes indiens disparoissent aussitôt dans la nuit comme des fantômes, en poussant le fameux cri ou *woop* de guerre. On le forme en appuyant une main sur la bouche et frappant les lèvres, de manière à ce que le son échappé en tremblotant, tantôt plus sourd, tantôt plus aigu, se termine par une espèce de rugissement dont il est impossible de se faire une idée.

La guerre dénoncée, si l'ennemi est trop foible pour la soutenir, il fuit; s'il se sent fort, il l'accepte : commencent aussitôt les préparatifs et les cérémonies d'usage.

Un grand feu est allumé sur la place publique, et la chaudière de la guerre placée sur le bûcher : c'est la marmite du janissaire. Chaque combattant y jette quelque chose de ce qui lui appartient. On plante aussi deux poteaux où l'on suspend des flèches, des casse-têtes et des plumes, le tout peint en rouge. Les poteaux sont placés au septentrion, à l'orient, au midi ou à l'occident de la place publique, selon le point géographique d'où la bataille doit venir.

Cela fait, on présente aux guerriers la *médecine* de la guerre, vomitif violent, délayé dans deux pintes d'eau qu'il faut avaler d'un trait. Les jeunes gens se dispersent aux environs, mais sans trop s'écarter. Le chef qui doit les commander, après s'être frotté le cou et le visage de graisse d'ours et de charbon pilé, se retire à l'étuve, où il passe deux jours entiers à suer, à jeûner et à observer ses songes. Pendant ces deux jours, il est défendu aux femmes d'approcher des guerriers; mais elles peuvent parler au chef de l'expédition, qu'elles visitent, afin d'obtenir de lui une part du butin fait sur l'ennemi, car les sauvages ne doutent jamais du succès de leurs entreprises.

Ces femmes portent différents présents qu'elles déposent aux pieds du chef. Celui-ci note avec des graines ou des coquillages les prières particulières: une sœur réclame un prisonnier pour lui tenir lieu d'un frère mort dans les combats; une matrone exige des chevelures pour se consoler de la perte de ses parents; une veuve requiert un captif pour mari, ou une veuve étrangère pour esclave; une mère demande un orphelin pour remplacer l'enfant qu'elle a perdu.

Les deux jours de retraite écoulés, les jeunes guerriers se rendent à leur tour auprès du chef de guerre: ils lui déclarent leur dessein de prendre part à l'expédition; car, bien que le conseil ait résolu la guerre, cette résolution ne lie personne, l'engagement est purement volontaire.

Tous les guerriers se barbouillent de noir et de rouge de la manière la plus capable, selon eux, d'épouvanter l'ennemi. Ceux-ci se font des barres longitudinales ou transversales sur les joues; ceux-là, des marques rondes ou triangulaires; d'autres y tracent des figures de serpents. La poitrine découverte et les bras nus d'un guerrier offrent l'histoire de ses exploits: des chiffres particuliers expriment le nombre de chevelures qu'il a enlevées, les combats où il s'est trouvé, les dangers qu'il a courus. Ces hiéroglyphes, imprimés dans la peau en points bleus, restent ineffaçables: ce sont des piqûres fines, brûlées avec de la gomme de pin.

Les combattants, entièrement nus ou vêtus d'une tunique sans manches, ornent de plumes la seule touffe de cheveux qu'ils conservent sur le sommet de la tête. A leur ceinture de cuir est passé le couteau pour découper le crâne; le casse-tête pend à la même ceinture: dans la main droite ils tiennent l'arc ou la carabine; sur l'épaule gauche ils portent le carquois garni de flèches, ou la corne remplie de poudre et de balles. Les Cimbres, les Teutons et les Francs essayoient ainsi de se rendre formidables aux yeux des Romains.

Le chef de guerre sort de l'étuve, un collier de porcelaine rouge à la main, et adresse un discours à ses frères d'armes : « Le Grand-Esprit ouvre ma bouche. Le sang de nos proches tués dans la dernière guerre n'a point été essuyé ; leurs corps n'ont point été recouverts : il faut aller les garantir des mouches. Je suis résolu de marcher par le sentier de la guerre ; j'ai vu des ours dans mes songes ; les bons manitous m'ont promis de m'assister, et les mauvais ne me seront pas contraires : j'irai donc manger les ennemis, boire leur sang, faire des prisonniers. Si je péris, ou si quelques-uns de ceux qui consentent à me suivre perdent la vie, nos âmes seront reçues dans la contrée des esprits ; nos corps ne resteront pas couchés dans la poussière ou dans la boue, car ce collier rouge appartiendra à celui qui couvrira les morts. »

Le chef jette le collier à terre ; les guerriers les plus renommés se précipitent pour le ramasser : ceux qui n'ont point encore combattu, ou qui n'ont qu'une gloire commune, n'osent disputer le collier. Le guerrier qui le relève devient le lieutenant général du chef ; il le remplace dans le commandement si ce chef périt dans l'expédition.

Le guerrier possesseur du collier fait un discours. On apporte de l'eau chaude dans un vase. Les jeunes gens lavent le chef de guerre et lui enlèvent la couleur noire dont il est couvert ; ensuite ils lui peignent les joues, le front, la poitrine, avec des craies et des argiles de différentes teintes, et le revêtent de sa plus belle robe.

Pendant cette ovation, le chef chante à demi-voix cette fameuse chanson de mort que l'on entonne lorsqu'on va subir le supplice du feu :

« Je suis brave, je suis intrépide, je ne crains point la mort ; je me ris des tourments ; qu'ils sont lâches ceux qui les redoutent ! des femmes, moins que des femmes ! Que la rage suffoque mes ennemis ! puissé-je les dévorer et boire leur sang jusqu'à la dernière goutte ! »

Quand le chef a achevé la chanson de mort, son lieutenant général commence la chanson de guerre :

« Je combattrai pour la patrie ; j'enlèverai des chevelures ; je boirai dans le crâne de mes ennemis, etc. »

Chaque guerrier, selon son caractère, ajoute à sa chanson des détails plus ou moins atroces. Les uns disent : « Je couperai les doigts de mes ennemis avec les dents ; je leur brûlerai les pieds et ensuite les jambes. » Les autres disent : « Je laisserai les vers se mettre dans leurs plaies; je leur enlèverai la peau du crâne; je leur arracherai le cœur, et je le leur enfoncerai dans la bouche. »

Ces infernales chansons n'étoient guère hurlées que par les hordes septentrionales. Les tribus du midi se contentoient d'étouffer les prisonniers dans la fumée.

Le guerrier, ayant répété sa chanson de guerre, redit sa chanson de famille : elle consiste dans l'éloge des aïeux. Les jeunes gens qui vont au combat pour la première fois gardent le silence.

Ces premières cérémonies achevées, le chef se rend au conseil des sachems, qui sont assis en rond, une pipe rouge à la bouche : il leur demande s'ils persistent à vouloir lever la hache. La délibération recommence, et presque toujours la première résolution est confirmée. Le chef de guerre revient sur la place publique, annonce aux jeunes gens la décision des vieillards, et les jeunes gens y répondent par un cri.

On délie le chien sacré qui étoit attaché à un poteau; on l'offre à Areskoui, dieu de la guerre. Chez les nations canadiennes, on égorge ce chien, et, après l'avoir fait bouillir dans une chaudière, on le sert aux hommes rassemblés. Aucune femme ne peut assister à ce festin mystérieux. A la fin du repas, le chef déclare qu'il se mettra en marche tel jour, au lever ou au coucher du soleil.

L'indolence naturelle des sauvages est tout à coup remplacée par une activité extraordinaire; la gaieté et l'ardeur martiale des jeunes gens se communiquent à la nation. Il s'établit des espèces d'ateliers pour la fabrique des traîneaux et des canots.

Les traîneaux employés au transport des bagages, des malades et des blessés, sont faits de deux planches fort minces, d'un pied et demi de long sur sept pouces de large, relevés sur le devant. Ils ont des rebords où s'attachent des courroies pour fixer les fardeaux. Les sauvages tirent ce char sans roues à l'aide d'une double bande de cuir, appelée *metump*, qu'ils se passent sur la poitrine, et dont les bouts sont liés à l'avant-train du traîneau.

Les canots sont de deux espèces, les uns plus grands, les autres plus petits. On les construit de la manière suivante :

Des pièces courbes s'unissent par leur extrémité, de façon à former une ellipse d'environ huit pieds et demi dans le court diamètre, de vingt dans le diamètre long. Sur ces maîtresses pièces on attache des côtes minces de bois de cèdre rouge; ces côtes sont renforcées par un treillage d'osier. On recouvre ce squelette du canot de l'écorce enlevée, pendant l'hiver, aux ormes et aux bouleaux, en jetant de l'eau bouillante sur le tronc de ces arbres. On assemble ces écorces avec des racines de sapin extrêmement souples, et qui sèchent difficilement. La couture est enduite en dedans et en dehors d'une résine dont les sauvages gardent le secret. Lorsque le canot est fini et qu'il est garni de ses pagayes d'érable, il ressemble assez à une araignée d'eau, élégant et léger insecte qui marche avec rapidité sur la surface des lacs et des fleuves.

Un combattant doit porter avec lui dix livres de maïs ou d'autres grains, sa natte, son manitou et son *sac de médecine*.

Le jour qui précède celui du départ, et qu'on appelle le jour des adieux, est consacré à une cérémonie touchante, chez les nations des langues huronne et algonquine. Les guerriers, qui jusque alors ont campé sur la place publique ou sur une espèce de Champ de Mars, se dispersent dans les villages, et vont faire leurs adieux de cabane en cabane. On les reçoit avec des marques du plus tendre intérêt ; on veut avoir quelque chose qui leur ait appartenu ; on leur ôte leur manteau pour leur en donner un meilleur ; on échange avec eux un calumet : ils sont obligés de manger ou de vider une coupe. Chaque hutte a pour eux un vœu particulier, et il faut qu'ils répondent par un souhait semblable à leurs hôtes.

Lorsque le guerrier fait ses adieux à sa propre cabane, il s'arrête, debout, sur le seuil de la porte. S'il a une mère, cette mère s'avance la première : il lui baise les yeux, la bouche et les mamelles. Ses sœurs viennent ensuite, et il leur touche le front : sa femme se prosterne devant lui ; il la recommande aux bons génies. De tous ses enfants, on ne lui présente que ses fils ; il étend sur eux sa hache ou son casse-tête sans prononcer un mot. Enfin, son père paroît le dernier. Le sachem, après lui avoir frappé l'épaule, lui fait un discours pour l'inviter à honorer ses aïeux ; il lui dit : « Je suis derrière toi comme tu es derrière ton fils ; si on vient à moi, on fera du bouillon de ma chair en insultant ta mémoire. »

Le lendemain du jour des adieux est le jour même du départ. A la première blancheur de l'aube, le chef de guerre sort de sa hutte et pousse le cri de mort. Si le moindre nuage a obscurci le ciel, si un songe funeste est survenu, si quelque oiseau ou quelque animal de mauvais augure a été vu, le jour du départ est différé. Le camp, réveillé par le cri de mort, se lève et s'arme.

Les chefs des tribus haussent les étendards formés de morceaux d'écorce ronds, attachés au bout d'un long dard, et sur lesquels se voient, grossièrement dessinés, des manitous, une tortue, un ours, un castor, etc. Les chefs des tribus sont des espèces de maréchaux de camp, sous le commandement du général et de son lieutenant. Il y a, de plus, des capitaines non reconnus par le gros de l'armée : ce sont des partisans que suivent les aventuriers.

Le recensement ou le dénombrement de l'armée s'opère : chaque guerrier donne au chef, en passant devant lui, un petit morceau de bois marqué d'un sceau particulier. Jusqu'au moment de la remise de leur symbole, les guerriers se peuvent retirer de l'expédition; mais, après cet engagement, quiconque recule est déclaré infâme.

Bientôt arrive le prêtre suprême, suivi du collége des jongleurs ou médecins. Ils apportent des corbeilles de jonc en forme d'entonnoir, des sacs de peau remplis de racines et de plantes. Les guerriers s'asseyent à terre, les jambes croisées, formant un cercle; les prêtres se tiennent debout au milieu.

Le grand jongleur appelle les combattants par leurs noms : le guerrier appelé se lève et donne son manitou au jongleur, qui le met dans une des corbeilles de jonc, en chantant ces mots algonquins : *Ajouhoyah-alluya !*

Les manitous varient à l'infini, parce qu'ils représentent les caprices et les songes des sauvages : ce sont des peaux de souris rembourrées avec du foin ou du coton, de petits cailloux blancs, des oiseaux empaillés, des dents de quadrupèdes ou de poissons, des morceaux d'étoffe rouge, des branches d'arbre, des verroteries, ou quelques parures européennes, enfin toutes les formes que les bons génies sont censés avoir prises pour se manifester aux possesseurs de ces manitous : heureux du moins de se rassurer à si peu de frais, et de se croire sous un fétu à l'abri des coups de la fortune! Sous le régime féodal on prenait acte d'un droit acquis par le don d'une baguette, d'une paille, d'un anneau, d'un couteau, etc.

Les manitous, distribués en trois corbeilles, sont confiés à la garde du chef de guerre et des chefs de tribu.

De la collection des manitous, on passe à la bénédiction des plantes médicinales et des instruments de la chirurgie. Le grand jongleur les tire tour à tour du fond d'un sac de cuir ou de poil de buffle; il les dépose à terre, danse alentour avec les autres jongleurs, se frappe les cuisses, se démonte le visage, hurle et prononce des mots inconnus. Il finit par déclarer qu'il a communiqué aux simples une vertu surnaturelle, et qu'il a la puissance de rendre à la vie les guerriers expirés. Il s'ouvre les lèvres avec les dents, applique une poudre sur la blessure dont il a sucé le sang avec adresse, et paroît subitement guéri. Quelquefois on lui présente un chien réputé mort; mais, à l'application d'un instrument, le chien se relève sur ses pattes, et l'on crie au miracle. Ce sont pourtant des hommes intrépides qui se laissent enchanter par des prestiges aussi grossiers. Le sauvage n'aperçoit dans les jongleries de ses prêtres que l'intervention du Grand-Esprit ; il ne rougit point d'invoquer à son aide celui qui a fait la plaie et qui peut la guérir.

Cependant les femmes ont préparé le festin du départ ; ce dernier repas est composé de chair de chien comme le premier. Avant de toucher au mets sacré, le chef s'adresse à l'assemblée :

« MES FRÈRES,

« Je ne suis pas encore un homme, je le sais, cependant on n'ignore pas que j'ai vu quelquefois l'ennemi. Nous avons été tués dans la dernière guerre ; les os de nos compagnons n'ont point été garantis des mouches ; il les faut aller couvrir. Comment avons-nous pu rester si longtemps sur nos nattes ? Le manitou de mon courage m'ordonne de venger l'homme. Jeunesse, ayez du cœur. »

Le chef entonne la chanson du manitou des combats[1] ; les jeunes gens en répètent le refrain. Après le cantique, le chef se retire au sommet d'une éminence, se couche sur une peau, tenant à la main un calumet rouge dont le fourneau est tourné du côté du pays ennemi. On exécute les danses et les pantomimes de la guerre. La première s'appelle la *danse de la découverte*.

Un Indien s'avance seul et à pas lents au milieu des spectateurs ; il représente le départ des guerriers : on le voit marcher, et puis camper au déclin du jour. L'ennemi est découvert ; on se traîne sur les mains pour arriver jusqu'à lui : attaque, mêlée, prise de l'un, mort de l'autre, retraite précipitée ou tranquille, retour douloureux ou triomphant.

Le guerrier qui exécute cette pantomine y met fin par un chant en son honneur et à la gloire de sa famille.

« Il y a vingt neiges que je fis douze prisonniers ; il y a dix neiges que je sauvai le chef. Mes ancêtres étoient braves et fameux. Mon grand-père étoit la sagesse de la tribu et le rugissement de la bataille ; mon père étoit un pin dans sa force. Ma trisaïeule fut mère de cinq guerriers ; ma grand'mère valoit seule un conseil de sachems ; ma mère fait de la sagamité excellente. Moi je suis plus fort, plus sage que tous mes aïeux. » C'est la chanson de Sparte : *Nous avons été jadis jeunes, vaillants et hardis.*

Après ce guerrier, les autres se lèvent et chantent pareillement

1. Voyez *Les Natchez.*

leurs hauts faits; plus ils se vantent, plus on les félicite : rien n'est noble, rien n'est beau comme eux; ils ont toutes les qualités et toutes les vertus. Celui qui se disoit au-dessus de tout le monde applaudit à celui qui déclare le surpasser en mérite. Les Spartiates avoient encore cette coutume : ils pensoient que l'homme qui se donne en public des louanges prend un engagement de les mériter.

Peu à peu tous les guerriers quittent leur place pour se mêler aux danses; on exécute des marches au bruit du tambourin, du fifre et du chichikoué. Le mouvement augmente; on imite les travaux d'un siége, l'attaque d'une palissade : les uns sautent comme pour franchir un fossé, les autres semblent se jeter à la nage; d'autres présentent la main à leurs compagnons pour les aider à monter à l'assaut. Les casse-têtes retentissent contre les casse-têtes; le chichikoué précipite la marche; les guerriers tirent leurs poignards; ils commencent à tourner sur eux-mêmes, d'abord lentement, ensuite plus vite, et bientôt avec une telle rapidité, qu'ils disparoissent dans le cercle qu'ils décrivent : d'horribles cris percent la voûte du ciel. Le poignard que ces hommes féroces se portent à la gorge avec une adresse qui fait frémir, leur visage noir ou bariolé, leurs habits fantastiques, leurs longs hurlements, tout ce tableau d'une guerre sauvage inspire la terreur.

Épuisés, haletants, couverts de sueur, les acteurs terminent la danse, et l'on passe à l'épreuve des jeunes gens. On les insulte, on leur fait des reproches outrageants, on répand des cendres brûlantes sur leurs cheveux, on les frappe avec des fouets, on leur jette des tisons à la tête; il leur faut supporter ces traitements avec la plus parfaite insensibilité. Celui qui laisseroit échapper le moindre signe d'impatience seroit déclaré indigne de lever la hache.

Le troisième et dernier banquet du chien sacré couronne ces diverses cérémonies : il ne doit durer qu'une demi-heure. Les guerriers mangent en silence; le chef les préside; bientôt il quitte le festin. A ce signal les convives courent aux bagages, et prennent les armes. Les parents et les amis les environnent sans prononcer une parole; la mère suit des regards son fils occupé à charger les paquets sur les traîneaux; on voit couler des larmes muettes. Des familles sont assises à terre; quelques-unes se tiennent debout; toutes sont attentives aux occupations du départ; on lit, écrite sur tous les fronts, cette même question faite antérieurement par diverses tendresses : « Si je n'allois plus le revoir! »

Enfin le chef de guerre sort, complétement armé, de sa cabane. La troupe se forme dans l'ordre militaire : le grand jongleur, portant les manitous, paroît à la tête; le chef de guerre marche derrière lui; vient ensuite le porte-étendard de la première tribu, levant en l'air son enseigne; les hommes de cette tribu suivent leur symbole. Les autres tribus défilent après la première, et tirent les traîneaux chargés des chaudières, des nattes et des sacs de maïs; des guerriers portent sur leurs épaules, quatre à quatre ou huit à huit, les petits et les grands canots : les *filles peintes* ou les courtisanes, avec leurs enfants, accompagnent l'armée. Elles sont aussi attelées aux traîneaux; mais au lieu d'avoir le *metump* passé par la poitrine, elles l'ont appliqué sur le front. Le lieutenant général marche seul sur le flanc de la colonne.

Le chef de guerre, après quelques pas faits sur la route, arrête les guerriers et leur dit :

« Bannissons la tristesse : quand on va mourir on doit être content. Soyez dociles à mes ordres. Celui qui se distinguera recevra beaucoup de petun. Je donne ma natte à porter à..., puissant guerrier. Si moi et mon lieutenant nous sommes mis dans la chaudière, ce sera... qui vous conduira. Allons! frappez-vous les cuisses et hurlez trois fois. »

Le chef remet alors son sac de maïs et sa natte au guerrier qu'il a désigné, ce qui donne à celui-ci le droit de commander la troupe si le chef et son lieutenant périssent.

La marche recommence : l'armée est ordinairement accompagnée de tous les habitants des villages jusqu'au fleuve ou au lac où l'on doit lancer les canots. Alors se renouvelle la scène des adieux : les guerriers se dépouillent et partagent leurs vêtements entre les membres de leur famille. Il est permis, dans ce dernier moment, d'exprimer tout haut sa douleur : chaque combattant est entouré de ses parents qui lui prodiguent des caresses, le pressent dans leurs bras, l'appellent par les plus doux noms qui soient entre les hommes. Avant de se quitter, peut-être pour jamais, on se pardonne les torts qu'on a pu avoir réciproquement. Ceux qui restent prient les manitous d'abréger la longueur de l'absence, ceux qui partent invitent la rosée à descendre sur la hutte natale; ils n'oublient pas même dans leurs souhaits de bonheur les animaux domestiques hôtes du foyer paternel. Les canots sont lancés sur le fleuve; on s'y embarque, et la flotte s'éloigne. Les femmes, demeurées au rivage, font de loin les derniers signes de l'amitié à leurs époux, à leurs pères et à leurs fils.

Pour se rendre au pays ennemi, on ne suit pas toujours la route directe; on prend quelquefois le chemin le plus long, comme le plus sûr. La marche est réglée par le jongleur, d'après les bons ou les mauvais présages : s'il a observé un chat-huant, on s'arrête. La flotte entre dans une crique; on descend à terre, on dresse une palissade;

après quoi, les feux étant allumés, on fait bouillir les chaudières. Le souper fini, le camp est mis sous la garde des esprits. Le chef recommande aux guerriers de tenir auprès d'eux leur casse-tête et de ne pas ronfler trop fort. On suspend aux palissades les manitous, c'est-à-dire les souris empaillées, les petits cailloux blancs, les brins de paille, les morceaux d'étoffe rouge, et le jongleur commence la prière :

« Manitous, soyez vigilants : ouvrez les yeux et les oreilles. Si les guerriers étoient surpris, cela tourneroit à votre déshonneur. Comment ! diroient les sachems, les manitous de notre nation se sont laissé battre par les manitous de l'ennemi ! Vous sentez combien cela seroit honteux ; personne ne vous donneroit à manger ; les guerriers rêveroient pour obtenir d'autres esprits plus puissants que vous. Il est de votre intérêt de faire bonne garde ; si on enlevoit notre chevelure pendant notre sommeil, ce ne seroit pas nous qui serions blâmables, mais vous qui auriez tort. »

Après cette admonition aux manitous, chacun se retire dans la plus parfaite sécurité, convaincu qu'il n'a pas la moindre chose à craindre.

Des Européens qui ont fait la guerre avec les sauvages, étonnés de cette étrange confiance, demandoient à leurs compagnons de natte s'ils n'étoient jamais surpris dans leurs campements : « Très-souvent, » répondoient ceux-ci. « Ne feriez-vous pas mieux, dans ce cas, disoient les étrangers, de poser des sentinelles? » — « Cela seroit fort bien, » répondoit le sauvage en se tournant pour dormir. L'Indien se fait une vertu de son imprévoyance et de sa paresse, en se mettant sous la seule protection du ciel.

Il n'a point d'heure fixe pour le repos ou pour le mouvement : que le jongleur s'écrie à minuit qu'il a vu une araignée sur une feuille de saule, il faut partir.

Quand on se trouve dans un pays abondant en gibier, la troupe se disperse ; les bagages et ceux qui les portent restent à la merci du premier parti hostile ; mais deux heures avant le coucher du soleil tous les chasseurs reviennent au camp avec une justesse et une précision dont les Indiens sont seuls capables.

Si l'on tombe dans le *sentier blazed,* ou le *sentier du commerce,* la dispersion des guerriers est encore plus grande : ce sentier est marqué, dans les forêts, sur le tronc des arbres, entaillés à la même hauteur. C'est le chemin que suivent les diverses nations rouges pour trafiquer les unes avec les autres, ou avec les nations blanches. Il est de droit public que ce chemin demeure neutre ; on ne trouble point ceux qui s'y trouvent engagés.

La même neutralité est observée dans le *sentier du sang;* ce sentier est tracé par le feu que l'on a mis aux buissons. Aucune cabane ne s'élève sur ce chemin consacré au passage des tribus dans leurs expéditions lointaines. Les partis même ennemis s'y rencontrent, mais ne s'y attaquent jamais. Violer le sentier *du commerce,* ou celui *du sang,* est une cause immédiate de guerre contre la nation coupable du sacrilége.

Si une troupe trouve endormie une autre troupe avec laquelle elle a des alliances, elle reste debout, en dehors des palissades du camp, jusqu'au réveil des guerriers. Ceux-ci étant sortis de leur sommeil, leur chef s'approche de la troupe voyageuse, lui présente quelques chevelures destinées pour ces occasions, et lui dit : « *Vous avez coup ici;* » ce qui signifie : « Vous pouvez passer, vous êtes nos frères, votre honneur est à couvert. » Les alliés répondent : « Nous avons coup ici; » et ils poursuivent leur chemin. Quiconque prendroit pour ennemie une tribue amie, et la réveilleroit, s'exposeroit à un reproche d'ignorance et de lâcheté.

Si l'on doit traverser le territoire d'une nation neutre, il faut demander le passage. Une députation se rend, avec le calumet, au principal village de cette nation. L'orateur déclare que l'arbre de paix a été planté par les aïeux; que son ombrage s'étend sur les deux peuples; que la hache est enterrée au pied de l'arbre; qu'il faut éclaircir la chaîne d'amitié et fumer la pipe sacrée. Si le chef de la nation neutre reçoit le calumet et fume, le passage est accordé. L'ambassadeur s'en retourne, toujours dansant, vers les siens.

Ainsi l'on avance vers la contrée où l'on porte la guerre, sans plan, sans précaution, comme sans crainte. C'est le hasard qui donne ordinairement les premières nouvelles de l'ennemi : un chasseur reviendra en hâte déclarer qu'il a rencontré des traces d'homme. On ordonne aussitôt de cesser toute espèce de travaux, afin qu'aucun bruit ne se fasse entendre. Le chef part avec les guerriers les plus expérimentés pour examiner les traces. Les sauvages, qui entendent les sons à des distances infinies, reconnoissent les empreintes sur d'arides bruyères, sur des rochers nus, où tout autre œil que le leur ne verroit rien. Non-seulement ils découvrent ces vestiges, mais ils peuvent dire quelle tribu indienne les a laissés et de quelle date ils sont. Si la disjonction des deux pieds est considérable, ce sont des Illinois qui ont passé là; si la marque du talon est profonde et l'impression de l'orteil large, on reconnoît les Outchipouois; si le pied a porté de côté, on est sûr que les Pontonétamis sont en course; si l'herbe est à peine foulée, si son pli est à la cime de la plante et non près de la terre, ce sont les traces fugitives des Hurons ; si les pas sont tournés en dehors, s'ils tombent à trente-six pouces l'un de l'autre, des Européens ont marqué leur route; les Indiens marchent la pointe du pied en dedans : les deux pieds sur la même ligne. On juge de l'âge des guerriers par la pesanteur ou la légèreté, le raccourci ou l'allongement du pas.

Quand la mousse ou l'herbe n'est plus humide, les traces sont de la veille ; ces traces comptent quatre ou cinq jours quand les insectes courent déjà dans l'herbe ou dans la mousse foulée ; elles ont huit, dix ou douze jours lorsque la force végétale du sol a reparu et que des feuilles nouvelles ont poussé : ainsi quelques insectes, quelques brins d'herbe et quelques jours effacent les pas de l'homme et de sa gloire.

Les traces ayant été bien reconnues, on met l'oreille à terre, et l'on juge, par des murmures que l'ouïe européenne ne peut saisir, à quelle distance est l'ennemi.

Rentré au camp, le chef fait éteindre les feux: il défend la parole, il interdit la chasse; les canots sont tirés à terre et cachés dans les buissons. On fait un grand repas en silence, après quoi on se couche.

La nuit qui suit la première découverte de l'ennemi s'appelle la *nuit des songes*. Tous les guerriers sont obligés de rêver et de raconter le lendemain ce qu'ils ont rêvé, afin que l'on puisse juger du succès de l'entreprise.

Le camp offre alors un singulier spectacle : des sauvages se lèvent et marchent dans les ténèbres, en murmurant leur chanson de mort, à laquelle ils ajoutent quelques paroles nouvelles, comme celles-ci : « J'avalerai quatre serpents blancs, et j'arracherai les ailes à un aigle roux. » C'est le rêve que le guerrier vient de faire et qu'il entremêle à sa chanson. Ses compagnons sont tenus de deviner ce songe, ou le songeur est dégagé du service. Ici les quatre serpents blancs peuvent être pris pour quatre Européens que le songeur doit tuer, et l'aigle roux pour un Indien auquel il enlèvera la chevelure.

Un guerrier, dans la *nuit des songes*, augmenta sa chanson de mort de l'histoire d'un chien qui avoit des oreilles de feu ; il ne put jamais obtenir l'explication de son rêve, et il partit pour sa cabane. Ces usages, qui tiennent du caractère de l'enfance, pourroient favoriser la lâcheté chez l'Européen ; mais chez le sauvage du nord de l'Amérique ils n'avoient point cet inconvénient : on n'y reconnoissoit qu'un acte de cette volonté libre et bizarre dont l'Indien ne se départ jamais, quel que soit l'homme auquel il se soumet un moment par raison ou par caprice.

Dans la *nuit des songes*, les jeunes gens craignent beaucoup que le jongleur n'ait mal rêvé, c'est-à-dire qu'il n'ait eu peur; car le jongleur, par un seul songe, peut faire rebrousser chemin à l'armée, eût-elle marché deux cents lieues. Si quelque guerrier a cru voir les esprits de ses pères, ou s'il s'est figuré entendre leur voix, il oblige aussi le camp à la retraite. L'indépendance absolue et la religion sans lumière gouvernent les actions des sauvages.

Aucun rêve n'ayant dérangé l'expédition, elle se remet en route. Les *femmes peintes* sont laissées derrière avec les canots; on envoie en avant une vingtaine de guerriers choisis entre ceux qui ont fait le serment des amis [1]. Le plus grand ordre et le plus profond silence règnent dans la troupe; les guerriers cheminent à la file, de manière que celui qui suit pose le pied dans l'endroit quitté par le pied de celui qui précède : on évite ainsi la multiplicité des traces. Pour plus de précaution, le guerrier qui ferme la marche répand des feuilles mortes et de la poussière derrière lui. Le chef est à la tête de la colonne. Guidé par les vestiges de l'ennemi, il parcourt leurs sinuosités à travers les buissons, comme un limier sagace. De temps en temps on fait halte et l'on prête une oreille attentive. Si la chasse est l'image de la guerre parmi les Européens, chez les sauvages la guerre est l'image de la chasse : l'Indien apprend, en poursuivant les hommes, à découvrir les ours. Le plus grand général dans l'état de nature est le plus fort et le plus vigoureux chasseur; les qualités intellectuelles, les combinaisons savantes, l'usage perfectionné du jugement, font dans l'état social les grands capitaines.

Les coureurs envoyés à la découverte rapportent quelquefois des paquets de roseaux nouvellement coupés; ce sont des défis ou des cartels. On compte les roseaux : leur nombre indique celui des ennemis. Si les tribus qui portoient autrefois ces défis étoient connues, comme celle des Hurons, pour leur franchise militaire, les paquets de jonc disoient exactement la vérité; si, au contraire, elles étoient renommées, comme celle des Iroquois, pour leur génie politique, les roseaux augmentoient ou diminuoient la force numérique des combattants.

L'emplacement d'un camp que l'ennemi a occupé la veille vient-il à s'offrir, on l'examine avec soin : selon la construction des huttes, les chefs reconnoissent les différentes tribus de la même nation et leurs différents alliés. Les huttes qui n'ont qu'un seul poteau à l'entrée sont celles des Illinois. L'addition d'une seule perche, son inclinaison plus ou moins forte, devient un indice. Les ajoupas ronds sont ceux

---

1. Voyez *Les Natchez*.

des Outouois. Une hutte dont le toit est plat et exhaussé annonce des *chairs blanches*. Il arrive quelquefois que les ennemis, avant d'être rencontrés par la nation qui les cherche, ont battu un parti allié de cette nation : pour intimider ceux qui sont à leur poursuite, ils laissent derrière eux un monument de leur victoire. On trouva un jour un large bouleau dépouillé de son écorce. Sur l'obier nu et blanc étoit tracé un ovale où se détachoient, en noir et en rouge, les figures suivantes : un ours, une feuille de bouleau rongée par un papillon, dix cercles et quatre nattes. un oiseau volant, une lune sur des gerbes de maïs, un canot et trois ajoupas, un pied d'homme et vingt huttes, un hibou et un soleil à son couchant, un hibou, trois cercles et un homme couché, un casse-tête et trente têtes rangées sur une ligne droite, deux hommes debout sur un petit cercle, trois têtes dans un arc avec trois lignes.

L'ovale avec des hiéroglyphes désignoit un chef illinois appelé Atabou; on le reconnoissoit par les marques particulières qui étoient celles qu'il avoit au visage; l'ours étoit le manitou de ce chef; la feuille de bouleau rongée par un papillon représentoit le symbole national des Illinois; les dix cercles nombroient mille guerriers, chaque cercle étant posé pour cent; les quatre nattes proclamoient quatre avantages obtenus; l'oiseau volant marquoit le départ des Illinois; la lune sur des gerbes de maïs signifioit que ce départ avoit eu lieu dans la lune du blé vert; le canot et les trois ajoupas racontoient que les mille guerriers avoient voyagé trois jours par eau ; le pied d'homme et les vingt huttes dénotoient vingt jours de marche par terre; le hibou étoit le symbole des Chicassas; le soleil à son couchant montroit que les Illinois étoient arrivés à l'ouest du camp des Chicassas; le hibou, les trois cercles et l'homme couché, disoient que trois cents Chicassas avoient été surpris pendant la nuit; le casse-tête et les trente têtes rangées sur une ligne droite déclaroient que les Illinois avoient tué trente Chicassas. Les deux hommes debout sur un petit cercle annonçoient qu'ils emmenoient vingt prisonniers; les trois têtes dans l'arc comptoient trois morts du côté des Illinois, et les trois lignes indiquoient trois blessés.

Un chef de guerre doit savoir expliquer avec rapidité et précision ces emblèmes; et par les connoissances qu'il a de la force et des alliances de l'ennemi, il doit juger du plus ou moins d'exactitude historique de ces trophées. S'il prend le parti d'avancer, malgré les victoires vraies ou prétendues de l'ennemi, il se prépare au combat.

De nouveaux investigateurs sont dépêchés. Ils s'avancent en se courbant le long des buissons, et quelquefois en se traînant sur les mains. Ils montent sur les plus hauts arbres; quand ils ont découvert les huttes hostiles, ils se hâtent de revenir au camp, et de rendre compte au chef de la position de l'ennemi. Si cette position est forte, on examine par quel stratagème on pourra la lui faire abandonner.

Un des stratagèmes les plus communs est de contrefaire le cri des bêtes fauves. Des jeunes gens se dispersent dans les taillis, imitant le bramement des cerfs, le mugissement des buffles, le glapissement des renards. Les sauvages sont accoutumés à cette ruse; mais telle est leur passion pour la chasse, et telle est la parfaite imitation de la voix des animaux, qu'ils sont continuellement pris à ce leurre. Ils sortent de leur camp, et tombent dans des embuscades. Ils se rallient, s'ils le peuvent, sur un terrain défendu par des obstacles naturels, tels qu'une chaussée dans un marais, une langue de terre entre deux lacs.

Cernés dans ce poste, on les voit alors, au lieu de chercher à se faire jour, s'occuper paisiblement de différents jeux, comme s'ils étoient dans leurs villages. Ce n'est jamais qu'à la dernière extrémité que deux troupes d'Indiens se déterminent à une attaque de vive force; elles aiment mieux lutter de patience et de ruse; et comme ni l'une ni l'autre n'a de provisions, ou ceux qui bloquent un défilé sont contraints à la retraite, ou ceux qui y sont enfermés sont obligés de s'ouvrir un passage.

La mêlée est épouvantable; c'est un grand duel comme dans les combats antiques : l'homme voit l'homme. Il y a dans le regard humain animé par la colère quelque chose de contagieux, de terrible qui se communique. Les cris de mort, les chansons de guerre, les outrages mutuels font retentir le champ de bataille; les guerriers s'insultent comme les héros d'Homère; ils se connoissent tous par leur nom : « Ne te souvient-il plus, se disent-ils, du jour où tu désirois que tes pieds eussent la vitesse du vent pour fuir devant ma flèche! Vieille femme! te ferai-je apporter de la sagamité nouvelle et de la cassine brûlante dans le nœud du roseau? — Chef babillard, à la large bouche! répondent les autres, on voit bien que tu es accoutumé à porter le jupon; ta langue est comme la feuille du tremble, elle remue sans cesse. »

Les combattants se reprochent ainsi leurs imperfections naturelles : ils se donnent le nom de boiteux, de louche, de petit; ces blessures faites à l'amour-propre augmentent leur rage. L'affreuse coutume de scalper l'ennemi augmente la férocité du combat. On met le pied sur le cou du vaincu : de la main gauche on saisit le toupet de cheveux que les Indiens gardent sur le sommet de la tête; de la main droite on trace, à l'aide d'un étroit couteau, un cercle dans le crâne, autour de la chevelure : ce trophée est souvent enlevé avec tant d'adresse, que la cervelle reste à découvert sans avoir été entamée par la pointe de l'instrument.

Lorsque deux partis ennemis se présentent en rase campagne, et que l'un est plus foible que l'autre, le plus foible creuse des trous dans la terre, il y descend et s'y bat, ainsi que dans ces villes de guerre dont les ouvrages, presque de niveau avec le sol, présentent peu de surface au boulet. Les assiégeants lancent leurs flèches comme des bombes, avec tant de justesse, qu'elles retombent sur la tête des assiégés.

Des honneurs militaires sont décernés à ceux qui ont abattu le plus d'ennemis : on leur permet de porter des plumes de killiou. Pour éviter les injustices, les flèches de chaque guerrier portent une marque particulière : en les retirant du corps de la victime, on connoît la main qui les a lancées.

L'arme à feu ne peut rendre témoignage de la gloire de son maître. Lorsque l'on tue avec la balle, le casse-tête ou la hache, c'est par le nombre des chevelures enlevées que les exploits sont comptés.

Pendant le combat, il est rare que l'on obéisse au chef de guerre, qui lui-même ne cherche qu'à se distinguer personnellement. Il est rare que les vainqueurs poursuivent les vaincus : ils restent sur le champ de bataille à dépouiller les morts, à lier les prisonniers, à célébrer le triomphe par des danses et des chants : on pleure les amis que l'on a perdus : leurs corps sont exposés avec de grandes lamentations sur les branches des arbres : les corps des ennemis demeurent étendus dans la poussière.

Un guerrier détaché du camp porte à la nation la nouvelle de la victoire et du retour de l'armée [1] : les vieillards s'assemblent ; le chef de guerre fait au conseil le rapport de l'expédition : d'après ce rapport on se détermine à continuer la guerre ou à négocier la paix.

Si l'on se décide à la paix, les prisonniers sont conservés comme moyen de la conclure : si l'on s'obstine à la guerre, les prisonniers sont livrés au supplice. Qu'il me soit permis de renvoyer les lecteurs à l'épisode d'*Atala* et aux *Natchez* pour le détail. Les femmes se montrent ordinairement cruelles dans ces vengeances : elles déchirent les prisonniers avec leurs ongles, les percent avec les instruments des travaux domestiques, et apprêtent le repas de leur chair. Ces chairs se mangent grillées ou bouillies, et les cannibales connoissent les parties

---

1. Ce retour est décrit dans le xie livre des *Natchez*.

les plus succulentes de la victime. Ceux qui ne dévorent pas leurs ennemis, du moins boivent leur sang, et s'en barbouillent la poitrine et le visage.

Mais les femmes ont aussi un beau privilége : elles peuvent sauver les prisonniers en les adoptant pour frères ou pour maris, surtout si elles ont perdu des frères ou des maris dans le combat. L'adoption confère les droits de la nature : il n'y a point d'exemple qu'un prisonnier adopté ait trahi la famille dont il est devenu membre, et il ne montre pas moins d'ardeur que ses nouveaux compatriotes en portant les armes contre son ancienne nation : de là les aventures les plus pathétiques. Un père se trouve assez souvent en face d'un fils, si le fils terrasse le père, il le laisse aller une première fois, mais il lui dit : « Tu m'as donné la vie, je te la rends : nous voilà quittes. Ne te présente plus devant moi, car je t'enlèverois la chevelure. »

Toutefois les prisonniers adoptés ne jouissent pas d'une sûreté complète. S'il arrive que la tribu où ils servent fasse quelque perte, on les massacre : telle femme qui avoit pris soin d'un enfant le coupe en deux d'un coup de hache.

Les Iroquois, renommés d'ailleurs pour leur cruauté envers les prisonniers de guerre, avoient un usage qu'on auroit dit emprunté des Romains, et qui annonçoit le génie d'un grand peuple : ils incorporoient la nation vaincue dans leur nation sans la rendre esclave; ils ne la forçoient même pas d'adopter leurs lois; ils ne la soumettoient qu'à leurs mœurs.

Toutes les tribus ne brûloient pas leurs prisonniers; quelques-unes se contentoient de les réduire en servitude. Les sachems, rigides partisans des vieilles coutumes, déploroient cette humanité, dégénération, selon eux, de l'ancienne vertu. Le christianisme, en se répandant chez les Indiens, avoit contribué à adoucir des caractères féroces. C'étoit au nom d'un Dieu sacrifié par les hommes que les missionnaires obtenoient l'abolition des sacrifices humains : ils plantoient la croix à la place du poteau du supplice, et le sang de Jésus-Christ rachetoit le sang du prisonnier.

RELIGION.

Lorsque les Européens abordèrent en Amérique, ils trouvèrent parmi les sauvages des croyances religieuses presque effacées aujourd'hui. Les peuples de la Floride et de la Louisiane adoroient presque tous le soleil, comme les Péruviens et les Mexicains. Ils avoient des temples, des prêtres ou jongleurs, des sacrifices; ils mêloient seulement à ce culte du midi le culte et les traditions de quelque divinité du nord.

Les sacrifices publics avoient lieu au bord des fleuves; ils se faisoient aux changements de saison, ou à l'occasion de la paix ou de la guerre. Les sacrifices particuliers s'accomplissoient dans les huttes. On jetoit au vent les cendres profanes, et l'on allumoit un feu nouveau. L'offrande aux bons et aux mauvais génies consistoit en peaux de bêtes, ustensiles de ménage, armes, colliers, le tout de peu de valeur.

Mais une superstition commune à tous les Indiens, et pour ainsi dire la seule qu'ils aient conservée, c'étoit celle des *manitous*. Chaque sauvage a son manitou, comme chaque nègre a son fétiche : c'est un oiseau, un poisson, un quadrupède, un reptile, une pierre, un morceau de bois, un lambeau d'étoffe, un objet coloré, un ornement américain ou européen. Le chasseur prend soin de ne tuer ni blesser l'animal qu'il a choisi pour manitou : quand ce malheur lui arrive, il cherche par tous les moyens possibles à apaiser les mânes du dieu mort; mais il n'est parfaitement rassuré que quand il a *rêvé* un autre manitou.

Les songes jouent un grand rôle dans la religion du sauvage; leur interprétation est une science, et leurs illusions sont tenues pour des réalités. Chez les peuples civilisés c'est souvent le contraire : les réalités sont des illusions.

Parmi les nations indigènes du Nouveau-Monde le dogme de l'immortalité de l'âme n'est pas distinctement exprimé, mais elles en ont toutes une idée confuse, comme le témoignent leurs usages, leurs fables, leurs cérémonies funèbres, leur piété envers les morts. Loin de nier l'immortalité de l'âme, les sauvages la multiplient : ils semblent l'accorder aux âmes des bêtes, depuis l'insecte, le reptile, le poisson et l'oiseau, jusqu'au plus grand quadrupède. En effet, des peuples qui voient et qui entendent partout des *esprits* doivent naturellement supposer qu'ils en portent un en eux-mêmes, et que les êtres animés compagnons de leur solitude ont aussi leurs intelligences divines.

Chez les nations du Canada, il existoit un système complet de fables religieuses, et l'on remarquoit, non sans étonnement, dans ces fables des traces des fictions grecques et des vérités bibliques.

Le Grand-Lièvre assembla un jour sur les eaux sa cour, composée de l'orignal, du chevreuil, de l'ours et des autres quadrupèdes. Il tira un grain de sable du fond du grand lac, et il en forma la terre. Il créa ensuite les hommes des corps morts des divers animaux.

Une autre tradition fait d'Areskoui ou d'Agresgoué, dieu de la guerre, l'Être suprême ou le Grand-Esprit.

Le Grand-Lièvre fut traversé dans ses desseins : le dieu des eaux, Michabou, surnommé le Grand-Chat-Tigre, s'opposa à l'entreprise du Grand-Lièvre; celui-ci ayant à combattre Michabou ne put créer que six hommes : un de ces hommes monta au ciel; il eut commerce avec la belle Athaensic, divinité des vengeances. Le Grand-Lièvre, s'apercevant qu'elle étoit enceinte, la précipita d'un coup de pied sur la terre : elle tomba sur le dos d'une tortue.

Quelques jongleurs prétendent qu'Athaensic eut deux fils, dont l'un tua l'autre; mais on croit généralement qu'elle ne mit au monde qu'une fille, laquelle devint mère de Tahouet-Saron et de Jouskeka. Jouskeka tua Tahouet-Saron.

Athaensic est quelquefois prise pour la lune, et Jouskeka pour le soleil. Areskoui, dieu de la guerre, devient aussi le soleil. Parmi les Natchez, Athaensic, déesse de la vengeance, étoit la *femme-chef* des mauvais manitous, comme Jouskeka étoit la *femme-chef* des bons.

A la troisième génération, la race de Jouskeka s'éteignit presque tout entière : le Grand-Esprit envoya un déluge. Messou, autrement Saketchak, voyant ce débordement, députa un corbeau pour s'enquérir de l'état des choses, mais le corbeau s'acquitta mal de sa commission; alors Messou fit partir le rat musqué, qui lui apporta un peu de limon. Messou rétablit la terre dans son premier état; il lança des flèches contre le tronc des arbres qui restoient encore debout, et ces flèches devinrent des branches. Il épousa ensuite, par reconnoissance, une femelle du rat musqué : de ce mariage naquirent tous les hommes qui peuplent aujourd'hui le monde.

Il y a des variantes à ces fables : selon quelques autorités, ce ne fut pas Messou qui fit cesser l'inondation, mais la tortue sur laquelle Athaensic tomba du ciel : cette tortue, en nageant, écarta les eaux avec ses pattes, et découvrit la terre. Ainsi c'est la vengeance qui est la mère de la nouvelle race des hommes.

Le Grand-Castor est après le Grand-Lièvre le plus puissant des manitous : c'est lui qui a formé le lac Nipissingue : les cataractes que l'on trouve dans la rivière des Ontaouois, qui sortent du Nipissingue, sont les restes des chaussées que le Grand-Castor avoit construites pour former ce lac ; mais il mourut au milieu de son entreprise. Il est enterré au haut d'une montagne à laquelle il a donné sa forme. Aucune nation ne passe au pied de son tombeau sans fumer en son honneur. Michabou, dieu des eaux, est né à Michilinakinac, sur le détroit qui joint le lac Huron au lac Michigan. De là il se transporta au Détroit, jeta une digue au saut Sainte-Marie, et, arrêtant les eaux du lac Alimipigon, il fit le lac Supérieur pour prendre des castors. Michabou apprit de l'araignée à tisser des filets, et il enseigna ensuite le même art aux hommes.

Il y a des lieux où les génies se plaisent particulièrement. A deux journées au-dessous du saut Antoine, on voit la grande Wakon-Teebe (la caverne du Grand-Esprit) : elle renferme un lac souterrain d'une profondeur inconnue ; lorsqu'on jette une pierre dans ce lac, le Grand-Lièvre fait entendre une voix redoutable. Des caractères sont gravés par les esprits sur la pierre de la voûte.

Au soleil couchant du lac Supérieur sont des montagnes formées de pierres qui brillent comme la glace des cataractes en hiver. Derrière ces montagnes s'étend un lac bien plus grand que le lac Supérieur. Michabou aime particulièrement ce lac et ces montagnes[1]. Mais c'est au lac Supérieur que le Grand-Esprit a fixé sa résidence ; on l'y voit se promener au clair de la lune : il se plaît aussi à cueillir le fruit d'un groseillier qui couvre la rive méridionale du lac. Souvent, assis sur la pointe d'un rocher, il déchaîne les tempêtes. Il habite dans le lac une île qui porte son nom : c'est là que les âmes des guerriers tombés sur le champ de bataille se rendent pour jouir du plaisir de la chasse.

Autrefois du milieu du lac Sacré émergeoit une montagne de cuivre que le Grand-Esprit a enlevée et transportée ailleurs depuis longtemps ; mais il a semé sur le rivage des pierres du même métal qui ont une vertu singulière : elles rendent invisibles ceux qui les portent. Le Grand-Esprit ne veut pas qu'on touche à ces pierres. Un jour des Algonquins furent assez téméraires pour en enlever une : à peine étoient-ils rentrés dans leurs canots, qu'un manitou de plus de soixante coudées de hauteur, sortant du fond d'une forêt, les poursuivit : les

---

1. Cette ancienne tradition d'une chaîne de montagnes et d'un lac immense situé au nord-ouest du lac Supérieur indique assez les montagnes Rocheuses et l'océan Pacifique.

vagues lui alloient à peine à la ceinture ; il obligea les Algonquins de jeter dans les flots le trésor qu'ils avoient ravi.

Sur les bords du lac Huron, le Grand-Esprit a fait chanter le lièvre blanc comme un oiseau, et donné la voix d'un chat à l'oiseau bleu.

Athaensic a planté dans les îles du lac Érié l'*herbe à la puce* : si un guerrier regarde cette herbe, il est saisi de la fièvre ; s'il la touche, un feu subtil court sur sa peau. Athaensic planta encore au bord du lac Érié le cèdre blanc pour détruire la race des hommes : la vapeur de l'arbre fait mourir l'enfant dans le sein de la jeune mère, comme la pluie fait couler la grappe sur la vigne.

Le Grand-Lièvre a donné la sagesse au chat-huant du lac Érié. Cet oiseau fait la chasse aux souris pendant l'été ; il les mutile et les emporte toutes vivantes dans sa demeure, où il prend soin de les engraisser pour l'hiver. Cela ne ressemble pas trop mal aux maîtres des peuples.

A la cataracte du Niagara habite le génie redoutable des Iroquois.

Auprès du lac Ontario, des ramiers mâles se précipitent le matin dans la rivière Gennessé ; le soir ils sont suivis d'un pareil nombre de femelles ; ils vont chercher la belle Endaé, qui fut retirée de la contrée des âmes par le chant de son époux.

Le petit oiseau du lac Ontario fait la guerre au serpent noir. Voici ce qui a donné lieu à cette guerre.

Hondioun étoit un fameux chef des Iroquois constructeurs de cabanes. Il vit la jeune Almilao, et il fut étonné. Il dansa trois fois de colère, car Almilao étoit fille de la nation des Hurons, ennemis des Iroquois. Hondioun retourna à sa hutte en disant : « C'est égal ; » mais l'âme du guerrier ne parloit pas ainsi.

Il demeura couché sur la natte pendant deux soleils, il ne put dormir : au troisième soleil il ferma les yeux, et vit un ours dans ses songes. Il se prépara à la mort.

Il se lève, prend ses armes, traverse les forêts, et arrive à la hutte d'Almilao, dans le pays des ennemis. Il faisoit nuit.

Almilao entend marcher dans sa cabane ; elle dit : « Akouessan, assieds-toi sur ma natte. » Handioun s'assit sans parler sur la natte. Athaensic et sa rage étoient dans son cœur. Almilao jette un bras autour du guerrier iroquois sans le connoître, et cherche ses lèvres. Hondioun l'aima comme la lune.

. Akouessan l'Abénakis, allié des Hurons, arrive ; il s'approche dans les ténèbres : les amants dormoient. Il se glisse auprès d'Almilao, sans apercevoir Hondioun roulé dans les peaux de la couche. Akouessan enchanta le sommeil de sa maîtresse.

Hondioun s'éveille, étend la main, touche la chevelure d'un guerrier. Le cri de guerre ébranle la cabane. Les sachems des Hurons accourent. Akouessan l'Abénakis n'étoit plus.

Hondioun, le chef iroquois, est attaché au poteau des prisonniers, et chante sa chanson de mort; il appelle Almilao au milieu du feu, et invite la fille huronne à lui dévorer le cœur. Celle-ci pleuroit et sourioit : la vie et la mort étoient sur ses lèvres.

Le Grand-Lièvre fit entrer l'âme d'Hondioun dans le serpent noir, et celle d'Almilao dans le petit oiseau du lac Ontario. Le petit oiseau attaque le serpent noir et l'étend mort d'un coup de bec. Akouessan fut changé en homme marin.

Le Grand-Lièvre fit une grotte de marbre noir et vert dans le pays des Abénakis; il planta un arbre dans le lac salé (la mer), à l'entrée de la grotte. Tous les efforts des chairs blanches n'ont jamais pu arracher cet arbre. Lorsque la tempête souffle sur le lac sans rivage, le Grand-Lièvre descend du rocher bleu et vient pleurer sous l'arbre Hondioun, Almilao et Akouessan.

C'est ainsi que les fables des sauvages amènent le voyageur du fond des lacs du Canada aux rivages de l'Atlantique. Moïse, Lucrèce et Ovide sembloient avoir légué à ces peuples, le premier sa tradition, le second sa mauvaise physique, le troisième ses métamorphoses. Il y avoit dans tout cela assez de religion, de mensonge et de poésie pour s'instruire, s'égarer et se consoler.

GOUVERNEMENT.

LES NATCHEZ.

Despotisme dans l'état de nature.

Presque toujours on a confondu l'état de nature avec l'état sauvage : de cette méprise il est arrivé qu'on s'est figuré que les sauvages n'avoient point de gouvernement, que chaque famille étoit simplement conduite par son chef ou par son père; qu'une chasse ou une guerre réunissoit occasionnellement les familles dans un intérêt commun; mais que cet intérêt satisfait, les familles retournoient à leur isolement et à leur indépendance.

Ce sont là de notables erreurs. On retrouve parmi les sauvages le type de tous les gouvernements connus des peuples civilisés, depuis le despotisme jusqu'à la république, en passant par la monarchie limitée ou absolue, élective ou héréditaire.

Les Indiens de l'Amérique septentrionale connoissent les monarchies et les républiques représentatives; le fédéralisme étoit une des formes politiques les plus communes employées par eux : l'étendue de leur désert avoit fait pour la science de leurs gouvernements ce que l'excès de la population a produit pour les nôtres.

L'erreur où l'on est tombé relativement à l'existence politique du gouvernement sauvage est d'autant plus singulière, que l'on auroit dû être éclairé par l'histoire des Grecs et des Romains : à la naissance de leur empire ils avoient des institutions très-compliquées.

Les lois politiques naissent chez les hommes avant les lois civiles, qui sembleroient néanmoins devoir précéder les premières; mais il est de fait que le *pouvoir* s'est réglé avant le *droit,* parce que les hommes ont besoin de se défendre contre l'arbitraire avant de fixer les rapports qu'ils ont entre eux.

Les lois politiques naissent spontanément avec l'homme, et s'établissent sans antécédents; on les rencontre chez les hordes les plus barbares

Les lois civiles, au contraire, se forment par les usages : ce qui étoit une coutume religieuse pour le mariage d'une fille et d'un garçon, pour la naissance d'un enfant, pour la mort d'un chef de famille, se transforme en loi par le laps de temps. La propriété particulière, inconnue des peuples chasseurs, est encore une source de lois civiles qui manquent à l'état de nature. Aussi n'existoit-il point chez les Indiens de l'Amérique septentrionale de code de délits et de peines. Les crimes contre les choses et les personnes étoient punis par la famille, non par la loi. La vengeance étoit la justice : le droit naturel poursuivoit chez l'homme sauvage ce que le droit public atteint chez l'homme policé.

Rassemblons d'abord les traits communs à tous les gouvernements des sauvages, puis nous entrerons dans le détail de chacun de ces gouvernements

Les nations indiennes sont divisées en tribus; chaque tribu a un chef héréditaire différent du chef militaire, qui tire son droit de l'élection, comme chez les anciens Germains.

Les tribus portent un nom particulier : la tribu de l'Aigle, de l'Ours, du Castor, etc. Les emblèmes qui servent à distinguer les tribus deviennent des enseignes à la guerre, des sceaux au bas des traités.

Les chefs des tribus et des divisions de tribu tirent leur nom de quelque qualité, de quelque défaut de leur esprit ou de leur personne, de quelque circonstance de leur vie. Ainsi l'un s'appelle *le bison blanc*, l'autre *la jambe cassée, la bouche plate, le jour sombre, le dardeur, la belle voix, le tueur de castors, le cœur de feu*, etc.

Il en fut ainsi dans la Grèce : à Rome, Coclès tira son nom de ses yeux rapprochés, ou de la perte de son œil, et Cicéron, de la verrue ou de l'industrie de son aïeul. L'histoire moderne compte ses rois et ses guerriers, *Chauve, Bègue, Roux, Boiteux, Martel* ou *marteau, Capet* ou *grosse-tête*, etc.

Les conseils des nations indiennes se composent des chefs des tribus, des chefs militaires, des matrones, des orateurs, des prophètes ou jongleurs, des médecins ; mais ces conseils varient selon la constitution des peuples.

Le spectacle d'un conseil de sauvages est très-pittoresque. Quand la cérémonie du calumet est achevée, un orateur prend la parole. Les membres du conseil sont assis ou couchés à terre dans diverses attitudes : les uns, tout nus, n'ont pour s'envelopper qu'une peau de buffle ; les autres, tatoués de la tête aux pieds, ressemblent à des statues égyptiennes ; d'autres entremêlent à des ornements sauvages, à des plumes, à des becs d'oiseau, à des griffes d'ours, à des cornes de buffle, à des os de castor, à des dents de poisson, entremêlent, dis-je, des ornements européens. Les visages sont bariolés de diverses couleurs, ou peinturés de blanc ou de noir. On écoute attentivement l'orateur ; chacune de ses pauses est accueillie par le cri d'applaudissement *oah! oah!*

Des nations aussi simples ne devroient avoir rien à débattre en politique ; cependant il est vrai qu'aucun peuple civilisé ne traite plus de choses à la fois. C'est une ambassade à envoyer à une tribu pour la féliciter de ses victoires, un pacte d'alliance à conclure ou à renouveler, une explication à demander sur la violation d'un territoire, une députation à faire partir pour aller pleurer sur la mort d'un chef, un suffrage à donner dans une diète, un chef à élire, un compétiteur à écarter, une médiation à offrir ou à accepter pour faire poser les armes à deux peuples, une balance à maintenir, afin que telle nation ne devienne pas trop forte et ne menace pas la liberté des autres. Toutes ces affaires sont discutées avec ordre ; les raisons pour et contre sont déduites avec clarté. On a connu des sachems qui possédoient à fond toutes ces matières, et qui parloient avec une profondeur de vue et de jugement dont peu d'hommes d'État en Europe seroient capables.

Les délibérations du conseil sont marquées dans des colliers de diverses couleurs, archives de l'État qui renferment les traités de guerre, de paix et d'alliance, avec toutes les conditions et clauses de ces traités. D'autres colliers contiennent les harangues prononcées dans les divers conseils. J'ai mentionné ailleurs la mémoire artificielle dont usoient les Iroquois pour retenir un long discours. Le travail se partageoit entre des guerriers qui, au moyen de quelques osselets, apprenoient par cœur, ou plutôt écrivoient dans leur mémoire la partie du discours qu'ils étoient chargés de reproduire [1].

Les arrêtés des sachems sont quelquefois gravés sur des arbres en signes énigmatiques. Le temps, qui ronge nos vieilles chroniques, détruit également celles des sauvages, mais d'une autre manière; il étend une nouvelle écorce sur le papyrus qui garde l'histoire de l'Indien : au bout d'un petit nombre d'années, l'Indien et son histoire ont disparu à l'ombre du même arbre.

Passons maintenant à l'histoire des institutions particulières des gouvernements indiens, en commençant par le despotisme.

Il faut remarquer d'abord que partout où le despotisme est établi, règne une espèce de civilisation *physique,* telle qu'on la trouve chez la plupart des peuples de l'Asie, et telle qu'elle existoit au Pérou et au Mexique. L'homme qui ne peut plus se mêler des affaires publiques, et qui livre sa vie à un maître comme une brute ou comme un enfant, a tout le temps de s'occuper de son bien-être matériel. Le système de l'esclavage soumettant à cet homme d'autres bras que les siens, ces machines labourent son champ, embellissent sa demeure, fabriquent ses vêtements et préparent son repas. Mais, parvenue à un certain degré, cette civilisation du despotisme reste stationnaire; car le tyran supérieur, qui veut bien permettre quelques tyrannies particulières, conserve toujours le droit de vie et de mort sur ses sujets, et ceux-ci ont soin de se renfermer dans une médiocrité qui n'excite ni la cupidité ni la jalousie du pouvoir.

Sous l'empire du despotisme, il y a donc commencement de luxe et d'administration, mais dans une mesure qui ne permet pas à l'industrie de se développer, ni au génie de l'homme d'arriver à la liberté par les lumières.

Ferdinand de Soto trouva des peuples de cette nature dans les Florides, et vint mourir au bord du Mississipi. Sur ce grand fleuve s'étendoit la domination des Natchez. Ceux-ci étoient originaires du Mexique,

---

1. On peut voir dans *Les Natchez* la description d'un conseil de sauvages, tenu sur le rocher du Lac : les détails en sont rigoureusement historiques.

qu'ils ne quittèrent qu'après la chute du trône de Montezume. L'époque de l'émigration des Natchez concorde avec celle des Chicassais, qui venoient du Pérou, également chassés de leur terre natale par l'invasion des Espagnols.

Un chef surnommé le *soleil* gouvernoit les Natchez : ce chef prétendoit descendre de l'astre du jour. La succession au trône avoit lieu par les femmes : ce n'étoit pas le fils même du soleil qui lui succédoit, mais le fils de sa sœur ou de sa plus proche parente. Cette *femme-chef,* tel étoit son nom, avoit avec le soleil une garde de jeunes gens appelés *allouez.*

Les dignitaires au-dessous du soleil étoient les deux chefs de guerre, les deux prêtres, les deux officiers pour les traités, l'inspecteur des ouvrages et des greniers publics, homme puissant, appelé le *chef de la farine,* et les quatre maîtres des cérémonies.

La récolte, faite en commun et mise sous la garde du soleil, fut dans l'origine la cause principale de l'établissement de la tyrannie. Seul dépositaire de la fortune publique, le monarque en profita pour se faire des créatures : il donnoit aux uns aux dépens des autres; il inventa cette hiérarchie de places qui intéressent une foule d'hommes au pouvoir par la complicité dans l'oppression. Le soleil s'entoura de satellites prêts à exécuter ses ordres. Au bout de quelques générations, des classes se formèrent dans l'État : ceux qui descendoient des généraux ou des officiers des allouez se prétendirent nobles; on les crut. Alors furent inventées une multitude de lois : chaque individu se vit obligé de porter au soleil une partie de sa chasse ou de sa pêche. Si celui-ci commandoit tel ou tel travail, on étoit tenu de l'exécuter sans en recevoir de salaire. En imposant la corvée, le soleil s'empara du droit de juger. « Qu'on me défasse de ce chien, » disoit-il, et ses gardes obéissoient.

Le despotisme du soleil enfanta celui de la femme-chef, et ensuite celui des nobles. Quand une nation devient esclave, il se forme une chaîne de tyrans depuis la première classe jusqu'à la dernière. L'arbitraire du pouvoir de la femme-chef prit le caractère du sexe de cette souveraine; il se porta du côté des mœurs. La femme-chef se crut maîtresse de prendre autant de maris et d'amants qu'elle le voulut; elle faisoit ensuite étrangler les objets de ses caprices. En peu de temps il fut admis que le jeune soleil en parvenant au trône pouvoit faire étrangler son père, lorsque celui-ci n'étoit pas noble.

Cette corruption de la mère de l'héritier du trône descendit aux autres femmes. Les nobles pouvoient abuser des vierges, et même des jeunes épouses, dans toute la nation. Le soleil avoit été jusqu'à ordonner une prostitution générale des femmes, comme cela se pratiquoit à certaines initiations babyloniennes.

A tous ces maux il n'en manquoit plus qu'un, la superstition : les Natchez en furent accablés. Les prêtres s'étudièrent à fortifier la tyrannie par la dégradation de la raison du peuple. Ce devint un honneur insigne, une action méritoire pour le ciel que de se tuer sur le tombeau d'un noble ; il y avoit des chefs dont les funérailles entraînoient le massacre de plus de cent victimes. Ces oppresseurs sembloient n'abandonner le pouvoir absolu dans la vie que pour hériter de la tyrannie de la mort : on obéissoit encore à un cadavre, tant on étoit façonné à l'esclavage! Bien plus, on sollicitoit quelquefois dix ans d'avance l'honneur d'accompagner le soleil au pays des âmes. Le ciel permettoit une justice : ces mêmes allouez par qui la servitude avoit été fondée, recueilloient le fruit de leurs œuvres : l'opinion les obligeoit de se percer de leur poignard aux obsèques de leur maître ; le suicide devenoit le digne ornement de la pompe funèbre du despotisme. Mais que servoit au souverain des Natchez d'emmener sa garde au delà de la vie? Pouvoit-elle le défendre contre l'éternel vengeur des opprimés !

Une femme-chef étant morte, son mari, qui n'étoit pas noble, fut étouffé. La fille aînée de la femme-chef, qui lui succédoit en dignité, ordonna l'étranglement de douze enfants : ces douze corps furent rangés autour de ceux de l'ancienne femme-chef et de son mari. Ces quatorze cadavres étoient déposés sur un brancard pompeusement décoré.

Quatorze allouez enlevèrent le lit funèbre. Le convoi se mit en marche : les pères et mères des enfants étranglés ouvroient la marche, marchant lentement deux à deux, et portant leurs enfants morts dans leurs bras. Quatorze victimes qui s'étoient dévouées à la mort suivoient le lit funèbre, tenant dans leurs mains le cordon fatal qu'elles avoient filé elles-mêmes. Les plus proches parents de ces victimes les environnoient. La famille de la femme-chef fermoit le cortége.

De dix pas en dix pas, les pères et les mères qui précédoient la théorie laissoient tomber les corps de leurs enfants ; les hommes qui portoient le brancard marchoient sur ces corps, de sorte que quand on arriva au temple les chairs de ces tendres hosties tomboient en lambeaux.

Le convoi s'arrêta au lieu de la sépulture. On déshabilla les quatorzes personnes dévouées ; elles s'assirent à terre ; un allouez s'assit sur les genoux de chacune d'elles, un autre leur tint les mains par derrière ; on leur fit avaler trois morceaux de tabac et boire un peu d'eau; on leur passa le lacet au cou, et les parents de la femme-chef tirèrent, en chantant, sur les deux bouts du lacet.

On a peine à comprendre comment un peuple chez lequel la propriété individuelle étoit inconnue, et qui ignoroit la plupart des besoins de la société, avoit pu tomber sous un pareil joug. D'un côté des hommes nus, la liberté de la nature; de l'autre des exactions sans exemples, un despotisme qui passe ce qu'on a vu de plus formidable au milieu des peuples civilisés; l'innocence et les vertus primitives de l'état politique à son berceau, la corruption et les crimes d'un gouvernement décrépit : quel monstrueux assemblage!

Une révolution simple, naturelle, presque sans effort, délivra en partie les Natchez de leurs chaînes. Accablés du joug des nobles et du soleil, ils se contentèrent de se retirer dans les bois; la solitude leur rendit la liberté. Le soleil, demeuré au *grand village,* n'ayant plus rien à donner aux allouez, puisqu'on ne cultivoit plus le champ commun, fut abandonné de ces mercenaires. Ce soleil eut pour successeur un prince raisonnable. Celui-ci ne rétablit point les gardes; il abolit les usages tyranniques, rappela ses sujets, et leur fit aimer son gouvernement. Un conseil de vieillards formé par lui détruisit le principe de la tyrannie, en réglant d'une manière nouvelle la propriété commune.

Les nations sauvages, sous l'empire des idées primitives, ont un invincible éloignement pour la propriété particulière, fondement de l'ordre social. De là chez quelques Indiens cette propriété commune, ce champ public des moissons, ces récoltes déposées dans des greniers où chacun vient puiser selon ses besoins; mais de là aussi la puissance des chefs qui veillent à ces trésors, et qui finissent par les distribuer au profit de leur ambition.

Les Natchez régénérés trouvèrent un moyen de se mettre à l'abri de la propriété particulière, sans tomber dans l'inconvénient de la propriété commune. Le champ public fut divisé en autant de lots qu'il y avoit de familles. Chaque famille emportoit chez elle la moisson contenue dans un de ces lots. Ainsi le grenier public fut détruit, en même temps que le champ commun resta, et comme chaque famille ne recueilloit pas précisément le produit du carré qu'elle avoit labouré et semé, elle ne pouvoit pas dire qu'elle avoit un droit particulier à la jouissance de ce qu'elle avoit reçu. Ce ne fut plus la communauté de la terre, mais la communauté du travail qui fit la propriété commune.

Les Natchez conservèrent l'extérieur et les formes de leurs anciennes institutions : ils ne cessèrent point d'avoir une monarchie absolue, un soleil, une femme-chef, et différents ordres ou différentes classes d'hommes; mais ce n'étoit plus que des souvenirs du passé, souvenirs utiles aux peuples, chez lesquels il n'est jamais bon de détruire l'autorité des aïeux. On entretint toujours le feu perpétuel dans le temple; on ne toucha pas même aux cendres des anciens chefs déposées dans cet édifice, parce qu'il y a crime à violer l'asile des morts, et qu'après tout la poussière des tyrans donne d'aussi grandes leçons que celle des autres hommes.

LES MUSCOGULGES.

Monarchie limitée dans l'état de nature.

A l'orient du pays des Natchez accablés par le despotisme, les Muscogulges présentoient dans l'échelle des gouvernements des sauvages la monarchie constitutionnelle ou limitée.

Les Muscogulges forment avec les Siminoles, dans l'ancienne Floride, la confédération des Creeks. Ils ont un chef appelé mico, roi ou magistrat.

Le mico, reconnu pour le premier homme de la nation, reçoit toutes sortes de marques de respect. Lorsqu'il préside le conseil, on lui rend des hommages presque abjects; lorsqu'il est absent, son siége reste vide.

Le mico convoque le conseil pour délibérer sur la paix et sur la guerre; à lui s'adressent les ambassadeurs et les étrangers qui arrivent chez la nation.

La royauté du mico est élective et inamovible. Les vieillards nomment le mico; le corps des guerriers confirme la nomination. Il faut avoir versé son sang dans les combats, ou s'être distingué par sa raison, son génie, son éloquence, pour aspirer à la place de mico. Ce souverain, qui ne doit sa puissance qu'à son mérite, s'élève sur la confédération des Creeks, comme le soleil pour animer et féconder la terre.

Le mico ne porte aucune marque de distinction : hors du conseil, c'est un simple sachem qui se mêle à la foule, cause, fume, boit la coupe avec tous les guerriers : un étranger ne pourroit le reconnoître. Dans le conseil même, où il reçoit tant d'honneurs, il n'a que sa voix; toute son influence est dans sa sagesse : son avis est généralement suivi, parce que son avis est presque toujours le meilleur.

La vénération des Muscogulges pour le mico est extrême. Si un jeune homme est tenté de faire une chose déshonnête, son compagnon lui dit : « Prends garde, le mico te voit; » le jeune homme s'arrête : c'est l'action du despotisme invisible de la vertu.

Le mico jouit cependant d'une prérogative dangereuse. Les moissons chez les Muscogulges se font en commun. Chaque famille, après avoir reçu son lot, est obligée d'en porter une partie dans un grenier public, où le mico puise à volonté. L'abus d'un pareil privilége produisit la tyrannie des soleils des Natchez, comme nous venons de le voir.

Après le mico, la plus grande autorité de l'État réside dans le conseil des vieillards. Ce conseil décide de la paix et de la guerre, et applique les ordres du mico : institution politique singulière. Dans la monarchie des peuples civilisés, le roi est le pouvoir exécutif, et le conseil ou l'assemblée nationale, le pouvoir législatif; ici, c'est l'opposé : le monarque fait les lois, et le conseil les exécute. Ces sauvages ont peut-être pensé qu'il y avoit moins de péril à investir un conseil de vieillards du pouvoir exécutif qu'à remettre ce pouvoir aux mains d'un seul homme. D'un autre côté, l'expérience ayant prouvé qu'un seul homme d'un âge mûr, d'un esprit réfléchi, élabore mieux des lois qu'un corps délibérant, les Muscogulges ont placé le pouvoir législatif dans le roi.

Mais le conseil des Muscogulges a un vice capital : il est sous la direction immédiate du grand jongleur, qui le conduit par la crainte des sortiléges et par la divination des songes. Les prêtres forment chez cette nation un collége redoutable, qui menace de s'emparer des divers pouvoirs.

Le chef de guerre, indépendant du mico, exerce une puissance absolue sur la jeunesse armée. Néanmoins, si la nation est dans un péril imminent, le mico devient pour le temps limité général au dehors, comme il est magistrat au dedans.

Tel est, ou plutôt tel étoit le gouvernement muscogulge, considéré en lui-même et à part. Il a d'autres rapports comme gouvernement fédératif.

Les Muscogulges, nation fière et ambitieuse, vinrent de l'ouest, et s'emparèrent de la Floride après avoir extirpé les Yamases, ses premiers habitants[1]. Bientôt après, les Siminoles, arrivant de l'est, firent

---

1. Ces traditions des migrations indiennes sont obscures et contradictoires. Quelques hommes instruits regardent les tribus des Florides comme un débris de la grande nation des Allighewis, qui habitoient les vallées du Mississipi et de l'Ohio, et que chassèrent, vers les XIIe et XIIIe siècles, les Lennilénaps (les Iroquois et les sauvages Delawares), horde nomade et belliqueuse, venue du nord et de l'ouest, c'est-à-dire des côtes voisines du détroit de Behring.

alliance avec les Muscogulges. Ceux-ci étant les plus forts forcèrent ceux-là d'entrer dans une confédération, en vertu de laquelle les Siminoles envoient des députés au grand village des Muscogulges, et se trouvent ainsi gouvernés en partie par le mico de ces derniers.

Les deux nations réunies furent appelées par les Européens la nation des Creeks, et divisées par eux en Creeks supérieurs, les Muscogulges, et en Creeks inférieurs, les Siminoles. L'ambition des Muscogulges n'étant pas satisfaite, ils portèrent la guerre chez les Chéroquois et chez les Chicassais, et les obligèrent d'entrer dans l'alliance commune ; confédération aussi célèbre dans le midi de l'Amérique septentrionale que celle des Iroquois dans le nord. N'est-il pas singulier de voir des sauvages tenter la réunion des Indiens dans une république fédérative, au même lieu où les Européens devoient établir un gouvernement de cette nature ?

Les Muscogulges, en faisant des traités avec les blancs, ont stipulé que ceux-ci ne vendroient point d'eau-de-vie aux nations alliées. Dans les villages des Creeks on ne souffroit qu'un seul marchand européen : il y résidoit sous la sauvegarde publique. On ne violoit jamais à son égard les lois de la plus exacte probité ; il alloit et venoit, en sûreté de sa fortune comme de sa vie.

Les Muscogulges sont enclins à l'oisiveté et aux fêtes ; ils cultivent la terre ; ils ont des troupeaux et des chevaux de race espagnole ; ils ont aussi des esclaves. Le serf travaille aux champs, cultive dans le jardin les fruits et les fleurs, tient la cabane propre et prépare les repas. Il est logé, vêtu et nourri comme ses maîtres. S'il se marie, ses enfants sont libres ; ils rentrent dans leur droit naturel par la naissance. Le malheur du père et de la mère ne passe point à leur postérité ; les Muscogulges n'ont point voulu que la servitude fût héréditaire : belle leçon que les sauvages ont donnée aux hommes civilisés !

Tel est néanmoins l'esclavage : quelle que soit sa douceur, il dégrade les vertus. Le Muscogulge, hardi, bruyant, impétueux, supportant à peine la moindre contradiction, est servi par le Yamase, timide, silencieux, patient, abject. Ce Yamase, ancien maître des Florides, est cependant de race indienne : il combattit en héros pour sauver son pays de l'invasion des Muscogulges ; mais la fortune le trahit. Qui a mis entre le Yamase d'autrefois et le Yamase d'aujourd'hui, entre ce Yamase vaincu et ce Muscogulge vainqueur, une si grande différence ? Deux mots : liberté et servitude.

Les villages muscogulges sont bâtis d'une manière particulière : chaque famille a presque toujours quatre maisons ou quatre cabanes pareilles. Ces quatre cabanes se font face les unes aux autres, et forment entre elles une cour carrée d'environ un demi-arpent : on entre dans cette cour par les quatre angles. Les cabanes, construites en planches, sont enduites en dehors et en dedans d'un mortier rouge, qui ressemble à de la terre de brique. Des morceaux d'écorce de cyprès, disposés comme des écailles de tortue, servent de toiture aux bâtiments.

Au centre du principal village, et dans l'endroit le plus élevé, est une place publique environnée de quatre longues galeries. L'une de ces galeries est la salle du conseil, qui se tient tous les jours pour l'expédition des affaires. Cette salle se divise en deux chambres par une cloison longitudinale : l'appartement du fond est ainsi privé de lumière; on n'y entre que par une ouverture surbaissée, pratiquée au bas de la cloison. Dans ce sanctuaire sont déposés les trésors de la religion et de la politique : les chapelets de cornes de cerf, la coupe à médecine, les chichikoués, le calumet de paix, l'étendard national, fait d'une queue d'aigle. Il n'y a que le mico, le chef de guerre et le grand-prêtre qui puissent entrer dans ce lieu redoutable.

La chambre extérieure de la salle du conseil est coupée en trois parties par trois petites cloisons transversales, à hauteur d'appui. Dans ces trois balcons s'élèvent trois rangs de gradins appuyés contre les parois du sanctuaire. C'est sur ces bancs couverts de nattes que s'asseyent les sachems et les guerriers.

Les trois autres galeries, qui forment, avec la galerie du conseil, l'enceinte de la place publique, sont pareillement divisées chacune en trois parties; mais elles n'ont point de cloison longitudinale. Ces galeries se nomment *galeries du banquet :* on y trouve toujours une foule bruyante occupée de divers jeux.

Les murs, les cloisons, les colonnes de bois de ces galeries sont chargés d'ornements hiéroglyphiques, qui renferment les secrets sacerdotaux et politiques de la nation. Ces peintures représentent des hommes dans diverses attitudes, des oiseaux et des quadrupèdes à têtes d'hommes, des hommes à têtes d'animaux. Le dessin de ces monuments est tracé avec hardiesse et dans les proportions naturelles; la couleur en est vive, mais appliquée sans art. L'ordre d'architecture des colonnes varie dans les villages selon la tribu qui habite ces villages : à Otasses les colonnes sont tournées en spirale, parce que les Muscogulges d'Otasses sont de la tribu du Serpent.

Il y a chez cette nation une ville de paix et une ville de sang. La ville de paix est la capitale même de la confédération des Creeks, et se nomme *Apalachucla*. Dans cette ville on ne verse jamais le sang; et quand il s'agit d'une paix générale, les députés des Creeks y sont convoqués.

La ville de sang est appelée *Coweta*; elle est située à douze milles d'Apalachucla : c'est là que l'on délibère de la guerre.

On remarque dans la confédération des Creeks les sauvages qui habitent le beau village d'Uche, composé de deux mille habitants, et qui peut armer cinq cents guerriers. Ces sauvages parlent la langue *savanna* ou *savantica*, langue radicalement différente de la langue muscogulge. Les alliés du village d'Uche sont ordinairement, dans le conseil, d'un avis différent des autres alliés, qui les voient avec jalousie; mais on est assez sage de part et d'autre pour n'en pas venir à une rupture.

Les Siminoles, moins nombreux que les Muscogulges, n'ont guère que neuf villages, tous situés sur la rivière Flint. Vous ne pouvez faire un pas dans leur pays sans découvrir des savanes, des lacs, des fontaines, des rivières de la plus belle eau.

Le Siminole respire la gaieté, le contentement, l'amour; sa démarche est légère, son abord ouvert et serein; ses gestes décèlent l'activité de la vie : il parle beaucoup et avec volubilité; son langage est harmonieux et facile. Ce caractère aimable et volage est si prononcé chez ce peuple, qu'il peut à peine prendre un maintien digne dans les assemblées politiques de la confédération.

Les Siminoles et les Muscogulges sont d'une assez grande taille, et, par un contraste extraordinaire, leurs femmes sont la plus petite race de femmes connue en Amérique : elles atteignent rarement la hauteur de quatre pieds deux ou trois pouces; leurs mains et leurs pieds ressemblent à ceux d'une Européenne de neuf ou dix ans. Mais la nature les a dédommagées de cette espèce d'injustice : leur taille est élégante et gracieuse; leurs yeux sont noirs, extrêmement longs, pleins de langueur et de modestie. Elles baissent leurs paupières avec une sorte de pudeur voluptueuse : si on ne les voyoit pas, lorsqu'elles parlent, on croiroit entendre des enfants qui ne prononcent que des mots à moitié formés.

Les femmes creeks travaillent moins que les autres femmes indiennes : elles s'occupent de broderies, de teinture et d'autres petits ouvrages. Les esclaves leur épargnent le soin de cultiver la terre; mais elles aident pourtant, ainsi que les guerriers, à recueillir la moisson.

Les Muscogulges sont renommés pour la poésie et pour la musique. La troisième nuit de la fête du maïs nouveau, on s'assemble dans la galerie du conseil ; on se dispute le prix du chant. Ce prix est décerné, à la pluralité des voix, par le mico : c'est une branche de chêne vert : les Hellènes briguoient une branche d'olivier. Les femmes concourent, et souvent obtiennent la couronne; une de leurs odes est restée célèbre :

CHANSON DE LA CHAIR BLANCHE.

« La chair blanche vient de la Virginie. Elle étoit riche ; elle avoit des étoffes bleues, de la poudre, des armes et du poison françois [1]. La chair blanche vit Tibéima l'ikouessen [2].

« Je t'aime, dit-elle à la fille peinte : quand je m'approche de toi, je sens fondre la moelle de mes os ; mes yeux se troublent, je me sens mourir.

« La fille peinte, qui vouloit les richesses de la chair blanche, lui répondit : Laisse-moi graver mon nom sur tes lèvres ; presse mon sein contre ton sein.

« Tibéima et la chair blanche bâtirent une cabane. L'ikouessen dissipa les grandes richesses de l'étranger, et fut infidèle. La chair blanche le sut, mais elle ne put cesser d'aimer. Elle alloit de porte en porte mendier des grains de maïs pour faire vivre Tibéima. Lorsque la chair blanche pouvoit obtenir un peu de feu liquide [3], elle le buvoit pour oublier sa douleur.

« Toujours aimant Tibéima, toujours trompé par elle, l'homme blanc perdit l'esprit, et se mit à courir dans les bois. Le père de la fille peinte, illustre sachem, lui fit des réprimandes : le cœur d'une femme qui a cessé d'aimer est plus dur que le fruit du papaya.

« La chair blanche revint à sa cabane. Elle étoit nue, elle portoit une longue barbe hérissée ; ses yeux étoient creux, ses lèvres pâles : elle s'assit sur une natte pour demander l'hospitalité dans sa propre cabane. L'homme blanc avoit faim : comme il étoit devenu insensé, il se croyoit un enfant, et prenoit Tibéima pour sa mère.

« Tibéima, qui avoit retrouvé des richesses avec un autre guerrier dans l'ancienne cabane de la chair blanche, eut horreur de celui qu'elle avoit aimé. Elle le chassa. La chair blanche s'assit sur un tas de feuilles à la porte, et mourut. Tibéima mourut aussi. Quand le Siminole demande quelles sont les ruines de cette cabane recouverte de grandes herbes, on ne lui répond point. »

Les Espagnols avoient placé dans les beaux déserts de la Floride une fontaine de Jouvence. N'étois-je donc pas autorisé à choisir ces déserts pour le pays de quelques autres illusions ?

On verra bientôt ce que sont devenus les Creeks et quel sort menace ce peuple qui marchoit à grands pas vers la civilisation.

---

1. Eau-de-vie.   2. Courtisane.   3. Eau-de-vie.

LES HURONS ET LES IROQUOIS.

République dans l'état de nature.

Si les Natchez offrent le type du despotisme dans l'état de nature, les Creeks, le premier trait de la monarchie limitée, les Hurons et les Iroquois présentoient dans le même état de nature la forme du gouvernement républicain. Ils avoient, comme les Creeks, outre la constitution de la nation proprement dite, une assemblée générale représentative et un pacte fédératif.

Le gouvernement des Hurons différoit un peu de celui des Iroquois. Auprès du conseil des tribus s'élevoit un chef héréditaire, dont la succession se continuoit par les femmes, ainsi que chez les Natchez. Si la ligne de ce chef venoit à manquer, c'étoit la plus noble matrone de la tribu qui choisissoit un chef nouveau. L'influence des femmes devoit être considérable chez une nation dont la politique et la nature leur donnoient tant de droits. Les historiens attribuent à cette influence une partie des bonnes et des mauvaises qualités du Huron.

Chez les nations de l'Asie, les femmes sont esclaves et n'ont aucune part au gouvernement; mais, chargées des soins domestiques, elles sont soustraites, en général, aux plus rudes travaux de la terre.

Chez les nations d'origine germanique, les femmes étoient libres, mais elles restoient étrangères aux actes de la politique, sinon à ceux du courage et de l'honneur.

Chez les tribus du nord de l'Amérique, les femmes participoient aux affaires de l'État, mais elles étoient employées à ces pénibles ouvrages qui sont dévolus aux hommes dans l'Europe civilisée. Esclaves et bêtes de somme dans les champs et à la chasse, elles devenoient libres et reines dans les assemblées de la famille et dans les conseils de la nation. Il faut remonter aux Gaulois pour retrouver quelque chose de cette condition des femmes chez un peuple.

Les Iroquois ou les Cinq nations [1], appelés dans la langue algonquine les *Agannonsioni*, étoient une colonie des Hurons. Ils se séparèrent de ces derniers à une époque ignorée; ils abandonnèrent les bords du lac Huron, et se fixèrent sur la rive méridionale du fleuve Hochelaga (le Saint-Laurent), non loin du lac Champlain. Dans la suite, ils remontèrent jusqu'au lac Ontario, et occupèrent le pays situé entre le lac Érié et les sources de la rivière d'Albany.

Les Iroquois offrent un grand exemple du changement que l'oppres-

[1]. Six, selon la division des Anglois

sion et l'indépendance peuvent opérer dans le caractère des hommes. Après avoir quitté les Hurons, ils se livrèrent à la culture des terres, devinrent une nation agricole et paisible, d'où ils tirèrent leur nom d'*Agannonsioni*.

Leurs voisins, les *Adirondacs,* dont nous avons fait les *Algonquins,* peuple guerrier et chasseur qui étendoit sa domination sur un pays immense, méprisèrent les Hurons émigrants, dont ils achetoient les récoltes. Il arriva que les Algonquins invitèrent quelques jeunes Iroquois à une chasse ; ceux-ci s'y distinguèrent de telle sorte que les Algonquins, jaloux, les massacrèrent.

Les Iroquois coururent aux armes pour la première fois : battus d'abord, ils résolurent de périr jusqu'au dernier, ou d'être libres. Un génie guerrier, dont ils ne s'étoient point doutés, se déploya tout à coup en eux. Ils défirent à leur tour les Algonquins, qui s'allièrent avec les Hurons, dont les Iroquois tiroient leur origine. Ce fut au moment le plus chaud de cette querelle que Jacques Cartier et ensuite Champlain abordèrent au Canada. Les Algonquins s'unirent aux étrangers, et les Iroquois eurent à lutter contre les François, les Algonquins et les Hurons.

Bientôt les Hollandois arrivèrent à Manhatte (New-York). Les Iroquois recherchèrent l'amitié de ces nouveaux Européens, se procurèrent des armes à feu et devinrent en peu de temps plus habiles au maniement de ces armes que les blancs eux-mêmes. Il n'y a point chez les peuples civilisés d'exemple d'une guerre aussi longue et aussi implacable que celle que firent les Iroquois aux Algonquins et aux Hurons. Elle dura plus de trois siècles. Les Algonquins furent exterminés et les Hurons réduits à une tribu réfugiée sous la protection du canon de Québec. La colonie françoise du Canada, au moment de succomber elle-même aux attaques des Iroquois, ne fut sauvée que par un calcul de la politique de ces sauvages extraordinaires [1].

Il est probable que les Indiens du nord de l'Amérique furent gouvernés d'abord par des rois, comme les habitants de Rome et d'Athènes, et que ces monarchies se changèrent ensuite en républiques aristocratiques : on retrouvoit dans les principales bourgades huronnes et iroquoises des familles nobles, ordinairement au nombre de trois.

---

1. D'autres traditions, comme on l'a vu, font des Iroquois une colonne de cette grande migration des Lennilénaps, venus des bords de l'océan Pacifique. Cette colonne des Iroquois et des Hurons auroit chassé les peuplades du nord du Canada, parmi lesquelles se trouvoient les Algonquins, tandis que les Indiens Delawares, plus au midi, auroient descendu jusqu'à l'Atlantique, en dispersant les peuples primitifs établis à l'est et à l'ouest des Alleghanys.

Ces familles étoient la souche des trois tribus principales : l'une de ces tribus jouissoit d'une sorte de prééminence ; les membres de cette première tribu se traitoient de *frères*, et les membres des deux autres tribus de *cousins*.

Ces trois tribus portoient le nom des tribus huronnes : la tribu du Chevreuil, celle du Loup, celle de la Tortue. La dernière se partageoit en deux branches, la grande et la petite Tortue.

Le gouvernement, extrêmement compliqué, se composoit de trois conseils : le conseil des assistants, le conseil des vieillards, le conseil des guerriers en état de porter les armes, c'est-à-dire du corps de la nation.

Chaque famille fournissoit un député au conseil des assistants ; ce député étoit nommé par les femmes, qui choisissoient souvent une femme pour les représenter. Le conseil des assistants étoit le conseil suprême : ainsi la première puissance appartenoit aux femmes dont les hommes ne se disoient que les lieutenants ; mais le conseil des vieillards prononçoit en dernier ressort, et devant lui étoient portées en appel les délibérations du conseil des assistants.

Les Iroquois avoient pensé qu'on ne se devoit pas priver de l'assistance d'un sexe dont l'esprit, délié et ingénieux, est fécond en ressources et sait agir sur le cœur humain ; mais ils avoient aussi pensé que les arrêts d'un conseil de femmes pourroient être passionnés : ils avoient voulu que ces arrêts fussent tempérés et comme refroidis par le jugement des vieillards. On retrouvoit ce conseil des femmes chez nos pères les Gaulois.

Le second conseil, ou le conseil des vieillards, étoit le modérateur entre le conseil des assistants et le conseil composé du corps des jeunes guerriers.

Tous les membres de ces trois conseils n'avoient pas le droit de prendre la parole : des orateurs choisis par chaque tribu traitoient devant les conseils des affaires de l'État : ces orateurs faisoient une étude particulière de la politique et de l'éloquence.

Cette coutume, qui seroit un obstacle à la liberté chez les peuples civilisés de l'Europe, n'étoit qu'une mesure d'ordre chez les Iroquois. Parmi ces peuples, on ne sacrifioit rien de la liberté particulière à la liberté générale. Aucun membre des trois conseils ne se regardoit lié individuellement par la délibération des conseils. Toutefois il étoit sans exemple qu'un guerrier eût refusé de s'y soumettre.

La nation iroquoise se divisoit en cinq cantons : ces cantons n'étoient point dépendants les uns des autres ; ils pouvoient faire la paix et la guerre séparément. Les cantons neutres leur offroient dans ces cas leurs bons offices.

Les cinq cantons nommoient de temps en temps des députés qui renouveloient l'alliance générale. Dans cette diète, tenue au milieu des bois, on traitoit de quelques grandes entreprises pour l'honneur et la sûreté de toute la nation. Chaque député faisoit un rapport relatif au canton qu'il représentoit, et l'on délibéroit sur des moyens de prospérité commune.

Les Iroquois étoient aussi fameux par leur politique que par leurs armes. Placés entre les Anglois et les François, ils s'aperçurent bientôt de la rivalité de ces deux peuples. Ils comprirent qu'ils seroient recherchés par l'un et par l'autre : ils firent alliance avec les Anglois, qu'ils n'aimoient pas, contre les François, qu'ils estimoient, mais qui s'étoient unis aux Algonquins et aux Hurons. Cependant, ils ne vouloient pas le triomphe complet d'un des deux partis étrangers : ainsi les Iroquois étoient prêts à disperser la colonie françoise du Canada, lorsqu'un ordre du conseil des sachems arrêta l'armée et la força de revenir ; ainsi les François se voyoient au moment de conquérir la Nouvelle-Jersey, et d'en chasser les Anglois, lorsque les Iroquois firent marcher leurs cinq nations au secours des Anglois, et les sauvèrent.

L'Iroquois ne conservoit de commun avec le Huron que le langage : le Huron, gai, spirituel, volage, d'une valeur brillante et téméraire, d'une taille haute et élégante, avoit l'air d'être né pour être l'allié des François.

L'Iroquois étoit au contraire d'une forte stature : poitrine large, jambes musculaires, bras nerveux. Les grands yeux ronds de l'Iroquois étinceloient d'indépendance ; tout son air étoit celui d'un héros ; on voyoit reluire sur son front les hautes combinaisons de la pensée et les sentiments élevés de l'âme. Cet homme intrépide ne fut point étonné des armes à feu lorsque pour la première fois on en usa contre lui ; il tint ferme au sifflement des balles et au bruit du canon, comme s'il les eût entendus toute sa vie ; il n'eut pas l'air d'y faire plus d'attention qu'à un orage. Aussitôt qu'il se put procurer un mousquet, il s'en servit mieux qu'un Européen. Il n'abandonna pas pour cela le casse-tête, le couteau, l'arc et la flèche ; mais il y ajouta la carabine, le pistolet, le poignard et la hache ; il sembloit n'avoir jamais assez d'armes pour sa valeur. Doublement paré des instruments meurtriers de l'Europe et de l'Amérique, avec sa tête ornée de panaches, ses oreilles découpées, son visage barbouillé de noir, ses bras teints de sang, ce noble champion du Nouveau Monde devint aussi redoutable à voir qu'à combattre, sur le rivage qu'il défendit pied à pied contre l'étranger.

C'étoit dans l'éducation que les Iroquois plaçoient la source de leur vertu. Un jeune homme ne s'asseyoit jamais devant un vieillard : le respect pour l'âge étoit pareil à celui que Lycurgue avoit fait naître à Lacédémone. On accoutumoit la jeunesse à supporter les plus grandes privations ainsi qu'à braver les plus grands périls. De longs jeûnes commandés par la politique au nom de la religion, des chasses dangereuses, l'exercice continuel des armes, des jeux mâles et virils, avoient donné au caractère de l'Iroquois quelque chose d'indomptable. Souvent de petits garçons s'attachoient les bras ensemble, mettoient un charbon ardent sur leurs bras liés, et luttoient à qui soutiendroit plus longtemps la douleur. Si une jeune fille commettoit une faute, et que sa mère lui jetât de l'eau au visage, cette seule réprimande portoit quelquefois la jeune fille à s'étrangler.

L'Iroquois méprisoit la douleur comme la vie : un sachem de cent années affrontoit les flammes du bûcher; il excitoit les ennemis à redoubler de cruauté; il les défioit de lui arracher un soupir. Cette magnanimité de la vieillesse n'avoit pour but que de donner un exemple aux jeunes guerriers et de leur apprendre à devenir dignes de leurs pères.

Tout se ressentoit de cette grandeur chez ce peuple : sa langue, presque tout aspirée, étonnoit l'oreille. Quand un Iroquois parloit, on eût cru ouïr un homme qui, s'exprimant avec effort, passoit successivement des intonations les plus sourdes aux intonations les plus élevées.

Tel étoit l'Iroquois avant que l'ombre et la destruction de la civilisation européenne se fussent étendues sur lui.

Bien que j'aie dit que le droit civil et le droit criminel sont à peu près inconnus des Indiens, l'usage en quelques lieux a suppléé à la loi.

Le meurtre, qui chez les Francs se rachetoit par une composition pécuniaire en rapport avec l'état des personnes, ne se compense chez les sauvages que par la mort du meurtrier. Dans l'Italie du moyen âge, les familles respectives prenoient fait et cause pour tout ce qui concernoit leurs membres : de là ces vengeances héréditaires qui divisoient la nation lorsque les familles ennemis étoient puissantes.

Chez les peuplades du nord de l'Amérique, la famille de l'homicide ne vient pas à son secours, mais les parents de l'homicidé se font un devoir de le venger. Le criminel que la loi ne menace pas, que ne défend pas la nature, ne rencontrant d'asile ni dans les bois, où les alliés du mort le poursuivent, ni chez les tribus étrangères, qui le livreroient, ni à son foyer domestique, qui ne le sauveroit pas, devient si misérable, qu'un tribunal vengeur lui seroit un bien. Là au moins il y auroit une forme, une manière de le condamner ou de l'acquitter : car, si la loi frappe, elle conserve, comme le temps, qui sème et moissonne. Le meurtrier indien, las d'une vie errante, ne trouvant pas de famille publique pour le punir, se remet entre les mains d'une famille particulière qui l'immole : à défaut de la force armée, le crime conduit le criminel aux pieds du juge et du bourreau.

Le meurtre involontaire s'expioit quelquefois par des présents. Chez les Abénakis la loi prononçoit : on exposoit le corps de l'homme assassiné sur une espèce de claie en l'air ; l'assassin, attaché à un poteau, étoit condamné à prendre sa nourriture et à passer plusieurs jours à ce pilori de la mort.

ÉTAT ACTUEL

DES

SAUVAGES DE L'AMERIQUE SEPTENTRIONALE.

Si je présentois au lecteur ce tableau de l'Amérique sauvage comme l'image fidèle de ce qui existe aujourd'hui, je tromperois le lecteur : j'ai peint ce qui fut beaucoup plus que ce qui est. On retrouve sans doute encore plusieurs traits du caractère indien dans les tribus errantes du Nouveau Monde ; mais l'ensemble des mœurs, l'originalité des coutumes, la forme primitive des gouvernements, enfin le génie américain a disparu. Après avoir raconté le passé, il me reste à compléter mon travail en retraçant le présent.

Quand on aura retranché du récit des premiers navigateurs et des premiers colons qui reconnurent et défrichèrent la Louisiane, la Floride, la Géorgie, les deux Carolines, la Virginie, le Maryland, la Delaware, la Pensylvanie, le New-Jersey, le New-York, et tout ce qu'on appela la Nouvelle-Angleterre, l'Acadie et le Canada, on ne pourra guère évaluer la population sauvage comprise entre le Mississipi et le fleuve Saint-Laurent, au moment de la découverte de ces contrées, au-dessous de trois millions d'hommes.

Aujourd'hui la population indienne de toute l'Amérique septentrionale, en n'y comprenant ni les Mexicains, ni les Esquimaux, s'élève à peine à quatre cent mille âmes. Le recensement des peuples indigènes de cette partie du Nouveau Monde n'a pas été fait; je vais le faire. Beaucoup d'hommes, beaucoup de tribus manqueront à l'appel : dernier historien de ces peuples, c'est leur registre mortuaire que je vais ouvrir.

En 1534, à l'arrivée de Jacques Cartier au Canada, et à l'époque de la fondation de Québec par Champlain, en 1608, les Algonquins, les Iroquois, les Hurons, avec leurs tribus alliées ou sujettes, savoir : les Etchemins, les Souriquois, les Bersiamites, les Papinaclets, les Montagnès, les Attikamègues, les Nipissings, les Temiscamins, les Amikouès, les Cristinaux, les Assiniboïls, les Pouteouatamis, les Nokais, les Otchagras, les Miamis, armoient à peu près cinquante mille guerriers; ce qui suppose chez les sauvages une population d'à peu près deux cent cinquante mille âmes. Au dire de Laboutan, chacun des cinq grands villages iroquois renfermoit quatorze mille habitants. Aujourd'hui on ne rencontre, dans le bas Canada, que six hameaux de sauvages devenus chrétiens : les Hurons de Corette, les Abénakis de Saint-François, les Algonquins, les Nipissings, les Iroquois du lac des deux-Montagnes et les Osouékatchies; foibles échantillons de plusieurs races qui ne sont plus, et qui, recueillis par la religion, offrent la double preuve de sa puissance à conserver et de celle des hommes à détruire.

Le reste des cinq nations iroquoises est enclavé dans les possessions angloises et américaines, et le nombre de tous les sauvages que je viens de nommer est tout au plus de deux mille cinq cents à trois mille âmes.

Les Abénakis, qui en 1587 occupoient l'Acadie (aujourd'hui le Nouveau-Brunswick et la Nouvelle-Écosse), les sauvages du Maine, qui détruisirent tous les établissements des blancs en 1675, et qui continuèrent leurs ravages jusqu'en 1748; les mêmes hordes qui firent subir le même sort au New-Hampshire, les Wampanoags, les Nipmucks, qui livrèrent des espèces de batailles rangées aux Anglois, assiégèrent Hadley et donnèrent l'assaut à Brookfield, dans le Massachusetts; les Indiens qui dans les mêmes années 1673 et 1675 combattirent les Européens; les Pequots du Connecticut; les Indiens qui négocièrent la cession d'une partie de leurs terres avec les États de New-York, de New-Jersey, de la Pensylvanie, de la Delaware; les Pyscataways du Maryland; les tribus qui obéissoient à Powhatan, dans la Virginie; les Paraoustis, dans les Carolines, tous ces peuples ont disparu[1].

1. La plupart de ces peuples appartenoient à la grande nation des Lennilénaps, dont les deux branches principales étoient les Iroquois et les Hurons au nord, et les Indiens Delawares au midi.

Des nations nombreuses que Ferdinand de Soto rencontra dans les Florides (et il faut comprendre sous ce nom tout ce qui forme aujourd'hui les États de la Géorgie, de l'Alabama, du Mississipi et du Tennessée), il ne reste plus que les Creeks, les Chéroquois et les Chicassais[1].

Les Creeks, dont j'ai peint les anciennes mœurs, ne pourroient mettre sur pied dans ce moment deux mille guerriers. Des vastes pays qui leur appartenoient, ils ne possèdent plus qu'environ huit milles carrés dans l'État de Georgie, et un territoire à peu près égal dans l'Alabama. Les Chéroquois et les Chicassais, réduits à une poignée d'hommes, vivent dans un coin des États de Géorgie et de Tennessée ; les derniers, sur les deux rives du fleuve Hiwassée.

Tout foibles qu'ils sont, les Creeks ont combattu vaillamment les Américains dans les années 1813 et 1814. Les généraux Jackson, White, Clayborne, Floyd, leur firent éprouver de grandes pertes à Talladega, Hillabes, Autossées, Bécanachaca, et surtout à Entonopeka. Ces sauvages avoient fait des progrès sensibles dans la civilisation, et surtout dans l'art de la guerre, employant et dirigeant très-bien l'artillerie. Il y a quelques années qu'ils jugèrent et mirent à mort un de leurs micos, ou rois, pour avoir vendu des terres aux blancs sans la participation du conseil national.

Les Américains, qui convoitent le riche territoire où vivent encore les Moscogulges et les Siminoles, ont voulu les forcer à le leur céder pour une somme d'argent, leur proposant de les transporter ensuite à l'occident du Missouri. L'État de Géorgie a prétendu qu'il avoit acheté ce territoire ; le congrès américain a mis quelque obstacle à cette prétention ; mais tôt ou tard les Creeks, les Chéroquois et les Chicassais, serrés entre la population blanche du Mississipi, du Tennessée, de l'Alabama et de la Géorgie, seront obligés de subir l'exil ou l'extermination.

En remontant le Mississipi, depuis son embouchure jusqu'au confluent de l'Ohio, tous les sauvages qui habitoient ces deux bords, les Biloxis, les Torimas, les Kappas, les Sotouïs, les Bayagoulas, les Colapissas, les Tansas, les Natchez et les Yazous ne sont plus.

Dans la vallée de l'Ohio, les nations qui erroient encore le long de cette rivière et de ses affluents se soulevèrent en 1810 contre les Amé-

---

1. On peut consulter avec fruit, pour la Floride, un ouvrage intitulé : *Vue de la Floride occidentale, contenant sa géographie, sa topographie,* etc., *suivie d'un appendice sur ses antiquités, les titres de concession des terres et des canaux, et accompagnée d'une carte de la côte, des plans de Pensacola et de l'entrée du port;* Philadelphie, 1817.

ricains. Elles mirent à leur tête un jongleur ou prophète qui annonçoit la victoire, tandis que son frère, le fameux Thécumseh, combattoit : trois mille sauvages se trouvèrent réunis pour recouvrer leur indépendance. Le général américain Harrison marcha contre eux avec un corps de troupes; il les rencontra le 6 novembre 1811, au confluent du Tippacanoé et du Wabash. Les Indiens montrèrent le plus grand courage, et leur chef Thécumseh déploya une habileté extraordinaire : il fut pourtant vaincu.

La guerre de 1812 entre les Américains et les Anglois renouvela les hostilités sur les frontières du désert; les sauvages se rangèrent presque tous du parti des Anglois; Thécumseh étoit passé à leur service : le colonel Proctor, Anglois, dirigeoit les opérations. Des scènes de barbarie eurent lieu à Cikago et aux forts Meigs et Milden : le cœur du capitaine Wells fut dévoré dans un repas de chair humaine. Le général Harrison accourut encore, et battit les sauvages à l'affaire du Thames. Thécumseh y fut tué : le colonel Proctor dut son salut à la vitesse de son cheval.

La paix ayant été conclue entre les États-Unis et l'Angleterre en 1814, les limites des deux empires furent définitivement réglées. Les Américains ont assuré par une chaîne de postes militaires leur domination sur les sauvages.

Depuis l'embouchure de l'Ohio jusqu'au saut de Saint-Antoine, sur le Mississipi, on trouve sur la rive occidentale de ce dernier fleuve les Saukis, dont la population s'élève à quatre mille huit cents âmes; les Renards, à mille six cents âmes; les Winebegos, à mille six cents, et les Ménomènes, à mille deux cents. Les Illinois sont la souche de ces tribus.

Viennent ensuite les Sioux, de race mexicaine, divisés en six nations : la première habite en partie le haut Mississipi; la seconde, la troisième, la quatrième et la cinquième, tiennent les rivages de la rivière Saint-Pierre; la sixième s'étend vers le Missouri. On évalue ces six nations siouses à environ quarante-cinq mille âmes.

Derrière les Sioux, en s'approchant du Nouveau-Mexique, se trouvent quelques débris des Osages, des Cansas, des Octotatas, des Mactotatas, des Ajouès et des Panis.

Les Assiboins errent, sous divers noms, depuis les sources septentrionales du Missouri jusqu'à la grande rivière Rouge, qui se jette dans la baie d'Hudson : leur population est de vingt-cinq mille âmes.

Les Cypowois, de race algonquine, et ennemis des Sioux, chassent, au nombre de trois ou quatre mille guerriers, dans les déserts qui séparent les grands lacs du Canada du lac Winnepic.

Voilà tout ce que l'on sait de plus positif sur la population des sauvages de l'Amérique septentrionale. Si l'on joint à ces tribus connues les tribus moins fréquentées qui vivent au delà des montagnes Rocheuses, on aura bien de la peine à trouver les quatre cent mille individus mentionnés au commencement de ce dénombrement. Il y a des voyageurs qui ne portent pas à plus de cent mille âmes la population indienne en deçà des montagnes Rocheuses, et à plus de cinquante mille au delà de ces montagnes, y compris les sauvages de la Californie.

Poussées par les populations européennes vers le nord-ouest de l'Amérique septentrionale, les populations sauvages viennent, par une singulière destinée, expirer au rivage même sur lequel elles débarquèrent, dans des siècles inconnus, pour prendre possession de l'Amérique. Dans la langue iroquoise, les Indiens se donnoient le nom d'*hommes de toujours,* ONGOUE-ONOUE. Ces *hommes de toujours* ont passé, et l'étranger ne laissera bientôt aux héritiers légitimes de tout un monde que la terre de leur tombeau.

Les raisons de cette dépopulation sont connues : l'usage des liqueurs fortes, les vices, les maladies, les guerres, que nous avons multipliées chez les Indiens, ont précipité la destruction de ces peuples ; mais il n'est pas tout à fait vrai que l'état social, en venant se placer dans les forêts, ait été une cause efficiente de cette destruction.

L'Indien n'étoit pas *sauvage;* la civilisation européenne n'a point agi sur *le pur état de nature;* elle a agi sur *la civilisation américaine commençante;* si elle n'eût rien rencontré, elle eût créé quelque chose ; mais elle a trouvé des mœurs, et les a détruites, parce qu'elle étoit plus forte et qu'elle n'a pas cru se devoir mêler à ces mœurs.

Demander ce que seroient devenus les habitants de l'Amérique si l'Amérique eût échappé aux voiles de nos navigateurs, seroit sans doute une question inutile, mais pourtant curieuse à examiner. Auroient-ils péri en silence, comme ces nations, plus avancées dans les arts, qui selon toutes les probabilités fleurirent autrefois dans les contrées qu'arrosent l'Ohio, le Muskingum, le Tennessée, le Mississipi inférieur et le Tumbec-bee ?

Écartant un moment les grands principes du christianisme, mettant à part les intérêts de l'Europe, un esprit philosophique auroit pu désirer que les peuples du Nouveau Monde eussent eu le temps de se développer hors du cercle de nos institutions.

Nous en sommes réduits partout aux formes usées d'une civilisation vieillie (je ne parle pas des populations de l'Asie, arrêtées depuis quatre mille ans dans un despotisme qui tient de l'enfance). On a trouvé chez les sauvages du Canada, de la Nouvelle-Angleterre et des Florides, des commencements de toutes les coutumes et de toutes les lois des Grecs, des Romains et des Hébreux. Une civilisation d'une nature différente de la nôtre auroit pu reproduire les hommes de l'antiquité ou faire jaillir des lumières inconnues d'une source encore ignorée. Qui sait si nous n'eussions pas vu aborder un jour à nos rivages quelque Colomb américain venant découvrir l'Ancien Monde?

La dégradation des mœurs indiennes a marché de pair avec la dépopulation des tribus. Les traditions religieuses sont devenues beaucoup plus confuses; l'instruction, répandue d'abord par les missionnaires du Canada, a mêlé des idées étrangères aux idées natives des indigènes. On aperçoit aujourd'hui, au travers des fables grossières, les croyances chrétiennes défigurées. La plupart des sauvages portent des croix pour ornements, et les traiteurs protestants leur vendent ce que leur donnoient les missionnaires catholiques. Disons, à l'honneur de notre patrie et à la gloire de notre religion, que les Indiens s'étoient fortement attachés aux François; qu'ils ne cessent de les regretter, et qu'*une robe noire* (un missionnaire) est encore en vénération dans les forêts américaines. Si les Anglois, dans leurs guerres avec les États-Unis, ont vu presque tous les sauvages s'enrôler sous la bannière britannique, c'est que les Anglois de Québec ont encore parmi eux des descendants des François, et qu'ils occupent le pays qu'*Ononthio* [1] a gouverné. Le sauvage continue de nous aimer dans le sol que nous avons foulé, dans la terre où nous fûmes ses premiers hôtes, et où nous avons laissé les tombeaux : en servant les nouveaux possesseurs du Canada, il reste fidèle à la France dans les ennemis des François.

Voici ce qu'on lit dans un *Voyage* récent fait aux sources du Mississipi. L'autorité de ce passage est d'autant plus grande, que l'auteur, dans un autre endroit de son Voyage, s'arrête pour argumenter contre les jésuites de nos jours :

« Pour rendre justice à la vérité, les missionnaires françois en général se sont toujours distingués partout par une vie exemplaire et conforme à leur état. Leur bonne foi religieuse, leur charité apostolique, leur douceur insinuante, leur patience héroïque, et leur éloignement du fanatisme et du rigorisme, fixent dans ces contrées des époques édifiantes dans les fastes du christianisme; et pendant que la mémoire des del Vilde, des Vodilla, etc., sera toujours en exécration dans tous les cœurs vraiment chrétiens, celle des Daniel, des Brébeuf, etc., ne perdra jamais de la vénération que l'histoire des décou-

---

1. *La grande Montagne.* Nom sauvage des gouverneurs françois du Canada.

vertes et des missions leur consacre à juste titre. De là cette prédilection que les sauvages témoignent pour les François, prédilection qu'ils trouvent naturellement dans le fond de leur âme, nourrie par les traditions que leurs pères ont laissées en faveur des premiers apôtres du Canada, alors la Nouvelle-France[1]. »

Cela confirme ce que j'ai écrit autrefois sur les missions du Canada. Le caractère brillant de la valeur françoise, notre désintéressement, notre gaieté, notre esprit aventureux, sympathisoient avec le génie des Indiens ; mais il faut convenir aussi que la religion catholique est plus propre à l'éducation du sauvage que le culte protestant.

Quand le christianisme commença au milieu d'un monde civilisé et des spectacles du paganisme, il fut simple dans son extérieur, sévère dans sa morale, métaphysique dans ses arguments, parce qu'il s'agissoit d'arracher à l'erreur des peuples séduits par les sens ou égarés par des systèmes de philosophie. Quand le christianisme passa des délices de Rome et des écoles d'Athènes aux forêts de la Germanie, il s'environna de pompes et d'images, afin d'enchanter la simplicité du barbare. Les gouvernements protestants de l'Amérique se sont peu occupés de la civilisation des sauvages : ils n'ont songé qu'à trafiquer avec eux : or, le commerce, qui accroît la civilisation parmi les peuples déjà civilisés, et chez lesquels l'intelligence a prévalu sur les mœurs, ne produit que la corruption chez les peuples où les mœurs sont supérieures à l'intelligence. La religion est évidemment la loi primitive : les pères Jogues, Lallemant et Brébeuf, étoient des législateurs d'une tout autre espèce que les traiteurs anglois et américains.

De même que les notions religieuses des sauvages se sont brouillées, les institutions politiques de ces peuples ont été altérées par l'irruption des Européens. Les ressorts du gouvernement indien étoient subtils et délicats ; le temps ne les avoit point consolidés ; la politique étrangère, en les touchant, les a facilement brisés. Ces divers conseils balançant leurs autorités respectives, ces contre-poids formés par les assistants, les sachems, les matrones, les jeunes guerriers, toute cette machine a été dérangée : nos présents, nos vices, nos armes, ont acheté, corrompu ou tué les personnages dont se composoient ces pouvoirs divers.

Aujourd'hui les tribus indiennes sont conduites tout simplement par un chef : celles qui se sont confédérées se réunissent quelquefois dans des diètes générales ; mais aucune loi ne réglant ces assemblées, elles se séparent presque toujours sans avoir rien arrêté : elles ont le

---

1. *Voyage de Beltrami*, 1823.

sentiment de leur nullité et le découragement qui accompagne la foiblesse.

Une autre cause a contribué à dégrader le gouvernement des sauvages : l'établissement des postes militaires américains et anglois au milieu des bois. Là, un commandant se constitue le protecteur des Indiens dans le désert; à l'aide de quelques présents, il fait comparoître les tribus devant lui; il se déclare leur père et l'envoyé d'un des *trois mondes blancs :* les sauvages désignent ainsi les Espagnols, les François et les Anglois. Le commandant apprend à ses *enfants rouges* qu'il va fixer telles limites, défricher tel terrain, etc. Le sauvage finit par croire qu'il n'est pas le véritable possesseur de la terre dont on dispose sans son aveu; il s'accoutume à se regarder comme d'une espèce inférieure au blanc; il consent à recevoir des ordres, à chasser, à combattre pour des maîtres. Qu'a-t-on besoin de se gouverner quand on n'a plus qu'à obéir?

Il est naturel que les mœurs et les coutumes se soient détériorées avec la religion et la politique, que tout ait été emporté à la fois.

Lorsque les Européens pénétrèrent en Amérique, les sauvages vivoient et se vêtissoient du produit de leurs chasses, et n'en faisoient entre eux aucun négoce. Bientôt les étrangers leur apprirent à le troquer pour des armes, des liqueurs fortes, et divers ustensiles de ménage, des draps grossiers et des parures. Quelques François, qu'on appela *coureurs de bois,* accompagnèrent d'abord les Indiens dans leurs excursions. Peu à peu il se forma des compagnies de commerçants qui poussèrent des postes avancés et placèrent des factoreries au milieu des déserts. Poursuivis par l'avidité européenne et par la corruption des peuples civilisés jusqu'au fond de leurs bois, les Indiens échangent, dans ces magasins, de riches pelleteries contre des objets de peu de valeur, mais qui sont devenus pour eux des objets de première nécessité. Non-seulement ils trafiquent de la chasse faite, mais ils disposent de la chasse à venir, comme on vend une récolte sur pied.

Ces avances accordées par les traiteurs plongent les Indiens dans un abîme de dettes : ils ont alors toutes les calamités de l'homme du peuple de nos cités et toutes les détresses du sauvage. Leurs chasses, dont ils cherchent à exagérer les résultats, se transforment en une effroyable fatigue : ils y mènent leurs femmes; ces malheureuses, employées à tous les services du camp, tirent les traîneaux, vont chercher les bêtes tuées, tannent les peaux, font dessécher les viandes. On les voit, chargées des fardeaux les plus lourds, porter encore leurs petits enfants à leurs mamelles ou sur leurs épaules. Sont-elles enceintes et près d'accoucher, pour hâter leur délivrance et retourner plus vite à l'ouvrage, elles s'appliquent le ventre sur une barre de bois élevée à quelques pieds de terre ; laissant pendre en bas leurs jambes et leur tête, elles donnent ainsi le jour à une misérable créature, dans toute la rigueur de la malédiction : *In dolore paries filios!*

Ainsi la civilisation, en entrant par le commerce chez les tribus américaines, au lieu de développer leur intelligence, les a abruties. L'Indien est devenu perfide, intéressé, menteur, dissolu : sa cabane est un réceptacle d'immondices et d'ordure. Quand il étoit nu ou couvert de peaux de bêtes, il avoit quelque chose de fier et de grand ; aujourd'hui des haillons européens, sans couvrir sa nudité, attestent seulement sa misère : c'est un mendiant à la porte d'un comptoir ; ce n'est plus un sauvage dans ses forêts.

Enfin, il s'est formé une espèce de peuple métis, né du commerce des aventuriers européens et des femmes sauvages. Ces hommes, que l'on appelle *Bois brûlés,* à cause de la couleur de leur peau, sont les gens d'affaires ou les courtiers de change entre les peuples dont ils tirent leur double origine : parlant à la fois la langue de leurs pères et de leurs mères, interprètes des traiteurs auprès des Indiens, et des Indiens auprès des traiteurs, ils ont les vices des deux races. Ces bâtards de la nature civilisée et de la nature sauvage se vendent tantôt aux Américains, tantôt aux Anglois, pour leur livrer le monopole des pelleteries ; ils entretiennent les rivalités des compagnies angloises de la baie d'Hudson, du Nord-Ouest, et des compagnies américaines ; *Fur Colombian American Company, Missouri's fur Company,* et autres : ils font eux-mêmes des chasses au compte des traiteurs et avec des chasseurs soldés par les compagnies.

Le spectacle est alors tout différent des chasses indiennes : les hommes sont à cheval ; il y a des fourgons qui transportent les viandes sèches et les fourrures ; les femmes et les enfants sont traînés sur de petits chariots par des chiens. Ces chiens, si utiles dans les contrées septentrionales, sont encore une charge pour leurs maîtres ; car ceux-ci, ne pouvant les nourrir pendant l'été, les mettent en pension à crédit chez les gardiens, et contractent ainsi de nouvelles dettes. Les dogues affamés sortent quelquefois de leur chenil ; ne pouvant aller à la chasse, ils vont à la pêche : on les voit se plonger dans les rivières et saisir le poisson jusqu'au fond de l'eau.

On ne connoît en Europe que cette grande guerre de l'Amérique qui a donné au monde un peuple libre. On ignore que le sang a coulé pour les chétifs intérêts de quelques marchands fourreurs. La Compagnie de la baie d'Hudson vendit, en 1811, à lord Selkirk un grand terrain sur le bord de la rivière Rouge; l'établissement se fit en 1812. La Compagnie du Nord-Ouest, ou du Canada, en prit ombrage : les deux compagnies, alliées à diverses tribus indiennes, et secondées des Bois brûlés, en vinrent aux mains. Cette petite guerre domestique, qui fut horrible, avoit lieu dans les déserts glacés de la baie d'Hudson : la colonie de lord Selkirk fut détruite au mois de juin 1815, précisément au moment où se donnoit la bataille de Waterloo. Sur ces deux théâtres, si différents par l'éclat et par l'obscurité, les malheurs de l'espèce humaine étoient les mêmes. Les deux compagnies, épuisées, ont senti qu'il valoit mieux s'unir que se déchirer : elles poussent aujourd'hui de concert leurs opérations, à l'ouest jusqu'à Colombia, au nord jusque sur les fleuves qui se jettent dans la mer Polaire.

En résumé, les plus fières nations de l'Amérique septentrionale n'ont conservé de leur race que la langue et le vêtement; encore celui-ci est-il altéré : elles ont un peu appris à cultiver la terre et à élever des troupeaux. De guerrier fameux qu'il étoit, le sauvage du Canada est devenu berger obscur; espèce de pâtre extraordinaire, conduisant ses cavales avec un casse-tête et ses moutons avec des flèches. Philippe, successeur d'Alexandre, mourut greffier à Rome; un Iroquois chante et danse pour quelques pièces de monnoie à Paris : il ne faut pas voir le lendemain de la gloire.

En traçant ce tableau d'un monde sauvage, en parlant sans cesse du Canada et de la Louisiane, en regardant sur les vieilles cartes l'étendue des anciennes colonies françoises dans l'Amérique, j'étois poursuivi d'une idée pénible : je me demandois comment le gouvernement de mon pays avoit pu laisser périr ces colonies, qui seroient aujourd'hui pour nous une source inépuisable de prospérité.

De l'Acadie et du Canada à la Louisiane, de l'embouchure du Saint-Laurent à celle du Mississipi, le territoire de la Nouvelle-France entouroit ce qui forma dans l'origine la confédération des treize premiers États-Unis. Les onze autres États, le district de la Colombie, les territoires du Michigan, du Nord-Ouest, du Missouri, de l'Orégon et d'Arkansa, nous appartenoient ou nous appartiendroient comme ils appartiennent aujourd'hui aux États-Unis, par la cession des Anglois et des Espagnols, nos premiers héritiers dans le Canada et dans la Louisiane.

Prenez votre point de départ entre le 43ᵉ et le 44ᵉ degré de latitude nord, sur l'Atlantique, au cap Sable de la Nouvelle-Écosse, autrefois l'Acadie; de ce point conduisez une ligne qui passe derrière les premiers États-Unis, le Maine, Vernon, New-York, la Pensylvanie, la Virginie, la Caroline et la Géorgie; que cette ligne vienne par le Tennessée chercher le Mississipi et la Nouvelle-Orléans, qu'elle remonte ensuite du 29ᵉ degré (latitude des bouches du Mississipi), qu'elle remonte par le territoire d'Arkansa à celui de l'Orégon ; qu'elle traverse les montagnes Rocheuses et se termine à la pointe Saint-Georges, sur la côte de l'océan Pacifique, vers le 42ᵉ degré de latitude nord : l'immense pays compris entre cette ligne, la mer Atlantique au nord-est, la mer Polaire au nord, l'océan Pacifique et les possessions russes au nord-ouest, le golfe Mexicain au midi, c'est-à-dire plus des deux tiers de l'Amérique septentrionale, reconnoîtroient les lois de la France.

Que seroit-il arrivé si de telles colonies eussent été encore entre nos mains au moment de l'émancipation des États-Unis? Cette émancipation auroit-elle eu lieu? notre présence sur le sol américain l'auroit-elle hâtée ou retardée? La Nouvelle-France elle-même seroit-elle devenue libre? Pourquoi non? Quel malheur y auroit-il pour la mère-patrie à voir fleurir un immense empire sorti de son sein, un empire qui répandroit la gloire de notre nom et de notre langue dans un autre hémisphère?

Nous possédions au delà des mers de vastes contrées qui pouvoient offrir un asile à l'excédant de notre population, un marché considérable à notre commerce, un aliment à notre marine; aujourd'hui nous nous trouvons forcés d'ensevelir dans nos prisons des coupables condamnés par les tribunaux, faute d'un coin de terre pour y déposer ces malheureux. Nous sommes exclus du nouvel univers, où le genre humain recommence. Les langues angloise et espagnole servent en Afrique, en Asie, dans les îles de la mer du Sud, sur le continent des deux Amériques, à l'interprétation de la pensée de plusieurs millions d'hommes; et nous, déshérités des conquêtes de notre courage et de notre génie, à peine entendons-nous parler dans quelques bourgades de la Louisiane et du Canada, sous une domination étrangère, la langue de Racine, de Colbert et de Louis XIV; elle n'y reste que comme un témoin des revers de notre fortune et des fautes de notre politique.

Ainsi donc la France a disparu de l'Amérique septentrionale, comme ces tribus indiennes avec lesquelles elle sympathisoit, et dont j'ai aperçu quelques débris. Qu'est-il arrivé dans cette Amérique du Nord depuis l'époque où j'y voyageois? C'est maintenant ce qu'il faut dire. Pour consoler les lecteurs, je vais, dans la conclusion de cet ouvrage, arrêter leurs regards sur un tableau miraculeux : ils apprendront ce que peut la liberté pour le bonheur et la dignité de l'homme, lorsqu'elle ne se sépare point des idées religieuses, qu'elle est à la fois intelligente et sainte.

CONCLUSION.

ÉTATS-UNIS

Si je revoyois aujourd'hui les États-Unis, je ne les reconnoîtrois plus : là où j'ai laissé des forêts, je trouverois des champs cultivés; là où je me suis frayé un chemin à travers les halliers, je voyagerois sur de grandes routes. Le Mississipi, le Missouri, l'Ohio, ne coulent plus dans la solitude; de gros vaisseaux à trois mâts les remontent, plus de deux cents bateaux à vapeur en vivifient les rivages. Aux Natchez, au lieu de la hutte de Céluta, s'élève une ville charmante d'environ cinq mille habitants. Chactas pourroit être aujourd'hui député au congrès et se rendre chez Atala par deux routes, dont l'une mène à Saint-Étienne, sur le Tumbec-bee, et l'autre aux Natchitochès : un livre de poste lui indiqueroit les relais au nombre de onze : Washington, Franklin, Homochitt, etc.

L'Alabama et le Tennessée sont divisés, le premier en trente-trois comtés, et il contient vingt-et-une villes; le second en cinquante-et-un comtés, et il renferme quarante-huit villes. Quelques-unes de ces villes, telles que Cahawba, capitale de l'Alabama, conservent leur dénomination sauvage, mais elles sont environnées d'autres villes différemment désignées : il y a chez les Muscogulges, les Siminoles, les Chéroquois et les Chicassais, une cité d'Athènes, une autre de Marathon, une autre de Carthage, une autre de Memphis, une autre de Sparte, une autre de Florence, une autre d'Hampden, des comtés de Colombie et de Marengo : la gloire de tous les pays a placé un nom dans ces mêmes déserts où j'ai rencontré le père Aubry et l'obscure Atala.

Le Kentucky montre un Versailles; un comté appelé *Bourbon* a pour capitale Paris. Tous les exilés, tous les opprimés qui se sont retirés en Amérique, y ont porté la mémoire de leur patrie.

> . . . . Falsi Simoentis ad undam
> Libabat cineri Andromache.

Les États-Unis offrent donc dans leur sein, sous la protection de la liberté, une image et un souvenir de la plupart des lieux célèbres de l'ancienne et de la moderne Europe, semblables à ce jardin de la campagne de Rome où Adrien avoit fait répéter les divers monuments de son empire.

Remarquons qu'il n'y a presque point de comtés qui ne renferment une ville, un village ou un hameau de Washington, touchante unanimité de la reconnoissance d'un peuple.

L'Ohio arrose maintenant quatre États : le Kentucky, l'Ohio proprement dit, l'Indiana et l'Illinois. Trente députés et huit sénateurs sont envoyés au congrès par ces quatre États. La Virginie et le Tennessée touchent l'Ohio sur deux points ; il compte sur ses bords cent quatre-vingt-onze comtés et deux cent huit villes. Un canal que l'on creuse au partage de ses rapides, et qui sera fini dans trois ans, rendra le fleuve navigable pour de gros vaisseaux jusqu'à Pittsbourg.

Trente-trois grandes routes sortent de Washington, comme autrefois les voies romaines partoient de Rome, et aboutissent, en se partageant, à la circonférence des États-Unis. Ainsi on va de Washington à Dover, dans la Delaware ; de Washington à la Providence, dans le Rhode-Island ; de Washington à Robbinstown, dans le district du Maine, frontière des États britanniques au nord ; de Washington à Concorde ; de Washington à Montpellier, dans le Connecticut ; de Washington à Albany, et de là à Montréal et à Québec ; de Washington au Havre de Sackets, sur le lac Ontario ; de Washington à la chute et au fort de Niagara ; de Washington, par Pittsbourg, au détroit et à Michilimakinac, sur le lac Érié ; de Washington, par Saint-Louis sur le Mississipi, à Councile-Bluffs du Missouri ; de Washington à la Nouvelle-Orléans et à l'embouchure du Mississipi ; de Washington aux Natchez ; de Washington à Charlestown, à Savannah et à Saint-Augustin, le tout formant une circulation intérieure de routes de vingt-cinq mille sept cent quarante-sept milles.

On voit, par les points où se lient ces routes, qu'elles parcourent des lieux naguère sauvages, aujourd'hui cultivés et habités. Sur un grand nombre de ces routes, les postes sont montées : des voitures publiques vous conduisent d'un lieu à l'autre à des prix modérés. On prend la diligence pour l'Ohio ou pour la chute de Niagara, comme, de mon temps, on prenoit un guide ou un interprète indien. Des chemins de communication s'embranchent aux voies principales, et sont également pourvus de moyens de transport. Ces moyens sont presque toujours doubles ; car des lacs et des rivières se trouvant partout, on peut voyager en bateaux à rames et à voiles, ou sur des bateaux à vapeur.

Des embarcations de cette dernière espèce font des passages réguliers de Boston et de New-York à la Nouvelle-Orléans ; elles sont pareillement établies sur le lac du Canada, l'Ontario, l'Érié, le Michigan, le Champlain, sur ces lacs où l'on voyoit à peine il y a trente ans quelques pirogues de sauvages, et où des vaisseaux de ligne se livrent maintenant des combats.

Les bateaux à vapeur aux États-Unis servent non-seulement au besoin du commerce et des voyageurs, mais on les emploie encore à la défense du pays : quelques-uns d'entre eux, d'une immense dimension, placés à l'embouchure des fleuves, armés de canons et d'eau bouillante, ressemblent à la fois à des citadelles modernes et à des forteresses du moyen âge.

Aux vingt-cinq mille sept cent quarante-sept milles de routes générales, il faut ajouter l'étendue de quatre cent dix-neuf routes cantonales, et celle de cinquante-huit mille cent trente-sept milles de routes d'eau. Les canaux augmentent le nombre de ces dernières routes : le canal de Middlesex joint le port de Boston avec la rivière Merrimack ; le canal Champlain fait communiquer ce lac avec les mers canadiennes ; le fameux canal Érié, ou de New-York, unit maintenant le lac Érié à l'Atlantique ; les canaux Sautee, Chesapeake et Albemarne sont dus aux États de la Caroline et de la Virginie ; et comme de larges rivières, coulant en diverses directions, se rapprochent par leurs sources, rien de plus facile que de les lier entre elles. Cinq chemins sont déjà connus pour aller à l'océan Pacifique ; un seul de ces chemins passe à travers le territoire espagnol.

Une loi du congrès de la session de 1824 à 1825 ordonne l'établissement d'un poste militaire à l'Orégon. Les Américains, qui ont un établissement sur la Colombia, pénètrent ainsi jusqu'au grand Océan, entre les Amériques angloise, russe et espagnole, par une zone de terre d'à peu près six degrés de large.

Il y a cependant une borne naturelle à la colonisation. La frontière des bois s'arrête à l'ouest et au nord du Missouri, à des steppes immenses qui n'offrent pas un seul arbre, et qui semblent se refuser à la culture, bien que l'herbe y croisse abondamment. Cette Arabie verte sert de passage aux colons qui se rendent en caravanes aux montagnes Rocheuses et au Nouveau-Mexique ; elle sépare les États-Unis de l'Atlantique des États-Unis de la mer du Sud, comme ces déserts qui, dans l'Ancien Monde, disjoignent des régions fertiles. Un Américain a proposé d'ouvrir à ses frais un grand chemin ferré, depuis Saint-Louis sur le Mississipi jusqu'à l'embouchure de la Colombia, pour une concession de dix milles en profondeur qui lui seroit faite par le congrès, des deux côtés du chemin : ce gigantesque marché n'a pas été accepté.

Dans l'année 1789 il y avoit seulement soixante-quinze bureaux de poste aux États-Unis : il y en a maintenant plus de cinq mille.

De 1790 à 1795 ces bureaux furent portés de soixante-quinze à quatre cent cinquante-trois ; en 1800 ils étoient au nombre de neuf cent trois; en 1805 ils s'élevoient à quinze cent cinquante-huit; en 1810, à deux mille trois cents; en 1815, à trois mille; en 1817, à trois mille quatre cent cinquante-neuf; en 1820, à quatre mille trente; en 1825, à près de cinq mille cinq cents.

Les lettres et dépêches sont transportées par des malles-poste, qui font environ cent cinquante milles par jour, et par des courriers à cheval et à pied.

Une grande ligne de malles-poste s'étend depuis Anson, dans l'État du Maine, par Washington, à Nashville, dans l'État du Tennessée : distance, quatorze cent quarante-huit milles. Une autre ligne joint Highgate, dans l'État de Vermont, à Sainte-Marie en Géorgie : distance, treize cent soixante-neuf milles. Des relais de malles-poste sont montés de Washington à Pittsbourg ; distance, deux cent vingt-six milles : ils seront bientôt établis jusqu'à Saint-Louis du Mississipi, par Vincennes, et jusqu'à Nashville, par Lexington, Kentucky. Les auberges sont bonnes et propres, et quelquefois excellentes.

Des bureaux pour la vente des terres publiques sont ouverts dans les États de l'Ohio et d'Indiana, dans le territoire du Michigan, du Missouri et des Arkansas, dans les États de la Louisiane, du Mississipi et de l'Alabama. On croit qu'il reste plus de cent cinquante millions d'acres de terre propre à la culture, sans compter le sol des grandes forêts. On évalue ces cinquante millions d'acres à environ un milliard cinq cents millions de dollars, estimant les acres l'un dans l'autre à 10 dollars, et n'évaluant le dollar qu'à 3 fr. ; calcul extrêmement foible sous tous les rapports.

On trouve dans les États du nord vingt-cinq postes militaires, et vingt-deux dans les États du midi.

En 1790, la population des États-Unis étoit de trois millions neuf cent vingt-neuf mille trois cent vingt-six habitants; en 1800 elle étoit de cinq millions trois cent cinq mille six cent soixante-six; en 1810, de sept millions deux cent trente-neuf mille neuf cent trois ; en 1820, de neuf millions six cent neuf mille huit cent vingt-sept. Sur cette population il faut compter un million cinq cent trente-un mille quatre cent trente-six esclaves.

En 1790, l'Ohio, l'Indiana, l'Illinois, l'Alabama, le Mississipi, le Missouri, n'avoient pas assez de colons pour qu'on les pût recenser. Le Kentucky seul en 1800 en présentoit soixante-treize mille six cent soixante-dix-sept, et le Tennessée trente-cinq mille six cent quatre-vingt-onze. L'Ohio, sans habitants en 1790, en comptoit quarante-cinq mille trois cent soixante-cinq en 1800 ; deux cent trente mille sept cent soixante en 1810, et cinq cent quatre-vingt-un mille quatre cent trente-quatre en 1820; l'Alabama de 1810 à 1820 est monté de dix mille habitants à cent vingt-sept mille neuf cent un.

Ainsi, la population des États-Unis s'est accrue de dix ans en dix ans, depuis 1790 jusqu'à 1820, dans la proportion de trente-cinq individus sur cent. Six années sont déjà écoulées des dix années qui se compléteront en 1830, époque à laquelle on présume que la population des États-Unis sera à peu près de douze millions huit cent soixante-quinze mille âmes; la part de l'Ohio sera de huit cent cinquante mille habitants, et celle du Kentucky de sept cent cinquante mille.

Si la population continuoit à doubler tous les vingt-cinq ans, en 1855 les États-Unis auroient une population de vingt-cinq millions sept cent cinquante mille âmes : et vingt-cinq ans plus tard, c'est-à-dire en 1880, cette population s'élèveroit au-dessus de cinquante millions.

En 1821, le produit des exportations des productions indigènes et étrangères des États-Unis a monté à la somme de 64,974,382 dollars; le revenu public dans la même année s'est élevé à 14,264,000 dollars; l'excédant de la recette sur la dépense a été de 3,334,826 dollars. Dans la même année encore, la dette nationale étoit réduite à 89,204,236 dollars.

L'armée a été quelquefois portée à cent mille hommes : onze vaisseaux de ligne, neuf frégates, cinquante bâtiments de guerre de différentes grandeurs, composent la marine des États-Unis.

Il est inutile de parler des constitutions des divers États; il suffit de savoir qu'elles sont toutes libres.

Il n'y a point de religion dominante; mais chaque citoyen est tenu de pratiquer un culte chrétien : la religion catholique fait des progrès considérables dans les États de l'ouest.

En supposant, ce que je crois la vérité, que les résumés statistiques publiés aux États-Unis soient exagérés par l'orgueil national, ce qui resteroit de prospérité dans l'ensemble des choses seroit encore digne de toute notre admiration.

Pour achever ce tableau surprenant, il faut se représenter les villes comme Boston, New-York, Philadelphie, Baltimore, Savannah, la Nouvelle-Orléans, éclairées la nuit, remplies de chevaux et de voitures, offrant toutes les jouissances du luxe qu'introduisent dans leurs ports des milliers de vaisseaux; il faut se représenter ces lacs du Canada, naguère si solitaires, maintenant couverts de frégates, de corvettes, de cutters, de barques, de bateaux à vapeur, qui se croisent avec les pirogues et les canots des Indiens, comme les gros navires et les galères avec les pinques, les chaloupes et les caïques dans les eaux du Bosphore. Des temples et des maisons embellis de colonnes d'architecture grecque s'élèvent au milieu de ces bois, sur le bord de ces fleuves antiques ornements du désert. Ajoutez à cela de vastes colléges, des observatoires élevés pour la science dans le séjour de l'ignorance sauvage, toutes les religions, toutes les opinions vivant en paix, travaillant de concert à rendre meilleure l'espèce humaine et à développer son intelligence : tels sont les prodiges de la liberté.

L'abbé Raynal avoit proposé un prix pour la solution de cette question : « Quelle sera l'influence de la découverte du Nouveau Monde sur l'Ancien Monde? »

Les écrivains se perdirent dans des calculs relatifs à l'exportation et l'importation des métaux, à la dépopulation de l'Espagne, à l'accroissement du commerce, au perfectionnement de la marine : personne, que je sache, ne chercha l'influence de la découverte de l'Amérique sur l'Europe dans l'établissement des républiques américaines. On ne voyoit toujours que les anciennes monarchies à peu près telles qu'elles étoient, la société stationnaire, l'esprit humain n'avançant ni ne reculant; on n'avoit pas la moindre idée de la révolution qui dans l'espace de quarante années s'est opérée dans les esprits.

Le plus précieux des trésors que l'Amérique renfermoit dans son sein, c'étoit la liberté; chaque peuple est appelé à puiser dans cette mine inépuisable. La découverte de la république représentative aux États-Unis est un des plus grands événements politiques du monde. Cet événement a prouvé, comme je l'ai dit ailleurs, qu'il y a deux espèces de liberté praticables : l'une appartient à l'enfance des peuples; elle est fille des mœurs et de la vertu : c'étoit celle des premiers Grecs et des premiers Romains, c'étoit celle des sauvages de l'Amérique; l'autre naît de la vieillesse des peuples; elle est fille des lumières et de la raison : c'est cette liberté des États-Unis, qui remplace la liberté de l'Indien. Terre heureuse, qui, dans l'espace de moins de trois siècles a passé de l'une à l'autre liberté presque sans effort, et par une lutte qui n'a pas duré plus de huit années!

L'Amérique conservera-t-elle sa dernière espèce de liberté? Les États-Unis ne se diviseront-ils pas? N'aperçoit-on pas déjà les germes de ces divisions? Un représentant de la Virginie n'a-t-il pas déjà soutenu la thèse de l'ancienne liberté grecque et romaine avec le système d'esclavage, contre un député du Massachusetts qui défendoit la cause de la liberté moderne sans esclaves, telle que le christianisme l'a faite?

Les États de l'ouest, en s'étendant de plus en plus, trop éloignés des États de l'Atlantique, ne voudront-ils pas avoir un gouvernement à part?

Enfin, les Américains sont-ils des hommes parfaits? n'ont-ils pas leurs vices comme les autres hommes? sont-ils moralement supérieurs aux Anglois, dont ils tirent leur origine? Cette émigration étrangère, qui coule sans cesse dans leur population de toutes les parties de l'Europe, ne détruira-t-elle pas à la longue l'homogénéité de leur race? L'esprit mercantile ne les dominera-t-il pas? L'intérêt ne commence-t-il pas à devenir chez eux le défaut national dominant?

Il faut encore le dire avec douleur : l'établissement des républiques du Mexique, de la Colombie, du Pérou, du Chili, de Buenos-Ayres, est un danger pour les États-Unis. Lorsque ceux-ci n'avoient auprès d'eux que les colonies d'un royaume transatlantique, aucune guerre n'étoit probable. Maintenant des rivalités ne naîtront-elles point entre les anciennes républiques de l'Amérique septentrionale et les nouvelles républiques de l'Amérique espagnole? Celles-ci ne s'interdiront-elles pas des alliances avec des puissances européennes? Si de part et d'autre on couroit aux armes; si l'esprit militaire s'emparoit des États-Unis, un grand capitaine pourroit s'élever : la gloire aime les couronnes; les soldats ne sont que de brillants fabricants de chaînes, et la liberté n'est pas sûre de conserver son patrimoine sous la tutelle de la victoire.

Quoi qu'il en soit de l'avenir, la liberté ne disparoîtra jamais tout entière de l'Amérique; et c'est ici qu'il faut signaler un des grands avantages de la liberté fille des lumières sur la liberté fille des mœurs.

La liberté fille des mœurs périt quand son principe s'altère, et il est de la nature des mœurs de se détériorer avec le temps.

La liberté fille des mœurs commence avant le despotisme aux jours d'obscurité et de pauvreté; elle vient se perdre dans le despotisme et dans les siècles d'éclat et de luxe.

La liberté fille des lumières brille après les âges d'oppression et de corruption; elle marche avec le principe qui la conserve et la renouvelle; les lumières dont elle est l'effet, loin de s'affaiblir avec le temps, comme les mœurs qui enfantent la première liberté, les lumières, dis-je, se fortifient au contraire avec le temps : ainsi elles n'abandonnent point la liberté qu'elles ont produite; toujours auprès de cette liberté, elles en sont à la fois la vertu générative et la source intarissable.

Enfin, les États-Unis ont une sauvegarde de plus : leur population n'occupe pas un dix-huitième de leur territoire. L'Amérique habite encore la solitude; longtemps encore ses déserts seront ses mœurs, et ses lumières sa liberté.

Je voudrois pouvoir en dire autant des républiques espagnoles de l'Amérique. Elles jouissent de l'indépendance ; elles sont séparées de l'Europe : c'est un fait accompli, un fait immense sans doute dans ses résultats, mais d'où ne dérive pas immédiatement et nécessairement la liberté.

RÉPUBLIQUES ESPAGNOLES.

Lorsque l'Amérique anglaise se souleva contre la Grande-Bretagne, sa position étoit bien différente de la position où se trouve l'Amérique espagnole. Les colonies qui ont formé les États-Unis avoient été peuplées à différentes époques par des Anglois mécontents de leur pays natal, et qui s'en éloignoient afin de jouir de la liberté civile et religieuse. Ceux qui s'établirent principalement dans la Nouvelle-Angleterre appartenoient à cette secte républicaine fameuse sous le second des Stuarts.

La haine de la monarchie se conserva dans le climat rigoureux du Massachusetts, du New-Hampshire et du Maine. Quand la révolution éclata à Boston, on peut dire que ce n'étoit pas une révolution nouvelle, mais la révolution de 1649 qui reparoissoit après un ajournement d'un peu plus d'un siècle et qu'alloient exécuter les descendants des puritains de Cromwell. Si Cromwell lui-même, qui s'étoit embarqué pour la Nouvelle-Angleterre, et qu'un ordre de Charles Ier contraignit de débarquer ; si Cromwell avoit passé en Amérique, il fût demeuré obscur, mais ses fils auroient joui de cette liberté républicaine qu'il chercha dans un crime et qui ne lui donna qu'un trône.

Des soldats royalistes faits prisonniers sur le champ de bataille, vendus comme esclaves par la faction parlementaire, et que ne rappela point Charles II, laissèrent aussi dans l'Amérique septentrionale des enfants indifférents à la cause des rois.

Comme Anglois, les colons des États-Unis étoient déjà accoutumés à une discussion publique des intérêts du peuple, aux droits du citoyen, au langage et à la forme du gouvernement constitutionnel. Ils étoient instruits dans les arts, les lettres et les sciences ; ils partageoient toutes les lumières de leur mère-patrie. Ils jouissoient de l'institution du jury ; ils avoient de plus, dans chacun de leurs établissements, des chartes en vertu desquelles ils s'administroient et se gouvernoient. Ces chartes étoient fondées sur des principes si généreux, qu'elles servent encore aujourd'hui de constitutions particulières aux différents États-Unis. Il résulte de ces faits que les États-Unis ne changèrent pour ainsi dire pas d'existence au moment de leur révolution ; un congrès américain fut substitué à un parlement anglois, un président à un roi ; la chaîne du feudataire fut remplacée par le lien du fédéraliste, et il se trouva par hasard un grand homme pour serrer ce lien.

Les héritiers de Pizarre et de Fernand Cortez ressemblent-ils aux enfants des *frères* de Penn et aux fils des *indépendants?* Ont-ils été dans les vieilles Espagnes élevés à l'école de la liberté? Ont-ils trouvé dans leur ancien pays les institutions, les enseignements, les exemples, les lumières qui forment un peuple au gouvernement constitutionnel? Avoient-ils des chartes dans ces colonies soumises à l'autorité militaire, où la misère en haillons étoit assise sur des mines d'or? L'Espagne n'a-t-elle pas porté dans le Nouveau Monde sa religion, ses mœurs, ses coutumes, ses idées, ses principes et jusqu'à ses préjugés? Une population catholique soumise à un clergé nombreux, riche et puissant; une population mêlée de deux millions neuf cent trente-sept mille blancs, de cinq millions cinq cent dix-huit mille nègres et mulâtres libres ou esclaves, de sept millions cinq cent trente mille Indiens; une population divisée en classes noble et roturière, une population disséminée dans d'immenses forêts, dans une variété infinie de climats, sur deux Amériques et le long des côtes de deux océans; une population presque sans rapports nationaux, et sans intérêts communs, est-elle aussi propre aux institutions démocratiques que la population homogène, sans distinction de rangs et aux trois quarts et demi protestante, des dix millions de citoyens des États-Unis? Aux États-Unis l'instruction est générale ; dans les républiques espagnoles la presque totalité de la population ne sait pas même lire ; le curé est le savant des villages ; ces villages sont rares, et pour aller de telle ville à telle autre, on ne met pas moins de trois ou quatre mois. Villes et villages ont été dévastés par la guerre; point de chemins, point de canaux ; les fleuves immenses qui porteront un jour la civilisation dans les parties les plus secrètes de ces contrées n'arrosent encore que des déserts.

De ces Nègres, de ces Indiens, de ces Européens, est sortie une population mixte, engourdie dans cet esclavage fort doux que les mœurs espagnoles établissent partout où elles règnent. Dans la Colombie il existe une race née de l'Africain et de l'Indien, qui n'a d'autre instinct que de vivre et de servir. On a proclamé le principe de la liberté des esclaves, et tous les esclaves ont voulu rester chez leurs maîtres. Dans quelques-unes de ces colonies, oubliées même de l'Espagne, et qu'opprimoient de petits despotes appelés gouverneurs, une grande corruption de mœurs s'étoit introduite ; rien n'étoit plus commun que de rencontrer des ecclésiastiques entourés d'une famille dont ils ne cachoient pas l'origine. On a connu un habitant qui faisoit une spéculation de son commerce avec des négresses, et qui s'enrichissoit en vendant les enfants qu'il avoit de ces esclaves.

Les formes démocratiques étoient si ignorées, le nom même d'une république étoit si étranger dans ces pays, que sans un volume de l'Histoire de Rollin on n'auroit pas su au Paraguay ce que c'étoit qu'un dictateur, des consuls et un sénat. A Guatimala, ce sont deux ou trois jeunes étrangers qui ont fait la constitution. Des nations chez lesquelles l'éducation politique est si peu avancée laissent toujours des craintes pour la liberté.

Les classes supérieures au Mexique sont instruites et distinguées ; mais comme le Mexique manque de ports, la population générale n'a pas été en contact avec les lumières de l'Europe.

La Colombie au contraire a, par l'excellente disposition de ses rivages, plus de communications avec l'étranger, et un homme remarquable s'est élevé dans son sein. Mais est-il certain qu'un soldat généreux puisse parvenir à imposer la liberté aussi facilement qu'il pourroit établir l'esclavage ? La force ne remplace point le temps : quand la première éducation politique manque à un peuple, cette éducation ne peut être que l'ouvrage des années. Ainsi la liberté s'élèveroit mal à l'abri de la dictature, et il seroit toujours à craindre qu'une dictature prolongée ne donnât à celui qui en seroit revêtu le goût de l'arbitraire perpétuel. On tourne ici dans un cercle vicieux. Une guerre civile existe dans la république de l'Amérique centrale.

La république Bolivienne et celle du Chili ont été tourmentées de révolutions : placées sur l'océan Pacifique, elles semblent exclues de la partie du monde la plus civilisée [1].

Buenos-Ayres a les inconvénients de sa latitude : il est trop vrai que la température de telle ou telle région peut être un obstacle au jeu et à la marche du gouvernement populaire. Un pays où les forces physiques de l'homme sont abattues par l'ardeur du soleil, où il faut se cacher pendant le jour et rester étendu presque sans mouvement sur une natte, un pays de cette nature ne favorise pas les délibérations du forum. Il ne faut sans doute exagérer en rien l'influence des climats ; on a vu tour à tour au même lieu, dans les zones tempérées, des

---

1. Au moment où j'écris, les papiers publics de toutes les opinions annoncent les troubles, les divisions, les banqueroutes de ces diverses républiques.

peuples librés et des peuples esclaves; mais sous le cercle polaire et sous la ligne il y a des exigences de climat incontestables et qui doivent produire des effets permanents. Les nègres par cette nécessité seule seront toujours puissants, s'ils ne deviennent pas maîtres dans l'Amérique méridionale.

Les États-Unis se soulevèrent d'eux-mêmes, par lassitude du joug et amour de l'indépendance; quand ils eurent brisé leurs entraves, ils trouvèrent en eux les lumières suffisantes pour se conduire. Une civilisation très-avancée, une éducation politique de vieille date, une industrie développée, les portèrent à ce degré de prospérité où nous les voyons aujourd'hui, sans qu'ils fussent obligés de recourir à l'argent et à l'intelligence de l'étranger.

Dans les républiques espagnoles les faits sont d'une tout autre nature.

Quoique misérablement administrées par la mère-patrie, le premier mouvement de ces colonies fut plutôt l'effet d'une impulsion étrangère que l'instinct de la liberté. La guerre de la révolution françoise le produisit. Les Anglois, qui depuis le règne de la reine Élisabeth n'avoient cessé de tourner leurs regards vers les Amériques espagnoles, dirigèrent en 1804 une expédition sur Buenos-Ayres; expédition que fit échouer la bravoure d'un seul François, le capitaine Liniers.

La question pour les colonies espagnoles étoit alors de savoir si elles suivroient la politique du cabinet espagnol, alors allié à Buonaparte, ou si, regardant cette alliance comme forcée et contre nature, elles se détacheroient du *gouvernement espagnol* pour se conserver *au roi d'Espagne.*

Dès l'année 1790 Miranda avoit commencé à négocier avec l'Angleterre l'affaire de l'émancipation. Cette négociation fut reprise en 1797, 1801, 1804 et 1807, époque à laquelle une grande expédition se préparoit à Corck pour la Terre-Ferme. Enfin, Miranda fut jeté, en 1809, dans les colonies espagnoles; l'expédition ne fut pas heureuse pour lui mais l'insurrection de Venezuela prit de la consistance, Bolivar l'étendit.

La question avoit changé pour les colonies et pour l'Angleterre; l'Espagne s'étoit soulevée contre Buonaparte; le régime constitutionnel avoit commencé à Cadix, sous la direction des cortès; ces idées de la liberté étoient nécessairement reportées en Amérique par l'autorité des cortès mêmes.

L'Angleterre, de son côté, ne pouvoit plus attaquer ostensiblement les colonies espagnoles, puisque le roi d'Espagne, prisonnier en France, étoit devenu son allié : aussi publia-t-elle des bills afin de défendre aux sujets de S. M. B. de porter des secours aux Américains ; mais en même temps six ou sept mille hommes, enrôlés malgré ces bills diplomatiques, alloient soutenir l'insurrection de la Colombie.

Revenue à l'ancien gouvernement, après la restauration de Ferdinand, l'Espagne fit de grandes fautes : le gouvernement constitutionnel, rétabli par l'insurrection des troupes de l'île de Léon, ne se montra pas plus habile ; les cortès furent encore moins favorables à l'émancipation des colonies espagnoles que ne l'avoit été le gouvernement absolu. Bolivar, par son activité et ses victoires, acheva de briser des liens qu'on n'avoit pas cherché d'abord à rompre. Les Anglois, qui étoient partout, au Mexique, à la Colombie, au Pérou, au Chili avec lord Cochrane, finirent par reconnoître publiquement ce qui étoit en grande partie leur ouvrage secret.

On voit donc que les colonies espagnoles n'ont point été, comme les États-Unis, poussées à l'émancipation par un principe puissant de liberté ; que ce principe n'a pas eu à l'origine des troubles cette vitalité, cette force qui annonce la ferme volonté des nations. Une impulsion venue du dehors, des intérêts politiques et des événements extrêmement compliqués, voilà ce qu'on aperçoit au premier coup d'œil. Les colonies se détachoient de l'Espagne, parce que l'Espagne étoit envahie ; ensuite elles se donnoient des constitutions, comme les cortès en donnoient à la mère-patrie ; enfin, on ne leur proposoit rien de raisonnable, et elles ne voulurent pas reprendre le joug. Ce n'est pas tout : l'argent et les spéculations de l'étranger tendoient encore à leur enlever ce qui pouvoit rester de natif et de national à leur liberté.

De 1822 à 1826 dix emprunts ont été faits en Angleterre pour les colonies espagnoles, montant à la somme de 20,978,000 liv. sterl. Ces emprunts, l'un portant l'autre, ont été contractés à 75 c. Puis on a défalqué sur ces emprunts deux années d'intérêt à 6 pour 100 ; ensuite on a retenu pour 7,000,000 de liv. sterl. de fournitures. De compte fait, l'Angleterre a déboursé une somme réelle de 7,000,000 de liv. sterl., ou 175,000,000 de francs ; mais les républiques espagnoles n'en restent pas moins grevées d'une dette de 20,978,000 liv. sterl.

A ces emprunts, déjà excessifs, vinrent se joindre cette multitude d'associations ou de compagnies destinées à exploiter les mines, pêcher des perles, creuser les canaux, ouvrir les chemins, défricher les terres de ce nouveau monde qui sembloit découvert pour la première fois. Ces compagnies s'élevèrent au nombre de vingt-neuf, et le capital nominal des sommes employées par elles fut de 14,767,500 liv. sterl. Les souscripteurs ne fournirent qu'environ un quart de cette somme ; c'est donc 3,000,000 sterl. (ou 75,000,000 de francs) qu'il faut ajouter aux 7,000,000 sterl. (ou 175,000,000 de francs) des emprunts : en tout 250,000,000 de francs avancés par l'Angleterre aux colonies espagnoles et pour lesquelles elle répète une somme nominale de 35,745,500 liv. sterl., tant sur les gouvernements que sur les particuliers.

L'Angleterre a des vice-consuls dans les plus petites baies, des consuls dans les ports de quelque importance, des consuls généraux, des ministres plénipotentiaires à la Colombie et au Mexique. Tout le pays est couvert de maisons de commerce angloises, de commis-voyageurs anglois, agents de compagnies angloises pour l'exploitation des mines, de minéralogistes anglois, de militaires anglois, de fournisseurs anglois, de colons anglois à qui l'on a vendu 3 schellings l'acre de terre qui revenoit à 12 sous et demi à l'actionnaire. Le pavillon anglois flotte sur toutes les côtes de l'Atlantique et de la mer du Sud ; des barques remontent et descendent toutes les rivières navigables, chargées des produits des manufactures angloises ou de l'échange de ces produits ; des paquebots fournis par l'amirauté partent régulièrement chaque mois de la Grande-Bretagne pour les différents points des colonies espagnoles.

De nombreuses faillites ont été la suite de ces entreprises immodérées ; le peuple en plusieurs endroits a brisé les machines pour l'exploitation des mines ; les mines vendues ne se sont point trouvées ; des procès ont commencé entre les négociants américains-espagnols et les négociants anglois, et des discussions se sont élevées entre les gouvernements relativement aux emprunts.

Il résulte de ces faits que les anciennes colonies de l'Espagne, au moment de leur émancipation, sont devenues des espèces de colonies angloises. Les nouveaux maîtres ne sont point aimés, car on n'aime point les maîtres ; en général l'orgueil britannique humilie ceux même qu'il protège ; mais il n'en est pas moins vrai que cette espèce de suprématie étrangère comprime dans les républiques espagnoles l'élan du génie national.

L'indépendance des États-Unis ne se combina point avec tant d'intérêts divers : l'Angleterre n'avoit point éprouvé, comme l'Espagne, une invasion et une révolution politique tandis que ses colonies se détachoient d'elle. Les États-Unis furent secourus militairement par la France, qui les traita en alliés ; ils ne devinrent pas, par une foule d'emprunts, de spéculations et d'intrigues, les débiteurs et le marché de l'étranger.

Enfin, l'indépendance des colonies espagnoles n'est pas encore reconnue par la mère-patrie. Cette résistance passive du cabinet de Madrid a beaucoup plus de force et d'inconvénient qu'on ne se l'imagine; le droit est une puissance qui balance longtemps le fait, alors même que les événements ne sont pas en faveur du droit : notre restauration l'a prouvé. Si l'Angleterre, sans faire la guerre aux États-Unis, s'étoit contentée de ne pas reconnoître leur indépendance, les États-Unis seroient-ils ce qu'ils sont aujourd'hui?

Plus les républiques espagnoles ont rencontré et rencontreront encore d'obstacles dans la nouvelle carrière où elles s'avancent, plus elles auront de mérite à les surmonter. Elles renferment dans leurs vastes limites tous les éléments de prospérité : variété de climat et de sol, forêts pour la marine, ports pour les vaisseaux, double océan qui leur ouvre le commerce du monde. La nature a tout prodigué à ces républiques; tout est riche en dehors et en dedans de la terre qui les porte; les fleuves fécondent la surface de cette terre, et l'or en fertilise le sein. L'Amérique espagnole a donc devant elle un propice avenir; mais lui dire qu'elle peut y atteindre sans efforts, ce seroit la décevoir, l'endormir dans une sécurité trompeuse : les flatteurs des peuples sont aussi dangereux que les flatteurs des rois. Quand on se crée une utopie, on ne tient compte ni du passé, ni de l'histoire, ni des faits, ni des mœurs, ni du caractère, ni des préjugés, ni des passions : enchanté de ses propres rêves, on ne se prémunit point contre les événements, et l'on gâte les plus belles destinées.

J'ai exposé avec franchise les difficultés qui peuvent entraver la liberté des républiques espagnoles, je dois indiquer également les garanties de leur indépendance.

D'abord l'influence du climat, le défaut de chemins et de culture rendroient infructueux les efforts que l'on tenteroit pour conquérir ces républiques. On pourroit occuper un moment le littoral, mais il seroit impossible de s'avancer dans l'intérieur.

La Colombie n'a plus sur son territoire d'Espagnols proprement dits; on les appeloit les *Goths* : ils ont péri ou ils ont été expulsés. Au Mexique, on vient de prendre des mesures contre les natifs de l'ancienne mère-patrie.

Tout le clergé dans la Colombie est américain; beaucoup de prêtres, par une infraction coupable à la discipline de l'Église, sont pères de famille comme les autres citoyens; ils ne portent même pas l'habit de leur ordre. Les mœurs souffrent sans doute de cet état de choses; mais il en résulte aussi que le clergé, tout catholique qu'il est, craignant des relations plus intimes avec la cour de Rome, est favorable à l'émancipation. Les moines ont été dans les troubles plutôt des soldats que des religieux. Vingt années de révolution ont créé des droits, des propriétés, des places qu'on ne détruiroit pas facilement; et la génération nouvelle, née dans le cours de la révolution des colonies, est pleine d'ardeur pour l'indépendance. L'Espagne se vantoit jadis que le soleil ne se couchoit pas sur ses États : espérons que la liberté ne cessera plus d'éclairer les hommes.

Mais pouvoit-on établir cette liberté dans l'Amérique espagnole par un moyen plus facile et plus sûr que celui dont on s'est servi : moyen qui, appliqué en temps utile lorsque les événements n'avoient encore rien décidé, auroit fait disparoître une foule d'obstacles? Je le pense.

Selon moi, les colonies espagnoles auroient beaucoup gagné à se former en monarchies constitutionnelles. La monarchie représentative est à mon avis un gouvernement fort supérieur au gouvernement républicain, parce qu'il détruit les prétentions individuelles au pouvoir exécutif, et qu'il réunit l'ordre et la liberté.

Il me semble encore que la monarchie représentative eût été mieux appropriée au génie espagnol, à l'état des personnes et des choses, dans un pays où la grande propriété territoriale domine, où le nombre des Européens est petit, celui des nègres et des Indiens considérable, où l'esclavage est d'usage public, où la religion de l'État est la religion catholique, où l'instruction surtout manque totalement dans les classes populaires.

Les colonies espagnoles indépendantes de la mère-patrie formées en grandes monarchies représentatives auroient achevé leur éducation politique à l'abri des orages qui peuvent encore bouleverser les républiques naissantes. Un peuple qui sort tout à coup de l'esclavage en se précipitant dans la liberté peut tomber dans l'anarchie, et l'anarchie enfante presque toujours le despotisme.

Mais s'il existoit un système propre à prévenir ces divisions, on me dira sans doute : « Vous avez passé au pouvoir : vous êtes-vous contenté de désirer la paix, le bonheur, la liberté de l'Amérique espagnole? Vous êtes-vous borné à de stériles vœux? »

Ici j'anticiperai sur mes *Mémoires*, et je ferai une confession.

Lorsque Ferdinand fut délivré à Cadix, et que Louis XVIII eut écrit au monarque espagnol pour l'engager à donner un gouvernement libre à ses peuples, ma mission me sembla finie. J'eus l'idée de remettre au roi le portefeuille des affaires étrangères, en suppliant Sa Majesté de le rendre au vertueux duc de Montmorency. Que de soucis je me serois épargnés! que de divisions j'auroispeut-être épargnées à l'opinion publique! L'amitié et le pouvoir n'auroient pas donné un triste exemple. Couronné de succès, je serois sorti de la manière la plus brillante du ministère, pour livrer au repos le reste de ma vie.

Ce sont les intérêts de ces colonies espagnoles, desquelles mon sujet m'a conduit à parler, qui ont produit le dernier bond de ma quinteuse fortune. Je puis dire que je me suis sacrifié à l'espoir d'assurer le repos et l'indépendance d'un grand peuple.

Quand je songeai à la retraite, des négociations importantes avoient été poussées très-loin ; j'en avois établi et j'en tenois les fils ; je m'étois formé un plan que je croyois utile aux deux Mondes ; je me flattois d'avoir posé une base où trouveroient place à la fois et les droits des nations, l'intérêt de ma patrie et celui des autres pays. Je ne puis expliquer les détails de ce plan, on sent assez pourquoi.

En diplomatie, un projet conçu n'est pas un projet exécuté : les gouvernements ont leur routine et leur allure ; il faut de la patience : on n'emporte pas d'assaut des cabinets étrangers comme M. le Dauphin prenoit des villes ; la politique ne marche pas aussi vite que la gloire à la tête de nos soldats. Résistant par malheur à ma première inspiration, je restai afin d'accomplir mon ouvrage. Je me figurai que l'ayant préparé je le connoîtrois mieux que mon successeur ; je craignis aussi que le portefeuille ne fût pas rendu à M. de Montmorency et qu'un autre ministre n'adoptât quelque système suranné pour les possessions espagnoles. Je me laissai séduire à l'idée d'attacher mon nom à la liberté de la seconde Amérique, sans compromettre cette liberté dans les colonies émancipées et sans exposer le principe monarchique des États européens.

Assuré de la bienveillance des divers cabinets du continent, un seul excepté, je ne désespérois pas de vaincre la résistance que m'opposoit en Angleterre l'homme d'État qui vient de mourir ; résistance qui tenoit moins à lui qu'à la mercantile fort mal entendue de sa nation. L'avenir connoîtra peut-être la correspondance particulière qui eut lieu sur ce grand sujet entre moi et mon illustre ami. Comme tout s'enchaîne dans les destinées d'un homme, il est possible que M. Canning, en s'associant à des projets d'ailleurs peu différents des siens, eût trouvé plus de repos, et qu'il eût évité les inquiétudes politiques qui ont fatigué ses derniers jours. Les talents se hâtent de disparoître ; il s'arrange une toute petite Europe à la guise de la médiocrité ; pour arriver aux générations nouvelles, il faudra traverser un désert.

Quoi qu'il en soit, je pensois que l'administration dont j'étois membre me laisseroit achever un édifice qui ne pouvoit que lui faire honneur ; j'avois la naïveté de croire que les affaires de mon ministère, en me portant au dehors, ne me jetoient sur le chemin de personne ; comme l'astrologue, je regardois le ciel, et je tombai dans un puits. L'Angleterre applaudit à ma chute : il est vrai que nous avions garnison dans Cadix sous le drapeau blanc, et que l'émancipation monarchique des colonies espagnoles, par la généreuse influence du fils aîné des Bourbons, auroit élevé la France au plus haut degré de prospérité et de gloire.

Tel a été le dernier songe de mon âge mûr : je me croyois en Amérique, et je me réveillai en Europe. Il me reste à dire comment je revins autrefois de cette même Amérique, après avoir vu s'évanouir également le premier songe de ma jeunesse.

FIN DU VOYAGE.

En errant de forêts en forêts, je m'étois rapproché des défrichements américains. Un soir j'avisai au bord d'un ruisseau une ferme bâtie de troncs d'arbres. Je demandai l'hospitalité ; elle me fut accordée.

La nuit vint : l'habitation n'étoit éclairée que par la flamme du foyer : je m'assis dans un coin de la cheminée. Tandis que mon hôtesse préparoit le souper, je m'amusai à lire à la lueur du feu, en baissant la tête, un journal anglois tombé à terre. J'aperçus, écrits en grosses lettres, ces mots : FLIGHT OF THE KING, *fuite du roi*. C'étoit le récit de l'évasion de Louis XVI et de l'arrestation de l'infortuné monarque à Varennes. Le journal racontoit aussi les progrès de l'émigration, et la réunion de presque tous les officiers de l'armée sous le drapeau des princes françois. Je crus entendre la voix de l'honneur, et j'abandonnai mes projets.

Revenu à Philadelphie, je m'y embarquai. Une tempête me poussa en dix-huit jours sur la côte de France, où je fis un demi-naufrage entre les îles de Guernesey et d'Origny. Je pris terre au Havre. Au mois de juillet 1792, j'émigrai avec mon frère. L'armée des princes étoit déjà en campagne, et sans l'intercession de mon malheureux cousin, Armand de Chateaubriand, je n'aurois pas été reçu. J'avois beau dire que j'arrivois tout exprès de la cataracte de Niagara, on ne vouloit rien entendre, et je fus au moment de me battre pour obtenir l'honneur de porter un havresac. Mes camarades, les officiers du régiment de Navarre, formoient une compagnie au camp des princes, mais j'entrai dans une des compagnies bretonnes. On peut voir ce que je devins, dans la nouvelle préface de mon *Essai historique*.

Ainsi ce qui me sembla un devoir renversa les premiers desseins que j'avois conçus, et amena la première de ces péripéties qui ont marqué ma carrière. Les Bourbons n'avoient pas besoin sans doute qu'un cadet de Bretagne revînt d'outre-mer pour leur offrir son obscur dévouement, pas plus qu'ils n'ont eu besoin de ses services lorsqu'il est sorti de son obscurité : si, continuant mon voyage, j'eusse allumé la lampe de mon hôtesse avec le journal qui a changé ma vie, personne ne se fût aperçu de mon absence, car personne ne savoit que j'existois. Un simple démêlé entre moi et ma conscience me ramena sur le théâtre du monde : j'aurois pu faire ce que j'aurois voulu, puisque j'étois le seul témoin du débat; mais de tous les témoins c'est celui aux yeux duquel je craindrois le plus de rougir.

Pourquoi les solitudes de l'Érié et de l'Ontario se présentent-elles aujourd'hui avec plus de charme à ma pensée que le brillant spectacle du Bosphore?

C'est qu'à l'époque de mon voyage aux États-Unis j'étois plein d'illusions ; les troubles de la France commençoient en même temps que commençoit ma vie ; rien n'étoit achevé en moi ni dans mon pays. Ces jours me sont doux à rappeler, parce qu'ils ne reproduisent dans ma mémoire que l'innocence des sentiments inspirés par la famille et par les plaisirs de la jeunesse.

Quinze ou seize ans plus tard, après mon second voyage, la révolution s'étoit déjà écoulée : je ne me berçois plus de chimères ; mes souvenirs, qui prenoient alors leur source dans la société, avoient perdu leur candeur. Trompé dans mes deux pèlerinages, je n'avois point découvert le passage du nord-ouest ; je n'avois point enlevé la gloire du milieu des bois où j'étois allé la chercher, et je l'avois laissée assise sur les ruines d'Athènes.

Parti pour être voyageur en Amérique, revenu pour être soldat en Europe, je ne fournis jusqu'au bout ni l'une ni l'autre de ces carrières : un mauvais génie m'arracha le bâton et l'épée, et me mit la plume à la main. A Sparte, en contemplant le ciel pendant la nuit je me souvenois des pays qui avoient déjà vu mon sommeil paisible ou troublé : j'avois salué sur les chemins de l'Allemagne, dans les bruyères de l'Angleterre, dans les champs de l'Italie, au milieu des mers, dans les forêts canadiennes, les mêmes étoiles que je voyois briller sur la patrie d'Hélène et de Ménélas. Mais que me servoit de me plaindre aux astres, immobiles témoins de mes destinées vagabondes? Un jour leur regard ne se fatiguera plus à me poursuivre ; il se fixera sur mon tombeau. Maintenant, indifférent moi-même à mon sort, je ne demanderai pas à ces astres malins de l'incliner par une plus douce influence, ni de me rendre ce que le voyageur laisse de sa vie dans les lieux où il passe

FIN DU VOYAGE EN AMÉRIQUE.

MÉMOIRES

sur

LES RUINES DE L'OHIO[1]

PREMIER MÉMOIRE.

Bacon, en parlant des antiquités, des histoires défigurées, des fragments historiques qui ont par hasard échappé aux ravages du temps, les compare à des planches qui surnagent après le naufrage, lorsque des hommes instruits et actifs parviennent, par leurs recherches soigneuses et par un examen exact et scrupuleux des monuments, des noms, des mots, des proverbes, des traditions, des documents et des témoignages particuliers, des fragments d'histoire, des passages de livres non historiques, à sauver et à recouvrer quelque chose du déluge du temps.

Les antiquités de notre patrie m'ont toujours paru plus importantes et plus dignes d'attention qu'on ne leur en a accordé jusqu'à présent. Nous n'avons, il est vrai, d'autres autorités écrites ou d'autres renseignements que les ouvrages des vieux auteurs françois et hollandois; et l'on sait bien que leur intention étoit presque uniquement absorbée par la poursuite de la richesse ou le soin de propager la religion, et que leurs opinions étoient modifiées par les préjugés régnants, fixées par des théories formées d'avance, contrôlées par la politique de leurs souverains et obscurcies par les ténèbres qui alors couvroient encore le monde.

S'en rapporter entièrement aux traditions des Aborigènes pour des informations exactes et étendues, c'est s'appuyer sur un roseau bien

1. Ces Mémoires forment une *Introduction aux Voyages en Amérique*, et ce titre leur a même été donné dans quelques éditions.

frêle. Quiconque les a interrogés sait qu'ils sont généralement aussi ignorants que celui qui leur adresse des questions, et que ce qu'ils disent est inventé à l'instant même, ou tellement lié à des fables évidentes, que l'on ne peut guère lui donner le moindre crédit. Dépourvus du secours de l'écriture pour soulager leur mémoire, les faits qu'ils connoissoient se sont, par la suite des temps, effacés de leur souvenir, ou bien s'y sont confondus avec de nouvelles impressions et de nouveaux faits qui les ont défigurés. Si dans le court espace de trente ans les boucaniers de Saint-Domingue perdirent presque toute trace du christianisme, quelle confiance pouvons-nous avoir dans des traditions orales qui nous sont racontées par des sauvages dépourvus de l'usage des lettres, et continuellement occupés de guerre ou de chasse?

Le champ des recherches a donc des limites extrêmement resserrées mais il ne nous est pas entièrement fermé. Les monuments qui restent offrent une ample matière aux investigations. On peut avoir recours au langage, à la personne, aux usages de l'homme rouge, pour éclaircir son origine et son histoire ; et la géologie du pays peut même dans quelques cas s'employer avec succès pour répandre la lumière sur les objets que l'on examine.

Ayant eu quelques occasions d'observer par moi-même et de faire d'assez fréquentes recherches, je suis porté à croire que la partie occidentale des États-Unis, avant d'avoir été découverte et occupée par les Européens, a été habitée par une nation nombreuse ayant des demeures fixes, et beaucoup plus avancée dans la civilisation que les tribus indiennes actuelles. Peut-être ne se hasarderoit-on pas trop en disant que son état ne différoit pas beaucoup de celui des Mexicains et des Péruviens quand les Espagnols les visitèrent pour la première fois. En cherchant à éclaircir ce sujet, je me bornerai à cet état ; quelquefois je porterai mes regards au delà, et j'éviterai autant que je le pourrai de traiter les points qui ont déjà été discutés.

Le Township de Pompey, dans le comté d'Onondaga, est sur le terrain le plus élevé de cette contrée ; car il sépare les eaux qui coulent dans la baie de Chesapeake de celles qui vont se rendre dans le golfe Saint-Laurent. Les parties les plus hautes de ce Township offrent des restes d'anciens établissements, et l'on reconnoît dans différents endroits des vestiges d'une population nombreuse. Environ à deux milles au sud de Manlieu-Ignare, j'ai examiné dans le Township de Pompey les restes d'une ancienne cité ; ils sont indiqués d'une manière visible par de grands espaces de terreau noir disposés par intervalles réguliers à peu de distance les uns des autres, où j'ai observé des ossements d'animaux, des cendres, des haricots, ou des grains de maïs carbonisés, objets qui dénotent tous la demeure de créatures humaines. Cette ville a dû avoir une étendue au moins d'un demi-mille de l'est à l'ouest, et de trois quarts de mille du nord au sud ; j'ai pu la déterminer avec assez d'exactitude, d'après mon examen ; mais quelqu'un d'une véracité reconnue m'a assuré que la longueur est d'un mille de l'est à l'ouest. Or, une ville qui couvroit plus de cinq cents acres doit avoir contenu une population qui surpasseroit toutes nos idées de crédibilité.

A un mille à l'est de l'établissement se trouve un cimetière de trois à quatre acres de superficie, et il y en a un autre contigu à l'extrémité occidentale. Cette ville étoit située sur un terrain élevé, à douze milles à peu près des sources salées de l'Onondaga, et bien choisi pour la défense.

Du côté oriental un escarpement perpendiculaire de cent pieds de hauteur aboutit à une profonde ravine où coule un ruisseau ; le côté septentrional en a un semblable. Trois forts, éloignés de huit milles l'un de l'autre, forment un triangle qui environne la ville ; l'un est à un mille au sud du village actuel de Jamesville, et l'autre au nord-est et au sud-est dans Pompey : ils avoient probablement été élevés pour couvrir la cité et pour protéger ses habitants contre les attaques d'un ennemi. Tous ces forts sont de forme circulaire ou elliptique ; des ossements sont épars sur leur emplacement : on coupa un frêne qui s'y trouvoit ; le nombre de ses couches concentriques fit connoître qu'il étoit âgé de quatre-vingt-treize ans. Sur un tas de cendres consommées, qui formoit l'emplacement d'une grande maison, je vis un pin blanc qui avoit huit pieds et demi de circonférence, et dont l'âge étoit au moins de cent trente ans.

La ville avoit probablement été emportée d'assaut par le côté du nord. Il y a, à droite et à gauche, des tombeaux tout près du précipice ; cinq ou six corps ont quelquefois été jetés pêle-mêle dans la même fosse. Si les assaillants avoient été repoussés, les habitants auroient enterré leurs morts à l'endroit accoutumé ; mais ces tombeaux, qui se trouvent près de la ravine et dans l'enceinte du village, me donnent lieu de croire que la ville fut prise. Sur le flanc méridional de cette ravine on a découvert un canon de fusil, des balles, un morceau de plomb et un crâne percé d'une balle. Au reste, on trouve des canons de fusil, des haches, des houes et des épées dans tout le voisinage. Je me suis procuré les objets suivants, que je fais passer à la Société, pour qu'elle les dépose dans sa collection : deux canons de fusil mutilés, deux haches, une houe, une cloche sans battant, un morceau d'une grande cloche, un anneau, une lame d'épée, une pipe, un loquet de porte, des grains de verroterie et plusieurs autres petits objets. Toutes ces choses prouvent des communications avec l'Europe; et d'après les efforts visibles qui ont été faits pour rendre les canons de fusil inutiles en les limant, on ne peut guère douter que les Européens qui s'étoient établis dans ce lieu n'aient été défaits et chassés du pays par les Indiens.

Près des restes de cette ville, j'ai observé une grande forêt qui précédemment étoit un terrain nu et cultivé. Voici les circonstances qui me firent tirer cette conséquence : il ne s'y trouvoit ni tertres, ni buttes, qui sont toujours produits par les arbres déracinés ou tombant de vétusté, point de souches, point de sous-bois; les arbres étoient âgés en général de cinquante à soixante ans. Or, il faut qu'un très-grand nombre d'années s'écoule avant qu'un pays se couvre de bois; ce n'est que lentement que les vents et les oiseaux apportent des graines. Le Township de Pompey abonde en forêts qui sont d'une nature semblable à celle dont je viens de parler : quelques-unes ont quatre milles de long et deux de large. Elle renferme un grand nombre de lieux de sépulture : je l'ai entendu estimer à quatre-vingts. Si la population blanche de ce pays étoit emportée tout entière, peut-être dans la suite des siècles offriroit-il des particularités analogues à celles que je décris.

Il me paroît qu'il y a deux ères distinctes dans nos antiquités : l'une comprend les restes d'anciennes fortifications et d'établissements qui existoient antérieurement à l'arrivée des Européens; l'autre se rapporte aux établissements et aux opérations des Européens; et comme les blancs, de même que les Indiens, devoient fréquemment avoir recours à ces vieilles fortifications, pour y trouver un asile, y demeurer ou y chasser, elles doivent nécessairement renfermer plusieurs objets de manufactures d'Europe; c'est ce qui a donné lieu à beaucoup de confusion, parce qu'on a mêlé ensemble des périodes extrêmement éloignées l'une de l'autre.

Les François avoient vraisemblablement des établissements considérables sur le territoire des six nations. Le Père du Creux, jésuite, raconte, dans son *Histoire du Canada,* qu'en 1655 les François établirent une colonie dans le territoire d'Onondaga ; et voici comme il décrit ce pays singulièrement fertile et intéressant : « Deux jours après, le Père Chaumont fut mené par une troupe nombreuse à l'endroit destiné à l'établissement et à la demeure des François : c'étoit à quatre lieues du village où il s'étoit d'abord arrêté. Il est difficile de voir quelque chose de mieux soigné par la nature, et si l'art y eût, comme en France et dans le reste de l'Europe, ajouté son secours, ce lieu pourroit le disputer à Baies. Une prairie immense est ceinte de tous côtés d'une forêt peu élevée, et se prolonge jusqu'aux bords du lac Ganneta, où les quatre nations principales des Iroquois peuvent facilement arriver avec leurs pirogues, comme au centre du pays, et d'où elles peuvent de même aller sans difficulté les unes chez les autres, par des rivières et des lacs qui entourent ce canton. L'abondance du gibier y égale celle du poisson ; et, pour qu'il n'y manque rien, les tourterelles y arrivent en si grande quantité au retour du printemps qu'on les prend avec des filets. Le poisson y est si commun que des pêcheurs y prennent, dit-on, mille anguilles à l'hameçon dans l'espace d'une nuit. Deux sources d'eau vive, éloignées l'une de l'autre d'une centaine de pas, coupent cette prairie ; l'eau salée fournit en abondance du sel excellent ; l'eau de l'autre est douce et bonne à boire, et, ce qui est admirable, toutes deux sortent de la même colline[1]. » Charlevoix nous apprend qu'en 1654 des missionnaires furent envoyés à Onontagué (Onondaga) ; qu'ils y construisirent une chapelle et y firent un établissement ; qu'une colonie françoise y fut fondée en 1658, et que les missionnaires abandonnèrent le pays en 1668. Quand Lasalle partit du Canada, pour descendre le Mississipi, en 1679, il découvrit, entre le lac Huron et le lac Illinois, une grande prairie, dans laquelle se trouvoit un bel établissement appartenant aux jésuites.

Les traditions des Indiens s'accordent jusqu'à un certain point avec les relations des François. Ils racontent que leurs ancêtres soutinrent plusieurs combats sanglants contre les François, et finirent par les obliger de quitter le pays : ceux-ci, poussés dans leur dernier fort, capitulèrent et consentirent à s'en aller, pourvu qu'on leur fournît des vivres ; les Indiens remplirent leurs sacs de cendres, qu'ils couvrirent de maïs, et les François périrent la plupart de faim dans un endroit nommé dans leur langue *Anse de Famine*, et dans la nôtre *Hungry-Bay*, qui est sur le lac Ontario. Un monticule dans Pompey porte le nom de *Bloody-Hill* (colline du Sang) ; les Indiens qui le lui ont donné ne veulent jamais le visiter. Il est surprenant que l'on ne trouve jamais dans ce pays des armes d'Indiens, telles que des couteaux, des haches et des pointes de flèche en pierre. Il paroît que tous ces objets furent remplacés par d'autres en fer venant des François.

Les vieilles fortifications ont été élevées avant que le pays eût des relations avec les Européens. Les Indiens ignorent à qui elles doivent

---

1. *Historiæ Canadensis, seu Novæ Franciæ, Libri decem;* auctore P. Francisco Creuxio. Parisiis, 1664, 1 vol. in-4°, p. 760.

leur origine. Il est probable que dans les guerres qui ravagèrent ce pays elles servirent de forteresse, et il ne l'est pas moins qu'il peut s'y trouver aussi des ruines d'ouvrages européens de construction différente, tout comme on voit dans la Grande-Bretagne des ruines de fortifications romaines et bretonnes à côté les unes des autres. Pennant, dans son *Voyage en Écosse,* dit : « Sur une colline, près d'un certain endroit, il y a un retranchement de Bretons, de forme circulaire ; l'on me parla de quelques autres de forme carrée qui se trouvent à quelques milles de distance, et que je crois romains. » Dans son voyage du pays de Galles, il décrit un poste breton fortifié, situé sur le sommet d'une colline ; il est de forme circulaire, entouré d'un grand fossé et d'une levée. Au milieu de l'enceinte se trouve un monticule artificiel. Cette description convient exactement à nos vieux forts. Les Danois, ainsi que les nations qui élevèrent nos fortifications, étoient, suivant toute probabilité, d'origine scythe. Suivant Pline, le nom de Scythe étoit commun à toutes les nations qui vivoient dans le nord de l'Europe et de l'Asie.

Dans le Township de Camillus, situé aussi dans le comté d'Onondaga, à quatre milles de la rivière Seneca, à trente milles du lac Ontario et à dix-huit de Salina, il y a deux anciens forts, sur la propriété du juge Manro, établi en ce lieu depuis dix-neuf ans. Un de ces forts est sur une colline très-haute ; son emplacement couvre environ trois acres. Il a une porte à l'est, et une autre ouverture à l'ouest pour communiquer avec une source éloignée d'une dizaine de rods (160 pieds) du fort, dont la forme est elliptique. Le fossé étoit profond, le mur oriental avoit dix pieds de haut. Il y avoit dans le centre une grande pierre calcaire de figure irrégulière, qui ne pouvoit être soulevée que par deux hommes ; la base étoit plate et longue de trois pieds. Sa surface présentoit, suivant l'opinion de M. Manro, des caractères inconnus distinctement tracés dans un espace de dix-huit pouces de long sur trois pouces de large. Quand je visitai ce lieu, la pierre ne s'y trouvoit plus. Toutes mes recherches pour la découvrir furent inutiles. Je vis sur le rempart une souche de chêne noir, âgée de cent ans. Il y a dix-neuf ans on voyoit des indices de deux arbres plus anciens.

Le second fort est presque à un demi-mille de distance, sur un terrain plus bas ; sa construction ressemble à celle de l'autre ; il est de moitié plus grand. On distingue près du grand fort les vestiges d'un ancien chemin, aujourd'hui couvert par des arbres. J'ai vu aussi dans différents endroits de cette ville, sur des terrains élevés, une chaîne de renflements considérables qui s'étendoient du sommet des collines à leur pied, et que séparoient des rigoles de peu de largeur. Ce phénomène se présente dans les établissements très-anciens où le sol est argileux et les collines escarpées ; il est occasionné par des crevasses que produisent et qu'élargissent les torrents. Cet effet ne peut avoir lieu quand le sol est couvert de forêts ; ce qui prouve que ces terrains étoient anciennement découverts. Quand nous nous y sommes établis, ils présentoient la même apparence qu'à présent, excepté qu'ils étoient couverts de bois ; et comme on aperçoit maintenant des troncs d'arbres dans les rigoles, il est évident que ces élévations et les petites ravines qui les séparent n'ont pas pu être faites depuis la dernière époque où le terrain a été éclairci. Les premiers colons observèrent de grands amas de coquillages accumulés dans différents endroits, et de nombreux fragments de poterie. M. Manro, en creusant la cave de sa maison, rencontra des morceaux de brique. Il y avoit çà et là de grands espaces de terreau noir et profond, l'existence d'anciens bâtiments et de constructions de différents genres. M. Manro, apercevant quelque chose qui ressembloit à un puits, c'est-à-dire un trou profond de dix pieds, où la terre avoit été extrêmement creusée, y fit fouiller, à trois pieds de profondeur, et arriva à un amas de cailloux, au-dessous desquels il trouva une grande quantité d'ossements humains, qui exposés à l'air tombèrent en poudre. Cette dernière circonstance fournit un témoignage bien fort de la destruction d'un ancien établissement. La manière dont les morts étoient enterrés prouvoit qu'ils l'avoient été par un ennemi qui avait fait une invasion.

Suivant la tradition, une bataille sanglante s'est livrée sur le Boughton's-Hill, dans le comté d'Ontario. Or, j'ai observé sur cette colline des espaces de terreau noir, à des intervalles irréguliers, séparés par de l'argile jaune. La fortification la plus orientale que l'on a jusqu'à présent découverte dans cette contrée est à peu près à dix-huit milles de Manlius-Square, excepté cependant celle d'Oxford, dans le comté de Chenango, dont je parlerai plus bas. Dans le nord, on en a rencontré jusqu'à Sandy-Creek, à quatorze milles de Saket-Harbour. Près de cet endroit, il y en a une dont l'emplacement couvre cinquante acres ; cette montagne contient de nombreux fragments de poterie. A l'ouest, on voit beaucoup de ces fortifications ; il y en a une dans le Township d'Onondaga, une dans Scipio, deux près d'Auburn, trois près de Canandaïga, et plusieurs entre les lacs Seneca et Cayaga, où l'on en compte trois à un petit nombre de milles l'une de l'autre.

Le fort qui se trouve dans Oxford est sur la rive orientale du Chenango, au centre du village actuel, qui est situé des deux côtés de cette rivière. Une pièce de terre de deux à trois acres est plus haute de trente pieds que le pays plat qui l'entoure. Ce terrain élevé se prolonge sur la rive du fleuve, dans une étendue d'une cinquantaine de rods. Le fort étoit situé à son extrémité sud-ouest ; il comprenoit une surface de trois rods ; la ligne étoit presque droite du côté de la rivière, et la rive presque perpendiculaire.

A chacune des extrémités nord et sud, qui étoient près de la rivière, se trouvoit un espace de dix pieds carrés où le sol n'avoit pas été remué ; c'étoient sans doute des entrées ou des portes par lesquelles les habitants du fort sortoient et entroient, surtout pour aller chercher de l'eau. L'enceinte est fermée, excepté aux endroits où sont les portes, par un fossé creusé avec régularité ; et quoique le terrain sur lequel le fort est situé fût, quand les blancs commencèrent à s'y établir, autant couvert de bois que les autres parties de la forêt, cependant on pouvoit suivre distinctement les lignes des ouvrages à travers les arbres, et la distance depuis le fond du fossé jusqu'au sommet de la levée, qui est en général de quatre pieds. Voici un fait qui prouve évidemment l'ancienneté de cette fortification. On y trouva un grand pin, ou plutôt un tronc mort, qui avoit une soixantaine de pieds de hauteur ; quand il fut coupé, on distingua très-facilement dans le bois cent quatre-vingt-quinze couches concentriques, et on ne put pas en compter davantage, parce qu'une grande partie de l'aubier n'existoit plus. Cet arbre étoit probablement âgé de trois à quatre cents ans ; il en avoit certainement plus de deux cents. Il avoit pu rester sur pied cent ans, et même plus, après avoir acquis tout son accroissement. On ne peut donc dire avec certitude quel temps s'étoit écoulé depuis que le fossé avoit été creusé jusqu'au moment où cet arbre avoit commencé à pousser. Il est sûr, du moins, qu'il ne se trouvoit pas dans cet endroit quand la terre fut jetée hors du trou ; car il étoit placé sur le sommet de la banquette du fossé, et ses racines en avoient suivi la direction en se prolongeant par-dessous le fond, puis se relevant de l'autre côté, près de la surface de la terre, et s'étendant ensuite en ligne horizontale. Ces ouvrages étoient probablement soutenus par des piquets ; mais l'on n'y a découvert aucun reste de travail en bois. La situation en étoit excellente, car elle étoit très-saine ; on y jouissoit de la vue de la rivière au-dessus et au-dessous du fort, et les environs n'offrent aucun terrain élevé assez proche pour que la garnison pût être inquiétée. L'on n'a pas rencontré de vestiges d'outils ni d'ustensiles d'aucune espèce, excepté quelques morceaux de poterie grossière qui ressemble à la plus commune dont nous fassions usage, et qui offrent des ornements exécutés avec rudesse. Les Indiens ont une tradition que la famille des Antoines, que l'on suppose faire partie de la nation Tuscarora, descend des habitants de ce fort, à la septième génération; mais ils ne savent rien de son origine.

On voit aussi à Norwich, dans le même comté, un lieu situé sur une élévation au bord de la rivière. On le nomme le *Château* : les Indiens y demeuroient à l'époque où nous nous sommes établis dans le pays; l'on y distingue quelques traces de fortifications, mais suivant toutes les apparences elles sont beaucoup plus modernes que celles d'Oxford.

L'on a découvert à Ridgeway, dans le comté de Genessée, plusieurs anciennes fortifications et des sépultures. A peu près à six milles de la route de Ridge, et au sud du grand coteau, on a depuis deux à trois mois trouvé un cimetière dans lequel sont déposés des ossements d'une longueur et d'une grosseur extraordinaires. Sur ce terrain étoit couché le tronc d'un châtaignier, qui paroissoit avoir quatre pieds de diamètre à sa partie supérieure. La cime et les branches de cet arbre avoient péri de vétusté. Les ossements étoient posés confusément les uns sur les autres : cette circonstance et les restes d'un fort dans le voisinage donnent lieu de supposer qu'ils y avoient été déposés par les vainqueurs; et le fort étant situé dans un marais, on croit qu'il fut le dernier refuge des vaincus, et probablement le marais étoit sous l'eau à cette époque.

Les terrains réservés aux Indiens à Buffaldo offrent des clairières immenses, dont les Senecas ne peuvent donner raison. Leurs principaux établissements étoient à une grande distance à l'est, jusqu'à la vente de la majeure partie de leur pays, après la fin de la guerre de la révolution.

Au sud du lac Érié on voit une suite d'anciennes fortifications qui s'étendent depuis la crique de Cattaragus jusqu'à la ligne de démarcation de Pensylvanie, sur une longueur de cinquante milles; quelques-unes sont à deux, trois et quatre milles l'une de l'autre; d'autres à moins d'un demi-mille; quelques-unes occupent un espace de cinq acres. Les remparts ou retranchements sont placés sur des terrains où il paroît que des criques se déchargeoient autrefois dans des lacs, ou bien dans les endroits où il y avoit des baies; de sorte que l'on en conclut que ces ouvrages étoient jadis sur les bords du lac Érié, qui en est aujourd'hui à deux et à cinq milles au nord. On dit que plus au sud il y a une autre chaîne de forts, qui court parallèlement à la première, et à la même distance de celle-ci que celle-ci l'est du lac. Dans cet endroit le sol offre deux différents plateaux ou partages du sol, qui est une vallée intermédiaire ou d'alluvion; l'un, le plus voisin du lac, est le plus bas, et, si je puis m'exprimer ainsi, le plateau secondaire; le plus élevé, ou plateau primaire, est borné au sud par des collines et des vallées, où la nature offre son aspect ordinaire. Le terrain d'alluvion primaire a été formé par la première retraite du lac, et l'on suppose que la première ligne de fortifications fut élevée alors. Dans la suite des temps, le lac se retira plus au nord, laissant à sec une autre portion de plateau sur lequel fut placée l'autre ligne d'ouvrages. Les sols des deux plateaux diffèrent beaucoup l'un de l'autre : l'inférieur est employé en pâturages, le second est consacré à la culture des grains; les espèces d'arbres varient dans le même rapport. La rive méridionale du lac Ontario présente aussi deux formations d'alluvion; la plus ancienne est au nord de la route des collines; on n'y a pas découvert de forts. J'ignore si on en a rencontré sur le plateau primaire; on en a observé plusieurs au sud de la chaîne de collines.

Il est important pour la géologie de notre patrie d'observer que les deux formations d'alluvion citées plus haut sont, généralement parlant, le type caractéristique de toutes les terres qui bornent les eaux occidentales. Le bord des eaux orientales n'offre, au contraire, à peu d'exceptions près, qu'un seul terrain d'alluvion. Cette circonstance peut s'attribuer à la distance où le fleuve Saint-Laurent et le Mississipi sont de l'Océan; ils ont, à deux périodes différentes, aplani les obstacles et les barrières qu'ils rencontroient; et en abaissant ainsi le lit dans lequel ils couloient, ils ont produit un épuisement partiel des eaux plus éloignées. Ces deux formations distinctes peuvent être considérées comme de grandes bornes chronologiques. L'absence de forts sur les formations secondaires ou primaires d'alluvion du lac Ontario est une circonstance bien forte en faveur de la haute antiquité de ceux des plateaux au sud; car s'ils avoient été élevés après la première ou la seconde retraite du lac, ils auroient probablement été placés sur les terrains laissés alors à sec, comme plus convenables et mieux adaptés pour s'y établir, y demeurer et s'y défendre.

Les Iroquois, suivant leurs traditions, demeuroient jadis au nord des lacs. Quand ils arrivèrent dans le pays qu'ils occupent aujourd'hui, ils en extirpèrent le peuple qui l'habitoit. Après l'établissement des Européens en Amérique, les confédérés détruisirent [1] les Ériés, ou Indiens du Chat, qui vivoient au sud du lac Érié. Mais les nations qui possédoient nos provinces occidentales, avant les Iroquois, avoient-elles élevé ces fortifications pour les protéger contre les ennemis qui venoient les attaquer, ou bien, des peuples plus anciens les ont-ils construites? Ce sont des mystères que la sagacité humaine ne peut pénétrer. Je ne prétends pas décider non plus si les Ériés, ou leurs prédécesseurs, ont dressé ces ouvrages pour la défense de leur territoire:

---

1. Vers 1655.

toutefois, je crois en avoir assez dit pour démontrer l'existence d'une population nombreuse, établie dans des villes, défendue par des forts, exerçant l'agriculture, et plus avancée dans la civilisation que les peuples qui ont habité ce pays depuis sa découverte par les Européens.

Albany, 7 octobre 1817.

MONUMENTS D'UN PEUPLE INCONNU

TROUVÉS

SUR LES BORDS DE L'OHIO.

L'*Archæologia americana,* ouvrage qui porte aussi le titre de *Transactions de la Société d'Antiquaires américains* (imprimé à Worcester, dans le Massachusets, 1820; 1 vol. in-8°), contient des notices très-étendues sur les monuments laissés sur les bords de l'Ohio par un peuple qui avoit occupé cette contrée avant l'arrivée des Indiens Delawares ou *Leni-Lelaps,* et des Iroquois *Mingoné*, qui les en chassèrent un ou deux siècles avant Christophe Colomb. Parmi ces monuments, on s'étoit jusqu'à présent occupé des débris d'édifices, de camps fortifiés, et d'autres objets qui n'offroient pas un caractère particulier. Mais voici deux figures de divinités qui au premier aspect rappellent la mythologie de l'Asie.

L'une est une idole à trois têtes, semblable (sauf les six mains qui manquent) aux figures de la *Trimurti* ou Trinité indienne, telles qu'on en trouve dans toutes les collections des monuments de l'Inde; elle rappelle aussi l'image de *Triglaff* chez les Vendes. Il y a sur deux faces quelques traces d'un tatouage ou peinture par incision dans la peau, semblable à ce qu'on voit dans l'Océanie et sur la côte nord-ouest de l'Amérique.

L'autre figure, à cela près qu'elle est nue, ressemble, par les traits et l'attitude, aux images des *Burkhans,* ou esprits célestes, telles qu'on en trouve chez les Bouriètes, les Kalmouks et d'autres tribus mongoles, et dont Pallas a donné la gravure. Les deux traits parallèles sur la poitrine pourroient bien être les restes d'un caractère tibétain.

Je serois peut-être autorisé à m'écrier : Voici deux monuments qui prouvent l'invasion des peuples asiatiques dans l'Amérique septentrionale, invasion que j'ai conclue de l'identité d'un certain nombre de mots principaux, communs à quelques langues d'Asie et d'Amérique. Mais je ne conclus encore rien, me réservant à discuter à loisir toute cette question.

DEUXIÈME MÉMOIRE.

DESCRIPTION DES MONUMENTS

TROUVÉS

DANS L'ÉTAT DE L'OHIO ET AUTRES PARTIES DES ÉTATS-UNIS

PAR M. CALEB-ATWATER, ETC.

Traduit de l'anglois [1].

Un grand nombre de voyageurs ont signalé nos antiquités : il en est peu qui les aient vues ; ou, marchant à la hâte, ils n'ont eu ni les occasions favorables ni les connoissances nécessaires pour en juger. Ils ont entendu les contes que leur en faisoient des gens ignorants ; ils ont publié des relations si imparfaites, si superficielles, que les personnes sensées qui sont sur les lieux mêmes auroient de la peine à deviner ce qu'ils ont voulu décrire.

Il est arrivé parfois qu'un voyageur a vu quelques restes d'un monument qu'un propriétaire n'avoit fait conserver que pour son amusement ; il a conclu que c'étoit le seul qu'on trouvât dans le pays. Un autre voit un retranchement avec un pavé mi-circulaire à l'est : il décide avec assurance que tous nos anciens monuments étoient des lieux de dévotion consacrés au culte du soleil. Un autre tombe sur les restes de quelques fortifications et en infère, avec la même assurance, que tous nos anciens monuments ont été construits dans un but pure-

---

[1]. *Archæologia americana*, ou *Transactions de la Société des Antiquaires américains*. Vol. I, p. 109. Worcester, en Massachusets, 1820.

ment militaire. Mais en voilà un qui, trouvant quelque inscription, n'hésite pas à décider qu'il y a eu là une colonie de Welches ; d'autres encore, trouvant de ces monuments, ou près de là des objets appartenant évidemment à des Indiens, les attribuent à la race des Scythes : ils trouvent même parfois des objets dispersés ou réunis, qui appartiennent non-seulement à des nations, mais à des époques différentes, très-éloignées les unes des autres, et les voilà se perdant dans un dédale de conjectures. Si les habitants des pays occidentaux disparoissoient tout à coup de la surface du monde, avec tous les documents qui attestent leur existence, les difficultés des antiquaires futurs seroient sans doute plus grandes, mais néanmoins de la même espèce que celles qui embarrassent si fort nos superficiels observateurs. Nos antiquités n'appartiennent pas seulement à différentes époques, mais à différentes nations ; et celles qui appartiennent à une même ère, à une même nation, servoient sans doute à des usages très-différents.

Nous diviserons ces antiquités en trois classes : celles qui appartiennent 1° aux Indiens, 2° aux peuples d'origine européenne, 3° au peuple qui construisit nos anciens forts et nos tombeaux.

I. — ANTIQUITÉS DES INDIENS DE LA RACE ACTUELLE.

Ces antiquités, qui n'appartiennent proprement qu'aux Indiens de l'Amérique septentrionale, sont en petit nombre et peu intéressantes : ce sont des haches et des couteaux de pierre, ou des pilons servant à réduire le maïs, ou des pointes de flèche et quelques autres objets exactement semblables à ceux que l'on trouve dans les États Atlantiques, et dont il est inutile de faire la description. Celui qui cherche des établissements indiens en trouvera de plus nombreux et de plus intéressants sur les bords de l'océan Atlantique ou des grands fleuves qui s'y jettent à l'orient des Alleghanys. La mer offre au sauvage un spectacle toujours solennel. Dédaignant les arts et les bienfaits de la civilisation, il n'estime que la guerre et la chasse. Quand les sauvages trouvent l'Océan, ils se fixent sur ses bords, et ne les abandonnent que par excès de population ou contraints par un ennemi victorieux ; alors ils suivent le cours des grands fleuves, où le poisson ne peut leur manquer ; et tandis que le chevreuil, l'ours, l'élan, le renne ou le buffle, qui passent sur les collines, s'offrent à leurs coups, ils prennent tout ce que la terre et l'eau produisent spontanément, et ils sont satisfaits. Notre histoire prouve que nos Indiens doivent être venus par le détroit de Behring, et qu'ils ont naturellement suivi la grande chaîne nord-ouest de nos lacs et leurs bords jusqu'à la mer. C'est pourquoi les Indiens que nos ancêtres trouvèrent offroient une population beaucoup plus considérable au nord qu'au midi, à l'orient qu'à l'occident des États-Unis d'aujourd'hui : de là ces vastes cimetières, ces piles immenses d'écailles d'huîtres, ces amas de pointes de flèche et autres objets que l'on trouve dans la partie orientale des États-Unis, tandis que la partie occidentale en renferme très-peu : là, nous voyons que les Indiens y habitoient depuis les temps les plus reculés ; ici, tout annonce une race nouvelle ; on reconnoît aisément la fosse d'un Indien : on les enterroit ordinairement assis ou debout. Partout où l'on voit des trous irréguliers d'un à deux pieds de diamètre, si l'on creuse à quelques pieds de profondeur, on est sûr de tomber sur les restes d'un Indien. Ces fosses sont très-communes sur les rives méridionales du lac Érié, jadis habitées par les Indiens nommés *Cat*, ou *Ottoway*. Ils mettent ordinairement dans la tombe quelque objet cher au défunt : le guerrier emporte sa hache d'armes ; le chasseur, son arc et ses flèches et l'espèce de gibier qu'il préféroit. C'est ainsi que l'on trouve dans ces fosses tantôt les dents d'une loutre, tantôt celles d'un ours, d'un castor, tantôt le squelette d'un canard sauvage, et tantôt des coquilles ou des arêtes de poisson.

II. — ANTIQUITÉS DE PEUPLES PROVENANT D'ORIGINE EUROPÉENNE.

Au titre de cette division, l'on sourira peut-être en se rappelant qu'à peine trois siècles se sont écoulés depuis que les Européens ont pénétré dans ces contrées : cependant on me permettra de le conserver, parce qu'on trouve quelquefois des objets provenant des relations établies depuis plus de cent cinquante années entre les indigènes et diverses nations européennes, et que ces sujets sont souvent confondus avec d'autres qui sont réellement très-anciens. Les François sont les premiers Européens qui aient parcouru le pays que comprend aujourd'hui l'État d'Ohio. Je n'ai pu m'assurer exactement de l'époque, mais nous savons par des documents authentiques, publiés à Paris dans le XVIIe siècle [1], qu'ils avoient, en 1655, de vastes établissements dans le territoire Onondaga, appartenant aux six nations.

Charlevoix, dans son *Histoire de la Nouvelle-France*, nous apprend que l'on envoya, en 1654, à Onondaga, des missionnaires qui y bâti-

---

1. *Historiæ Canadensis, sive Novæ Franciæ, Libri decem, ad annum usque Christi 1661* ; par le jésuite François Creuxius.

rent une chapelle; qu'une colonie françoise s'y établit en 1656, sous les auspices de M. Dupuys, et se retira en 1658. Quand Lasalle partit du Canada et redescendit le Mississipi, en 1679, il découvrit une vaste plaine, entre le lac des Hurons et des Illinois, où il trouva un bel établissement appartenant aux jésuites.

Dès lors les François ont parcouru tous les bords du lac Érié, du fleuve Ohio et des grandes rivières qui s'y jettent; et, suivant l'usage des Européens d'alors, ils prenoient possession du pays au nom de leur souverain, et souvent après un *Te Deum*, ils consacroient le souvenir de l'événement par quelque acte solennel, comme de suspendre les armes de France ou déposer des médailles ou des monnoies dans les anciennes ruines, ou de les jeter à l'embouchure des grandes rivières.

Il y a quelques années que M. Grégory a trouvé une de ces médailles à l'embouchure de la rivière de Muskingum. C'est une plaque de plomb de quelques pouces de diamètre, portant d'un côté le nom françois *Petite-Belle-Rivière,* et de l'autre, celui de *Louis XIV.*

Près de Portsmouth, à l'embouchure du Scioto, on a trouvé dans une terre d'alluvion une médaille franc-maçonnique représentant d'un côté un cœur d'où sort une branche de casse, et de l'autre un temple dont la coupole est surmontée d'une aiguille portant un croissant.

A Trumbull on a trouvé des monnoies de Georges II, et dans le comté d'Harrison des pièces de Charles.

On m'a dit que l'on a trouvé il y a quelques années, à l'embouchure du Darby-creek, non loin de Cheleville, une médaille espagnole bien conservée; elle avoit été donnée par un amiral espagnol à une personne qui étoit sous les ordres de Desoto, qui débarqua dans la Floride en 1538. Je ne vois pas qu'il soit bien difficile d'expliquer comment cette médaille s'est trouvée près d'une rivière qui se jette dans le golfe du Mexique, quelle que soit sa distance de la Floride, si l'on se rappelle qu'un détachement de troupes que Desoto envoya pour reconnoître le pays ne revint plus auprès de lui, et qu'on n'en entendit plus parler. Ainsi cette médaille peut avoir été apportée et perdue dans le lieu même où on l'a trouvée par la personne à qui elle avoit été donnée ou par quelque Indien.

On trouve souvent sur les rives de l'Ohio des épées, des canons de fusil, des haches d'armes, qui sans doute ont appartenu à des François, dans le temps où ils avoient des forts à Pittsbourg, Ligonier, Saint-Vincent, etc.

On dit qu'il y a dans le Kentucky, à quelques milles sud-est de

Portsmouth, une fournaise de cinquante chaudières ; je ne doute pas qu'elle ne remonte à la même époque et à la même origine.

On dit que l'on a trouvé, près de Nashville, dans la province de Tennessée, plusieurs monnoies romaines, frappées peu de siècles après l'ère chrétienne, et qui ont beaucoup occupé les antiquaires : ou elles peuvent avoir été déposées à dessein par celui qui les a découvertes, comme il est arrivé bien souvent, ou elles ont appartenu à quelque François.

En un mot, je ne crains pas d'avancer qu'il n'est dans toute l'Asie, dans toute l'Amérique septentrionale, médaille ou monnoie portant une ou plusieurs lettres d'un alphabet quelconque, qui n'ait été apportée ou frappée par des Européens ou leurs descendants.

III. — ANTIQUITÉS DU PEUPLE QUI HABITOIT JADIS LES PARTIES OCCIDENTALES DES ÉTATS-UNIS.

Cette classe, sans contredit la plus intéressante pour l'antiquaire et le philosophe, comprend tous les anciens forts, des tombeaux, quelquefois très-vastes, élevés en terre ou en pierre, des cimetières, des temples, des autels, des camps, des villes, des villages, des arènes et des tours, des remparts entourés de fossés, enfin des ouvrages qui annoncent un peuple beaucoup plus civilisé que ne le sont les Indiens d'aujourd'hui, et cependant bien inférieurs sous ce rapport aux Européens. En considérant la vaste étendue de pays couverte par ces monuments, les travaux qu'ils ont coûtés, la connoissance qu'ils supposent des arts mécaniques, la privation où nous sommes de toute notion historique et même de toute tradition, l'intérêt que les savants y ont pris, les opinions fausses que l'on a débitées, enfin la dissolution complète de ce peuple, j'ai cru devoir employer mon temps et porter mon attention à rechercher particulièrement cette classe de nos antiquités dont on a tant parlé et que l'on a si peu comprise.

Ces anciens ouvrages sont répandus en Europe, dans le nord de l'Asie ; on pourroit en commencer le tracé dans le pays de Galles ; de là traversant l'Irlande, la Normandie, la France, la Suède, une partie de la Russie jusqu'à notre continent. En Afrique, les pyramides ont la même origine ; on en voit en Judée, dans la Palestine et dans les steppes (plaines désertes) de la Turquie.

C'est au sud du lac Ontario, non loin de la rivière Noire (Black river), que l'on trouve le plus reculé de ces monuments dans la direction nord-est ; un autre, sur la rivière de Chenango, vers Oxford, est le plus méridional, à l'est des Alleghanys. Ces deux ouvrages sont petits, très-anciens, et semblent indiquer dans cette direction les bornes des établissements du peuple qui les érigea. Ces peuplades venant de l'Asie, trouvant nos grands lacs et suivant leurs bords, ont-elles été repoussées par nos Indiens, et les petits forts dont nous avons parlé ont-ils été construits dans la vue de les protéger contre les indigènes qui s'étoient établis sur les côtes de l'océan Atlantique? En suivant la direction occidentale du lac Érié, à l'ouest de ces ouvrages, on en trouve çà et là, surtout dans le pays de Génessée, mais en petit nombre et peu étendus, jusqu'à ce qu'on arrive à l'embouchure du Cataragus-creek, qui sort du lac Érié, dans le pays de New-York. C'est là que commence, suivant M. Clinton, une ligne de forts qui s'étend au sud à plus de cinquante milles sur quatre milles de largeur. On dit qu'il y a une autre ligne parallèle à celle-là, mais qui n'est que de quelques arpents, et dont les remparts n'ont que quelques pieds de hauteur. Le Mémoire de M. Clinton renfermant une description exacte des antiquités des parties occidentales de New-York, nous ne répéterons point ici ce qu'il a si bien dit.

Si en effet ces ouvrages sont des forts, ils doivent avoir été construits par un peuple peu nombreux et ignorant complétement les arts mécaniques. En avançant au sud-ouest, on trouve encore plusieurs de ces forts; mais lorsque l'on arrive vers le fleuve Licking, près de Newark, on en voit de très-vastes et de très-intéressants, ainsi qu'en s'avançant vers Circleville. Il y en avoit quelques-uns à Chillicothe, mais ils ont été détruits. Ceux que l'on trouve sur les bords du Point-creek surpassent à quelques égards tous les autres, et paroissent avoir renfermé une grande ville; il y en a aussi de très-vastes à l'embouchure du Scioto et du Muskingum; enfin, ces monuments sont très-répandus dans la vaste plaine qui s'étend du lac Érié au golfe du Mexique, et offrent de plus grandes dimensions à mesure que l'on avance vers le sud, dans le voisinage des grands fleuves, et toujours dans des contrées fertiles. On n'en trouve point dans les prairies de l'Ohio, rarement dans des terrains stériles; et si l'on en voit, ils sont peu étendus et situés à la lisière dans un terrain sec. A Salem, dans le comté d'Ashtabula, près de la rivière de Connaught, à trois milles environ du lac Érié, on en voit un de forme circulaire, entouré de deux remparts parallèles séparés par un fossé. Ces remparts sont coupés par des ouvertures et une route dans le genre de nos grandes routes modernes, qui descend la colline et va jusqu'au fleuve par une pente douce, et telle qu'une voiture attelée pourroit facilement la parcourir, et ce n'est que par là que l'on peut entrer sans difficulté dans ces ouvrages. La végétation prouve que dans l'intérieur le sol étoit beaucoup meilleur qu'à l'extérieur.

On trouve dans l'intérieur des cailloux arrondis, tels qu'on en voit sur les bords du lac, mais ils semblent avoir subi l'action d'un feu ardent; des fragments de poterie, d'une structure grossière et sans vernis. Mon correspondant me dit que l'on y a trouvé parfois des squelettes d'hommes d'une petite taille; ce qui prouveroit que ces ouvrages ont été construits par le même peuple qui a érigé nos tombeaux. La terre végétale qui forme la surface de ces ouvrages a au moins dix pouces de profondeur; on y a trouvé des objets évidemment confectionnés par les Indiens, ainsi que d'autres qui décèlent leurs relations avec les Européens. Je rapporte ce fait ici pour éviter de le répéter quand je décrirai en détail ces monuments, surtout ceux que l'on voit sur les bords du lac Érié et sur les rivages des grandes rivières. On trouve toujours des antiquités indiennes à la surface ou enterrées dans quelque tombe, tandis que les objets qui ont appartenu au peuple qui a érigé ces monuments sont à quelques pieds de profondeur ou dans le lit des rivières.

En continuant d'aller au sud-ouest, on trouve encore ces ouvrages; mais leurs remparts, qui ne sont élevés que de quelques pieds, leurs fossés peu profonds et leur dimension décèlent un peuple peu nombreux.

On m'a dit que dans la partie septentrionale du comté de Medina (Ohio), on a trouvé près de l'un de ces monuments une plaque de marbre polie. C'est sans doute une composition de terre glaise et de sulfate de chaux, ou de plâtre de Paris, comme j'en ai vu souvent en longeant l'Ohio. Un observateur ordinaire a dû s'y méprendre

Anciens ouvrages près de Newark.

En arrivant vers le sud, ces ouvrages, qui se trouvent en plus grand nombre, plus compliqués et plus vastes, annoncent une population plus considérable et un progrès de connoissances. Ceux qui sont sur les deux rives du Licking, près de Newark, sont les plus remarquables. On y reconnoît :

1° Un fort qui peut avoir quarante acres, compris dans ses remparts, qui ont généralement environ dix pieds de hauteur. On voit dans ce fort huit ouvertures (ou portes), d'environ quinze pieds de largeur, vis-à-vis desquelles est une petite élévation de terre, de même hauteur et épaisseur que le rempart extérieur. Cette élévation dépasse de quatre pieds les portes, que probablement elle étoit destinée à défendre. Ces remparts, presque perpendiculaires, ont été élevés si habilement que l'on peut voir d'où la terre a été enlevée ;

2° Un fort circulaire, contenant environ trente acres, et communiquant au premier par deux remparts semblables ;

3° Un observatoire construit partie en terre, partie en pierre, qui dominoit une partie considérable de la plaine, sinon toute la plaine, comme on pourroit s'en convaincre en abattant les arbres qui s'y sont élevés depuis. Il y avoit sous cet observatoire un passage, secret peut-être, qui conduisoit à la rivière, qui depuis s'est creusé un autre lit ;

4° Autre fort circulaire, contenant environ vingt-six acres, entouré d'un rempart qui s'élevoit, et d'un profond intérieur. Ce rempart a encore trente-cinq à quarante pieds de hauteur, et quand j'y étois le fossé étoit encore à moitié rempli d'eau, surtout du côté de l'étang [1]. Il y a des remparts parallèles qui ont cinq à six perches de largeur et quatre ou cinq pieds de hauteur ;

5° Un fort carré, contenant une vingtaine d'acres, et dont les remparts sont semblables à ceux du premier ;

6° Un intervalle formé par le Racoon et le bras méridional du Licking. Nous avons lieu de présumer que dans le temps où ces ouvrages étoient occupés ces deux eaux baignoient le pied de la colline ; et ce qui le prouve, ce sont les passages qui y conduisent ;

7° L'ancien bord des rivières qui se sont fait un lit plus profond qu'il ne l'étoit quand les eaux baignoient le pied de la colline : ces ouvages étoient dans une grande plaine élevée de quarante ou cinquante pieds au-dessus de l'intervalle, qui est maintenant tout unie et des plus fertiles. Les tours d'observation étoient à l'extrémité des remparts parallèles, sur le terrain le plus élevé de toute la plaine ; elles étoient entourées de remparts circulaires, qui n'ont aujourd'hui que quatre ou cinq pieds de hauteur ;

8° Deux murs parallèles qui conduisent probablement à d'autres ouvrages.

Le plateau près Newargk, semble avoir été le lieu, et c'est le seul que j'ai vu, où les habitants de ces ouvrages enterroient leurs morts. Quoique l'on en trouve d'autres dans les environs, je présumerois qu'ils n'étoient pas très-nombreux et qu'ils ne résidèrent pas longtemps dans ces lieux. Je ne m'étonne pas que ces murs parallèles

---

1. Cet étang couvre cent cinquante à deux cents acres ; il étoit à sec il y a quelques années, en sorte que l'on fit une récolte de blé là où l'on voit aujourd'hui dix pieds d'eau ; quelquefois cet étang baigne les remparts du fort : il attenoit les remparts parallèles.

tendent d'un point de défense à l'autre à un espace de trente milles aversant toute la route, jusqu'au Hockboking. et dans quelques points à quelques milles au nord de Lancastre. On a découvert en divers lieux de semblables murs, qui selon toute apparence en faisoient partie, et qui s'étendoient à dix ou douze milles; ce qui me porte à croire que les monuments de Licking ont été érigés par un peuple qui avoit des relations avec celui qui habitoit les rives du fleuve Hockboking, et que leur route passoit au travers de ces murs parallèles.

S'il m'étoit permis de hasarder une conjecture sur la destination primitive de ces monuments, je dirois que les plus vastes étoient en effet des fortifications; que le peuple habitoit dans l'enceinte, et que les murs parallèles servoient au double but de protéger en temps de danger ceux qui passoient de l'un de ces ouvrages dans l'autre et de clore leurs champs.

On n'a point trouvé d'âtres, de charbons, de braises, de bois, de cendres, etc., objets que l'on a trouvés ordinairement dans de semblables lieux, cultivés aujourd'hui. Cette plaine étoit probablement couverte de forêts; je n'y ai trouvé que quelques pointes de flèche.

Toutes ces ruines attestent la sollicitude qu'ont mise leurs habitants à se garantir des attaques d'un ennemi du dehors; la hauteur des sites, les mesures prises pour s'assurer la communication de l'eau, ou pour défendre ceux d'entre eux qui alloient en chercher; la fertilité du sol, qui me paroît avoir été cultivé; enfin, toutes ces circonstances, qu'il ne faut pas perdre de vue, font foi de la sagacité de ce peuple.

A quelques milles au-dessus de Newark, sur la rive méridionale de la Licking, on trouve des trous profonds que l'on appelle vulgairement des puits, mais qui n'ont point été creusés dans le dessein de se procurer de l'eau fraîche ou salée.

Il y a au moins un millier de ces trous, dont quelques-uns ont encore aujourd'hui une trentaine de pieds de profondeur. Ils ont excité vivement la curiosité de plusieurs personnes : l'une d'elles s'est ruinée dans l'espoir d'y trouver des métaux précieux. M'étant procuré des échantillons de tous les minéraux qui se trouvent dans ces trous et aux environs, j'ai vu qu'ils se bornoient à quelques beaux cristaux de roche, à une espèce de pierre (arrow-stone) propre à faire des pointes de flèche et de lance, à un peu de plomb, de soufre et de fer, et je suis d'avis qu'en effet les habitants en creusant ces trous n'avoient aucun but que de se procurer ces objets, sans contredit très-précieux pour eux. Je présume que si l'on ne trouve pas dans ces rivières des objets faits en plomb, c'est que ce métal s'o yde facilement.

Monuments du comté de Perry (Ohio).

Au sud de ces monuments, à quatre ou cinq milles au nord-ouest de Somerset, on trouve un ancien ouvrage construit en pierres.

C'est une élévation en forme de pain de sucre, qui peut avoir douze à quinze pieds de hauteur ; il y a un petit tombeau en pierres dans le mur de clôture.

Un rocher est en face de l'ouverture du mur extérieur. Cette ouverture offre un passage entre deux rochers qui sont dans le mur, et qui ont de sept à dix pieds d'épaisseur. Ces rocs présentent à l'extérieur une surface perpendiculaire de dix pieds de hauteur; mais après s'être étendus à une cinquantaine d'acres dans l'intérieur, ils sont de niveau avec le terrain.

On y voit aussi un petit ouvrage dont l'aire est d'un demi-acre. Ses remparts sont en terre, et hauts de quelques pieds seulement. Le grand ouvrage en pierres renferme dans ses murs plus de quarante acres de terrain; les murs sont construits de grossiers fragments de rocher, et l'on n'y trouve point de ferrure. Ces pierres, qui sont entassées dans le plus grand désordre, formeroient, irrégulièrement placées, un mur de sept à huit pieds de hauteur, et de quatre à six d'épaisseur. Je ne pense pas que cet ouvrage ait été élevé dans un but militaire ; mais, dans le cas de l'affirmative, ce ne peut avoir été qu'un camp provisoire. Des tombeaux de pierres, tels qu'on les érigeoit anciennement, ainsi que des autels ou des monuments qui servoient à transmettre le souvenir de quelque événement mémorable, me font présumer que c'étoit une enceinte sacrée, où le peuple célébroit à certaines époques quelque fête solennelle. Le sol élevé et le manque d'eau rendoient ce lieu peu propre à être longtemps habité.

Monuments que l'on trouve à Marietta (Ohio).

En descendant la rivière de Muskingum, à son embouchure à Marietta, on voit plusieurs ouvrages très-curieux, qui ont été bien décrits par divers auteurs. Je vais rassembler ici tous les renseignements que j'ai pu en recueillir, en y ajoutant mes propres observations.

Ces ouvrages occupent une plaine élevée au-dessus du rivage actuel du Muskingum, à l'orient et à un demi-mille de sa jonction avec l'Ohio; ils consistent en murs et en remparts alignés, et de forme circulaire et carrée.

Le grand fort carré, appelé par quelques auteurs la *ville*, renferme quarante acres entourés d'un rempart de cinq à dix pieds de hauteur et de vingt-cinq à trente pieds de largeur; douze ouvertures pratiquées à distances égales semblent avoir été des portes. Celle du milieu, du côté de la rivière, est la plus grande; de là, à l'extérieur, est un chemin couvert formé par deux remparts intérieurs, de vingt-un pieds de hauteur et de quarante-deux pieds de largeur à la base; mais à l'extérieur ils n'ont que cinq pieds de hauteur. Cette partie forme un passage d'environ trois cent soixante pieds de longueur, qui, par une pente graduelle, s'étend dans la plaine et atteignoit sans doute jadis les bords de la rivière. Ses remparts commencent à soixante pieds des remparts du fort, et s'élèvent à mesure que le chemin descend du côté de la rivière, et le sommet est couronné par un grand chemin bien construit.

Dans les murs du fort, au nord-ouest, s'élève un rectangle long de cent quatre-vingt-huit, large de cent trente-deux et haut de neuf pieds, uni au sommet et presque perpendiculaire aux côtés. Au centre de chacun des côtés on voit des degrés, régulièrement disposés, de six pieds de largeur, qui conduisent au sommet. Près du rempart méridional s'élève un autre carré, de cent cinquante pieds sur cent vingt, et de huit pieds de hauteur, semblable au premier, à la réserve qu'au lieu de monter au côté il descend par un chemin creux large de dix à vingt pieds du centre, d'où il s'élève ensuite, par des degrés, jusqu'au sommet. Au sud-est on voit s'élever encore un carré de cent huit sur quatre-vingt quatorze pieds, avec des degrés à ses côtés, mais qui ne sont ni aussi élevés ni aussi bien construits que les précédents; au sud-ouest du centre du fort est une élévation circulaire, d'environ trente pieds de diamètre et de cinq pieds de hauteur, près de laquelle on voit quatre petites excavations à distances égales et opposées l'une à l'autre. A l'angle au sud-ouest du fort est un parapet circulaire, avec une élévation qui défend l'ouverture du mur. Vers le sud-est est un autre fort, plus petit, contenant vingt acres, avec une porte au centre de chaque côté et de chaque angle. Cette porte est défendue par d'autres élévations circulaires.

A l'extérieur du plus petit fort est une élévation en forme de pain de sucre d'une grandeur et d'une hauteur étonnantes; sa base est un cercle régulier de cent quinze pieds de diamètre, sa hauteur perpendiculaire est de trente pieds; elle est entourée d'un fossé de quatre pieds de profondeur sur quinze pieds de largeur, défendu par un parapet de quatre pieds de hauteur, coupé du côté du fort par une porte large de vingt pieds. Il y a encore d'autres murs, des élévations et des excavations moins bien conservées.

La principale excavation, ou le puits de soixante pieds de diamètre, doit avoir eu, dans le temps de sa construction, vingt pieds de profondeur au moins ; elle n'est aujourd'hui que de douze à quatorze pieds, par suite des éboulements causés par les pluies. Cette exacavation a la forme ancienne ; on y descendoit par des marches, pour pouvoir puiser l'eau à la main.

Le réservoir que l'on voit près de l'angle septentrional du grand fort avoit vingt-cinq pieds de diamètre, et ses côtés s'élevoient au-dessus de la surface par un parapet de trois à quatre pieds de hauteur. Il étoit rempli d'eau dans toutes les saisons ; mais aujourd'hui il est presque comblé, parce qu'en nettoyant la place on y a jeté des décombres et des feuilles mortes. Cependant l'eau monte à la source et offre l'aspect d'un étang stagnant. L'hiver dernier le propriétaire de ce réservoir a entrepris de le dessécher, en ouvrant un fossé dans le petit chemin couvert : il est arrivé à douze pieds de profondeur, et ayant laissé couler l'eau, il a trouvé que les parois du réservoir n'étoient point perpendiculaires, mais inclinées vers le centre en forme de cône renversé, et enduites d'une croûte d'argile fine et colorée, de huit à dix pouces d'épaisseur. Il est probable qu'il y trouvera des objets curieux qui ont appartenu aux anciens habitants de ces lieux.

J'ai trouvé, hors du parapet et près du carré long, un grand nombre de fragments d'ancienne poterie : ils étoient ornés de figures curieuses et faits d'argile ; quelques-uns étoient vernis intérieurement ; leur cassure étoit noire et parsemée de parcelles brillantes ; la matière en est généralement plus dure que celle des fragments que j'ai trouvés près des rivières. On a trouvé à différentes époques plusieurs objets de cuivre, entre autres une coupe.

M. Duna a trouvé dernièrement à Waterford, à peu de distance de Muskingum, un amas de lances et de pointes de flèche : elles occupoient un espace de huit pouces de longueur sur dix-huit de largeur, à deux pieds de profondeur d'un côté et à dix-huit pouces de l'autre ; il paroît qu'elles avoient été mises dans une caisse, dont un côté s'est affaissé : elles paroissent n'avoir point servi. Elles ont de deux à six pouces de longueur ; elles n'ont point de bâton, et sont de figure presque triangulaire.

Il est remarquable que les terres des remparts et les élévations n'ont point été tirées des fossés, mais apportées d'assez loin ou enlevées uniformément de la plaine, comme dans les ouvrages de Licking, dont nous avons parlé plus haut. On a trouvé surprenant que l'on n'ait découvert aucun des instruments qui doivent avoir servi à ces constructions ; mais des pelles de bois suffisent.

MÉMOIRES

Monuments trouvés à Circleville (Ohio).

A vingt milles au sud de Columbus, et près du point où il se jette dans la baie de Hangus, on trouve deux forts, l'un circulaire et l'autre carré; le premier est entouré de deux murs séparés par un fossé profond; le dernier n'a qu'un mur et point de fossé : le premier avoit soixante-neuf pieds de diamètre; le dernier, cinquante-cinq perches. Les remparts du fort circulaire avoient au moins vingt pieds de hauteur avant qu'on eût construit la ville de Circleville. Le mur intérieur étoit d'une argile que l'on avoit, selon toute apparence, prise au nord du fort, où l'on voit encore que le terrain est le plus bas; le rempart extérieur est formé de la terre d'alluvion enlevée du fossé, qui a plus de cinquante pieds de profondeur. Aujourd'hui la partie extérieure du rempart a cinq à six pieds de hauteur, et le fossé de la partie intérieure a encore plus de quinze pieds. Ces monuments perdent tous les jours, et seront bientôt entièrement détruits. Les remparts du fort carré ont encore plus de dix pieds de hauteur : ce fort avoit huit portes; le fort circulaire n'en avoit qu'une. On voit aussi en face de chacune de ces portes une élévation qui servoit à les défendre.

Comme ce fort étoit un carré parfait, ses portes étoient à distances égales; ses élévations étoient en ligne droite.

Il devoit y avoir une élévation remarquable avec un pavé mi-circulaire dans sa partie orientale, en face de l'unique porte; le contour du pavé se voit encore en quelques endroits que le temps et la main des hommes ont respectés.

Le fort carré joignoit au fort circulaire dont nous avons parlé. Le mur qui environne cet ouvrage a encore dix pieds de hauteur; sept portes conduisent dans ce fort, outre celle qui communique avec le fort carré; devant chacune de ces portes étoit une élévation en terre, de quatre à cinq pieds, pour les défendre.

Les auteurs de ces ouvrages ont mis beaucoup plus de soin à fortifier le fort circulaire que le fort carré; le premier est protégé par deux remparts, le second par un seul; le premier est entouré d'un fossé profond, le dernier n'en a point; le premier n'est accessible que par une porte, le dernier en avoit huit, et qui avoient plus de vingt pieds de largeur. Les rues de Circleville couvrent aujourd'hui tout le fort rond et plus de la moitié du fort carré. La partie de ces fortifications qui renfermoit l'ancienne ville ne tardera pas à disparoître.

Ce qu'il y a de plus remarquable dans ces ouvrages, ce sont la précision et l'exactitude de leurs dimensions, qui prouvent que leurs fondateurs avoient des connoissances bien supérieures à celles de la race actuelle de nos Indiens ; et leur position, qui coïncidoit avec la déclinaison de la boussole, a fait présumer à plusieurs auteurs qu'ils devoient avoir cultivé l'astronomie.

Monuments sur les bords du Point-Creek (Ohio.)

Les premiers que l'on rencontre sont à onze et les autres à quinze milles à l'ouest de la ville de Chillicothe.

L'un de ces ouvrages a beaucoup de portes ; elles ont de huit à vingt pieds de largeur ; leurs remparts ont encore dix pieds de hauteur, à partir des portes ; ils ont été construits de la terre enlevée au lieu même. La partie de l'ouvrage carré a huit portes ; les côtés du carré ont soixante-six pieds de longueur, et renferment une aire de vingt-sept acres et $\frac{2}{10}$. Cette partie communique par trois portes au plus grand ouvrage ; l'une est entourée de deux remparts parallèles de quatre pieds de hauteur. Un petit ruisseau qui coule au sud-ouest traverse la plus grande partie de cet ouvrage, en passant par le rempart. Quelques personnes présument que cette cascade étoit, dans l'origine, un ouvrage de l'art ; elle a quinze pieds de profondeur et trente-neuf de surface ; il y a deux monticules, l'un est intérieur, l'autre extérieur ; ce dernier a environ vingt pieds de hauteur.

D'autres fortifications sont contiguës à celle-là ; l'ouvrage carré est exactement semblable à celui que nous venons de décrire.

Il n'y a point d'élévation dans l'intérieur des remparts ; mais on en trouve une de dix pieds de hauteur à une centaine de perches à l'ouest. La grande partie irrégulière du grand ouvrage renferme soixante-dix-sept acres ; ses remparts ont huit portes, outre celle que nous venons de décrire ; ces portes, très-différentes entre elles, ont d'une à six perches de largeur. Au nord-ouest, on voit une autre élévation, qui est jointe par une porte au grand ouvrage, et qui a soixante perches de diamètre. A son centre est un autre cercle de six perches de diamètre, et dont les remparts ont encore quatre pieds de hauteur. On y remarque trois anciens puits, l'un dans l'intérieur, les autres hors du rempart. Dans le grand ouvrage de forme irrégulière on trouve des élévations elliptiques ; la plus considérable, qui est près du centre, a vingt-cinq pieds de hauteur ; son grand axe est de vingt, son petit de dix perches ; son aire est de cent cinquante-neuf perches carrées. Cet ouvrage est presque entièrement construit en pierres, qui doivent y avoir été transportées de la colline voisine ou du lit de la baie ; il est rempli d'ossements humains ; il y a des personnes qui n'ont pas hésité à y voir les restes des victimes qui ont été sacrifiées dans ce lieu.

L'autre ouvrage elliptique a deux rangs; l'un a huit, l'autre a quinze pieds de hauteur; la surface des deux est unie. Ces ouvrages ne sont pas aussi communs ici qu'au Mississipi et plus au sud.

Il y a un ouvrage en forme de demi-lune dont les bords sont construits en pierres, que l'on aura sans doute prises à un mille de là. Près de cet ouvrage il y a une élévation, haute de cinq pieds, et de trente pieds de diamètre, et tout entière formée d'une ocre rouge que l'on trouve à peu de distance de là.

Les puits dont nous avons parlé plus haut sont très-larges; l'un a six et l'autre dix perches de contour; le premier a encore quinze, l'autre dix pieds de profondeur; on y trouve de l'eau; on voit encore quelques autres de ces puits sur la route.

Un troisième ouvrage, encore plus remarquable, est situé sur une colline haute, à ce qu'on dit, de plus de trois cents pieds, et presque perpendiculaire en plusieurs points. Ses remparts sont des pierres dans leur état naturel, qui ont été portées sur le sommet que ce rempart couronne. Cet ouvrage avoit dans le principe deux portes, qui se trouvoient aux seuls points accessibles. A la porte du nord on voit encore un amas de pierres qui auroit suffi à construire deux grandes tours. De là à la baie on voit un chemin, qui peut-être a été construit jadis, dont les pierres sont parsemées sans ordre, et dont la quantité auroit suffi pour en élever un mur de quatre pieds d'épaisseur sur dix de hauteur. Dans l'intérieur du rempart on voit un endroit qui semble avoir été occupé par des fours ou des forges; on y trouve des cendres à plusieurs pieds de profondeur. Ce rempart renferme une aire de cent trente acres. C'étoit une des places les plus fortes.

Les chemins du rempart répondent à ceux du sommet de la colline, et l'on trouve la plus grande quantité de pierres à chaque porte, et à chaque détour du rempart, comme si elles avoient été entassées dans la vue d'en construire des tours et des créneaux. Si c'est là que furent les *enceintes sacrées*, elles étoient en effet défendues par les plus forts ouvrages; nul militaire ne pourroit choisir une meilleure position pour protéger ses compatriotes, ses autels et ses dieux.

Dans le lit de la Pint, qui baigne le pied de la colline, on trouve quatre puits remarquables; ils ont été creusés dans un roc pyriteux, où l'on trouve beaucoup de fer. Lorsqu'ils furent découverts, par une personne qui passoit en canot, ils étoient couverts de pierres semblables à nos meules, percées au centre; le trou avoit quatre pouces de diamètre, et semble avoir servi à y passer une anse pour pouvoir les ôter à volonté. Ces puits avoient plus de trois pieds de diamètre et avoient été construits en pierres bien jointes.

L'eau étant très-large, je pus bien examiner ces puits ; leurs couvercles sont cassés en morceaux, et les puits mêmes sont comblés de pierres. Il n'est pas douteux qu'ils n'aient été construits de main d'homme ; mais on s'est demandé quel peut avoir été le but de leur construction, puisqu'ils sont dans le fleuve même? On pourroit répondre que probablement l'eau ne s'étendoit pas alors jusqu'à cet endroit. Quoi qu'il en soit, ces puits ressemblent à ceux que l'on a décrits en parlant des patriarches : ne remonteroient-ils pas à cette époque?

On reconnoît aussi un ouvrage circulaire, d'environ sept à huit acres d'étendue, dont les remparts n'ont aujourd'hui que dix pieds de hauteur et sont entourés d'un fossé, excepté en une partie large de deux perches, où l'on voit une ouverture semblable à celles des barrières de nos grandes routes [1], qui conduit dans un embranchement de la baie. A l'extrémité du fossé qui rejoint le rempart de chaque côté de cette route, on trouve une source d'une eau excellente ; et en descendant vers le plus considérable on découvre la trace d'un ancien chemin. Ces sources, ou plutôt le terrain où elles se trouvent, a été creusé à une grande profondeur par la main des hommes.

La maison du général William-Vance occupe aujourd'hui cette porte, et son verger l'*enceinte sacrée*.

Monuments de Portsmouth (Ohio).

A l'embouchure du Scioto, on voit encore un ancien ouvrage de fortification qui s'étend sur la côte de Kentucky, près de la ville d'Alexandrie. Le peuple qui habitoit ce pays paroît avoir apprécié l'importance de cette position.

Du côté de Kentucky sur l'Ohio, vis-à-vis l'embouchure du Scioto, est un vaste fort, avec une grande élévation en terre près de l'angle extérieur du sud-ouest, et des remparts parallèles. Les remparts parallèles orientaux ont une porte qui conduit à la rivière par une pente très-rapide de plus de dix perches : ils ont encore de quatre à six pieds de hauteur, et communiquent avec le fort par une porte. Deux petits ruisseaux se sont creusé autour de ces remparts, depuis qu'ils sont abandonnés, des lits de dix à vingt pieds de profondeur ; ce qui peut faire juger de l'antiquité de ces ouvrages.

---

1. Turnpike-road.

Le fort, presque carré, a cinq portes; ses remparts, en terre, ont encore de quatorze à vingt pieds de hauteur.

De la porte à l'angle nord-ouest du fort s'étendent presque jusqu'à l'Ohio deux remparts parallèles en terre, qui vont se perdre dans quelques bas-fonds près du bord. La rivière paroît avoir un peu changé son cours depuis que ces remparts ont été élevés. On voit un monticule à l'angle extérieur sud-ouest du fort. Il ne semble pas qu'il ait été destiné à servir de lieu de sépulture : il est trop vaste. C'est un grand ouvrage qui s'élève à plus de vingt pieds, et dont la surface, très-unie, peut avoir un demi-acre; il me paroît avoir été destiné au même usage que les carrés de Marietta. Entre cet ouvrage et l'Ohio on voit une belle pièce de terre. On a trouvé dans les remparts de ce fort une grande quantité de haches, d'armes, de pelles, de canons de fusil, qui ont évidemment été enfouis par les François, lorsqu'ils fuyoient devant les Anglois et Américains victorieux, à l'époque de la prise du fort Duquesne, nommé plus tard fort Pitt. On aperçoit dans ces remparts et aux environs les traces des fouilles que l'on a faites pour chercher ces objets.

Plusieurs tombeaux ont été ouverts; on y a trouvé des objets qui ne laissent, à mon avis, aucun doute sur leurs auteurs et sur l'époque où ils ont été déposés.

Il y a sur la rive septentrionale de la rivière des ouvrages plus vastes encore et plus imposants que ceux que nous venons de citer.

En commençant par le bas-fond près de la rive actuelle du Scioto, qui semble avoir changé un peu son cours depuis que ces fortifications ont été élevées, on voit deux remparts parallèles en terre, semblables à ceux qui se trouvent de l'autre côté de l'Ohio, que nous avons décrits. De la rive du Scioto ils s'étendent vers l'orient, à huit ou dix perches, puis s'élargissent peu à peu, de distance en distance, de la maison de M. John Brown, et s'élèvent à vingt perches. Cette colline est très-escarpée, et peut avoir quarante à cinquante pieds de hauteur; le plateau offre un terrain uni, fertile, et formé par les alluvions de l'Ohio. On y voit un puits qui peut avoir aujourd'hui vingt-cinq pieds de profondeur; mais l'immense quantité de cailloux et de sable que l'on trouve après la couche de terreau peut faire juger que l'eau de ce puits étoit jadis de niveau avec la rivière, même dans le temps où ses eaux étoient basses.

Il reste quelques traces de trois tombeaux circulaires élevés de six pieds au-dessus de la plaine, et renfermant chacun près d'un acre. Non loin de là est un ouvrage semblable, mais beaucoup plus élevé, qui peut avoir encore vingt pieds de hauteur perpendiculaire et contenir un acre de terrain. Il est circulaire, et l'on y voit des remparts qui conduisent jusqu'au sommet ; mais ce n'étoit point un cimetière.

Cependant il y en a un près de là, de forme conique, dont le sommet a au moins vingt-cinq pieds de hauteur, et qui est rempli des cendres du peuple qui construisit ces fortifications ; on en trouve un semblable au nord-ouest, qui est entouré d'un fossé d'environ six pieds de profondeur, avec un trou au milieu. Deux autres puits qui ont encore dix ou douze pieds de profondeur me paroissent avoir été creusés pour servir de réservoir d'eau, et ressemblent à ceux que j'ai décrits plus haut. Près de là on voit un rempart d'un accès facile, mais élevé si haut, qu'un spectateur placé à son sommet verroit tout ce qui se passe.

Deux remparts parallèles, longs de deux milles, et hauts de six à dix pieds, conduisent de ces ouvrages élevés au bord de l'Ohio ; ils se perdent sur les bas-fonds près de la rivière, qui semble s'en être éloignée depuis l'époque de leur construction. Entre ces remparts et le fleuve il y a des terres aussi fertiles que toutes celles que l'on trouve dans la belle vallée de l'Ohio, et qui cultivées ont pu suffire aux besoins d'une nombreuse population. La surface de la terre entre tous ces remparts parallèles est unie, et semble même avoir été aplanie par l'art. C'étoit la route pour aller aux *hautes places* ; les remparts auront servi à défendre et clore les terres cultivées.

Je n'ai vu dans le pays bas qu'un de ces cimetières, peu large, et qui paroît avoir été celui du peuple qui habitoit la plaine,

Monuments qu'on voit sur les bords du Petit-Miami.

Ces fortifications, dont plusieurs voyageurs ont parlé, sont dans une plaine presque horizontale, à deux cent trente-six pieds au-dessus du niveau de la rivière, entre deux rives très-escarpées. Des portes, ou, pour mieux dire, des embrasures, conduisent dans les remparts. La plaine s'étend à un demi-mille à l'est de la route. Toutes ces fortifications, excepté celles de l'est et de l'ouest, où passe la route, sont entourées de précipices. La hauteur du rempart dans l'intérieur varie suivant la forme du terrain extérieur, étant en général de huit à dix pieds ; mais dans la plaine elle est de dix-neuf pieds et demi, et la base de quatre perches et demie. Dans quelques endroits les terres semblent avoir été entraînées par les eaux qui filtrent de l'intérieur.

A une vingtaine de perches à l'est de la porte par laquelle la route passe, on voit, à droite et à gauche, deux tertres d'environ onze pieds de hauteur, d'où descendent des gouttières qui paroissent avoir été faites à dessein pour communiquer avec les branches de la rivière, de chaque côté. Au nord-est de ces élévations, et dans la plaine, on voit deux chemins, larges d'une perche et hauts de trois pieds, qui, parcourant presque parallèlement un espace d'un quart de mille, vont former un demi-cercle irrégulier autour d'une petite élévation. A l'extrémité sud-ouest de l'ouvrage fortifié on trouve trois routes circulaires, de trente et quarante perches de longueur, taillées dans le précipice entre le rempart et la rivière. Le rempart est en terre. On a fait beaucoup de conjectures sur le but que s'étoient proposé les constructeurs de cet ouvrage, qui n'a pas moins de cinquante-huit portes; il est possible que plusieurs de ces ouvertures soient l'effet de l'eau qui, rassemblée dans l'intérieur, s'est frayé un passage. Dans d'autres parties le rempart peut n'avoir point été achevé.

Quelques voyageurs ont supposé que cet ouvrage n'avoit eu d'autre but que l'amusement. J'ai toujours douté qu'un peuple sensé ait pris tant de peine pour un but si frivole. Il est probable que ces ouvertures n'étoient point des portes, qu'elles n'ont pu même être produites par l'action des eaux, mais que l'ouvrage, pour d'autres causes, n'a pas été terminé.

Les trois chemins creusés avec de grands efforts dans le roc, et le sol pierreux, parallèlement au Petit-Miami, paroissent avoir été destinés à servir de portes pour inquiéter ceux qui passeroient la rivière. J'ai appris que dans toutes leurs guerres les Indiens font usage de semblables chemins. Quoi qu'il en soit, je ne déciderai pas si (comme on le croit assez généralement) toutes ces fortifications sont l'ouvrage d'un même peuple et d'une même époque.

Quant aux routes, assez semblables à nos grandes routes, si elles étoient destinées à la course, il est probable que les tertres servoient de point de départ et d'arrivée, et que les athlètes en faisoient le tour. Le terrain que les remparts embrassent, aplani par l'art, peut avoir été l'arène ou le lieu où l'on célébroit les jeux. Nous ne l'affirmerons pas, mais Rome et l'ancienne Grèce offrent de semblables ouvrages.

Le docteur Daniel Drake dit, dans la *Description de Cincinnati* : « Il n'y a qu'une seule excavation ; elle a douze pieds de profondeur, son diamètre en a cinquante ; elle ressemble à un puits à demi rempli. »

On a trouvé quatre pyramides ou monticules dans la plaine ; la plus considérable est à l'ouest de l'enclos, à la distance de cinq cents *yards* (aunes) ; elle a aujourd'hui trente-sept pieds de hauteur ; c'est une ellipse dont les axes sont dans la proportion de 1 à 2 ; sa base a cent cinquante pieds de circonférence ; la terre qui l'entoure étant de trente ou quarante aunes de distance plus basse que la plaine, il est probable qu'elle a été enlevée pour sa construction ; ce qui d'ailleurs est confirmé par sa structure intérieure. On a pénétré presque jusqu'au centre, composé de marne et de bois pourri ; on n'y a trouvé que quelques ossements d'hommes, une partie d'un bois de cerf et un pot de terre renfermant des coquilles. A cinq cents pieds de cette pyramide, au nord-ouest, il y en a une autre, d'environ neuf pieds de hauteur, de forme circulaire, et presque aplatie au sommet : on n'y a trouvé que quelques ossements et une poignée de grains de cuivre qui avoient été enfilés. Le monticule qui se voit à l'intersection des deux rues dites Thiri et Main est le seul qui coïncide avec les lignes fortifiées que nous avons décrites ; il a huit pieds de hauteur, cent vingt de longueur et soixante de largeur ; sa figure est ovale, et ses axes répondent aux quatre points cardinaux. Sa construction est bien connue, et tout ce qu'on y a trouvé a été soigneusement recueilli. Sa première couche étoit de gravier élevé au milieu ; la couche suivante, formée de gros cailloux, étoit convexe et d'une épaisseur uniforme ; sa dernière couche consistoit en marne et en terre. Ces couches étoient entières, et doivent avoir été construites après que l'on eut déposé dans ce tombeau les objets que l'on y a trouvés. Voici le catalogue des plus remarquables :

1° Des morceaux de jaspe, de cristal de roche, de granit, cylindriques aux extrémités, et rebombés au milieu, terminés par un creux, en forme d'anneaux ;

2° Un morceau de charbon rond, percé au centre comme pour y introduire un manche, avec plusieurs trous régulièrement disposés sur quatre lignes ;

3° Un autre d'argile, de la même forme, ayant huit rangs de trous, et bien poli ;

4° Un os orné de plusieurs figures, que l'on présume des hiéroglyphes ;

5° Une figure sculptée, représentant la tête et le bec d'un oiseau de proie (qui est peut-être un aigle) ;

6° Un morceau de mine de plomb (*galena*), comme on en a trouvé dans d'autres tombeaux ;

7° Du talc (*mica membranacea*) ;

8° Un morceau ovale de cuivre avec deux trous ;

9° Un plus grand morceau du même métal avec des creux et des rainures.

Ces objets ont été décrits dans les quatrième et cinquième volumes des *Transactions philosophiques américaines*... Le professeur Barton présume qu'ils ont servi d'ornements, ou qu'on les employoit dans les cérémonies superstitieuses.

M. Drake a découvert depuis dans ce monument :

10° Une quantité de grains ou de fragments de petits cylindres creux, qui paroissent faits d'os ou d'écailles ;

11° Une dent d'un animal carnivore, qui paroît être celle d'un ours ;

12° Plusieurs coquilles, qui semblent du genre *buccinum*, et taillées de manière à servir aux usages ordinaires de la vie, et presque calcinées ;

13° Plusieurs objets en cuivre, composés de deux plaques circulaires concaves-convexes, réunies par un axe creux, autour duquel il a trouvé le fil ; le tout est tenu par les os d'une main d'homme. On en a trouvé de semblables dans plusieurs endroits de la ville. La matière dont ils sont faits est du cuivre pur et de la rosette ; ils sont couverts de vert-de-gris. Après avoir enlevé ce carbonate, on a trouvé que leur **gravité** spécifique étoit de 7,545 et de 7,857. Ils sont plus durs que les feuilles de cuivre ordinaire ; mais on n'y voit aucune figure, aucun ornement ;

14° Des ossements humains. On n'a pas découvert plus de vingt ou trente squelettes dans tous ces monuments ; quelques-uns étoient renfermés dans de grossiers cercueils de pierre, et généralement entourés de cendres et de chaux.

Ces ouvrages ne me paroissent pas avoir été des fortifications construites dans un but militaire ; leur site n'est point une raison suffisante : on sait que la plupart des lieux destinés au culte religieux en Grèce, à Rome, en Judée, étoient situés sur les hauteurs. M. Drake croit que les anciens ouvrages que l'on trouve dans le pays de Miami sont les vestiges des villes qu'habitoient ces peuples dont nous ne retrouvons plus d'autre trace, et son opinion me paroît très-probable.

SUR L'ORIGINE ET L'EPOQUE

DES MONUMENTS ANCIENS DE L'OHIO,

PAR M. MALTE-BRUN.

Nous n'entreprenons pas d'établir une hypothèse affirmative sur le peuple qui a pu construire les soi-disant fortifications disséminées sur l'Ohio, ni sur l'époque à laquelle ces monuments remontent ; notre but est plutôt négatif, et nous chercherons à réduire à leur juste valeur les notions exagérées que les Américains se sont formées de ces restes d'une civilisation antérieure à l'arrivée des colonies européennes. Le déluge, l'Atlantide avec ses empires, les Celtes, les Phéniciens, les dix tribus d'Israel, les Scandinaves, même la migration des peuples aztèques, lorsqu'ils fondèrent le royaume d'Anahuac, ne nous paroissent pas présenter des rapports nécessaires avec ces monuments d'une nature simple et rustique, mais surtout locale. Considérons de sang-froid tous les caractères de ces monuments et des objets qu'on a trouvés dans leur enceinte; le lecteur judicieux formera ensuite lui-même son opinion.

Forme et situation des enceintes.

Rien dans l'élévation des remparts ni dans le choix des positions n'indique chez le peuple auteur de ces enceintes un caractère plus belliqueux ni un degré de puissance supérieur à ce qu'on verroit encore chez les tribus iroquoises, chipperaies ou autres, si elles jouissoient de leur liberté entière, loin de la suprématie des Anglo-Américains. Ces enceintes ne sont nullement comparables aux Théocallis du Mexique ni pour l'élévation ni pour la masse. Le seul trait de régularité, c'est la réunion d'une enceinte carrée avec une autre circulaire, surtout Point-Creek et Marietta, près Newark, et cette circonstance a probablement fait naître l'idée d'une destination religieuse. Nous trouvons bien plus naturel de considérer dans les trois cas indiqués le fort rond comme la demeure du cacique et de sa famille, tandis que l'enceinte carrée paroît avoir enfermé les huttes de la peuplade. C'est ainsi que dans le Siam, dans le Japon et dans les îles océaniques nous trouvons la famille régnante logée dans des enceintes séparées, et pourtant attenantes aux villes ou villages. Les fortifications sur le Petit-Miami offrent des entrées extrêmement étroites, et disposées de manière qu'un ennemi ne puisse pas facilement les reconnoître. Si on suppose l'ensemble de l'enceinte entourée de broussailles, ce sont les clôtures des villages décrites par Gili, dans sa description de la Guyane. Enfin, tous ces forts sont placés de manière à avoir deux sorties, l'une sur l'eau, l'autre sur les champs, ce qui achève de leur donner le caractère de villages fortifiés. Si c'étoient des temples, ils seroient en moindre nombre et dans des positions plus saillantes.

Mais nous ne prétendons pas adopter exclusivement cette explication. Le fort rond de *Circleville,* étant égal en superficie à l'enceinte carrée, peut avec raison faire naître l'idée d'un sanctuaire précédé d'une enceinte où le peuple étoit admis. Les élévations centrales, avec des parements, présentent l'apparence, soit d'un autel, soit d'un siége de juge ; mais ces relations manquent dans les autres ronds.

Dans les trois élévations rondes réunies au temple, près *Portsmouth*, au confluent du Scioto et de l'Ohio, nous sommes d'autant plus tentés de voir des places de sacrifices, que rien dans ce lieu n'indique une enceinte d'habitation.

Deux collines rondes, renfermées dans le milieu d'une grande enceinte, près Chillicoche (*Archæologia Americana*), réunissent peut-être les deux destinations ; l'une a pu servir de base à quelque autel ou à quelque autre construction religieuse ; l'autre, enfermer une demeure de cacique. Il nous semble que ces distinctions méritent quelque attention de la part des antiquaires américains, et qu'en observant ces monuments ils devroient, autant que possible, faire creuser le sol, pour vérifier s'il ne reste pas quelque trace de la destination spéciale de chacun.

Rapports entre les tumuli et les fortifications.

Les antiquaires américains ont quelquefois voulu distinguer le peuple auteur des *tumuli* ou colonnes artificielles coniques, d'avec les fondateurs des forts *circulaires* ou anguleux ; mais les faits qu'ils citent ne sont pas très-concluants.

D'abord il est certain que des collines sépulcrales de forme conique couvrent toute la Russie et une partie de la Sibérie, sans que les doctes travaux de Pallas, de Kappen et d'autres aient pu établir aucune distinction bien nette entre les diverses nations dont ces simples et imposants monuments recouvrent les cendres. On assure que ces *tumuli* se retrouvent depuis les monts *Rocky,* dans l'ouest, jusqu'aux monts Alleghanys, dans l'est [1].

Ceux sur la rivière Muskingum ont une base formée de briques bien cuites, sur lesquelles on trouve des ossements humains calcinés entremêlés de charbons. Ainsi les peuples qui les ont élevés brûloient d'abord les corps de leurs morts, et les recouvroient ensuite de terre.

Près Circleville, un *tumulus* avoit près de trente pieds de haut, et renfermoit divers objets dont nous parlerons dans la suite.

En descendant l'Ohio, les *tumuli* augmentent en nombre. Il y en a

---

1. *Archæologia.*

quelques-uns en pierre, mais ils paroissent appartenir à la race d'Indiens actuellement subsistante.

Nous parlerons des squelettes trouvés dans ces *tumuli*; mais en nous bornant à considérer la position relative des *tumuli* et des *forts*, nous ne pouvons guère douter de l'identité du peuple qui a élevé les uns et les autres.

Ni les uns ni les autres ne supposent une population nombreuse, puissante, civilisée; ils ne supposent qu'une possession tranquille du pays, telle que, selon les traditions indigènes rapportées par Heckwelder, les *Allighewis* ou *Alleghanys* en avoient avant l'invasion des Lennilénaps et des Iroquois.

Le rapprochement de ces collines funéraires, de ces villages fortifiés, de ces enceintes privilégiées de caciques, de ces autels ou places de sacrifices, nous paroît indiquer le séjour prolongé d'un seul et même peuple sur les bords de l'Ohio.

Squelettes trouvés dans les tumuli

Les squelettes trouvés dans les *tumuli*, nous dit M. Atwater [1], ne sauroient appartenir à la race actuelle des Indiens. Ceux-ci ont la taille élevée, un peu mince, et les membres droits et longs; les squelettes appartiennent à des hommes petits, mais carrés. Ils n'avoient que cinq pieds en général, et très-rarement six. Leur front étoit abaissé (avec une saillie au-dessus des yeux), les os des pommettes étoient saillants, la face courte, mais large par le bas, les yeux grands, le menton proéminent [2].

Ce signalement ne convient pas à la race iroquoise, algonquine, nadowessienne, à cette race qui domine dans la partie septentrionale des bassins du Mississipi et du Missouri; mais elle répond sur beaucoup de points à la configuration des indigènes de la Floride et du Brésil.

Un crâne humain très-grand, figuré dans l'*Archéologie,* présente beaucoup de caractères de la race nègre africaine.

Corps trouvés dans les cavernes du Kentucky.

Les rochers calcaires du Kentucky renferment de nombreuses et de grandes cavernes, où abonde le nitre et où règne d'ailleurs une grande sécheresse. On y découvre beaucoup de corps humains de tout

1. *Archæologia.*   2. *Ibid.*

âge et des deux sexes, quelquefois légèrement enterrés au-dessus de la surface du sol, mais couverts avec soin de plusieurs enveloppes. Un de ces corps en avoit quatre ; la première, d'une peau de cerf séchée et rendue lisse par le frottement ; la seconde étoit également de peau, mais on n'avoit fait qu'en enlever les poils avec un instrument tranchant ; la troisième couverture étoit d'une toile grossière, et la quatrième étoit de la même matière, mais ornée d'un plumage artificiellement arrangé, de manière à mettre le porteur à l'abri du froid et de l'humidité ; enfin, c'étoit un *habit de plumes*, tel qu'on en fait encore sur la côte nord-ouest[1]. Le corps étoit conservé dans un état de sécheresse qui le fait ressembler à une momie ; mais nulle part on n'y trouva des substances aromatiques ni bitumineuses ; il n'y avoit point d'incision au ventre par où les entrailles auroient pu être extraites. Point de bandages ; la peau étoit entière et d'une teinte noirâtre ou brune (*dusky*). Le corps étoit dans la position d'un homme huché sur les pieds et le derrière, ayant un bras autour de la cuisse et l'autre sous le siége[2].

Le savant Américain qui nous a fourni ce fait pense avoir observé dans les formes de ce squelette, et surtout de l'angle facial, une grande similitude « avec la race des *Malais* qui peuple les îles du grand océan Pacifique ».

De semblables *momies* (comme on les appelle en Amérique) ont été trouvées dans le Tennessee oriental[3]. La couverture en plumes n'y manquoit pas, mais la toile étoit une espèce de papier fait de feuilles de plantes. On avoit placé beaucoup de ces corps dans de petites chambres carrées, formées de dalles de pierre. Dans un de ces rapports, on dit que leurs mains paroissent avoir été de petite dimension, chose qui ne convient pas aux Malais.

La position des corps et les chambres de pierres planes rappellent bien le *monument de Kiwik*, en Scanie, dont nous avons donné la description dans les anciennes Annales des Voyages ; mais ces deux traits peuvent être communs à beaucoup de peuples : d'ailleurs, les corps de Kiwik étoient sans couvertures, et leur position étoit bien plus courbée ; la chambre étoit bien plus grande et au-dessus de la surface du sol.

Si les squelettes présentent l'angle facial des Malais et les petites mains des Hindous, il est impossible de trouver rien de plus opposé au caractère physique des Scandinaves, des Germains, des Goths et des Celtes.

1. Nous reviendrons sur cette circonstance.
2. Lettre de M. *Mitchill, Archæologia*, p. 318.   3. *Idem*, p. 302.

Idoles et objets sacrés.

Nous avons donné[1] une figure d'une idole ou vase sacré à trois têtes, trouvée sur la branche *Cany* de la rivière de Cumberland; nous sommes d'accord avec les antiquaires américains, qui y voient une trace de cette idée de trinité divine si généralement répandue en Asie, spécialement dans l'Inde. Mais nous devons leur rappeler que chez un peuple malais, les Otaïtiens, il existe aussi la doctrine d'une sorte de trinité, composée d'*Oromatta, Méidia* et *Aroa-te-Mani*. Il seroit important d'en rechercher les traces chez les habitants des îles Carolines, des îles Sandwich et de la côte nord-ouest.

Cette idole trinitaire, au surplus, n'a rien dans la physionomie qui soit précisément mongol ou tartare, quoi qu'en dise l'*Archæologia*. Le caractère est plutôt indien ou malais.

Il en est de même à l'égard de l'idole trouvée à Lexington (Kentucky), et figurée dans l'*Archæologia*, p. 211. Il est vrai que la manière d'arranger les cheveux et l'espèce de *placenta* placé sur la tête rappelle une figure trouvée dans la Russie méridionale, et dessinée dans Pallas; mais la physionomie diffère de celles de toutes les races tartares.

Nous devons signaler, par exception, l'idole figurée dans les *Nouvelles Annales des Voyages*, et qui selon notre conjecture, approuvée par le savant M. de Humboldt, représente un *Bur-khan*, ou esprit céleste. Elle a une physionomie mongole très-marquée [2].

Un trait important distingue des idoles mongoles, chinoises et malaises, les figures considérées comme idoles des peuples anciens sur l'Ohio : les premières ont l'air furieux, le visage en contorsion et les traits difformes; les secondes ont la physionomie douce et tranquille.

Il est bien à déplorer que plusieurs de ces monuments, aussitôt trouvés, sont détruits par l'ignorance et par une avidité mal éclairée. Un des plus curieux de ceux qu'on a trouvés dans le Tennessee a subi ce sort : c'étoit le buste d'un homme en marbre, tenant devant lui un vase en forme hémisphérique (*bowl*), où il y avoit un poisson [3]. Il est des idoles chinoises et indiennes qui portent également un poisson.

On ne cite aucune idole *armée* et *cuirassée*, comme l'étoient celles des Scandinaves.

---

1. *Nouvelles Annales des Voyages*, t. XIX, p. 248; *Archæologia*, p. 238, 239.
2. *Nouvelles Annales des Voyages*, l. c.; *Archæologia*, p. 215
3. Lettre de M. *Fiske*, dans l'*Archæologia*, p. 307.

Ouvrages de l'art.

L'*Archæologia* donne le dessin de plusieurs haches, pointes de javelot, et d'autres instruments de guerre en granit et autres rochers, ainsi que des cristaux qui ont servi d'ornements ; elle parle aussi des miroirs en *mica lamellaire,* et de divers ornements en or, argent et cuivre, mais elle n'en donne pas la figure. L'art le plus répandu et le plus perfectionné chez ces anciens peuples a dû être celui du potier. L'*Archæologia* a figuré quelques pots et autres vases en terre argileuse assez bien formés, et qui ont été cuits dans le feu [1]. Les urnes paroissent faites d'une composition semblable à celle dont nous faisons nos creusets.

On a trouvé des vases artistement taillés dans une espèce de *talc graphique,* semblable à celui dont sont faites les idoles chinoises; cette roche n'est pas connue à l'ouest des monts Alleghanys, et ces vases ont dû venir de loin.

Ils faisoient de bonnes briques; du moins, on en trouve d'excellentes dans les *tumuli;* mais elles manquent dans les enceintes fortifiées, dont les remparts, après examen, n'ont présenté que des couches de terre, de pierre et de bois. Peut-être les briques n'étoient-elles pas assez abondantes pour être employées à ces constructions ; peut-être l'invention de l'art de les cuire est-elle postérieure à l'époque des fortifications. On est fondé à croire qu'ils ne bâtissoient pas de maisons en briques, puisqu'on n'en a pas trouvé de restes. Les emplacements des maisons, ou plutôt des cabanes, ne sont reconnoissables que par des espèces de parvis en terre battue, qui ont dû servir de parquet. Ces cabanes paroissent avoir été rangées en lignes parallèles [2].

Mais de tout les détails relatifs aux arts de cet ancien peuple voici le trait le plus positif : les tissus couverts de plumes dans lesquels les corps morts desséchés se trouvent enveloppés ressemblent parfaitement aux tissus du même genre rapportés, par les navigateurs américains, des îles Sandwich, des îles Fidgi et de Wastash ou de Noutka-Sound [3]. Même adresse à rattacher chaque plume à un fil sortant du tissu; même effet à l'égard de l'eau qui passe par-dessus sans le mouiller, comme par-dessus le dos d'un canard. La guerre qui eut lieu dans l'île de *Toconraba*, une des Fidgi, fut décidée par l'intervention de quelques Américains qui rapportèrent à New-York

1. *Archæologia,* p. 223 et suiv.   2. *Archæologia,* p. 226, 311, etc.
3. *Mitchill,* dans l'*Archæologia,* p. 319.

un certain nombre d'objets manufacturés, soit aux îles Fidgi, soit dans d'autres îles de la mer du Sud. Non-seulement les tissus, mais aussi divers échantillons de sculpture en bois, furent confrontés avec des objets semblables, trouvés dans les cavernes du Kentucky et les *tumuli* d'Ohio [1].

Cette donnée seroit plus précieuse encore si les antiquaires américains avoient eu soin de faire dessiner et graver ces objets, empreints d'un caractère plus spécial que les haches, les pots et d'autres objets bien moins caractérisés.

CONCLUSION.

Nous avons réuni tout ce qui dans les divers rapports sur les antiquités de l'Ohio, du Kentucky et du Tennessee, nous a paru propre à donner à ces divers restes d'anciens habitants un caractère historique spécial. Nous pensons que nos lecteurs seront d'accord avec nous sur la difficulté extrême de trouver dans le caractère vague de ces monuments simples et rustiques aucun indice certain sur leur origine et leur époque.

Les objets qu'on a cru devoir rapporter à un culte religieux quelconque nous ont offert un caractère asiatique.

Les objets d'art les mieux caractérisés nous ont présenté un caractère polynésien ou malais. Ces deux indices peuvent se ramener à un seul point de vue. Les peuples de l'Océanie ont vécu en commun avec ceux de l'Asie orientale et avec ceux de la côte nord-ouest de l'Amérique.

Tout détail ultérieur sur la migration de ce peuple pour arriver sur les bords de l'Ohio seroit entièrement hasardé et inutile dans l'état actuel des connoissances.

La réunion de ce peuple en villages considérables, placés près les fleuves, dans des positions agréables, sur un sol fertile, semble indiquer une nation agricole et qui avoit, du moins en grande partie, abandonné la vie du chasseur. Il ne paroît pas même que dans les objets trouvés dans les *tumuli*, ni dans les cavernes, rien rappelle les instruments de la chasse. Pourtant il paroît qu'ils ne possédoient aucune espèce de bestiaux; on n'en retrouve ni cornes ni cuirs.

Les vases sculptés en talc graphique semblent indiquer un commerce avec la Chine, et par conséquent un état de paix et de tranquil-

---

1. *Medical Repository* (de New-York), vol. XVIII, p. 187.

lité. Mais qui sait si on ne découvrira pas dans un pays plus voisin cette espèce de pierre?

L'époque de la construction de ce qu'on doit appeler les enceintes de villages ne peut guère remonter à plus de huit ou neuf cents ans; car en Europe les vestiges de remparts en terre ne sont guère visibles après ce laps de temps. La tradition des Lennilénaps, qui place entre l'an 11 ou 1200 l'expulsion des *Allighewis* par les hordes nomades et belliqueuses venues du nord, mérite donc beaucoup de confiance; elle mérite au moins infiniment plus d'attention que les vaines hypothèses des antiquaires américains sur les dix tribus d'Israel, les Tartares, les Scandinaves et les Mexicains.

Les raisonnements de quelques observateurs américains sur l'âge des arbres croissant sur ou dans les enceintes tendent à limiter à un millier d'années l'époque de leur construction; mais c'est un indice équivoque, car peut-on décider si ces arbres ne croissoient pas auparavant sur l'emplacement?

La retraite des Allighewis *vers le sud,* après la destruction de leurs villages, retraite signalée par la tradition des Lennilénaps, ne suppose pas nécessairement qu'ils se soient sauvés jusque dans le Mexique, ni même dans ce qu'on appelle à présent la Floride. Il seroit impossible que le lieu de leur retraite fût dans les deux Carolines, où les premiers colons rencontrèrent de nombreuses tribus indigènes.

L'absence des inscriptions quelconques, quoique le pays soit riche en ardoises, prouve que les Allighewis ne connoissoient pas l'écriture. S'ils eussent été Scandinaves, non-seulement ils se seroient sauvés vers le nord, du côté de la Nouvelle-Angleterre, mais ils auroient connu l'usage des *runes*, et on trouveroit sur l'Ohio des pierres runiques, comme on en a trouvé dans le Groënland.

Telles sont les conclusions très-limitées que nous croyons qu'une saine critique puisse tirer de ces monuments, trop pompeusement annoncés dans quelques écrits américains.

FIN DES MÉMOIRES.

VOYAGE

EN ITALIE

VOYAGE
EN ITALIE

PREMIÈRE LETTRE A M. JOUBERT[1].

Turin, ce 17 juin 1803.

Je n'ai pu vous écrire de Lyon, mon cher ami, comme je vous l'avois promis. Vous savez combien j'aime cette excellente ville, où j'ai été si bien accueilli l'année dernière, et encore mieux cette année. J'ai revu les vieilles murailles des Romains, défendues par les braves Lyonnois de nos jours, lorsque les bombes des conventionnels obligeoient notre ami Fontanes à changer de place le berceau de sa fille; j'ai revu l'abbaye des Deux-Amants et la fontaine de J.-J. Rousseau. Les coteaux de la Saône sont plus riants et plus pittoresques que jamais; les barques qui traversent cette douce rivière, *mitis Arar*, couvertes d'une toile, éclairées d'une lumière pendant la nuit, et conduites par de jeunes femmes, amusent agréablement les yeux. Vous aimez les cloches : venez à Lyon; tous ces couvents épars sur les collines semblent avoir retrouvé leurs solitaires.

Vous savez déjà que l'Académie de Lyon m'a fait l'honneur de m'admettre au nombre de ses membres. Voici un aveu : si le malin esprit

---

[1]. M. Joubert (frère aîné de l'avocat général à la cour de cassation), homme d'un esprit rare, d'une âme supérieure et bienveillante, d'un commerce sûr et charmant, d'un talent qui lui auroit donné une réputation méritée, s'il n'avoit voulu cacher sa vie; homme ravi trop tôt à sa famille, à la société choisie dont il étoit le lien; homme de qui la mort a laissé dans mon existence un de ces vides que font les années et qu'elles ne réparent point.

Voyez, au reste, sur ce *Voyage en Italie*, l'Avertissement en tête du *Voyage en Amérique*.

y est pour quelque chose, ne cherchez dans mon orgueil que ce qu'il y a de bon, vous savez que vous voulez voir l'enfer du beau côté. Le plaisir le plus vif que j'aie éprouvé dans ma vie, c'est d'avoir été honoré, en France et chez l'étranger, des marques d'un intérêt inattendu. Il m'est arrivé quelquefois, tandis que je me reposois dans une méchante auberge de village, de voir entrer un père et une mère avec leur fils : ils m'amenoient, me disoient-ils, leur enfant pour me remercier. Étoit-ce l'amour-propre qui me donnoit alors ce plaisir vif dont je parle? Qu'importoit à ma vanité que ces obscurs et honnêtes gens me témoignassent leur satisfaction sur un grand chemin, dans un lieu où personne ne les entendoit? Ce qui me touchoit, c'étoit, du moins j'ose le croire, c'étoit d'avoir produit un peu de bien, d'avoir consolé quelques cœurs affligés, d'avoir fait renaître au fond des entrailles d'une mère l'espérance d'élever un fils chrétien, c'est-à-dire un fils soumis, respectueux, attaché à ses parents. Je ne sais ce que vaut mon ouvrage[1] ; mais aurois-je goûté cette joie pure si j'eusse écrit avec tout le talent imaginable un livre qui auroit blessé les mœurs et la religion?

Dites à notre petite société, mon cher ami, combien je la regrette : elle a un charme inexprimable, parce qu'on sent que ces personnes qui causent si naturellement de matières communes peuvent traiter les plus hauts sujets, et que cette simplicité de discours ne vient pas d'indigence, mais de choix.

Je quittai Lyon le... à cinq heures du matin. Je ne vous ferai pas l'éloge de cette ville ; ses ruines sont là ; elles parleront à la postérité : tandis que le courage, la loyauté et la religion seront en honneur parmi les hommes, Lyon ne sera pas oublié[2].

Nos amis m'ont fait promettre de leur écrire de la route. J'ai marché trop vite et le temps m'a manqué pour tenir parole. J'ai seulement barbouillé au crayon, sur un portefeuille, le petit journal que je vous envoie. Vous pourriez trouver dans le livre de postes les noms des pays *inconnus* que j'ai découverts, comme, par exemple, Pont-de-Beauvoisin et Chambéry ; mais vous m'avez tant répété qu'il falloit des notes, et toujours des notes, que nos amis ne pourront se plaindre si je vous prends au mot.

1. Le *Génie du Christianisme.*
2. Il m'est très-doux de retrouver, à vingt-quatre ans de distance dans un manuscrit inconnu l'expression des sentiments que je professe plus que jamais pour les habitants de Lyon ; il m'est encore plus doux d'avoir reçu dernièrement de ces habitants les mêmes marques d'estime dont ils m'honorèrent il y a bientôt un quart de siècle.

JOURNAL.

La route est assez triste en sortant de Lyon. Depuis la Tour-du-Pin jusqu'à Pont-de-Beauvoisin le pays est frais et bocager. On découvre en approchant de la Savoie trois rangs de montagnes à peu près parallèles, et s'élevant les unes au-dessus des autres. La plaine au pied de ces montagnes est arrosée par la petite rivière le Gué. Cette plaine vue de loin paroît unie ; quand on y entre on s'aperçoit qu'elle est semée de collines irrégulières : on y trouve quelques futaies, des champs de blé et des vignes. Les montagnes qui forment le fond du paysage sont ou verdoyantes et moussues, ou terminées par des roches en forme de cristaux. Le Gué coule dans un encaissement si profond, qu'on peut appeler son lit une vallée. En effet, les bords intérieurs en sont ombragés d'arbres. Je n'avois remarqué cela que dans certaines rivières de l'Amérique, particulièrement à Niagara.

Dans un endroit on côtoie le Gué d'assez près ; le rivage opposé du torrent est formé de pierres qui ressemblent à de hautes murailles romaines, d'une architecture pareille à celle des arènes de Nîmes [1].

Quand vous êtes arrivé aux Échelles, le pays devient plus sauvage. Vous suivez, pour trouver une issue, des gorges tortueuses dans des rochers plus ou moins horizontaux, inclinés ou perpendiculaires. Sur ces rochers fumoient des nuages blancs, comme les brouillards du matin qui sortent de la terre dans les lieux bas. Ces nuages s'élevoient au-dessus ou s'abaissoient au-dessous des masses de granit, de manière à laisser voir la cime des monts ou à remplir l'intervalle qui se trouvoit entre cette cime et le ciel. Le tout formoit un chaos dont les limites indéfinies sembloient n'appartenir à aucun élément déterminé.

Le plus haut sommet de ces montagnes est occupé par la Grande-Chartreuse, et au pied de ces montagnes se trouve le chemin d'Emmanuel : la religion a placé ses bienfaits près de celui *qui est dans les cieux ;* le prince a rapproché les siens de la demeure des hommes.

Il y avoit autrefois dans ce lieu une inscription annonçant qu'Emmanuel, pour le bien public, avoit fait percer la montagne. Sous le règne revolutionnaire, l'inscription fut effacée ; Buonaparte l'a fait rétablir : on y doit seulement ajouter son nom : que n'agit-on toujours avec autant de noblesse !

On passoit anciennement dans l'intérieur même du rocher par une galerie souterraine. Cette galerie est abandonnée. Je n'ai vu dans ce

---

1. Je n'avois pas encore vu le Colisée.

lieu que de petits oiseaux de montagne qui voltigeoient en silence à l'ouverture de la caverne, comme ces songes placés à l'entrée de l'enfer de Virgile :

...... Foliisque sub omnibus hærent.

Chambéry est situé dans un bassin dont les bords, rehaussés, sont assez nus ; mais on y arrive par un défilé charmant, et on en sort par une belle vallée. Les montagnes qui resserrent cette vallée étoient en partie revêtues de neige ; elles se cachoient et se découvroient sans cesse sous un ciel mobile, formé de vapeurs et de nuages.

C'est à Chambéry qu'un homme fut accueilli par une femme, et que pour prix de l'hospitalité qu'il en reçut, de l'amitié qu'elle lui porta, il se crut philosophiquement obligé de la déshonorer. Ou Jean-Jacques Rousseau a pensé que la conduite de Mme de Warens étoit une chose ordinaire, et alors que deviennent les prétentions du citoyen de Genève à la vertu ? ou il a été d'opinion que cette conduite étoit répréhensible, et alors il a sacrifié la mémoire de sa bienfaitrice à la vanité d'écrire quelques pages éloquentes ; ou, enfin, Rousseau s'est persuadé que ses éloges et le charme de son style feroient passer pardessus les torts qu'il impute à Mme de Warens, et alors c'est le plus odieux des amours-propres. Tel est le danger des lettres : le désir de faire du bruit l'emporte quelquefois sur des sentiments nobles et généreux. Si Rousseau ne fût jamais devenu un homme célèbre, il auroit enseveli dans les vallées de la Savoie les foiblesses de la femme qui l'avoit nourri ; il se seroit sacrifié aux défauts même de son amie ; il l'auroit soulagée dans ses vieux ans, au lieu de se contenter de lui donner une tabatière d'or et de s'enfuir. Maintenant que tout est fini pour Rousseau, qu'importe à l'auteur des *Confessions* que sa poussière soit ignorée ou fameuse ? Ah ! que la voix de l'amitié trahie ne s'élève jamais contre mon tombeau !

Les souvenirs historiques entrent pour beaucoup dans le plaisir ou dans le déplaisir du voyageur. Les princes de la maison de Savoie, aventureux et chevaleresques, marient bien leur mémoire aux montagnes qui couvrent leur petit empire.

Après avoir passé Chambéry, le cours de l'Isère mérite d'être remarqué au pont de Montmélian. Les Savoyards sont agiles, assez bien faits, d'une complexion pâle, d'une figure régulière ; ils tiennent de l'Italien et du François : ils ont l'air pauvre sans indigence, comme leurs vallées. On rencontre partout dans leur pays des croix sur les chemins et des madones dans le tronc des pins et des noyers ; annonce du caractère religieux de ces peuples. Leurs petites églises, environnées d'arbres, font un contraste touchant avec leurs grandes montagnes. Quand les tourbillons de l'hiver descendent de ces sommets chargés de glaces éternelles, le Savoyard vient se mettre à l'abri dans son temple champêtre, et prier sous un toit de chaume celui qui commande aux éléments.

Les vallées où l'on entre au-dessus de Montmélian sont bordées par des monts de diverses formes, tantôt demi-nus, tantôt revêtus de forêts. Le fond de ces vallées représente assez pour la culture les mouvements du terrain et les anfractuosités de Marly, en y mêlant de plus des eaux abondantes et un fleuve. Le chemin a moins l'air d'une route publique que de l'allée d'un parc. Les noyers dont cette allée est ombragée m'ont rappelé ceux que nous admirions dans nos promenades de Savigny. Ces arbres nous rassembleront-ils encore sous leur ombre [1]? Le poëte s'est écrié dans un mouvement de mélancolie :

> Beaux arbres qui m'avez vu naître,
> Bientôt vous me verrez mourir !

Ceux qui meurent à l'ombre des arbres qui les ont vus naître sont-ils donc si à plaindre !

Les vallées dont je vous parle se terminent au village qui porte le joli nom d'Aigue-Belle. Lorsque je passai dans ce village, la hauteur qui le domine étoit couronnée de neige : cette neige, fondant au soleil, avoit descendu en longs rayons tortueux dans les concavités noires et vertes du rocher : vous eussiez dit d'une gerbe de fusées, ou d'un essaim de beaux serpents blancs qui s'élançoient de la cime des monts dans la vallée.

Aigue-Belle semble clore les Alpes; mais bientôt en tournant un gros rocher isolé, tombé dans le chemin, vous apercevez de nouvelles vallées qui s'enfoncent dans la chaîne des monts attachés au cours de l'Arche. Ces vallées prennent un caractère plus sévère et plus sauvage.

Les monts des deux côtés se dressent; leurs flancs deviennent perpendiculaires; leurs sommets, stériles, commencent à présenter quelques glaciers : des torrents, se précipitant de toutes parts, vont grossir l'Arche, qui court follement. Au milieu de ce tumulte des eaux j'ai remarqué une cascade légère et silencieuse, qui tombe avec une grâce infinie sous un rideau de saules. Cette draperie humide, agitée par le vent, auroit pu représenter aux poëtes la robe ondoyante de la Naïade,

---

1. Ils ne nous ont point rassemblés.

assise sur une roche élevée. Les anciens n'auroient pas manqué de consacrer un autel aux Nymphes dans ce lieu.

Bientôt le paysage atteint toute sa grandeur : les forêts de pins, jusque alors assez jeunes, vieillissent; le chemin s'escarpe, se plie et se replie sur des abîmes; des ponts de bois servent à traverser des gouffres où vous voyez bouillonner l'onde, où vous l'entendez mugir.

Ayant passé Saint-Jean-de-Maurienne, et étant arrivé vers le coucher du soleil à Saint-André, je ne trouvai pas de chevaux, et fus obligé de m'arrêter. J'allai me promener hors du village. L'air devint transparent à la crête des monts; leurs dentelures se traçoient avec une pureté extraordinaire sur le ciel, tandis qu'une grande nuit sortoit peu à peu du pied de ces monts, et s'élevoit vers leur cime.

J'entendois la voix du rossignol et le cri de l'aigle; je voyois les aliziers fleuris dans la vallée et les neiges sur la montagne : un château, ouvrage des Carthaginois, selon la tradition populaire, montroit ses débris sur la pointe d'un roc. Tout ce qui vient de l'homme dans ces lieux est chétif et fragile; des parcs de brebis formés de joncs entrelacés, des maisons de terre bâties en deux jours : comme si le chevrier de la Savoie, à l'aspect des masses éternelles qui l'environnent, n'avoit pas cru devoir se fatiguer pour les besoins passagers de sa courte vie! comme si la tour d'*Annibal* en ruine l'eût averti du peu de durée et de la vanité des monuments!

Je ne pouvois cependant m'empêcher, en considérant ce désert, d'admirer avec effroi la haine d'un homme, plus puissante que tous les obstacles, d'un homme qui du détroit de Cadix s'étoit frayé une route à travers les Pyrénées et les Alpes pour venir chercher les Romains. Que les récits de l'antiquité ne nous indiquent pas l'endroit précis du passage d'Annibal, peu importe; il est certain que ce grand capitaine a franchi ces monts alors sans chemins, plus sauvages encore par leurs habitants que par leurs torrents, leurs rochers et leurs forêts. On dit que je comprendrai mieux à Rome cette haine terrible que ne purent assouvir les batailles de la Trébie, de Trasimène et de Cannes : on m'assure qu'aux bains de Caracalla, les murs, jusqu'à hauteur d'homme, sont percés de coups de pique. Est-ce le Germain, le Gaulois, le Cantabre, le Goth, le Vandale, le Lombard, qui s'est acharné contre ces murs? La vengeance de l'espèce humaine devoit peser sur ce peuple libre qui ne pouvoit bâtir sa grandeur qu'avec l'esclavage et le sang du reste du monde.

Je partis à la pointe du jour de Saint-André, et j'arrivai vers les deux heures après midi à Lans-le-Bourg, au pied du mont Cenis. En entrant dans le village, je vis un paysan qui tenoit un aiglon par les pieds, tandis qu'une troupe impitoyable frappoit le jeune roi, insultoit à la foiblesse de l'âge et à la majesté tombée : le père et la mère du noble orphelin avoient été tués. On me proposa de me le vendre, mais il mourut des mauvais traitements qu'on lui avoit fait subir avant que je le pusse délivrer. N'est-ce pas là le petit Louis XVII, son père et sa mère?

Ici on commence à gravir le mont Cenis [1], et l'on quitte la petite rivière d'Arche qui vous a conduit au pied de la montagne : de l'autre côté du mont Cenis, la Doria vous ouvre l'entrée de l'Italie. J'ai eu souvent occasion d'observer cette utilité des fleuves dans mes voyages. Non-seulement ils sont eux-mêmes des *grands chemins qui marchent*, comme les appelle Pascal, mais ils tracent encore le chemin aux hommes et leur facilitent le passage des montagnes. C'est en côtoyant leurs rives que les nations se sont trouvées; les premiers habitants de la terre pénétrèrent, à l'aide de leur cours, dans les solitudes du monde. Les Grecs et les Romains offroient des sacrifices aux fleuves; la Fable faisoit les fleuves enfants de Neptune, parce qu'ils sont formés des vapeurs de l'Océan et qu'ils mènent à la découverte des lacs et des mers; fils voyageurs, ils retournent au sein et au tombeau paternels.

Le mont Cenis du côté de la France n'a rien de remarquable. Le lac du plateau ne m'a paru qu'un petit étang. Je fus désagréablement frappé au commencement de la descente vers la Novalaise; je m'attendois, je ne sais pourquoi, à découvrir les plaines de l'Italie : je ne vis qu'un gouffre noir et profond, qu'un chaos de torrents et de précipices.

En général les Alpes, quoique plus élevées que les montagnes de l'Amérique septentrionale, ne m'ont pas paru avoir ce caractère original, cette virginité de site que l'on remarque dans les Apalaches, ou même dans les hautes terres du Canada : la hutte d'un Siminole sous un magnolia, ou d'un Chipowois sous un pin, a tout un autre caractère que la cabane d'un Savoyard sous un noyer.

1. On travailloit à la route; elle n'étoit pas achevée, et l'on se faisoit encore ramasser.

LETTRE DEUXIÈME A M. JOUBERT.

Milan, lundi matin, 21 juin 1803.

Je vais toujours commencer ma lettre, mon cher ami, sans savoir quand j'aurai le temps de la finir.

Réparation complète à l'Italie. Vous aurez vu, par mon petit journal daté de Turin, que je n'avois pas été très-flatté de la *première vue*. L'effet des environs de Turin est beau, mais ils sentent encore la Gaule : on peut se croire en Normandie, aux montagnes près. Turin est une ville nouvelle, propre, régulière, fort ornée de palais, mais d'un aspect un peu triste.

Mes jugements se sont rectifiés en traversant la Lombardie : l'effet ne se produit pourtant sur le voyageur qu'à la longue. Vous voyez d'abord un pays fort riche dans l'ensemble, et vous dites : « C'est bien; » mais quand vous venez à détailler les objets, l'enchantement arrive. Des prairies dont la verdure surpasse la fraîcheur et la finesse des gazons anglois se mêlent à des champs de maïs, de riz et de froment; ceux-ci sont surmontés de vignes qui passent d'un échalas à l'autre, formant des guirlandes au-dessus des moissons; le tout est semé de mûriers, de noyers, d'ormeaux, de saules, de peupliers, et arrosé de rivières et de canaux. Dispersés sur ces terrains, des paysans et des paysannes, les pieds nus, un grand chapeau de paille sur la tête, fauchent les prairies, coupent les céréales, chantent, conduisent des attelages de bœufs, ou font remonter et descendre des barques sur les courants d'eau. Cette scène se prolonge pendant quarante lieues, en augmentant toujours de richesse jusqu'à Milan, centre du tableau. A droite on aperçoit l'Apennin, à gauche les Alpes.

On voyage très-vite : les chemins sont excellents; les auberges, supérieures à celles de France, valent presque celles de l'Angleterre. Je commence à croire que cette France si policée est un peu barbare [1].

---

[1]. Il faut se reporter à l'époque où cette lettre a été écrite (1803). S'il étoit si commode de voyager alors dans l'Italie, qui n'étoit qu'un camp de la France, combien aujourd'hui, dans la plus profonde paix, lorsqu'une multitude de nouveaux chemins ont été ouverts, n'est-il pas plus facile encore de parcourir ce beau pays! Nous y sommes appelés par tous les vœux. Le François est un singulier ennemi : on le trouve d'abord un peu insolent, un peu trop gai, un peu trop actif, trop remuant; il n'est pas plus tôt parti qu'on le regrette. Le soldat françois se mêle aux travaux de l'hôte chez lequel il est logé; sa bonne humeur donne la vie et le mouvement à tout; on s'accoutume à le regarder comme un conscrit de la famille. Quant aux chemins

Je ne m'étonne plus du dédain que les Italiens ont conservé pour nous autres Transalpins, Visigoths, Gaulois, Germains, Scandinaves, Slaves, Anglo-Normands : notre ciel de plomb, nos villes enfumées, nos villages boueux, doivent leur faire horreur. Les villes et villages ont ici une tout autre apparence : les maisons sont grandes et d'une blancheur éclatante au dehors; les rues sont larges et souvent traversées de ruisseaux d'eau vive où les femmes lavent leur linge et baignent leurs enfants. Turin et Milan ont la régularité, la propreté, les trottoirs de Londres et l'architecture des plus beaux quartiers de Paris : il y a même des raffinements particuliers; au milieu des rues, afin que le mouvement de la voiture soit plus doux, on a placé deux rangs de pierres plates sur lesquelles roulent les deux roues : on évite ainsi les inégalités du pavé.

La température est charmante; encore me dit-on que je ne trouverai le ciel de l'Italie qu'au delà de l'Apennin : la grandeur et l'élévation des appartements empêche de souffrir de la chaleur.

23 juin.

J'ai vu le général Murat : il m'a reçu avec empressement et obligeance; je lui ai remis la lettre de l'excellente Mme Bacciochi [1]. J'ai passé ma journée avec des aides de camp et de jeunes militaires; on ne peut être plus courtois : l'armée françoise est toujours la même; l'honneur est là tout entier.

J'ai dîné en grand gala chez M. de Melzi : il s'agissoit d'une fête donnée à l'occasion du baptême de l'enfant du général Murat. M. de Melzi a connu mon malheureux frère : nous en avons parlé longtemps. Le vice-président a des manières fort nobles; sa maison est celle d'un prince, et d'un prince qui l'auroit toujours été. Il m'a traité poliment et froidement, et m'a tout juste trouvé dans des dispositions pareilles aux siennes.

Je ne vous parle point, mon cher ami, des monuments de Milan, et surtout de la cathédrale, qu'on achève; le gothique, même le marbre, me semble jurer avec le soleil et les mœurs de l'Italie. Je pars à l'instant; je vous écrirai de Florence [2] et de Rome.

et aux auberges de France, c'est bien pis aujourd'hui qu'en 1803. Nous sommes sous ce rapport, l'Espagne exceptée, au-dessous de tous les peuples de l'Europe.

1. Depuis princesse de Lucques, sœur aînée de Buonaparte, qui à cette époque n'étoit encore que premier consul.
2. Les lettres écrites de Florence ne se sont pas retrouvées.

LETTRE TROISIÈME A M. JOUBERT.

Rome, 27 juin au soir, en arrivant, 1803.

M'y voilà enfin! toute ma froideur s'est évanouie. Je suis accablé, persécuté par ce que j'ai vu; j'ai vu, je crois, ce que personne n'a vu, ce qu'aucun voyageur n'a peint : les sots! les âmes glacées! les barbares! Quand ils viennent ici, n'ont-ils pas traversé la Toscane, jardin anglois au milieu duquel il y a un temple, c'est-à-dire Florence? n'ont-ils pas passé en caravane, avec les aigles et les sangliers, les solitudes de cette seconde Italie appelée l'*État romain?* Pourquoi ces créatures voyagent-elles? Arrivé comme le soleil se couchoit, j'ai trouvé toute la population allant se promener dans l'Arabie déserte à la porte de Rome : quelle ville! quels souvenirs!

28 juin, onze heures du soir.

J'ai couru tout ce jour, veille de la fête de saint Pierre. J'ai déjà vu le Colisée, le Panthéon, la colonne Trajane, le château Saint-Ange, Saint-Pierre; que sais-je! j'ai vu l'illumination et le feu d'artifice qui annoncent pour demain la grande cérémonie consacrée au prince des apôtres : tandis qu'on prétendoit me faire admirer un feu placé au haut du Vatican, je regardois l'effet de la lune sur le Tibre; sur ces maisons romaines, sur ces ruines qui pendent ici de toutes parts.

29 juin.

Je sors de l'office à Saint-Pierre. Le pape a une figure admirable : pâle, triste, religieux, toutes les tribulations de l'Église sont sur son front. La cérémonie étoit superbe; dans quelques moments surtout elle étoit étonnante; mais chant médiocre, église déserte; point de peuple.

3 juillet 1803.

Je ne sais si **tous** ces bouts de ligne finiront par faire une **lettre**. Je serois honteux, mon cher ami, de vous dire si peu de chose, si je ne voulois, avant d'essayer de peindre les objets, y voir un peu plus clair. Malheureusement j'entrevois déjà que la seconde Rome tombe à son tour : tout finit.

Sa Sainteté m'a reçu hier; elle m'a fait asseoir auprès d'elle de la manière la plus affectueuse. Elle m'a montré obligeamment qu'elle lisoit le *Génie du Christianisme,* dont elle avoit un volume ouvert sur sa table. On ne peut voir un meilleur homme, un plus digne prélat et un prince plus simple : ne me prenez pas pour Mme de Sévigné. Le secrétaire d'État, le cardinal Gonsalvi, est un homme d'un esprit fin et d'un caractère modéré. Adieu! Il faut pourtant mettre tous ces petits papiers à la poste.

TIVOLI ET LA VILLA ADRIANA.

10 décembre 1803.

Je suis peut-être le premier étranger qui ait fait la course de Tivoli dans une disposition d'âme qu'on ne porte guère en voyage. Me voilà seul arrivé à sept heures du soir, le 10 décembre, à l'auberge du *Temple de la Sibylle.* J'occupe une petite chambre à l'extrémité de l'auberge, en face de la cascade, que j'entends mugir. J'ai essayé d'y jeter un regard; je n'ai découvert dans la profondeur de l'obscurité que quelques lueurs blanches produites par le mouvement des eaux. Il m'a semblé apercevoir au loin une enceinte formée d'arbres et de maisons, et autour de cette enceinte un cercle de montagnes. Je ne sais ce que le jour changera demain à ce paysage de nuit.

Le lieu est propre à la réflexion et à la rêverie : je remonte dans ma vie passée; je sens le poids du présent, et je cherche à pénétrer mon avenir. Où serai-je, que ferai-je, et que serai-je dans vingt ans d'ici? Toutes les fois que l'on descend en soi-même, à tous les vagues projets que l'on forme, on trouve un obstacle invincible, une incertitude causée par une certitude : cet obstacle, cette certitude est la mort, cette terrible mort qui arrête tout, qui vous frappe vous ou les autres.

Est-ce un ami que vous avez perdu? En vain avez-vous mille choses à lui dire : malheureux, isolé, errant sur la terre, ne pouvant confier vos peines ou vos plaisirs à personne, vous appelez votre ami, et il ne viendra plus soulager vos maux, partager vos joies; il ne vous dira plus : « Vous avez eu tort, vous avez eu raison d'agir ainsi. » Maintenant il vous faut marcher seul. Devenez riche, puissant, célèbre, que ferez-vous de ces prospérités sans votre ami? Une chose a tout détruit, la mort. Flots qui vous précipitez dans cette nuit profonde où je vous entends gronder, disparoissez-vous plus vite que les jours de l'homme, ou pouvez-vous me dire ce que c'est que l'homme, vous qui avez vu passer tant de générations sur ces bords?

Ce 11 décembre.

Aussitôt que le jour a paru, j'ai ouvert mes fenêtres. Ma première vue de Tivoli dans les ténèbres étoit assez exacte ; mais la cascade m'a paru petite, et les arbres que j'avois cru apercevoir n'existoient point. Un amas de vilaines maisons s'élevoit de l'autre côté de la rivière ; le tout étoit enclos de montagnes dépouillées. Une vive aurore derrière ces montagnes, le temple de Vesta, à quatre pas de moi, dominant la grotte de Neptune, m'ont consolé. Immédiatement au-dessus de la chute, un troupeau de bœufs, d'ânes et de chevaux s'est rangé le long d'un banc de sable : toutes ces bêtes se sont avancées d'un pas dans le Teverone, ont baissé le cou et ont bu lentement au courant de l'eau qui passoit comme un éclair devant elles, pour se précipiter. Un paysan sabin, vêtu d'une peau de chèvre et portant une espèce de chlamyde roulée au bras gauche, s'est appuyé sur un bâton et a regardé boire son troupeau, scène qui contrastoit par son immobilité et son silence avec le mouvement et le bruit des flots.

Mon déjeûner fini, on m'a amené un guide, et je suis allé me placer avec lui sur le pont de la cascade : j'avois vu la cataracte du Niagara. Du pont de la cascade nous sommes descendus à la grotte de Neptune, ainsi nommée, je crois, par Vernet. L'Anio, après sa première chute sous le pont, s'engouffre parmi des roches et reparoît dans cette grotte de Neptune, pour aller faire une seconde chute à la grotte des Sirènes.

Le bassin de la grotte de Neptune a la forme d'une coupe : j'y ai vu boire des colombes. Un colombier creusé dans le roc, et ressemblant à l'aire d'un aigle plutôt qu'à l'abri d'un pigeon, présente à ces pauvres oiseaux une hospitalité trompeuse ; ils se croient en sûreté dans ce lieu en apparence inaccessible ; ils y font leur nid ; mais une route secrète y mène : pendant les ténèbres, un ravisseur enlève les petits qui dormoient sans crainte au bruit des eaux sous l'aile de leur mère : *Observans nido implumes detraxit.*

De la grotte de Neptune remontant à Tivoli, et sortant par la porte Angelo ou de l'Abruzze, mon cicérone m'a conduit dans le pays des Sabins, *pubemque sabellum.* J'ai marché à l'aval de l'Anio jusqu'à un champ d'oliviers, où s'ouvre une vue pittoresque sur cette célèbre solitude. On aperçoit à la fois le temple de Vesta, les grottes de Neptune et des Sirènes, et les cascatelles qui sortent d'un des portiques de la *villa* de Mécène. Une vapeur bleuâtre répandue à travers le paysage en adoucissoit les plans.

On a une grande idée de l'architecture romaine lorsqu'on songe que ces masses bâties depuis tant de siècles ont passé du service des hommes à celui des éléments, qu'elles soutiennent aujourd'hui le poids et le mouvement des eaux, et sont devenues les inébranlables rochers de ces tumultueuses cascades.

Ma promenade a duré six heures. Je suis entré, en revenant à mon auberge, dans une cour délabrée, aux murs de laquelle sont appliquées des pierres sépulcrales chargées d'inscriptions mutilées. J'ai copié quelques-unes de ces inscriptions :

> DIS. MAN.
> ULIÆ PAULIN.
> VIXIT ANN. X.
> MENSIBUS DIEB. 3.
>
> SEI. DEUS.
> SEI. DEA.
>
> D. M.
> VICTORIÆ.
> FILIÆ QUÆ
> VIXIT ANN. XV
> PEREGRINA,
> MATER. B. M. F.
>
> D. M.
> LICINIA
> ASELERIO
> TENIS.

Que peut-il y avoir de plus vain que tout ceci? Je lis sur une pierre les regrets qu'un vivant donnoit à un mort; ce vivant est mort à son tour, et après deux mille ans je viens, moi barbare des Gaules, parmi les ruines de Rome, étudier ces épitaphes dans une retraite abandonnée, moi indifférent à celui qui pleura comme à celui qui fut pleuré, moi qui demain m'éloignerai pour jamais de ces lieux, et qui disparoîtrai bientôt de la terre.

Tous ces poëtes de Rome qui passèrent à Tibur se plurent à retracer la rapidité de nos jours : *Carpe diem,* disoit Horace; *Te spectem suprema mihi cum venerit hora,* disoit Tibulle; Virgile peignoit cette dernière heure : *Invalidasque tibi tendens, heu! non tua, palmas.* Qui n'a perdu quelque objet de son affection? Qui n'a vu se lever vers lui des bras défaillants? Un ami mourant a souvent voulu que son ami lui prît la main pour le retenir dans la vie, tandis qu'il se sentoit entraîné par la mort. *Heu! non tua!* Ce vers de Virgile est admirable de tendresse et de douleur. Malheur à qui n'aime pas les poëtes! je dirois presque d'eux ce que dit Shakespeare des hommes insensibles à l'harmonie.

Je retrouvai en rentrant chez moi la solitude que j'avois laissée au dehors. La petite terrasse de l'auberge conduit au temple de Vesta. Les peintres connoissent cette couleur des siècles que le temps applique aux vieux monuments, et qui varie selon les climats : elle se retrouve au temple de Vesta. On fait le tour du petit édifice entre le péristyle et la *cella* en une soixantaine de pas. Le véritable temple de la Sibylle contraste avec celui-ci par la forme carrée et le style sévère de son ordre d'architecture. Lorsque la chute de l'Anio étoit placée un peu plus à droite, comme on le suppose, le temple devoit être immédiatement suspendu sur la cascade : le lieu étoit propre à l'inspiration de la prêtresse et à l'émotion religieuse de la foule.

J'ai jeté un dernier regard sur les montagnes du nord que les brouillards du soir couvroient d'un rideau blanc, sur la vallée du midi, sur l'ensemble du paysage, et je suis retourné à ma chambre solitaire. A une heure du matin, le vent soufflant avec violence, je me suis levé, et j'ai passé le reste de la nuit sur la terrasse. Le ciel étoit chargé de nuages, la tempête mêloit ses gémissements, dans les colonnes du temple, au bruit de la cascade : on eût cru entendre des voix tristes sortir des soupiraux de l'antre de la Sibylle. La vapeur de la chute de l'eau remontoit vers moi du fond du gouffre comme une ombre blanche : c'étoit une véritable apparition. Je me croyois transporté au bord des grèves ou dans les bruyères de mon Armorique, au milieu d'une nuit d'automne ; les souvenirs du toit paternel effaçoient pour moi ceux des foyers de César : chaque homme porte en lui un monde composé de tout ce qu'il a vu et aimé, et où il rentre sans cesse, alors même qu'il parcourt et semble habiter un monde étranger.

Dans quelques heures je vais aller visiter la *villa Adriana.*

12 décembre.

La grande entrée de la *villa Adriana* étoit à l'Hippodrome, sur l'ancienne voie Tiburtine, à très-peu de distance du tombeau des Plautius. Il ne reste aucun vestige d'antiquités dans l'Hippodrome, converti en champs de vignes.

En sortant d'un chemin de traverse fort étroit, une allée de cyprès, coupée par la cime, m'a conduit à une méchante ferme, dont l'escalier croulant étoit rempli de morceaux de porphyre, de vert antique, de granit, de rosaces de marbre blanc et de divers ornements d'architecture. Derrière cette ferme se trouve le théâtre romain, assez bien conservé : c'est un demi-cercle composé de trois rangs de siéges. Ce demi-cercle est fermé par un mur en ligne droite qui lui sert comme de diamètre; l'orchestre et le théâtre faisoient face à la loge de l'empereur.

Le fils de la fermière, petit garçon presque tout nu, âgé d'environ douze ans, m'a montré sa loge et les chambres des acteurs. Sous les gradins destinés aux spectateurs, dans un endroit où l'on dépose les instruments de labourage, j'ai vu le torse d'un Hercule colossal, parmi des socs, des herses et des râteaux : les empires naissent de la charrue et disparoissent sous la charrue.

L'intérieur du théâtre sert de basse-cour et de jardin à la ferme : il est planté de pruniers et de poiriers. Le puits que l'on a creusé au milieu est accompagné de deux piliers qui portent les seaux ; un de ces piliers est composé de boue séchée et de pierres entassées au hasard, l'autre est fait d'un beau tronçon de colonne cannelée; mais pour dérober la magnificence de ce second pilier, et le rapprocher de la rusticité du premier, la nature a jeté dessus un manteau de lierre. Un troupeau de porcs noirs fouilloit et bouleversoit le gazon qui recouvre les gradins du théâtre : pour ébranler les siéges des maîtres de la terre, la Providence n'avoit eu besoin que de faire croître quelques racines de fenouil entre les jointures de ces siéges et de livrer l'ancienne enceinte de l'élégance romaine aux immondes animaux du fidèle Eumée.

Du théâtre, en montant par l'escalier de la ferme, je suis arrivé à la *Palestrine*, semée de plusieurs débris. La voûte d'une salle conserve des ornements d'un dessin exquis.

Là commence le vallon appelé par Adrien la *Vallée de Tempé* :

> Est nemus Æmoniæ, prærupta quod undique claudit
> Sylva.

J'ai vu à Stowe, en Angleterre, la répétition de cette fantaisie impériale ; mais Adrien avoit taillé son jardin *anglois* en homme qui possédoit le monde.

Au bout d'un petit bois d'ormes et de chênes verts, on aperçoit des ruines qui se prolongent le long de la *vallée de Tempé ;* doubles et triples portiques, qui servoient à soutenir les terrasses des *fabriques* d'Adrien. La vallée continue à s'étendre à perte de vue vers le midi ; le fond en est planté de roseaux, d'oliviers et de cyprès. La colline occidentale du vallon, figurant la chaîne de l'Olympe, est décorée par la masse du Palais, de la Bibliothèque, des Hospices, des temples d'Hercule et de Jupiter, et par les longues arcades festonnées de lierre qui portoient ces édifices. Une colline parallèle, mais moins haute, borde la vallée à l'orient ; derrière cette colline s'élèvent en amphithéâtre les montagnes de Tivoli, qui devoient représenter l'*Ossa*.

Dans un champ d'oliviers, un coin du mur de la *villa* de Brutus fait le pendant des débris de la *villa* de César. La liberté dort en paix avec le despotisme : le poignard de l'une et la hache de l'autre ne sont plus que des fers rouillés ensevelis sous les mêmes décombres.

De l'immense bâtiment qui, selon la tradition, étoit consacré à recevoir les étrangers, on parvient, en traversant des salles ouvertes de toutes parts, à l'emplacement de la Bibliothèque. Là commence un dédale de ruines entrecoupées de jeunes taillis, de bouquets de pins, de champs d'oliviers, de plantations diverses qui charment les yeux et attristent le cœur.

Un fragment détaché tout à coup de la voûte de la Bibliothèque a roulé à mes pieds, comme je passois : un peu de poussière s'est élevée, quelques plantes ont été déchirées et entraînées dans sa chute. Les plantes renaîtront demain ; le bruit et la poussière se sont dissipés à l'intant : voilà ce nouveau débris couché pour des siècles auprès de ceux qui paroissoient l'attendre. Les empires se plongent de la sorte dans l'éternité, où ils gisent silencieux. Les hommes ne ressemblent pas mal aussi à ces ruines qui viennent tour à tour joncher la terre : la seule différence qu'il y ait entre eux, comme entre ces ruines, c'est que les uns se précipitent devant quelques spectateurs, et que les autres tombent sans témoins.

J'ai passé de la Bibliothèque au cirque du Lycée : on venoit d'y couper des broussailles pour faire du feu. Ce cirque est appuyé contre le temple des Stoïciens. Dans le passage qui mène à ce temple, en jetant les yeux derrière moi, j'ai aperçu les hauts murs lézardés de la Bibliothèque, lesquels dominoient les murs moins élevés du Cirque. Les premiers, à demi cachés dans des cimes d'oliviers sauvages, étoient eux-mêmes dominés d'un énorme pin à parasol, et au-dessus de ce pin s'élevoit le dernier pic du mont Calva, coiffé d'un nuage. Jamais le ciel et la terre, les ouvrages de la nature et ceux des hommes ne se sont mieux mariés dans un tableau.

Le temple des Stoïciens est peu éloigné de la place d'Armes. **Par** l'ouverture d'un portique, on découvre, comme dans un optique, au bout d'une avenue d'oliviers et de cyprès, la montagne de Palomba, couronnée du premier village de la Sabine. A gauche du Pœcile, et sous le Pœcile même, on descend dans les *Cento-Cellæ* des gardes prétoriennes : ce sont des loges voûtées de huit pieds à peu près en carré, à deux, trois et quatre étages, n'ayant aucune communication entre elles, et recevant le jour par la porte. Un fossé règne le long de ces cellules militaires, où il est probable qu'on entroit au moyen d'un pont mobile. Lorsque les cent ponts étoient abaissés, que les prétoriens passoient et repassoient sur ces ponts, cela devoit offrir un spectacle singulier, au milieu des jardins de l'empereur philosophe qui mit un dieu de plus dans l'olympe. Le laboureur du patrimoine de saint Pierre fait aujourd'hui sécher sa moisson dans la caserne du légionnaire romain. Quand le peuple-roi et ses maîtres élevoient tant de monuments fastueux, ils ne se doutoient guère qu'ils bâtissoient les caves et les greniers d'un chevrier de la Sabine et d'un fermier d'Albano.

Après avoir parcouru une partie des *Cento-Cellæ*, j'ai mis un assez long temps à me rendre dans la partie du jardin dépendante des Thermes des femmes : là, j'ai été surpris par la pluie[1].

Je me suis souvent fait deux questions au milieu des ruines romaines : les maisons des particuliers étoient composées d'une multitude de portiques, de chambres voûtées, de chapelles, de salles, de galeries souterraines, de passages obscurs et secrets : à quoi pouvoit servir tant de logement pour un seul maître? Les offices des esclaves, des hôtes, des clients, étoient presque toujours construites à part.

Pour résoudre cette première question, je me figure le citoyen romain dans sa maison comme une espèce de religieux qui s'étoit bâti des cloîtres. Cette vie intérieure, indiquée par la seule forme des habitations, ne seroit-elle point une des causes de ce calme qu'on remarque dans les écrits des anciens? Cicéron retrouvoit dans les longues galeries de ses habitations, dans les temples domestiques qui y étoient cachés, la paix qu'il avoit perdue au commerce des hommes. Le jour même que l'on recevoit dans ces demeures sembloit porter à la quiétude. Il descendoit presque toujours de la voûte ou des fenêtres percées très-haut; cette lumière perpendiculaire, si égale et si tranquille, avec laquelle nous éclairons nos salons de peinture, servoit, si j'ose m'exprimer ainsi, servoit au Romain à contempler le tableau de sa vie. Nous, il nous faut des fenêtres sur des rues, sur des marchés et des

1. Voyez ci-après la Lettre sur Rome à M. de Fontanes.

carrefours. Tout ce qui s'agite et fait du bruit nous plaît; le recueillement, la gravité, le silence, nous ennuient.

La seconde question que je me fais est celle-ci : Pourquoi tant de monuments consacrés aux mêmes usages? on voit incessamment des salles pour des bibliothèques, et il y avoit peu de livres chez les anciens. On rencontre à chaque pas des thermes : les thermes de Néron, de Titus, de Caracalla, de Dioclétien, etc. Quand Rome eût été trois fois plus peuplée qu'elle ne l'a jamais été, la dixième partie de ces bains auroit suffi aux besoins publics.

Je me réponds qu'il est probable que ces monuments furent dès l'époque de leur érection de véritables ruines et des lieux délaissés. Un empereur renversoit ou dépouilloit les ouvrages de son devancier, afin d'entreprendre lui-même d'autres édifices, que son successeur se hâtoit à son tour d'abandonner. Le sang et les sueurs des peuples furent employés aux inutiles travaux de la vanité d'un homme, jusqu'au jour où les vengeurs du monde, sortis du fond de leurs forêts, vinrent planter l'humble étendard de la croix sur ces monuments de l'orgueil.

La pluie passée, j'ai visité le Stade, pris connoissance du temple de Diane, en face duquel s'élevoit celui de Vénus, et j'ai pénétré dans les décombres du palais de l'empereur. Ce qu'il y a de mieux conservé dans cette destruction informe est une espèce de souterrain ou de citerne formant un carré, sous la cour même du palais. Les murs de ce souterrain étoient doubles : chacun des deux murs a deux pieds et demi d'épaisseur, et l'intervalle qui les sépare est de deux pouces.

Sorti du palais, je l'ai laissé sur la gauche derrière moi, en m'avançant à droite vers la campagne romaine. A travers un champ de blé, semé sur des caveaux, j'ai abordé les thermes, connus encore sous le nom de *chambres des philosophes* ou de *salles prétoriennes* : c'est une des ruines les plus imposantes de toute la *villa*. La beauté, la hauteur, la hardiesse et la légèreté des voûtes, les divers enlacements des portiques qui se croisent, se coupent ou se suivent parallèlement, le paysage qui joue derrière ce grand morceau d'architecture, produisent un effet surprenant. La *villa Adriana* a fourni quelques restes précieux de peinture. Le peu d'arabesques que j'y ai vues est d'une grande sagesse de composition et d'un dessin aussi délicat que pur.

La Naumachie se trouve derrière les thermes, bassin creusé de main d'homme, où d'énormes tuyaux, qu'on voit encore, amenoient des fleuves. Ce bassin, maintenant à sec, étoit rempli d'eau, et l'on y figuroit des batailles navales. On sait que dans ces fêtes un ou deux milliers d'hommes s'égorgeoient quelquefois pour divertir la populace romaine.

Autour de la Naumachie s'élevoient des terrasses destinées aux spectateurs : ces terrasses étoient appuyées par des portiques qui servoient de chantiers ou d'abris aux galères.

Un temple imité de celui de Sérapis en Égypte ornoit cette scène. La moitié du grand dôme de ce temple est tombée. A la vue de ces piliers sombres, de ces cintres concentriques, de ces espèces d'entonnoirs où mugissoit l'oracle, on sent qu'on n'habite plus l'Italie et la Grèce, que le génie d'un autre peuple a présidé à ce monument. Un vieux sanctuaire offre sur ses murs verdâtres et humides quelques traces du pinceau. Je ne sais quelle plainte erroit dans l'édifice abandonné.

J'ai gagné de là le temple de Pluton et de Proserpine, vulgairement appelé l'*Entrée de l'Enfer*. Ce temple est maintenant la demeure d'un vigneron : je n'ai pu y pénétrer : le maître comme le dieu n'y étoit pas. Au-dessous de l'Entrée de l'Enfer s'étend un vallon appelé le *Vallon du Palais* : on pourroit le prendre pour l'Élysée. En avançant vers le midi, et suivant un mur qui soutenoit les terrasses attenantes au temple de Pluton, j'ai aperçu les dernières ruines de la *villa*, situées à plus d'une lieue de distance.

Revenu sur mes pas, j'ai voulu voir l'académie, formée d'un jardin, d'un temple d'Apollon et de divers bâtiments destinés aux philosophes. Un paysan m'a ouvert une porte pour passer dans le champ d'un autre propriétaire, et je me suis trouvé à l'Odéon et au théâtre grec : celui-ci est assez bien conservé quant à la forme. Quelque génie mélodieux étoit sans doute resté dans ce lieu consacré à l'harmonie, car j'y ai entendu siffler le merle le 12 décembre : une troupe d'enfants occupés à cueillir les olives faisoit retentir de ses chants des échos qui peut-être avoient répété les vers de Sophocle et la musique de Timothée.

Là s'est achevée ma course, beaucoup plus longue qu'on ne la fait ordinairement : je devois cet hommage à un prince voyageur. On trouve plus loin le grand portique, dont il reste peu de chose; plus loin encore, les débris de quelques bâtiments inconnus; enfin, les *Colle di San Stefano*, où se termine la *villa*, portent les ruines du Prytanée.

Depuis l'Hippodrome jusqu'au Prytanée, la *villa Adriana* occupoit les sites connus à présent sous le nom de *Rocca Bruna*, *Palazza*, *Aqua Fera* et les *Colle di San Stefano*.

Adrien fut un prince remarquable, mais non un des plus grands empereurs romains; c'est pourtant un de ceux dont on se souvient le plus aujourd'hui. Il a laissé partout ses traces : une muraille célèbre dans la Grande-Bretagne, peut-être l'arène de Nîmes et le pont du

Gard dans les Gaules, des temples en Égypte, des aqueducs à Troie, une nouvelle ville à Jérusalem et à Athènes, un pont où l'on passe encore, et une foule d'autres monuments à Rome, attestent le goût, l'activité et la puissance d'Adrien. Il étoit lui-même poëte, peintre et architecte. Son siècle est celui de la restauration des arts.

La destinée du *Mole Adriani* est singulière : les ornements de ce sépulcre servirent d'armes contre les Goths. La civilisation jeta des colonnes et des statues à la tête de la barbarie, ce qui n'empêcha pas celle-ci d'entrer. Le mausolée est devenu la forteresse des papes; il s'est aussi converti en une prison; ce n'est pas mentir à sa destination primitive. Ces vastes édifices élevés sur les cendres des hommes n'agrandissent point les proportions du cercueil : les morts sont dans leur loge sépulcrale comme cette statue assise dans un temple trop petit d'Adrien; s'ils vouloient se lever, ils se casseroient la tête contre la voûte.

Adrien, en arrivant au trône, dit tout haut à l'un de ses ennemis : « Vous voilà sauvé. » Le mot est magnanime. Mais on ne pardonne pas au génie comme on pardonne à la politique : le jaloux Adrien, en voyant les chefs-d'œuvre d'Apollodore, se dit tout bas : « Le voilà perdu; » et l'artiste fut tué.

Je n'ai pas quitté la *villa Adriana* sans remplir d'abord mes poches de petits fragments de porphyre, d'albâtre, de vert antique, de morceaux de stuc peint et de mosaïque; ensuite j'ai tout jeté.

Elles ne sont déjà plus pour moi, ces ruines, puisqu'il est probable que rien ne m'y ramènera. On meurt à chaque moment pour un temps, une chose, une personne qu'on ne reverra jamais : la vie est une mort successive. Beaucoup de voyageurs, mes devanciers, ont écrit leur nom sur les marbres de la *villa Adriana;* ils ont espéré prolonger leur existence en attachant à des lieux célèbres un souvenir de leur passage; ils se sont trompés. Tandis que je m'efforçois de lire un de ces noms, nouvellement crayonné et que je croyois reconnoître, un oiseau s'est envolé d'une touffe de lierre; il a fait tomber quelques gouttes de la pluie passée; le nom a disparu.

A demain la *villa* d'Est[1].

---

1. Voyez ci-après la Lettre sur Rome.

LE VATICAN.

22 décembre 1802.

J'ai visité le Vatican à une heure. Beau jour, soleil brillant, air extrêmement doux.

Solitude de ces grands escaliers, ou plutôt de ces rampes où l'on peut monter avec des mulets; solitude de ces galeries ornées des chefs-d'œuvre du génie, où les papes d'autrefois passoient avec toutes leurs pompes; solitude de ces Loges que tant d'artistes célèbres ont étudiées, que tant d'hommes illustres ont admirées : le Tasse, Arioste, Montaigne, Milton, Montesquieu, des reines, des rois ou puissants tombés, et tous ces pèlerins de toutes les parties du monde.

Dieu débrouillant le chaos.

J'ai remarqué l'ange qui suit Loth et sa femme.

Belle vue de Frascati par-dessus Rome, au coin ou au coude de la galerie.

Entrée dans les *Chambres*. — Bataille de Constantin : le tyran et son cheval se noyant.

Saint Léon arrêtant Attila. Pourquoi Raphael a-t-il donné un air fier et non religieux au groupe chrétien? pour exprimer le sentiment de l'assistance divine.

Le Saint-Sacrement, premier ouvrage de Raphael : froid, nulle piété, mais disposition et figures admirables.

Apollon, les Muses et les Poëtes. — Caractère des poëtes bien exprimé. Singulier mélange.

Héliodore chassé du temple. — Un ange remarquable, une figure de femme céleste, imitée par Girodet dans son Ossian.

L'incendie du bourg. — La femme qui porte un vase : copiée sans cesse. Contraste de l'homme suspendu et de l'homme qui veut atteindre l'enfant ; l'art trop visible. Toujours la femme et l'enfant rendus mille fois par Raphael, et toujours excellemment.

L'École d'Athènes : j'aime autant le carton.

Saint Pierre délivré. — Effet des trois lumières, cité partout.

Bibliothèque : porte de fer, hérissée de pointes ; c'est bien la porte de la science. Armes d'un pape : trois abeilles; symbole heureux.

Magnifique vaisseau : livres invisibles. Si on les communiquoit, on pourroit refaire ici l'histoire moderne tout entière.

Musée chrétien. — Instruments de martyre : griffes de fer pour déchirer la peau, grattoir pour l'enlever, martinets de fer, petites tenailles : belles antiquités chrétiennes ! Comment souffroit-on autrefois? comme aujourd'hui, témoin ces instruments. En fait de douleurs, l'espèce humaine est stationnaire.

Lampes trouvées dans les catacombes. — Le christianisme commence à un tombeau; c'est à la lampe d'un mort qu'on a pris cette lumière qui a éclairé le monde. — Anciens calices, anciennes croix, anciennes cuillères pour administrer la communion. — Tableaux apportés de Grèce pour les sauver des iconoclastes.

Ancienne figure de Jésus-Christ, reproduite depuis par les peintres ; elle ne peut guère remonter au delà du VIIIe siècle. Jésus-Christ étoit-il *le plus beau des hommes*, ou étoit-il laid ? Les Pères grecs et les Pères latins se sont partagés d'opinion : je tiens pour la beauté.

Donation à l'Église sur papyrus : le monde recommence ici.

Musée antique. — Chevelure d'une femme trouvée dans un tombeau. Est-ce celle de la mère des Gracques? est-ce celle de Délie, de Cinthie, de Lalagé ou de Lycinie, dont Mécène, si nous en croyons Horace, n'auroit pas voulu changer un seul cheveu contre toute l'opulence d'un roi de Phrygie :

> Aut pinguis Phrygiæ mygdonias opes
> Permutare velis crine Lyciniæ ?

Si quelque chose emporte l'idée de la fragilité, ce sont les cheveux d'une jeune femme, qui furent peut-être l'objet de l'idolâtrie de la plus volage des passions, et pourtant ils ont survécu à l'empire romain. La mort, qui brise toutes les chaînes, n'a pu rompre ce léger roseau.

Belle colonne torse d'albâtre. Suaire d'amiante retiré d'un sarcophage : la mort n'en a pas moins consumé sa proie.

Vase étrusque. Qui a bu à cette coupe? un mort. Toutes les choses dans ce musée sont trésor du sépulcre, soit qu'elles aient servi aux rites des funérailles ou qu'elles aient appartenu aux fonctions de la vie.

MUSÉE CAPITOLIN.

23 décembre 1803.

La Colonne Milliaire. *Dans la cour* les pieds et la tête d'un colosse : l'a-t-on fait exprès?

Dans le Sénat : noms des sénateurs modernes; Louve frappée de la foudre; Oies du Capitole :

> Tous les siècles y sont, on y voit tous les temps;
> Là sont les devanciers avec leurs descendants.

Mesures antiques de blé, d'huile et de vin, en forme d'autel, avec des têtes de lion.

Peintures représentant les premiers événements de la république romaine.

Statue de Virgile : contenance rustique et mélancolique, front grave, yeux inspirés, rides circulaires partant des narines et venant se terminer au menton, en embrassant la joue.

Cicéron : une certaine régularité avec une expression de légèreté; moins de force de caractère que de philosophie, autant d'esprit que d'éloquence.

L'Alcibiade ne m'a point frappé par sa beauté; il a du sot et du niais.

Un jeune Mithridate ressemblant à un Alexandre.

Fastes consulaires antiques et modernes.

Sarcophage d'Alexandre Sévère et de sa mère.

Bas-relief de Jupiter enfant dans l'île de Crète : admirable.

Colonne d'albâtre oriental, la plus belle connue.

Plan antique de Rome sur un marbre : perpétuité de la ville Éternelle.

Buste d'Aristote : quelque chose d'intelligent et de fort.

Buste de Caracalla : œil contracté; nez et bouche pointus; l'air féroce et fou.

Buste de Domitien : lèvres serrées.

Buste de Néron : visage gros et rond, enfoncé vers les yeux, de manière que le front et le menton avancent: l'air d'un esclave grec débauché.

Bustes d'Agrippine et de Germanicus : la seconde figure longue et maigre; la première, sérieuse.

Buste de Julien : front petit et étroit.

Buste de Marc-Aurèle : grand front, œil élevé vers le ciel ainsi que le sourcil.

Buste de Vitellius : gros nez, lèvres minces, joues bouffies, petits yeux, tête un peu abaissée comme le porc.

Buste de César : figure maigre, toutes les rides profondes, l'air prodigieusement spirituel, le front proéminent entre les yeux, comme si la peau étoit amoncelée et coupée d'une ride perpendiculaire, sourcils surbaissés et touchant l'œil, la bouche grande et singulièrement expressive; on croit qu'elle va parler, elle sourit presque; le nez saillant, mais pas aussi aquilin qu'on le trace ordinairement; les tempes aplaties comme chez Buonaparte; presque point d'occiput; le menton rond et double; les narines un peu fermées : figure d'imagination et de génie.

Un bas-relief : Endymion dormant assis sur un rocher; sa tête est penchée dans sa poitrine, et un peu appuyée sur le bois de sa lance, qui repose sur son épaule gauche; la main gauche, jetée négligemment sur cette lance, tient à peine la laisse d'un chien qui, planté sur ses pattes de derrière, cherche à regarder au-dessus du rocher. C'est un des plus beaux bas-reliefs connus [1].

Des fenêtres du Capitole on découvre tout le Forum, les temples de la Fortune et de la Concorde, les deux colonnes du temple de Jupiter Stator, les Rostres, le temple de Faustine, le temple du Soleil, le temple de la Paix, les ruines du palais doré de Néron, celles du Colisée, les arcs de triomphe de Titus, de Septime Sévère, de Constantin; vaste cimetière des siècles, avec leurs monuments funèbres, portant la date de leur décès.

GALERIE DORIA.

24 décembre 1803.

Gaspard Poussin : grand paysage. Vues de Naples. Frontispice d'un temple en ruine dans une campagne.

Cascade de Tivoli et temple de la Sibylle.

Paysage de Claude Lorrain. Une fuite en Égypte du même : la

---

1. J'ai fait usage de cette *pose* dans *Les Martyrs*.

Vierge, arrêtée au bord d'un bois, tient l'Enfant sur ses genoux; un ange présente des mets à l'Enfant, et saint Joseph ôte le bât de l'âne; un pont dans le lointain, sur lequel passent des chameaux et leurs conducteurs; un horizon où se dessinent à peine les édifices d'une grande ville : le calme de la lumière est merveilleux.

Deux autres petits paysages de Claude Lorrain, dont l'un représente une espèce de mariage patriarcal dans un bois : c'est peut-être l'ouvrage le plus fini de ce grand peintre.

Une fuite en Égypte, de Nicolas Poussin : la Vierge et l'Enfant, portés sur un âne que conduit un ange, descendent d'une colline dans un bois; saint Joseph suit : le mouvement du vent est marqué sur les vêtements et sur les arbres.

Plusieurs paysages du Dominiquin : couleur vive et brillante; les sujets riants; mais en général un ton de verdure cru et une lumière peu vaporeuse, peu idéale : chose singulière ! ce sont des yeux françois qui ont mieux vu la lumière de l'Italie.

Paysage d'Annibal Carrache : grande vérité, mais point d'élévation de style.

Diane et Endymion, de Rubens : l'idée est heureuse. Endymion est à peu près endormi dans la position du beau bas-relief du Capitole; Diane suspendue dans l'air appuie légèrement une main sur l'épaule du chasseur, pour donner à celui-ci un baiser sans l'éveiller; la main de la déesse de la nuit est d'une blancheur de lune, et sa tête se distingue à peine de l'azur du firmament. Le tout est bien dessiné; mais quand Rubens dessine bien, il peint mal : le grand coloriste perdoit sa palette quand il retrouvoit son crayon.

Deux têtes, par Raphael. Les quatre Avares, par Albert Durer. Le Temps arrachant les plumes de l'Amour, du Titien ou de l'Albane : maniéré et froid; une chair toute vivante.

Noces Aldobrandines, copie de Nicolas Poussin : dix figures sur un même plan, formant trois groupes de trois, quatre, et trois figures. Le fond est une espèce de paravent gris à hauteur d'appui; les poses et le dessin tiennent de la simplicité de la sculpture; on diroit d'un bas-relief. Point de richesse de fond, point de détails, de draperies, de meubles, d'arbres, point d'accessoire quelconque, rien que les personnages naturellement groupés.

PROMENADE DANS ROME

AU CLAIR DE LUNE.

Du haut de la Trinité du Mont, les clochers et les édifices lointains paroissent comme les ébauches effacées d'un peintre, ou comme des côtes inégales vues de la mer, du bord d'un vaisseau à l'ancre.

Ombre de l'obélisque : combien d'hommes ont regardé cette ombre en Égypte et à Rome ?

Trinité du Mont déserte : un chien aboyant dans cette retraite des François. Une petite lumière dans la chambre élevée de la *villa* Médicis.

Le Cours : calme et blancheur des bâtiments, profondeur des ombres transversales. Place Colonne : Colonne Antonine à moitié éclairée.

Panthéon : sa beauté au clair de la lune.

Colisée : sa grandeur et son silence à cette même clarté.

Saint-Pierre : effet de la lune sur son dôme, sur le Vatican, sur l'obélisque, sur les deux fontaines, sur la colonnade circulaire.

Une jeune femme me demande l'aumône : sa tête est enveloppée dans son jupon relevé; la *poverina* ressemble à une madone : elle a bien choisi le temps et le lieu. Si j'étois Raphael, je ferois un tableau. Le Romain demande parce qu'il meurt de faim; il n'importe pas si on le refuse; comme ses ancêtres, il ne fait rien pour vivre : il faut que son sénat ou son prince le nourrisse.

Rome sommeille au milieu de ces ruines. Cet astre de la nuit, ce globe que l'on suppose un monde fini et dépeuplé, promène ses pâles solitudes au-dessus des solitudes de Rome; il éclaire des rues sans habitants, des enclos, des places, des jardins où il ne passe personne, des monastères où l'on n'entend plus la voix des cénobites, des cloîtres qui sont aussi déserts que les portiques du Colisée.

Que se passoit-il il y a dix-huit siècles à pareille heure et aux mêmes lieux? Non-seulement l'ancienne Italie n'est plus, mais l'Italie du moyen âge a disparu. Toutefois la trace de ces deux Italies est encore bien marquée à Rome : si la Rome moderne montre son Saint-Pierre et tous ses chefs-d'œuvre, la Rome ancienne lui oppose son Panthéon et tous ses débris; si l'une fait descendre du Capitole ses consuls et ses empereurs, l'autre amène du Vatican la longue suite de ses pontifes. Le Tibre sépare les deux gloires : assises dans la même poussière, Rome païenne s'enfonce de plus en plus dans ses tombeaux, et Rome chrétienne redescend peu à peu dans les catacombes d'où elle est sortie.

J'ai dans la tête le sujet d'une vingtaine de lettres sur l'Italie, qui peut-être se feroient lire, si je parvenois à rendre mes idées telles que je les conçois : mais les jours s'en vont, et le repos me manque. Je me sens comme un voyageur qui forcé de partir demain a envoyé devant lui ses bagages. Les bagages de l'homme sont ses illusions et ses années ; il en remet à chaque minute une partie à celui que l'Écriture appelle un *courrier rapide* : le Temps [1].

VOYAGE DE NAPLES.

Terracine, 31 décembre.

Voici les personnages, les équipages, les choses et les objets que l'on rencontre pêle-mêle sur les routes de l'Italie : des Anglois et des Russes, qui voyagent à grands frais dans de bonnes berlines, avec tous les usages et les préjugés de leurs pays ; des familles italiennes qui passent dans de vieilles calèches pour se rendre économiquement aux *vendanges* ; des moines à pied, tirant par la bride une mule rétive chargée de reliques ; des laboureurs conduisant des charrettes que traînent de grands bœufs, et qui portent une petite image de la Vierge élevée sur le timon au bout d'un bâton ; des paysannes voilées ou les cheveux bizarrement tressés, jupon court de couleur tranchante, corsets ouverts aux mamelles, et entrelacés avec des rubans, colliers et bracelets de coquillages ; des fourgons attelés de mulets ornés de sonnettes, de plumes et d'étoffe rouge ; des bacs, des ponts et des mou-

---

1. De cette vingtaine de lettres que j'avois dans la tête, je n'en ai écrit qu'une seule, la Lettre sur Rome à M. de Fontanes. Les divers fragments qu'on vient de lire et qu'on va lire devoient former le texte des autres lettres ; mais j'ai achevé de décrire Rome et Naples dans le quatrième et dans le cinquième livre des *Martyrs*. Il ne manque donc à tout ce que je voulois dire sur l'Italie que la partie historique et politique.

lins; des troupeaux d'ânes, de chèvres, de moutons; des voiturins, des courriers, la tête enveloppée d'un réseau comme les Espagnols; des enfants tout nus; des pèlerins, des mendiants, des pénitents blancs ou noirs; des militaires cahotés dans de méchantes carrioles; des escouades de gendarmerie; des vieillards mêlés à des femmes. L'air de bienveillance est grand, mais grand est aussi l'air de curiosité; on se suit des yeux tant qu'on peut se voir, comme si on vouloit se parler, et l'on ne se dit mot.

Dix heures du soir.

J'ai ouvert ma fenêtre : les flots venoient expirer au pied des murs de l'auberge. Je ne revois jamais la mer sans un mouvement de joie et presque de tendresse.

Gaëte, 1er janvier 1804.

Encore une année écoulée!

En sortant de Fondi j'ai salué le premier verger d'orangers : ces beaux arbres étoient aussi chargés de fruits mûrs que pourroient l'être les pommiers les plus féconds de la Normandie. Je trace ce peu de mots à Gaëte, sur un balcon, à quatre heures du soir, par un soleil superbe, ayant en vue la pleine mer. Ici mourut Cicéron, dans cette patrie, comme il le dit lui-même, qu'il avoit sauvée : *Moriar in patria sæpe servata*. Cicéron fut tué par un homme qu'il avoit jadis défendu; ingratitude dont l'histoire fourmille. Antoine reçut au *Forum* la tête et les mains de Cicéron; il donna une couronne d'or et une somme de 200,000 livres à l'assassin; ce n'étoit pas le prix de la chose : la tête fut clouée à la tribune publique entre les deux mains de l'orateur. Sous Néron on louoit beaucoup Cicéron; on n'en parla pas sous Auguste. Du temps de Néron le crime s'étoit perfectionné; les vieux assassinats du divin Auguste étoient des vétilles, des essais, presque de l'innocence au milieu des forfaits nouveaux. D'ailleurs on étoit déjà loin de la liberté; on ne savoit plus ce que c'étoit : les esclaves qui assistoient aux jeux du cirque alloient-ils prendre feu pour les rêveries des Caton et des Brutus? Les rhéteurs pouvoient donc, en toute sûreté de servitude, louer le paysan d'Arpinum. Néron lui-même auroit été homme à débiter des harangues sur l'excellence de la liberté; et si le peuple romain se fût endormi pendant ces harangues, comme il est à croire, son maître, selon la coutume, l'eût fait réveiller à coups de bâton pour le forcer d'applaudir.

Naples, 2 janvier.

Le duc d'Anjou, roi de Naples, frère de saint Louis, fit mettre à mort Conradin, légitime héritier de la couronne de Sicile. Conradin sur l'échafaud jeta son gant dans la foule : qui le releva? Louis XVI, descendant de saint Louis.

Le royaume des Deux-Siciles est quelque chose d'à part en Italie : grec sous les anciens Romains, il a été sarrasin, normand, allemand, françois, espagnol, au temps des Romains nouveaux.

L'Italie du moyen âge étoit l'Italie des deux grandes factions guelfe et gibeline, l'Italie des rivalités républicaines et des petites tyrannies; on n'y entendoit parler que de crimes et de liberté; tout s'y faisoit à la pointe du poignard. Les aventures de cette Italie tenoient du roman : qui ne sait Ugolin, Françoise de Rimini, Roméo et Juliette, Othello? Les doges de Gênes et de Venise, les princes de Vérone, de Ferrare et de Milan, les guerriers, les navigateurs, les écrivains, les artistes, les marchands de cette Italie étoient des hommes de génie : Grimaldi, Fregose, Adorni, Dandolo, Marin Zeno, Morosini, Gradenigo, Scaligieri, Visconti, Doria, Trivulce, Spinola, Zeno, Pisani, Christophe Colomb, Améric Vespuce, Gabato, le Dante, Pétrarque, Boccace, Arioste, Machiavel, Cardan, Pomponace, Achellini, Érasme, Politien, Michel-Ange, Pérugin, Raphael, Jules Romain, Dominiquin, Titien, Caragio, les Médicis; mais, dans tout cela, pas un chevalier, rien de l'Europe transalpine.

A Naples, au contraire, la chevalerie se mêle au caractère italien, et les prouesses aux émeutes populaires; Tancrède et le Tasse, Jeanne de Naples et le bon roi René, qui ne régna point, les Vêpres Siciliennes, Mazaniel et le dernier duc de Guise, voilà les Deux-Siciles. Le souffle de la Grèce vient aussi expirer à Naples; Athènes a poussé ses frontières jusqu'à Pœstum; ses temples et ses tombeaux forment une ligne au dernier horizon d'un ciel enchanté.

Je n'ai point été frappé de Naples en arrivant : depuis Capoue et ses délices jusque ici le pays est fertile, mais peu pittoresque. On entre dans Naples presque sans la voir, par un chemin assez creux [1].

3 janvier 1804.

Visité le Musée.

Statue d'Hercule dont il y a des copies partout : Hercule en repos

---

1. On peut, si l'on veut, ne plus suivre l'ancienne route. Sous la dernière domination françoise une autre entrée a été ouverte, et l'on a tracé un beau chemin autour de la colline de Pausilippe.

appuyé sur un tronc d'arbre; légèreté de la massue. Vénus : beauté des formes; draperies mouillées. Buste de Scipion l'Africain.

Pourquoi la sculpture antique est-elle supérieure[1] à la sculpture moderne, tandis que la peinture moderne est vraisemblement supérieure, ou du moins égale à la peinture antique?

Pour la sculpture, je réponds :

Les habitudes et les mœurs des anciens étoient plus graves que les nôtres, les passions moins turbulentes. Or, la sculpture, qui se refuse à rendre les petites nuances et les petits mouvements, s'accommodoit mieux des poses tranquilles et de la physionomie sérieuse du Grec et du Romain.

De plus, les draperies antiques laissoient voir en partie le nu : ce nu étoit toujours ainsi sous les yeux des artistes, tandis qu'il n'est exposé qu'occasionnellement aux regards du sculpteur moderne : enfin les formes humaines étoient plus belles.

Pour la peinture, je dis :

La peinture admet beaucoup de mouvement dans les attitudes : conséquemment la *matière*, quand malheureusement elle est sensible, nuit moins aux grands effets du pinceau.

Les règles de la perspective, qui n'existent presque point pour la sculpture, sont mieux entendues des modernes qu'elles ne l'étoient des anciens. On connoît aujourd'hui un plus grand nombre de couleurs; reste seulement à savoir si elles sont plus vives et plus pures.

Dans ma revue du Musée, j'ai admiré la mère de Raphael, peinte par son fils : belle et simple, elle ressemble un peu à Raphael lui-même, comme les Vierges de ce génie divin ressemblent à des anges.

Michel-Ange peint par lui-même.

Armide et Renaud : scène du miroir magique.

POUZZOLES ET LA SOLFATARA.

4 janvier.

A Pouzzoles, j'ai examiné le temple des Nymphes, la maison de Cicéron, celle qu'il appeloit la *Puteolane,* d'où il écrivit souvent à

---

1. Cette assertion, généralement vraie, admet pourtant d'assez nombreuses exceptions. La statuaire antique n'a rien qui surpasse les cariatides du Louvre, de Jean

Atticus, et où il composa peut-être sa seconde Philippique. Cette *villa* étoit bâtie sur le plan de l'Académie d'Athènes : embellie depuis par Vetus, elle devint un palais sous l'empereur Adrien, qui y mourut en disant adieu à son âme.

> Animula vagula, blandula,
> Hospes comesque corporis, etc.

Il voulut qu'on mît sur sa tombe qu'il avoit été tué par les médecins :

> Turba medicorum regem interfecit.

La science a fait des progrès.

A cette époque, tous les hommes de mérite étoient philosophes, quand ils n'étoient pas chrétiens.

Belle vue dont on jouissoit du Portique : un petit verger occupe aujourd'hui la maison de Cicéron.

Temple de Neptune et tombeaux.

La Solfatare, champ de soufre. Bruit des fontaines d'eau bouillante; bruit du Tartare pour les poëtes.

Vue du golfe de Naples en revenant : cap dessiné par la lumière du soleil couchant; reflet de cette lumière sur le Vésuve et l'Apennin; accord ou harmonie de ces feux et du ciel. Vapeur diaphane à fleur d'eau et à mi-montagne. Blancheur des voiles des barques rentrant au port. L'île de Caprée au loin. La montagne des Camaldules avec son couvent et son bouquet d'arbres au-dessus de Naples. Contraste de tout cela avec la Solfatare. Un François habite sur l'île où se retira Brutus. Grotte d'Esculape. Tombeau de Virgile, d'où l'on découvre le berceau du Tasse.

LE VÉSUVE.

5 janvier 1804.

Aujourd'hui 5 janvier, je suis parti de Naples à sept heures du matin; me voilà à Portici. Le soleil est dégagé des nuages du levant,

Goujon. Nous avons tous les jours sous les yeux ces chefs-d'œuvre, et nous ne les regardons pas. L'Apollon a été beaucoup trop vanté : les métopes du Parthénon offrent seuls la sculpture grecque dans sa perfection. Ce que j'ai dit des arts dans le *Génie du Christianisme* est étriqué et souvent faux. A cette époque je n'avois vu ni l'Italie, ni la Grèce, ni l'Égypte.

mais la tête du Vésuve est toujours dans le brouillard. Je fais marché avec un *cicerone* pour me conduire au cratère du volcan. Il me fournit deux mules, une pour lui, une pour moi : nous partons.

Je commence à monter par un chemin assez large, entre deux champs de vignes appuyées sur des peupliers. Je m'avance droit au levant d'hiver. J'aperçois, un peu au-dessus des vapeurs descendues dans la moyenne région de l'air, la cime de quelques arbres : ce sont les ormeaux de l'ermitage. De pauvres habitations de vignerons se montrent à droite et à gauche, au milieu des riches ceps du *Lacryma-Christi*. Au reste, partout une terre brûlée, des vignes dépouillées entremêlées de pins en forme de parasol, quelques aloès dans les haies, d'innombrables pierres roulantes, pas un oiseau.

J'arrive au premier plateau de la montagne. Une plaine nue s'étend devant moi. J'entrevois les deux têtes du Vésuve ; à gauche la Somma, à droite la bouche actuelle du volcan : ces deux têtes sont enveloppées de nuages pâles. Je m'avance. D'un côté la Somma s'abaisse ; de l'autre je commence à distinguer les ravines tracées dans le cône du volcan, que je vais bientôt gravir. La lave de 1766 et de 1769 couvre la plaine où je marche. C'est un désert enfumé où les laves, jetées comme des scories de forge, présentent sur un fond noir leur écume blanchâtre, tout à fait semblable à des mousses desséchées.

Suivant le chemin à gauche, et laissant à droite le cône du volcan, j'arrive au pied d'un coteau ou plutôt d'un mur formé de la lave qui a recouvert Herculanum. Cette espèce de muraille est plantée de vignes sur la lisière de la plaine, et son revers offre une vallée profonde occupée par un taillis. Le froid devient très-piquant.

Je gravis cette colline pour me rendre à l'ermitage que l'on aperçoit de l'autre côté. Le ciel s'abaisse, les nuages volent sur la terre comme une fumée grisâtre, ou comme des cendres chassées par le vent. Je commence à entendre le murmure des ormeaux de l'ermitage.

L'ermite est sorti pour me recevoir. Il a pris la bride de la mule, et j'ai mis pied à terre. Cet ermite est un grand homme de bonne mine et d'une physionomie ouverte. Il m'a fait entrer dans sa cellule ; il a dressé le couvert, et m'a servi un pain, des pommes et des œufs. Il s'est assis devant moi, les deux coudes appuyés sur la table, et a causé tranquillement tandis que je déjeunois. Les nuages s'étoient fermés de toutes parts autour de nous ; on ne pouvoit distinguer aucun objet par la fenêtre de l'ermitage. On n'oyoit dans ce gouffre de vapeurs que le sifflement du vent et le bruit lointain de la mer sur les côtes d'Herculanum ; scène paisible de l'hospitalité chrétienne, placée dans une petite cellule au pied d'un volcan et au milieu d'une tempête !

L'ermite m'a présenté le livre où les étrangers ont coutume de noter quelque chose. Dans ce livre, je n'ai pas trouvé une pensée qui méritât d'être retenue; les François, avec ce bon goût naturel à leur nation, se sont contentés de mettre la date de leur passage, ou de faire l'éloge de l'ermite. Ce volcan n'a donc inspiré rien de remarquable aux voyageurs; cela me confirme dans une idée que j'ai depuis longtemps : les très-grands sujets, comme les très-grands objets, sont peu propres à faire naître les grandes pensées; leur grandeur étant pour ainsi dire en évidence, tout ce qu'on ajoute au delà du fait ne sert qu'à le rapetisser. Le *nascitur ridiculus mus* est vrai de toutes les montagnes.

Je pars de l'ermitage à deux heures et demie; je remonte sur le coteau de lave que j'avois déjà franchi : à ma gauche est la vallée qui me sépare de la Somma, à ma droite la plaine du cône. Je marche en m'élevant sur l'arête du coteau. Je n'ai trouvé dans cet horrible lieu, pour toute créature vivante, qu'une pauvre jeune fille maigre, jaune, demi-nue, et succombant sous un fardeau de bois coupé dans la montagne.

Les nuages ne me laissent plus rien voir; le vent, soufflant de bas en haut, les chasse du plateau noir que je domine, et les fait passer sur la chaussée de lave que je parcours : je n'entends que le bruit des pas de ma mule.

Je quitte le coteau, je tourne à droite et redescends dans cette plaine de lave qui aboutit au cône du volcan et que j'ai traversée plus bas en montant à l'ermitage. Même en présence de ces débris calcinés, l'imagination se représente à peine ces champs de feu et de métaux fondus au moment des éruptions du Vésuve. Le Dante les avoit peut-être vus lorsqu'il a peint dans son *Enfer* ces sables brûlants où des flammes éternelles descendent lentement et en silence, *come di neve in Alpe senza vento* :

> ..... Arrivammo ad una landa,
> Che dal suo letto ogni pianta rimuove.
> . . . .
> Lo spazzo era una rena arida e spessa,
> . . . .
> Sovra tutto 'l sabbion d' un cader lento
> Piovén di fuoco dilatate falde,
> Come di neve in Alpe sanza vento.

Les nuages s'entr'ouvrent maintenant sur quelques points; je découvre subitement, et par intervalles, Portici, Caprée, Ischia, le Pausilippe, la mer parsemée des voiles blanches des pêcheurs et la côte du golfe de Naples, bordée d'orangers : c'est le paradis vu de l'enfer.

Je touche au pied du cône ; nous quittons nos mules ; mon guide me donne un long bâton, et nous commençons à gravir l'énorme monceau de cendres. Les nuages se referment, le brouillard s'épaissit, et l'obscurité redouble.

Me voilà au haut du Vésuve, écrivant assis à la bouche du volcan, et prêt à descendre au fond de son cratère. Le soleil se montre de temps en temps à travers le voile de vapeurs qui enveloppe toute la montagne. Cet accident, qui me cache un des plus beaux paysages de la terre, sert à redoubler l'horreur de ce lieu. Le Vésuve, séparé par les nuages des pays enchantés qui sont à sa base, a l'air d'être ainsi placé dans le plus profond des déserts, et l'espèce de terreur qu'il inspire n'est point affoiblie par le spectacle d'une ville florissante à ses pieds.

Je propose à mon guide de descendre dans le cratère ; il fait quelque difficulté, pour obtenir un peu plus d'argent. Nous convenons d'une somme qu'il veut avoir sur-le-champ. Je la lui donne. Il dépouille son habit ; nous marchons quelque temps sur les bords de l'abîme, pour trouver une ligne moins perpendiculaire et plus facile à descendre. Le guide s'arrête et m'avertit de me préparer. Nous allons nous précipiter.

Nous voilà au fond du gouffre [1]. Je désespère de pouvoir peindre ce chaos.

Qu'on se figure un bassin d'un mille de tour et de trois cents pieds d'élévation, qui va s'élargissant en forme d'entonnoir. Ses bords ou ses parois intérieures sont sillonnées par le fluide de feu que ce bassin a contenu, et qu'il a versé au dehors. Les parties saillantes de ces sillons ressemblent aux jambages de briques dont les Romains appuyoient leurs énormes maçonneries. Des rochers sont suspendus dans quelques parties du contour, et leurs débris, mêlés à une pâte de cendres, recouvrent l'abîme.

Ce fond du bassin est labouré de différentes manières. A peu près au milieu sont creusés trois puits ou petites bouches nouvellement ouvertes, et qui vomirent des flammes pendant le séjour des François à Naples en 1798.

Des fumées transpirent à travers les pores du gouffre, surtout du côté de la *Torre del Greco*. Dans le flanc opposé, vers Caserte, j'aperçois une flamme. Quand vous enfoncez la main dans les cendres, vous les trouvez brûlantes à quelques pouces de profondeur sous la surface.

---

1. Il n'y a que de la fatigue et peu de danger à descendre dans le cratère du Vésuve. Il faudroit avoir le malheur d'y être surpris par une éruption. Les dernières éruptions ont changé la forme du cône.

La couleur générale du gouffre est celle d'un charbon éteint. Mais la nature sait répandre des grâces jusque sur les objets les plus horribles : la lave en quelques endroits est pleine d'azur, d'outremer, de jaune et d'orangé. Des blocs de granit, tourmentés et tordus par l'action du feu, se sont recourbés à leurs extrémités, comme des palmes et des feuilles d'acanthe. La matière volcanique, refroidie sur les rocs vifs autour desquels elle a coulé, forme çà et là des rosaces, des girandoles, de rubans ; elle affecte aussi des figures de plantes et d'animaux, et imite les dessins variés que l'on découvre dans les agates. J'ai remarqué sur un rocher bleuâtre un cygne de lave blanche parfaitement modelé ; vous eussiez juré voir ce bel oiseau dormant sur une eau paisible, la tête cachée sous son aile, et son long cou allongé sur son dos comme un rouleau de soie :

Ad vada Meandri concinit albus olor.

Je retrouve ici ce silence absolu que j'ai observé autrefois, à midi, dans les forêts de l'Amérique, lorsque, retenant mon haleine, je n'entendois que le bruit de mes artères dans mes tempes et le battement de mon cœur. Quelquefois seulement des bouffées de vent, tombant du haut du cône au fond du cratère, mugissent dans mes vêtements ou sifflent dans mon bâton ; j'entends aussi rouler quelques pierres que mon guide fait fuir sous ses pas en gravissant les cendres. Un écho confus, semblable au frémissement du métal ou du verre, prolonge le bruit de la chute, et puis tout se tait. Comparez ce silence de mort aux détonations épouvantables qui ébranloient ces mêmes lieux lorsque le volcan vomissoit le feu de ses entrailles et couvroit la terre de ténèbres.

On peut faire ici des réflexions philosophiques et prendre en pitié les choses humaines. Qu'est-ce en effet que ces révolutions si fameuses des empires auprès des accidents de la nature qui changent la face de la terre et des mers? Heureux du moins si les hommes n'employoient pas à se tourmenter mutuellement le peu de jours qu'ils ont à passer ensemble! Le Vésuve n'a pas ouvert une seule fois ses abîmes pour dévorer les cités, que ses fureurs n'aient surpris les peuples au milieu du sang et des larmes. Quels sont les premiers signes de civilisation, les premières marques du passage des hommes que l'on a retrouvés sous les cendres éteintes du volcan? Des instruments de supplice, des squelettes enchaînés[1].

1. A Pompeïa.

Les temps varient, et les destinées humaines ont la même inconstance. *La vie*, dit la chanson grecque, *fuit comme la roue d'un char* :

Τροχὸς ἅρματος γὰρ οἷα
Βίοτος τρέχει κυλισθείς.

Pline a perdu la vie pour avoir voulu contempler de loin le volcan dans le cratère duquel je suis tranquillement assis. Je regarde fumer l'abîme autour de moi. Je songe qu'à quelques toises de profondeur j'ai un gouffre de feu sous mes pieds ; je songe que le volcan pourroit s'ouvrir et me lancer en l'air avec des quartiers de marbre fracassés.

Quelle providence m'a conduit dans ce lieu? Par quel hasard les tempêtes de l'océan américain m'ont-elles jeté aux champs de Lavinie : *Lavinaque venit littora?* Je ne puis m'empêcher de faire un retour sur les agitations de cette vie, « où les choses, dit saint Augustin, sont pleines de misères, l'espérance vide de bonheur : *rem plenam miseriæ, spem beatitudis inanem.* » Né sur les rochers de l'Armorique, le premier bruit qui a frappé mon oreille en venant au monde est celui de la mer ; et sur combien de rivages n'ai-je pas vu depuis se briser ces mêmes flots que je retrouve ici?

Qui m'eût dit il y a quelques années que j'entendrois gémir aux tombeaux de Scipion et de Virgile ces vagues qui se dérouloient à mes pieds, sur les côtes de l'Angleterre, ou sur les grèves du Maryland? Mon nom est dans la cabane du sauvage de la Floride ; le voilà sur le livre de l'ermite du Vésuve. Quand déposerai-je à la porte de mes pères le bâton et le manteau du voyageur?

O patria ! o divum domus Ilium !

PATRIA, OU LITERNE.

6 janvier 1804.

Sorti de Naples par la grotte du Pausilippe, j'ai roulé une heure en calèche dans la campagne ; après avoir traversé de petits chemins ombragés, je suis descendu de voiture pour chercher à pied *Patria*, l'ancienne Literne. Un bocage de peupliers s'est d'abord présenté à moi, ensuite des vignes et une plaine semée de blé. La nature étoit belle, mais triste. A Naples, comme dans l'État romain, les cultivateurs ne sont guère aux champs qu'au temps des semailles et des moissons, après quoi ils se retirent dans les faubourgs des villes ou dans de grands villages. Les campagnes manquent ainsi de hameaux, de troupeaux, d'habitants, et n'ont point le mouvement rustique de la Toscane, du Milanois et des contrées transalpines. J'ai pourtant rencontré aux environs de *Patria* quelques fermes agréablement bâties : elles avoient dans leur cour un puits orné de fleurs et accompagné de deux pilastres, que couronnoient des aloès dans des paniers. Il y a dans ce pays un goût naturel d'achitecture, qui annonce l'ancienne patrie de la civilisation et des arts.

Des terrains humides semés de fougères, attenant à des fonds boisés, m'ont rappelé les aspects de la Bretagne. Qu'il y a déjà longtemps que j'ai quitté mes bruyères natales! On vient d'abattre un vieux bois de chênes et d'ormes parmi lesquels j'ai été élevé : je serois tenté de pousser des plaintes, comme ces êtres dont la vie étoit attachée aux arbres de la magique forêt du Tasse.

J'ai aperçu de loin, au bord de la mer, la tour que l'on appelle *Tour de Scipion*. A l'extrémité d'un corps de logis que forment une chapelle et une espèce d'auberge, je suis entré dans un camp de pêcheurs : ils étoient occupés à raccommoder leurs filets au bord d'une pièce d'eau. Deux d'entre eux m'ont amené un bateau et m'ont débarqué près d'un pont, sur le terrain de la tour. J'ai passé des dunes, où croissent des lauriers, des myrtes et des oliviers nains. Monté, non sans peine, au haut de la tour, qui sert de point de reconnoissance aux vaisseaux, mes regards ont erré sur cette mer que Scipion avoit contemplée tant de fois. Quelques débris des voûtes appelées *Grottes de Scipion* se sont offerts à mes recherches religieuses; je foulois, saisi de respect, la terre qui couvroit les os de celui dont la gloire cherchoit la solitude. Je n'aurai de commun avec ce grand citoyen que ce dernier exil dont aucun homme n'est rappelé.

BAÏES.

9 janvier.

Vue du haut de Monte-Nuovo : culture au fond de l'entonnoir ; **myrtes et élégantes bruyères.**

Lac Averne : il est de forme circulaire, et enfoncé dans un bassin de montagnes ; ses bords sont parés de vignes à haute tige. L'antre de la Sibylle est placé vers le midi, dans le flanc des falaises, auprès d'un bois. J'ai entendu chanter les oiseaux, et je les ai vus voler autour de l'antre, malgré les vers de Virgile :

> Quam super haud ullæ poterant impune volantes
> Tendere iter pennis. . . . .

Quant au *rameau d'or,* toutes les colombes du monde me l'auroient montré, que je n'aurois su le cueillir.

Le lac Averne communiquoit au lac Lucrin : restes de ce dernier lac dans la mer ; restes du pont Julia.

On s'embarque, et l'on suit la digue jusqu'aux bains de Néron. J'ai fait cuire des œufs dans le Phlégéton. Rembarqué en sortant des mains de Néron ; tourné le promontoire : sur une côte abandonnée gisent, battues par les flots, les ruines d'une multitude de bains et de *villa* romaines. Temples de Vénus, de Mercure, de Diane ; tombeaux d'**Agrippine,** etc. Baïes fut l'Élysée de Virgile et l'Enfer de Tacite.

HERCULANUM, PORTICI, POMPEIA.

11 janvier.

La lave a rempli Herculanum, comme le plomb fondu remplit les concavités d'un moule.

Portici est un magasin d'antiques.

Il y a quatre parties découvertes à Pompeïa : 1° le temple, le quartier des soldats, les théâtres ; 2° une maison nouvellement **déblayée** par les François ; 3° un quartier de la ville ; 4° la maison hors de la ville.

Le tour de Pompeïa est d'environ quatre milles. Quartier des soldats, espèce de cloître autour duquel régnoient quarante-deux chambres ; quelques mots latins estropiés et mal orthographiés barbouillés sur les murs. Près de là étoient des squelettes enchaînés : « Ceux qui étoient autrefois enchaînés ensemble, dit Job, ne souffrent plus, et ils n'entendent plus la voix de l'exacteur. »

Un petit théâtre : vingt-et-un gradins en demi-cercle, les corridors derrière. Un grand théâtre : trois portes pour sortir de la scène dans le fond, et communiquant aux chambres des acteurs. Trois rangs marqués pour les gradins ; celui du bas plus large et en marbre. Les corridors derrière, larges et voûtés.

On entroit par le corridor au haut du théâtre, et l'on descendoit dans la salle par les vomitoires. Six portes s'ouvroient dans ce corridor. Viennent, non loin de là, un portique carré de soixante colonnes, et d'autres colonnes en ligne droite, allant du midi au nord ; dispositions que je n'ai pas bien comprises.

On trouve deux temples : l'un de ces temples offre trois autels et un sanctuaire élevé.

La maison découverte par les François est curieuse : les chambres à coucher, extrêmement exiguës, sont peintes en bleu ou en jaune, et décorées de petits tableaux à fresque. On voit dans ces tableaux un personnage romain, un Apollon jouant de la lyre, des paysages, des perspectives de jardins et de villes. Dans la plus grande chambre de cette maison, une peinture représente Ulysse fuyant les Sirènes : le fils de Laerte, attaché au mât de son vaisseau, écoute trois Sirènes placées sur les rochers ; la première touche la lyre, la seconde sonne une espèce de trompette, la troisième chante.

On entre dans la partie la plus anciennement découverte de Pompeïa par une rue d'environ quinze pieds de large ; des deux côtés sont des trottoirs ; le pavé garde la trace des roues en divers endroits. La rue est bordée de boutiques et de maisons dont le premier étage est tombé. Dans deux de ces maisons se voient les choses suivantes :

Une chambre de chirurgien et une chambre de toilette avec des peintures analogues.

On m'a fait remarquer un moulin à blé et les marques d'un instrument tranchant sur la pierre de la boutique d'un charcutier ou d'un boulanger, je ne sais plus lequel.

La rue conduit à une porte de la cité où l'on a mis à nu une portion des murs d'enceinte. A cette porte commençoit la file des sépulcres qui bordoient le chemin public.

Après avoir passé la porte, on rencontre la maison de campagne si connue. Le portique qui entoure le jardin de cette maison est composé de piliers carrés, groupés trois par trois. Sous ce premier portique, il en existe un second : c'est là que fut étouffée la jeune femme dont le sein s'est imprimé dans le morceau de terre que j'ai vu à Portici : la mort, comme un statuaire, a moulé sa victime.

Pour passer d'une partie découverte de la cité à une autre partie découverte, on traverse un riche sol cultivé ou planté de vignes. La chaleur étoit considérable, la terre riante de verdure et émaillée de fleurs [1].

En parcourant cette cité des morts, une idée me poursuivoit. A mesure que l'on déchausse quelque édifice à Pompeïa, on enlève ce que donne la fouille, ustensiles de ménage, instruments de divers métiers, meubles, statues, manuscrits, etc., et l'on entasse le tout au *Musée Portici*. Il y auroit selon moi quelque chose de mieux à faire : ce seroit de laisser les choses dans l'endroit où on les trouve et comme on les trouve, de remettre des toits, des plafonds, des planchers et des fenêtres, pour empêcher la dégradation des peintures et des murs ; de relever l'ancienne enceinte de la ville, d'en clore les portes ; enfin d'y établir une garde de soldats avec quelques savants versés dans les arts. Ne seroit-ce pas là le plus merveilleux musée de la terre? Une ville romaine conservée tout entière, comme si ses habitants venoient d'en sortir un quart d'heure auparavant !

On apprendroit mieux l'histoire domestique du peuple romain, l'état de la civilisation romaine dans quelques promenades à Pompeïa restaurée, que par la lecture de tous les ouvrages de l'antiquité. L'Europe entière accourroit : les frais qu'exigeroit la mise en œuvre de ce plan seroient amplement compensés par l'affluence des étrangers à Naples. D'ailleurs rien n'obligeroit d'exécuter ce travail à la fois ; on continueroit lentement, mais régulièrement les fouilles ; il ne faudroit qu'un peu de brique, d'ardoise, de plâtre, de pierre, de bois de charpente et de menuiserie pour les employer en proportion du déblai. Un architecte habile suivroit, quant aux restaurations, le style local dont il trouveroit des modèles dans les paysages peints sur les murs mêmes des maisons de Pompeïa

Ce que l'on fait aujourd'hui me semble funeste : ravies à leurs places naturelles, les curiosités les plus rares s'ensevelissent dans des cabinets où elles ne sont plus en rapport avec les objets environnants.

---

1. Je donne à la page 353 et suivantes des notices curieuses sur Pompeïa, et qui complètent ma courte description.

D'une autre part, les édifices découverts à Pompeïa tomberont bientôt : les cendres qui les engloutirent les ont conservés ; ils périront à l'air, si on ne les entretient ou on ne les répare.

En tous pays les monuments publics, élevés à grands frais avec des quartiers de granit et de marbre, ont seuls résisté à l'action du temps ; mais les habitations domestiques, les *villes* proprement dites, se sont écroulées, parce que la fortune des simples particuliers ne leur permet pas de bâtir pour les siècles.

A M. DE FONTANES.

Rome, le 10 janvier 1804.

J'arrive de Naples, mon cher ami, et je vous porte un fruit de mon voyage, sur lequel vous avez des droits : quelques feuilles du laurier du tombeau de Virgile. « *Tenet nunc Parthenope.* » Il y a longtemps que j'aurois dû vous parler de cette terre classique, faite pour intéresser un génie tel que le vôtre ; mais diverses raisons m'en ont empêché. Cependant je ne veux pas quitter Rome sans vous dire au moins quelques mots de cette ville fameuse. Nous étions convenus que je vous écrirois au hasard et sans suite tout ce que je penserois de l'Italie, comme je vous disois autrefois l'impression que faisoient sur mon cœur les solitudes du Nouveau Monde. Sans autre préambule, je vais donc essayer de vous peindre les *dehors* de Rome, ses campagnes et ses ruines.

Vous avez lu tout ce qu'on a écrit sur ce sujet ; mais je ne sais si les voyageurs vous ont donné une idée bien juste du tableau que présente la Campagne de Rome. Figurez-vous quelque chose de la désolation de Tyr et de Babylone, dont parle l'Écriture ; un silence et une solitude aussi vastes que le bruit et le tumulte des hommes qui se pressoient jadis sur ce sol. On croit y entendre retentir cette malédiction du prophète : *Venient tibi duo hæc subito in die una : sterilitas et viduitas*[1]. Vous apercevez çà et là quelques bouts de voies romaines dans des lieux où il ne passe plus personne, quelques traces desséchées des torrents de l'hiver : ces traces, vues de loin, ont elles-mêmes

---

[1] « Deux choses te viendront à la fois dans un seul jour : stérilité et veuvage. » ISAÏE.

l'air de grands chemins battus et fréquentés, et elles ne sont que le lit désert d'une onde orageuse qui s'est écoulée comme le peuple romain. A peine découvrez-vous quelques arbres, mais partout s'élèvent des ruines d'aqueducs et de tombeaux; ruines qui semblent être les forêts et les plantes indigènes d'une terre composée de la poussière des morts et des débris des empires. Souvent dans une grande plaine j'ai cru voir de riches moissons; je m'en approchois : des herbes flétries avoient trompé mon œil. Parfois sous ces moissons stériles vous distinguez les traces d'une ancienne culture. Point d'oiseaux, point de laboureurs, point de mouvements champêtres, point de mugissements de troupeaux, point de villages. Un petit nombre de fermes délabrées se montrent sur la nudité des champs; les fenêtres et les portes en sont fermées; il n'en sort ni fumée, ni bruit, ni habitants. Une espèce de sauvage, presque nu, pâle et miné par la fièvre, garde ces tristes chaumières, comme les spectres qui, dans nos histoires gothiques, défendent l'entrée des châteaux abandonnés. Enfin, l'on diroit qu'aucune nation n'a osé succéder aux maîtres du monde dans leur terre natale, et que ces champs sont tels que les a laissés le soc de Cincinnatus ou la dernière charrue romaine.

C'est du milieu de ce terrain inculte que domine et qu'attriste encore un monument appelé par la voix populaire le *Tombeau de Néron*[1], que s'élève la grande ombre de la ville éternelle. Déchue de sa puissance terrestre, elle semble, dans son orgueil, avoir voulu s'isoler : elle s'est séparée des autres cités de la terre; et, comme une reine tombée du trône, elle a noblement caché ses malheurs dans la solitude.

Il me seroit impossible de vous dire ce qu'on éprouve lorsque Rome vous apparoît tout à coup au milieu de ses royaumes vides, *inania regna*, et qu'elle a l'air de se lever pour vous de la tombe où elle étoit couchée. Tâchez de vous figurer ce trouble et cet étonnement qui saisissoient les prophètes lorsque Dieu leur envoyoit la vision de quelque cité à laquelle il avoit attaché les destinées de son peuple : *Quasi aspectus splendoris*[2]. La multitude des souvenirs, l'abondance des sentiments vous oppressent; votre âme est bouleversée à l'aspect de cette Rome qui a recueilli deux fois la succession du monde, comme héritière de Saturne et de Jacob[3].

1. Le véritable tombeau de Néron étoit à la porte du *Peuple*, dans l'endroit même où l'on a bâti depuis l'église de *Santa Maria del Popolo*.
2. « C'étoit comme une vision de splendeur. » ÉZÉCH.
3. Montaigne décrit ainsi la campagne de Rome, telle qu'elle étoit il y a environ deux cents ans :

« Nous avions loin, sur notre main gauche, l'Apennin, le prospect du pays mal

Vous croirez peut-être, mon cher ami, d'après cette description, qu'il n'y a rien de plus affreux que les campagnes romaines? Vous vous tromperiez beaucoup; elles ont une inconcevable grandeur : on est toujours prêt, en les regardant, à s'écrier avec Virgile :

> Salve, magna parens frugum, Saturnia tellus,
> Magna virum [1] !

Si vous les voyez en économiste, elles vous désoleront ; si vous les contemplez en artiste, en poëte, et même en philosophe, vous ne voudriez peut-être pas qu'elles fussent autrement. L'aspect d'un champ de blé ou d'un coteau de vignes ne vous donneroit pas d'aussi fortes émotions que la vue de cette terre dont la culture moderne n'a pas rajeuni le sol, et qui est demeurée antique comme les ruines qui la couvrent.

Rien n'est comparable pour la beauté aux lignes de l'horizon romain, à la douce inclinaison des plans, aux contours suaves et fuyants des montagnes qui le terminent. Souvent les vallées dans la campagne prennent la forme d'une arène, d'un cirque, d'un hippodrome ; les coteaux sont taillés en terrasses, comme si la main puissante des Romains avoit remué toute cette terre. Une vapeur particulière, répandue dans les lointains, arrondit les objets et dissimule ce qu'ils pourroient avoir de dur ou de heurté dans leurs formes. Les ombres ne sont jamais lourdes et noires; il n'y a pas de masses si obscures de rochers et de feuillages dans lesquelles il ne s'insinue toujours un peu de lumière. Une teinte singulièrement harmonieuse marie la terre, le ciel et les eaux : toutes les surfaces, au moyen d'une gradation insensible de couleurs, s'unissent par leurs extrémités, sans qu'on puisse déterminer le point où une nuance finit et où l'autre commence. Vous avez sans doute admiré dans les paysages de Claude Lorrain cette lumière qui semble idéale et plus belle que nature? Eh bien, c'est la lumière de Rome !

Je ne me lassois point de voir à la *villa* Borghèse le soleil se coucher sur les cyprès du mont Marius et sur les pins de la *villa* Pamphili, plantés par Le Nôtre. J'ai souvent aussi remonté le Tibre à Ponte-Mole, pour jouir de cette grande scène de la fin du jour. Les sommets des

---

plaisant, bossé, plein de profondes fendasses, incapable d'y recevoir nulle conduicte de gens de guerre en ordonnance; le terroir nu, sans arbres, une bonne partie stérile, le pays fort ouvert tout autour, et plus de dix milles à la ronde; et quasi tout de cette sorte, fort peu peuplé de maisons. »

1. « Salut, terre féconde, terre de Saturne, mère des grands hommes ! »

montagnes de la Sabine apparoissent alors de lapis-lazuli et d'opale, tandis que leurs bases et leurs flancs sont noyés dans une vapeur d'une teinte violette et purpurine. Quelquefois de beaux nuages comme des chars légers, portés sur le vent du soir avec une grâce inimitable, font comprendre l'apparition des habitants de l'Olympe sous ce ciel mythologique; quelquefois l'antique Rome semble avoir étendu dans l'occident toute la pourpre de ses consuls et de ses césars, sous les derniers pas du dieu du jour. Cette riche décoration ne se retire pas aussi vite que dans nos climats : lorsque vous croyez que ses teintes vont s'effacer, elle se ranime sur quelque autre point de l'horizon; un crépuscule succède à un crépuscule, et la magie du couchant se prolonge. Il est vrai qu'à cette heure du repos des campagnes l'air ne retentit plus de chants bucoliques; les bergers n'y sont plus, *Dulcia linquimus arva!* mais on voit encore les *grandes victimes du Clytumnè*, des bœufs blancs ou des troupeaux de cavales demi-sauvages qui descendent au bord du Tibre et viennent s'abreuver dans ses eaux. Vous vous croiriez transporté au temps des vieux Sabins ou au siècle de l'Arcadien Évandre, ποίμενες λαῶν [1], alors que le Tibre s'appeloit *Albula* [2], et que le pieux Énée remonta ses ondes inconnues.

Je conviendrai toutefois que les sites de Naples sont peut-être plus éblouissants que ceux de Rome : lorsque le soleil enflammé, ou que la lune large et rougie, s'élève au-dessus du Vésuve, comme un globe lancé par le volcan, la baie de Naples avec ses rivages bordés d'orangers, les montagnes de la Pouille, l'île de Caprée, la côte du Pausilippe, Baïes, Misène, Cumes, l'Averne, les champs Élysées, et toute cette terre virgilienne, présentent un spectacle magique; mais il n'a pas selon moi le *grandiose* de la campagne romaine. Du moins est-il certain que l'on s'attache prodigieusement à ce sol fameux. Il y a deux mille ans que Cicéron se croyoit exilé sous le ciel de l'Asie, et qu'il écrivoit à ses amis : *Urbem, mi Rufi, cole; in ista luce vive* [3]. Cet attrait de la belle Ausonie est encore le même. On cite plusieurs exemples de voyageurs qui, venus à Rome dans le dessein d'y passer quelques jours, y sont demeurés toute leur vie. Il fallut que le Poussin vînt mourir sur cette terre des beaux paysages : au moment même où je vous écris, j'ai le bonheur d'y connoître M. d'Agincourt, qui y vit seul

---

1. « Pasteurs des peuples. » Homer.
2. *Vid.* Tit. Liv.
3. « C'est à Rome qu'il faut habiter, mon cher Rufus, c'est à cette lumière qu'il faut vivre. » Je crois que c'est dans le premier ou dans le second livre des *Épîtres familières*. Comme j'ai cité partout de mémoire, on voudra bien me pardonner s'il se trouve quelque inexactitude dans les citations.

depuis vingt-cinq ans, et qui promet à la France d'avoir aussi son *Winckelman*.

Quiconque s'occupe uniquement de l'étude de l'antiquité et des arts, ou quiconque n'a plus de liens dans la vie, doit venir demeurer à Rome. Là il trouvera pour société une terre qui nourrira ses réflexions et qui occupera son cœur, des promenades qui lui diront toujours quelque chose. La pierre qu'il foulera aux pieds lui parlera, la poussière que le vent élèvera sous ses pas renfermera quelque grandeur humaine. S'il est malheureux, s'il a mêlé les cendres de ceux qu'il aima à tant de cendres illustres, avec quel charme ne passera-t-il pas du sépulcre des Scipions au dernier asile d'un ami vertueux, du charmant tombeau de *Cecilia Metella* au modeste cercueil d'une femme infortunée! Il pourra croire que ces mânes chéris se plaisent à errer autour de ces monuments avec l'ombre de Cicéron, pleurant encore sa chère Tullie, ou d'Agrippine encore occupée de l'urne de Germanicus. S'il est chrétien, ah! comment pourroit-il alors s'arracher de cette terre qui est devenue sa patrie, de cette terre qui a vu naître un second empire, plus saint dans son berceau, plus grand dans sa puissance que celui qui l'a précédé, de cette terre où les amis que nous avons perdus, dormant avec les martyrs aux catacombes, sous l'œil du Père des fidèles, paroissent devoir se réveiller les premiers dans leur poussière et semblent plus voisins des cieux?

Quoique Rome, vue intérieurement, offre l'aspect de la plupart des villes européennes, toutefois elle conserve encore un caractère particulier : aucune autre cité ne présente un pareil mélange d'architecture et de ruines, depuis le Panthéon d'Agrippa jusqu'aux murailles de Bélisaire, depuis les monuments apportés d'Alexandrie jusqu'au dôme élevé par Michel-Ange. La beauté des femmes est un autre trait distinctif de Rome : elles rappellent par leur port et leur démarche les Clélie et les Cornélie; on croiroit voir des statues antiques de Junon ou de Pallas descendues de leur piédestal et se promenant autour de leurs temples. D'une autre part, on retrouve chez les Romains *ce ton des chairs* auquel les peintres ont donné le nom de *couleur historique,* et qu'ils emploient dans leurs tableaux. Il est naturel que des hommes dont les aïeux ont joué un si grand rôle sur la terre aient servi de modèle ou de type aux Raphael et aux Dominiquin, pour représenter les personnages de l'histoire.

Une autre singularité de la ville de Rome, ce sont les troupeaux de chèvres, et surtout ces attelages de grands bœufs aux cornes énormes, couchés au pied des obélisques égyptiens, parmi les débris du Forum et sous les arcs où ils passoient autrefois pour conduire le triomphateur romain à ce Capitole que Cicéron appelle *le conseil public de l'univers :*

> Romanos ad templa deum duxere triumphos.

A tous les bruits ordinaires des grandes cités se mêle ici le bruit des eaux que l'on entend de toutes parts, comme si l'on étoit auprès des fontaines de Blandusie ou d'Égérie. Du haut des collines renfermées dans l'enceinte de Rome, ou à l'extrémité de plusieurs rues, vous apercevez la campagne en perspective, ce qui mêle la ville et les champs d'une manière pittoresque. En hiver les toits des maisons sont couverts d'herbes, comme les toits de chaume de nos paysans. Ces diverses circonstances contribuent à donner à Rome je ne sais quoi de rustique, qui va bien à son histoire : ses premiers dictateurs conduisoient la charrue ; elle dut l'empire du monde à des laboureurs, et le plus grand de ses poëtes ne dédaigna pas d'enseigner l'art d'Hésiode aux enfants de Romulus :

> Ascræumque cano romana per oppida carmen.

Quant au Tibre, qui baigne cette grande cité et qui en partage la gloire, sa destinée est tout à fait bizarre. Il passe dans un coin de Rome comme s'il n'y étoit pas ; on n'y daigne pas jeter les yeux, on n'en parle jamais, on ne boit point ses eaux, les femmes ne s'en servent pas pour laver ; il se dérobe entre de méchantes maisons qui le cachent, et court se précipiter dans la mer, honteux de s'appeler le *Tevere.*

Il faut maintenant, mon cher ami, vous dire quelque chose de ces ruines dont vous m'avez recommandé de vous parler, et qui font une si grande partie des *dehors* de Rome : je les ai vues en détail, soit à Rome, soit à Naples, excepté pourtant les temples de Pœstum, que je n'ai pas eu le temps de visiter. Vous sentez que ces ruines doivent prendre différents caractères, selon les souvenirs qui s'y attachent.

Dans une belle soirée du mois de juillet dernier, j'étois allé m'asseoir au Colisée, sur la marche d'un des autels consacrés aux douleurs de la Passion. Le soleil qui se couchoit versoit des fleuves d'or par toutes ces galeries où rouloit jadis le torrent des peuples ; de fortes ombres sortoient en même temps de l'enfoncement des loges et des corridors, ou tomboient sur la terre en larges bandes noires. Du haut des massifs de l'architecture, j'apercevois, entre les ruines du côté droit de l'édifice, le jardin du palais des césars, avec un palmier qui semble être placé tout exprès sur ces débris pour les peintres et les poëtes. Au lieu des cris de joie que des spectateurs féroces poussoient jadis dans cet amphithéâtre, en voyant déchirer des chrétiens par des lions, on n'entendoit que les aboiements des chiens de l'ermite qui garde ces ruines. Mais aussitôt que le soleil disparut à l'horizon, la cloche du dôme de Saint-Pierre retentit sous les portiques du Colisée. Cette correspondance établie par des sons religieux entre les deux plus grands monuments de Rome païenne et de Rome chrétienne me causa une vive émotion : je songeai que l'édifice moderne tomberoit comme l'édifice antique; je songeai que les monuments se succèdent comme les hommes qui les ont élevés ; je rappelai dans ma mémoire que ces mêmes Juifs qui, dans leur première captivité, travaillèrent aux pyramides de l'Égypte et aux murailles de Babylone, avoient, dans leur dernière dispersion, bâti cet énorme amphithéâtre. Les voûtes qui répétoient les sons de la cloche chrétienne étoient l'ouvrage d'un empereur païen marqué dans les prophéties pour la destruction finale de Jérusalem. Sont-ce là d'assez hauts sujets de méditation, et croyez-vous qu'une ville où de pareils effets se reproduisent à chaque pas soit digne d'être vue?

Je suis retourné hier, 9 janvier, au Colisée, pour le voir dans une autre saison et sous un autre aspect : j'ai été étonné, en arrivant, de ne point entendre l'aboiement des chiens qui se montroient ordinairement dans les corridors supérieurs de l'amphithéâtre, parmi les herbes séchées. J'ai frappé à la porte de l'ermitage pratiqué dans le cintre d'une loge; on ne m'a point répondu : l'ermite est mort. L'inclémence de la saison, l'absence du bon solitaire, des chagrins récents, ont redoublé pour moi la tristesse de ce lieu ; j'ai cru voir les décombres d'un édifice que j'avois admiré quelques jours auparavant dans toute son intégrité et toute sa fraîcheur. C'est ainsi, mon très-cher ami, que nous sommes avertis à chaque pas de notre néant : l'homme cherche au dehors des raisons pour s'en convaincre; il va méditer sur les ruines des empires, il oublie qu'il est lui-même une ruine encore plus chancelante, et qu'il sera tombé avant ces débris [1]. Ce qui achève de rendre notre vie *le songe d'une ombre* [2], c'est que nous ne pouvons pas même espérer de vivre longtemps dans le souvenir de nos amis, puisque leur cœur, où s'est gravée notre image, est, comme l'objet dont il retient les traits, une argile sujette à se dissoudre. On m'a montré à Portici un morceau de cendres du Vésuve, friable au toucher, et qui conserve l'empreinte, chaque jour plus effacée, du sein et du bras d'une

---

1. L'homme à qui cette lettre est adressée n'est plus! (*Note de l'édition* de 1827.)
2. Pindare.

jeune femme ensevelie sous les ruines de Pompeïa; c'est une image assez juste, bien qu'elle ne soit pas encore assez vaine, de la trace que notre mémoire laisse dans le cœur des hommes, *cendre et poussière* [1].

Avant de partir pour Naples, j'étois allé passer quelques jours seul à Tivoli; je parcourus les ruines des environs, et surtout celles de la *villa Adriana*. Surpris par la pluie au milieu de ma course, je me réfugiai dans les salles des thermes voisins du Pœcile [2], sous un figuier qui avoit renversé le pan d'un mur en croissant. Dans un petit salon octogone, une vigne vierge perçoit la voûte de l'édifice, et son gros cep lisse, rouge et tortueux, montoit le long du mur comme un serpent. Tout autour de moi, à travers les arcades des ruines, s'ouvroient des points de vue sur la campagne romaine. Des buissons de sureau remplissoient les salles désertes où venoient se réfugier quelques merles. Les fragments de maçonnerie étoient tapissés de feuilles de scolopendre, dont la verdure satinée se dessinoit comme un travail en mosaïque sur la blancheur des marbres. Çà et là de hauts cyprès remplaçoient les colonnes tombées dans ce palais de la mort; l'acanthe sauvage rampoit à leurs pieds, sur des débris, comme si la nature s'étoit plu à reproduire sur les chefs-d'œuvre mutilés de l'architecture l'ornement de leur beauté passée. Les salles diverses et les sommités des ruines ressembloient à des corbeilles et à des bouquets de verdure; le vent agitoit les guirlandes humides, et toutes les plantes s'inclinoient sous la pluie du ciel.

Pendant que je contemplois ce tableau, mille idées confuses se pressoient dans mon esprit: tantôt j'admirois, tantôt je détestois la grandeur romaine; tantôt je pensois aux vertus, tantôt aux vices de ce propriétaire du monde, qui avoit voulu rassembler une image de son empire dans son jardin. Je rappelois les événements qui avoient renversé cette *villa* superbe; je la voyois dépouillée de ses plus beaux ornements par le successeur d'Adrien; je voyois les barbares y passer comme un tourbillon, s'y cantonner quelquefois, et, pour se défendre dans ces mêmes monuments qu'ils avoient à moitié détruits, couronner l'ordre grec et toscan du créneau gothique; enfin, des religieux chrétiens, ramenant la civilisation dans ces lieux, plantoient la vigne et conduisoient la charrue dans le *temple des Stoïciens* et les *salles de l'Académie* [3]. Le siècle des arts renaissoit, et de nouveaux souverains achevoient de bouleverser ce qui restoit encore des ruines de ces

---

1. Job.
2. Monuments de la *villa*. Voyez plus haut la description de Tivoli et de la *villa Adriana*, p. 277 et suivantes.
3. Monuments de la *villa*. Voyez la description de cette *villa*, p. 277.

palais, pour y trouver quelques chefs-d'œuvre des arts. A ces diverses pensées se mêloit une voix intérieure qui me répétoit ce qu'on a cent fois écrit sur la vanité des choses humaines. Il y a même double vanité dans les monuments de la *villa Adriana;* ils n'étoient, comme on sait, que les imitations d'autres monuments répandus dans les provinces de l'empire romain : le véritable temple de Sérapis à Alexandrie, la véritable Académie à Athènes, n'existent plus : vous ne voyez donc dans les copies d'Adrien que des ruines de ruines.

Il faudroit maintenant, mon cher ami, vous décrire le temple de la Sibylle, à Tivoli, et l'élégant temple de Vesta, suspendu sur la cascade ; mais le loisir me manque. Je regrette de ne pouvoir vous peindre cette cascade célébrée par Horace : j'étois là dans vos domaines, vous l'héritier de l'Ἀφελία des Grecs, ou du *simplex munditiis*[1] du chantre de l'*Art poétique;* mais je l'ai vue dans une saison triste, et je n'étois pas moi-même fort gai[2]. Je vous dirai plus : j'ai été importuné du bruit des eaux, de ce bruit qui m'a tant de fois charmé dans les forêts américaines. Je me souviens encore du plaisir que j'éprouvois lorsque, la nuit, au milieu du désert, mon bûcher à demi éteint, mon guide dormant, mes chevaux paissant à quelque distance, j'écoutois la mélodie des eaux et des vents dans la profondeur des bois. Ces murmures, tantôt plus forts, tantôt plus foibles, croissant et décroissant à chaque instant, me faisoient tressaillir ; chaque arbre étoit pour moi une espèce de lyre harmonieuse dont les vents tiroient d'ineffables accords.

Aujourd'hui je m'aperçois que je suis beaucoup moins sensible à ces charmes de la nature ; je doute que la cataracte de Niagara me causât la même admiration qu'autrefois. Quand on est très-jeune, la nature muette parle beaucoup ; il y a surabondance dans l'homme ; tout son avenir est devant lui (si mon Aristarque veut me passer cette expression) ; il espère communiquer ses sensations au monde, et il se nourrit de mille chimères. Mais dans un âge avancé, lorsque la perspective que nous avions devant nous passe derrière, que nous sommes détrompés sur une foule d'illusions, alors la nature seule devient plus froide et moins parlante, *les jardins parlent peu*[3]. Pour que cette nature nous intéresse encore, il faut qu'il s'y attache des souvenirs de la société ; nous nous suffisons moins à nous-mêmes : la solitude absolue nous pèse, et nous avons besoin de ces conversations *qui se font le soir à voix basse entre des amis*[4].

Je n'ai point quitté Tivoli sans visiter la maison du poëte que je

---

1. « Élégante simplicité. » Hor. 2. Voyez la description de Tivoli, p. 277.
3. La Fontaine. 4. Horace.

viens de citer : elle étoit en face de la *villa* de Mécène ; c'étoit là qu'il offroit *floribus et vino genium memorem brevis ævi*[1]. L'ermitage ne pouvoit pas être grand, car il est situé sur la croupe même du coteau; mais on sent qu'on devoit être bien à l'abri dans ce lieu, et que tout y étoit commode, quoique petit. Du verger devant la maison l'œil embrassoit un pays immense : vraie retraite du poëte à qui peu suffit, et qui jouit de tout ce qui n'est pas à lui, *spatio brevi spem longam reseces*[2]. Après tout, il est fort aisé d'être philosophe comme Horace. Il avoit une maison à Rome, deux *villa* à la campagne, l'une à Utique, l'autre à Tivoli. Il buvoit d'un certain vin du consulat de Tullus avec ses amis: son *buffet étoit couvert d'argenterie*; il disoit familièrement au premier ministre du maître du monde : « *Je ne sens point les besoins de la pauvreté, et si je voulois quelque chose de plus, Mécène, tu ne me le refuserois pas.* » Avec cela on peut chanter *Lalagé,* se couronner *de lis, qui vivent peu,* parler de la mort en buvant le falerne, et *livrer au vent les chagrins.*

Je remarque qu'Horace, Virgile, Tibulle, Tite-Live, moururent tous avant Auguste, qui eut en cela le sort de Louis XIV : notre grand prince survécut un peu à son siècle, et se coucha le dernier dans la tombe, comme pour s'assurer qu'il ne restoit rien après lui.

Il vous sera sans doute fort indifférent de savoir que la maison de Catulle est placée à Tivoli, au-dessus de la maison d'Horace, et qu'elle sert maintenant de demeure à quelques religieux chrétiens ; mais vous trouverez peut-être assez remarquable que l'Arioste soit venu composer ses *fables comiques*[3] au même lieu où Horace s'est joué de toutes les choses de la vie. On se demande avec surprise comment il se fait que le chantre de Roland, retiré chez le cardinal d'Este, à Tivoli, ait consacré ses *divines* folies à la France, et à la France demi-barbare, tandis qu'il avoit sous les yeux les sévères monuments et les graves souvenirs du peuple le plus sérieux et le plus civilisé de a terre. Au reste, la *villa* d'Este est la seule *villa* moderne qui m'ait intéressé au milieu des débris des *villa* de tant d'empereurs et de consulaires. Cette maison de Ferrare a eu le bonheur peu commun d'avoir été chantée par les deux plus grands poëtes de son temps et les deux plus beaux génies de l'Italie moderne.

    Piacciavi, generose Ercolea prole,
    Ornamento e splendor del secol nostro,
    Ippolito, etc.

1. « Des fleurs et du vin au génie qui nous rappelle la briéveté de la vie. »
2. « Renferme dans un espace étroit tes longues espérances. » Hor.
3. BOILEAU.

C'est ici le cri d un homme heureux, qui rend grâces à la maison puissante dont il recueille les faveurs et dont il fait lui-même les délices. Le Tasse, plus touchant, fait entendre dans son invocation les accents de la reconnoissance d'un grand homme infortuné :

> Tu, magnanimo Alfonso, il qual ritogli, etc.

C'est faire un noble usage du pouvoir que de s'en servir pour protéger les talents exilés et recueillir le mérite fugitif. Arioste et Hippolyte d'Este ont laissé dans les vallons de Tivoli un souvenir qui ne le cède pas en charme à celui d'Horace et de Mécène. Mais que sont devenus les protecteurs et les protégés? Au moment même où j'écris, la maison d'Est vient de s'éteindre; la *villa* du cardinal d'Este tombe en ruine comme celle du ministre d'Auguste : c'est l'histoire de toutes les choses et de tous les hommes.

> Linquenda tellus, et domus, et placens
> Uxor [1].

Je passai presque tout un jour à cette superbe *villa;* je ne pouvois me lasser d'admirer la perspective dont on jouit du haut de ses terrasses : au-dessous de vous s'étendent les jardins avec leurs platanes et leurs cyprès; après les jardins viennent les restes de la maison de Mécène, placée au bord de l'Anio [2]; de l'autre côté de la rivière, sur la colline en face, règne un bois de vieux oliviers, où l'on trouve les débris de la *villa* de Varus [3]; un peu plus loin, à gauche, dans la plaine, s'élèvent les trois monts *Monticelli, San Francesco* et *Sant' Angelo*, et entre les sommets de ces trois monts voisins apparoît le sommet lointain et azuré de l'antique Soracte; à l'horizon et à l'extrémité des campagnes romaines, en décrivant un cercle par le couchant et le midi, on découvre les hauteurs de Monte-Fiascone, Rome, Civita-Vecchia, Ostia, la mer, Frascati, surmonté des pins de Tusculum; enfin, revenant chercher Tivoli vers le levant, la circonférence entière de cette immense perspective se termine au mont Ripoli, autrefois occupé par les maisons de Brutus et d'Atticus, et au pied duquel se trouve la *villa Adriana* avec toutes ses ruines.

On peut suivre au milieu de ce tableau le cours du Teverone, qui descend vers le Tibre, jusqu'au pont où s'élève le mausolée de la

---

1. « Il faudra quitter la terre, une maison, une épouse chérie. » Hor.
2. Aujourd'hui le *Teverone*.
3. Le Varus qui fut massacré avec les légions en Germanie. Voyez l'admirable morceau de Tacite.

famille *Plautia*, bâti en forme de tour. Le grand chemin de Rome se déroule aussi dans la campagne; c'étoit l'ancienne voie Tiburtine, autrefois bordée de sépulcres, et le long de laquelle des meules de foin élevées en pyramides imitent encore des tombeaux.

Il seroit difficile de trouver dans le reste du monde une vue plus étonnante et plus propre à faire naître de puissantes réflexions. Je ne parle pas de Rome, dont on aperçoit les dômes, et qui seule dit tout; je parle seulement des lieux et des monuments renfermés dans cette vaste étendue. Voilà la maison où Mécène, rassasié des biens de la terre, mourut d'une maladie de langueur; Varus quitta ce coteau pour aller verser son sang dans les marais de la Germanie; Cassius et Brutus abandonnèrent ces retraites pour bouleverser leur patrie. Sous ces hauts pins de Frascati, Cicéron dictoit ses *Tusculanes*; Adrien fit couler un nouveau Pénée au pied de cette colline, et transporta dans ces lieux les noms, les charmes et les souvenirs du vallon de Tempé. Vers cette source de la Solfatare, la reine captive de Palmyre acheva ses jours dans l'obscurité, et sa ville d'un moment disparut dans le désert. C'est ici que le roi Latinus consulta le dieu Faune dans la forêt de l'Albunée; c'est ici qu'Hercule avoit son temple, et que la sibylle tiburtine dictoit ses oracles; ce sont là les montagnes des vieux Sabins, les plaines de l'antique Latium; terre de Saturne et de Rhée, berceau de l'âge d'or, chanté par tous les poëtes; riants coteaux de Tibur et de Lucrétile, dont le seul génie françois a pu retracer les grâces, et qui attendoient le pinceau du Poussin et de Claude Lorrain.

Je descendis de la *villa* d'Este [1] vers les trois heures après midi; je passai le Teverone sur le pont de Lupus, pour rentrer à Tivoli par la porte Sabine. En traversant le bois des vieux oliviers, dont je viens de vous parler, j'aperçus une petite chapelle blanche, dédiée à la madone Quintilanea, et bâtie sur les ruines de la *villa* de Varus. C'étoit un dimanche : la porte de cette chapelle étoit ouverte, j'y entrai. Je vis trois petits autels disposés en forme de croix; sur celui du milieu s'élevoit un grand crucifix d'argent, devant lequel brûloit une lampe suspendue à la voûte. Un seul homme, qui avoit l'air très-malheureux, étoit prosterné auprès d'un banc; il prioit avec tant de ferveur, qu'il ne leva pas même les yeux sur moi au bruit de mes pas. Je sentis ce que j'ai mille fois éprouvé en entrant dans une église, c'est-à-dire un certain *apaisement* des troubles du cœur (pour parler comme nos

---

1. On a vu à la fin de ma description de la *villa Adriana* que j'annonçois pour le lendemain une promenade à la *villa* d'Este. Je n'ai point donné le détail particulier de cette promenade, parce qu'il se trouvoit déjà dans ma *Lettre sur Rome*, à M. de Fontanes.

vieilles bibles), et je ne sais quel dégoût de la terre. Je me mis à genoux à quelque distance de cet homme, et, inspiré par le lieu, je prononçai cette prière : « Dieu du voyageur, qui avez voulu que le pèlerin vous adorât dans cet humble asile bâti sur les ruines du palais d'un grand de la terre! Mère de douleur, qui avez établi votre culte de miséricorde dans l'héritage de ce Romain infortuné mort loin de son pays dans les forêts de la Germanie! nous ne sommes ici que deux fidèles prosternés au pied de votre autel solitaire : accordez à cet inconnu, si profondément humilié devant vos grandeurs, tout ce qu'il vous demande : faites que les prières de cet homme servent à leur tour à guérir mes infirmités, afin que ces deux chrétiens qui sont étrangers l'un à l'autre, qui ne se sont rencontrés qu'un instant dans la vie, et qui vont se quitter pour ne plus se voir ici-bas, soient tout étonnés, en se retrouvant au pied de votre trône, de se devoir mutuellement une partie de leur bonheur, par les miracles de leur charité! »

Quand je viens à regarder, mon cher ami, toutes les feuilles éparses sur ma table, je suis épouvanté de mon énorme fatras, et j'hésite à vous l'envoyer. Je sens pourtant que je ne vous ai rien dit, que j'ai oublié mille choses que j'aurois dû vous dire. Comment, par exemple, ne vous ai-je pas parlé de Tusculum, de Cicéron, qui, selon Sénèque, « fut le seul génie que le peuple romain ait eu d'égal à son empire »? *Illud ingenium quod solum populus romanus par imperio suo habuit.* Mon voyage à Naples, ma descente dans le cratère du Vésuve [1], mes courses à Pompeïa, à Caserte [2], à la Solfatare, au lac Averne, à la grotte de la Sibylle, auroient pu vous intéresser, etc. Baïes, où se sont passées tant de scènes mémorables, méritoit seule un volume. Il me semble que je vois encore la tour de Bola, où étoit placée la maison d'Agrippine, et où elle dit ce mot sublime aux assassins envoyés par son fils : *Ventrem feri* [3]. L'île Nisida, qui servit de retraite à Brutus, après le meurtre de César, le pont de Caligula, la Piscine admirable, tous ces palais bâtis dans la mer, dont parle Horace, vaudroient bien la peine qu'on s'y arrêtât un peu. Virgile a placé ou trouvé dans ces lieux les belles fictions du sixième livre de son *Énéide* : c'est de là qu'il écrivoit à Auguste ces paroles modestes (elles sont, je crois, les seules lignes

---

1. Il n'y a (comme je l'ai déjà dit dans une autre note) que de la fatigue et aucun danger à descendre dans le cratère du Vésuve. Il faudroit avoir le malheur d'y être surpris par une éruption; dans ce cas-là même, si l'on n'étoit pas emporté par l'explosion, l'expérience a prouvé qu'on peut encore se sauver sur la lave : comme elle coule avec une extrême lenteur, sa surface se refroidit assez vite pour qu'on puisse y passer rapidement.

2. Je n'ai rien retrouvé sur Caserte.   3. TACITE.

de prose que nous connoissions de ce grand homme) : *Ego vero frequentes a te litteras accipio... De Ænea quidem meo, si me hercule jam dignum auribus haberem tuis, libenter mitterem ; sed tanta inchoata res est, ut pene vitio mentis tantum opus ingressus mihi videar; cum præsertim, ut scis, alia quoque studia ad id opus multoque potiora impertiar* [1].

Mon pèlerinage au tombeau de Scipion l'Africain est un de ceux qui ont le plus satisfait mon cœur, bien que j'aie manqué le but de mon voyage. On m'avoit dit que le mausolée existoit encore, et qu'on y lisoit même le mot *patria*, seul reste de cette inscription qu'on prétend y avoir été gravée : *Ingrate patrie, tu n'auras pas mes os!* Je me suis rendu à Patria, l'ancienne Literne : je n'ai point trouvé le tombeau, mais j'ai erré sur les ruines de la maison que le plus grand et le plus aimable des hommes habitoit dans son exil : il me sembloit voir le vainqueur d'Annibal se promener au bord de la mer sur la côte opposée à celle de Carthage, et se consolant de l'injustice de Rome par les charmes de l'amitié et le souvenir de ses vertus [2].

Quand aux Romains modernes, mon cher ami, Duclos me semble avoir de l'humeur lorsqu'il les appelle les *Italiens de Rome*; je crois qu'il y a encore chez eux le fond d'une nation peu commune. On peut découvrir parmi ce peuple, trop sévèrement jugé, un grand sens, du courage, de la patience, du génie, des traces profondes de ses anciennes mœurs, je ne sais quel air de souverain et quels nobles usages

---

1. Ce fragment se trouve dans Macrobe, mais je ne puis indiquer le livre : je crois pourtant que c'est le premier des *Saturnales*. Voyez *Les Martyrs*, sur le séjour de Baies.

2. Non-seulement on m'avoit dit que ce tombeau existoit, mais j'avois lu les circonstances de ce que je rapporte ici dans je ne sais plus quel voyageur. Cependant les raisons suivantes me font douter de la vérité des faits :

1° Il me paroît que Scipion, malgré les justes raisons de plainte qu'il avoit contre Rome, aimoit trop sa patrie pour avoir voulu qu'on gravât cette inscription sur son tombeau : cela semble contraire à tout ce que nous connoissons du génie des anciens.

2° L'inscription rapportée est conçue presque littéralement dans les termes de l'imprécation que Tite-Live fait prononcer à Scipion en sortant de Rome : ne seroit-ce pas là la source de l'erreur?

3° Plutarque raconte que l'on trouva près de Gaëte une urne de bronze dans un tombeau de marbre, où les cendres de Scipion devoient avoir été renfermées, et qui portoit une inscription très-différente de celle dont il s'agit.

4° L'ancienne Literne ayant pris le nom de *Patria*, cela a pu donner naissance à ce qu'on a dit du mot *patria*, resté seul de toute l'inscription du tombeau. Ne seroit-ce pas, en effet, un hasard fort singulier que le lieu se nommât *Patria*, et que le mot *patria* se trouvât aussi sur le monument de Scipion? à moins que l'on ne suppose que l'un a pris son nom de l'autre.

Il se peut faire toutefois que des auteurs que je ne connois pas aient parlé de cette

qui sentent encore la royauté. Avant de condamner cette opinion, qui peut vous paroître hasardée, il faudroit entendre mes raisons, et je n'ai pas le temps de vous les donner.

Que de choses me resteroient à vous dire sur la littérature italienne! Savez-vous que je n'ai vu qu'une seule fois le comte Alfieri dans ma vie, et devineriez-vous comment? Je l'ai vu mettre dans la bière! On me dit qu'il n'étoit presque pas changé. Sa physionomie me parut noble et grave; la mort y ajoutoit sans doute une nouvelle sévérité; le cercueil étant un peu trop court, on inclina la tête du défunt sur sa poitrine, ce qui lui fit faire un mouvement formidable. Je tiens de la bonté d'une personne qui lui fut bien chère[1], et de la politesse d'un ami du comte Alfieri, des notes curieuses sur les ouvrages posthumes, les opinions et la vie de cet homme célèbre. La plupart des papiers publics en France ne nous ont donné sur tout cela que des renseignements tronqués et incertains. En attendant que je puisse vous communiquer mes notes, je vous envoie l'épitaphe que le comte Alfieri avoit faite, en même temps que la sienne, pour sa noble amie :

---

inscription de manière à ne laisser aucun doute : il y a même une phrase dans Plutarque qui semble favorable à l'opinion que je combats. Un homme du plus grand mérite, et qui m'est d'autant plus cher qu'il est fort malheureux [*], a fait, presque en même temps que moi, le voyage de *Patria*. Nous avons souvent causé ensemble de ce lieu célèbre; je ne suis pas bien sûr qu'il m'ait dit avoir vu lui-même *le tombeau et le mot* (ce qui trancheroit la difficulté), ou s'il m'a seulement raconté la tradition populaire. Quant à moi, je n'ai point trouvé le monument, et je n'ai vu que les ruines de la *villa*, qui sont très-peu de chose. (Voyez ci-dessus, p. 277.)

Plutarque parle de l'opinion de ceux qui plaçoient le tombeau de Scipion auprès de Rome; mais ils confondoient évidemment le tombeau *des* Scipions et le tombeau *de* Scipion. Tite-Live affirme que celui-ci étoit à Literne, qu'il étoit surmonté d'une statue, laquelle fut abattue par une tempête, et que lui, Tite-Live, avoit vu cette statue. On savoit d'ailleurs par Sénèque, Cicéron et Pline, que l'autre tombeau, c'est-à-dire celui des Scipions, avoit existé en effet à une des portes de Rome. Il a été découvert sous Pie VI; on en a transporté les inscriptions au musée du Vatican; parmi les noms des membres de la famille des Scipions trouvés dans le monument, celui de l'Africain manque.

1. La personne pour laquelle avoit été composée d'avance l'épitaphe que je rapportois ici n'a pas fait mentir longtemps le *hic sita est :* elle est allée rejoindre le comte Alfieri. Rien n'est triste comme de relire, vers la fin de ses jours, ce que l'on a écrit dans sa jeunesse; tout ce qui étoit au présent, quand on tenoit la plume, se trouve au passé : on parloit de vivants, et il n'y a plus que des morts. L'homme qui vieillit en cheminant dans la vie se retourne pour regarder derrière lui ses compagnons de voyage, et ils ont disparu! Il est resté seul sur une route déserte.

[*] M. Bertin l'aîné, que je puis nommer aujourd'hui. Il étoit alors exilé et persécuté par Buonaparte, pour son dévouement à la maison de Bourbon.

HIC. SITA. EST.
AL.... E.... ST....
* ALB.... COM....
GENERE. FORMA. MORIBUS.
INCOMPARABILI. ANIMI. CANDORE.
PRÆCLARISSIMA.
A. VICTORIO. ALFERIO.
JUXTA. QUEM. SARCOPHAGO. UNO *.
TUMULATA. EST.
ANNORUM. 26. SPATIO.
ULTRA. RES. OMNES. DILECTA.
ET. QUASI. MORTALE. NUMEN.
AB. IPSO. CONSTANTER. HABITA.
ET. OBSERVATA.
VIXIT. ANNOS.... MENSES.... DIES....
HANNONIÆ. MONTIBUS. NATA.
OBIIT.... DIE.... MENSIS....
ANNO. DOMINI. M. D. CCC.[1]

La simplicité de cette épitaphe, et surtout la note qui l'accompagne, me semblent extrêmement touchantes.

Pour cette fois, j'ai fini ; je vous envoie ce monceau de ruines : faites-en tout ce qu'il vous plaira. Dans la description des divers objets dont je vous ai parlé, je crois n'avoir omis rien de remarquable, si ce n'est que le Tibre est toujours le *flavus Tiberinus* de Virgile. On prétend qu'il doit cette couleur limoneuse aux pluies qui tombent dans les montagnes dont il descend. Souvent, par le temps le plus serein, en regardant couler ses flots décolorés, je me suis représenté une vie commencée au milieu des orages : le reste de son cours passe en vain sous un ciel pur ; le fleuve demeure teint des eaux de la tempête qui l'ont troublé dans sa course.

* *Sic inscribendum, me, ut opinor et opto, præmoriente : sed, aliter jubente Deo, aliter inscribendum :*
Qui juxta. eam. sarcophago. uno.
Conditus. erit, quamprimum.

1. « Ici repose Héloïse E. St. comtesse d'Al., illustre par ses aïeux, célèbre par les grâces de sa personne, par les agréments de son esprit et par la candeur incomparable de son âme. Inhumée près de Victor Alfieri, dans un même tombeau *, il la préféra pendant vingt-six ans à toutes les choses de la terre. Mortelle, elle fut constamment servie et honorée par lui comme si elle eût été une divinité.

« Née à Mons ; elle vécut... et mourut le... »

* Ainsi j'ai écrit, espérant, désirant mourir le premier ; mais s'il plaît à Dieu d'en ordonner autrement, il faudra autrement écrire : *Inhumée par la volonté de Victor Alfieri, qui sera bientôt enseveli près d'elle dans un même tombeau.*

FIN DU VOYAGE EN ITALIE.

VOYAGE

A CLERMONT

(AUVERGNE)

CINQ JOURS
A CLERMONT
(AUVERGNE)

2, 3, 4, 5 et 6 août 1805.

Me voici au berceau de Pascal et au tombeau de Massillon. Que de souvenirs! les anciens rois d'Auvergne et l'invasion des Romains, César et ses légions, Vercingetorix, les derniers efforts de la liberté des Gaules contre un tyran étranger, puis les Visigoths, puis les Francs, puis les évêques, puis les comtes et les dauphins d'Auvergne, etc.

Gergovia, oppidum Gergovia, n'est pas Clermont : sur cette colline de Gergoye, que j'aperçois au sud-est, étoit la véritable Gergovie. Voilà Mont-Rognon, *Mons Rugosus,* dont César s'empara pour couper les vivres aux Gaulois renfermés dans Gergovie. Je ne sais quel dauphin bâtit sur le *Mont Rugosus* un château dont les ruines subsistent.

Clermont étoit *Nemossus,* à supposer qu'il n'y ait pas de fausse lecture dans Strabon ; il étoit encore *Nemetum, Augusto Nemetum, Arverni urbs, Civitas Arverna, Oppidum Arvernum,* témoin Pline, Ptolémée, la carte de Peutinger, etc.

Mais d'où lui vient ce nom de *Clermont,* et quand a-t-il pris ce nom? Dans le ixe siècle, disent Loup de Ferrières et Guillaume de Tyr : il y a quelque chose qui tranche mieux la question. L'anonyme, auteur des Gestes de Pipin, ou, comme nous prononçons, Pepin, dit : *Maximam partem Aquitaniæ vastans, usque urbem Arvernam, cum omni exercitu veniens (Pipinus)* CLARE MONTEM *castrum captum, atque succensum bellando cepit.*

Le passage est curieux en ce qu'il distingue la ville, *urbem Arvernam,* du château *Clare Montem castrum.* Ainsi, la ville romaine étoit au bas du monticule, et elle étoit défendue par un château bâti sur le monticule : ce château s'appeloit *Clermont*. Les habitants de la ville basse ou de la ville romaine, *Arverni urbs*, fatigués d'être sans cesse ravagés dans une ville ouverte, se retirèrent peu à peu autour et sous la protection du château. Une nouvelle ville du nom de Clermont s'éleva dans l'endroit où elle est aujourd'hui, vers le milieu du VIIIe siècle, un siècle avant l'époque fixée par Guillaume de Tyr.

Faut-il croire que les anciens Arvernes, les Auvergnats d'aujourd'hui, avoient fait des incursions en Italie, avant l'arrivée du pieux Énée? Ou faut-il croire, d'après Lucain, que les Arvernes descendoient tout droit des Troyens? Alors ils ne se seroient guère mis en peine des imprécations de Didon, puisqu'ils s'étoient faits les alliés d'Annibal et les protégés de Carthage. Selon les druides, si toutefois nous savons ce que disoient les druides, Pluton auroit été le père des Arvernes : cette fable ne pourroit-elle tirer son origine de la tradition des anciens volcans d'Auvergne?

Faut-il croire, avec Athénée et Strabon, que Luerius, roi des Arvernes, donnoit de grands repas à tous ses sujets, et qu'il se promenoit sur un char élevé en jetant des sacs d'or et d'argent à la foule? Cependant les rois Gaulois (César. *Comm.*) vivoient dans des espèces de huttes faites de bois et de terre, comme nos montagnards d'Auvergne.

Faut-il croire que les Arvernes avoient enrégimenté des chiens, lesquels manœuvroient comme des troupes régulières, et que Bituitus avoit un assez grand nombre de ces chiens pour manger toute une armée romaine?

Faut-il croire que ce roi Bituitus attaqua avec deux cent mille combattants le consul Fabius, qui n'avoit que trente mille hommes? Nonobstant ce, les trente mille Romains tuèrent ou noyèrent dans le Rhône cent cinquante mille Auvergnats, ni plus ni moins. Comptons :

Cinquante mille noyés, c'est beaucoup.

Cent mille tués.

Or, comme il n'y avoit que trente mille Romains, chaque légionnaire a dû tuer trois Auvergnats, ce qui fait quatre-vingt-dix mille Auvergnats.

Restent dix mille tués à partager entre les plus forts tueurs, ou les machines de l'armée de Fabius.

Bien entendu que les Auvergnats ne se sont pas défendus du tout, que leurs chiens enrégimentés n'ont pas fait meilleure contenance, qu'un seul coup d'épée, de pilum, de flèche ou de fronde, dûment ajusté dans une partie mortelle, a suffi pour tuer son homme ; que les Auvergnats n'ont ni fui ni pu fuir ; que les Romains n'ont pas perdu un seul soldat, et qu'enfin quelques heures ont suffi *matériellement* pour tuer avec le glaive cent mille hommes ; le géant Robastre étoit un Myrmidon auprès de cela. A l'époque de la victoire de Fabius, chaque légion ne traînoit pas encore après elle dix machines de guerre de la première grandeur, et cinquante plus petites.

Faut-il croire que le royaume d'Auvergne, changé en république, arma sous Vercingetorix quatre cent mille soldats contre César ?

Faut-il croire que Nemetum étoit une ville immense, qui n'avoit rien moins que trente portes ?

En fait d'histoire, je suis un peu de l'humeur de mon compatriote le père Hardouin, qui avoit du bon : il prétendoit que l'histoire ancienne avoit été refaite par les moines du xiiie siècle, d'après les *Odes* d'Horace, les *Géorgiques* de Virgile, les ouvrages de Pline et de Cicéron. Il se moquoit de ceux qui prétendoient que le soleil étoit loin de la terre : voilà un homme raisonnable.

La ville des Arvernes, devenue romaine sous le nom d'*Augusto-Nemetum*, eut un capitole, un amphithéâtre, un temple de Wasso-Galates, un colosse qui égaloit presque celui de Rhodes ; Pline nous parle de ses carrières et de ses sculpteurs. Elle eut aussi une école célèbre, d'où sortit le rhéteur Fronton, maître de Marc-Aurèle. *Augusto-Nemetum*, régie par le droit latin, avoit un sénat, ses citoyens, citoyens romains, pouvoient être revêtus des grandes charges de l'État : c'étoit encore le souvenir de Rome républicaine qui donnoit la puissance aux esclaves de l'empire.

Les collines qui entourent Clermont étoient couvertes de bois et marquées par des temples : à Champturgues un temple de Bacchus, à Monjuset un temple de Jupiter, desservi par des femmes fées (*fatuæ fatidicæ*), au Puy de Montaudon un temple de Mercure ou de Teutatès ; Montaudon, *Mons Teutates*, etc.

Nemetum tomba avec toute l'Auvergne sous la domination des Visigoths, par la cession de l'empereur Népos ; mais Alaric ayant été vaincu à la bataille de Vouillé, l'Auvergne passa aux Francs. Vinrent ensuite les temps féodaux, et le gouvernement, souvent indépendant, des évêques, des comtes et des dauphins.

Le premier apôtre de l'Auvergne fut saint Austremoine : la *Gallia christiana* compte quatre-vingt-seize évêques depuis ce premier évêque jusqu'à Massillon. Trente-un ou trente-deux de ces évêques ont été reconnus pour saints ; un d'entre eux a été pape, sous le nom d'Innocent VI. Le gouvernement de ces évêques n'a rien eu de remarquable : je parlerai de Caulin.

Chilping disoit à Thierry, qui vouloit détruire Clermont : « Les murs de cette cité sont très-forts et remparés de boulevards inexpugnables ; et, afin que Votre Majesté m'entende mieux, je parle des saints et de leurs églises, qui environnent les murailles de cette ville. »

Ce fut au concile de Clermont que le pape Urbain II prêcha la première croisade. Tout l'auditoire s'écria : « *Diex el volt !* » et Aymar, évêque du Puy, partit avec les croisés. Le Tasse le fait tuer par Clorinde.

> . . . . . Fu del sangue sacro
> Su l' arme femminili ampiò lavacro.

Les comtes qui régnèrent en Auvergne, ou qui en furent les premiers seigneurs féodaux, produisirent des hommes assez singuliers. Vers le milieu du xe siècle, Guillaume, septième comte d'Auvergne, qui, du côté maternel, descendoit des dauphins viennois, prit le titre de *dauphin*, et le donna à ses terres.

Le fils de Guillaume s'appela *Robert*, nom des aventures et des romans. Ce second dauphin d'Auvergne favorisa les amours d'un pauvre chevalier. Robert avoit une sœur, femme de Bertrand Ier, sire de Mercœur ; Pérols, troubadour, aimoit cette grande dame ; il en fit l'aveu à Robert qui ne s'en fâcha pas du tout : c'est l'histoire du Tasse retournée. Robert lui-même étoit poëte et échangeoit des *sirventes* avec Richard Cœur de Lion.

Le petit-fils de Robert, commandeur des templiers en Aquitaine, fut brûlé vif à Paris : il expia avec courage dans les tourments un premier moment de foiblesse. Il ne trouva pas dans Philippe le Bel la tolérance qu'un troubadour avoit rencontrée dans Robert : pourtant Philippe, qui brûloit les templiers, faisoit enlever et souffleter les papes.

Une multitude de souvenirs historiques s'attachent à différents lieux de l'Auvergne. Le village de la Tour rappelle un nom à jamais glorieux pour la France, la Tour d'Auvergne.

Marguerite de Valois se consoloit un peu trop gaiement à Usson de la perte de ses grandeurs et des malheurs du royaume ; elle avoit séduit le marquis de Canillac, qui la gardoit dans ce château. Elle faisoit semblant d'aimer la femme de Canillac : « Le bon du jeu, dit d'Aubigné, fut qu'aussitôt que son mari (Canillac) eut le dos tourné pour aller à Paris, Marguerite la dépouilla de ses beaux joyaux, la renvoya comme une péteuse avec tous ses gardes, et se rendit dame et maîtresse de la place. Le marquis se trouva bête, et servit de risée au roi de Navarre. »

Marguerite aimoit beaucoup ses amants tandis qu'ils vivoient ; à leur mort elle les pleuroit, faisoit des vers pour leur mémoire, déclaroit qu'elle leur seroit toujours fidèle : *Mentem Venus ipsa dedit :*

> **Atys, de qui la perte attriste mes années,**
> **Atys, digne des vœux de tant d'âmes bien nées,**
> **Que j'avois élevé pour montrer aux humains**
>   **Une œuvre de mes mains.**
> . . . .
> **Si je cesse d'aimer, qu'on cesse de prétendre :**
> **Je ne veux désormais être prise ni prendre.**

Et dès le soir même Marguerite étoit prise, et mentoit à son amour et à sa muse.

Elle avoit aimé La Molle, décapité avec Conconas : pendant la nuit, elle fit enlever la tête de ce jeune homme, la parfuma, l'enterra de ses propres mains, et soupira ses regrets au beau *Hyacinthe*. « Le pauvre diable d'Aubiac, en allant à la potence, au lieu de se souvenir de son âme et de son salut, baisoit un manchon de velours raz bleu qui lui restoit des bienfaits de sa dame. » Aubiac, en voyant Marguerite pour la première fois, avoit dit : « Je voudrois avoir passé une nuit avec elle, à peine d'être pendu quelque temps après. » Martigues portoit aux combats et aux assauts un petit chien que lui avoit donné Marguerite.

D'Aubigné prétend que Marguerite avoit fait faire à Usson les lits de ses dames extrêmement hauts, « afin de ne plus s'écorcher, comme elle souloit, les épaules en s'y fourrant à quatre pieds pour y chercher Pominy, » fils d'un chaudronnier d'Auvergne, et qui, d'enfant de chœur qu'il étoit, devint secrétaire de Marguerite.

Le même historien la prostitue dès l'âge de onze ans à d'Antragues et à Charin ; il la livre à ses deux frères, François, duc d'Alençon, et Henri III ; mais il ne faut pas croire entièrement les satires de d'Aubigné, huguenot hargneux, ambitieux mécontent, d'un esprit caustique : Pibrac et Brantôme ne parlent pas comme lui.

Marguerite n'aimoit point Henri IV, qu'elle trouvoit malpropre. Elle recevoit Champvallon « dans un lit éclairé avec des flambeaux, entre deux linceuls de taffetas noir. » Elle avoit écouté M. de Mayenne, *bon compagnon gros et gras, et voluptueux comme elle, et ce grand dégoûté de vicomte de Turenne, et ce vieux rufian de Pibrac, dont elle montroit les lettres pour rire à Henri IV; et ce petit chicon de valet de Provence, Date, qu'avec six aulnes d'étoffe elle avoit anobli dans Usson ; et ce bec jaune de Bajaumont*, le dernier de la longue liste qu'avoit commencée d'Antragues et qu'avoient continuée, avec les favoris déjà cités, le duc de Guise, Saint-Luc et Bussy.

Selon le père Lacoste, la seule *vue de l'ivoire du bras de Marguerite* triompha de Canillac.

Pour finir ce *notable commentaire, qui m'est échappé d'un flux de caquet,* comme parle Montaigne, je dirai que les deux lignées royales des d'Orléans et des Valois avoient peu de mœurs, mais qu'elles avoient du génie; elles aimoient les lettres et les arts : le sang françois et le sang italien se mêloient en elles par Valentine de Milan et Catherine de Médicis. François Ier étoit poëte, témoin ses vers charmants sur Agnès Sorel; sa sœur, *la royne de Navarre,* contoit à la manière de Boccace; Charles IX rivalisoit avec Ronsard; les chants de Marguerite de Valois, d'ailleurs tolérante et humaine (elle sauva plusieurs victimes à la Saint-Barthélemy), étoient répétés par toute la cour : ses *Mémoires* sont pleins de dignité, de grâce et d'intérêt.

Le siècle des arts en France est celui de François Ier en descendant jusqu'à Louis XIII, nullement le siècle de Louis XIV : le *petit palais* des Tuileries, le vieux Louvre, une partie de Fontainebleau et d'Anet, le palais du Luxembourg, sont ou étoient fort supérieurs aux monuments du grand roi.

C'étoit tout un autre personnage que Marguerite de Valois, ce chancelier de L'Hospital, né à Aigueperse, à quinze ou seize lieues d'Usson. « C'étoit un autre censeur Caton, celui-là, dit Brantôme, et qui savoit très-bien censurer et corriger le monde corrompu. Il en avoit du moins toute l'apparence avec sa grande barbe blanche, son visage pâle, sa façon grave, qu'on eût dit à le voir que c'étoit un vrai portrait de saint Jérôme.

« Il ne falloit pas se jouer avec ce grand juge et rude magistrat; si étoit-il pourtant doux quelquefois, là où il voyoit de la raison... Ces belles-lettres humaines lui rabattoient beaucoup de sa rigueur de justice. Il étoit grand orateur et fort disert; grand historien, et surtout très-divin poëte latin, comme plusieurs de ses œuvres l'ont manifesté tel. »

Le chancelier de L'Hospital, peu aimé de la cour et disgracié, se retira pauvre dans une petite maison de campagne auprès d'Étampes. On l'accusoit de modération en religion et en politique : des assassins furent envoyés pour le tuer lors du massacre de la Saint-Barthélemy. Ses domestiques vouloient fermer les portes de sa maison : « Non, non, dit-il; si la petite porte n'est bastante pour les faire entrer, ouvrez la grande. »

La veuve du duc de Guise sauva la fille du chancelier, en la cachant dans sa maison; il dut lui-même son salut aux prières de la duchesse de Savoie. Nous avons son testament en latin; Brantôme nous le donne en françois : il est curieux, et par les dispositions et par les détails qu'il renferme.

« Ceux, dit L'Hospital, qui m'avoient chassé prenoient une couverture de religion, et eux-mêmes étoient sans pitié et religion ; mais je vous puis assurer qu'il n'y avoit rien qui les émût davantage que ce qu'ils pensoient que tant que je serois en charge il ne leur seroit permis de rompre les édits du roi, ni de piller ses finances et celles de ses sujets.

« Au reste, il y a presque cinq ans que je mène ici la vie de Laerte... et ne veux point rafraîchir la mémoire des choses que j'ai souffertes en ce département de la cour. »

Les murs de sa maison tomboient; il avoit de la peine à nourrir ses vieux serviteurs et sa nombreuse famille; il se consoloit, comme Cicéron, avec les Muses : mais il avoit désiré voir les peuples rétablis dans leur liberté, et il mourut lorsque les cadavres des victimes du fanatisme n'avoient pas encore été mangés par les vers, ou dévorés par les poissons et les vautours.

Je voudrois bien placer Châteauneuf de Randon en Auvergne ; il en est si près ! C'est là que Du Guesclin reçut sur son cercueil les clefs de la forteresse ; nargue des deux manuscrits qui ont fait capituler la place quelques heures avant la mort du connétable. « Vous verrez dans l'histoire de ce Breton une ame forte, nourrie dans le fer, petrie sous des palmes, dans laquelle masse fit eschole longtemps. La Bretagne en fut l'essai, l'Anglois son boute-hors, la Castille son chef-d'œuvre ; dont les actions n'estoient que heraults de sa gloire ; les défaveurs, theastres élevés à sa constance ; le cercueil, embasement d'un immortel trophée. »

L'Auvergne a subi le joug des Visigoths et des Francs, mais elle n'a été colonisée que par les Romains; de sorte que s'il y a des Gaulois en France, il faut les chercher en Auvergne, *montes Celtorum*. Tous ses monuments sont celtiques, et ses anciennes maisons descendent ou des familles romaines consacrées à l'épiscopat, ou des familles indigènes.

La féodalité poussa néanmoins de vigoureuses racines en Auvergne; toutes les montagnes se hérissèrent de châteaux. Dans ces châteaux s'établirent des seigneurs qui exercèrent ces petites tyrannies, ces droits bizarres, enfants de l'arbitraire, de la grossièreté des mœurs et de l'ennui. A Langeac, le jour de la fête de saint Galles, un châtelain jetoit un millier d'œufs à la tête des paysans, comme en Bretagne, chez un autre seigneur, on apportoit un œuf garrotté dans un grand chariot traîné par six bœufs.

Un seigneur de Tournemine, assigné dans son manoir d'Auvergne par un huissier appelé *Loup*, lui fit couper le poing, disant que jamais loup ne s'étoit présenté à son château, sans qu'il n'eût laissé sa patte clouée à la porte. Aussi arriva-t-il qu'aux *grands jours* tenus à Clermont en 1665 ces petites fredaines produisirent douze mille plaintes rendues en justice criminelle. Presque toute la noblesse fut obligée de fuir, et l'on n'a point oublié l'homme *aux douze apôtres*. Le cardinal de Richelieu fit raser une partie des châteaux d'Auvergne; Louis XIV en acheva la destruction. De tous ces donjons en ruine, un des plus célèbres est celui du Murat ou d'Armagnac. Là fut pris le malheureux Jacques, duc de Nemours, jadis lié d'amitié avec ce Jean V, comte d'Armagnac, qui avoit épousé publiquement sa propre sœur. En vain le duc de Nemours adressa-t-il une lettre bien humble à Louis XI, *écrite en la cage de la Bastille* et signée *le pauvre Jacques*; il fut décapité aux halles de Paris, et ses trois jeunes fils, placés sous l'échafaud, furent couverts du sang de leur père.

Charles de Valois, duc d'Angoulême, fils naturel de Charles IX et de Marie Touchet, frère utérin de la marquise de Verneuil, fut investi du comté de Clermont et d'Auvergne. Il entra dans les complots de Biron, dont la mort est justement reprochée à Henri IV. A la mort d'Henri III, Henri IV avoit dit à Armand de Gontaud, baron de Biron : *C'est à cette heure qu'il faut que vous mettiez la main droite à ma couronne; venez-moi servir de père et d'ami contre ces gens qui n'aiment ni vous ni moi.* Henri auroit dû garder la mémoire de ces paroles; il auroit dû se souvenir que Charles de Gontaud, fils d'Armand, avoit été son compagnon d'armes; il auroit dû se souvenir que la tête de celui qui avoit mis *la main droite à sa couronne* avoit été emportée par un boulet : ce n'étoit pas au Béarnois à joindre la tête du fils à la tête du père.

Le comte d'Auvergne, pour de nouvelles intrigues, fut arrêté à Clermont; sa maîtresse, la dame de Châteaugay, menaçoit de tuer de cent coups de pistolet et de cent coups d'épée d'Eure et Murat qui avoient saisi le comte : elle ne tua personne. Le comte d'Auvergne fut mis à la Bastille; il en sortit sous Louis XIII, et vécut jusqu'en 1650 : c'étoit la dernière goutte du sang des Valois.

Le duc d'Angoulême étoit brave, léger et lettré comme tous les Valois. Ses Mémoires contiennent une relation touchante de la mort d'Henri III, et un récit détaillé du combat d'Arques, auquel lui, duc d'Angoulême, s'étoit trouvé à l'âge de seize ans. Chargeant Sagonne, ligueur décidé, qui lui crioit : « Du fouet! du fouet! petit garçon! » il lui cassa la cuisse d'un coup de pistolet, et obtint les prémices de la victoire.

L'Auvergne fut presque toujours en révolte sous la seconde race; elle dépendoit de l'Aquitaine; et la charte d'Aalon a prouvé que les premiers ducs d'Aquitaine descendoient en ligne directe de la race de Clovis; ils combattoient donc les Carlovingiens comme des usurpateurs du trône. Sous la troisième race, lorsque la Guyenne, fief de la couronne de France, tomba par alliance et héritage à la couronne d'Angleterre, l'Auvergne se trouva angloise en partie : elle fut alors ravagée par les grandes compagnies, par les écorcheurs, etc. On chantoit partout des complaintes latines sur les malheurs de la France :

> Plange regni respublica,
> Tua gens, ut schismatica,
> Desolatur, etc.

Pendant les guerres de la Ligue, l'Auvergne eut beaucoup à souffrir. Les sièges d'Issoire sont fameux : le capitaine Merle, partisan protestant, fit écorcher vifs trois religieux de l'abbaye d'Issoire. Ce n'étoit pas la peine de crier si haut contre les violences des catholiques.

On a beaucoup cité, et avec raison, la réponse du gouverneur de Bayonne à Charles IX qui lui ordonnoit de massacrer les protestants. Montmorin, commandant en Auvergne à la même époque, fit éclater la même générosité. La noble famille qui avoit montré un si véritable dévouement à son prince ne l'a point démenti de nos jours; elle a répandu son sang pour un monarque aussi vertueux que Charles IX fut criminel.

Voltaire nous a conservé la lettre de Montmorin :

« Sire,

« J'ai reçu un ordre, sous le sceau de Votre Majesté, de faire mourir tous les protestants qui sont dans ma province. Je respecte trop Votre Majesté pour ne pas croire que ces lettres sont supposées; et si, ce qu'à Dieu ne plaise, l'ordre est véritablement émané d'elle, je la respecte aussi trop pour lui obéir. »

C'est de Clermont que nous viennent les deux plus anciens historiens de la France, Sidoine Apollinaire et Grégoire de Tours. Sidoine, natif de Lyon et évêque de Clermont, n'est pas seulement un poëte, c'est un écrivain qui nous apprend comment les rois francs célébroient leurs noces dans un fourgon, comment ils s'habilloient et quel étoit leur langage. Grégoire de Tours nous dit, sans compter le reste, ce qui se passoit à Clermont de son temps; il raconte, avec une ingénuité de détails qui fait frémir, l'épouvantable histoire du prince Anastase, enfermé par l'évêque Caulin dans un tombeau avec le cadavre d'un vieillard. L'anecdote des deux amants est aussi fort célèbre : les deux tombeaux d'Injuriosus et de Scholastique se rapprochèrent, en signe de l'étroite union de deux chastes époux, qui ne craignoient plus de manquer à leur serment. Quelque chose de semblable a été dit depuis d'Abailard et d'Héloïse : on n'a pas la même confiance dans le fait. Grégoire de Tours, naïf dans ses pensées, barbare dans son langage, ne laisse pas que d'être fleuri et rhétoricien dans son style

L'Auvergne a vu naître le chancelier de L'Hospital, Donat, Pascal, le cardinal de Polignac, l'abbé Gérard, le père Sirmond, et de nos jours La Fayette, Desaix, d'Estaing, Chamfort, Thomas, l'abbé Delille, Chabrol, Dulaure, Montlosier et Barante. J'oubliois de compter ce Lizet, ferme dans la prospérité, lâche au malheur, faisant brûler les protestants, requérant la mort pour le connétable de Bourbon, et n'ayant pas le courage de perdre une place.

Maintenant que ma mémoire ne fournit plus rien d'essentiel sur l'histoire d'Auvergne, parlons de la cathédrale de Clermont, de la Limagne et du Puy-de-Dôme.

La cathédrale de Clermont est un monument gothique qui, comme tant d'autres, n'a jamais été achevé. Hugues de Tours commença à la faire bâtir en partant pour la Terre Sainte, sur un plan donné par Jean de Campis. La plupart de ces grands monuments ne se finissoient qu'à force de siècles, parce qu'ils coûtoient des sommes immenses. La chrétienté entière payoit ces sommes du produit des quêtes et des aumônes.

La voûte en ogive de la cathédrale de Clermont est soutenue par des piliers si déliés qu'ils sont effrayants à l'œil : c'est à croire que la voûte va fondre sur votre tête. L'église, sombre et religieuse, est assez bien ornée pour la pauvreté actuelle du culte. On y voyoit autrefois le tableau de la *Conversion de saint Paul*, un des meilleurs de Le Brun; on l'a ratissé avec la lame d'un sabre : *Turba ruit!* Le tombeau de Massillon étoit aussi dans cette église; on l'en a fait disparoître dans un temps où rien n'étoit à sa place, pas même la mort.

Il y a longtemps que la Limagne est célèbre par sa beauté. On cite toujours le roi Childebert à qui Grégoire de Tours fait dire : « Je voudrois voir quelque jour la Limagne d'Auvergne, que l'on dit être un pays si agréable. » Salvien appelle la Limagne la *moelle des Gaules*. Sidoine en peignant la Limagne d'autrefois semble peindre la Limagne d'aujourd'hui : *Taceo territorii peculiarem jucunditatem, viatoribus molle, fructuosum aratoribus, venatoribus voluptuosum; quod montium cingunt dorsa pascuis, latera vinetis, terrena villis, saxosa castellis, opaca lustris, aperta culturis, concava fontibus, abrupta fluminibus : quod, denique, hujusmodi est ut semel visum advenis, multis* PATRIÆ OBLIVIONEM SÆPE PERSUADEAT.

On croit que la Limagne a été un grand lac ; que son nom vient du grec λιμεν : Grégoire de Tours écrit alternativement *Limane* et *Limania*. Quoi qu'il en soit, Sidoine, jouant sur le mot, disoit dès le ıv^e siècle : *Æquor agrorum in quo sine periculo quæstuosæ fluctuant in segetibus undæ*. C'est en effet une mer de moissons.

La position de Clermont est une des plus belles du monde.

Qu'on se représente des montagnes s'arrondissant en un demi-cercle ; un monticule attaché à la partie concave de ce demi-cercle ; sur ce monticule Clermont ; au pied de Clermont, la Limagne, formant une vallée de vingt lieues de long, de six, huit et dix de large.

La place du [1]. . . . . offre un point de vue admirable sur cette vallée. En errant par la ville au hasard, je suis arrivé à cette place vers six heures et demie du soir. Les blés mûrs ressembloient à une grève immense, d'un sable plus ou moins blond. L'ombre des nuages parsemoit cette plage jaune de taches obscures, comme des couches de limon ou des bancs d'algues : vous eussiez cru voir le fond d'une mer dont les flots venoient de se retirer.

Le bassin de la Limagne n'est point d'un niveau égal ; c'est un terrain tourmenté, dont les bosses, de diverses hauteurs, semblent unies quand on les voit de Clermont, mais qui, dans la vérité, offrent des inégalités nombreuses et forment une multitude de petits vallons au sein de la grande vallée. Des villages blancs, des maisons de campagne blanches, de vieux châteaux noirs, des collines rougeâtres, des plants de vignes, des prairies bordées de saules, des noyers isolés qui s'arrondissent comme des orangers ou portent leurs rameaux comme les branches d'un candélabre, mêlent leurs couleurs variées à la couleur des froments. Ajoutez à cela tous les jeux de la lumière.

A mesure que le soleil descendoit à l'occident, l'ombre couloit à l'orient et envahissoit la plaine. Bientôt le soleil a disparu ; mais baissant toujours et marchant derrière les montagnes de l'ouest, il a rencontré quelque défilé débouchant sur la Limagne : précipités à travers cette ouverture, ses rayons ont soudain coupé l'uniforme obscurité de la plaine par un fleuve d'or. Les monts qui bordent la Limagne au levant retenoient encore la lumière sur leur cime ; la ligne que ces monts traçoient dans l'air se brisoit en arcs dont la partie convexe étoit tournée vers la terre. Tous ces arcs, se liant les uns aux autres

---

1 Je n'ai jamais pu lire le nom, à demi effacé, dans l'original, écrit au crayon ; c'est sans doute la place de Jaude.

par les extrémités, imitoient à l'horizon la sinuosité d'une guirlande ou les festons de ces draperies que l'on suspend aux murs d'un palais avec des roses de bronze. Les montagnes du levant, dessinées de la sorte et peintes, comme je l'ai dit, des reflets du soleil opposé, ressembloient à un rideau de moire bleue et pourpre; lointaine et dernière décoration du pompeux spectacle que la Limagne étaloit à mes yeux.

Les deux degrés de différence entre la latitude de Clermont et celle de Paris sont déjà sensibles dans la beauté de la lumière : cette lumière est plus fine et moins pesante que dans la vallée de la Seine; la verdure s'aperçoit de plus loin et paroît moins noire :

> Adieu donc, *Chanonat!* adieu, frais paysages!
> Il semble qu'un autre air parfume vos rivages;
> Il semble que leur vue ait ranimé mes sens,
> M'ait redonné la joie et rendu mon printemps.

Il faut en croire le poëte de l'Auvergne.

J'ai remarqué ici dans le style de l'architecture des souvenirs et des traditions de l'Italie : les toits sont plats, couverts en tuile à canal, les lignes des murs longues, les fenêtres étroites et percées haut, les portiques multipliés, les fontaines fréquentes. Rien ne ressemble plus aux villes et aux villages de l'Apennin que les villes et les villages des montagnes de Thiers, de l'autre côté de la Limagne, au bord de ce Lignon où Céladon ne se noya pas, sauvé qu'il fut par les trois nymphes Sylvie, Galatée et Léonide.

Il ne reste aucune antiquité romaine à Clermont, si ce n'est peut-être un sarcophage, un bout de voie romaine et des ruines d'aqueduc; pas un fragment du colosse, pas même de trace des maisons, des bains et des jardins de Sidoine. Nemetum et Clermont ont soutenu au moins seize siéges, ou, si l'on veut, ils ont été pris et détruits une vingtaine de fois.

Un contraste assez frappant existe entre les femmes et les hommes de cette province. Les femmes ont les traits délicats, la taille légère et déliée; les hommes sont construits fortement, et il est impossible de ne pas reconnoître un véritable Auvergnat à la forme de la mâchoire inférieure. Une province, pour ne parler que des morts, dont le sang a donné Turenne à l'armée, L'Hospital à la magistrature et Pascal aux sciences et aux lettres, a prouvé qu'elle a une vertu supérieure.

Je suis allé au Puy-de-Dôme par pure affaire de conscience. Il m'est arrivé ce à quoi je m'étois attendu : la vue du haut de cette montagne est beaucoup moins belle que celle dont on jouit de Clermont. La perspective à vol d'oiseau est plate et vague; l'objet se rapetisse dans la même proportion que l'espace s'étend.

Il y avoit autrefois sur le Puy-de-Dôme une chapelle dédiée à saint Barnabé; on en voit encore les fondements : une pyramide de pierre de dix ou douze pieds marque aujourd'hui l'emplacement de cette chapelle. C'est là que Pascal a fait les premières expériences sur la pesanteur de l'air. Je me représentois ce puissant génie cherchant à découvrir sur ce sommet solitaire les secrets de la nature, qui devoient le conduire à la connoissance des mystères du Créateur de cette même nature. Pascal se fraya au moyen de la science le chemin à l'ignorance chrétienne; il commença par être un homme sublime pour apprendre à devenir un simple enfant.

Le Puy-de-Dôme n'est élevé que de huit cent vingt-cinq toises au-dessus du niveau de la mer; cependant je sentis à son sommet une difficulté de respirer que je n'ai éprouvée ni dans les Alleghanys, en Amérique, ni sur les plus hautes Alpes de la Savoie. J'ai gravi le Puy-de-Dôme avec autant de peine que le Vésuve; il faut près d'une heure pour monter de sa base au sommet par un chemin roide et glissant, mais la verdure et les fleurs vous suivent. La petite fille qui me servoit de guide m'avoit cueilli un bouquet des plus belles pensées; j'ai moi-même trouvé sous mes pas des œillets rouges d'une élégance parfaite. Au sommet du mont on voit partout de larges feuilles d'une plante bulbeuse, assez semblable au lis. J'ai rencontré, à ma grande surprise, sur ce lieu élevé trois femmes qui se tenoient par la main et qui chantoient un cantique. Au-dessous de moi, des troupeaux de vaches paissoient parmi les monticules que domine le Puy-de-Dôme. Ces troupeaux montent à la montagne avec le printemps, et en descendent avec la neige. On voit partout les *burons* ou les chalets de l'Auvergne, mauvais abris de pierres sans ciment ou de bois gazonné. Chantez les chalets, mais ne les habitez pas.

Le patois de la montagne n'est pas exactement celui de la plaine. La *musette*, d'origine celtique, sert à accompagner quelques airs de romances, qui ne sont pas sans euphonie, et sur lesquels on a fait des paroles françoises. Les Auvergnats, comme les habitants du Rouergue, vont vendre des mules en Catalogne et en Aragon; ils rapportent de ce pays quelque chose d'espagnol qui se marie bien avec la solitude de leurs montagnes; ils font pour leurs longs hivers provision de soleil et d'histoires. Les voyageurs et les vieillards aiment à conter, parce qu'ils ont beaucoup vu : les uns ont cheminé sur la terre, les autres dans la vie.

Les pays de montagnes sont propres à conserver les mœurs. Une famille d'Auvergne, appelée les *Guittard-Pinon,* cultivoit en commun des terres dans les environs de Thiers ; elle étoit gouvernée par un chef électif, et ressembloit assez à un ancien clan d'Écosse. Cette espèce de république champêtre a survécu à la révolution, mais elle est au moment de se dissoudre.

Je laisse de côté les curiosités naturelles de l'Auvergne, la grotte de Royat, charmante néanmoins par ses eaux et sa verdure, les diverses fontaines minérales, la fontaine pétrifiante de Saint-Allyre, avec le pont de pierre qu'elle a formé et que Charles IX voulut voir : le puits de la poix, les volcans éteints, etc.

Je laisse aussi à l'écart les merveilles des siècles moyens, les orgues, les horloges avec leur carillon et leurs têtes de Maure ou de More, qui ouvroient des bouches effroyables quand l'heure venoit à sonner. Les processions bizarres, les jeux mêlés de superstition et d'indécence, mille autres coutumes de ces temps, n'appartiennent pas plus à l'Auvergne qu'au reste de l'Europe gothique.

J'ai voulu avant de mourir jeter un regard sur l'Auvergne, en souvenance des impressions de ma jeunesse. Lorsque j'étois enfant, dans les bruyères de ma Bretagne, et que j'entendois parler de l'Auvergne et des petits Auvergnats, je me figurois que l'Auvergne étoit un pays bien loin, bien loin, où l'on voyoit des choses étranges, où l'on ne pouvoit aller qu'avec de grands périls, en cheminant sous la garde de la Mère de Dieu. Une chose m'a frappé et charmé à la fois : j'ai retrouvé dans l'habit du paysan Auvergnat le vêtement du paysan breton. D'où vient cela ? C'est qu'il y avoit autrefois pour ce royaume, et même pour l'Europe entière, un fond d'habillement commun. Les provinces reculées ont gardé les anciens usages, tandis que les départements voisins de Paris ont perdu leurs vieilles mœurs : de là cette ressemblance entre certains villageois placés aux extrémités opposées de la France, et qui ont été défendus contre les nouveautés par leur indigence et leur solitude.

Je ne vois jamais sans une sorte d'attendrissement ces petits Auvergnats qui vont chercher fortune dans ce grand monde, avec une boîte et quelques méchantes paires de ciseaux. Pauvres enfants qui *dévalent* bien tristes de leurs montagnes, et qui préféreront toujours le pain bis et la *bourrée* aux prétendues joies de la plaine. Ils n'avoient guère que l'espérance dans leur boîte en descendant de leurs rochers ; heureux s'ils la rapportent à la chaumière paternelle !

FIN DU VOYAGE A CLERMONT.

VOYAGE
AU MONT-BLANC

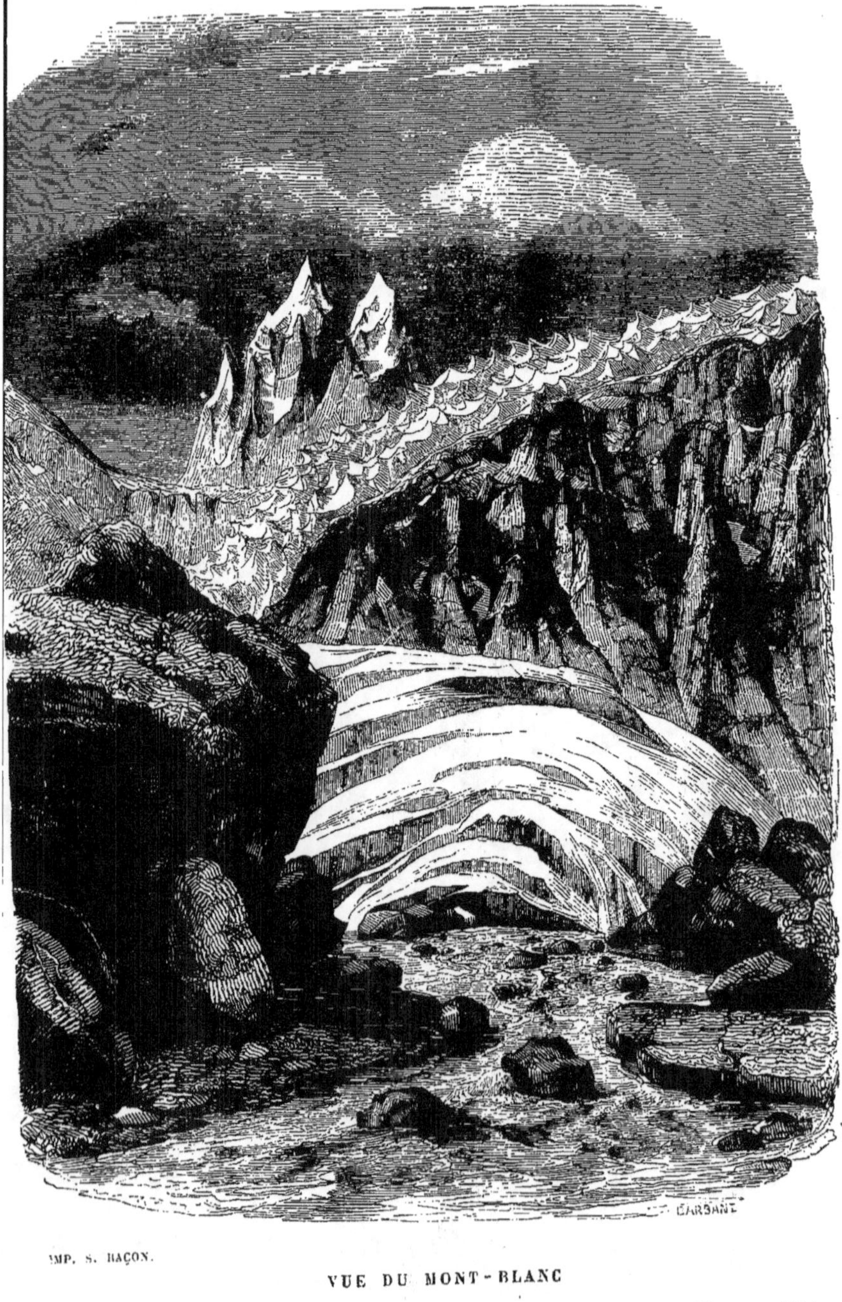

IMP. S. RAÇON.

VUE DU MONT-BLANC

(Voyages, p. 342.)

VOYAGE
AU MONT-BLANC

PAYSAGES DE MONTAGNES.

Rien n'est beau que le vrai, le vrai seul est aimable.

Fin d'août 1805.

J'ai vu beaucoup de montagnes en Europe et en Amérique, et il m'a toujours paru que dans les descriptions de ces grands monuments de la nature on alloit au delà de la vérité. Ma dernière expérience à cet égard ne m'a point fait changer de sentiment. J'ai visité la vallée de Chamouny, devenue célèbre par les travaux de M. de Saussure; mais je ne sais si le poëte y trouveroit le *speciosa deserti* comme le minéralogiste. Quoi qu'il en soit, j'exposerai avec simplicité les réflexions que j'ai faites dans mon voyage. Mon opinion, d'ailleurs, a trop peu d'autorité pour qu'elle puisse choquer personne.

Sorti de Genève par un temps assez nébuleux, j'arrivai à Servoz au moment où le ciel commençoit à s'éclaircir. La crête du Mont-Blanc ne se découvre pas de cet endroit, mais on a une vue distincte de sa croupe *neigée*, appelée le *Dôme*. On franchit ensuite le passage des Montées, et l'on entre dans la vallée de Chamouny. On passe au-dessous du glacier des Bossons; ses pyramides se montrent à travers les branches des sapins et des mélèzes. M. Bourrit a comparé ce glacier, pour sa blancheur et la coupe allongée de ses cristaux, à une flotte à la voile; j'ajouterois, au milieu d'un golfe bordé de vertes forêts.

Je m'arrêtai au village de Chamouny, et le lendemain je me rendis au Montanvert. J'y montai par le plus beau jour de l'année. Parvenu à son sommet, qui n'est qu'une croupe du Mont-Blanc, je découvris ce qu'on nomme très-improprement la *Mer de Glace.*

Qu'on se représente une vallée dont le fond est entièrement couvert par un fleuve. Les montagnes qui forment cette vallée laissent pendre au-dessus de ce fleuve une masse de rochers, les aiguilles du Dru, du Bochard, des Charmoz. Dans l'enfoncement, la vallée et le fleuve se divisent en deux branches, dont l'une va aboutir à une haute montagne, le Col du Géant, et l'autre aux rochers des Jorasses. Au bout opposé de cette vallée se trouve une pente qui regarde la vallée de Chamouny. Cette pente, presque verticale, est occupée par la portion de la Mer de Glace qu'on appelle le *Glacier des Bois.* Supposez donc un rude hiver survenu ; le fleuve qui remplit la vallée, ses inflexions et ses pentes, a été glacé jusqu'au fond de son lit ; les sommets des monts voisins se sont chargés de neige partout où les plans du granit ont été assez horizontaux pour retenir les eaux congelées : voilà la Mer de Glace et son site. Ce n'est point, comme on le voit, une mer ; c'est un fleuve ; c'est, si l'on veut, le Rhin glacé ; la Mer de Glace sera son cours, et le Glacier des Bois sa chute à Laufen.

Lorsqu'on est sur la Mer de Glace, la surface, qui vous en paroissoit unie du haut du Montanvert, offre une multitude de pointes et d'anfractuosités. Ces pointes imitent les formes et les déchirures de la haute enceinte de rocs qui surplombent de toutes parts : c'est comme le relief en marbre blanc des montagnes environnantes.

Parlons maintenant des montagnes en général.

Il y a deux manières de les voir : avec les nuages, ou sans les nuages.

Avec les nuages, la scène est plus animée ; mais alors elle est obscure, et souvent d'une telle confusion, qu'on peut à peine y distinguer quelques traits.

Les nuages drapent les rochers de mille manières. J'ai vu au-dessus de Servoz un piton chauve et ridé qu'une nue traversoit obliquement comme une toge ; on l'auroit pris pour la statue colossale d'un vieillard romain. Dans un autre endroit, on apercevoit la pente défrichée de la montagne ; une barrière de nuages arrêtoit la vue à la naissance de cette pente, et au-dessus de cette barrière s'élevoient de noires ramifications de rochers imitant des gueules de Chimère, des corps de Sphinx, des têtes d'Anubis, diverses formes des monstres et des dieux de l'Égypte.

Quand les nues sont chassées par le vent, les monts semblent fuir derrière ce rideau mobile : ils se cachent et se découvrent tour à tour ; tantôt un bouquet de verdure se montre subitement à l'ouverture d'un nuage, comme une île suspendue dans le ciel; tantôt un rocher se dévoile avec lenteur, et perce peu à peu la vapeur profonde comme un fantôme. Le voyageur attristé n'entend que le bourdonnement du vent dans les pins, le bruit des torrents qui tombent dans les glaciers, par intervalle la chute de l'avalanche, et quelquefois le sifflement de la marmotte effrayée qui a vu l'épervier dans la nue.

Lorsque le ciel est sans nuages, et que l'amphithéâtre des monts se déploie tout entier à la vue, un seul accident mérite alors d'être observé : les sommets des montagnes, dans la haute région où ils se dressent, offrent une pureté de lignes, une netteté de plan et de profil que n'ont point les objets de la plaine. Ces cimes anguleuses, sous le dôme transparent du ciel, ressemblent à de superbes morceaux d'histoire naturelle, à de beaux arbres de coraux, à des girandoles de stalactite, renfermés sous un globe du cristal le plus pur. Le montagnard cherche dans ses découpures élégantes l'image des objets qui lui sont familiers : de là ces roches nommées les *Mulets*, les *Charmoz*, ou les *Chamois*; de là ces appellations empruntées de la religion, les *sommets des Croix*, le *rocher du Reposoir*, le *glacier des Pèlerins*; dénominations naïves qui prouvent que si l'homme est sans cesse occupé de l'idée de ses besoins, il aime à placer partout le souvenir de ses consolations.

Quant aux arbres des montagnes, je ne parlerai que du pin, du sapin et du mélèze, parce qu'ils font, pour ainsi dire, l'unique décoration des Alpes.

Le pin a quelque chose de monumental; ses branches ont le port de la pyramide, et son tronc celui de la colonne. Il imite aussi la forme des rochers où il vit : souvent je l'ai confondu sur les redans et les corniches avancées des montagnes, avec des flèches et des aiguilles élancées ou échevelées comme lui. Au revers du Col de Balme, à la descente du glacier de Trient, on rencontre un bois de pins, de sapins et de mélèzes : chaque arbre, dans cette famille de géants, compte plusieurs siècles. Cette tribu alpine a un roi que les guides ont soin de montrer aux voyageurs. C'est un sapin qui pourroit servir de mât au plus grand vaisseau. Le monarque seul est sans blessure, tandis que tout son peuple autour de lui est mutilé : un arbre a perdu sa tête, un autre ses bras; celui-ci a le front sillonné par la foudre, celui-là le pied noirci par le feu des pâtres. Je remarquai deux jumeaux sortis du même tronc, qui s'élançoient ensemble dans le ciel : ils étoient égaux en hauteur et en âge; mais l'un étoit plein de vie et l'autre étoit desséché.

> Daucia, Laride Thymberque, simillima proles,
> Indiscreta suis, gratusque parentibus error,
> At nunc dura dedit vobis discrimina Pallas.

« Fils jumeaux de Daucus, rejetons semblables, ô Laris et Thymber! vos parents mêmes ne pouvoient vous distinguer, et vous leur causiez de douces méprises! Mais la *mort* mit entre vous une cruelle différence. »

Ajoutons que le pin annonce la solitude et l'indigence de la montagne. Il est le compagnon du pauvre Savoyard, dont il partage la destinée : comme lui, il croît et meurt inconnu sur des sommets inaccessibles, où sa postérité se perpétue également ignorée. C'est sur le mélèze que l'abeille cueille ce miel ferme et savoureux qui se marie si bien avec la crème et les framboises du Montanvert. Les bruits du pin, quand ils sont légers, ont été loués par les poëtes bucoliques; quand ils sont violents, ils ressemblent au mugissement de la mer : vous croyez quelquefois entendre gronder l'Océan au milieu des Alpes. Enfin, l'odeur du pin est aromatique et agréable; elle a surtout pour moi un charme particulier, parce que je l'ai respirée à plus de vingt lieues en mer sur les côtes de la Virginie : aussi réveille-t-elle toujours dans mon esprit l'idée de ce Nouveau Monde qui me fut annoncé par un souffle embaumé, de ce beau ciel, de ces mers brillantes où le parfum des forêts m'étoit apporté par la brise du matin; et comme tout s'enchaîne dans nos souvenirs, elle rappelle aussi dans ma mémoire les sentiments de regrets et d'espérance qui m'occupoient lorsque appuyé sur le bord du vaisseau je revois à cette patrie que j'avois perdue, et à ces déserts que j'allois trouver.

Mais, pour venir enfin à mon sentiment particulier sur les montagnes, je dirai que comme il n'y a pas de beaux paysages sans un horizon de montagnes, il n'y a point aussi de lieux agréables à habiter ni de satisfaisants pour les yeux et pour le cœur là où on manque d'air et d'espace : or, c'est ce qui arrive dans l'intérieur des monts. Ces lourdes masses ne sont point en' harmonie avec les facultés de l'homme et la foiblesse de ses organes.

On attribue aux paysages des montagnes la sublimité : celle-ci tient sans doute à la grandeur des objets. Mais si l'on prouve que cette grandeur, très-réelle en effet, n'est cependant pas sensible au regard, que devient la sublimité?

Il en est des monuments de la nature comme de ceux de l'art : pour jouir de leur beauté, il faut être au véritable point de perspective; autrement, les formes, les couleurs, les proportions, tout disparoît. Dans l'intérieur des montagnes, comme on touche à l'objet même, et comme le champ de l'optique est trop resserré, les dimensions perdent nécessairement leur grandeur : chose si vraie, que l'on est continuellement trompé sur les hauteurs et sur les distances. J'en appelle aux voyageurs : le Mont-Blanc leur a-t-il paru fort élevé du fond de la vallée de Chamouny? Souvent un lac immense dans les Alpes a l'air d'un petit étang; vous croyez arriver en quelques pas au haut d'une pente que vous êtes trois heures à gravir; une journée entière vous suffit à peine pour sortir de cette gorge, à l'extrémité de laquelle il vous sembloit que vous touchiez de la main. Ainsi cette grandeur des montagnes, dont on fait tant de bruit, n'est réelle que par la fatigue qu'elle vous donne. Quant au paysage, il n'est guère plus grand à l'œil qu'un paysage ordinaire.

Mais ces monts qui perdent leur grandeur apparente quand ils sont trop rapprochés du spectateur sont toutefois si gigantesques qu'ils écrasent ce qui pourroit leur servir d'ornement. Ainsi, par des lois contraires, tout se rapetisse à la fois dans les défilés des Alpes, et l'ensemble et les détails. Si la nature avoit fait les arbres cent fois plus grands sur les montagnes que dans les plaines; si les fleuves et les cascades y versoient des eaux cent fois plus abondantes, ces grands bois, ces grandes eaux pourroient produire des effets pleins de majesté sur les flancs élargis de la terre. Il n'en est pas de la sorte; le cadre du tableau s'accroît démesurément, et les rivières, les forêts, les villages, les troupeaux gardent les proportions ordinaires : alors il n'y a plus de rapport entre le tout et la partie, entre le théâtre et la décoration. Le plan des montagnes étant vertical devient une échelle toujours dressée où l'œil rapporte et compare les objets qu'il embrasse; et ces objets accusent tour à tour leur petitesse sur cette énorme mesure. Les pins les plus altiers, par exemple, se distinguent à peine dans l'escarpement des vallons, où ils paroissent collés comme des flocons de suie. La trace des eaux pluviales est marquée dans ces bois grêles et noirs par de petites rayures jaunes et parallèles; et les torrents les plus larges, les cataractes les plus élevées, ressemblent à de maigres filets d'eau ou à des vapeurs bleuâtres.

Ceux qui ont aperçu des diamants, des topazes, des émeraudes dans les glaciers, sont plus heureux que moi : mon imagination n'a jamais pu découvrir ces trésors. Les neiges du bas Glacier des Bois, mêlées à la poussière de granit, m'ont paru semblables à de la cendre; on pourroit prendre la Mer de Glace, dans plusieurs endroits, pour des carrières de chaux et de plâtre; ses crevasses seules offrent quelques teintes du prisme, et quand les couches de glace sont appuyées sur le roc, elles ressemblent à de gros verres de bouteille.

Ces draperies blanches des Alpes ont d'ailleurs un grand inconvénient : elles noircissent tout ce qui les environne, et jusqu'au ciel, dont elles rembrunissent l'azur. Et ne croyez pas que l'on soit dédommagé de cet effet désagréable par les beaux accidents de la lumière sur les neiges. La couleur dont se peignent les montagnes lointaines est nulle pour le spectateur placé à leur pied. La pompe dont le soleil couchant couvre la cime des Alpes de la Savoie n'a lieu que pour l'habitant de Lausanne. Quant au voyageur de la vallée de Chamouny, c'est en vain qu'il attend ce brillant spectacle. Il voit, comme du fond d'un entonnoir, au-dessus de sa tête, une petite portion d'un ciel bleu et dur, sans couchant et sans aurore ; triste séjour où le soleil jette à peine un regard à midi par-dessus une barrière glacée.

Qu'on me permette, pour me faire mieux entendre, d'énoncer une vérité triviale. Il faut une toile pour peindre : dans la nature le ciel est la toile des paysages ; s'il manque au fond du tableau, tout est confus et sans effet. Or, les monts, quand on en est trop voisin, obstruent la plus grande partie du ciel. Il n'y a pas assez d'air autour de leurs cimes ; ils se font ombre l'un à l'autre et se prêtent mutuellement les ténèbres qui résident dans quelque enfoncement de leurs rochers. Pour savoir si les paysages des montagnes avoient une supériorité si marquée, il suffisait de consulter les peintres : ils ont toujours jeté les monts dans les lointains, en ouvrant à l'œil un paysage sur les bois et sur les plaines.

Un seul accident laisse aux sites des montagnes leur majesté naturelle : c'est le clair de lune. Le propre de ce demi-jour sans reflets et d'une seule teinte est d'agrandir les objets en isolant les masses et en faisant disparoître cette gradation de couleurs qui lie ensemble les parties d'un tableau. Alors plus les coupes des monuments sont franches et décidées, plus leur dessin a de longueur et de hardiesse, et mieux la blancheur de la lumière profile les lignes de l'ombre. C'est pourquoi la grande architecture romaine, comme les contours des montagnes, est si belle à la clarté de la lune.

Le *grandiose*, et par conséquent l'espèce de sublime qu'il fait naître, disparoît donc dans l'intérieur des montagnes : voyons si le *gracieux* s'y trouve dans un degré plus éminent.

On s'extasie sur les vallées de la Suisse ; mais il faut bien observer qu'on ne les trouve si agréables que par comparaison. Certes l'œil, fatigué d'errer sur des plateaux stériles ou des promontoires couverts d'un lichen rougeâtre, retombe avec grand plaisir sur un peu de verdure et de végétation. Mais en quoi cette verdure consiste-t-elle? En quelques saules chétifs, en quelques sillons d'orge et d'avoine qui croissent péniblement et mûrissent tard, en quelques arbres sauvageons qui portent des fruits âpres et amers. Si une vigne végète péniblement dans un petit abri tourné au midi, et garantie avec soin des vents du nord, on vous fait admirer cette fécondité extraordinaire.

Vous élevez-vous sur les rochers voisins, les grands traits des monts font disparoître la miniature de la vallée. Les cabanes deviennent à peine visibles, et les compartiments cultivés ressemblent à des échantillons d'étoffes sur la carte d'un drapier.

On parle beaucoup des fleurs des montagnes, des violettes que l'on cueille au bord des glaciers, des fraises qui rougissent dans la neige, etc. Ce sont d'imperceptibles merveilles qui ne produisent aucun effet : l'ornement est trop petit pour des colosses.

Enfin, je suis bien malheureux, car je n'ai pu voir dans ces fameux chalets enchantés par l'imagination de J.-J. Rousseau que de méchantes cabanes remplies du fumier des troupeaux, de l'odeur des fromages et du lait fermenté; je n'y ai trouvé pour habitants que de misérables montagnards, qui se regardent comme en exil et aspirent à descendre dans la vallée.

De petits oiseaux muets, voletant de glaçons en glaçons, des couples assez rares de corbeaux et d'éperviers, animent à peine ces solitudes de neige et de pierre, où la chute de la pluie est presque toujours le seul mouvement qui frappe vos yeux. Heureux quand le pivert, annonçant l'orage, fait retentir sa voix cassée au fond d'un vieux bois de sapins! Et pourtant ce triste signe de vie rend plus sensible la mort qui nous environne. Les chamois, les bouquetins, les lapins blancs sont presque entièrement détruits; les marmottes mêmes deviennent rares, et le petit Savoyard est menacé de perdre son trésor. Les bêtes sauvages ont été remplacées sur les sommets des Alpes par des troupeaux de vaches, qui regrettent la plaine aussi bien que leurs maîtres. Couchés dans les herbages du pays de Caux, ces troupeaux offriroient une scène aussi belle, et ils auroient en outre le mérite de rappeler les descriptions des poëtes de l'antiquité.

Il ne reste plus qu'à parler du sentiment qu'on éprouve dans les montagnes. Eh bien, ce sentiment, selon moi, est fort pénible. Je ne puis être heureux là où je vois partout les fatigues de l'homme et ses travaux inouïs, qu'une terre ingrate refuse de payer. Le montagnard, qui sent son mal, est plus sincère que les voyageurs : il appelle la plaine *le bon pays,* et ne prétend pas que des rochers arrosés de ses sueurs, sans en être plus fertiles, soient ce qu'il y a de meilleur dans les distributions de la Providence. S'il est très-attaché à sa montagne, cela tient aux relations merveilleuses que Dieu a établies entre nos peines, l'objet qui les cause et les lieux où nous les avons éprouvées; cela tient aux souvenirs de l'enfance, aux premiers sentiments du cœur, aux douceurs et même aux rigueurs de la maison paternelle. Plus solitaire que les autres hommes, plus sérieux par l'habitude de souffrir, le montagnard appuie davantage sur tous les sentiments de sa vie. Il ne faut pas attribuer aux charmes des lieux qu'il habite l'amour extrême qu'il montre pour son pays : cet amour vient de la concentration de ses pensées et du peu d'étendue de ses besoins.

Mais les montagnes sont le séjour de la rêverie? J'en doute; je doute qu'on puisse rêver lorsque la promenade est une fatigue, lorsque l'attention que vous êtes obligé de donner à vos pas occupe entièrement votre esprit. L'amateur de la solitude qui *bayeroit aux chimères*[1] en gravissant le Montanvert pourroit bien tomber dans quelque puits, comme l'astrologue qui prétendoit lire au-dessus de sa tête et *ne pouvoit voir à ses pieds.*

Je sais que les poëtes ont désiré les vallées et les bois pour converser avec les Muses. Mais écoutons Virgile :

> Rura mihi et rigui placeant in vallibus amnes :
> Flumina amem sylvasque inglorius.

D'abord il se plairoit aux champs, *rura mihi;* il chercheroit les vallées agréables, riantes, gracieuses, *vallibus amnes;* il aimeroit les fleuves, *flumina amem* (non pas les torrents), et les forêts où il vivroit sans gloire, *sylvasque inglorius.* Ces forêts sont de belles futaies de chênes, d'ormeaux, de hêtres, et non de tristes bois de sapins; car il n'eût pas dit :

> ...Et *ingenti* ramorum protegat *umbra,*
> « Et d'un *feuillage épais* ombragera ma tête. »

Et où veut-il que cette vallée soit placée? Dans un lieu où il y aura de beaux souvenirs, des noms harmonieux, des traditions de la Fable et de l'Histoire :

> . . . . O ubi campi,
> Sperchiusque et virginibus bacchata lacænis
> Taygeta! O qui me gelidis in vallibus Hæmi
> Sistat!

> Dieux! que ne suis-je assis au bord du Sperchius!
> Quand pourrai-je fouler les beaux vallons d'Hémus
> Oh! qui me portera sur le riant Taygète!

Il se seroit fort peu soucié de la vallée de Chamouny, du glacier de Taconay, de la petite et de la grande Jorasse, de l'aiguille du Dru et du rocher de la Tête-Noire.

Enfin, si nous en croyons Rousseau et ceux qui ont recueilli ses

---

1. LA FONTAINE.

erreurs sans hériter de son éloquence, quand on arrive au sommet des montagnes on se sent transformé en un autre homme. « Sur les hautes montagnes, dit Jean-Jacques, les méditations prennent un caractère grand, sublime, proportionné aux objets qui nous frappent, je ne sais quelle volupté tranquille qui n'a rien d'âcre et de sensuel. Il semble qu'en s'élevant au-dessus du séjour des hommes, on y laisse tous les sentiments bas et terrestres... Je doute qu'aucune agitation violente pût tenir contre un pareil séjour prolongé, etc. »

Plût à Dieu qu'il en fût ainsi! Qu'il seroit doux de pouvoir se délivrer de ses maux en s'élevant à quelques toises au-dessus de la plaine! Malheureusement l'âme de l'homme est indépendante de l'air et des sites ; un cœur chargé de sa peine n'est pas moins pesant sur les hauts lieux que dans les vallées. L'antiquité, qu'il faut toujours citer quand il s'agit de vérité de sentiments, ne pensoit pas comme Rousseau sur les montagnes; elle les représente au contraire comme le séjour de la désolation et de la douleur : si l'amant de Julie oublie ses chagrins parmi les rochers du Valais, l'époux d'Eurydice nourrit ses douleurs sur les monts de la Thrace. Malgré le talent du philosophe genevois, je doute que la voix de Saint-Preux retentisse aussi longtemps dans l'avenir que la lyre d'Orphée. Œdipe, ce parfait modèle des calamités royales, cette image accomplie de tous les maux de l'humanité, cherche aussi les sommets déserts :

Il va,
. . . . . . du Cythéron remontant vers les cieux,
Sur le malheur de l'homme interroger les dieux.

Enfin, une autre antiquité plus belle encore et plus sacrée nous offre les mêmes exemples. L'Écriture, qui connoissoit mieux la nature de l'homme que les faux sages du siècle, nous montre toujours les grands infortunés, les prophètes, et Jésus-Christ même, se retirant au jour de l'affliction sur les hauts lieux. La fille de Jephté, avant de mourir, demande à son père la permission d'aller pleurer sa virginité sur les montagnes de la Judée : *Super montes assumam,* dit Jérémie, *fletum ac lamentum.* « Je m'élèverai sur les montagnes pour pleurer et gémir. » Ce fut sur le mont des Oliviers que Jésus-Christ but le calice rempli de toutes les douleurs et de toutes les larmes des hommes.

C'est une chose digne d'être observée que dans les pages les plus raisonnables d'un écrivain qui s'étoit établi le défenseur de la morale, on distingue encore des traces de l'esprit de son siècle. Ce changement supposé de nos dispositions intérieures selon le séjour que nous habitons tient secrètement au système de matérialisme que Rousseau prétendoit combattre. On faisoit de l'âme une espèce de plante soumise aux variations de l'air, et qui, comme un instrument, suivoit et marquoit le repos ou l'agitation de l'atmosphère. Eh! comment Jean-Jacques lui-même auroit-il pu croire de bonne foi à cette influence salutaire des hauts lieux? L'infortuné ne traîna-t-il pas sur les montagnes de la Suisse ses passions et ses misères?

Il n'y a qu'une seule circonstance où il soit vrai que les montagnes inspirent l'oubli des troubles de la terre : c'est lorsqu'on se retire loin du monde, pour se consacrer à la religion. Un anachorète qui se dévoue au service de l'humanité, un saint qui veut méditer les grandeurs de Dieu en silence, peuvent trouver la paix et la joie sur des roches désertes; mais ce n'est point alors la tranquillité des lieux qui passe dans l'âme de ces solitaires, c'est au contraire leur âme qui répand sa sérénité dans la région des orages.

L'instinct des hommes a toujours été d'adorer l'Éternel sur les lieux élevés : plus près du ciel, il semble que la prière ait moins d'espace à franchir pour arriver au trône de Dieu. Il étoit resté dans le christianisme des traditions de ce culte antique; nos montagnes, et, à leur défaut, nos collines étoient chargées de monastères et de vieilles abbayes. Du milieu d'une ville corrompue, l'homme qui marchoit peut-être à des crimes, ou du moins à des vanités, apercevoit, en levant les yeux, des autels sur les coteaux voisins. La Croix, déployant au loin l'étendard de la pauvreté aux yeux du luxe, rappeloit le riche à des idées de souffrance et de commisération. Nos poëtes connoissoient bien peu leur art lorsqu'ils se moquoient de ces monts de Calvaire, de ces missions, de ces retraites qui retraçoient parmi nous les sites de l'Orient, les mœurs des solitaires de la Thébaïde, les miracles d'une religion divine et le souvenir d'une antiquité qui n'est point effacé par celui d'Homère.

Mais ceci rentre dans un autre ordre d'idées et de sentiments, et ne tient plus à la question générale que nous venons d'examiner. Après avoir fait la critique des montagnes, il est juste de finir par leur éloge. J'ai déjà observé qu'elles étoient nécessaires à un beau paysage, et qu'elles devoient former la chaîne dans les derniers plans d'un tableau. Leurs têtes chenues, leurs flancs décharnés, leurs membres gigantesques, hideux quand on les contemple de trop près, sont admirables lorsqu'au fond d'un horizon vaporeux ils s'arrondissent et se colorent dans une lumière fluide et dorée. Ajoutons, si l'on veut, que les montagnes sont la source des fleuves, le dernier asile de la liberté dans les temps d'esclavage, une barrière utile contre les invasions et les fléaux de la guerre. Tout ce que je demande, c'est qu'on ne me force pas d'admirer les longues arêtes de rochers, les fondrières, les crevasses, les trous, les entortillements des vallées des Alpes. A cette condition, je dirai qu'il y a des montagnes que je visiterois encore avec un plaisir extrême : ce sont celles de la Grèce et de la Judée. J'aimerois à parcourir les lieux dont mes nouvelles études me forcent de m'occuper chaque jour ; j'irois volontiers chercher sur le Tabor et le Taygète d'autres couleurs et d'autres harmonies, après avoir peint les monts sans renommée et les vallées inconnues du Nouveau Monde [1].

1. Cette dernière phrase annonçoit mon voyage en Grèce et dans la Terre Sainte ; voyage que j'exécutai en effet l'année suivante, 1806. Voyez l'*Itinéraire*.

FIN DU VOYAGE AU MONT-BLANC.

NOTICE

SUR

LES FOUILLES DE POMPÉI

Page 306 (*Note*). « Je donne, page 353 et suivantes, des notices curieuses sur Pompéi, et qui compléteront ma courte description. »

On découvrit d'abord les deux théâtres, ensuite le temple d'Isis et celui d'Esculape, la maison de campagne d'Arrius Diomédès, et plusieurs tombeaux. Durant le temps que Naples fut gouverné par un roi sorti des rangs de l'armée françoise, les murailles de la ville, la rue des tombeaux, plusieurs vues de l'intérieur de la ville, la basilique, l'amphithéâtre et le forum furent découverts. Le roi de Naples a fait continuer les travaux; et comme les fouilles sont conduites avec beaucoup de régularité et se font dans le louable dessein de découvrir la ville plutôt que de chercher des trésors enfouis, chaque jour ajoute aux connoissances déjà acquises sur cet objet, si intéressant et presque inépuisable.

La ville de Pompéi, située à peu près à quatorze milles au sud-est de Naples, étoit bâtie en partie sur une éminence qui dominoit une plaine fertile, et qui s'est considérablement accrue par l'immense quantité de matières volcaniques dont le Vésuve l'a recouverte. Les murailles de la ville et les murs de ses édifices ont retenu dans leur enceinte toutes les matières que le volcan y vomissoit, et empêché les pluies de les emporter; de sorte que l'étendue de ces constructions est très-distinctement marquée par le monticule qu'ont formé l'amas des pierres ponces et l'accumulation graduelle de terre végétale qui le couvrent.

L'éminence sur laquelle Pompéi fut bâtie doit avoir été formée à une époque très-reculée; elle est composée de produits volcaniques vomis par le Vésuve.

On a conjecturé que la mer avoit autrefois baigné les murs de Pompéi, et qu'elle venoit jusqu'à l'endroit où passe aujourd'hui le chemin de Salerne. Strabon dit en effet que cette ville servoit d'arsenal maritime à plusieurs villes de la Campanie, ajoutant qu'elle est près du Sarno, fleuve sur lequel les marchandises peuvent descendre et remonter.

Plusieurs faits que l'on observe à Pompéi sembleroient incompréhensibles si l'on ne se rappeloit pas que la destruction de cette ville a été l'ouvrage de deux catastrophes distinctes : l'une en l'an 63 de J.-C., par un tremblement de terre ; l'autre, seize ans plus tard, par une éruption du Vésuve. Ses habitants commençoient à réparer les dommages causés par la première, lorsque les signes précurseurs de la seconde les forcèrent d'abandonner un lieu qui ne tarda pas à être enseveli sous un déluge de cendres et de matières volcaniques.

Cependant des débris d'ouvrages en briques indiquoient sa position. Il conserva, sans doute pendant longtemps, un reste de population dans son voisinage, puisque Pompéi est indiqué dans l'*Itinéraire* d'Antonin et sur la carte de Peutinger. Au XIIIe siècle, les comtes de Sarno firent creuser un canal dérivé du Sarno ; il passoit sous Pompéi, mais on ignoroit sa position ; enfin, en 1748, un laboureur ayant trouvé une statue en labourant son champ, cette circonstance engagea le gouvernement napolitain à ordonner des fouilles.

A l'époque des premiers travaux, on versoit dans la partie que l'on venoit de déblayer les décombres que l'on retiroit de celle que l'on s'occupoit de découvrir ; et, après qu'on en avoit enlevé les peintures à fresque, les mosaïques et autres objets curieux, on combloit de nouveau l'espace débarrassé : aujourd'hui l'on suit un système différent.

Quoique les fouilles n'aient pas offert de grandes difficultés par le peu d'efforts que le terrain exige pour être creusé, il n'y a pourtant qu'une septième partie de la ville de déterrée. Quelques rues sont de niveau avec le grand chemin qui passe le long des murs, dont le circuit est d'environ seize cents toises.

En arrivant par Herculanum, le premier objet qui frappe l'attention est la maison de campagne d'Arrius Diomédès, située dans le faubourg. Elle est d'une très-jolie construction, et si bien conservée, quoiqu'il y manque un étage, qu'elle peut donner une idée exacte de la manière dont les anciens distribuoient l'intérieur de leurs demeures. Il suffiroit d'y ajouter des portes et des fenêtres pour la rendre habitable ; plusieurs chambres sont très-petites, le propriétaire étoit cependant un homme opulent. Dans d'autres maisons de gens moins riches, les chambres sont encore plus petites. Le plancher de la maison d'Arrius Diomédès est en mosaïques ; tous les appartements n'ont pas de fenêtres, plusieurs ne reçoivent du jour que par la porte. On ignore quelle est la destination de beaucoup de petits passages et de recoins. Les amphores qui contenoient le vin sont encore dans la cave, le pied posé dans le sable, et appuyées contre le mur.

La rue des tombeaux offre, à droite et à gauche, les sépultures des principales familles de la ville ; la plupart sont de petite dimension, mais construites avec beaucoup de goût.

Les rues de Pompéi ne sont pas larges, n'ayant que quinze pieds d'un côté à l'autre, et les trottoirs les rendent encore plus étroites ; elles sont pavées en pierre de lave grise et de formes irrégulières, comme les anciennes voies romaines : on y voit encore distinctement la trace des roues. Il ne reste aux maisons qu'un rez-de-chaussée, mais les débris font voir que quelques-unes avoient plus d'un étage ; presque toutes ont une cour intérieure, au milieu de laquelle est un *impluvium* ou réservoir pour l'eau de pluie, qui alloit ensuite se rendre dans une citerne contiguë. La plupart des maisons étoient ornées de pavés mosaïques, et de parois généralement peintes en rouge, en bleu et en jaune. Sur ce fond, l'on avoit peint de jolies arabesques et des tableaux de diverses grandeurs. Les maisons ont généralement une chambre de bains, qui est très-commode ; souvent les murs sont doubles, et l'espace intermédiaire est vide : il servoit à préserver la chambre de l'humidité.

Les boutiques des marchands de denrées, liquides et solides, offrent des massifs de pierre souvent revêtus de marbre, et dans lesquels les vaisseaux qui contenoient les denrées étoient maçonnés.

On a pensé que le genre de commerce qui se faisoit dans quelques maisons étoit désigné par des figures qui sont sculptées sur le mur extérieur ; mais il paroît que ces emblèmes indiquoient plutôt le génie sous la protection duquel la famille étoit placée.

Les fours et les machines à moudre le grain font connoître les boutiques des boulangers. Ces machines consistent en une pierre à base ronde ; son extrémité supérieure est conique et s'adapte dans le creux d'une autre pierre qui est de même creusée en entonnoir dans sa partie supérieure : on faisoit tourner la pierre d'en haut par le moyen de deux anses latérales que traversoient des barres de bois. Le grain, versé dans l'entonnoir supérieur, tomboit par un trou entre l'entonnoir renversé et la pierre conique. Le mouvement de rotation le réduisoit en farine.

Les édifices publics, tels que les temples et les théâtres, sont en général les mieux conservés, et par conséquent ce qu'il y a jusqu'à présent de plus intéressant dans Pompéi.

Le petit théâtre, qui, d'après des inscriptions, servoit aux représentations comiques, est en bon état ; il peut contenir quinze cents spectateurs : il y a dans le grand de la place pour plus de six mille personnes.

De tous les amphithéâtres anciens, celui de Pompéi est un des moins dégradés. En enlevant les décombres, on y a trouvé, dans des corridors qui font le tour de l'arène, des peintures qui brilloient des couleurs les plus vives ; mais à peine frappées du contact de l'air extérieur, elles se sont altérées. On aperçoit encore des vestiges d'un lion, et un joueur de trompette vêtu d'un costume bizarre. Les inscriptions qui avoient rapport aux différents spectacles sont un monument très-curieux.

On peut suivre sur le plan les murailles de la ville ; c'est le meilleur moyen de se faire une idée de sa forme et de son étendue.

« Ces remparts, dit M. Mazois, étoient composés d'un terre-plein terrassé et d'un contre-mur; ils avoient quatorze pieds de largeur, et l'on y montoit par des escaliers assez spacieux pour laisser passage à deux soldats de front. Ils sont soutenus, du côté de la ville, ainsi que du côté de la campagne, par un mur en pierre de taille. Le mur extérieur devoit avoir environ vingt-cinq pieds d'élévation; celui de l'intérieur surpassoit le rempart en hauteur d'environ huit pieds. L'un et l'autre sont construits de l'espèce de lave qu'on appelle *piperino*, à l'exception de quatre ou cinq premières assises du mur extérieur, qui sont en pierre de roche ou travertin grossier. Toutes les pierres en sont parfaitement bien jointes : le mortier est en effet peu nécessaire dans les constructions faites avec des matériaux d'un grand échantillon. Ce mur extérieur est partout plus ou moins incliné vers le rempart; les premières assises sont, au contraire, en retraite l'une sur l'autre.

« Quelques-unes des pierres, surtout celles de ces premières asssises, sont entaillées et encastrées l'une dans l'autre de manière à se maintenir mutuellement. Comme cette façon de construire remonte à une haute antiquité, et qu'elle semble avoir suivi les constructions pélasgiques ou cyclopéennes, dont elle conserve quelques traces, on peut conjecturer que la partie des murs de Pompéi bâtie ainsi, est un ouvrage des Osques, ou du moins des premières colonies grecques qui vinrent s'établir dans la Campanie.

« Les deux murs étoient crénelés de manière que vus du côté de la campagne ils présentoient l'apparence d'une double enceinte de remparts.

« Ces murailles sont dans un grand désordre, que l'on ne peut pas attribuer uniquement aux tremblements de terre qui précédèrent l'éruption de 79. Je pense, ajoute M. Mazois, que Pompéi a dû être démantelé plusieurs fois, comme le prouvent les brèches et les réparations qu'on y remarque. Il paroît même que ces fortifications n'étoient plus regardées depuis longtemps comme nécessaires, puisque du côté où étoit le port les habitations sont bâties sur les murs, que l'on a en plusieurs endroits abattus à cet effet.

« Ces murs sont surmontés de tours, qui ne paroissent pas d'une si haute antiquité : leur construction indique qu'elles sont du même temps que les réparations faites aux murailles ; elles sont de forme quadrangulaire, servent en même temps de poterne, et sont placées à des distances inégales les unes des autres.

« Il paroît que la ville n'avoit pas de fossés, au moins du côté où l'on a fouillé; car les murs, en cet endroit, étoient assis sur un terrain escarpé. »

On voit que par leur genre de construction les remparts sont les monuments qui résisteront le mieux à l'action du temps. Malgré l'attention extrême avec laquelle on a cherché à conserver ceux qui ont été découverts, l'exposition à l'air, dont ils ont été préservés depuis si longtemps, les a endommagés. Les pluies d'hiver, extrêmement abondantes dans l'Europe méridionale, font pénétrer graduellement l'humidité entre les briques et leur revêtement. Il y croît des mousses, puis des plantes qui déjoignent les briques. Pour éviter la dégradation on a couvert les murs avec des tuiles, et placé des toits au-dessus des édifices.

SUR LES FOUILLES DE POMPÉI.

Le plan indique cinq portes, désignées chacune par un nom qui n'a été donné que depuis la découverte de la ville, et qui n'est fondé sur aucun monument. La porte de Nola, la plus petite de toutes, est la seule dont l'arcade soit conservée. La porte la plus proche du forum, ou quartier des soldats, est celle par laquelle on entre : elle a été construite d'après l'antique.

Quelques personnes avoient pensé qu'au lieu d'enlever de Pompéi les divers objets que l'on y a trouvés, et d'en former un muséum à Portici, l'on auroit mieux fait de les laisser à leur place, ce qui auroit représenté une ville ancienne avec tout ce qu'elle contenoit. Cette idée est spécieuse, et ceux qui la proposoient n'ont pas réfléchi que beaucoup de choses se seroient gâtées par le contact de l'air, et qu'indépendamment de cet inconvénient on auroit couru le risque de voir plusieurs objets dérobés par des voyageurs peu délicats; c'est ce qui n'arrive que trop souvent. Il faudroit, pour songer même à meubler quelques maisons, que l'enceinte de la ville fût entièrement déblayée, de manière à être bien isolée, et à ne pas offrir la facilité d'y descendre de dessus les terrains environnants; alors on fermeroit les portes, et Pompéi ne seroit plus exposé à être pillé par des pirates terrestres.

L'on n'a eu dessein dans cette *Notice* que de donner une idée succincte de l'état des fouilles de Pompéi en 1817. Pour bien connoître ce lieu remarquable, il faut consulter le bel ouvrage de M. Mazois [1]. L'on trouve aussi des renseignements précieux dans un livre que M. le comte de Clarac, conservateur des antiques, publia étant à Naples. Ce livre, intitulé *Pompéi*, n'a été tiré qu'à un petit nombre d'exemplaires, et n'a pas été mis en vente. M. de Clarac y rend un compte très-instructif de plusieurs fouilles qu'il a dirigées.

Il est d'autant plus nécessaire de ne consulter sur cet objet intéressant que des ouvrages faits avec soin, que trop souvent des voyageurs, ou même des écrivains qui n'ont jamais vu Pompéi, répètent avec confiance les contes absurdes débités par les *ciceroni*. Quelques journaux quotidiens de Paris ont dernièrement transcrit un article du *Courrier* de Londres, dans lequel M. W.... abusoit étrangement du privilége de raconter des choses extraordinaires. Il étoit question, dans son récit, d'argent trouvé dans le tiroir d'un comptoir, d'une lance encore appuyée contre un mur, d'épigrammes tracées sur les colonnes du quartier des soldats, de rues toutes bordées d'édifices publics.

Ces niaiseries ont engagé M. M..., qui a suivi pendant douze ans les fouilles de Pompéi, à communiquer au *Journal des Débats*, du 18 février 1821, des observations extrêmement sensées.

« Il est sans doute permis, dit M. M..., à ceux qui visitent Pompéi d'écouter tous les contes que font les *ciceroni* ignorants et intéressés, afin d'obtenir des étrangers qu'ils conduisent quelques pièces de monnoie; il est même très-permis d'y ajouter foi, mais il y a plus que de la simplicité à les rapporter naïvement comme des vérités et à les insérer dans les journaux les plus répandus.

---

1. *Ruines de Pompéi*, in-fol.

« La relation de M. W.... me rappelle que le chevalier Coghell, ayant vu au Muséum de la reine de Naples des *artoplas*, ou tourtières pour faire cuire le pain, les prit pour des chapeaux, et écrivit à Londres qu'on avoit trouvé à Pompéi des chapeaux de bronze extrêmement légers.

« Les fouilles de Pompéi sont d'un intérêt trop général, les découvertes qu'elles procurent sont trop précieuses sous le rapport de l'histoire de l'art et de la vie privée des anciens, pour qu'on laisse publier des relations niaises et erronées, sans avertir le public du peu de foi qu'elles méritent. »

FIN DE LA NOTICE.

LETTRE

DE M. TAYLOR A M. C. NODIER

SUR LES VILLES

DE POMPÉI ET D'HERCULANUM.

« Herculanum et Pompéi sont des objets si importants pour l'histoire de l'antiquité, que pour bien les étudier il faut y vivre, y demeurer.

« Pour suivre une fouille très-curieuse je me suis établi dans la maison de Diomède; elle est à la porte de la ville, près de la voie des tombeaux, et si commode, que je l'ai préférée aux palais qui sont près du forum. Je demeure à côté de la maison de Salluste.

« On a beaucoup écrit sur Pompéi, et l'on s'est souvent égaré. Par exemple, un savant, nommé Matorelli, fut employé pendant deux années à faire un mémoire énorme pour prouver que les anciens n'avoient pas connu le verre de vitre, et quinze jours après la publication de son in-folio on découvrit une maison où il y avoit des vitres à toutes les fenêtres. Il est cependant juste de dire que les anciens n'aimoient pas beaucoup les croisées; le plus communément le jour venoit par la porte; mais enfin chez les patriciens il y avoit de très-belles glaces aux fenêtres, aussi transparentes que notre verre de Bohême, et les carreaux étoient joints avec des listels de bronze de bien meilleur goût que nos traverses en bois.

« Un voyageur de beaucoup d'esprit et de talent, qui a publié des lettres sur la Morée, et un grand nombre d'autres voyageurs, trouvent extraordinaire que les constructions modernes de l'Orient soient absolument semblables à celles de Pompéi. Avec un peu de réflexion, cette ressemblance paroîtroit toute naturelle. Tous les arts nous viennent de l'Orient; c'est ce qu'on ne sauroit trop répéter aux hommes qui ont le désir d'étudier et de s'éclairer.

« Les fouilles se continuent avec persévérance et avec beaucoup d'ordre et de soin : on vient de découvrir un nouveau quartier et des thermes superbes. Dans une des salles, j'ai particulièrement remarqué trois siéges en bronze, d'une forme tout à fait inconnue, et de la plus belle conservation. Sur l'un d'eux étoit placé le squelette d'une femme, dont les bras étoient couverts de bijoux, en outre des bracelets d'or, dont la forme étoit déjà connue; j'ai détaché un collier qui est vraiment d'un travail miraculeux. Je vous assure que nos bijoutiers les plus experts ne pourroient rien faire de plus précieux ni d'un meilleur goût.

« Il est difficile de peindre le charme que l'on éprouve à toucher ces objets sur les lieux mêmes où ils ont reposé tant de siècles, et avant que le prestige ne soit tout à fait détruit. Une des croisées étoit couverte de très-belles vitres, que l'on vient de faire remettre au musée de Naples.

« Tous les bijoux ont été portés chez le roi. Sous peu de jours ils seront l'objet d'une exposition publique.

« Pompéi a passé vingt siècles dans les entrailles de la terre; les nations ont passé sur son sol; ses monuments sont restés debout, et tous ses ornements intacts. Un contemporain d'Auguste, s'il revenoit, pourroit dire : « Salut, ô ma patrie! ma demeure est la seule sur la terre qui ait conservé sa forme, et jusqu'aux moindres objets de mes affections. Voici ma couche; voici mes auteurs favoris. Mes peintures sont encore aussi fraîches qu'au jour où un artiste ingénieux en orna ma demeure. Parcourons la ville, allons au théâtre; je reconnois la place où pour la première fois j'applaudis aux belles scènes de *Térence* et d'*Euripide*.

« Rome n'est qu'un vaste musée; *Pompéi est une antiquité vivante.* »

FIN DE LA LETTRE.

MÉLANGES

LITTÉRAIRES

PRÉFACE.

Lorsque je rentrai en France, en 1800, après une émigration pénible, mon ami M. de Fontanes rédigeoit le *Mercure de France;* il m'invita à écrire avec lui dans ce journal, pour le rétablissement des saines doctrines religieuses et monarchiques.

J'acceptai cette invitation : je donnai quelques articles au *Mercure*, avant même d'avoir publié *Atala*, avant d'être connu, car mon *Essai historique* étoit resté enseveli en Angleterre. Ces combats n'étoient pas sans quelques périls : on ne pouvoit alors arriver à la politique que par la littérature; la police de Buonaparte entendoit à demi-mot; le donjon de Vincennes, les déserts de la Guiane et la plaine de Grenelle, attendoient encore, si besoin étoit, les écrivains royalistes. Mon premier article sur le *Voyage en Espagne* de M. de Laborde faillit de me coûter cher : Buonaparte menaça de me *faire sabrer sur les marches de son palais;* ce furent ses expressions. Il ordonna la suppression du *Mercure* et sa réunion à la *Décade*. Le *Journal des Débats*, qui avoit osé répéter l'article, fut bientôt après ravi à ses propriétaires.

Au retour du roi, je réclamai auprès du gouvernement la propriété du *Mercure,* que j'avois acheté de M. de Fontanes pour une somme de 20,000 fr. Je m'étois imaginé que la cause qui avoit fait supprimer cet ouvrage feroit un peu valoir mon bon droit; je me trompai. C'est ainsi qu'ayant eu à répéter une part de mes appointements de ministre, je n'ai pu l'obtenir, par la raison qu'ayant fait le voyage de Gand, je ne m'étois pas rendu à mon poste à Stockholm; c'est ainsi qu'en sortant du ministère, non-seulement on ne m'a pas alloué le traitement de retraite accoutumé, mais encore on m'a supprimé ma pension de ministre d'État. Je rappelle ceci, non pour me plaindre, mais afin qu'on ne fasse pas à l'avenir porter sur d'autres que moi ces misérables vengeances et ces ignobles économies, si peu d'accord avec la générosité naturelle de nos monarques et la dignité de la couronne.

Un choix des articles du *Mercure* a été fait par moi : ces articles, réunis à quelques autres articles littéraires tirés du *Conservateur* et du *Journal des Débats*, forment la collection renfermée dans ce volume. Les lettres n'ont jamais été si honorables que lorsque, dans le silence du monde subjugué, elles proclamoient des vérités courageuses et faisoient entendre les accents de la liberté au milieu des cris de la victoire.

Puisque le nom de M. de Fontanes est venu se placer naturellement sous ma plume, qu'il me soit permis de payer ici un nouveau tribut de regret et de douleur à la mémoire de l'excellent homme que la France littéraire pleurera longtemps. Si la Providence me laisse encore quelques jours sur la terre, j'écrirai la vie de mon illustre et généreux ami. Il annonça au monde ce que, selon lui, je devois devenir; moi, je dirai ce qu'il a été : ses droits auprès de la postérité seront plus sûrs que les miens.

MÉLANGES

LITTÉRAIRES

DE L'ANGLETERRE

ET DES ANGLOIS.

Juin 1800.

Si un instinct sublime n'attachoit pas l'homme à sa patrie, la condition la plus naturelle sur la terre seroit celle de voyageur. Une certaine inquiétude le pousse sans cesse hors de lui ; il veut tout voir, et puis il se plaint quand il a tout vu. J'ai parcouru quelques régions du globe ; mais j'avoue que j'ai mieux observé le désert que les hommes, parmi lesquels, après tout, on trouve souvent la solitude.

J'ai peu séjourné chez les Allemands, les Portugais et les Espagnols, mais j'ai vécu assez longtemps avec les Anglois. Comme c'est aujourd'hui le seul peuple qui dispute l'empire aux François, les moindres détails sur lui deviennent intéressants.

Érasme est le plus ancien des voyageurs que je connoisse qui nous ait parlé des Anglois. Il n'a vu à Londres, sous Henri III, que des barbares et des huttes enfumées. Longtemps après, Voltaire, qui avoit besoin d'un parfait philosophe, le plaça parmi les quakers, sur les bords de la Tamise. Les tavernes de la Grande-Bretagne devinrent le séjour des esprits forts, de la vraie liberté, etc., etc., quoiqu'il soit bien connu que le pays du monde où l'on parle le moins de religion, où on la respecte le plus, où l'on agite le moins de ces questions oiseuses qui troublent les empires, soit l'Angleterre.

Il me semble qu'on doit chercher le secret des mœurs des Anglois dans l'origine de ce peuple. Mélange du sang françois et du sang allemand, il forme la nuance entre ces deux nations. Leur politique, leur religion, leur militaire, leur littérature, leurs arts, leur caractère national, me paroissent placés dans ce milieu ; ils semblent réunir en partie à la simplicité, au calme, au bon sens, au mauvais goût germanique, l'éclat, la grandeur, l'audace et la vivacité de l'esprit françois.

Inférieurs à nous sous plusieurs rapports, ils nous sont supérieurs en quelques autres, particulièrement en tout ce qui tient au commerce et aux richesses. Ils nous surpassent encore en propreté ; et c'est une chose remarquable que ce peuple qui paroît si pesant a dans ses meubles, ses vêtements, ses manufactures une élégance qui nous manque. On diroit que l'Anglois met dans le travail des mains la délicatesse que nous mettons dans celui de l'esprit.

Le principal défaut de la nation angloise, c'est l'orgueil, et c'est le défaut de tous les hommes. Il domine à Paris comme à Londres, mais modifié par le caractère françois et transformé en amour-propre. L'orgueil pur appartient à l'homme solitaire, qui ne déguise rien et qui n'est obligé à aucun sacrifice ; mais l'homme qui vit beaucoup avec ses semblables est forcé de dissimuler son orgueil et de le cacher sous les formes plus douces et plus variées de l'amour-propre. En général, les passions sont plus dures et plus soudaines chez l'Anglois, plus actives et plus raffinées chez le François. L'orgueil du permier veut tout écraser de force en un instant ; l'amour-propre du second mine tout avec lenteur. En Angleterre on hait un homme pour un vice, pour une offense ; en France un pareil motif n'est pas nécessaire ; les avantages de la figure ou de la fortune, un succès, un bon mot, suffisent. Cette haine, qui se forme de mille détails honteux, n'est pas moins implacable que la haine qui naît d'une plus noble cause. Il n'y a point de si dangereuses passions que celles qui sont d'une basse origine, car elles sentent cette bassesse, et cela les rend furieuses. Elles cherchent à la couvrir sous des crimes, et à se donner par les effets une sorte d'épouvantable grandeur qui leur manque par le principe : c'est ce qu'a prouvé la révolution.

L'éducation commence de bonne heure en Angleterre : les filles sont envoyées à l'école dès leur plus tendre jeunesse. Vous voyez quelquefois des groupes de ces petites Angloises, toutes en grands mantelets blancs, un chapeau de paille noué sous le menton avec un ruban, une corbeille passée au bras et dans laquelle sont des fruits et un livre ; toutes tenant les yeux baissés, toutes rougissant lorsqu'on les regarde. Quand j'ai revu nos petites Françoises, coiffées à *l'huile antique,* relevant la queue de leur robe, regardant avec effronterie, fredonnant des airs d'amour et prenant des leçons de déclamation, j'ai regretté la gaucherie et la pudeur des petites Angloises : un enfant sans innocence est une fleur sans parfum.

Les garçons passent aussi leur première jeunesse à l'école, où ils apprennent le grec et le latin. Ceux qui se destinent à l'Église ou à la carrière politique vont de là aux universités de Cambridge ou d'Oxford. La première est particulièrement consacrée aux mathématiques, en mémoire de Newton ; mais, en général, les Anglois estiment peu cette étude, qu'ils croient très-dangereuse aux bonnes mœurs, quand elle est portée trop loin. Ils pensent que les sciences dessèchent le cœur, désenchantent la vie, mènent les esprits foibles à l'athéisme, et de l'athéisme à tous les crimes. Les belles-lettres, au contraire, disent-ils, rendent nos jours merveilleux, attendrissent nos âmes, nous font pleins de foi envers la Divinité, et conduisent ainsi, par la religion, à la pratique de toutes les vertus [1].

L'agriculture, le commerce, le militaire, la religion, la politique, telles sont les carrières ouvertes à l'Anglois devenu homme. Est-on ce qu'on appelle un *gentleman farmer* (*un gentilhomme cultivateur*), on vend son blé, on fait des expériences sur l'agriculture ; on chasse le renard ou la perdrix en automne ; on mange l'oie grasse à Noël ; on chante le *roast beef of old England;* on se plaint du présent, on vante le passé, qui ne valoit pas mieux, et le tout en maudissant Pitt et la guerre, qui augmente le prix du vin de Porto ; on se couche ivre, pour recommencer le lendemain la même vie.

L'état militaire, quoique si brillant sous la reine Anne, étoit tombé dans un discrédit dont la guerre actuelle l'a relevé. Les Anglois ont été longtemps sans songer à retourner leurs forces vers la marine. Ils ne vouloient se distinguer que comme puissance continentale ; c'étoit un reste de vieilles opinions qui tenoient le commerce à déshonneur. Les Anglois ont toujours eu, comme nous, une physionomie historique qui les distingue dans tous les siècles. Ainsi c'est la seule nation qui, avec la françoise, mérite proprement ce nom en Europe. Quand nous avions notre Charlemagne, ils avoient leur Alfred. Leurs archers balançoient la renommée de notre infanterie gauloise ; leur prince Noir le

---

1. *Vid.* Gibbon, *Lit.,* etc.

disputoit à notre Du Guesclin, et leur Marlborough à nos Turenne. Leurs révolutions et les nôtres se suivent; nous pouvons nous vanter de la même gloire et déplorer les mêmes crimes et les mêmes malheurs.

Depuis que l'Angleterre est devenue puissance maritime, elle a déployé son génie particulier dans cette nouvelle carrière; ses marins sont distingués de tous les marins du monde. La discipline de ses vaisseaux est singulière : le matelot anglois est absolument esclave. Mis à bord de force, obligé de servir malgré lui, cet homme, si indépendant tandis qu'il est laboureur, semble perdre tous ses droits à la liberté aussitôt qu'il devient matelot. Ses supérieurs appesantissent sur lui le joug le plus dur et le plus humiliant. Comment des hommes si orgueilleux et si maltraités se soumettent-ils à une pareille tyrannie? C'est là le miracle d'un gouvernement libre; c'est que le nom de la loi est tout-puissant dans ce pays, et quand elle a parlé, nul ne résiste.

Je ne crois pas que nous puissions, ni même que nous devions jamais transporter la discipline angloise sur nos vaisseaux. Le François, spirituel, franc, généreux, veut approcher de son chef; il le regarde comme son camarade encore plus que comme son capitaine. D'ailleurs, une servitude aussi absolue que celle du matelot anglois ne peut émaner que d'une autorité civile : or, il seroit à craindre qu'elle ne fût méprisée de nos marins; car malheureusement le François obéit plutôt à l'homme qu'à la loi, et ses vertus sont plus des vertus privées que des vertus publiques.

Nos officiers de mer étoient plus instruits que les officiers anglois. Ceux-ci ne savent que leurs manœuvres; ceux-là étoient des mathématiciens et des hommes savants dans tous les genres. En général, nous avons déployé dans notre marine notre véritable caractère : nous y paroissons comme guerriers et comme artistes. Aussitôt que nous aurons des vaisseaux, nous reprendrons notre droit d'aînesse dans l'Océan comme sur la terre. Nous pourrons faire aussi des observations astronomiques et des voyages autour du monde; mais pour devenir jamais un peuple de marchands, je crois que nous pouvons y renoncer d'avance. Nous faisons tout par génie et par inspiration; mais nous mettons peu de suite à nos projets. Un grand homme en finance, un homme hardi en entreprises commerciales, s'élèvera peut-être parmi nous; mais son fils poursuivra-t-il la même carrière, et ne pensera-t-il pas à jouir de la fortune de son père, au lieu de songer à l'augmenter? Avec un tel esprit, une nation ne devient point mercantile; le commerce a toujours eu chez nous je ne sais quoi de poétique et de fabuleux, comme le reste de nos mœurs. Nos manufactures ont été créées par enchantement; elles ont jeté un grand éclat, et puis elles se sont éteintes. Tant que Rome fut prudente, elle se contenta des Muses et de Jupiter, et laissa Neptune à Carthage. Ce Dieu n'avoit, après tout, que le second empire; et Jupiter lançoit aussi la foudre sur l'Océan.

Le clergé anglican est instruit, hospitalier et généreux; il aime sa patrie et sert puissamment au maintien des lois. Malgré les différences d'opinion, il a reçu le clergé françois avec une charité vraiment chrétienne. L'université d'Oxford a fait imprimer à ses frais et distribuer *gratis* aux pauvres curés un Nouveau-Testament latin, selon la version romaine, avec ces mots : *A l'usage du clergé catholique, exilé pour la religion.* Rien n'est plus délicat et plus touchant. C'est sans doute un beau spectacle pour la philosophie que de voir, à la fin du xviiie siècle, un clergé *anglican* donner l'hospitalité à des prêtres *papistes,* souffrir l'exercice public de leur culte, et même l'établissement de quelques communautés. Étranges vicissitudes des opinions et des affaires humaines! le cri *un pape! un pape!* a fait la révolution sous Charles Ier, et Jacques II perdit sa couronne pour avoir protégé la religion catholique!

Ceux qui s'effrayent au seul mot de religion ne connoissent guère l'esprit humain; ils voient toujours cette religion telle qu'elle étoit dans les âges de fanatisme et de barbarie, sans songer qu'elle prend, comme toute autre institution, le caractère des siècles où elle passe.

Toutefois le clergé anglois n'est pas sans défaut. Il néglige trop ses devoirs, il aime trop le plaisir, il donne trop de bals, il se mêle trop aux fêtes du monde. Rien n'est plus choquant pour un étranger que de voir un jeune *ministre* promener lourdement une jolie femme entre les deux files d'une contredanse angloise. Il faut qu'un prêtre soit un personnage tout divin; il faut qu'autour de lui règnent la vertu et le mystère, qu'il vive retiré dans les ténèbres du temple, et que ses apparitions soient rares parmi les hommes; qu'il ne se montre enfin au milieu du siècle que pour faire du bien aux malheureux. C'est à ce prix qu'on accorde aux prêtres le respect et la confiance : il perdra bientôt l'un et l'autre s'il est assis au festin à nos côtés, si on se familiarise avec lui, s'il a tous les vices du temps, et qu'on puisse un moment le soupçonner foible et fragile comme les autres hommes.

Les Anglois déploient une grande pompe dans leurs fêtes religieuses; ils commencent même à orner leurs temples de tableaux. Ils ont à la fin senti qu'une religion sans culte n'est qu'un songe d'un froid enthousiasme, et que l'imagination de l'homme est une faculté q[u'il] faut nourrir comme la raison.

L'émigration du clergé françois a beaucoup servi à répandre ces idées. On peut remarquer que, par un retour naturel vers les institutions de leurs pères, les Anglois se plaisoient depuis longtemps à mettre en scène, sur leur théâtre et dans leurs livres, la religion romaine.

Dans ces derniers temps, le catholicisme, apporté à Londres par les prêtres exilés de France, se montre aux Anglois précisément comme dans leurs romans, à travers le charme des ruines et la puissance des souvenirs. Tout le monde a voulu entendre l'oraison funèbre d'une fille de France, prononcée à Londres par un évêque émigré, dans une écurie.

L'Église anglicane a surtout conservé pour les morts la plus grande partie des honneurs que leur rend l'Église romaine.

Dans toutes les grandes villes d'Angleterre, il y a des hommes, appelés *undertakers* (entrepreneurs), qui se chargent des pompes funèbres. On lit souvent sur leurs boutiques : *King's coffinmaker*, Faiseur de cercueils du roi; ou bien : *Funerals performed here*; mot à mot, *Ici on représente des funérailles*. Il y a longtemps qu'on ne voit plus parmi nous que des représentations de la douleur, et il faut bien acheter des larmes quand personne n'en donne à nos cendres. Les derniers devoirs qu'on rend aux hommes seroient bien tristes s'ils étoient dépouillés des signes de la religion. La religion a pris naissance aux tombeaux, et les tombeaux ne peuvent se passer d'elle. Il est beau que le cri de l'espérance s'élève du fond d'un cercueil; il est beau que le prêtre du Dieu vivant escorte la cendre de l'homme à son dernier asile; c'est en quelque sorte l'immortalité qui marche à la tête de la mort.

La vie politique d'un Anglois est bien connue en France ; mais ce qu'on ignore assez généralement, ce sont les partis qui divisent le parlement aujourd'hui.

Outre le parti de l'opposition et le parti du ministère, il y en a un troisième, qu'on peut appeler des *anglicans*, et à la tête duquel se trouve M. Wilberforce. C'est une centaine de membres qui tiennent fortement aux mœurs antiques, et surtout à la religion. Leurs femmes sont vêtues comme des quakeresses ; ils affectent eux-mêmes une rigoureuse simplicité, et donnent une grande partie de leur revenu aux pauvres : M. Pitt est de leur secte. Ce sont eux qui l'avoient porté et qui l'ont soutenu au ministère; car en se jetant d'un côté ou de l'autre ils sont à peu près sûrs de déterminer la majorité. Dans la dernière affaire d'Irlande, ils ont été alarmés des promesses que M. Pitt avoit faites aux catholiques : ils l'ont menacé de passer à l'opposition. Alors le ministre a donné habilement sa retraite, pour conserver ses amis, dont l'opinion est intérieurement la sienne, et pour se retirer du pas difficile où les circonstances l'avoient engagé. Si le bill passe en faveur des catholiques, il n'en aura pas l'odieux vis-à-vis des anglicans; si, au contraire, il est rejeté, les catholiques irlandois ne pourront l'accuser de manquer à sa parole... On a demandé en France si M. Pitt avoit perdu son crédit en perdant sa place; un seul fait auroit dû répondre à cette question : *M. Pitt est encore membre de la chambre des communes.* Quand on le verra devenir pair et passer à la chambre haute, sa carrière sera finie.

C'est à tort que l'on croit ici quelque influence à la pure opposition : elle est absolument tombée dans l'opinion publique; elle n'a ni grands talents ni véritable patriotisme. M. Fox lui-même ne peut plus rien pour elle; il a perdu presque toute son éloquence : l'âge et les excès de table la lui ont enlevée. On sait que c'est son amour-propre blessé, plus encore qu'aucune autre raison, qui l'a tenu si longtemps éloigné du parlement.

Le bill qui exclut de la chambre des communes tout membre engagé dans les ordres sacrés a été aussi mal interprété à Paris. On ne savoit pas que ce bill n'a d'autre but que d'éloigner M. Horn Tooke, homme d'esprit, violent ennemi du gouvernement, jadis dans les ordres, ensuite réfractaire, autrefois ami de la puissance jusqu'au point d'avoir été attaqué dans les lettres de Junius, ensuite devenu l'apôtre de la liberté comme tant d'autres.

Le parlement a perdu dans M. Burke un de ses membres les plus distingués. Il détestoit la révolution; mais il faut lui rendre cette justice, qu'aucun Anglois n'a plus aimé les François en particulier et plus applaudi à leur valeur et à leur génie. Quoiqu'il fût peu riche, il avoit fondé une école pour les petits François expatriés, et il y passoit des journées entières à admirer l'esprit et la vivacité de ces enfants. Il racontoit souvent à ce sujet une anecdote : Ayant mené le fils d'un lord à cette école, les pauvres orphelins lui proposèrent de jouer avec eux. Le lord ne voulut pas : « *Je n'aime pas les François, moi,* » répétoit-il avec humeur. Un petit garçon, n'en pouvant tirer que cette réponse, lui dit : « Cela n'est pas possible; vous avez un trop bon cœur pour nous haïr. Votre seigneurie ne prendroit-elle point sa crainte pour sa haine? »

Il faudroit maintenant parler de la littérature et des gens de lettres; mais cela nous mèneroit trop loin, et demande un article à part. Je me contenterai de rapporter quelques jugements littéraires qui m'o fort étonné, parce qu'ils sont en contradiction directe avec nos opinions reçues.

Richardson est peu lu ; on lui reproche d'insupportables longueurs et de la bassesse de style. Hume et Gibbon ont, dit-on, perdu le génie de la langue angloise, en remplissant leurs écrits d'une foule de gallicismes; on accuse le premier d'être lourd et immoral. Pope ne passe que pour un versificateur exact et élégant ; Johnson prétend que son *Essai sur l'Homme* n'est qu'un recueil de lieux communs mis en beaux vers. C'est à Dryden et à Milton qu'on donne exclusivement le titre de poëtes. *Le Spectateur* est presque oublié. On entend rarement parler de Locke, qui est regardé comme un assez foible idéologue. Il n'y a que les savants de profession qui lisent Bacon. Shakespeare seul conserve son empire. On en sentira aisément la raison par le trait suivant :

J'étois au théâtre de Covent-Garden, qui tire son nom, comme on sait, du jardin d'un ancien couvent où il est bâti. Un homme fort bien mis étoit assis auprès de moi ; il me demande « *quelle est la salle* où il se trouve. » Je le regarde avec étonnement, et je lui réponds : « Mais vous êtes à Covent-Garden. » — « *Pretty garden, indeed!* Joli jardin, en vérité ! » s'écria-t-il en éclatant de rire et me présentant une bouteille de rhum. C'étoit un matelot de la Cité, qui, passant par hasard dans la rue à l'heure du spectacle, et voyant la foule se presser à une porte, étoit entré là pour son argent, sans savoir de quoi il s'agissoit.

Comment les Anglois auroient-ils un théâtre supportable quand leurs parterres sont composés de juges arrivant du Bengale ou de la côte de Guinée, qui ne savent seulement pas où il sont ? Shakespeare doit régner éternellement chez un pareil peuple. On croit tout justifier en disant que les folies du tragique anglois sont dans la nature. Quand cela seroit vrai, ce ne sont pas toujours les choses naturelles qui touchent. Il est naturel de craindre la mort, et cependant une victime qui se lamente sèche les pleurs qu'on versoit pour elle. Le cœur humain veut plus qu'il ne peut ; il veut surtout admirer : il a en soi un élan vers je ne sais quelle beauté inconnue, pour laquelle il fut peut-être créé dans son origine.

Il y a même quelque chose de plus grave. Un peuple qui a toujours été à peu près barbare dans les arts peut continuer à admirer des productions barbares, sans que cela tire à conséquence ; mais je ne sais jusqu'à quel point une nation qui a des chefs-d'œuvre en tous genres peut revenir à l'amour des monstres sans exposer ses mœurs. C'est en cela que le penchant pour Shakespeare est bien plus dangereux en France qu'en Angleterre. Chez les Anglois il n'y a qu'ignorance ; chez nous il y a dépravation. Dans un siècle de lumières, les bonnes mœurs d'un peuple très-poli tiennent plus au bon goût qu'on ne pense. Le mauvais goût alors, qui a tant de moyens de se redresser, ne peut dépendre que d'une fausseté ou d'un biais naturel dans les idées : or, comme l'esprit agit incessamment sur le cœur, il est difficile que les voies du cœur soient droites quand celles de l'esprit sont tortueuses. Celui qui aime la laideur n'est pas fort loin d'aimer le vice ; quiconque est insensible à la beauté peut bien méconnoître la vertu. Le mauvais goût et le vice marchent presque toujours ensemble : le premier n'est que l'expression du second, comme la parole rend la pensée.

Je terminerai cette notice par quelques mots sur le sol, le ciel et les monuments de l'Angleterre.

Les campagnes de cette île sont presque sans oiseaux, les rivières petites ; cependant leurs bords ont quelque chose d'agréable par leur solitude. La verdure est très-animée ; il y a peu ou point de bois ; mais chaque propriété étant fermée d'un fossé planté, quand vous regardez du haut d'une éminence, vous croyez être au milieu d'une forêt. L'Angleterre ressemble assez, au premier coup d'œil, à la Bretagne : des bruyères et des champs entourés d'arbres.

Le ciel de ce pays est moins élevé que le nôtre, son azur est plus vif, mais moins transparent. Les accidents de lumière y sont beaux, à cause de la multitude des nuages. En été, quand le soleil se couche à Londres, par delà les bois de Kensington, on jouit quelquefois d'un spectacle très-pittoresque. L'immense colonne de fumée de charbon qui flotte sur la Cité représente ces gros rochers, enluminés de pourpre, qu'on voit dans nos décorations du Tartare, tandis que les vieilles tours de Westminster, couronnées de nuages et rougies par les derniers feux du soleil, s'élèvent au-dessus de la ville, du palais et du parc de Saint-James, comme un grand monument de la mort, qui semble dominer tous les monuments des hommes.

Saint-Paul est le plus bel édifice moderne, et Westminster le plus bel édifice gothique de l'Angleterre. Je parlerai peut-être un jour de ce dernier. Souvent, en revenant de mes courses autour de Londres, j'ai passé derrière White-Hall, dans l'endroit où Charles fut décapité. Ce n'est plus qu'une cour abandonnée, où l'herbe croît entre les pierres. Je m'y suis quelquefois arrêté pour entendre le vent gémir autour de la statue de Charles II, qui montre du doigt la place où périt son père. Je n'ai jamais vu dans ces lieux que des ouvriers qui tailloient des pierres en sifflant. Leur ayant demandé un jour ce que signifioit cette statue, les uns purent à peine me le dire, et les autres n'en savoient pas un mot. Rien ne m'a plus donné la juste mesure des événements de la vie humaine et du peu que nous sommes. Que sont devenus ces personnages qui firent tant de bruit? Le temps a fait un pas, et la face de la terre a été renouvelée. A ces générations divisées par des haines politiques ont succédé des générations indifférentes au passé, mais qui remplissent le présent de nouvelles inimitiés, qu'oublieront encore les générations qui doivent suivre.

ESSAI

sur

LA LITTÉRATURE ANGLOISE

YOUNG.

Mars 1801.

Lorsqu'un écrivain a formé une école nouvelle, et qu'après un demi-siècle de critique on le trouve encore en possession d'une grande renommée, il importe aux lettres de rechercher la cause de ce succès, surtout quand il n'est dû ni à la grandeur du génie ni à la perfection du goût et de l'art.

Quelques situations tragiques, quelques mots sortis des entrailles de l'homme, je ne sais quoi de vague et de fantastique dans les scènes, des bois, des bruyères, des vents, des spectres, des tempêtes, expliquent la célébrité de Shakespeare.

Young, qui n'a rien de tout cela, doit peut-être une grande partie de sa réputation au beau tableau que présente l'ouverture de ses *Nuits* ou *Complaintes*. Un ministre du Tout-Puissant, un vieux père, qui a perdu sa fille unique, s'éveille au milieu des nuits pour gémir sur des tombeaux ; il associe à la mort, au temps et à l'éternité, la seule chose que l'homme ait de grand en soi-même, je veux dire la douleur. Ce tableau frappe d'abord, et l'impression en est durable.

Mais avancez un peu dans ces *Nuits*, quand l'imagination, éveillée par le début du poëte, a déjà créé tout un monde de pleurs et de rêveries, vous ne trouverez plus rien de ce que l'on vous a promis. Vous voyez un homme qui tourmente son esprit dans tous les sens pour enfanter des idées tendres et tristes, qui n'arrive qu'à une philosophie morose. Young, que le fantôme du monde poursuivoit jusqu'au milieu des tombeaux, ne décèle dans toutes ses déclamations sur la mort qu'une ambition trompée ; il a pris son humeur pour de la mélancolie. Point de naturel dans sa sensibilité ; point d'idéal dans sa douleur. C'est toujours une main pesante qui se traîne sur la lyre.

Young a surtout cherché à donner à ses méditations le caractère de la tristesse. Or, ce caractère se tire de trois sources : les scènes de la nature, le vague des souvenirs, et les pensées de la religion.

Quant aux scènes de la nature, Young a voulu les faire servir à ses plaintes, mais je ne sais s'il a réussi. Il apostrophe la lune, il parle à la nuit et aux étoiles, et l'on ne se sent point ému. Je ne pourrois dire où gît cette tristesse, qu'un poëte fait sortir des tableaux de la nature ; mais il est certain qu'il la retrouve à chaque pas. Il unit son âme au bruit des vents, qui lui rappelle des idées de solitude : une onde qui fuit, c'est la vie ; une feuille qui tombe, c'est l'homme. Cette tristesse est cachée pour le poëte dans tous les déserts ; c'est l'Écho de la Fable, desséchée par la douleur, et habitante invisible de la montagne.

La réflexion dans le chagrin doit toujours prendre la forme du sentiment et de l'image ; et dans Young, au contraire, le sentiment se change en réflexion et en raisonnement. Si j'ouvre la première complainte, je lis :

> From short (as usual) and disturb'd repose
> I wake : how happy they who wake no more !
> Yet that were vain, if dreams infest the grave.
> I wake, emerging from a sea of dreams
> Tumultuous ; where my wreck'd desponding thought
> From wave to wave of fancy'd misery
> At random drove, her helm of reason lost.
> . . . .
> The day too short for my distress ; and night
> Ev'n in the zenith of her dark domain
> Is sunshine to the colour of my fate.

« D'un repos court et troublé je m'éveille. O heureux ceux qui ne se réveillent plus ! encore cela même est-il vain, si les rêves habitent au tombeau ! Je sors d'une mer troublée de songes, où ma pensée triste et submergée, privée du gouvernail de la raison, flotte au gré des vagues d'une misère imaginaire... Le jour est trop court pour ma tristesse ; et la nuit, même au zénith de son noir domaine, est un soleil auprès de la couleur de mon sort. »

Est-ce là le langage de la douleur ? Je sais que la traduction mot à mot ne rend ni la nuance de l'expression ni l'harmonie du style ; mais une traduction littérale n'est jamais ridicule quand le texte ne l'est pas. Qu'est-ce que c'est qu'une *pensée sans gouvernail, flottant de vague en vague sur une mer de malheur imaginaire ?* Qu'est-ce qu'une *nuit qui est un soleil* auprès de la *couleur d'un sort ?* Le seul trait remarquable de ce morceau, c'est le sommeil du tombeau, *peut-être aussi troublé par des songes*. Mais cela rappelle trop le mot d'Hamlet: *To sleep! — to dream !* Dormir! — rêver !

Ossian se lève aussi au milieu de la nuit pour pleurer; mais Ossian pleure :

> Lead, son of Alpin, lead the aged to his woods. The winds begin to rise. The dark wave of the lake resounds. Bends there not a tree from Mora, with its branches bare? It beats, son of Alpin, in the rustling blast. My harp hangs on a blasted branch. The sound of its strings is mournful. Does the wind touch thee, o harp! or is it some passing ghost? It is the hand of Malvina! But bring me the harp, son of Alpin; another song shall arise. My soul shall depart in the sound; my fathers shall hear it in their airy hall. Their dim faces shall hang, with joy, from their cloud; and their hands receive their son.

« Conduis-moi, fils d'Alpin, conduis le vieillard à ses bois. Les vents se lèvent, les flots noircis du lac murmurent. Ne vois-tu pas sur le sommet de *Mora* un arbre qui s'incline avec toutes ses branches dépouillées? Il s'incline, ô fils d'Alpin, sous le bruyant tourbillon. Ma harpe est suspendue à l'une de ses branches desséchées. Le son de ses cordes est triste. O harpe, le vent t'a-t-il touchée, ou bien est-ce un léger fantôme? C'est la main de Malvina! Donne-moi la harpe, fils d'Alpin. Il faut qu'un autre chant s'élève. Mon âme s'envolera au milieu des sons. Mes pères entendront ces soupirs dans leur salle aérienne. Du fond de leurs nuages ils pencheront avec joie leurs visages obscurs, et leurs bras recevront leurs fils. »

Voilà des images tristes, voilà de la rêverie.

Les Anglois conviennent que la prose d'Ossian est aussi poétique que les vers, et qu'elle en a toutes les inversions. Or, on voit que la traduction littérale est ici très-supportable. Ce qui est beau, simple et naturel, l'est dans toutes les langues.

On croit généralement que ces images mélancoliques, empruntées des vents, de la lune, des nuages, ont été inconnues des anciens; il y en a pourtant quelques exemples dans Homère, et surtout un charmant dans Virgile. Énée aperçoit l'ombre de Didon dans l'épaisseur d'une forêt, *comme on voit, ou comme on croit voir la lune nouvelle se lever au milieu des nuages :*

> . . . Qualem primo qui surgere mense
> Aut videt aut vidisse putat per nubila lunam.

Remarquez toutes les circonstances. C'est la lune qu'*on voit* ou qu'*on croit voir* se lever à travers les nuages; l'ombre de Didon est déjà réduite à bien peu de chose. Mais cette lune est dans sa première phase. Qu'est-ce donc que cet astre lui-même? L'ombre de Didon ne semble-t-elle pas s'évanouir? On retrouve ici Ossian dans Virgile; mais c'est Ossian sous le ciel de Naples, sous un ciel où la lumière est plus pure et les vapeurs plus transparentes.

Young a donc premièrement ignoré, ou plutôt mal exprimé cette tristesse qui se nourrit du spectacle de la nature, et qui, douce ou majestueuse, suit le cours naturel des sentiments. Combien Milton est supérieur au chantre des *Nuits* dans la noblesse de la douleur! Rien n'est beau comme ces quatre vers qui terminent le *Paradis perdu* :

> The world was all before them, where to choose
> Their place of rest, and Providence their guide :
> They, hand in hand, with wand' ring steps and slow,
> Through Eden took their solitary way.

« Le monde entier s'ouvroit devant eux. Ils pouvoient y choisir un lieu de repos; la Providence étoit leur seul guide : Ève et Adam, se tenant par la main, et marchant à pas lents et indécis, prirent à travers Éden leur chemin solitaire. »

On voit toutes les solitudes du monde ouvertes devant notre premier père, toutes ces mers qui baignent des côtes inconnues, toutes ces forêts qui se balancent sur un globe habité, et l'homme laissé seul avec son péché au milieu des déserts de la création.

Hervey, dans ses *Méditations* (quoique d'un génie moins élevé que l'auteur des *Nuits*), a quelquefois montré une sensibilité plus vraie. On connoît ces vers sur l'enfant qui *goûte à la coupe de la vie* :

> Mais sentant sa liqueur d'amertume suivie,
> Il détourna la tête, et, regardant les cieux,
> Pour jamais au soleil il referma les yeux.

Le docteur Beattie, poëte écossois, qui vit encore [1], a répandu dans son *Minstrel* la rêverie la plus aimable. C'est la peinture des premiers effets de la Muse sur un jeune barde de la montagne, qui ignore encore le génie dont il est tourmenté. Tantôt le poëte futur va s'asseoir au bord des mers pendant une tempête; tantôt il quitte les jeux du village pour aller entendre à l'écart et dans le lointain le son des musettes. Young étoit peut-être appelé par la nature à traiter de plus hauts sujets ; mais alors ce n'étoit pas le poëte complet. Milton, qui a chanté les douleurs du premier homme, a aussi soupiré le *Penseroso*.

Ceux de nos bons écrivains qui ont connu le charme de la rêverie ont prodigieusement surpassé le docteur anglois. Chaulieu a mêlé, comme Horace, les pensées de la mort aux illusions de la vie. Ces vers

---

1. Voyez la note, p. 405.

si connus valent pour la mélancolie toutes les exagérations du poëte d'Albion :

> Grotte, d'où sort ce clair ruisseau,
> De mousse et de fleur tapissée,
> N'entretiens jamais ma pensée
> Que du murmure de ton eau.
>
> . . . .
> Fontenay, lieu délicieux,
> Où je vis d'abord la lumière,
> Bientôt au bout de ma carrière,
> Chez toi je joindrai mes aïeux,
>
> Muses qui dans ce lieu champêtre
> Avec soin me fîtes nourrir ;
> Beaux arbres qui m'avez vu naître,
> Bientôt vous me verrez mourir.

Et l'inimitable La Fontaine, comme il sait rêver aussi !

> Que je peigne en mes vers quelque rive fleurie !
> La Parque à filets d'or n'ourdira point ma vie,
> Je ne dormirai point sous de riches lambris :
> Mais voit-on que le somme en perde de son prix ?
> En est-il moins profond et moins plein de délices ?
> Je lui voue au désert de nouveaux sacrifices !

C'est un grand poëte que celui-là qui a fait de pareils vers.

La page la plus rêveuse d'Young ne peut être comparée à ce passage de J.-J. Rousseau :

« Quand le soir approchoit, je descendois des cimes de l'île, et j'allois volontiers m'asseoir au bord du lac, sur la grève, dans quelque asile caché ; là le bruit des vagues et l'agitation de l'eau fixant mes sens, et chassant de mon âme toute autre agitation, la plongeoient dans une rêverie délicieuse où la nuit me surprenoit souvent, sans que je m'en fusse aperçu. Le flux et le reflux de cette eau, son bruit continu, mais renflé par intervalles, frappant sans relâche mon oreille et mes yeux, suppléoient aux mouvements internes que la rêverie éteignoit en moi, et suffisoient pour me faire sentir avec plaisir mon existence, sans prendre la peine de penser. De temps à autre naissoit quelque foible et courte réflexion sur l'instabilité des choses de ce monde, dont la surface des eaux m'offroit l'image : mais bientôt ces impressions légères s'effaçoient dans l'uniformité du mouvement continu qui me berçoit, et qui, sans aucun concours actif de mon âme, ne laissoit pas de m'attacher, au point, qu'appelé par l'heure et le signal convenu, je ne pouvois m'arracher de là sans efforts. »

Ce passage de Rousseau me rappelle qu'une nuit, étant couché dans une cabane, en Amérique, j'entendis un murmure extraordinaire qui venoit d'un lac voisin. Prenant ce murmure pour l'avant-coureur d'un orage, je sortis de la hutte pour regarder le ciel. Jamais je n'ai vu de nuit plus belle et plus pure. Le lac s'étendoit tranquille, et répétoit la lumière de la lune, qui brilloit sur les pointes des montagnes et sur les forêts du désert. Un canot indien traversoit les flots en silence. Le bruit que j'avois entendu provenoit du flux du lac, qui commençoit à s'élever, et qui imitoit une sorte de gémissement sous les rochers du rivage. J'étois sorti de la hutte avec l'idée d'une tempête : qu'on juge de l'impression que fit sur moi le calme et la sérénité de ce tableau ; ce fut comme un enchantement.

Young a mal profité, ce me semble, des rêveries qu'inspirent de pareilles scènes, parce que son génie manquoit éminemment de tendresse. Par la même raison, il a échoué dans cette seconde sorte de tristesse que j'ai appelée tristesse des souvenirs.

Jamais le chantre des tombeaux n'a de ces retours attendrissants vers le premier âge de la vie, alors que tout est innocence et bonheur. Il ignore les souvenirs de la famille et du toit paternel ; il ne connoît point les regrets pour les plaisirs et les jeux de l'enfance ; il ne s'écrie point, comme le chantre des *Saisons* :

> Welcome, kindred glooms !
> Congenial horrors, hail ! with frequent foot,
> Pleas'd have I, in my chearful morn of life,
> When nurs'd by careless solitude I liv'd,
> And sung of Nature with unceasing joy,
> Pleas'd have I wander'd thro' your rough domain ;
> Trod the pure virgin-snows, myself pure, etc.

« Ombres propices des hivers, agréables horreurs, je vous salue. Combien de fois, au matin de ma vie, lorsque, rempli d'insouciance et nourri par la solitude, je chantois la nature dans une extase sans fin, combien de fois n'ai-je point erré avec ravissement dans les régions des tempêtes, foulant les neiges virginales, moi-même aussi pur qu'elles ! »

Gray, dans son ode sur une vue lointaine du collége d'Eton, a répandu cette même douceur des souvenirs :

> Ah ! happy hills, ah ! pleasing shade,
>   Ah ! fields belov'd in vain,
> Where once my careless childhood stray'd
>   A stranger yet to pain !
> I feel the gales that from you blow.
> . . . .
> My weary soul they seem to sooth,
> Ant redolent of joy and youth
>   To breath a second spring.

« O heureuse colline! O doux ombrage! O champs aimés en vain, champs où se joua ma tranquille enfance, encore étrangère aux douleurs! Je sens les vents qui soufflent de vos bocages... Ils semblent ranimer mon âme fatiguée, et, parfumés de joie et de jeunesse, m'apporter un second printemps. »

Quant aux souvenirs du malheur, ils sont nombreux dans le poëte anglois. Mais pourquoi semblent-ils encore manquer de vérité comme tout le reste? Pourquoi le lecteur ne peut-il s'intéresser aux larmes du chantre des *Nuits?* Gilbert expirant à la fleur de son âge dans un hôpital, et se rappelant l'abandon où ses amis l'ont laissé, attendrit tous les cœurs :

> Au banquet de la vie, infortuné convive,
> J'apparus un jour, et je meurs!
> Je meurs, et sur ma tombe, où lentement j'arrive,
> Nul ne viendra verser des pleurs.
>
> Adieu, champs fortunés, adieu, douce verdure,
> Adieu, riant exil des bois;
> Ciel, pavillon de l'homme, admirable nature,
> Adieu, pour la dernière fois!
>
> Ah! puissent voir longtemps votre beauté sacrée
> Tant d'amis sourds à mes adieux!
> Qu'ils meurent pleins de jours, que leur mort soit pleurée,
> Qu'un ami leur ferme les yeux!

Voyez, dans Virgile, les femmes troyennes assises au bord de la mer, et *qui regardent en pleurant l'immensité des flots :*

> Cunctæque profundum
> Pontum adspectabant flentes.

Quelle beauté d'harmonie! comme elle peint les vastes solitudes de l'Océan! Quel souvenir de la patrie perdue! Que de douleurs dans ce seul regard jeté sur la face des mers, et que le *flentes,* qui en est l'effet, est triste!

M. de Parny a su faire entrer dans une autre espèce de sentiment le charme attendrissant des souvenirs. Sa complainte sur le tombeau d'Emma est pleine de cette douce mélancolie qui caractérise les écrits du seul poëte élégiaque de la France :

> L'Amitié même, oui, l'Amitié volage
> A rappelé le folâtre enjoûment,
> D'Emma mourante elle a chassé l'image,
> Son deuil trompeur n'a duré qu'un moment.
> Charmante Emma, jeune et constante amie,
> Ton souvenir ne vit plus dans ces lieux,
> De ce tombeau l'on détourne les yeux,
> Ton nom s'efface, et le monde t'oublie!

La Muse du chantre d'Éléonore nourrissoit ses rêveries sur les mêmes rochers où *Paul*, la tête appuyée sur sa main, regardoit fuir le vaisseau qui emportoit *Virginie*. Héloïse, dans les cloîtres du Paraclet, ranimoit toutes ses douleurs et tout son amour à la seule pensée d'Abeilard. Les souvenirs sont comme les échos des passions; et les sons qu'ils répètent prennent par l'éloignement quelque chose de vague et de mélancolique, qui les rend plus séduisants que l'accent des passions mêmes.

Il me reste à parler de la tristesse religieuse.

En exceptant Gray et Hervey, je ne connois parmi les écrivains protestants que M. Necker qui ait répandu quelque tendresse sur les sentiments tirés de la religion. On sait que Pope étoit catholique, que Dryden le fut par intervalles, et l'on croit que Shakespeare appartenoit aussi à l'Église romaine. Un père enterrant furtivement sa fille dans une terre étrangère, quel beau texte pour un ministre chrétien! Et cependant, si vous ôtez la comparaison touchante du rossignol (comparaison prodigieusement embellie par le traducteur, comme on va le voir à l'instant), il reste à peine quelques traits touchants dans la nuit intitulée *Narcisse*. Young verse moins de larmes sur la tombe de sa fille unique que Bossuet sur le cercueil de madame Henriette.

> Sweet Harmonist! and beautiful as sweet!
> And young as beautiful! and soft as young!
> And gay as soft! and innocent as gay!
> And happy (if ought happy here) as good,
> For fortune fond had built her nest on high.
> Like birds quite exquisite of note and plume
> Transfix'd by fate (who loves a lofty mark)
> How from the summit of the grove she fell,
> And left it unharmonious! All its charm
> Extinguish'd in the wonders of her song!
> Her song still vibrates in my ravish'd ear
> Still melting there, and with voluptuous pain
> (O to forget her!) thrilling thro' my heart.

« Fille de l'harmonie! tu étois belle autant qu'aimable, jeune autant que belle, douce autant que jeune. Ta gaieté égaloit ta douceur, et ton innocence ta gaieté. Pour ton bonheur (s'il est quelque bonheur ici-bas), il étoit égal à ta bonté, car la fortune avoit bâti ton nid sur des lieux élevés. Comme des oiseaux éclatants par le chant et le plumage sont frappés par le sort (qui aime un but élevé), tu es tombée du haut du bocage, et tu l'as laissé sans harmonie! Tous ses charmes ont disparu avec la merveille de tes concerts! Ta voix résonne encore à mon oreille ravie (oh! comment pourrois-je l'oublier!); elle attendrit encore mon âme, elle fait encore frémir mon cœur d'une douceur voluptueuse. »

Ce morceau, sauf erreur, me semble tout à fait intolérable; et c'est cependant un des plus beaux dans la traduction de M. Le Tourneur. Si j'avois suivi un rigoureux mot à mot, ce seroit bien pis encore. Est-ce là le langage d'un père? *Une fille de l'harmonie* (sweet harmonist, *douce musicienne*), *qui est belle autant qu'aimable, jeune autant que belle, douce autant que jeune, gaie autant que douce, innocente autant que gaie.* Est-ce ainsi que la mère d'Euryale déplore la perte de son fils, ou que Priam gémit sur les restes d'Hector?

M. Le Tourneur a montré beaucoup de goût en transformant en un *rossignol atteint par le plomb du chasseur* ces oiseaux *frappés par le sort, qui aime un but élevé.* Il faut toujours proportionner le moyen à la chose, et ne pas prendre un levier pour soulever une paille. Le *sort* peut disposer d'un empire, changer un monde, élever ou précipiter un grand homme, mais il ne doit point frapper un oiseau. C'est le *durus arator,* c'est la *flèche empennée,* qui doit faire gémir les rossignols et les colombes.

Ce n'est pas de ce ton que Bossuet parle de madame Henriette.

« Madame cependant a passé du matin au soir, ainsi que l'herbe des champs. Le matin elle fleurissoit : avec quelles grâces, vous le savez ; le soir nous la vîmes séchée, et ces fortes expressions par lesquelles l'Écriture sainte exagère l'inconstance des choses humaines devoient être pour cette princesse si précises et si littérales. Hélas ! nous composions son histoire de tout ce qu'on peut imaginer de plus glorieux. Le passé et le présent nous garantissoient l'avenir... Telle étoit l'agréable histoire que nous faisions ; et pour achever ces nobles projets, il n'y avoit que la durée de sa vie dont nous ne croyions pas devoir être en peine. Car qui eût pu seulement penser que les années eussent dû manquer à une jeunesse qui sembloit si vive? Toutefois, c'est par cet endroit que tout se dissipe en un moment... La voilà, malgré ce grand cœur, cette princesse si admirée et si chérie, la voilà telle que la mort nous l'a faite! encore ce reste, telle quel, va-t-il disparoître, etc. »

Je désirerois pouvoir citer de l'auteur des *Nuits* quelques pages d'une beauté soutenue. On les trouve, ces pages, dans le traducteur, mais non dans l'original. *Les Nuits* de M. Le Tourneur, et l'imitation de M. Colardeau, sont des ouvrages tout à fait différents de l'ouvrage anglois. Ce dernier n'offre que des traits épars ; il fournit rarement de suite dix vers irréprochables. On retrouve quelquefois dans Young Sénèque et Lucain, mais jamais Job ni Pascal. Il n'est point l'homme de la douleur ; il ne plaît point aux cœurs véritablement malheureux.

Dans plusieurs endroits, Young déclame contre la solitude : l'habitude de son cœur n'étoit donc pas la rêverie. Les saints nourrissent leurs méditations au désert, et le Parnasse des poëtes est aussi une montagne solitaire. Bourdaloue supplioit le chef de son ordre de lui permettre de se retirer du monde. « Je sens que mon corps s'affoiblit et tend vers sa fin, écrivoit-il. J'ai achevé ma course ; et plût à Dieu que je puisse ajouter, j'ai été fidèle !... Qu'il me soit permis d'employer uniquement pour Dieu et pour moi-même ce qui me reste de vie... Là, oubliant les choses du monde, je passerai devant Dieu toutes les années de ma vie dans l'amertume de mon âme. « Si Bossuet, vivant au milieu des pompes de Versailles, a su pourtant répandre dans ses écrits une sainte et majestueuse tristesse, c'est qu'il avoit trouvé dans la religion toute une solitude ; c'est que son corps étoit dans le monde, et son esprit dans le désert ; c'est qu'il avoit mis son cœur à l'abri, sous les voiles secrets du tabernacle ; c'est, comme il l'a dit lui-même de Marie-Thérèse d'Autriche, « qu'on *le* voyoit courir aux autels, pour y goûter avec David un humble repos, et s'enfoncer dans son oratoire, où, malgré le tumulte de la cour, *il* trouvoit le Carmel d'Élie, le désert de Jean et la montagne si souvent témoin des gémissements de Jésus. »

Le docteur Johnson, après avoir sévèrement critiqué *Les Nuits* d'Young, finit par les comparer à un jardin chinois. Pour moi, tout ce que j'ai voulu dire, c'est que si nous jugeons avec impartialité les ouvrages étrangers et les nôtres, nous trouverons toujours une immense supériorité du côté de la littérature françoise ; au moins égaux par la force de la pensée, nous l'emportons toujours par le goût. On ne doit jamais perdre de vue que si le génie enfante, c'est le goût qui conserve. Le goût est le bon sens du génie ; sans le goût, le génie n'est qu'une sublime folie. Mais c'est une chose étrange que ce toucher sûr, par qui une chose ne rend jamais que le son qu'elle doit rendre, soit encore plus rare que la faculté qui crée. L'esprit et le génie sont répandus en portions assez égales dans les siècles ; mais il n'y a dans ces siècles que de certaines nations, et chez une nation qu'un certain moment où le goût se montre dans toute sa pureté : avant ce moment, après ce moment, tout pèche par défaut ou par excès. Voilà pourquoi les ouvrages parfaits sont si rares ; car il faut qu'ils soient produits dans ces heureux jours de l'union du goût et du génie. Or cette grande rencontre, comme celle de certains astres, semble n'arriver qu'après la révolution de plusieurs siècles et ne durer qu'un moment.

SHAKESPERE OU SHAKESPEARE.

Avril 1801.

Après avoir parlé d'Young dans notre premier extrait, je viens à un homme qui a fait schisme en littérature, à un homme divinisé par le pays qui l'a vu naître, admiré dans tout le nord de l'Europe, et mis par quelques François au-dessus de Corneille et de Racine.

C'est Voltaire qui a fait connoître Shakespeare à la France. Le jugement qu'il porta d'abord du tragique anglois fut, comme la plupart de ses premiers jugements, plein de mesure, de goût et d'impartialité. Il écrivoit à mylord Bolingbroke, vers 1730 :

« Avec quel plaisir n'ai-je pas vu à Londres votre tragédie de *Jules César*, qui depuis cent cinquante années fait les délices de votre nation ! »

Il dit ailleurs :

« Shakespeare créa le théâtre anglois. Il avoit un génie plein de force et de fécondité, de naturel et de sublime, sans la moindre étincelle de bon goût et sans la moindre connoissance des règles. Je vais vous dire une chose hasardée, mais vraie : c'est que le mérite de cet auteur a perdu le théâtre anglois. Il y a de si belles scènes, des morceaux si grands et si terribles répandus dans ses farces monstrueuses qu'on appelle *tragédies,* que ces pièces ont toujours été jouées avec un grand succès. »

Telles furent les premières opinions de Voltaire sur Shakespeare. Mais lorsqu'on eut voulu faire passer ce grand génie pour un modèle de perfection, lorsqu'on ne rougit point d'abaisser devant lui les chefs-d'œuvre de la scène grecque et françoise, alors l'auteur de *Mérope* sentit le danger. Il vit qu'en relevant les beautés des barbares, il avoit séduit des hommes qui, comme lui, ne sauroient pas séparer l'alliage de l'or. Il voulut revenir sur ses pas : il attaqua l'idole qu'il avoit encensée ; mais il étoit déjà trop tard, et en vain il se repentit d'avoir *ouvert la porte à la médiocrité, d'avoir aidé,* comme il disoit lui-même, *à placer le monstre sur l'autel*. Voltaire avoit fait de l'Angleterre, alors assez peu connue, une espèce de pays merveilleux, où il plaçoit les héros, les opinions et les idées dont il pouvoit avoir besoin. Sur la fin de sa vie il se reprochoit ses fausses admirations, dont il ne s'étoit servi que pour appuyer ses systèmes. Il commençoit à en découvrir les funestes conséquences ; malheureusement il pouvoit se dire : *et quorum pars magna fui.*

Un excellent critique, M. de La Harpe, en analysant *La Tempête* dans la traduction de Le Tourneur, présenta dans tout leur jour les grossières irrégularités de Shakespeare, et vengea la scène françoise. Deux auteurs modernes, Mme de Staël et M. de Rivarol, ont ainsi jugé le tragique anglois. Mais il me semble que, malgré tout ce qu'on a écrit sur ce sujet, on peut encore faire quelques remarques intéressantes.

Quant aux critiques anglois, ils ont rarement dit la vérité sur leur poëte favori. Ben-Johnson, qui fut le disciple et ensuite le rival de Shakespeare, partagea d'abord les suffrages. On vantoit le savoir du premier pour ravaler le génie du second, et on élevoit au ciel le génie du second pour déprécier le savoir du premier. Ben-Johnson n'est plus connu aujourd'hui que par sa comédie du *Fox* et par celle de *L'Alchimiste.*

Pope montra plus d'impartialité dans sa critique :

Of all English poets, dit-il, *Shakespeare must be confessed to be the fairest and foulest subject for criticism, and to afford the most numerous instances both of beauties and faults of all sorts.*

« Il faut avouer que de tous les poëtes anglois Shakespeare présente à la critique le sujet le plus agréable et le plus dégoûtant, et qu'il fournit d'innombrables exemples de beautés et de défauts de toutes espèces. »

Si Pope s'en étoit tenu à ce jugement, il faudroit louer sa modération. Mais bientôt, emporté par les préjugés de son pays, il place Shakespeare au-dessus de tous les génies antiques et modernes. Il va jusqu'à excuser la bassesse de quelques-uns des *caractères* du tragique anglois par cette ingénieuse comparaison :

« Dans ces cas-là, dit-il, son génie est comme un héros de roman déguisé sous l'habit d'un berger : une certaine grandeur perce de temps en temps, et révèle une plus haute extraction et de plus puissantes destinées. »

MM. Theobald et Hanmer viennent ensuite. Leur admiration est sans bornes. Ils attaquent Pope, qui s'étoit permis de corriger quelques trivialités du grand homme. Le célèbre docteur Warburton, prenant la défense de son ami, nous apprend que M. Theobald étoit un *pauvre homme* et M. Hanmer un *pauvre critique*; qu'au premier il donna de l'argent et au second des notes.

Le bon sens et l'esprit du docteur Johnson semblent l'abandonner à son tour quand il parle de Shakespeare. Il reproche à Rymer et à Voltaire d'avoir dit que le tragique anglois ne conserve pas assez la *vraisemblance des mœurs*.

« Ce sont là, dit-il, les petites chicanes des petits esprits : un poëte néglige la distinction accidentelle du pays et de la condition, comme un peintre, satisfait de la figure, s'occupe peu de la draperie. »

Il est inutile de relever le mauvais ton et la fausseté de cette critique. La *vraisemblance des mœurs*, loin d'être la *draperie*, est le *fond* même du tableau. Tous ces critiques qui s'appuient sans cesse sur la *nature*, et qui regardent comme des préjugés de l'art la *distinction accidentelle du pays et de la condition*, sont comme ces politiques qui replongent les États dans la barbarie en voulant anéantir les distinctions sociales.

Je ne citerai point les opinions de MM. Rowe, Steevens, Gildon, Dennis, Peck, Garrick, etc. Mme de Montague les a tous surpassés en enthousiasme. Hume et le docteur Blair ont seuls gardé quelque mesure. Sherlock a osé dire (et c'est avoir du courage pour un Anglois), il a osé dire : *Qu'il n'y a rien de médiocre dans Shakespeare, que tout ce qu'il a écrit est excellent ou détestable; que jamais il ne suivit ni même ne conçut un plan, excepté peut-être celui des* Merry wives of Windsor, *mais qu'il fait souvent fort bien une scène.* Cela approche beaucoup de la vérité. M. Mason, dans son *Elfrida* et son *Caractacus*, a essayé, mais sans succès, de donner la tragédie grecque à l'Angleterre. On ne joue presque plus le *Caton* d'Addison. On ne se délasse au théâtre anglois des monstruosités de Shakespeare que par les horreurs d'Otway.

Si l'on se contente de parler vaguement de Shakespeare, sans poser les bases de la question et sans réduire toute la critique à quelques points principaux, on ne parviendra jamais à s'entendre, parce que, confondant le siècle, le génie et l'art, chacun peut louer et blâmer à volonté le père du théâtre anglois. Il nous semble donc que Shakespeare doit être considéré sous trois rapports :

1º Par rapport à son siècle;

2º Par rapport à ses talents naturels ou à son génie;

3º Par rapport à l'art dramatique.

Sous le premier point de vue, on ne peut jamais trop admirer Shakespeare. Peut-être supérieur à Lopez de Vega, son contemporain, on ne le peut comparer en aucune manière aux Garnier et aux Hardy, qui balbutioient alors parmi nous les premiers accents de la Melpomène françoise. Il est vrai que le prélat Trissino, dans sa *Sophonisbe,* avoit déjà fait renaître en Italie la tragédie régulière. On a recherché curieusement les traductions des auteurs anciens qui pouvoient exister du temps de Shakespeare. Je ne remarque, comme pièces dramatiques, dans le catalogue, qu'une *Jocaste,* tirée des *Phéniciennes* d'Euripide, *L'Andria* et *L'Eunuque* de Térence, *Les Ménechmes* de Plaute et les tragédies de Sénèque. Il est douteux que Shakespeare ait eu connoissance de ces traductions; car il n'a pas emprunté le fond de ses pièces d'invention des originaux mêmes traduits en anglois, mais de quelques imitations angloises de ces originaux. C'est ce qu'on voit par *Roméo et Juliette,* dont il n'a pris l'histoire ni dans *Girolamo della Corte* ni dans la nouvelle de *Bandello,* mais dans un petit poëme anglois intitulé *La Tragique histoire de Roméo et Juliette.* Il en est ainsi du sujet d'*Hamlet,* qu'il n'a pu tirer immédiatement de *Saxo Grammaticus,* puisqu'il ne savoit pas le latin [1]. En général, on sait que Shakespeare fut un homme sans éducation et sans lettres. Obligé de fuir de sa province pour avoir chassé sur les terres du seigneur, avant d'être acteur à Londres il gardoit pour quelque argent les chevaux des *gentlemen* à la porte du spectacle. C'est une chose mémorable que Shakespeare et Molière aient été comédiens. Ces rares génies se sont vus forcés de monter sur des tréteaux pour gagner leur vie. L'un a retrouvé l'art dramatique, l'autre l'a porté à sa perfection : semblables à deux philosophes anciens, ils s'étoient partagé l'empire des ris et des larmes, et tous les deux se consoloient peut-être des injustices de la fortune, l'un en peignant les travers, et l'autre les douleurs des hommes.

Sous le second rapport, c'est-à-dire sous le rapport des talents naturels ou du grand écrivain, Shakespeare n'est point moins prodigieux. Je ne sais si jamais homme a jeté des regards plus profonds sur la nature humaine. Soit qu'il traite des passions, soit qu'il parle de morale ou de politique, soit qu'il déplore ou qu'il prévoie les malheurs des États, il a mille sentiments à citer, mille pensées à recueillir, mille sentences à appliquer dans toutes les circonstances de la vie. C'est *sous le rapport du génie* qu'il faut considérer les belles scènes isolées dans Shakespeare, et non *sous le rapport de l'art dramatique.* Et c'est ici que se

---

1. Voyez Saxo Grammaticus, depuis la page 48 jusqu'à la page 59. « Amlethus, ne prudentius agendo patruo suspectus redderetur, stoliditatis simulationem amplexus, extremum mentis vitium finxit. « (Saxo Grammaticus, *Hist. Dan.*, in-fol., edit. Steph., 1544.)

trouve la principale erreur des admirateurs du poëte anglois; car si l'on considère ces scènes relativement à l'*art*, il faudra savoir si elles sont *nécessaires,* si elles sont bien liées au sujet, bien motivées, si elles forment partie du tout et conservent les unités. Or le *non erat hic locus* se présente à toutes les pages de Shakespeare.

Mais, à ne parler que du grand écrivain, combien elle est belle, cette troisième scène du quatrième acte de *Macbeth!*

MACDUFF.

Qui s'avance ici?

MALCOLM.

C'est un Écossois, et cependant je ne le connois pas.

MACDUFF.

Cousin, soyez le bienvenu!

MALCOLM.

Je le reconnois à présent. Grand Dieu! renverse les obstacles qui nous rendent étrangers les uns aux autres!

ROSSE.

Puisse votre souhait s'accomplir!

MACDUFF.

L'Écosse est-elle toujours aussi malheureuse?

ROSSE.

Hélas! déplorable patrie! elle est presque effrayée de connoître ses propres maux. Ne l'appelons plus notre mère, mais notre tombe. On n'y voit plus sourire personne, hors l'enfant qui ignore ses malheurs. Les soupirs, les gémissements, les cris frappent les airs et ne sont point remarqués. Le plus violent chagrin semble un mal ordinaire; quand la cloche de la mort sonne, on demande à peine pour qui.

MACDUFF.

O récit trop véritable!

MALCOLM.

Quel est le dernier malheur?

ROSSE, *à Macduff.*

..... Votre château est surpris, votre femme et vos enfants sont inhumainement massacrés...

MACDUFF.

Mes enfants aussi?

ROSSE.

Femme, enfants, serviteurs, tout ce qu'on a trouvé!

MACDUFF.

Et ma femme aussi?

ROSSE.

Je vous l'ai dit.

MALCOLM.

Prenez courage; la vengeance offre un remède à vos maux. Courons, punissons le tyran !

MACDUFF.

Il n'a point d'enfants !

Quelle vérité et quelle énergie dans la description des malheurs de l'Écosse ! Ce sourire qui n'est plus que sur la bouche des enfants, ces cris qu'on n'ose pas remarquer, ces trépas si fréquents qu'on ne daigne plus demander *pour qui sonne* la cloche funèbre, ne croit-on pas voir la France sous Robespierre? Xénophon a fait à peu près la même peinture d'Athènes sous le règne des trente tyrans :

« Athènes, dit-il, n'étoit qu'un vaste tombeau, habité par la terreur et le silence ; le geste, le coup d'œil, la pensée même, devenoient funestes aux malheureux citoyens. On étudioit le front de la victime, et les scélérats y cherchoient la candeur et la vertu, comme un juge tâche d'y découvrir le crime caché du coupable [1]. »

Le dialogue de *Rosse* et de *Macduff* rappelle celui de Flavian et de Curiace dans Corneille, lorsque Flavian vient annoncer à l'amant de Camille qu'il a été choisi pour combattre les Horaces :

CURIACE.
Albe de trois guerriers a-t-elle fait le choix ?

FLAVIAN.
Je viens pour vous l'apprendre.

CURIACE.
Eh bien ! qui sont les trois ?

FLAVIAN.
Vos deux frères et vous.

CURIACE.
Qui ?

FLAVIAN.
Vous et vos deux frères.

Les interrogations de *Macduff* et de *Curiace* sont des beautés du même ordre. *Mes enfants aussi? — Femmes, enfants. — Et ma femme aussi? — Je vous l'ai dit. —* Eh bien ! qui sont les trois ? Vos deux

---

[1]. Xenoph., *Hist. Græc.*, lib. II.

FRÈRES ET VOUS. — QUI? — VOUS ET VOS DEUX FRÈRES. Mais le mot de Shakespeare : *il n'a point d'enfants !* reste sans parallèle.

Le même homme qui a tracé ce tableau a écrit la scène charmante des adieux de *Roméo* et de *Juliette*. Roméo, condamné à l'exil, est surpris par le jour naissant chez Juliette, à laquelle il est marié secrètement.

> Wilt thou be gone? It is not yet near day :
> It was the nightingale, and not the lark
> That pierced the fearful hollow of thine ear, etc.

JULIETTE.

Veux-tu déjà partir? Le jour ne paroît point encore. C'étoit le rossignol, et non l'alouette, dont la voix a frappé ton oreille alarmée : il chante toute la nuit sur cet oranger lointain. Crois-moi, mon jeune époux, c'étoit le rossignol.

ROMÉO.

C'étoit l'alouette qui annonce l'aurore, ce n'étoit pas le rossignol. Regarde, ô mon amour! regarde les traits de lumière qui pénètrent les nuages dans l'orient. Les flambeaux de la nuit s'éteignent, et le jour se lève sur le sommet vaporeux des montagnes. Il faut ou partir et vivre, ou rester et mourir.

JULIETTE.

La lumière que tu vois là-bas n'est pas celle du jour. C'est quelque météore qui te servira de flambeau et t'éclairera sur la route de Mantoue. Reste encore : il n'est pas encore nécessaire que tu me quittes.

ROMÉO.

Eh bien! que je sois arrêté, que je sois conduit à la mort, si tu le désires, je suis satisfait. Je dirai : « Cette blancheur lointaine n'est pas celle du matin ; ce n'est que le pâle reflet de la lune; ce n'est pas l'alouette, dont les chants retentissent si haut au-dessus de nos têtes, dans la voûte du ciel. » Ah! je crains moins de rester que de partir. Viens, ô mort! viens, je te reçois avec joie! J'obéis à Juliette... Mais que regardes-tu, ma bien-aimée? Parlons, parlons encore ensemble, il n'est pas encore jour!

JULIETTE.

Il est jour! il est jour! Fuis, pars, éloigne-toi! C'est l'alouette qui chante; je reconnois sa voix aiguë. Ah! dérobe-toi à la mort : la lumière croit de plus en plus.

Qu'il est touchant ce contraste des charmes du matin et des derniers plaisirs de deux jeunes époux avec la catastrophe horrible qui va suivre! C'est encore plus naïf que les Grecs et moins pastoral que l'*Aminte* et le *Pastor fido*. Je ne connois qu'une scène d'un drame indien, en langue *sanskrit*, qui ait quelque rapport avec les adieux de Roméo et Juliette ; encore n'est-ce que par la fraîcheur des images, et point du tout par l'intérêt de la situation. *Sacontala*, prête à quitter le séjour paternel, se sent arrêtée par son voile.

SACONTALA.

Qui saisit ainsi les plis de mon voile ?

UN VIEILLARD.

C'est le chevreau que tu as tant de fois nourri des graines de *synmaka*. Il ne veut pas quitter les pas de sa bienfaitrice.

SACONTALA.

Pourquoi pleures-tu, tendre chevreau ? Je suis forcée d'abandonner notre commune demeure. Lorsque tu perdis ta mère, peu de temps après ta naissance, je te pris sous ma garde. Retourne à ta crèche, pauvre jeune chevreau ; il faut à présent nous séparer !

La scène des adieux de Roméo et Juliette n'est point indiquée dans Bandello, et elle appartient tout entière à Shakespeare. Les cinquante-deux commentateurs de Shakespeare, au lieu de nous apprendre beaucoup de choses inutiles, auroient dû s'attacher à découvrir les beautés qui appartiennent à cet homme extraordinaire, et celles qu'il n'a fait qu'emprunter. Bandello raconte en peu de mots la séparation des deux amants :

A la fine, cominciando l'aurora a voler uscire, si baciarono, estrettamente s'abbracciarono gli amanti, e, pieni di lagrime e di sospiri, si dissero addio [1].

« Enfin, l'aurore commençant à paroître, les deux amants se baisèrent, s'embrassèrent étroitement, et, pleins de larmes et de soupirs, ils se dirent adieu. »

On peut remarquer en général que Shakespeare fait un grand usage des contrastes. Il aime à placer la gaieté auprès de la tristesse, à mêler les divertissements et les cris de joie à des pompes funèbres et à des cris de douleur. Que des musiciens appelés aux noces de Juliette arrivent précisément pour accompagner son cercueil ; qu'indifférents au deuil de la maison, ils se livrent à d'indécentes plaisanteries et s'entretiennent des choses les plus étrangères à la catastrophe ; qui ne reconnoît là toute la vie ? qui ne sent toute l'amertume de ce tableau ? qui n'a pas été témoin de pareilles scènes ? Ces effets ne furent point inconnus

---

[1]. *Novelle del* BANDELLO. Sec. parte, p. 52. Luc., édit. in-4°, 1554.

des Grecs, et l'on retrouve dans Euripide plusieurs traces de ces naïvetés que Shakespeare mêle au plus haut ton tragique. Phèdre vient d'expirer; le chœur ne sait s'il doit entrer dans l'appartement de la princesse :

PREMIER DEMI-CHOEUR.

Φιλαί, τί δρῶμεν; ἢ δοκεῖ περᾶν δόμους,
Λυσαί τ' ἄνασσαν ἐξ ἐπιπαστῶν βρόχων;

SECOND DEMI-CHOEUR.

Τί δ' οὐ πάρεισι πρόπολοι νεανίαι;
Τὸ πολλὰ πράττειν οὐκ ἐν ἀσφαλεῖ βίου

PREMIER DEMI-CHOEUR.

Compagnes, que ferons-nous? Devons-nous entrer dans le palais pour aider à dégager la reine de ses liens *étroits*?

SECOND DEMI-CHOEUR.

Ce soin appartient à ses esclaves. Pourquoi ne sont-ils pas présents? Quand on se mêle de beaucoup d'affaires, il n'y a pas de sûreté dans la vie[1].

Dans *Alceste*, La Mort et Apollon se font des plaisanteries. La Mort veut saisir Alceste tandis qu'elle est jeune, parce qu'elle ne se soucie pas d'une vieille proie, et, comme traduit le père Brumoy, d'une proie ridée. Il ne faut pas rejeter entièrement ces contrastes, qui touchent de près au terrible, mais qu'une seule nuance ou trop forte ou trop foible dans l'expression rend à l'instant ou bas ou ridicules.

Shakespeare, comme tous les poëtes tragiques, a trouvé quelquefois le véritable comique, tandis que les poëtes comiques n'ont jamais pu s'élever à la bonne tragédie; ce qui prouve qu'il y a peut-être quelque chose de plus vaste dans le génie de Melpomène que dans celui de Thalie. Quiconque peint savamment le côté douloureux de l'homme peut aussi représenter le côté ridicule, parce que celui qui saisit *le plus* peut à la rigueur saisir *le moins*. Mais l'esprit qui s'attache particulièrement aux détails plaisants laisse échapper les rapports sévères, parce que la faculté de distinguer les objets infiniment petits suppose presque toujours l'impossibilité d'embrasser les objets infiniment grands :

---

1. Brumoy traduit ainsi, en tronquant un couplet et paraphrasant l'autre.

UNE FEMME DU CHOEUR.
Qu'en pensez-vous, mes compagnes? est-il à propos que nous entrions?

UNE AUTRE FEMME.
Où sont donc ses officiers? C'est à eux de lui prêter du secours. On est souvent dupe de son trop d'empressement dans les affaires d'autrui.

d'où il faudroit conclure que le sérieux est le véritable génie de l'homme. *Homo natus de muliere, brevi vivens tempore, multis repletur miseriis.* Un seul poëte comique marche l'égal des Sophocle et des Corneille : c'est Molière. Mais il est remarquable que le comique du *Tartufe* et du *Misanthrope*, par son extrême profondeur, et, si j'osois le dire, par sa *tristesse*, se rapproche beaucoup de la gravité tragique.

Les Anglois ont en grande estime le caractère comique de Falstaff dans les *Merry Wives of Windsor*. En effet, ce caractère est bien dessiné, quoiqu'il soit souvent d'un comique peu naturel, bas et outré. Il y a deux manières de faire rire des défauts des hommes; l'une est de présenter d'abord les ridicules, et d'offrir ensuite les qualités : c'est la manière de l'Anglois, c'est le comique de *Sterne* et de *Fielding*, qui finit quelquefois par faire verser des larmes ; l'autre consiste à donner d'abord quelques louanges et à ajouter successivement tant de ridicules, qu'on oublie les meilleures qualités, et qu'on perd enfin toute estime pour les plus nobles talents et les plus hautes vertus : c'est la manière du François, c'est le comique de Voltaire, c'est le *nihil mirari* qui flétrit tout parmi nous. Mais les partisans du génie tragique et comique du poëte anglois me semblent beaucoup se tromper lorsqu'ils vantent le *naturel de son style*. Shakespeare est naturel dans les sentiments et dans la pensée, jamais dans l'expression, excepté dans les belles scènes où son génie s'élève à sa plus grande hauteur; encore, dans ces scènes mêmes, son langage est-il souvent affecté. Il a tous les défauts des écrivains italiens de son siècle; il manque éminemment de simplicité. Ses descriptions sont enflées, contournées ; on y sent souvent l'homme de mauvaise éducation, qui, ne connoissant ni les genres, ni les tons, ni les sujets, ni la valeur exacte des mots, va plaçant au hasard des expressions poétiques au milieu des choses les plus triviales. Comment, par exemple, ne pas gémir de voir une nation éclairée, et qui compte parmi ses critiques les Pope et les Addison, de la voir s'extasier sur le portrait de l'*apothicaire* dans *Roméo et Juliette ?* C'est le burlesque le plus hideux et le plus dégoûtant. Il est vrai qu'un éclair y brille comme dans toutes les ombres de Shakespeare. *Roméo* fait une réflexion sur ce malheureux qui tient si fortement à la vie, bien qu'il soit accablé de toutes les misères. C'est le sentiment qu'Homère met avec tant de naïveté dans la bouche d'Achille aux enfers :

« J'aimerois mieux être sur la terre l'esclave d'un laboureur indigent, où la vie seroit peu abondante, que de régner en souverain dans l'empire des mânes. »

Il reste à considérer Shakespeare sous le *rapport de l'art dramatique.* Après avoir fait la part de l'éloge, on me permettra de faire la part de la critique.

Tout ce qu'on a dit à la louange de Shakespeare, comme auteur dramatique, se trouve dans ce passage du docteur Johnson :

Shakespeare has no heroes, etc. « Shakespeare n'a point de héros. Sa scène est seulement occupée par des hommes qui agissent et parlent comme le spectateur eût agi et parlé lui-même dans la même occasion. Les drames de Shakespeare ne sont point (dans le sens d'une critique rigoureuse) des comédies ou des tragédies, mais des compositions particulières, qui peignent l'état réel de ce monde sublunaire. Elles offrent sous des formes innombrables le bien et le mal, la joie et la douleur, combinés dans une variété sans fin ; elles représentent le train du monde, où la perte de l'un est le gain de l'autre ; où le voluptueux s'abandonne à la débauche, au moment même où l'affligé ensevelit son ami ; où la méchanceté de celui-ci est quelquefois déjouée par la légèreté de celui-là, et où mille biens et mille maux arrivent ou sont prévenus sans dessein. »

Voilà le grand paradoxe littéraire des partisans de Shakespeare. Tout ce raisonnement tend à prouver *qu'il n'y a point de règles dramatiques,* ou que l'*art* n'est pas un *art.*

Lorsque Voltaire s'est reproché d'avoir ouvert la porte à la médiocrité en louant trop Shakespeare, il a voulu dire sans doute qu'en bannissant toute règle, et retournant à la *pure nature,* rien n'étoit plus aisé que d'égaler les *chefs-d'œuvre* du théâtre anglois. Si pour atteindre à la hauteur de l'art tragique il suffit d'entasser des scènes disparates, sans suite et sans liaison, de mêler le bas et le noble, le burlesque et le pathétique, de placer le porteur d'eau auprès du monarque, et la marchande d'herbes auprès de la reine, qui ne peut raisonnablement se flatter d'être le rival de Sophocle et de Racine ? Quiconque se trouve placé dans la société de manière à voir beaucoup d'hommes et beaucoup de choses, s'il veut seulement se donner la peine de retracer tous les accidents d'une de ses journées, ses conversations avec l'artisan ou le ministre, avec le soldat ou le prince ; s'il veut rappeler les objets qui ont passé sous ses yeux, le bal ou le convoi funèbre, le festin du riche et la misère du pauvre, celui-là, dis-je, aura fait un drame à la manière du poëte anglois. Les scènes de génie pourront y manquer ; mais si l'on n'y trouve pas Shakespeare *écrivain,* on y trouvera Shakespeare *dramatiste.*

Il faut donc se persuader d'abord qu'écrire est un art ; que cet art a nécessairement des genres, et que chaque genre a des règles. Et qu'on ne dise pas que les règles et les genres sont arbitraires : ils sont nés de la nature même; l'art a seulement séparé ce que la nature a confondu; il a choisi les plus beaux traits, sans s'écarter de la ressemblance du grand modèle. La perfection ne détruit point la vérité; et l'on peut dire que Racine, dans toute l'excellence de son art, est plus naturel que Shakespeare, comme l'*Apollon*, dans toute sa divinité, a plus les formes humaines qu'une statue grossière de l'Égypte.

Mais si Shakespeare a, dit-on, péché contre toutes les règles, mêlé tous les genres, blessé toutes les vraisemblances, il a du moins mis plus de mouvement sur la scène et porté plus loin la terreur que les tragiques françois.

Je n'examinerai point jusqu'à quel degré cette assertion est véritable; si la liberté que l'on se donne de tout dire et de tout représenter ne mène pas naturellement à ce fracas de scène, à cette multitude de personnages qui en imposent; je n'examinerai pas si dans les pièces de Shakespeare tout marche rapidement à la catastrophe; si l'intrigue se noue et se dénoue avec art en prolongeant et précipitant sans cesse l'intérêt pour le spectateur : je dirai seulement que s'il est vrai que nos tragiques manquent de mouvement (ce que je suis fort loin d'accorder), il est bon qu'ils en mettent davantage dans leurs sujets. Mais cela ne prouve pas qu'on doive introduire sur notre théâtre les monstruosités de cet homme que Voltaire appeloit un *sauvage ivre*. Une beauté dans Shakespeare n'excuse pas ses innombrables défauts : un monument gothique peut plaire par son obscurité et par la difformité même de ses proportions, mais personne ne songe à bâtir un palais sur son modèle.

On prétend surtout que Shakespeare est un grand maître dans l'art de faire verser des larmes. Je ne sais s'il est vrai que le premier des arts *soit celui de faire pleurer*, dans le sens où l'on entend ce mot aujourd'hui. Les *vraies larmes* sont celles que fait couler une belle poésie; il faut qu'il s'y mêle autant d'admiration que de douleur. Si Sophocle me présente *Œdipe tout sanglant*, mon cœur est prêt à se briser; mais mon oreille est frappée d'une douce mélodie, mes yeux sont enchantés par un spectacle souverainement beau; j'éprouve à la fois du plaisir et de la peine; j'ai devant moi une affreuse vérité, et cependant je sens que ce n'est qu'une ingénieuse imitation d'une action qui n'est plus, qui peut-être n'a jamais été : alors mes larmes coulent avec délices; je pleure, mais c'est au son de la lyre d'Orphée; je pleure, mais c'est aux accents des Muses; ces filles célestes pleurent aussi, mais elles ne défigurent point leurs traits divins par des grimaces. Les anciens donnoient aux Furies même un beau visage, apparemment parce qu'il y a une beauté morale dans les remords.

Et puisque nous sommes sur ce sujet important, on me permettra de dire un mot de la querelle qui divise aujourd'hui le monde littéraire. Une partie de nos gens de lettres n'admire plus que les ouvrages étrangers, tandis que l'autre tient fortement à notre ancienne école. Selon les premiers, les écrivains du siècle de Louis le Grand n'ont eu ni assez de mouvement dans le style, ni surtout assez de pensées; selon les seconds, tout ce prétendu mouvement, tous les efforts du jour vers les pensées nouvelles, ne sont que décadence et corruption : ceux-là rejettent toutes règles; ceux-ci les rappellent toutes.

On pourroit dire aux premiers qu'on se perd sans retour aussitôt que l'on abandonne les grands modèles, qui peuvent seuls nous retenir dans les bornes délicates du goût; qu'on se trompe lorsqu'on prend pour de véritables mouvements une manière qui procède sans fin par exclamations et par interrogations. Le second siècle de la littérature latine eut les mêmes prétentions que notre siècle. Il est certain que Tacite, Sénèque et Lucain ont plus d'agitation dans le style et plus de variété dans les couleurs que Tite-Live, Cicéron et Virgile. Ils affectent cette concision d'idées et ces effets brillants d'expression que nous recherchons à présent; ils chargent leurs descriptions, se plaisent à faire des tableaux, à prononcer des sentences : car c'est toujours dans les temps de corruption qu'on parle le plus de morale. Cependant les siècles sont venus; et, sans s'embarrasser des *penseurs* de l'âge de Trajan, ils ont donné la palme à l'âge de l'imagination et des arts, à l'âge d'Auguste.

Si les exemples instruisoient, je pourrois ajouter qu'une autre cause de la chute des lettres latines fut la confusion des dialectes dans l'empire romain. Lorsqu'on vit des Gaulois dans le sénat, lorsque Rome, devenue la capitale du monde, entendit ses murs retentir de tous les jargons, depuis le Goth jusqu'au Parthe, on put juger que c'en étoit fait du goût d'Horace et de la langue de Cicéron. La ressemblance est frappante : pour peu que l'on continue en France à étudier les idiomes étrangers et à nous inonder de traductions, notre langue perdra bientôt cette fleur native et ces gallicismes qui faisoient son génie et sa grâce.

Une des sources de l'erreur où sont tombés les gens de lettres qui cherchent des routes inconnues vient de l'incertitude qu'ils ont cru remarquer dans les principes du goût. On est grand homme dans un journal, et misérable écrivain dans un autre; ici un génie brillant, là un pur déclamateur. Les nations entières varient : tous les étrangers refusent du génie à Racine et de l'harmonie à nos vers ; nous, nous jugeons des auteurs anglois tout différemment que les Anglois eux-mêmes ; on seroit étonné de savoir quels sont les grands hommes de France en Allemagne, et quels sont les auteurs françois qu'on méprise dans ce pays.

Mais tout cela ne sauroit jeter l'esprit dans l'incertitude et faire abandonner les principes, sous prétexte qu'on ne sait pas ce que c'est que le goût. Il y a une base sûre où l'on peut se reposer : c'est la littérature ancienne : elle est là pour modèle invariable.

C'est donc autour de ceux qui nous rappellent à ces grands exemples qu'il faut nous hâter de nous rallier, si nous voulons échapper à la barbarie. Quand les partisans de l'ancienne école iroient un peu trop loin dans leur haine des littératures étrangères, on devroit encore leur en savoir gré : c'est ainsi que Boileau s'éleva contre le Tasse, par la raison, comme il le dit lui-même, que son siècle avoit trop de penchant à tomber dans les défauts de cet auteur.

Cependant, en accordant quelque chose à un adversaire, ne le ramèneroit-on pas plus aisément aux bons modèles? Est-ce qu'on ne pourroit pas convenir que les arts d'imagination ont peut-être un peu trop dominé dans le siècle de Louis XIV? que ce qu'on appelle aujourd'hui *peindre la nature* étoit alors une chose presque inconnue? Pourquoi n'admettroit-on pas que le style du jour connoît réellement plus de formes ; que la liberté que l'on a de traiter tous les sujets a mis en circulation un plus grand nombre de vérités ; que les sciences ont donné plus de fermeté aux esprits et de précision aux idées? Je sais qu'il y a des dangers à convenir de tout cela, et que si l'on cède sur un point, on ne saura bientôt plus où s'arrêter ; mais enfin ne seroit-il pas possible qu'un homme marchant avec précaution entre les deux lignes, et se tenant toutefois beaucoup plus près de l'antique que du moderne, parvînt à marier les deux écoles et à en faire sortir le génie d'un nouveau siècle? Quoi qu'il en soit, tout effort pour obtenir cette grande révolution sera inutile si nous demeurons irréligieux. L'imagination et le sentiment tiennent essentiellement à la religion : or, une littérature d'où les enchantements et la tendresse sont bannis ne peut jamais être que sèche, froide et médiocre.

BEATTIE.

Juin 1801.

Le génie écossois a soutenu avec honneur dans ce dernier siècle une littérature que les Pope, les Addison, les Steele, les Rowe, avoient élevée à un haut degré de gloire. L'Angleterre ne compte point d'historiens supérieurs à Hume et à Roberston, ni de poëtes plus riches et plus aimables que Tomson et Beattie. Celui-ci, qui n'est jamais descendu de son désert, simple ministre et professeur de philosophie dans une petite ville du nord de l'Écosse, a fait entendre des chansons d'un caractère tout nouveau, et touché une lyre qui rappelle un peu la harpe du barde. Son principal, et pour ainsi dire son seul ouvrage, est un petit poëme intitulé *Le Minstrel, ou les progrès du génie*. Beattie a voulu peindre les effets de la muse sur un jeune berger de la montagne, et retracer des inspirations qu'il avoit sans doute éprouvées lui-même. L'idée primitive du *Minstrel* est charmante, et la plupart des détails en sont très-agréables. Le poëme est écrit en stances rimées comme les vieilles ballades écossoises, ce qui ajoute encore à sa singularité. On y trouve à la vérité, comme dans tous les auteurs étrangers, des longueurs et des traits de mauvais goût. Le docteur Beattie aime à s'étendre sur des lieux communs de morale qu'il n'a pas toujours l'art de rajeunir. En général, les hommes d'une imagination brillante et tendre ont peu de profondeur dans la pensée ou de force dans le raisonnement. Il faut des passions brûlantes ou un grand génie pour enfanter de grandes idées. Il y a un certain calme du cœur et une certaine douceur d'esprit qui semblent exclure le sublime.

Un ouvrage intitulé le *Minstrel* n'est pas susceptible d'analyse. Pour le faire connoître, il faut le traduire. Je donnerai donc ici le premier chant de cette aimable production, en en retranchant toutefois ce que la délicatessse françoise ne pourroit supporter. Je préfère m'attacher à montrer les beautés plutôt qu'à compter curieusement les défauts d'un livre. J'aime mieux agrandir l'homme devant l'homme que de le rapetisser à ses yeux. D'ailleurs, on s'instruit mieux par l'admiration que par le dégoût : l'une vous révèle la présence du génie, l'autre se borne à vous découvrir des taches que tous les regards peuvent apercevoir ; c'est dans la belle ordonnance des cieux que l'on sent la Divinité, et non pas dans quelques irrégularités de la nature.

LE MINSTREL,

ou

LES PROGRÈS DU GÉNIE.

Ah! qui peut dire combien il est difficile de gravir le sommet où brille au loin le temple de la Gloire? qui peut dire combien de génies sublimes ont senti l'influence d'un astre funeste? Repoussés par les outrages de l'orgueil et par les dédains de l'envie, arrêtés par l'insurmontable barrière de l'indigence, ils ont langui quelque temps dans les obscurs sentiers de la vie, puis ils ont disparu dans la tombe, inconnus et sans être pleurés.

Et cependant les langueurs d'une vie sans gloire ne sont pas également accablantes pour tous! Celui qui ne prêta jamais l'oreille à la voix de la louange ne se plaindra point du silence de l'oubli. Il en est qui, sourds aux cris de l'ambition, frémiroient d'entendre la trompette de la Renommée. Heureux de n'avoir en partage que la santé, l'aisance et la paix, il ne portoit pas plus haut ses désirs, celui dont la simple histoire est retracée dans des vers sans art.

Si je voulois invoquer une Muse savante, mes doctes accords diroient ici quelle fut la destinée du *barde*, dans les jours du vieux temps; je le peindrois portant un cœur content sous de simples habits : on verroit ses cheveux flottants et sa barbe blanchie; sa harpe modeste, seule compagne de son chemin, répondant aux soupirs des brises, seroit suspendue à ses épaules voûtées; le vieillard, en marchant, chanteroit à demi-voix quelque refrain joyeux.

Mais un pauvre *minstrel* inspire aujourd'hui mes vers. Ne vous étonnez point, mortels superbes, si je lui consacre mes accents. Les Muses méprisent le sourire insultant de la fortune et ne fléchissent point le genou devant l'idole des grandeurs. . . . .
. . . .

Si les montagnes du Potose brillent de l'éclat du diamant et de l'or, si les montagnes de l'Écosse s'élèvent froides et stériles, dans le sein des premières germent la cupidité et la corruption; paisibles sont les vallées des secondes et purs les cieux qui les éclairent.

Dans les siècles gothiques (comme les vieilles ballades le racontent) vivoit autrefois un berger. Ses ancêtres avoient peut-être habité une terre aimée des Muses, les grottes de la Sicile ou les vallées de l'Arcadie; mais, lui, il étoit né dans les contrées du Nord, chez une nation fameuse par ses chansons et par la beauté de ses vierges ; nation fière quoique modeste, innocente quoique libre, patiente dans le travail, ferme dans les périls, inébranlable dans sa foi, invincible sous les armes.

Ce berger paissoit son petit troupeau sur les montagnes d'Écosse ; jamais il ne mania la faux ou ne guida la charrue. Un cœur honnête étoit tout son trésor. Il buvoit l'eau du rocher ; ses brebis fournissoient le lait à ses repas et lui prêtoient leurs molles toisons pour le défendre des injures de l'hiver ; il suivoit leurs pas errants partout où elles vouloient s'égarer.

Du travail naît la santé ; de la santé la paix, source de toute joie. Il n'envioit point les rois, il ne pensoit point à eux ; il n'étoit point troublé par ces désirs que trompe la fortune, qu'éteint la jouissance. Un père vertueux, une mère pudique, suffisoient au besoin de son cœur : il n'aimoit qu'eux, et il les aimoit depuis son enfance.

Il étoit toute la postérité de ce couple innocent. Aucun oracle ne l'avoit annoncé au monde, aucun prodige n'éclata sur son berceau. Vous devinez toutes les circonstances de la naissance d'Edwin : les transports du père et les soins maternels ; les prières offertes par la matrone, pour le bonheur, l'esprit et la vertu de l'enfant, et tout un long jour d'été passé dans le repos et la joie !

Edwin n'étoit pas un enfant vulgaire. Son œil sembloit souvent chargé d'une grave pensée ; il dédaignoit les hochets de son âge, hors un petit chalumeau grossièrement façonné ; il étoit sensible, quoique sauvage, et gardoit le silence quand il étoit content ; il se montroit tour à tour plein de joie ou de tristesse, sans qu'on en devinât la cause. Les voisins tressailloient et soupiroient à sa vue, et cependant le bénissoient. Aux uns il sembloit d'une intelligence merveilleuse ; aux autres il paroissoit insensé.

Mais pourquoi dirois-je les jeux de son enfance ? Il ne se mêloit point à la foule bruyante de ses jeunes compagnons ; il aimoit à s'enfoncer dans la forêt ou à s'égarer sur le sommet solitaire de la montagne. Souvent les détours d'un ruisseau sauvage conduisoient ses pas à des bocages ignorés. Tantôt il descend au fond des précipices, du sommet desquels se penchent de vieux pins ; tantôt il gravit des cimes escarpées, où le torrent brille de rocher en rocher ; où les eaux, les forêts, les vents forment un concert immense que l'écho grossit et porte jusqu'aux cieux.

Quand l'aube commence à blanchir les airs, Edwin, assis au sommet de la colline, contemple au loin les nuages de pourpre, l'océan d'azur, les montagnes grisâtres, le lac qui brille foiblement parmi les bruyères vaporeuses et la longue vallée étendue vers l'occident où le jour lutte encore avec les ombres.

Quelquefois, pendant les brouillards de l'automne, vous le verriez escalader le sommet des monts. O plaisir effrayant ! debout sur la pointe d'un roc, comme un matelot sauvé du naufrage sur une côte déserte, il aime à voir les vapeurs se rouler en vagues énormes, s'allonger sur les horizons ; là se creuser en golfe, ici s'arrondir autour des montagnes. Du fond du gouffre, au-dessus de lui, la voix de la bergère et le bêlement des troupeaux remontent jusqu'à son oreille à travers la brume épaissie.

Cet étrange enfant aimoit d'un amour égal les scènes agréables et les scènes terribles. Il trouvoit autant de délices dans les ombres et les tempêtes que dans le rayon du midi, lorsqu'il brille sur l'Océan calmé. Ce penchant à la tristesse l'intéressoit aux malheurs des hommes. Si quelquefois un soupir s'échappoit de son cœur, si une larme de pitié couloit le long de ses joues, il ne cherchoit point à retenir un soupir tendre, une larme si douce.

« Bois sauvages, qu'est devenue votre verdure? (C'est ainsi que la Muse interprète ses jeunes pensées.) Vallons, où sont allés vos fleurs et vos parfums, naguère si délicieux aux heures brûlantes du jour? Pourquoi les oiseaux qui apportoient l'harmonie à vos bocages ont-ils abandonné leurs demeures? Le vent siffle tristement dans les herbes jaunies, et chasse devant lui les feuilles séchées. . . . .

. . . .
« Tout passe ainsi sur la terre! Ainsi fleurit et se fane l'homme majestueux.
. . . .
Portés sur l'aile rapide et silencieuse du temps, la vieillesse et l'hiver ont bientôt flétri les fleurs de nos jeunes années.

« Eh bien, déplorez vos destinées, vous dont les grossières espérances rampent dans cet obscur séjour! Mais l'âme sublime qui porte ses regards au delà du tombeau sourit aux misères humaines et s'étonne de vos larmes. Le printemps ne viendra-t-il plus ranimer ces scènes décolorées! le soleil a-t-il trouvé une couche éternelle dans la vague de l'occident! Non; bientôt l'orient s'enflammera de nouveaux feux; bientôt le printemps rendra la verdure et l'harmonie aux bocages.

« Et je resterois abandonné dans la poussière, quand une Providence bienfaisante fera revivre les fleurs! Quoi! la voix de la nature, à l'homme seul injuste, le condamneroit à périr, lorsqu'elle lui commande d'espérer! Loin de moi ces pensées! Il viendra, l'immortel printemps des cieux! la mâle beauté de l'homme fleurira de nouveau. »

C'étoit de son père religieux qu'Edwin avoit appris ces vérités sublimes... Mais voilà le romanesque enfant qui sort de l'asile où il s'étoit mis à couvert des tièdes ondées du midi. Elle est passée, la pluie de l'orage; maintenant l'air est frais et parfumé. Dans l'orient obscur, déployant un arc immense, l'iris brille au soleil couchant. Jeune insensé, qui crois pouvoir saisir le glorieux météore! combien vaine est la course que ton ardeur a commencée! La brillante apparition s'éloigne à mesure que tu la poursuis. Ah! puisses-tu savoir qu'il en est ainsi dans la jeunesse, lorsque nous poursuivons les chimères de la vie! Que cet emblème d'une espérance trompée serve un jour à modérer tes passions et à te consoler quand tes vœux seront déçus. Mais pourquoi une triste prévoyance alarmeroit-elle ton cœur? Périsse cette vaine sagesse qui étouffe les jeunes désirs! Poursuis, aimable enfant, poursuis ton radieux fantôme; livre-toi aux illusions et à l'espérance; trop tôt, hélas! l'espérance et les illusions s'évanouiront elles-mêmes.

Quand la cloche du soir, balancée dans les airs, chargeoit de ses gémissements la brise solitaire, le jeune Edwin, marchant avec lenteur, et prêtant une oreille attentive, se plongeoit dans le fond des vallées ; tout autour de lui il croyoit voir errer des convois funèbres, de pâles ombres, des fantômes traînant des chaînes ou de longs voiles : mais bientôt ces bruits de la mort se perdoient dans le cri lugubre du hibou, ou dans les murmures du vent des nuits, qui ébranloit par intervalles les vieux dômes d'une église.

Si la lune rougeâtre se penchoit à son couchant sur la mer mélancolique et sombre, Edwin alloit chercher les bords de ces sources inconnues où s'assembloient sur des bruyères les magiciennes des temps passés. Là souvent le sommeil venoit le surprendre, et lui apportoit ses visions. D'abord une brise sauvage commençoit à siffler à son oreille, puis des lampes allumées tout à coup par une flamme magique illuminoient la voûte de la nuit.

Soudain, dans son rêve, s'élève devant lui un château dont le portique est chargé de blasons. La trompette sonne, le pont-levis s'abaisse ; bientôt sortent du manoir gothique des guerriers aux casques verts, tenant à la main des boucliers d'or et des lances de diamant. Leur regard est affable, leur démarche hardie ; au milieu d'eux, de vénérables troubadours, vêtus de longues robes, animent d'un souffle harmonieux le chalumeau guerrier.

Au bruit des chansons et des timbales, une troupe de belles dames s'avancent du fond d'un bocage de myrtes. Les guerriers déposent la lance et le bouclier, et les danses commencent au son d'une musique vive et joyeuse. On se mêle, on se quitte ; on fuit, on revient ; on confond les détours du dédale mobile ; les forêts resplendissent au loin de l'éclat des flambeaux, de l'or et des pierreries.

Le songe a fui... Edwin, réveillé avec l'aurore, ouvre ses yeux enchantés sur les scènes du matin ; chaque zéphyr lui apporte mille sons délicieux ; on entend le bêlement du troupeau, le tintement de la cloche de la brebis, le bourdonnement de l'abeille ; la cornemuse fait retentir les rochers et se mêle au bruit sourd de l'Océan lointain qui bat ses rivages

Le chien de la cabane aboie en voyant passer le pèlerin matinal ; la laitière, couronnée de son vase, chante en descendant la colline ; le laboureur traverse les guérets en sifflant ; le lourd chariot crie en gravissant le sentier de la montagne ; le lièvre, étonné, sort des épis vacillants ; la perdrix s'élève sur son aile bruyante ; le ramier gémit dans son arbre solitaire, et l'alouette gazouille au haut des airs.

O nature ! que tes beautés sont ravissantes ! tu donnes à tes amants des plaisirs toujours nouveaux. Que n'ai-je la voix et l'ardeur du séraphin pour chanter ta gloire avec un amour religieux ! . . . .
. . . .

Salut, savants maîtres de la lyre ! poëtes, enfants de la nature, amis de l'homme et de la vérité ! Salut, vous dont les vers, pleins d'une douceur sublime, charmèrent mon enfance et instruisirent ma jeunesse !. . . . .
. . . .

Hélas ! caché dans des retraites ignorées, le pauvre Edwin n'a jamais connu votre art. Quand les pluies de l'hiver et les neiges entassées ont fermé la porte de la cabane, seulement alors il entend quelques troubadours voyageurs chanter les faits de la chevalerie... ou redire cette ballade touchante des deux enfants abandonnés dans le bois. En versant des pleurs sur l'attendrissante histoire, Edwin admire les prodiges de la Muse.

Quand la tempête a cessé de rugir, il parcourt l'uniforme désert des neiges; il contemple les nuages qui se balancent comme de gros vaisseaux sur les vagues de l'Océan, et cinglent vers l'horizon bleuâtre. Parmi ces décorations changeantes et toujours nouvelles, Edwin découvre des fleuves, des gouffres, des géants, des rochers entassés sur des rochers, et des tours penchées sur des tours. Alors descendant au rivage, l'enthousiaste solitaire marche le long des grèves, en écoutant avec un plaisir mêlé de terreur le mugissement des vagues roulantes. C'est encore ainsi que pendant l'été, lorsque les nuages de l'orage allongent leur colonne ténébreuse sur le sommet des collines, Edwin se hâte de quitter la demeure de l'homme; c'est encore ainsi qu'il s'enfonce dans la noire solitude, pour jouir des premiers feux de l'éclair et des premiers bruits du tonnerre, sous la voûte retentissante des cieux.

Quand la jeunesse du village danse au son du chalumeau, Edwin, assis à l'écart, se plaît à rêver au bruit de la musique. Oh! comme alors tous les jeux bruyants semblent vains et tumultueux à son âme! Céleste mélancolie, que sont près de toi les profanes plaisirs du vulgaire!

Est-il un cœur que la musique ne peut toucher? Ah! que ce cœur doit être insensible et farouche! Est-il un cœur qui ne sentit jamais ces transports mystérieux, enfants de la solitude et de la rêverie? Qu'il ne s'adresse point aux Muses; les Muses repoussent ses vœux... Tel ne fut point Edwin. Le chant fut son premier amour, souvent la harpe de la montagne soupira sous sa main aventureuse, et la flûte plaintive gémit suspendue à son souffle. Sa Muse, encore enfant, ignoroit l'art du poëte, fruit du travail et du temps. Edwin atteignit pourtant cette perfection si rare, ainsi que mes vers le diront quelque jour.

On voit par ce dernier vers que Beattie se proposoit de continuer son poëme. En effet, on trouve un second chant, écrit quelque temps après; mais il est bien inférieur au premier. Edwin, en errant dans le désert, entend un jour une voix grave qui s'élève du fond d'une vallée: c'est celle d'un vieux solitaire, qui, après avoir connu les illusions du monde, s'est enseveli dans cette retraite, pour y recueillir son âme et chanter les merveilles du Créateur. Cet ermite instruit le jeune *minstrel* et lui révèle le secret de son propre génie. On voit combien cette idée étoit heureuse, mais l'exécution n'a pas répondu au premier dessein de l'auteur: le solitaire parle trop longtemps, et dit des choses trop communes sur les grandeurs et les misères de la vie. Toutefois on trouve encore dans ce second chant quelques passages qui rappellent le charme et le talent du premier. Les dernières strophes en sont consacrées au souvenir d'un ami que le poëte venoit de perdre. Il paroît que Beattie étoit destiné à verser souvent des pleurs. La mort de son fils unique l'a profondément affecté, et l'a enlevé totalement aux Muses. Il vit sur les rochers de Morven : mais ces rochers n'inspirent plus ses chants : comme Ossian qui a perdu son Oscar, il a suspendu sa harpe aux branches d'un chêne. On dit que son fils annonçoit un grand talent pour la poésie ; peut-être étoit-il ce jeune *minstrel* qu'un père sensible avoit peint, et dont il ne voit plus les pas sur le sommet de la montagne[1].

---

[1]. Le poëte Beattie n'a pas survécu longtemps à la perte de son fils. Il traîna quelque temps sa douleur dans les montagnes d'Ecosse, et mourut le 18 août 1803, à l'âge de soixante-huit ans. Beattie a publié, en outre de son poëme du *Minstrel*, d'autres poésies très-remarquables par le sentiment mélancolique dont elles sont empreintes.

(*Note de l'Éditeur.*)

ALEXANDRE MACKENZIE.

Juillet 1801.

Il faut peut-être chercher dans l'inconstance et les dégoûts du cœur humain le motif de l'intérêt général qu'inspire la lecture des *Voyages*. Fatigués de la société où nous vivons et des chagrins qui nous environnent, nous aimons à nous égarer en pensée dans des pays lointains et chez des peuples inconnus. Si les hommes que l'on nous peint sont plus heureux que nous, leur bonheur nous délasse; s'ils sont plus infortunés, leurs maux nous consolent.

Mais l'intérêt attaché au récit des voyages diminue chaque jour, à mesure que le nombre des voyageurs augmente; l'esprit philosophique a fait cesser les merveilles du désert :

Les bois désenchantés ont perdu leurs miracles [1].

Quand les premiers François qui descendirent sur les rivages du *Canada* parlent de lacs semblables à des mers, de cataractes qui tombent du ciel, de forêts dont on ne peut sonder la profondeur, l'esprit est bien plus fortement ému que lorsqu'un marchand anglois, ou un savant moderne, vous apprend qu'il a pénétré jusqu'à l'océan Pacifique, et que la chute du Niagara n'a que cent quarante-quatre pieds de hauteur.

Ce que nous gagnons en connoissances, nous le perdons en sentiment. Les vérités géométriques ont tué certaines vérités de l'imagination, bien plus importantes à la morale qu'on ne pense. Quels étoient les premiers voyageurs dans la belle antiquité? C'étoient les législateurs, les poëtes et les héros; c'étoient Jacob, Lycurgue, Pythagore, Homère, Hercule, Alexandre : *dies peregrinationis* [2]! Alors tout étoit prodige, sans cesser d'être réalité, et les espérances de ces grandes âmes aimoient à dire : « Là-bas la terre inconnue! la terre immense! » *Terra ignota! terra immensa!* Nous avons naturellement la haine des

1. FONTANES.   2. *Genèse.*

bornes; je dirois presque que le globe est trop petit pour l'homme, depuis qu'il en a fait le tour. Si la nuit est plus favorable que le jour à l'inspiration et aux vastes pensées, c'est qu'en cachant toutes les limites, elle prend l'air de l'immensité.

Les voyageurs françois et les voyageurs anglois semblent, comme les guerriers de ces deux nations, s'être partagé l'empire de la terre et de l'onde. Les derniers n'ont rien à opposer aux Tavernier, aux Chardin, aux Parennin, aux Charlevoix; ils n'ont point de monument tel que les *Lettres édifiantes*; mais les premiers, à leur tour, n'ont point d'Anson, de Byron, de Cook, de Vancouver. Les voyageurs françois ont plus fait pour la connoissance des mœurs et des coutumes des peuples : νόον ἔγνω, *mores cognovit*; les voyageurs anglois ont été plus utiles aux progrès de la géographie universelle : ἐν πόντῳ πάθεν, *in mari passus est*[1]. Ils partagent avec les Espagnols et les Portugais la gloire d'avoir ajouté de nouvelles mers et de nouveaux continents au globe et d'avoir fixé les limites de la terre.

Les prodiges de la navigation sont peut-être ce qui donne une plus haute idée du génie de l'homme. On frissonne et on admire lorsqu'on voit Colomb s'enfonçant dans les solitudes d'un océan inconnu, Vasco de Gama doublant le cap des Tempêtes, Magellan sortant d'une vaste mer pour entrer dans une mer plus vaste encore, Cook volant d'un pôle à l'autre, et, resserré de toutes parts par les rivages du globe, ne trouvant plus de mers pour ses vaisseaux!

Quel beau spectacle n'offre point cet illustre navigateur, cherchant de nouvelles terres, non pour en opprimer les habitants, mais pour les secourir et les éclairer, portant à de pauvres sauvages les nécessités de la vie, jurant concorde et amitié, sur leurs rives charmantes, à ces simples enfants de la nature, semant parmi les glaces australes les fruits d'un plus doux climat, en imitant ainsi la Providence, qui prévoit les naufrages et les besoins des hommes!

La mort n'ayant pas permis au capitaine Cook d'achever ses importantes découvertes, le capitaine Vancouver fut chargé, par le gouvernement anglois, de visiter toute la côte américaine, depuis la Californie jusqu'à la rivière de Cook, et de lever les doutes qui pouvoient rester encore sur un passage au nord-ouest du Nouveau-Monde. Tandis que cet habile marin remplissoit sa mission avec autant d'intelligence que de courage, un autre voyageur anglois, parti du haut Canada, s'avançoit à travers les déserts et les forêts jusqu'à la mer boréale et l'océan Pacifique.

---

1. *Odyss.*

M. Mackenzie, dont je vais faire connoître les travaux, ne prétend ni à la gloire du savant ni à celle de l'écrivain. Simple trafiquant de pelleteries parmi les Indiens, il ne donne modestement son voyage que pour le journal de sa route.

Le 15, le vent souffloit de l'ouest : nous fîmes quatre milles au sud, deux milles au sud-ouest, etc. *Le fleuve étoit rapide : nous eûmes un portage, nous vîmes des huttes abandonnées : le pays étoit fertile ou aride ; nous traversâmes des plaines ou des montagnes ; il tomba de la neige ; mes gens étoient fatigués ; ils voulurent me quitter ; je fis une observation astronomique,* etc., etc.

Tel est à peu près le style de M. Mackenzie. Quelquefois cependant il interrompt son journal pour décrire une scène de la nature ou les mœurs des sauvages ; mais il n'a pas toujours l'art de faire valoir ces petites circonstances si intéressantes dans les récits de nos missionnaires. On connaît à peine les compagnons de ses fatigues ; point de transports en découvrant la mer, but si désiré de l'entreprise ; point de scènes attendrissantes lors du retour. En un mot, le lecteur n'est point embarqué dans le canot d'écorce avec un voyageur, et ne partage point avec lui ses craintes, ses espérances et ses périls.

Un plus grand défaut encore se fait sentir dans l'ouvrage : il est malheureux qu'un simple journal de voyage manque de méthode et de clarté. M. Mackenzie expose confusément son sujet. Il n'apprend point au lecteur quel est ce fort *Chipiouyan* d'où il part ; où en étoient les découvertes lorsqu'il a commencé les siennes ; si l'endroit où il s'arrête à l'entrée de la mer Glaciale étoit une baie ou simplement une expansion du fleuve, comme on est tenté de le soupçonner ; comment le voyageur est certain que cette grande rivière de l'ouest, qu'il appelle *Tacoutché-Tessé*, est la rivière de *Colombia*, puisqu'il ne l'a pas descendue jusqu'à son embouchure ; comment il se fait que la partie du cours de ce fleuve qu'il n'a pas visitée soit cependant marquée sur sa carte, etc., etc.

Malgré ces nombreux défauts, le mérite du journal de M. Mackenzie est fort grand ; mais il a besoin de commentaires, soit pour donner une idée des déserts que le voyageur traverse et colorer un peu la maigreur et la sécheresse de son récit, soit pour éclaircir quelques points de géographie. Je vais essayer de remplir cette tâche auprès du lecteur.

L'Espagne, l'Angleterre et la France doivent leurs possessions américaines à trois Italiens, *Colomb*, *Cabot* et *Verazani*. Le génie de l'Italie, enseveli sous des ruines, comme les géants sous les monts qu'ils avoient entassés, semble se réveiller quelquefois pour étonner le monde. Ce fut vers l'an 1523 que François Ier donna ordre à *Jean Verazani* d'aller découvrir de nouvelles terres. Ce navigateur reconnut plus de six cents lieues de côtes le long de l'Amérique septentrionale ; mais il ne fonda point de colonie.

Jacques Cartier, son successeur, visita tout le pays appelé *Kannata* par les sauvages, c'est-à-dire *amas de cabanes* [1]. Il remonta le grand fleuve qui reçut de lui le nom de *Saint-Laurent,* et s'avança jusqu'à l'île de *Montréal,* qu'on nommoit alors *Hochélaga.*

M. de Roberval obtint, en 1540, la vice-royauté du Canada. Il y transporta plusieurs familles avec son frère, que François Ier avoit surnommé le gendarme d'Annibal, à cause de sa bravoure ; mais ayant fait naufrage en 1540, « avec eux tombèrent, dit Charlevoix, toutes les espérances qu'on avoit conçues de faire un établissement en Amérique, personne n'osant se flatter d'être plus habile ou plus heureux que ces deux braves hommes. »

Les troubles qui peu de temps après éclatèrent en France, et qui durèrent cinquante années, empêchèrent le gouvernement de porter ses regards au dehors. Le génie d'Henri IV ayant étouffé les discordes civiles, on reprit avec ardeur le projet d'un établissement au Canada. Le marquis de La Roche s'embarqua en 1598, pour tenter de nouveau la fortune ; mais son expédition eut une fin désastreuse. M. Chauvin succéda à ses projets et à ses malheurs ; enfin, le commandeur de Chatte, s'étant chargé, vers l'an 1603, de la même entreprise, en donna la direction à Samuel de Champelain, dont le nom rappelle le fondateur de Québec et le père des colonies françoises dans l'Amérique septentrionale.

Depuis ce moment les jésuites furent chargés du soin de continuer les découvertes dans l'intérieur des forêts canadiennes. Alors commencèrent ces fameuses missions qui étendirent l'empire françois des bords de l'Atlantique et des glaces de la baie d'Hudson aux rivages du golfe Mexicain. Le père *Biart* et le père *Enemond-Masse* parcoururent toute l'Acadie ; le père *Joseph* s'avança jusqu'au lac Nipissing, dans le nord du Canada ; les pères *de Brébeuf* et *Daniel* visitèrent les magnifiques déserts des Hurons, entre le lac de ce nom, le lac Michighan et le lac Érié ; le père *de Lamberville* fit connoître le lac Ontario et les cinq cantons iroquois. Attirés par l'espoir du martyre et par le récit des souffrances qu'enduroient leurs compagnons, d'autres ouvriers évangéliques arrivèrent de toutes parts et se répandirent dans toutes

---

1. Les Espagnols avoient certainement découvert le Canada avant Jacques Cartier et Verazani, et quelques auteurs prétendent que le mot CANADA vient des deux mots espagnols ACA, NADA.

les solitudes. « On les envoyoit, dit l'historien de la Nouvelle-France, et ils alloient avec joie...; ils accomplissoient la promesse du Sauveur du monde, de faire annoncer son Évangile par toute la terre. »

La découverte de l'*Ohio* et du *Meschacebé* à l'occident, du *lac Supérieur* et du *lac des Bois* au nord-ouest, du fleuve *Bourbon* et de la côte intérieure de la baie de *James* au nord, fut le résultat de ces courses apostoliques. Les missionnaires eurent même connaissance de ces *montagnes Rocheuses*[1], que M. Mackenzie a franchies pour se rendre à l'océan Pacifique, et du grand fleuve qui devoit couler à l'ouest; c'est le fleuve Colombia. Il suffit de jeter les yeux sur les anciennes cartes des jésuites pour se convaincre que je n'avance ici que la vérité.

Toutes les grandes découvertes étoient donc faites ou indiquées dans l'intérieur de l'Amérique septentrionale lorsque les Anglois sont devenus les maîtres du Canada. En imposant de nouveaux noms aux lacs, aux montagnes, aux fleuves et aux rivières, ou en corrompant les anciens noms françois, ils n'ont fait que jeter du désordre dans la géographie. Il n'est pas même bien prouvé que les latitudes et les longitudes qu'ils ont données à certains lieux soient plus exactes que les latitudes et les longitudes fixées par nos savants missionnaires[2]. Pour se faire une idée nette du point de départ et des voyages de M. Mackenzie, voici donc peut-être ce qu'il est essentiel d'observer.

Les missionnaires françois et les coureurs canadiens avoient poussé les découvertes jusqu'au lac *Ouinipic* ou *Ouinipigon*[3], à l'ouest, et jusqu'au lac des *Assiniboïls* ou *Cristinaux*, au nord. Le premier semble être le lac de *l'Esclave* de M. Mackenzie.

La société anglo-canadienne, qui fait le commerce des pelleteries, a établi une factorerie au Chipiouyan[4], sur un lac appelé le *lac des Montagnes*, et qui communique au lac de l'Esclave par une rivière.

Du lac de l'Esclave sort un fleuve qui coule au nord, et que M. Mackenzie a nommé de son nom. Le fleuve Mackenzie se jette dans la mer du pôle par les 69° 14' de latitude septentrionale et les 135° de lon-

---

1. Ils les appellent les montagnes des Pierres brillantes.
2. M. Arrowsmith est à présent le géographe le plus célèbre en Angleterre : si l'on prend sa grande carte des États-Unis, et qu'on la compare aux dernières cartes d'Imley, on y trouvera une prodigieuse différence, surtout dans la partie qui s'étend entre les lacs du Canada et l'Ohio ; les cartes des missionnaires, au contraire, se rapprochent beaucoup des cartes d'Imley.
3. Les cartes françoises le placent au 50° degré de latitude nord, et les cartes angloises au 53°.
4. 50° 40' latitude nord, et 10° 30' longitude ouest, mér. de Greenwich.

gitude ouest, méridien de Greenwich. La découverte de ce fleuve et sa navigation jusqu'à l'océan boréal sont l'objet du premier voyage de M. Mackenzie. Parti du fort Chipiouyan le 3 de juin 1789, il est de retour à ce fort le 12 de septembre de la même année.

Le 10 d'octobre 1792, il part une seconde fois du fort Chipiouyan pour faire un nouveau voyage. Dirigeant sa course à l'ouest, il traverse le lac des Montagnes et remonte une rivière appelée *Oungigah*, ou la rivière de la Paix. Cette rivière prend sa source dans les montagnes Rocheuses. Un grand fleuve, descendant du revers de ces montagnes, coule à l'ouest, et va se perdre dans l'océan Pacifique. Ce fleuve s'appelle *Tacoutché-Tessé,* ou la rivière de Colombia.

La connoissance du passage de la rivière de la Paix dans celle de Colombia, la facilité de la navigation de cette dernière, du moins jusqu'à l'endroit où M. Mackenzie abandonna son canot pour se rendre par terre à l'océan Pacifique : telles sont les découvertes qui résultent de la seconde expédition du voyageur. Après une absence de onze mois, il revint au lieu de son départ.

Il faut observer que la rivière de la Paix, sortant des montagnes Rocheuses pour se jeter dans un bras du lac des Montagnes, que le lac des Montagnes communiquant au lac de l'Esclave par une rivière qui porte ce dernier nom, que le lac de l'Esclave, à son tour, versant ses eaux dans l'océan boréal par le fleuve Mackenzie, il en résulte que la rivière de la Paix, la rivière de l'Esclave et le fleuve Mackenzie, ne sont réellement qu'un seul fleuve qui sort des montagnes Rocheuses à l'ouest, et se précipite au nord dans la mer du pôle. Partons maintenant avec le voyageur, et descendons avec lui le fleuve Mackenzie jusqu'à cette mer hyperborée.

« Le mercredi 3 juin 1789, à neuf heures du matin, je partis du fort Chipiouyan, situé sur la côte méridionale du lac des Montagnes. J'étois embarqué dans un canot d'écorce de bouleau, et j'avois pour conducteurs un Allemand et quatre Canadiens, dont deux étoient accompagnés de leurs femmes.

« Un Indien, qui portoit le titre de chef anglois, me suivoit dans un petit canot, avec ses deux femmes ; et deux autres jeunes Indiens, ses compagnons, étoient dans un autre petit canot. Les sauvages s'étoient engagés à me servir d'interprètes et de chasseurs. Le premier avoit autrefois accompagné le chef qui conduisit M. Hearne à la rivière des Mines de cuivre. »

M. Mackenzie traverse le lac des Montagnes, entre dans la rivière de l'Esclave, qui le conduit au lac du même nom, côtoie le rivage septentrional de ce lac, et découvre enfin le fleuve Mackenzie.

« Le cours du fleuve prend une direction à l'ouest, et dans un espace de vingt-quatre milles son lit se rétrécit graduellement, et finit par n'avoir qu'un demi-mille de large.

« Depuis le lac jusque là, les terres du côté du nord sont basses et couvertes d'arbres ; le côté du sud est plus élevé, mais il y a aussi beaucoup de bois... Nous y vîmes beaucoup d'arbres renversés et noircis par le feu, au milieu desquels s'élevoient de jeunes peupliers qui avoient poussé depuis l'incendie. Une chose très-digne de remarque, c'est que lorsque le feu dévore une forêt de sapins et de bouleaux, il y croît des peupliers, quoique auparavant il n'y eût dans le même endroit aucun arbre de cette espèce. »

Les naturalistes pourront contester l'exactitude de cette observation à M. Mackenzie, car en Europe tout ce qui dérange nos systèmes est traité d'ignorance ou de rêve de l'imagination ; mais ce que les savants ne peuvent nier, et ce que tout l'art ne sauroit peindre, c'est la beauté du cours des eaux dans les solitudes du Nouveau Monde. Qu'on se représente un fleuve immense, coulant au travers des plus épaisses forêts ; qu'on se figure tous les accidents des arbres qui accompagnent ces rives : des chênes-saules, tombés de vieillesse, baignent dans les flots leur tête chenue ; des planes d'occident se mirent dans l'onde avec les écureuils noirs et les hermines blanches qui grimpent sur leurs troncs ou se jouent dans leurs lianes ; des sycomores du Canada se réunissent en groupe ; des peupliers de la Virginie croissent solitaires ou s'allongent en mobile avenue. Tantôt une rivière, accourant du fond du désert, vient former avec le fleuve, au carrefour d'une pompeuse futaie, un confluent magnifique ; tantôt une cataracte bruyante tapisse le flanc des monts de ses voiles d'azur. Les rivages fuient, serpentent, s'élargissent, se resserrent ; ici ce sont des rochers qui surplombent, là de jeunes ombrages dont la cime est nivelée, comme la plaine qui les nourrit. De toutes parts règnent des murmures indéfinissables : il y a des grenouilles qui mugissent comme des taureaux[1], il y en a d'autres qui vivent dans le tronc des vieux saules[2], et dont le cri répété ressemble tour à tour au tintement de la sonnette d'une brebis et à l'aboiement d'un chien[3] ; le voyageur, agréablement trompé dans ces lieux sauvages, croit approcher de la chaumière d'un laboureur et entendre les murmures et la marche d'un troupeau. Enfin, de vastes harmonies, élevées tout à coup par les vents, remplissent la profondeur des bois, comme le chœur universel des hamadryades ; mais bientôt ces concerts s'affoiblissent, et meurent

---

1. Bull-Frog.   2. Tree-Frog.
3. « Elles font leurs petits dans les souches d'arbres à moitié pourris... ; elles ne coassent pas comme celles d'Europe, mais pendant la nuit elles aboient comme des chiens. » (Le père DU TERTRE, *Hist. nat. des Antilles*, t. III.)

graduellement dans la cime de tous les cèdres et de tous les roseaux ; de sorte que vous ne sauriez dire le moment même où les bruits se perdent dans le silence, s'ils durent encore ou s'ils ne sont plus que dans votre imagination.

M. Mackenzie, continuant à descendre le fleuve, rencontre bientôt des sauvages de la tribu des Indiens-Esclaves. Ceux-ci lui apprennent qu'il trouvera plus bas, sur le cours des eaux, d'autres Indiens appelés Indiens-Lièvres, et enfin plus bas encore, en approchant de la mer, la nation des Esquimaux.

« Pendant le peu de temps que nous restâmes avec cette petite peuplade, les naturels cherchèrent à nous amuser en dansant au son de leur voix... Ils sautoient et prenoient diverses postures... Les femmes laissoient pendre leurs bras, comme si elles n'avoient pas eu la force de les remuer. »

Les chants et les danses des sauvages ont toujours quelque chose de mélancolique ou de voluptueux.

« Les uns jouent de la flûte, dit le père du Tertre, les autres chantent et forment une espèce de musique qui a bien de la douceur à leur goût. » Selon Lucrèce, on cherchoit à rendre avec la voix le gazouillement des oiseaux, longtemps avant que de doux vers, accompagnés de la lyre, charmassent l'oreille des hommes.

> Atque avium liquidas voces imitarier ore
> Ante fuit multo quam lævia carmina cantu
> Concelebrare homines possent auresque juvare.

Quelquefois vous voyez une pauvre Indienne, dont le corps est tout courbé par l'excès du travail et de la fatigue, et un chasseur qui ne respire que la gaieté. S'ils viennent à danser ensemble, vous êtes frappé d'un contraste étonnant : la première se redresse et se balance avec une mollesse inattendue ; le second fait entendre les sons les plus tristes. La jeune femme semble vouloir imiter les ondulations gracieuses des bouleaux de son désert, et le jeune homme les murmures plaintifs qui s'échappent de leurs cimes.

Lorsque les danses sont exécutées au bord d'un fleuve, dans la profondeur des bois, que des échos inconnus répètent pour la première fois les soupirs d'une voix humaine, que l'ours des déserts regarde du haut de son rocher ces jeux de l'homme sauvage, on ne peut s'empêcher de trouver quelque chose de grand dans la rudesse même du tableau, de s'attendrir sur la destinée de cet enfant de la nature, qui naît inconnu du monde, danse un moment dans des vallées où il ne repassera jamais, et bientôt cache sa tombe sous la mousse de ces déserts, qui n'a pas même gardé l'empreinte de ses pas : *Fuissem quasi non essem* [1] !

En passant sous des montagnes stériles, le voyageur aborde au rivage, et gravit des roches escarpées avec un de ses chasseurs indiens.

« Mais, dit-il, nous n'étions pas à moitié chemin du sommet, que nous fûmes assaillis par une si grande quantité de maringouins, que nous ne pûmes pas aller plus loin. Je remarquai que la chaîne des monts se terminoit en cet endroit. »

Quatre chaînes de montagnes forment les quatre grandes divisions de l'Amérique septentrionale.

La première, partant du Mexique, et n'étant que le prolongement de la chaîne des Andes, qui traverse l'isthme de Panama, s'étend du midi au nord, le long de la grande mer du Sud, en s'abaissant toujours jusqu'à la rivière de Cook. M. Mackenzie l'a franchie, sous le nom de *montagnes Rocheuses*, entre la source de la rivière de la Paix et de la rivière Colombia, en se rendant à l'océan Pacifique.

La seconde chaîne commence aux Apalaches, sur le bord oriental du Meschacebé, se prolonge, au nord-est, sous les divers noms d'*Alleghanys*, de *montagnes Bleues*, de *montagnes des Lauriers*, derrière les Florides, la Virginie, la Nouvelle-Angleterre, et va, par l'intérieur de l'Acadie, aboutir au golfe Saint-Laurent. Elle divise les eaux qui tombent dans l'Atlantique de celles qui grossissent le Meschacebé, l'Ohio et les lacs du Canada inférieur.

Il est à croire que cette chaîne bordoit autrefois l'Atlantique et lui servoit de barrière, comme la première chaîne borde encore l'océan Indien. Vraisemblablement l'ancien continent de l'Amérique ne commençoit que derrière ces montagnes. Du moins les trois différents niveaux de terrains, marqués si régulièrement depuis les plaines de la Pensylvanie jusqu'aux savanes des Florides, semblent indiquer que ce sol fut à différentes époques couvert et puis abandonné par les eaux.

Vis-à-vis le rivage du golfe Saint-Laurent (où, comme je l'ai dit, cette seconde chaîne vient se terminer) s'élève sur la côte du Labrador une troisième chaîne, presque aussi longue que les deux premières. Elle court d'abord au sud-ouest jusqu'à l'Outaouas, en formant la double source des fleuves qui se précipitent dans la baie d'Hudson et de ceux qui portent le tribut de leurs ondes au golfe Saint-Laurent. De là, tour-

1. Job.

nant au nord-ouest et longeant la côte septentrionale du lac Supérieur, elle arrive au lac Sainte-Anne, où elle forme une fourche sud-ouest et nord-ouest.

Son bras méridional passe au sud du grand lac Ouinipic, entre les marais qui fournissent la rivière d'Albanie à la baie de James et les fontaines d'où sort le Meschacebé pour se rendre au golfe Mexicain.

Son bras septentrional rasant le lac du Cygne, la factorerie d'Onasburgk, et traversant la rivière de Severn, atteint le fleuve du port Nelson, en passant au nord du lac Ouinipic, et vient se nouer enfin à la quatrième chaîne des montagnes.

Celle-ci, moins étendue que toutes les autres, prend naissance vers les bords de la rivière Susfçatchiouayne, se déploie au nord-est, entre la rivière de l'Élan et la rivière Churchill, s'allonge au nord jusque vers le 57e degré de latitude, se partage en deux branches, dont l'une, continuant à remonter au septentrion, atteint les côtes de la mer Glaciale, tandis que l'autre, courant à l'ouest, rencontre le fleuve Mackenzie. Les neiges éternelles dont ces montagnes sont couronnées nourrissent d'un côté les rivières qui descendent dans le nord de la baie d'Hudson, et de l'autre celles qui s'engloutissent dans l'océan boréal.

Ce fut une des cimes de cette dernière chaîne que M. Mackenzie voulut gravir avec son chasseur. Ceux qui n'ont vu que les Alpes et les Pyrénées ne peuvent se former une idée de l'aspect de ces solitudes hyperboréennes, de ces régions désolées, où l'on voit, comme après le déluge, « *de rares animaux errer sur des montagnes inconnues.* »

Rara per ignotos errant animalia montes.

Des nuages, ou plutôt des brouillards humides, fument sans cesse autour des sommets de ces monts déserts. Quelques rochers, battus par des pluies éternelles, percent de leurs flancs noircis ces vapeurs blanchâtres, et ressemblent par leurs formes et leur immobilité à des fantômes qui se regardent dans un affreux silence.

Entre les gorges de ces montagnes, on aperçoit de profondes vallées de granit, revêtues de mousse, où coule quelque torrent. Des pins rachitiques, de l'espèce appelée *spruce* par les Anglois, et de petits étangs d'eau saumâtre, loin de varier la monotonie du tableau, en augmentent l'uniformité et la tristesse. Ces lieux ne retentissent que du cri extraordinaire de l'oiseau des terres boréales. De beaux cygnes qui nagent sur ces eaux sauvages, des bouquets de framboisiers qui croissent à l'abri d'un roc, sont là comme pour consoler le voyageur et l'empêcher d'oublier cette Providence qui sait répandre des grâces et des parfums jusque sur ces affreuses contrées.

Mais la scène ne se montre dans toute son horreur qu'au bord même de l'Océan. D'un côté s'étendent de vastes champs de glaces contre lesquels se brise une mer décolorée où jamais n'apparut une voile; de l'autre s'élève une terre bordée de mornes stériles. Le long des grèves on ne voit qu'une triste succession de baies dévastées et de promontoires orageux. Le soir le voyageur se réfugie dans quelque trou de rocher, dont il chasse l'aigle marin, qui s'envole avec de grands cris. Toute la nuit il écoute avec effroi le bruit des vents que répètent les échos de sa caverne, et le gémissement des glaces qui se fendent sur la rive.

M. Mackenzie arriva au bord de l'océan boréal le 12 juillet 1789, ou plutôt dans une baie glacée, où il aperçut des baleines et où le flux et le reflux se faisoient sentir. Il débarqua sur une île, dont il détermina la latitude au 69° 14' nord; ce fut le terme de son premier voyage. Les glaces, le manque de vivres et le découragement de ses gens ne lui permirent pas de descendre jusqu'à la mer, dont il étoit sans doute peu éloigné. Depuis longtemps le soleil ne se couchoit plus pour le voyageur, et il voyoit cet astre pâle et élargi tourner tristement autour d'un ciel glacé.

> Miserable they
> Who, here entangled in the gath'ring ice,
> Take their last look of the descending sun!
> While, full of death, and fierce with tenfold frost,
> The long, long night, incumbent o'er their head,
> Falls horrible [1].

« Malheureux celui qui, embarrassé dans les glaces croissantes, suit de ses derniers regards le soleil qui s'enfonce sous l'horizon, tandis que, pleine de frimas et pleine de mort, la longue, longue nuit, qui pendoit sur sa tête, descend horrible! »

En quittant la baie pour remonter le fleuve et retourner au fort Chipiouyan, M. Mackensie dépasse quatre établissements indiens, qui sembloient avoir été récemment habités.

« Nous abordâmes, dit le voyageur, une petite île ronde, très-rapprochée de la rive orientale, et qui sans doute avoit quelque chose de sacré pour les Indiens, puisque l'endroit le plus élevé contenoit un grand nombre de tombeaux. Nous y vîmes un petit canot, des gamelles, des baquets et d'autres

---

1. Thoms., *Winter*.

ustensiles qui avoient appartenu à ceux qui ne pouvoient plus s'en servir ; car dans ces contrées ce sont les offrandes accoutumées que reçoivent les morts. »

M. Mackenzie parle souvent de la religion de ces peuples et de leur vénération pour les tombeaux. Donc un malheureux sauvage bénit Dieu sur les glaces du pôle, et tire de sa propre misère des espérances d'une autre vie, tandis que l'homme civilisé renie son âme et son Créateur sous un ciel clément et au milieu de tous les dons de la Providence.

Ainsi nous avons vu les habitants de ces contrées danser à la source du fleuve dont le voyageur nous a tracé le cours, et nous trouvons maintenant leurs tombeaux près de la mer, à l'embouchure de ce même fleuve, emblème frappant du cours de nos années, depuis ces fontaines de joie où se plonge notre enfance jusqu'à cet océan de l'éternité qui nous engloutit. Ces cimetières indiens, répandus dans les forêts américaines, sont des espèces de clairières ou de petits enclos dépouillés de leurs bois. Le sol en est tout hérissé de monticules de forme conique, et des carcasses de buffles et d'orignaux, ensevelies sous l'herbe, s'y mêlent çà et là à des squelettes humains. J'ai quelquefois vu dans ces lieux un pélican solitaire perché sur un ossement blanchi et à moitié rongé de mousse, semblable, par son silence et son attitude pensive, à un vieux sauvage pleurant et méditant sur ces débris. Les coureurs de bois qui font le commerce de pelleteries profitent de ces terrains à demi défrichés par la mort pour y semer en passant différentes sortes de graines. Le voyageur rencontre tout à coup ces colonies de végétaux européens, avec leur port, leur costume étranger, leurs mœurs domestiques, au milieu des plantes natives et sauvages de ce climat lointain. Elles émigrent souvent le long des collines, et se répandent à travers les bois, selon les habitudes et les amours qu'elles ont apportées de leur sol natal ; c'est ainsi que des familles exilées choisissent de préférence dans le désert des sites qui leur rappellent la patrie.

Le 12 de septembre 1789, après une absence de cent deux jours, M. Mackenzie se retrouve enfin au fort Chipiouyan. Je vais maintenant rendre compte de son voyage à l'océan Pacifique, montrer ce que les sciences et le commerce ont gagné aux découvertes de ce courageux voyageur, et ce qui reste à faire pour compléter la géographie de l'Amérique septentrionale.

J'ai déjà fait observer que la rivière de la Paix, la rivière de l'Esclave et le fleuve Mackenzie ne sont qu'un seul et même fleuve, qui prend sa source dans les montagnes Rocheuses, à l'ouest, et se jette, au nord, dans les mers du pôle. C'est en descendant ce fleuve que M. Mackenzie a découvert l'océan boréal, et c'est en le remontant qu'il est arrivé à l'océan Pacifique.

Le 10 d'octobre 1792, trois ans après son premier voyage, M. Mackenzie part une seconde fois du port Chipiouyan, traverse le lac des Montagnes, et gagne la rivière de la Paix. Il en refoule les eaux pendant vingt journées, et arrive le 1er de novembre dans un endroit où il se propose de bâtir une maison et de passer l'hiver. Il emploie toute la saison des glaces à faire le commerce avec les Indiens et à prendre des renseignements sur son voyage.

« Parmi les sauvages qui vinrent me visiter étoient deux Indiens des montagnes Rocheuses... Ils prétendirent qu'ils étoient les vrais et seuls indigènes du pays qu'ils habitoient, ajoutant que celui qui s'étendoit de là jusqu'aux montagnes offroit partout, ainsi que le haut de la rivière de la Paix, le même aspect que les environs de ma résidence; que le pays étoit rempli d'animaux, mais que la navigation de la rivière étoit interrompue près des montagnes et dans les montagnes mêmes par des écueils multipliés et de grandes cascades.

« Ces Indiens m'apprirent aussi qu'on trouvoit du côté du midi une autre grande rivière, qui couroit vers le sud, et sur les bords de laquelle on pouvoit se rendre en peu de temps, en traversant les montagnes.

« Le 20 d'avril (1793) la rivière étoit encore couverte de glaces. Sur l'autre rive, on voyoit des plaines charmantes. Les arbres bourgeonnoient, et plusieurs plantes commençoient à fleurir. »

Ce qu'on appelle le *grand dégel*, dans l'Amérique septentrionale, offre aux yeux d'un Européen un spectacle non moins pompeux qu'extraordinaire. Dans les premiers quinze jours du mois d'avril, les nuages, qui jusque là venoient rapidement du nord-ouest, s'arrêtent peu à peu dans les cieux, et flottent quelque temps incertains de leur course. Le colon sort de sa cabane, et va sur ses défrichements examiner le désert. Bientôt on entend un cri : *Voilà la brise du sud-est.* A l'instant un vent tiède tombe sur vos mains et sur votre visage, et les nuages commencent à refluer lentement vers le septentrion. Alors tout change dans les bois et dans les vallées. Les angles moussus des rochers se montrent les premiers sous l'uniforme blancheur des frimas ; les flèches rougeâtres des sapins apparoissent ensuite, et de précoces arbrisseaux remplacent par des festons de fleurs les cristaux glacés qui pendent à leur cime.

La nature, aux approches du soleil, entr'ouvre par degrés son voile de neige. Les poëtes américains pourront un jour la comparer à une épouse nouvelle, qui dépouille timidement, et comme à regret, sa robe virginale, décelant en partie et essayant encore de cacher ses charmes à son époux.

C'est alors que les sauvages, dont M. Mackenzie alloit visiter les déserts, sortent avec joie de leurs cavernes. Comme les oiseaux de leurs climats, l'hiver les rassemble en troupe et le printemps les disperse : chaque couple retourne à son bois solitaire, pour bâtir son nouveau nid et chanter ses nouvelles amours.

Cette saison, qui met tout en mouvement dans les forêts américaines, donne le signal du départ à notre voyageur. Le jeudi 9 mai 1793 M. Mackenzie s'embarque dans un canot d'écorce avec sept Canadiens et deux chasseurs sauvages. Si des bords de la rivière de *la Paix* il avoit pu voir alors ce qui se passoit en Europe, chez une grande nation civilisée, la hutte de l'Esquimau lui eût semblé préférable au palais des rois, et la solitude au commerce des hommes.

Le traducteur du voyage de M. Mackenzie observe que les compagnons du marchand anglois, un seul excepté, étoient tous d'origine françoise. Les François s'habituent facilement à la vie sauvage, et sont fort aimés des Indiens. Lorsqu'en 1729 le Canada tomba entre les mains des Anglois, les naturels s'aperçurent bientôt du changement de leurs hôtes.

« Les Anglois, dit le pere Charlevoix, dans le peu de temps qu'ils furent maîtres du pays, ne surent pas gagner l'affection des sauvages : les Hurons ne parurent point à Québec ; les autres, plus voisins de cette capitale, et dont plusieurs, pour des mécontentements particuliers, s'étoient ouvertement déclarés contre nous à l'approche de l'escadre angloise, s'y montrèrent même assez rarement. Tous s'étoient trouvés un peu déconcertés, lorsque ayant voulu prendre avec ces nouveaux venus les mêmes libertés que les François ne faisoient aucune difficulté de leur permettre, ils s'aperçurent que ces manières ne leur plaisoient pas.

« Ce fut bien pis encore, au bout de quelque temps, lorsqu'ils se virent chassés à coups de bâton des maisons où jusque là ils étoient entrés aussi librement que dans leurs cabanes. Ils prirent donc le parti de s'éloigner, et rien ne les a dans la suite attachés plus fortement à nos intérêts que cette différence de manières et de caractère des deux peuples qu'ils ont vus s'établir dans leur voisinage. Les missionnaires, qui furent bientôt instruits de l'impression qu'elle avoit déjà faite sur eux, surent bien en profiter pour les gagner à Jésus-Christ et pour les affectionner à la nation françoise. »

Les François ne cherchent point à civiliser les sauvages : cela coûte trop de soins ; ils aiment mieux se faire sauvages eux-mêmes. Les forêts n'ont point de chasseurs plus adroits, de guerriers plus intrépides. On les a vus supporter les tourments du bûcher avec une constance qui étonnoit jusqu'aux Iroquois, et malheureusement devenir quelquefois aussi barbares que leurs bourreaux. Seroit-ce que les extrémités du cercle se rapprochent, et que le dernier degré de la civilisation, comme la perfection de l'art, touche de près la nature? ou plutôt est-ce une sorte de talent universel ou de mobilité de mœurs qui rend le François propre à tous les climats et à tous les genres de vie? Quoi qu'il en soit, le François et le sauvage ont la même bravoure, la même indifférence pour la vie, la même imprévoyance du lendemain, la même haine du travail, la même facilité à se dégoûter des biens qu'ils possèdent, la même constance en amitié, la même légèreté en amour, le même goût pour la danse et pour la guerre, pour les fatigues de la chasse et les loisirs du festin. Ces rapports d'humeur entre le François et le sauvage leur donnent un grand penchant l'un pour l'autre, et font aisément de l'habitant de Paris *un coureur de bois* canadien.

M. Mackenzie remonte la rivière de la Paix avec ses François-sauvages, et décrit la beauté de la nature autour de lui :

« De l'endroit d'où nous étions partis le matin jusque là, la rive occidentale présente le plus beau paysage que j'aie vu. Le terrain s'élève par gradins à une hauteur considérable, et s'étend à une très-grande distance. A chaque gradin on voit de petits espaces doucement inclinés, et ces espaces sont entrecoupés de rochers perpendiculaires qui s'élèvent jusqu'au dernier sommet, ou du moins aussi loin que l'œil peut les distinguer. Ce spectacle magnifique est décoré de toutes les espèces d'arbres et peuplé de tous les genres d'animaux que puisse produire le pays. Des bouquets de peupliers varient la scène, et dans les intervalles paissent de nombreux troupeaux de buffles et d'élans. Ces derniers cherchent toujours les hauteurs et les sites escarpés, tandis que les autres préfèrent les plaines.

« Lorsque je traversai ce canton, les femelles de buffles étoient suivies par leurs petits, qui bondissoient autour d'elles, et les femelles d'élans ne devoient pas tarder à avoir des faons. Toute la campagne se paroit de la plus riche verdure; les arbres qui fleurissoient étoient prêts à s'épanouir, et le velouté de leurs branches, réfléchissant le soir et le matin les rayons obliques de l'astre du jour, ajoutoit à ce spectacle une magnificence que nos expressions ne peuvent rendre. »

Ces paysages en amphithéâtre sont assez communs en Amérique. Aux environs d'Apalachucla, dans les Florides, le terrain, à partir du fleuve Chata-Uche, s'élève graduellement, et monte dans les airs en se retirant à l'horizon : mais ce n'est pas par une inclinaison ordinaire, comme celle d'une vallée; c'est par des terrasses posées régulièrement les unes au-dessus des autres, comme les jardins artificiels de quelque puissant potentat. Ces terrasses sont plantées d'arbres divers et arrosées d'une multitude de fontaines, dont les eaux, exposées au soleil levant, brillent parmi les gazons ou ruissellent en filets d'or le long des roches moussues. Des blocs de granit surmontent cette vaste structure et sont eux-mêmes dominés par de grands sapins. Lorsque du bord de la rivière vous découvrez cette superbe échelle et la cime de rochers qui la couronnent au-dessus des nuages, vous croiriez voir le sommet des colonnes du temple de la nature et le magnifique perron qui y conduit.

Le voyageur arrive au pied des montagnes Rocheuses, et s'engage dans leurs détours. Les obstacles et les périls se multiplient : là, on est obligé de porter les bagages par terre, pour éviter des cataractes et des *rapides*; ici on refoule l'impétuosité du courant, en halant péniblement le canot avec une cordelle.

Il faut entendre M. Mackenzie lui-même :

« Quand le canot fut rechargé, moi et ceux de mes gens qui n'avoient pas besoin d'y rester, nous suivîmes le bord de la rivière... J'étois si élevé au-dessus de l'eau que les hommes qui conduisoient le canot et doubloient une pointe ne purent pas m'entendre lorsque je leur criai de toute ma force de mettre à terre une partie de la cargaison, pour alléger le canot.

« Je ne pus alors m'empêcher d'éprouver beaucoup d'anxiété en voyant combien mon entreprise étoit hasardeuse. La rupture de la cordelle ou un faux pas de ceux qui la tiroient auroit fait perdre le canot et tout ce qui étoit dedans. Il franchit l'écueil sans accident; mais il fut bientôt exposé à de nouveaux périls. Des pierres, les unes grosses, les autres petites, rouloient sans cesse du haut des rochers, de sorte que ceux qui haloient le canot au-dessous couroient le plus grand risque d'être écrasés; en outre, la pente du terrain les exposoit à tomber dans l'eau à chaque pas. En les voyant, je tremblois, et quand je les perdois de vue, mon inquiétude ne me quittoit pas. »

Tout le passage de M. Mackenzie à travers les montagnes Rocheuses est d'un grand intérêt. Tantôt, pour se frayer un chemin, il est forcé d'abattre des forêts et de tailler des marches dans les hautes falaises; tantôt il saute de rocher en rocher, au péril de ses jours, et reçoit l'un après l'autre ses compagnons sur ses épaules. La cordelle se rompt, le canot heurte les écueils; les Canadiens se découragent, et refusent d'aller plus loin. En vain M. Mackenzie s'égare dans le désert pour découvrir le passage du fleuve de l'ouest; quelques coups de fusil qu'il entend avec effroi retentir dans ces lieux solitaires lui font supposer l'approche des sauvages ennemis. Il monte sur un grand arbre; mais il n'aperçoit que des monts couronnés de neige, au milieu de laquelle on distingue quelques bouleaux flétris, et au-dessous, des bois qui se prolongent sans fin.

Rien n'est triste comme l'aspect de ces bois, vus du sommet des montagnes, dans le Nouveau Monde. Les vallées que vous avez traversées, et que vous dominez de toutes parts, apparoissent au-dessous de vous, régulièrement ondées, comme les houles de la mer après une tempête. Elles semblent diminuer de largeur à mesure qu'elles s'éloignent. Les plus voisines de votre œil sont d'un vert rougeâtre; celles qui suivent prennent une légère teinte d'azur, et les dernières forment des zones parallèles d'un bleu céleste.

M. Mackenzie descend de son arbre, et cherche à rejoindre ses compagnons. Il ne voit point le canot au bord de la rivière : il tire des coups de fusil, mais on ne répond point à son signal. Il va, revient, monte et descend le long du fleuve. Il retrouve enfin ses amis; mais ce n'est qu'après vingt-quatre heures d'angoisses et de mortelles inquiétudes. Il ne tarda pas à rencontrer quelques sauvages. Interrogés par le voyageur, ils feignent d'abord d'ignorer l'existence du fleuve de l'ouest; mais un vieillard, bientôt gagné par les caresses et les présents de M. Mackenzie, lui dit, en montrant de la main le haut de la rivière de la Paix :

« Il ne faut traverser que trois petits lacs et autant de portages pour atteindre à une petite rivière qui se jette dans la grande. »

Qu'on juge des transports du voyageur à cette heureuse nouvelle. Il se hâte de se rembarquer avec un Indien, qui consent à lui servir de guide jusqu'au fleuve inconnu. Bientôt il quitte la rivière de la Paix, entre dans une autre petite rivière, qui sort d'un lac voisin, traverse ce lac, et de lac en lac, de rivière en rivière, après un naufrage et divers accidents, il se trouve enfin, le 18 de juin 1793, sur le Tacoutché-Tessé, ou le fleuve Colombia, qui porte ses eaux à l'océan Pacifique.

Entre deux chaînes de montagnes s'étend une superbe vallée qu'ombragent des forêts de peupliers, de cèdres et de bouleaux. Au-dessus de ces forêts montent des colonnes de fumée qui décèlent au voyageur les invisibles habitants de ces déserts. Des argiles rouges et blanches, placées dans l'escarpement des montagnes, imitent çà et là des ruines d'anciens châteaux. Le fleuve Colombia serpente au milieu de ces belles retraites, et sur les îles nombreuses qui divisent son cours, on voit de grandes cabanes à moitié cachées dans des bocages de pins, où les naturels viennent passer les jours de l'été.

Quelques sauvages s'étant montrés sur la rive, le voyageur s'en approcha, et parvint à tirer d'eux quelques renseignements utiles.

« La rivière, dont le cours est très-étendu, lui dirent les indigènes, va vers le soleil du midi; et selon ce que nous avons appris, des hommes blancs bâtissent des maisons à son embouchure. Les eaux coulent avec une force toujours égale; mais il y a trois endroits où des cascades et des courants extrêmement rapides en interceptent la navigation. Dans les trois endroits, les eaux se précipitent par-dessus des rochers perpendiculaires, beaucoup plus hauts et plus escarpés que dans le haut de la rivière; mais, indépendamment des difficultés et des dangers de la navigation, il faut combattre les divers habitants de ces contrées, qui sont très-nombreux. »

Ces détails jetèrent M. Mackenzie dans une grande perplexité et découragèrent de nouveau ses compagnons. Il cacha le mieux qu'il put son inquiétude, et suivit encore pendant quelque temps le cours des eaux. Il rencontra d'autres indigènes, qui lui confirmèrent le récit des premiers, mais qui lui dirent que s'il vouloit quitter le fleuve et marcher droit au couchant, à travers les bois, il arriveroit en peu de jours à la mer par un chemin fort aisé et fort connu des sauvages.

M. Mackenzie se détermine à prendre aussitôt cette nouvelle route. Il remonte le fleuve, jusqu'à l'embouchure d'une petite rivière qu'on lui avoit indiquée, et laissant là son canot, il s'enfonce dans les bois, sur la foi d'un sauvage qui lui servoit de guide, et qui, au moindre caprice, pouvoit le livrer à des hordes ennemies ou l'abandonner au milieu des déserts.

Chaque Canadien portoit sur ses épaules une charge de quatre-vingt-dix livres, indépendamment de son fusil, d'un peu de poudre et de quelques balles. M. Mackenzie, outre ses armes et son télescope, portoit lui-même un fardeau de vivres et de quincailleries, du poids de soixante-dix livres.

La nécessité, la fatigue, et je ne sais quelle confiance qu'on acquiert par l'accoutumance des périls, ôtèrent bientôt à nos voyageurs toute inquiétude. Après de longues journées de marche au travers des buissons et des halliers, tantôt exposés à un soleil brûlant, tantôt inondés par de grandes pluies, le soir ils s'endormoient paisiblement au chant des Indiens.

« Il consistoit, dit M. Mackenzie, en sons doux, mélancoliques, d'une mélodie assez agréable, et ayant quelque rapport avec le chant de l'Église. » Lorsqu'un voyageur se réveille sous un arbre, au milieu de la nuit, dans les déserts de l'Amérique, qu'il entend le concert lointain de quelques sauvages, entrecoupé par de longs silences et par le murmure des vents dans la forêt, rien ne lui donne plus l'idée de cette musique aérienne dont parle Ossian et que les bardes décédés font entendre, aux rayons de la lune, sur les sommets du *Slimora*.

Bientôt nos voyageurs arrivèrent chez des tribus indiennes, dont M. Mackenzie cite des traits de mœurs fort touchants. Il vit une femme presque aveugle, et accablée de vieillesse, que ses parents portoient tour à tour parce que l'âge l'empêchoit de marcher. Dans un autre endroit, une jeune femme, avec son enfant, lui présenta un vase plein d'eau, au passage d'une rivière, comme Rébecca pencha son vase pour le serviteur d'Abraham au puits de Nâchor, et lui dit : *Bibe, quin et camelis tuis dabo potum;* « Buvez, je donnerai ensuite à boire à vos chameaux. »

J'ai passé moi-même chez une peuplade indienne qui se prenoit à pleurer à la vue d'un voyageur, parce qu'il lui rappeloit des amis partis pour la *Contrée des Ames,* et depuis longtemps en *voyage.*

« Nos guides, dit M. Mackenzie, ayant aperçu des Indiens... hâtèrent le pas pour les rejoindre. A leur approche, l'un des étrangers s'avança avec une hache à la main. C'étoit le seul homme de la troupe. Il avoit avec lui deux femmes et deux enfants. Quand nous les joignîmes, la plus âgée des femmes, qui probablement étoit la mère de l'homme, s'occupoit à arracher les mauvaises herbes dans un espace circulaire d'environ cinq pieds de diamètre, et notre présence n'interrompit point ce travail prescrit par le respect dû aux morts. C'est dans ce lieu, objet des tendres soins de cette femme, qu'étoient les restes d'un époux et d'un fils; et toutes les fois qu'elle y passoit elle s'arrêtoit pour leur payer ce pieux tribut. »

Tout est important pour le voyageur des déserts. La trace des pas d'un homme nouvellement imprimée dans un lieu sauvage est plus intéressante pour lui que les vestiges de l'antiquité dans les champs de la Grèce. Conduit par les indices d'une peuplade voisine, M. Mackenzie traverse le village d'une nation hospitalière, où chaque cabane est accompagnée d'un tombeau. De là, après avoir franchi des montagnes, il atteint les bords de la rivière du *Saumon,* qui se décharge dans l'océan Pacifique. Un peuple nombreux, plus propre, mieux vêtu et mieux logé que les autres sauvages, le reçoit avec cordialité. Un vieillard perce la foule, et vient le presser dans ses bras : on lui sert un grand festin; on lui fournit des vivres en abondance. Un jeune homme détache un beau manteau de ses épaules pour le suspendre aux siennes. C'est presque une scène d'Homère.

M. Mackenzie passa plusieurs jours chez cette nation. Il examina le cimetière, qui n'étoit qu'un grand bois de cèdres, où l'on brûloit les morts, et le temple où l'on célébroit deux fêtes chaque année, l'une au printemps, l'autre en automne. Tandis qu'il parcouroit le village, on lui amena des malades pour les guérir; naïveté touchante d'un peuple chez qui l'homme est encore cher à l'homme, et qui ne voit qu'un avantage dans la supériorité des lumières, celui de soulager des malheureux.

Enfin le chef de la nation donne au voyageur son propre fils pour l'accompagner, et un canot de cèdre pour le conduire à la mer. Ce chef raconta à M. Mackenzie que dix hivers auparavant, s'étant embarqué dans le même canot, avec quarante Indiens, il avoit rencontré sur la côte deux vaisseaux remplis d'hommes blancs; c'étoit le bon *Toolec*[1], dont le souvenir sera longtemps cher aux peuples qui habitent les bords de l'océan Pacifique.

Le samedi 20 de juillet 1793, à huit heures du matin, M. Mackenzie sortit de la rivière du Saumon, pour entrer dans le bras de mer où cette rivière se jette par plusieurs embouchures. Il seroit inutile de le suivre dans la navigation de cette baie, où il trouva partout des traces du capitaine Vancouver. Il observa la latitude à 52° 21′ 33″, et il écrivit avec du vermillon sur un rocher : *Alexandre Mackenzie est venu du Canada ici par terre, le 20 juillet* 1793.

Les découvertes de ce voyageur offrent deux résultats très-importants, l'un pour le commerce, l'autre pour la géographie. Quant au premier, M. Mackenzie s'en explique lui-même.

« En ouvrant cette communication entre les deux océans, et en formant des établissements réguliers dans l'intérieur du pays, et aux deux extrémités de la route, ainsi que tout le long des côtes et des îles voisines, on seroit entièrement maître de tout le commerce des pelleteries de l'Amérique septentrionale, depuis le quarante-huitième degré de latitude jusqu'au pôle, excepté la partie de la côte qui appartient aux Russes, dans l'océan Pacifique.

« On peut ajouter à cet avantage celui de la pêche dans les deux mers, et la facilité d'aller vendre des pelleteries dans les quatre parties du globe. Tel est le champ ouvert à une entreprise commerciale. Les produits de cette entreprise seroient incalculables si elle étoit soutenue par une partie du crédit et des capitaux dont la Grande-Bretagne possède une si grande accumulation. »

Ainsi l'Angleterre voit par les découvertes de ses voyageurs s'ouvrir devant elle une nouvelle source de trésors et une nouvelle route à ses comptoirs des Indes et de la Chine.

1. Le capitaine Cook.

Quant aux progrès de la géographie, qui en dernier résultat tournent également au profit du commerce, le voyage de M. Mackenzie à l'ouest est sous ce point de vue moins important que son voyage au nord. Le capitaine Vancouver avoit suffisamment prouvé qu'il n'y a point de passage sur la côte occidentale de l'Amérique, depuis Nootka-Sund jusqu'à la rivière de Cook. Grâce aux travaux de M. Mackenzie, ce qui reste maintenant à faire au nord est très-peu de chose.

Le fond de la baie du Refus se trouve à peu près par les 68° de latitude nord et les 85° de longitude occidentale, méridien de Greenwich.

En 1771, Hearne, parti de la baie d'Hudson, vit la mer à l'embouchure de la rivière des Mines de Cuivre, à peu près par les 69° de latitude, et par les 110° et quelques minutes de longitude.

Il n'y a donc que cinq ou six degrés de longitude entre la mer vue par Hearne et la mer du fond de la baie d'Hudson.

A une latitude si élevée, les degrés de longitude sont fort petits. Supposez-les de douze lieues, vous n'aurez guère plus de soixante-douze lieues à découvrir entre les deux points indiqués.

A cinq degrés de longitude, à l'ouest de l'embouchure de la rivière des Mines de Cuivre, M. Mackenzie vient de découvrir la mer par les 69° 7′ nord.

En suivant notre premier calcul, nous n'aurons que soixante lieues de côtes inconnues, entre la mer de Hearne et celle de M. Mackenzie[1].

Continuant de toucher à l'occident, nous trouvons enfin le détroit de Behring. Le capitaine Cook s'est avancé au delà de ce détroit jusqu'au 69e ou 70e degré de latitude nord, et au 275e de longitude occidentale. Soixante-douze lieues, ou tout au plus six degrés de longitude, séparent l'océan boréal de Cook de l'océan boréal de M. Mackenzie.

Voilà donc une chaîne de points connus, où l'on a vu la mer autour du pôle, sur le côté septentrional de l'Amérique, depuis le fond du détroit de Behring jusqu'au fond de la baie d'Hudson. Il ne s'agit plus que de franchir par terre les trois intervalles qui divisent ces points (et qui ne peuvent pas composer entre eux plus de 250 lieues d'étendue), pour s'assurer que le continent de l'Amérique est borné de toutes parts par l'Océan, et qu'il règne à son extrémité septentrionale une mer peut-être accessible aux vaisseaux.

Me permettra-t-on une réflexion? M. Mackenzie a fait au profit de

1. Tous ces calculs ne sont pas exacts, et les découvertes du capitaine Franklin et du capitaine Parry ont répandu une grande clarté sur la géographie de ces régions polaires.

l'Angleterre des découvertes que j'avois entreprises et proposées jadis au gouvernement pour l'avantage de la France. Du moins le projet de ce voyage, qui vient d'être achevé par un étranger, ne paroîtra plus chimérique. Comme d'autres sollicitent la fortune et le repos, j'avois sollicité l'honneur de porter, au péril de mes jours, des noms françois à des mers inconnues, de donner à mon pays une colonie sur l'océan Pacifique, d'enlever les trésors d'un riche commerce à une puissance rivale, et de l'empêcher de s'ouvrir de nouveaux chemins aux Indes.

En rendant compte des travaux de M. Mackenzie, j'ai donc pu mêler mes observations aux siennes, puisque nous nous sommes rencontrés dans les mêmes desseins, et qu'au moment où il exécutoit son premier voyage je parcourois aussi les déserts de l'Amérique ; mais il a été secondé dans son entreprise ; il avoit derrière lui des amis heureux et une patrie tranquille : je n'ai pas eu le même bonheur.

SUR

LA LÉGISLATION PRIMITIVE

DE M. LE VICOMTE DE BONALD.

Novembre 1802.

> Peu d'hommes naissent avec une disposition particulière et déterminée à un seul objet, qu'on appelle talent : bienfait de la nature, si des circonstances favorables en secondent le développement, en permettent l'emploi ; malheur réel, tourment de l'homme si elles le contrarient.

Ce passage est tiré du livre même que nous annonçons aujourd'hui au public. Rien n'est plus touchant et en même temps plus triste que les plaintes involontaires qui échappent quelquefois au *véritable* talent. L'auteur de la *Législation primitive,* comme tant d'écrivains célèbres, semble n'avoir reçu les dons de la nature que pour en sentir les dégoûts. Comme Épictète, il a pu réduire la philosophie à ces deux maximes : « souffrir et s'abstenir, » ἀνέχου καὶ ἀπέχου. C'est dans l'obscure chaumière d'un paysan d'Allemagne, au fond d'une terre étrangère, qu'il a composé sa *Théorie du Pouvoir politique et religieux*[1]; c'est au milieu de toutes les privations de la vie, et encore sous la menace d'une loi de proscription, qu'il a publié ses observations sur le *divorce,* traité admirable, dont les dernières pages surtout sont un modèle de cette éloquence de pensées, bien supérieure à l'éloquence de mots, et qui soumet tout, comme le dit Pascal, par *droit de puissance;* enfin c'est, au moment où il va abandonner Paris, les lettres, et pour ainsi dire son génie, qu'il nous donne sa *Législation primitive :* Platon couronna ses ouvrages par ses *Lois,* et Lycurgue s'exila de Lacédémone après avoir établi les siennes. Malheureusement nous n'avons pas, comme les Spartiates, juré d'observer les *saintes* lois de

---

[1] Cet ouvrage, qui parut en 1796, fut supprimé par le Directoire, et n'a pas été réimprimé.

notre nouveau législateur. Mais que M. de Bonald se rassure : quand on joint comme lui l'autorité des bonnes mœurs à l'autorité du génie, quand on n'a aucune de ces foiblesses qui prêtent des armes à la calomnie et consolent la médiocrité, les obstacles tôt ou tard s'évanouissent, et l'on arrive à cette position où le talent n'est plus un *malheur,* mais un *bienfait.*

Les jugements que l'on porte sur notre littérature moderne nous semblent un peu exagérés. Les uns prennent notre jargon scientifique et nos phrases ampoulées pour les progrès des lumières et du génie ; selon eux la langue et la raison ont fait un pas depuis Bossuet et Racine : quel pas! Les autres, au contraire, ne trouvent plus rien de passable; et si on veut les en croire, nous n'avons pas un seul bon écrivain. Cependant, n'est-il pas à peu près certain qu'il y a eu des époques en France où les lettres ont été au-dessus de ce qu'elles sont aujourd'hui? Sommes-nous juges compétents dans cette cause, et pouvons-nous bien apprécier les écrivains qui vivent avec nous? Tel auteur contemporain dont nous sentons à peine la valeur sera peut-être un jour la gloire de notre siècle. Combien y a-t-il d'années que les grands hommes du siècle de Louis XIV sont mis à leur véritable place? Racine et La Bruyère furent presque méconnus de leur vivant. Nous voyons Rollin, cet homme plein de goût et de savoir, balancer le mérite de Fléchier et de Bossuet, et faire assez comprendre qu'on donnoit généralement la préférence au premier. La manie de tous les âges a été de se plaindre de la rareté des bons écrivains et des bons livres. Que n'a-t-on point écrit contre le *Télémaque,* contre les *Caractères* de La Bruyère, contre les chefs-d'œuvre de Racine! Qui ne connoît l'épigramme sur *Athalie?* D'un autre côté, qu'on lise les journaux du dernier siècle ; il y a plus : qu'on lise ce que La Bruyère et Voltaire ont dit eux-mêmes de la littérature de leur temps : pourroit-on croire qu'ils parlent de ces temps où vécurent Fénelon, Bossuet, Pascal, Boileau, Racine, Molière, La Fontaine, J.-J. Rousseau, Buffon et Montesquieu?

La littérature françoise va changer de face; avec la révolution vont naître d'autres pensées, d'autres vues des choses et des hommes. Il est aisé de prévoir que les écrivains se diviseront. Les uns s'efforceront de sortir des anciennes routes; les autres tâcheront de suivre les antiques modèles, mais toutefois en les présentant sous un jour nouveau. Il est assez probable que les derniers finiront par l'emporter sur leurs adversaires, parce qu'en s'appuyant sur les grandes traditions et sur les grands hommes, ils auront des guides bien plus sûrs et des documents bien plus féconds.

M. de Bonald ne contribuera pas peu à cette victoire : déjà ces idées commencent à se répandre; on les retrouve par lambeaux dans la plupart des journaux et des livres du jour. Il y a de certains sentiments et de certains styles qui sont pour ainsi dire contagieux, et qui (si l'on nous pardonne l'expression) teignent de leurs couleurs tous les esprits. C'est à la fois un bien et un mal : un mal, en ce que cela dégoûte l'écrivain dont on fane la fraîcheur, et dont on rend l'originalité vulgaire; un bien quand cela sert à répandre des vérités utiles.

Le nouvel ouvrage de M. de Bonald est divisé en quatre parties. La première (comprise dans le discours préliminaire) traite du rapport des êtres et des principes fondamentaux de la législation.

La seconde considère l'état ancien du *ministère public* en France.

La troisième regarde l'*éducation publique*, et la quatrième examine l'état de l'Europe chrétienne et mahométane.

Si, dans l'extrait que l'on va donner de la *Législation primitive*, on se permet quelquefois de n'être pas de l'opinion de l'auteur, il voudra bien le pardonner. Combattre un homme tel que lui, c'est lui préparer de nouveaux triomphes.

Pour remonter aux principes de la législation, M. de Bonald commence par remonter aux principes des êtres, afin de trouver la loi primitive, exemplaire éternel des lois humaines, qui ne sont bonnes ou mauvaises qu'autant qu'elles se rapprochent ou s'éloignent de cette loi qui n'est qu'un écoulement de la sagesse divine... *Lex... rerum omnium principem expressa naturam, ad quam leges hominum diriguntur, quæ supplicio improbos afficiunt, et defendunt et tuentur bonos*[1]. M. de Bonald trace rapidement l'histoire de la *philosophie*, qui, selon lui, vouloit dire chez les anciens *amour de la sagesse*, et parmi nous *recherche de la vérité*. Ainsi les Grecs faisoient consister la sagesse dans la *pratique* des mœurs, et nous dans la *théorie*. « Notre philosophie, dit l'auteur, est vaine dans ses pensées, superbe dans ses discours. Elle a pris des stoïciens l'orgueil et des épicuriens la licence. Elle a ses sceptiques, ses pyrrhoniens, ses éclectiques; et la seule doctrine qu'elle n'ait pas embrassée est celle des privations. »

Sur la cause de nos erreurs, M. de Bonald fait cette observation profonde :

« On peut préjuger en physique des erreurs particulières; on doit préjuger en morale des vérités générales; et c'est pour avoir fait le contraire, pour avoir préjugé la vérité en physique, que le genre humain a cru si longtemps aux absurdités de la physique ancienne,

---

1. Cic., *de Leg.*, lib. II.

comme c'est pour avoir préjugé l'erreur dans la morale générale des nations que plusieurs ont, de nos jours, fait naufrage. »

L'auteur est bientôt conduit à l'examen du problème des idées *innées*. Sans embrasser l'opinion qui les rejette ni se ranger au parti qui les adopte, il croit que Dieu a donné aux hommes en *général*, et non à l'homme en *particulier*, une certaine quantité de principes et de sentiments innés (tels que la révélation de l'Être-Suprême, de l'immortalité de l'âme, des premières notions sur la morale, etc.) absolument nécessaires à l'établissement de l'ordre social : d'où il arrive qu'on peut trouver, à la rigueur, un homme isolé qui n'ait aucune connoissance de ces principes, mais qu'on n'a jamais rencontré une société d'hommes qui les ait totalement ignorés. Si ce n'est pas là la vérité, convenons du moins qu'un esprit qui sait produire de pareilles raisons n'est pas un esprit ordinaire.

De là M. de Bonald passe à l'examen d'un autre principe, sur lequel il a élevé toute sa législation, savoir : *que la parole a été enseignée à l'homme et qu'il n'a pu l'inventer lui-même.*

Il reconnoît trois sortes de paroles : le geste, la parole et l'écriture.

Il fonde son opinion sur des raisons qui paroissent d'un très-grand poids :

1° Parce qu'il est nécessaire de penser sa parole avant de parler sa pensée ;

2°.Parce que le sourd de naissance qui *n'entend* pas la parole est muet, preuve que la parole est chose apprise et non inventée ;

3° Parce que si la parole est d'invention humaine, il n'y a plus de vérités nécessaires.

M. de Bonald revient souvent à cette idée, d'où dépend, selon lui, toute la controverse des théistes et des athées, des chrétiens et des philosophes. On peut dire en effet que s'il étoit prouvé que la parole est révélée et non inventée, on auroit une preuve physique de l'existence de Dieu, et Dieu n'auroit pu donner le verbe à l'homme sans lui donner aussi des règles et des lois. Tout deviendroit positif dans la société, et c'étoit déjà, ce nous semble, l'opinion de Platon et du philosophe romain : *Legem neque hominum ingeniis excogitatam, neque scitum aliquod esse populorum, sed æternum quiddam*, etc.

Il devenoit nécessaire à M. de Bonald de developper son idée, et c'est ce qu'il a fait dans une excellente dissertation qui se trouve au second volume de son ouvrage. On y remarque cette comparaison, que l'on croiroit traduite du *Phédon* ou de la *République* :

Cette correspondance naturelle et nécessaire des pensées et des mots qui les expriment, et cette nécessité de la parole pour rendre présentes à l'esprit ses propres pensées et les pensées des autres, peuvent être rendues sensibles par une comparaison... dont l'extrême exactitude prouveroit toute seule une analogie parfaite entre les lois de notre être intelligent et celles de notre être physique.

Si je suis dans un lieu obscur, je n'ai pas la vision oculaire, ou la connoissance par la vue de l'existence des corps qui sont près de moi, pas même de mon propre corps; et sous ce rapport ces êtres sont à mon égard comme s'ils n'étoient pas. Mais si la lumière vient tout à coup à paroître, tous les objets en reçoivent une couleur relative, pour chacun, à la contexture particulière de sa surface; chaque corps se produit à mes yeux, je les vois tous; et je juge les rapports de forme, d'étendue, de distance, que ces corps ont entre eux et avec le mien.

Notre entendement est ce lieu obscur où nous n'apercevons aucune idée, pas même celle de notre propre intelligence, jusqu'à ce que la parole, pénétrant par le sens de l'ouïe ou de la vue, porte la lumière dans les ténèbres et appelle, pour ainsi dire, chaque idée, qui répond comme les étoiles dans Job : *Me voilà*. Alors seulement nos idées sont *exprimées*, nous avons la conscience ou la connoissance de nos pensées, et nous pouvons la donner aux autres; alors seulement nous nous *idéons* nous-mêmes, nous *idéons* les autres êtres et les rapports qu'ils ont entre eux et avec nous; et de même que l'œil distingue chaque corps à sa couleur, l'esprit distingue chaque idée à son expression.

Trouve-t-on souvent une aussi puissante métaphysique unie à une si vive expression? Chaque idée, *qui répond à la parole comme les étoiles dans Job* : ME VOILA, n'est-ce pas là un ordre de pensées bien élevé, un caractère de style bien rare? J'en appelle à des hommes plus habiles que moi : *Qantum eloquentia valeat, pluribus credere potest.*

Cependant, nous oserons proposer quelques doutes à l'auteur et soumettre nos observations à ses lumières. Nous reconnoissons, comme lui, le principe de la transmission ou de l'enseignement de la parole. Mais ne pose-t-il pas trop rigoureusement le principe? En en faisant la seule preuve positive de l'existence de Dieu et des lois fondamentales de la société, ne met-il pas en péril les plus grandes vérités, si l'on vient à lui contester sa preuve unique? La raison qu'il tire des sourds-muets en faveur de l'enseignement de la parole n'est peut-être pas assez convaincante; car on peut lui dire : Vous prenez un exemple dans une exception, et vous allez chercher une preuve dans une imperfection de la nature. Supposons un homme sauvage, ayant tous ses sens, mais point encore la parole. Cet homme, pressé par la faim, rencontre dans les forêts un objet propre à la satisfaire; il pousse un cri de joie en le voyant ou en le portant à sa bouche. N'est-il pas possible qu'ayant *entendu* le cri, le son tel quel, il le retienne et le répète ensuite toutes les fois qu'il apercevra le même objet, ou sera pressé du même besoin? Le cri deviendra le premier mot de son vocabulaire, et ainsi de suite, jusqu'à l'expression des idées purement intellectuelles.

Il est certain que l'idée ne peut sortir de l'entendement sans la parole ; mais on pourroit peut-être admettre que l'homme, avec la permission de Dieu, allume lui-même *ce flambeau du verbe,* qui doit éclairer son âme ; que le sentiment ou l'idée fait naître d'abord l'expression, et que l'expression à son tour rentre dans l'intelligence, pour y porter la lumière. Si l'auteur disoit que pour former une langue de cette sorte il faudroit des millions d'années, et que J.-J. Rousseau lui-même *a cru que la parole est bien nécessaire pour inventer la parole,* nous convenons aussi de la difficulté : mais M. de Bonald ne doit pas oublier qu'il a affaire à des hommes qui nient toutes les traditions et qui disposent à leur gré de *l'éternité* du monde.

Il y a, d'ailleurs, une objection plus sérieuse. Si la parole est nécessaire à la manifestation de l'idée, et que la parole entre par les sens, l'âme dans une autre vie, dépouillée des organes du corps, n'a donc pas la conscience de ses pensées ? Il n'y auroit plus qu'une ressource, qui seroit de dire que Dieu l'éclaire alors de son propre verbe, et qu'elle voit ses idées dans la Divinité : c'est retomber dans le système de Malebranche.

Les esprits profonds aimeront à voir comment M. de Bonald déroule le vaste tableau de l'ordre social ; comment il suit et définit l'administration civile, politique et religieuse. Il prouve évidemment que la religion chrétienne a achevé l'homme, comme le suprême législateur le dit lui-même en expirant :

Tout est consommé.

M. de Bonald donne une singulière élévation et une profondeur immense au christianisme ; il suit les rapports mystiques du *Verbe* et du *Fils,* et montre que le véritable Dieu ne pouvoit être connu que par la révélation ou l'*Incarnation* de son *Verbe,* comme la pensée de l'homme n'a été manifestée que par la parole ou l'*incarnation de la pensée.* Hobbes, dans sa *Cité chrétienne,* avoit expliqué le verbe comme l'auteur de la législation : *in Testamento Novo græce scripto,* VERBUM DEI *sæpe ponitur non pro eo quod loquutus est Deus, sed pro eo quod de Deo et de regno ejus... In hoc autem sensu idem significant* λόγος Θεοῦ.

M. de Bonald distingue essentiellement la constitution de la société domestique, ou l'ordre de famille, de la constitution politique ; rapports qu'on a trop confondus dans ces derniers temps. Dans l'examen de l'ancien *ministère public* en France, il montre une connoissance approfondie de notre histoire. Il examine le principe de la souveraineté du peuple, que Bossuet avoit attaqué dans son *cinquième avertissement*, en réponse à M. Jurieu. « Où tout est indépendant, dit l'évêque de Meaux, il n'y a rien de souverain. » Axiome foudroyant, manière d'argumenter précisément telle que l'exigeoient les ministres protestants, qui se piquoient surtout de raison et de logique. Ils s'étoient plaints d'être écrasés par l'éloquence de Bossuet; l'orateur s'étoit aussitôt dépouillé de son éloquence, comme ces guerriers chrétiens qui, s'apercevant au milieu d'un combat que leurs adversaires étoient désarmés, jetoient à l'écart leurs armes, pour ne pas remporter une victoire trop aisée. Bossuet, passant ensuite aux preuves historiques, et montrant que le prétendu *pacte social* n'a jamais existé, fait voir, ainsi qu'il le dit lui-même, qu'il y a là *autant d'ignorance que de mots*; que si le peuple est souverain, il a le droit incontestable de changer tous les jours sa constitution, etc. Ce grand homme (que M. de Bonald, digne d'être son admirateur, cite avec tant de complaisance) établit aussi l'excellence de la succession au pouvoir suprême. « C'est un bien pour le peuple, dit-il dans le même *avertissement*, que le gouvernement devienne aisé; qu'il se perpétue par les mêmes lois qui perpétuent le genre humain, et qu'il aille pour ainsi dire avec la nature. »

M. de Bonald nous reproduit cette forme de bon sens, et quelquefois cette simple grandeur de style. C'est un sujet d'étonnement dont on a peine à revenir, que l'ignorance ou la mauvaise foi dans laquelle est tombé notre siècle relativement au siècle de Louis XIV. On croit que ces écrivains ont méconnu les principes de l'ordre social, et cependant il n'y a pas de question politique dont Bossuet n'ait parlé, soit dans son *Histoire universelle*, soit dans sa *Politique tirée de l'Écriture*, soit surtout dans ses controverses avec les protestants.

Au reste, si l'on peut faire quelques objections à M. de Bonald sur les deux premiers volumes de son ouvrage, il n'en est pas ainsi du troisième. L'auteur y parle de l'*éducation* avec une supériorité de lumière, une force de raisonnement, une netteté de vue, dignes des plus grands éloges. C'est véritablement dans les questions particulières de morale ou de politique que M. de Bonald excelle. Il y répand partout une *modération féconde*, pour employer la belle expression de d'Aguesseau. Je ne doute point que son *Traité d'Éducation* n'attire les yeux des hommes d'État, comme sa question du divorce fixa l'attention des meilleurs esprits de la France. On reviendra incessamment sur ce troisième volume, qui mérite seul un extrait.

Le style de M. de Bonald pourroit être quelquefois plus harmonieux et moins négligé. Sa pensée est toujours éclatante et d'un heureux choix; mais je ne sais si son expression n'est pas quelquefois un peu terne et commune, légers défauts que le travail fera disparoître. On pourroit aussi désirer plus d'ordre dans les matières et plus de clarté dans les idées. Les génies forts et élevés ne compatissent pas assez à la foiblesse de leurs lecteurs; c'est un abus naturel de la puissance. Quelquefois encore, les distinctions de l'auteur paroissent trop ingénieuses, trop subtiles. Comme Montesquieu, il aime à appuyer une grande vérité sur une petite raison. La définition d'un mot, l'explication d'une étymologie, sont des choses trop curieuses et trop arbitraires pour qu'on puisse les avancer au soutien d'un principe important.

Au reste, on a voulu seulement, par ce peu de mots, sacrifier à la triste coutume qui veut qu'on joigne toujours la critique à l'éloge. A Dieu ne plaise que nous observions misérablement quelque tache dans les écrits d'un homme aussi supérieur que M. de Bonald! Comme nous ne sommes point une autorité, nous avons permission d'admirer avec le vulgaire, et nous en profitons amplement pour l'auteur de la *Législation primitive*.

Heureux les États qui possèdent encore des citoyens comme M. de Bonald; hommes que les injustices de la fortune ne peuvent décourager, qui combattent pour le seul amour du bien, lors même qu'ils n'ont pas l'espérance de vaincre!

L'auteur de cet article ne peut se refuser une image qui lui est fournie par la position dans laquelle il se trouve. Au moment même où il écrit ces derniers mots, il descend un des plus grands fleuves de la France; sur deux montagnes opposées s'élèvent deux tours en ruines; au haut de ces tours sont attachées de petites cloches que les montagnards sonnent à notre passage. Ce fleuve, ces montagnes, ces sons, ces monuments gothiques, amusent un moment les yeux des spectateurs; mais personne ne s'arrête pour aller où la cloche l'invite : ainsi les hommes qui prêchent aujourd'hui morale et religion donnent en vain le signal du haut de leurs ruines à ceux que le torrent du siècle entraîne; le voyageur s'étonne de la grandeur des débris, de la douceur des bruits qui en sortent, de la majesté des souvenirs qui s'en élèvent, mais il n'interrompt point sa course, et au premier détour du fleuve tout est oublié.

SUR

LA LÉGISLATION PRIMITIVE.

Décembre 1802.

On peut remarquer dans l'histoire que la plupart des révolutions des peuples civilisés ont été précédées des mêmes opinions, et annoncées par les mêmes écrits : *Quid est quod fuit? ipsum quod futurum est.* Quintilien et Élien nous parlent de cet Archiloque qui osa le premier publier l'histoire honteuse de sa conscience à la face de l'univers, et qui florissoit en Grèce avant la réforme de Solon. Au rapport d'Eschine, Dracon avoit fait un traité de l'éducation, où prenant l'homme à son berceau il le conduisoit pas à pas jusqu'à sa tombe. Cela rappelle l'éloquent sophiste dont M. de La Harpe a fait un portrait admirable.

La *Cyropédie* de Xénophon, une partie de la *République* de Platon, et les premiers livres de ses *Lois,* peuvent être aussi regardés comme de beaux traités, plus ou moins propres à former le cœur de la jeunesse. Sénèque et surtout le judicieux Quintilien, placés sur un autre théâtre, plus rapprochés de nos temps, ont laissé d'excellentes leçons aux maîtres et aux disciples. Malheureusement, de tant de bons écrits sur l'éducation nous n'avons emprunté que la partie systématique, et précisément celle qui, tenant aux mœurs des anciens, ne peut s'appliquer à nos mœurs. Cette fatale imitation, que nous avons poussée en tout à l'excès, a causé bien des malheurs : en naturalisant chez nous les dévastations et les assassinats de Sparte et d'Athènes, sans atteindre à la grandeur de ces fameuses cités, nous avons imité ces tyrans qui pour embellir leur patrie y faisoient transporter les ruines et les tombeaux de la Grèce.

Si la fureur de tout détruire n'avoit pas été le caractère dominant de ce siècle, qu'avions-nous besoin, cependant, d'aller chercher des systèmes d'éducation dans les débris de l'antiquité? N'avions-nous pas les institutions du christianisme? Cette religion si calomniée (et à qui nous devons toutefois jusqu'à l'art qui nous nourrit), cette religion arracha nos pères aux ténèbres de la barbarie. D'une main, les bénédictins guidoient les premières charrues dans les Gaules; de l'autre, ils transcrivoient les poëmes d'Homère ; et tandis que les *clercs de la vie commune* s'occupoient de la collation des anciens manuscrits, les *pauvres frères des écoles pieuses* enseignoient *gratis* aux enfants du peuple les premiers rudiments des lettres; ils obéissoient à ce commandement du livre où tout se trouve : *Non des illi potestatem in juventute, et ne despicias cogitatus illius.*

Bientôt parut cette société fameuse qui donna le Tasse à l'Italie et Voltaire à la France, et dont, pour ainsi dire, chaque membre fut un homme de lettres distingué. Le jésuite, mathématicien à la Chine, législateur au Paraguay, antiquaire en Égypte, martyr au Canada, étoit en Europe un maître savant et poli, dont l'urbanité ôtoit à la science ce pédantisme qui dégoûte la jeunesse. Voltaire consultoit sur ses tragédies les pères Porrée et Brumoy : « On a lu *Jules César* devant dix jésuites, écrit-il à M. de Cideville; ils en pensent comme vous. » La rivalité qui s'établit un moment entre *Port-Royal* et la *Société* força cette dernière à veiller plus scrupuleusement sur sa morale, et les *Lettres provinciales* achevèrent de la corriger. Les jésuites étoient des hommes tolérants et doux, qui cherchoient à rendre la religion aimable, par indulgence pour notre foiblesse, et qui s'égarèrent d'abord dans ce charitable dessein : Port-Royal étoit inflexible et sévère, et, comme le roi-prophète, il sembloit vouloir égaler la rigueur de sa pénitence à la hauteur de son génie. Si le poëte le plus tendre fut élevé à l'école des *Solitaires,* le prédicateur le plus austère sortit du sein de la *Société.* Bossuet et Boileau penchoient pour les premiers : Fénelon et La Fontaine pour la seconde.

« Anacréon se tait devant les jansénistes. »

Port-Royal, sublime à sa naissance, changea et s'altéra tout à coup, comme ces emblèmes antiques qui n'ont que la tête d'aigle ; les jésuites, au contraire, se soutinrent et se perfectionnèrent jusqu'à leur dernier moment. La destruction de cet ordre a fait un mal irréparable à l'éducation et aux lettres ; on en convient aujourd'hui. Mais, selon la réflexion touchante d'un historien : *Quis beneficorum servat memoriam? aut quis ullam calamitosis deberi putat gratiam? aut quando fortuna non mutat fidem?*

Ce fut donc sous le siècle de Louis XIV (siècle qui enfanta toutes les grandeurs de la France) que le système de l'éducation pour les deux sexes parvint à son plus haut point de perfection. On se rappelle avec admiration ces temps où l'on vit sortir des écoles chrétiennes Racine, Molière, Montfaucon, Sévigné, La Fayette, Dacier; ces temps où le chantre d'Antiope donnoit des leçons aux épouses des hommes, où les pères Hardouin et Jouvency expliquoient la belle antiquité, tandis que les génies de Port-Royal écrivoient pour des écoliers de sixième, et que le grand Bossuet se chargeoit du catéchisme des petits enfants.

Rollin parut bientôt à la tête de l'université; ce savant homme, que l'on prend aujourd'hui pour un pédant de collége plein de ridicules et de préjugés, est pourtant un des premiers écrivains françois qui aient parlé d'un philosophe anglois avec éloge : « Je ferai grand usage de deux auteurs modernes (dit-il dans son *Traité des Études*); ces auteurs sont M. de Fénelon, archevêque de Cambrai, et M. Locke, Anglois, dont les écrits sur cette matière sont fort estimés, et avec raison. Le dernier a quelques sentiments particuliers que je ne voudrois pas toujours adopter. Je ne sais, d'ailleurs, s'il étoit bien versé dans la connoissance de la langue grecque et dans l'étude des belles-lettres; il ne paroît pas au moins en faire assez de cas. »

C'est en effet à l'ouvrage de Locke sur l'éducation qu'on peut faire remonter la date de ces opinions systématiques qui tendent à faire de tous les enfants des héros de roman ou de philosophie. L'*Émile*, où ces opinions sont malheureusement consacrées par un grand talent et quelquefois par une haute éloquence, l'*Émile* est jugé maintenant comme livre pratique; sous ce rapport il n'y a pas de livre élémentaire pour l'enfance qui ne lui soit bien préférable : on s'en est enfin bien aperçu, et une femme célèbre a publié de nos jours sur l'éducation des préceptes beaucoup plus sains et plus utiles. Un homme dont le génie a été mûri par les orages de la révolution achève maintenant de renverser les principes d'une fausse philosophie et de rasseoir l'éducation sur ses bases morales et religieuses. Le troisième volume de la *Législation primitive* est consacré à cet important sujet : nous avons promis de le faire connoître à nos lecteurs.

M. de Bonald commence par poser en principe que l'homme naît ignorant et foible, mais capable d'apprendre; « bien différent de la brute, l'homme naît, dit-il, *perfectible*, et l'animal naît *parfait* ».

Que faut-il enseigner à l'homme? Tout ce qui est bon, c'est-à-dire tout ce qui est nécessaire à la *conservation* des êtres.

Et quel est le moyen général de cette conservation? La *société*.

Comment la société exprime-t-elle ses rapports? Elle les exprime par des *volontés* qui s'appellent *lois*.

Les lois sont donc des volontés, d'où résultent pour les membres de la société des *actions* appelées *devoirs*.

Donc l'*éducation* proprement dite est l'*enseignement des lois et des devoirs de la société*.

L'homme sous le rapport religieux et politique appartient à une *société domestique* et à une *société publique*. Il y a donc deux systèmes d'éducation, savoir :

L'éducation domestique, qui suit l'enfant dans la maison paternelle ; elle a pour but de former l'homme pour la famille et de l'instruire des éléments de la religion.

L'éducation publique, qui est celle que les enfants reçoivent de l'État dans des établissements publics ; son but est de former l'homme pour la société publique et les devoirs religieux et politiques qu'elle commande.

L'éducation, dans son principe, doit être essentiellement religieuse. Ici M. de Bonald combat fortement l'auteur d'*Émile*. Dire qu'on ne doit donner à l'enfance aucun principe religieux, c'est une des erreurs les plus funestes que jamais ait avancées la philosophie. L'auteur de la *Législation primitive* cite l'exemple effrayant de soixante-quinze enfants au-dessous de seize ans, jugés à la police correctionnelle, dans l'espace de cinq mois, pour *larcins, vols et atteintes aux mœurs*. M. Scipion Bexon, vice-président du tribunal de première instance du département de la Seine, à qui l'on doit la connoissance de ce fait, ajoute, dans son rapport, *que plus de la moitié des vols qui ont lieu dans Paris sont commis par des enfants*.

« Que des établissements publics, dit M. Necker dans son *Cours de morale religieuse*, assurent à tous les enfants des instructions élémentaires de morale et de religion. Votre indifférence vous rendroit un jour responsables des égarements que vous seriez forcés de punir ; votre conscience au moins seroit effrayée du reproche que pourroit vous adresser un jeune homme traduit devant un tribunal criminel, un jeune homme prêt à subir une condamnation rigoureuse. Que pourriez-vous répondre en effet s'il disoit : « Je « n'ai jamais été formé à la vertu par aucune leçon ; j'ai été dévoué à des « travaux mercenaires ; j'ai été lancé dans le monde avant qu'on eût gravé « dans mon cœur ou dans mon souvenir un seul principe de conduite. On « m'a parlé de liberté, d'égalité, jamais de mes devoirs envers les autres, « jamais de l'autorité religieuse qui m'auroit soumis à ces devoirs ; on m'a « laissé l'enfant de la nature, et l'on veut me juger par des lois que le *génie* « *social* a composées : ce n'étoit pas avec une sentence de mort qu'il falloit « m'enseigner les obligations de la vie ! » Tel est le langage terrible que pourroit tenir un jeune homme en entendant sa condamnation. »

En parlant d'abord de l'éducation domestique, M. de Bonald veut qu'on rejette toutes ces pratiques angloises, américaines, philosophiques, inventées par l'esprit de système et soutenues par la mode.

« Des vêtements légers, dit-il, la tête découverte, un lit dur, sobriété et exercices, des privations plutôt que des jouissances, en un mot, presque toujours ce qui coûte le moins, est en tout ce qui convient le mieux, et la nature n'emploie ni tant de frais ni tant de soins pour élever ce frêle édifice qui ne doit durer qu'un instant, et qu'un souffle peut renverser. »

Il conseille ensuite le rétablissement des *corporations,*

« que le gouvernement doit, dit-il, regarder comme l'éducation domestique des enfants du peuple. Ces corporations, où la religion fortifioit par ses pratiques les règlements de l'autorité civile, avoient, entre autres avantages, celui de contenir par le devoir un peu dur des maîtres une jeunesse grossière, que le besoin de vivre soustrait de bonne heure au pouvoir paternel et que son obscurité dérobe au pouvoir politique. »

C'est voir les choses de bien haut et considérer en véritable législateur ce que tant d'écrivains n'ont aperçu qu'en économistes.

L'auteur, passant à l'éducation publique, prouve d'abord, comme Quintilien, l'insuffisance d'une éducation privée, et la nécessité d'une éducation commune. Après avoir parlé des lieux où l'on doit établir les colléges, et fixé le nombre des élèves que chaque collége doit à peu près contenir, il examine la grande question sur les *maîtres;* laissons-le parler lui-même :

« Il faut une éducation perpétuelle, universelle, uniforme, et par conséquent un instituteur perpétuel, universel, uniforme : il faut donc un corps, car hors d'un corps il ne peut y avoir ni perpétuité, ni généralité, ni uniformité.

« Ce corps (car il n'en faut qu'un), chargé de l'éducation publique, ne peut pas être un corps purement séculier, car où seroit le lien qui en assureroit la perpétuité, et par conséquent l'uniformité? Seroit-ce l'intérêt personnel? Mais des séculiers auront ou pourront avoir une famille. Ils appartiendront donc plus à leur famille qu'à l'État, à leurs enfants plus qu'aux enfants des autres, à leur intérêt personnel plus qu'à l'intérêt public; car l'amour de soi, dont on veut faire le lien universel, est et sera toujours le mortel ennemi de l'amour des autres. . . . .
. . . .
. . . .

« Si les instituteurs publics sont célibataires, quoique séculiers, ils ne pourront faire corps entre eux, leur agrégation fortuite ne sera qu'une succession continuelle d'individus entrés pour vivre, et sortis pour s'établir; et quel père de famille osera confier ses enfants à des célibataires dont une discipline religieuse ne garantira pas les mœurs? S'ils sont mariés, comment l'État pourroit-il assurer à des hommes chargés de famille, animés d'une juste ambition de fortune, et plus capables que d'autres de s'y livrer avec succès, comment pourroit-il leur assurer un établissement qui puisse les détourner d'une spéculation plus lucrative? Si, par des vues d'économie, on les réunit sous le même toit avec leurs femmes et leurs enfants, la concorde est impossible; si on leur permet de vivre séparément, les frais sont incalculables. Des hommes instruits ne voudront pas soumettre leur esprit à des règlements devenus routiniers, à des méthodes d'enseignement qui leur paroîtront défectueuses; des hommes avides et accablés de besoins voudront s'enrichir; des pères de famille oublieront les soins publics pour les affections domestiques. L'État peut être assuré de ne conserver dans les établissements d'éducation que les hommes qui ne seront propres à aucune autre profession, des mauvais sujets; et l'on peut s'en convaincre aisément en se rappelant que les instruments les plus actifs de nos désordres ont été à Paris cette classe d'instituteurs laïques attachés aux colléges, qui, dans leurs idées classiques, ont vu le *forum* de Rome à l'assemblée de leurs sections, se sont crus des orateurs chargés des destinées de la république, lorsqu'ils n'étoient que des brouillons bouffis d'orgueil et impatients de sortir de leur état. Il faut donc un corps qui ne puisse se dissoudre; un corps où des hommes fassent à une règle commune le sacrifice de leurs opinions personnelles, à une richesse commune le sacrifice de leur cupidité personnelle, à la famille commune de l'État le sacrifice de leurs familles personnelles. Mais quelle autre force que celle de la religion, quels autres engagements que ceux qu'elle consacre, peuvent lier des hommes à des devoirs aussi austères et leur commander des sacrifices aussi pénibles! »

La vigoureuse dialectique de ce morceau sera remarquée de tous les lecteurs. M. de Bonald presse l'argument de manière à ne laisser aucun refuge à ses adversaires. On pourroit seulement lui objecter les universités protestantes; mais il pourrait répondre que les professeurs de ces universités, bien qu'ils soient mariés, sont cependant des *ministres* ou des *prêtres;* que ces universités sont d'ailleurs des fondations *chrétiennes*, dont les revenus et les fonds sont indépendants du gouvernement; qu'après tout, les désordres sont tels dans ces universités que des parents sages craignent souvent d'y envoyer leurs enfants. Tout cela change absolument l'état de la question, et sert même, en dernière analyse, à confirmer le raisonnement de l'auteur.

M. de Bonald, ne s'occupant qu'à poser les principes, néglige de donner des avis particuliers aux maîtres. On les trouve d'ailleurs, ces avis, dans les écrits du bon Rollin. Le seul titre de ces chapitres fait aimer cet excellent homme : *prendre de l'autorité sur les enfants; se faire aimer et craindre; inconvénients et dangers des châtiments; parler raison aux enfants, les piquer d'honneur; faire usage des louanges, des récompenses, des caresses; rendre l'étude aimable; accorder du repos et de la récréation aux enfants; piété, religion, zèle pour le salut des enfants;* c'est sous ce dernier titre qu'on lit ces mots, qui font presque verser des larmes d'attendrissement :

« Qu'est-ce qu'un maître chrétien, chargé de l'éducation de jeunes gens? C'est un homme entre les mains de qui Jésus-Christ a remis un certain nombre d'enfants, qu'il a rachetés de son sang et pour lesquels il a donné sa vie; en qui il habite comme dans sa maison et dans son temple; qu'il regarde comme ses membres, comme ses frères et ses cohéritiers, dont il veut faire autant de rois et de prêtres qui régneront et serviront Dieu avec lui et par lui pendant toute l'éternité; et il les leur a confiés pour conserver en eux le précieux et l'inestimable dépôt de l'innocence. Or, quelle grandeur, quelle noblesse une commission si honorable n'ajoute-t-elle point à toutes les fonctions des maîtres?. . . . .
. . . . Un bon maître doit s'appliquer ces paroles, que Dieu faisoit continuellement retentir aux oreilles de Moïse, le conducteur de son peuple : Portez-les dans votre sein comme une nourrice a accoutumé de porter son petit enfant; *Porta eos in sinu tuo, sicut portare solet infantulum.* »

Des maîtres M. de Bonald passe aux élèves. Il veut qu'on les occupe principalement de l'étude des langues anciennes, qui ouvrent aux enfants les trésors du passé et promènent leur esprit et leur cœur sur de beaux souvenirs et de grands exemples. Il s'élève contre cette éducation philosophique « qui encombre, dit-il, la mémoire des enfants de vaines nomenclatures de minéraux, de plantes, qui rétrécissent leur intelligence, etc. »

On doit aimer à se rencontrer dans les mêmes sentiments et les mêmes opinions avec un homme tel que M. de Bonald. Nous avons eu le bonheur d'attaquer un des premiers cette dangereuse manie de notre siècle[1]. Personne peut-être ne sent plus que nous le charme de l'*histoire naturelle*; mais quel abus n'en fait-on pas aujourd'hui, et dans la manière dont on l'étudie, et dans les conséquences qu'on veut en tirer! L'histoire naturelle proprement dite ne peut être, ne doit être qu'une suite de tableaux, comme dans la nature. Buffon avoit un souverain mépris pour les *classifications*, qu'il appeloit *des échafaudages*

---

1. Dans le *Génie du Christianisme.*

pour arriver à la science, et non pas la science elle-même [1]. Indépendamment des autres dangers qu'entraîne l'étude exclusive des sciences, comme elles ont un rapport immédiat avec le vice originel de l'homme, elles nourrissent beaucoup plus l'orgueil que les lettres. « Descartes croyoit, dit le savant auteur de sa vie, qu'il étoit *dangereux* de s'appliquer trop sérieusement à ces démonstrations superficielles, que l'industrie et l'expérience fournissent moins souvent que le hasard. Sa maxime étoit [2] que cette application nous désaccoutume insensiblement de l'usage de notre raison et nous expose à perdre la route que la lumière nous trace [3]. » Et l'on peut ajoûter ces paroles de Locke : « *Entêtés de cette folle pensée, que rien n'est au-dessus de notre compréhension* [4]. »

Voulez-vous apprendre l'histoire naturelle aux enfants sans dessécher leur cœur et sans flétrir leur innocence, mettez entre leurs mains le commentaire de la *Genèse*, par *M. de Luc*, ou l'ouvrage cité par Rollin, dans le livre de ses *Études*, intitulé *de la Philosophie*. Quelle philosophie, et combien peu elle ressemble à la nôtre ! Citons un morceau au hasard :

« Quel architecte a enseigné aux oiseaux à choisir un lieu ferme et à bâtir sur un fondement solide ? Quelle mère tendre leur a conseillé d'en couvrir le fond de matières molles et délicates, telles que le duvet et le coton ? Et lorsque ces matières manquent, qui leur a suggéré cette ingénieuse charité, qui les porte à s'arracher avec le bec autant de plumes de l'estomac qu'il en faut pour préparer un berceau commode à leurs petits ?

« Est-ce pour les oiseaux, Seigneur, que vous avez uni ensemble tant de miracles qu'ils ne connoissent point ? Est-ce pour les hommes qui n'y pensent pas ? Est-ce pour des curieux, qui se contentent de les admirer sans remonter jusqu'à vous ? Et n'est-il pas visible que votre dessein a été de nous rappeler à vous par un tel spectacle, de nous rendre sensibles votre providence et votre sagesse infinie, et de nous remplir de confiance en votre bonté, si attentive et si tendre pour des oiseaux, dont une couple ne vaut qu'une obole [5] ? »

Il n'y a que les *Études de la Nature* de M. Bernardin de Saint-Pierre qui offrent des peintures aussi religieuses et aussi touchantes. La plus belle page de Buffon n'égale peut-être pas la tendre éloquence de ce mouvement chrétien : *Est-ce pour les oiseaux, Seigneur*, etc.

---

1. *Hist. nat.*, t. I, prem. Disc., p. 79, édit. 17.
2. Lettre de 1639, p. 412. Descartes, lib. *de Direct. ingen. regula*, n° 5.
3. Œuvres de Desc., t. I, p. 112.
4. *Entend. hum.*, liv. I, chap. III, art. 4, trad. de M. Cotte.
5. Matth., 10, 20.

Un étranger se trouvoit il y a quelque temps dans une société où l'on parloit du fils de la maison, enfant de sept ou huit ans, comme d'un prodige. Bientôt on entend un grand bruit, les portes s'ouvrent, et l'on voit paroître le petit docteur, les bras nus, la poitrine découverte, et habillé comme un singe qu'on va montrer à la foire. Il arrivoit se roulant d'une jambe sur l'autre, d'un air assuré, regardant avec effronterie, importunant tout le monde de ses questions, et tutoyant également les femmes et les hommes âgés. On le place sur une table, au milieu de l'assemblée en extase ; on l'interroge : « Qu'est-ce que l'homme ? lui demande gravement un instituteur. — C'est un animal *mammifère*, qui a quatre extrémités, dont deux se terminent en mains. — Y a-t-il d'autres animaux de sa classe ? — Oui : les chauves-souris et les singes. » L'assemblée poussa des cris d'admiration. L'étranger, se tournant vers nous, nous dit brusquement : « Si j'avois un enfant qui sût de pareilles choses, en dépit des larmes de sa mère, je lui donnerois le fouet jusqu'à ce qu'il les eût oubliées. Je me souviens des paroles de votre Henri IV : *M'amie*, disoit-il à sa femme, *vous pleurez quand je donne le fouet à notre fils ; mais c'est pour son bien, et la peine que je vous fais à présent vous épargnera un jour bien des peines.* »

Ces petits *naturalistes*, qui ne savent pas un mot de leur religion et de leurs devoirs, sont à quinze ans des personnages insupportables. Déjà hommes, sans être hommes, vous les voyez traîner leur figure pâle et leur corps énervé dans les cercles de Paris, décidant de tout en maîtres, ayant une *opinion* en morale et en politique, prononçant sur ce qui est bon ou mauvais, jugeant de la beauté des femmes, de la bonté des livres, du jeu des acteurs, de la danse des danseurs, et se regardant danser eux-mêmes avec admiration, se piquant d'être déjà *blasés* sur leurs *succès*, et, pour comble de ridicule et d'horreur, ayant quelquefois recours au suicide.

Ah ! ce ne sont pas là ces enfants d'*autrefois*, que leurs parents envoyoient chercher tous les jeudis au collége. Ils arrivoient avec des habits simples et modestement fermés. Ils s'avançoient timidement au milieu du cercle de la famille, rougissant quand on leur parloit, baissant les yeux, saluant d'un air gauche et embarrassé, mais empruntant des grâces de leur simplicité même et de leur innocence ; et cependant le cœur de ces pauvres enfants bondissoit de joie. Quelles délices pour eux qu'une journée passée ainsi sous le toit paternel, au milieu des complaisances des domestiques, des embrassements des sœurs et des dons secrets de la mère ! Si on les interrogeoit sur leurs études, ils ne répondoient pas que l'homme est un animal *mammifere*, placé entre les chauves-souris et les singes, car ils ignoroient ces importantes vérités; mais ils répétoient ce qu'ils avoient appris dans Bossuet ou dans Fénelon, que Dieu a créé l'homme pour l'aimer et le servir ; qu'il a une âme immortelle ; qu'il sera puni ou récompensé dans une autre vie, selon ses mauvaises ou bonnes actions ; que les enfants doivent être respectueux envers leurs père et mère ; enfin toutes ces vérités du catéchisme qui font pitié à la philosophie. Ils appuyoient cette *histoire naturelle* de l'homme de quelques passages fameux, en vers grecs ou latins, empruntés d'Homère ou de Virgile ; et ces belles citations du génie de l'antiquité se marioient assez bien aux génies non moins antiques de l'auteur de *Télémaque* et de celui de l'*Histoire universelle*.

Mais il est temps de passer au résumé général de la *Législation primitive* ; tels sont les principes que M. de Bonald a posés :

Il y a un Être-Suprême ou une cause générale.

Cet Être-Suprême est Dieu. Son existence est surtout prouvée par la parole, que l'homme n'a pas pu trouver, et qui lui a été enseignée.

La cause générale, ou Dieu, a produit un effet également général dans le monde : c'est l'homme.

Ces deux termes, cause et effet, Dieu et l'homme, ont un terme moyen nécessaire, sans quoi il n'y auroit point de rapports entre eux.

Ce terme moyen nécessaire doit se proportionner à la perfection de la cause et à l'imperfection de l'effet.

Quel est ce terme moyen ? où étoit-il ? « C'étoit là, dit l'auteur, la grande énigme de l'univers. »

Il étoit annoncé à un peuple ; il devoit être connu d'un autre.

Il est venu au terme marqué. Avant lui les véritables rapports de l'homme avec Dieu n'étoient point connus, parce que les êtres ne sont point connus par eux-mêmes, qu'ils ne le sont que par leurs rapports, et que tout terme moyen ou tout rapport manquoit entre l'homme et Dieu.

Ainsi il y aura véritable connoissance de Dieu et de l'homme partout où le médiateur sera connu, et ignorance de Dieu et de l'homme partout où le médiateur sera inconnu.

Là où il y a connoissance de Dieu et de l'homme, et de leur rapport naturel, il y a nécessairement de bonnes lois, puisque les lois sont l'expression des rapports naturels : donc la civilisation suivra la connoissance du médiateur, et la barbarie l'ignorance du médiateur.

Donc il y a eu civilisation commencée chez les Juifs et civilisation consommée chez les chrétiens. Les peuples païens ont été des *barbares*.

Il faut entendre le mot *barbare* dans le sens de l'auteur. Les arts pour lui ne constituent pas un peuple *civilisé*, mais un peuple *policé*.

Il n'attache le mot de civilisation qu'aux lois morales et politiques ; on sent que tout ceci, bien que supérieurement enchaîné, est sujet à de grandes objections. On aura toujours un peu de peine à admettre qu'un Turc d'aujourd'hui est plus *civilisé* qu'un Athénien d'autrefois, parce qu'il a une *connoissance confuse du médiateur*. Les systèmes exclusifs qui mènent à de grandes choses et à de grandes découvertes, ont inévitablement des dangers et des parties foibles.

Les trois termes primitifs étant établis, M. de Bonald les applique au mode social ou moral, parce que ces trois termes renferment en effet l'ordre de l'univers. La *cause,* le *moyen* et l'*effet* deviennent alors pour la société le *pouvoir,* le *ministre* et le *sujet.*

La société est religieuse ou politique, domestique ou publique.

L'état purement domestique de la société religieuse s'appelle religion naturelle.

L'état purement domestique de la société politique s'appelle famille.

L'accomplissement de la société religieuse a été de faire passer le genre humain au *déisme* ou à la religion *nationale* des Juifs, et de là à la religion *générale* des chrétiens.

Le perfectionnement de la société politique en Europe a été de faire passer les hommes de l'état domestique à l'état public et fixe des peuples civilisés qui composent la chrétienté.

Le lecteur doit s'apercevoir ici qu'il a quitté la partie systématique de l'ouvrage de M. de Bonald, et qu'il entre dans une série de principes les plus féconds et les plus nouveaux.

Dans tous les modes particuliers de la société, le pouvoir *veut* la société, c'est-à-dire sa conservation : le ministre *agit*, en exécution de la volonté du pouvoir. Le sujet est *l'objet de la volonté* du pouvoir et *le terme de l'action* des ministres.

Le pouvoir *veut ;* il doit être un : les ministres agissent, ils doivent être plusieurs.

Ainsi M. de Bonald arrive à la base fondamentale de son système politique ; base qu'il a été chercher, comme on le voit, jusque dans le sein de Dieu. La monarchie, selon lui, ou l'unité du pouvoir, est le seul gouvernement qui dérive de l'essence des choses et de la souveraineté du Tout-Puissant sur la nature. Toute forme politique qui s'en éloigne ramène plus ou moins l'homme à l'enfance des peuples, ou la barbarie de la société.

Dans le livre second de son ouvrage, M. de Bonald montre l'application aux états particuliers de la société. Il établit pour la famille, ou la société domestique, les divers rapports entre les maîtres et les domestiques, entre les pères et les enfants. Dans la société publique, il déclare que le pouvoir public doit être, comme le pouvoir domestique, commis à Dieu seul et indépendant des hommes, c'est-à-dire qu'il doit être un, masculin, propriétaire, perpétuel; car, sans unité, sans masculinité, sans propriété, sans perpétuité, il n'y a pas de véritable indépendance. Les attributions du pouvoir, l'état de paix et de guerre, le code des lois, sont examinés par l'auteur. D'accord avec son titre, il se renferme pour tout cela dans les éléments de la législation. Il a senti la nécessité de rappeler les notions les plus simples, lorsque tous les principes ont été bouleversés dans la société.

Dans le traité du *ministère public*, qui suit les deux livres de principes, l'auteur cherche à prouver par l'histoire des temps modernes, et surtout par celle de France, la vérité des principes qu'il a avancés.

La religion chrétienne, en paroissant au monde, dit-il, appela à son berceau des bergers et des rois; et leurs hommages, les premiers qu'elle ait reçus, annoncèrent à l'univers qu'elle venoit régler les familles et les États, l'homme privé et l'homme public.

Le combat s'engage entre l'idolâtrie et le christianisme; il fut sanglant. La religion perd ses plus généreux athlètes, mais elle triomphe. Jusque alors renfermée dans la famille ou la société domestique, elle passe dans l'État; elle devient propriétaire. Aux petites églises d'Éphèse et de Thessalonique succèdent les grandes églises des Gaules et de la Germanie. L'état politique se forme avec l'état religieux, ou plutôt est constitué naturellement par lui. Les grandes monarchies de l'Europe se forment avec les grandes églises : l'Église a son chef, ses ministres, ses fidèles; l'État, son chef, ses ministres, ses féaux ou sujets. Division de juridiction, hiérarchie dans les fonctions, nature des propriétés, tout, jusqu'aux dénominations, devient peu à peu semblable dans le ministère religieux et le ministère politique. L'Église est divisée en métropoles, diocèses, etc.; l'État, en gouvernements ou duchés, districts ou comtés, etc. L'Église a ses ordres religieux, chargés de l'éducation et du dépôt des sciences; l'État a ses ordres militaires, voués à la défense de la religion : partout l'État s'élève avec l'Église, le donjon à côté du clocher, le seigneur ou le magistrat à côté du prêtre; le noble ou le défenseur de l'État vit à la campagne; le religieux habite les déserts. Bientôt le premier ordre s'altère, et s'altère à la fois dans l'ordre politique et religieux. Le noble vient habiter les villes, qui s'agrandissent; le prêtre quitte en même temps la solitude. Les propriétés se dénaturent; les invasions des Normands, les changements des races régnantes, les croisades, les guerres des rois contre les vassaux font passer dans les mains du clergé un grand nombre de fiefs, propriété naturelle et exclusive de l'ordre politique; et dans les mains des nobles, des dîmes ecclésiastiques, propriété naturelle et exclusive de l'ordre clérical : les devoirs suivirent naturellement les propriétés auxquelles ils étoient attachés. Le noble nomma des bénéfices et quelquefois les rendit héréditaires dans sa famille. Le prêtre institua des juges et leva des soldats, ou même jugea et combattit lui-même, et l'esprit de chaque ordre fut altéré en même temps que les propriétés furent confondues.

Enfin l'époque de la grande révolution religieuse arrive : elle est d'abord préparée dans l'Église par l'imprudente institution des ordres mendiants, que la cour de Rome crut devoir opposer au clergé riche et corrompu ; mais ces corps deviennent bientôt en France, chez une nation élégante et spirituelle, l'objet des sarcasmes des savants [1]. En même temps que Rome avoit établi ses milices, l'État avoit fondé les siennes. Les Croisades, les usurpations de la couronne ayant appauvri l'ordre des nobles, il fallut avoir recours pour la défense de l'État aux troupes soldées. La force militaire, sous Charles VII, passe au *peuple armé* ou aux troupes soldées ; la force judiciaire, sous François Ier, passe au *peuple lettré*, par la vénalité des offices judiciaires. La réformation dans l'Église vient concourir avec les innovations dans l'État. Les simples citoyens avoient pris la place des magistrats, constitués dans les fonctions politiques ; les simples fidèles usurpèrent sur les prêtres les fonctions religieuses. Luther attenta au sacerdoce public. Calvin le remplaça dans la famille. Le popularisme entra dans l'État, et le presbytérianisme dans l'Église. Le ministère public passa au peuple, en attendant qu'il s'arrogeât le souverain pouvoir, et alors furent proclamés les deux dogmes parallèles et correspondants de la démocratie religieuse et de la démocratie politique : l'un, que l'autorité religieuse est dans le corps des fidèles, l'autre que la souveraineté politique est dans l'assemblée des citoyens.

Avec le changement dans les principes vient le changement dans les mœurs. Les nobles abandonnent les belles fonctions de juges, pour embrasser uniquement le métier des armes. La licence militaire vient relâcher les nœuds de la morale ; les femmes influent sur le ministère public ; le luxe s'introduit à la cour et dans les villes ; un peuple de citadins remplace une nation agricole ; au défaut de considération on veut obtenir des titres ; la noblesse est vendue en même temps que les biens de l'Église sont mis à l'encan ; les grands noms s'éteignent ; les premières familles de l'État tombent dans la pauvreté ; le clergé perd son autorité et sa considération ; enfin, le philosophisme, sortant du fond de ce chaos religieux et politique, achève de renverser la monarchie ébranlée.

---

1. Lorsque les ordres mendiants furent établis dans l'Église, peut-on dire que les François fussent alors une nation ÉLÉGANTE ? D'ailleurs l'auteur n'oublie-t-il pas les services innombrables que ces ordres ont rendus à l'humanité ? Les premiers savants qui parurent à la renaissance des lettres étoient bien loin de tourner les ordres mendiants en ridicule, puisqu'un grand nombre de ces savants étoient eux-mêmes des religieux. Il nous semble donc que l'auteur confond ici les époques ; mais on peut lui accorder qu'il eût été bon de diminuer insensiblement les ordres mendiants, à mesure que l'élégance des mœurs françoises s'est développée.

Ce morceau, très-remarquable, est tiré de la *Théorie du Pouvoir politique et religieux*, ouvrage supprimé par le Directoire, et dont il n'est échappé qu'un très-petit nombre d'exemplaires. Il seroit à désirer qu'on donnât un résumé de ce livre important, supérieur même à la *Législation primitive*, et dont celui-ci n'est, pour ainsi dire, qu'un extrait. On sauroit alors d'où sortent toutes ces idées si neuves en politique, et que des écrivains mettent aujourdhui en avant, sans indiquer la source où ils les ont puisées.

Au reste, nous avons trouvé partout (et nous nous en faisons gloire), dans l'ouvrage de M. de Bonald la confirmation des principes littéraires et religieux que nous avons énoncés dans le *Génie du Christianisme*. Il va même plus loin que nous à quelques égards; car nous ne nous sentons pas assez d'autorité pour oser dire, comme lui, *qu'il faut prendre aujourd'hui les plus grandes précautions pour n'être pas ridicule en parlant de la mythologie.* Nous croyons qu'un heureux génie peut encore tirer bien des trésors de cette mine féconde; mais nous pensons aussi, et nous avons peut-être été le premier à l'avancer, qu'il y a plus de ressource pour la poésie dramatique dans la religion chrétienne que dans la religion des anciens; que les merveilles sans nombre qui résultent nécessairement pour le poëte de la lutte des passions et d'une religion chaste et inflexible peuvent compenser amplement la perte des beautés mythologiques. Quand nous n'aurions fait naître qu'un doute sur cette importante question littéraire, sur cette question, décidée en faveur de la fable par les plus grandes autorités, ne seroit-ce pas avoir obtenu une espèce de victoire [1]?

M. de Bonald s'élève aussi contre ces esprits timides qui par *respect* pour la religion laisseroient volontiers la religion périr. Il s'exprime presque dans les mêmes termes que nous :

Lorsqu'on méconnoît d'un bout de l'Europe à l'autre ces vérités nécessaires à l'ordre social... seroit-il besoin de se justifier devant des esprits timides et des âmes timorées d'oser soulever un coin du voile qui dérobe ces vérités

---

[1]. Mᵐᵉ de Staël elle-même, dans la préface d'un roman, veut bien nous accorder quelque chose, et convenir que les idées religieuses sont favorables au développement du génie; cependant, elle semble avoir écrit son livre pour combattre ces mêmes idées et pour prouver qu'il n'y a rien de plus sec que le christianisme et de plus tendre que la philosophie. A-t-elle atteint ou manqué son but? C'est au public à prononcer. Mais du moins elle a donné de nouvelles preuves d'un esprit distingué et d'une imagination brillante; et quoiqu'elle essaye de faire valoir des opinions qui glacent et dessèchent le cœur, on sent percer dans tout son ouvrage cette bonté que les systèmes philosophiques n'ont pu altérer et cette générosité que les malheureux n'ont jamais réclamée en vain.

aux regards inattentifs? et y auroit-il des chrétiens d'une foi assez foible pour penser qu'elles seront moins respectées à mesure qu'elles seront plus connues?

Au milieu des violentes critiques qui nous ont assailli dès nos premiers pas dans la littérature, nous avouerons qu'il est extrêmement flatteur et consolant pour nous de voir aujourd'hui notre foible travail sanctionné par une opinion aussi grave que celle de M. de Bonald. Cependant, nous prendrons la liberté de lui dire que dans l'ingénieuse comparaison qu'il fait de son ouvrage au nôtre il prouve qu'il sait se servir mieux que nous des armes de l'imagination, et que s'il ne les emploie pas plus souvent, c'est qu'il les dédaigne. Il est, quoi qu'il en puisse dire, le savant architecte du temple dont nous ne sommes que l'inhabile décorateur.

On doit beaucoup regretter que M. de Bonald n'ait pas eu le temps ni la fortune nécessaire pour ne faire qu'un seul ouvrage de sa *Théorie du Pouvoir*, de son *Divorce* [1], de sa *Législation primitive*, et de ses divers traités de politique. Mais la Providence, qui dispose de nous, a marqué d'autres devoirs à M. de Bonald : elle a demandé à son cœur le sacrifice de son génie. Cet homme rare et modeste consacre aujourd'hui ses moments à une famille malheureuse, et les soucis paternels lui font oublier les soins de la gloire. On fera de lui l'éloge que l'Écriture fait des patriarches : *Homines divites in virtute, pulchritudinis studium habentes, pacificantes in domibus suis.*

Le génie de M. de Bonald nous semble encore plus profond qu'il n'est haut; il creuse plus qu'il ne s'élève. Son esprit nous paroît à la fois solide et fin; son imagination n'est pas toujours, comme les imaginations éminemment poétiques, portée par un sentiment vif ou une grande image, mais aussi elle est spirituelle, ingénieuse, ce qui fait qu'elle a plus de calme que de mouvement, plus de lumière que de chaleur. Quant aux sentiments de M. de Bonald, ils respirent partout cet honneur françois, cette probité, qui font le caractère dominant des écrivains du siècle de Louis XIV. On sent que ces écrivains ont découvert la vérité, moins encore par la force de leur esprit que par la droiture de leur cœur.

On a si rarement de pareils hommes et de pareils ouvrages à annoncer au public, qu'on nous pardonnera la longueur de cet extrait. Quand les clartés qui brillent encore sur notre horizon littéraire se

---

1. M. de Fontanes, dans un extrait de cet excellent ouvrage, a placé le premier M. de Bonald au rang qu'il doit occuper dans les lettres.

cachent ou s'éteignent par degrés, on arrête complaisamment ses regards sur une nouvelle lumière qui se lève. Tous ces hommes vieillis glorieusement dans les lettres, ces écrivains depuis longtemps connus, auxquels nous succéderons, mais que nous ne remplacerons pas, ont vu des jours plus heureux. Ils ont vécu avec Buffon, Montesquieu et Voltaire; Voltaire avoit connu Boileau; Boileau avoit vu mourir le vieux Corneille; et Corneille enfant avoit peut-être entendu les derniers accents de Malherbe. Cette belle chaîne du génie françois s'est brisée. La révolution a creusé un abîme qui a séparé à jamais l'avenir et le passé. Une génération moyenne ne s'est point formée entre les écrivains qui finissent et les écrivains qui commencent. Un seul homme pourtant tient encore le fil de l'antique tradition, et s'élève dans cet intervalle désert. On reconnoîtra sans peine celui que l'amitié n'ose nommer, mais que l'auteur célèbre, oracle du goût et de la critique, a déjà désigné pour son successeur. Toutefois, si les écrivains de l'âge nouveau, dispersés par la tempête, n'ont pu s'instruire auprès des anciennes autorités, s'ils ont été obligés de tirer tout d'eux-mêmes, la solitude et l'adversité ne sont-elles pas aussi de grandes écoles? Compagnons des mêmes infortunes, amis avant d'être auteurs, puissent-ils ne voir jamais renaître parmi eux ces honteuses jalousies qui ont trop souvent déshonoré un art noble et consolateur! Ils ont encore besoin d'union et de courage : les lettres seront longtemps orageuses. Elles ont produit la révolution, et elles seront le dernier asile des haines révolutionnaires. Un demi-siècle suffira à peine pour calmer tant de vanités compromises, tant d'amours-propres blessés. Qui peut donc espérer de voir des jours plus sereins pour les Muses? La vie est trop courte; elle ressemble à ces carrières où l'on célébroit les jeux funèbres chez les anciens, et au bout desquelles apparoissoit un tombeau.

Ἐσηκεξύγον αὖον ὅσον, etc.

« De ce côté, dit Nestor à Antiloque, s'élève de terre le tronc dépouillé d'un chêne; deux pierres le soutiennent dans un chemin étroit; c'est une tombe antique et la borne marquée à votre course. »

SUR

LE PRINTEMPS D'UN PROSCRIT,

POÈME

PAR M. J. MICHAUD.

Janvier 1803.

Voltaire a dit : « Ou chantez vos plaisirs, ou laissez vos chansons. » Ne pourroit-on pas dire avec autant de vérité : « Ou chantez vos malheurs, ou laissez vos chansons ? »

Condamné à mort pendant les jours de la terreur, obligé de fuir une seconde fois après le 18 fructidor, l'auteur du *Printemps d'un Proscrit* est reçu par des cœurs hospitaliers dans les montagnes du Jura, et trouve dans le tableau de la nature à la fois de quoi consoler et nourrir ses regrets.

Lorsque la main de la Providence nous éloigne du commerce des hommes, nos yeux moins distraits se fixent sur le spectacle de la création, et nous y découvrons des merveilles que nous n'aurions jamais soupçonnées. Du fond de la solitude on contemple les tempêtes du monde, comme un homme jeté sur une île déserte se plaît, par une secrète mélancolie, à voir les flots se briser sur les côtes où il fit naufrage. Après la perte de nos amis, si nous ne succombons pas à la douleur, notre cœur se replie sur lui-même ; il forme le projet de se détacher de tout autre sentiment et de vivre uniquement avec ses souvenirs. Nous sommes alors moins propres à la société, mais notre sensibilité se développe aussi davantage. Que celui qui est abattu par le chagrin s'enfonce dans l'épaisseur des forêts ; qu'il erre sous leur voûte mobile ; qu'il gravisse la montagne d'où l'on découvre des pays immenses ou le soleil se levant sur les mers ; sa douleur ne tiendra point contre un tel spectacle, non qu'il oublie ceux qu'il aima (car alors qui ne craindroit d'être consolé ?), mais le souvenir de ses amis se confondra avec le calme des bois et des cieux; il gardera sa douceur, et ne perdra que son amertume : heureux ceux qui aiment la nature; ils la trouveront, et ne trouveront qu'elle, au jour de l'adversité [1] !

Ces réflexions nous ont été fournies par l'ouvrage aimable que nous annonçons. Ce n'est point un poëte qui cherche seulement la pompe et la perfection de l'art; c'est un infortuné qui s'entretient avec lui-même, et qui touche la lyre pour rendre l'expression de sa douleur plus harmonieuse; c'est un proscrit qui dit à son livre, comme Ovide au sien :

« Mon livre, vous irez à Rome, et vous irez à Rome sans moi!... Hélas! que n'est-il permis à votre maître d'y aller lui-même! Partez, mais sans appareil, comme il convient au livre d'un poëte exilé. »

L'ouvrage, divisé en trois chants, s'ouvre par une description des premiers beaux jours de l'année. L'auteur compare la tranquillité des campagnes à la terreur qui régnoit alors dans les villes; il peint le laboureur donnant asile à des proscrits :

> . . . .
> Dans cet âge de fer, ami des malheureux,
> Il pleure sur leurs maux, console leur misère,
> Et comme à ses enfants leur ouvre sa chaumière.
> Les bois qu'il a plantés, sous leurs rameaux discrets,
> Dérobent aux méchants les heureux qu'il a faits.
> Le pâle fugitif y cache ses alarmes,
> Et loin des factions, loin du fracas des armes,
> Pleure en paix sur les maux de l'État ébranlé.

La religion, persécutée dans les villes, trouve à son tour un asile dans les forêts, bien qu'elle y ait aussi perdu ses autels et ses temples.

> Quelquefois le hameau, que rassemble un saint zèle,
> Au Dieu dont il chérit la bonté paternelle
> Vient, au milieu des nuits, offrir, au lieu d'encens,
> Les vœux de l'innocence et les fleurs du printemps.
> L'écho redit aux bois leur timide prière.
> Hélas! qu'est devenu l'antique presbytère,
> Cette croix, ce clocher élancé dans les cieux,
> Et du temple sacré l'airain religieux,
> Et le saint du hameau dont le vitrau gothique
> Montroit l'éclat pieux et l'image rustique?
> Ces murs, où de Dieu même on proclamoit les lois,
> D'un pasteur révéré n'entendent plus la voix.

---

1. Ce paragraphe est emprunté de l'*Essai historique*.

Ces vers sont naturels et faciles. Quant aux sentiments du poëte, ils sont doux et pieux, et se mêlent bien aux objets dont il compose le fond de son tableau. Nos églises donnent à nos hameaux et à nos villes un caractère singulièrement moral. Les yeux du voyageur viennent d'abord s'attacher sur la flèche religieuse de nos clochers, dont l'aspect réveille dans son sein une foule de sentiments et de souvenirs. C'est la pyramide funèbre autour de laquelle dorment les aïeux ; mais c'est aussi le monument de joie où la cloche annonce la vie du fidèle. C'est là que les époux s'unissent; c'est là que les chrétiens se prosternent au pied des autels : le foible pour prier le Dieu de force, le coupable pour implorer le Dieu de miséricorde, l'innocent pour chanter le Dieu de bonté. Un paysage paroît-il nu, triste et désert, placez-y un clocher champêtre, à l'instant tout va s'animer, les douces idées de *pasteur* et de *troupeau*, d'asile pour le voyageur, d'aumône pour le pèlerin, d'hospitalité et de fraternité chrétienne, vont naître de toutes parts.

Un curé de campagne frappé d'une loi de mort, ne voulant pas abandonner son troupeau, et allant la nuit consoler le laboureur, étoit un tableau qui devoit naturellement s'offrir à un poëte proscrit :

> Il erre au sein des bois : ô nuit silencieuse!
> Prête ton ombre amie à sa course pieuse.
> S'il doit souffrir encore, ô Dieu! sois son appui;
> C'est la voix du hameau qui t'implore pour lui.
> Et vous, qu'anime encore une rage cruelle,
> Pardonnez aux vertus dont il est le modèle.
> Au cachot échappé, vingt fois chargé de fers,
> Il prêche le pardon des maux qu'il a soufferts;
> Et chez l'infortuné, qui se plaît à l'entendre,
> Il va sécher les pleurs que vous faites répandre.
> En fuyant à travers ces fertiles vallons,
> Pauvre et sans espérance, il bénit les sillons;
> Seul au courroux céleste il s'offre pour victime,
> Et dans ce siècle impie, où règne en paix le crime,
> Lorsqu'un destin cruel nous condamne à souffrir,
> Il nous apprend à vivre et nous aide à mourir.

Il nous semble que ces vers sont pleins de simplicité et d'onction. Nous sommes-nous donc beaucoup trompé lorsque nous avons soutenu que la religion est favorable à la poésie, et qu'en la repoussant on se prive d'un des plus grands moyens de remuer les cœurs?

L'auteur, caché dans son désert, se rappelle les amis qu'il ne verra plus :

> Oh! que ne puis-je voir dans mon humble retraite
> Du poëte romain l'immortel interprète!

> C'est lui qui m'inspira le goût si pur des champs,
> Aux spectacles que j'aime il consacra ses chants ;
> Mariant son génie à celui de Virgile,
> Il s'éleva semblable à la vigne fertile
> Qui s'unit à l'ormeau devenu son appui,
> Suit les mêmes penchants et s'élève avec lui.
> Il n'est plus avec nous, et sa muse exilée
> Erre sur d'autres bords, plaintive et désolée [1].
>
> . . . .
> O chantre du malheur, je ne t'entendrai plus !
> Et vous dont j'admirois les talents, les vertus,
> Près de vous, aux leçons de l'austère sagesse,
> Je perds l'espoir heureux de former ma jeunesse :
> Fontanes, dont la voix consola les tombeaux ;
> Saint-Lambert, qui chantas les vertus des hameaux,
> Morellet, dont la plume, éloquente et hardie,
> Plaida pour le malheur devant la tyrannie ;
> Suard, qui réunis, émule d'Addison,
> Le savoir à l'esprit, la grâce à la raison ;
> La Harpe, qui du goût proclamas les oracles ;
> Sicard, dont les travaux sont presque des miracles ;
> Jussieu, Laplace, et toi, vertueux Daubenton,
> Qui m'appris des secrets inconnus à Buffon ;
> Je ne vous verrai plus !

Ces regrets sont touchants, et les éloges que l'auteur donne ici à ses amis ont le mérite bien rare d'être d'accord avec l'opinion publique : d'ailleurs, tout cela nous semble dans le goût de l'antiquité. N'est-ce pas ainsi que le poëte latin que nous avons déjà cité s'adresse aux amis qu'il a laissés à Rome ? « Il y a, dit Ovide, dans le pays natal je ne sais quoi de doux qui nous appelle, qui nous charme et ne nous permet pas de l'oublier... Vous espérez, cher Rufin, que les chagrins qui me tuent céderont aux consolations que vous m'envoyez dans mon exil : commencez donc, ô mes amis ! à être moins aimables, afin qu'on puisse vivre sans vous avec moins de peine. »

Hélas ! en lisant le nom de M. de La Harpe dans les vers de M. Michaud, qui ne se sentiroit attendri ! A peine avons-nous retrouvé les personnes qui nous sont chères, qu'il faut encore, et pour toujours, nous séparer d'elles ! Nul ne comprend mieux que nous toute l'étendue du malheur qui menace en ce moment les lettres et la religion. Nous avons vu M. de La Harpe abattu, comme Ézéchias, sous la main de Dieu ; il n'y a qu'une foi vive et une sainte espérance qui puissent donner une résignation aussi parfaite, un courage aussi grand, des

---

1. M. Delille étoit alors en Angleterre.

pensées aussi hautes et aussi touchantes, au milieu des douleurs d'une lente agonie et des épreuves de la mort.

Les poëtes aiment à peindre les malheurs de l'exil, si féconds en sentiments tendres et tristes. Ils ont chanté Patrocle réfugié aux foyers d'Achille, Cadmus abandonnant les murs de Sidon, Tydée retiré chez Adraste, et Teucer trouvant un abri dans l'île de Vénus. Le chœur dans *Iphigénie en Tauride* voudroit pouvoir traverser les airs : « J'arrêterois mon vol sur la maison paternelle ; je reverrois ces lieux, si chers à mon souvenir, où, sous les yeux d'une mère, je célébrois un innocent hymen. » Eh! qui ne connoît le *dulces moriens reminiscitur Argos?* Qui ne se rappelle Ulysse errant loin de sa patrie, et désirant pour tout bonheur d'apercevoir seulement la fumée de son palais? Mercure le trouve assis tristement sur le rivage de l'île de Calypso : *il regardoit, en versant des pleurs, cette mer éternellement agitée* (irrequietum),

Πόντον ἐπ' ἀτρύγετον δερκέσκετο δάκρυα λείβων.

Vers admirable, que Virgile a traduit en l'appliquant aux Troyennes exilées.

Cunctæque profundum
Pontum adspectabant flentes.

Ce *flentes* rejeté à la fin de la phrase est bien beau. Ossian a peint avec des couleurs différentes, mais qui ont aussi beaucoup de charmes, une jeune femme morte loin de son pays, dans une terre étrangère.

« There lovely Moïna is often seen when the sunbeam darts on the rock, and all around is dark. There she is seen, Malvina, but not like the daughters of the hill. Her robes are from the stranger's land; and she is still alone. »

« Quand un rayon du soleil frappe le rocher, et que tout est obscur alentour, c'est là (au tombeau de Carthon et de Clessamor) qu'on voit souvent l'ombre de la charmante Moïna; on l'y voit souvent, ô Malvina! mais non telle que les filles de la colline. Ses vêtements sont du pays de l'étranger, et elle est encore solitaire. »

On devine, par la douceur des plaintes de l'auteur du poëme du *Printemps,* qu'il avoit *ce mal du pays,* ce mal qui attaque surtout les François loin de leur patrie. Monime, au milieu des barbares, ne pouvoit oublier le *doux sein de la Grèce.* Les médecins ont appelé cette tristesse de l'âme *nostalgie,* de deux mots grecs νόστος, retour, et ἄλγος, douleur, parce qu'on ne peut la guérir qu'en retournant aux foyers paternels. Eh! comment M. Michaud, qui sait faire soupirer sa lyre, n'eût-il pas mis de la sensibilité dans un sujet que Gresset lui-même n'a pu chanter sans s'attendrir! Dans son ode sur l'*Amour de la Patrie* on trouve cette strophe touchante :

> Ah! dans sa course déplorée,
> S'il succombe au dernier sommeil,
> Sans revoir la douce contrée
> Où brilla son premier soleil,
> Là son dernier soupir s'adresse,
> Là son expirante tendresse
> Veut que ses os soient ramenés :
> D'une région étrangère
> La terre seroit moins légère
> A ses mânes abandonnés!

Au milieu des douces consolations que la retraite fournit à notre poëte exilé, il s'écrie :

> O beaux jours du printemps! ô vallons enchantés!
> Quel chef-d'œuvre des arts égale vos beautés?
> Tout Voltaire vaut-il un rayon de l'aurore
> Ou la moindre des fleurs que Zéphyr fait éclore?

Mais Voltaire (dont nous détestons d'ailleurs les impiétés tout autant que M. Michaud) n'exprime-t-il pas quelquefois des sentiments aimables[1]? N'a-t-il pas connu jusqu'à ces doux regrets de la patrie? « Je vous écris à côté d'un poêle, dit-il à Mme Denis, la tête pesante et le cœur triste en jetant les yeux sur la rivière de la Sprée, parce que la Sprée tombe dans l'Elbe, l'Elbe dans la mer, et que la mer reçoit la Seine, et que notre maison de Paris est assez près de cette rivière. »

On dit qu'un François obligé de fuir pendant la terreur avoit acheté de quelques deniers une barque sur le Rhin. Il s'y étoit logé avec sa femme et ses deux enfants. N'ayant point d'argent, il n'y avoit point pour lui d'hospitalité. Quand on le chassoit d'un rivage, il passoit sans se plaindre à l'autre bord; souvent, poursuivi sur les deux rives, il étoit obligé de jeter l'ancre au milieu du fleuve. Il pêchoit pour nourrir sa famille, mais les hommes lui disputoient encore les secours de la Providence et lui envioient quelques petits poissons qu'avoient mangés ses enfants. La nuit il cueilloit des herbes sèches pour faire un peu de feu, et sa femme demeuroit dans de mortelles

---

[1]. M. Michaud a depuis corrigé ce passage.

angoisses jusqu'à son retour. Cette famille, à qui l'on ne pouvoit reprocher que ses malheurs, n'avoit pas sur le vaste globe un seul coin de terre où elle osât reposer sa tête. Obligée de se faire sauvage entre quatre grandes nations civilisées, toute sa consolation étoit qu'en errant dans le voisinage de la France, elle pouvoit quelquefois respirer un air qui avoit passé sur son pays [1].

M. Michaud erroit ainsi sur les montagnes d'où il pouvoit du moins découvrir la cime des arbres de la patrie. Mais comment passer le temps sur un sol étranger? comment occuper ses journées? N'est-il pas tout naturel alors d'aller visiter ces tombeaux champêtres où, pleines de joie, des âmes chrétiennes ont terminé leur exil? C'est ce que fait l'auteur du poëme du *Printemps;* et, grâce à la saison qu'il a choisie, l'asile de la mort est un beau champ couvert de fleurs.

> Sous ces débris couverts d'une mousse légère,
> Sous cet antique ormeau dont l'abri solitaire
> Répand sur l'horizon un deuil religieux,
> Reposent du hameau les rustiques aïeux.
> Bravant les vains mépris de la foule insensée,
> Jamais l'ambition ne troubla leur pensée.
> Peut-être en ce cercueil, d'humbles fleurs entouré,
> Dort un fils d'Apollon, d'Apollon ignoré,
> Un héros dont le bras eût fixé la victoire,
> Qui n'a point su combattre et qui mourut sans gloire;
> Un Cromwell, un Sylla, du hameau dédaigné,
> Qui respecta les lois et qui n'a point régné.
> Ainsi la fleur qui naît sur les monts solitaires
> Ne montre qu'au désert ses couleurs passagères;
> Et l'or, roi des métaux, cache en des souterrains
> Son éclat trop funeste au repos des humains.

Peut-être l'auteur eût-il mieux fait de se rapprocher davantage du poëte anglois qu'il imite. Il a substitué l'image de l'or enfoui dans les entrailles de la terre à celle de la *perle cachée dans le sein des mers;* la fleur qui ne *montre qu'au désert ses couleurs passagères* n'est peut-être pas exactement *la fleur qui est née pour rougir sans être vue* (is born to blush unseen [2]).

> Full many a gem of purest ray serene,
>   The dark unfathom'd caves of ocean bear;
> Full many a flower is born to blush unseen,
>   And waste its sweetness in the desert air.

1. Ce morceau est emprunté du *Génie du Christianisme.*
2. M. Michaud a depuis rectifié ces deux vers de la manière suivante :

> « Ainsi, vain ornement d'une rive inconnue,
> « La rose du désert rougit sans être vue, etc. »

Nous avions essayé autrefois de rendre ainsi ces quatre vers, qu'on doit juger avec indulgence, car nous ne sommes pas poëte :

> Ainsi brille la perle au fond des vastes mers ;
> Ainsi passent aux champs des roses solitaires
> Qu'on ne voit point rougir, et qui, loin des bergères,
> D'inutiles parfums embaument les déserts.

La vue de ces paisibles tombeaux rappelle au poëte ces sépultures troublées où dormoient nos *princes anéantis*[1]. Leurs monuments ne devoient s'ouvrir qu'à la consommation des siècles ; mais un jugement particulier de la Providence a voulu les briser avant la fin des temps. Une effroyable résurrection a dépeuplé les caveaux funèbres de Saint-Denis ; les fantômes des rois sont sortis de l'ombre éternelle ; mais, comme s'ils avoient été épouvantés de reparoître seuls à la lumière et de ne pas *se retrouver dans le monde avec tous les morts,* comme parle le prophète, ils se sont replongés dans le sépulcre :

> Et ces rois exhumés par la main des bourreaux
> Sont descendus deux fois dans la nuit des tombeaux.

On voit par ces beaux vers que M. Michaud sait prendre tous les tons.

C'est sans doute une chose bien remarquable que quelques-uns de ces spectres, noircis par le cercueil[2], eussent conservé une telle ressemblance avec la vie, qu'on les a facilement reconnus. On a pu distinguer sur leur front jusqu'aux caractères des passions, jusqu'aux nuances des idées qui les avoient jadis occupés. Qu'est-ce donc que cette *pensée* de l'homme, qui laisse des traces si profondes jusque dans la poudre du néant? Puisque nous parlons de poésie, qu'il nous soit permis d'emprunter une comparaison d'un poëte : Milton nous dit qu'après avoir achevé le monde, le Fils divin se rejoignit à son Principe éternel, et que sa route à travers la matière créée fut marquée longtemps après par un sillon de lumière : ainsi notre âme, en rentrant dans le sein de Dieu, laisse dans le corps mortel la trace glorieuse de son passage.

On doit louer M. Michaud d'avoir fait usage de ces contrastes qui réveillent l'imagination des lecteurs. Les anciens les employoient souvent, même dans la tragédie. Un chœur de soldats veille à la garde du camp des Troyens ; la nuit fatale à Rhésus vient à peine de finir sa

---

1. Bossuet.　2. Le visage de Louis XIV étoit d'un noir d'ébène.

course. Dans ce moment critique, croyez-vous que les gardes parlent de combats, de surprises, qu'ils se retracent des images terribles? Voici ce que dit le demi-chœur :

« Écoutez ! ces accents sont ceux de Philomèle, qui sur mille tons variés déplore ses malheurs et sa propre vengeance. Les rives sanglantes du Simoïs répètent ses accents plaintifs. J'entends le son de la cornemuse ; c'est l'heure où les bergers de l'Ida sortent pour paître leurs troupeaux dans les riants vallons. Un nuage se répand sur mes paupières appesanties ; une douce langueur s'empare de mes sens : le sommeil versé par l'aurore est le plus délicieux. »

Avouons que nous n'avons pas assez de ces choses-là dans nos tragédies modernes, toutes parfaites qu'elles puissent être, et soyons assez justes pour convenir que Shakespeare a quelquefois trouvé ce naturel de sentiment et cette naïveté d'images. Ce chœur d'Euripide rappellera facilement au lecteur le dialogue de Roméo et de Juliette : *Est-ce l'alouette qui chante*, etc. ?

Mais si nous avons banni de la scène tragique ces peintures pastorales, qui en adoucissant la *terreur* augmentoient la *pitié*, parce qu'elles foisoient *sourire sur un fond d'agonie*, comme s'exprime Fénelon, nous les avons transportées, ces peintures (et avec beaucoup de succès), dans des ouvrages d'un autre genre. Les modernes ont étendu et enrichi le domaine de la poésie descriptive. M. Michaud lui-même en fournit de beaux exemples :

> De la cime des monts, tout prêt à disparoître,
> Le jour sourit encore aux fleurs qu'il a fait naître.
> Sur ces toits élevés, d'un ciel tranquille et pur
> L'ardoise fait au loin étinceler l'azur,
> Et le vitrau qui brille à la rive lointaine,
> D'un vaste embrasement allumé dans la plaine
> Montre aux regards trompés les feux éblouissants
> Et ranime du jour les rayons pâlissants.
>
> Le chantre du printemps, à ces vallons fidèle,
> Charme l'écho du soir de sa plainte nouvelle ;
> Et caché dans les bois, dans les bosquets touffus,
> Il chante des malheurs aux Muses inconnus.
> Tandis que la forêt, à sa voix attentive,
> Redit ses doux accents et sa chanson plaintive
> Au buisson épineux, au tronc des vieux ormeaux,
> La muette Arachné suspend ses longs réseaux.
> Un reste de clarté perce encor le feuillage,
> Glisse sur l'eau du fleuve et meurt sur le rivage.
> L'insecte qu'un soleil voit naître et voit périr,
> Aux derniers feux du jour vient briller et mourir.

> La caille, comme moi sur ces bords étrangère,
> Fait retentir les champs de sa voix printanière.
> Sorti de son terrier, le lapin imprudent
> Vient tomber sous les coups du chasseur qui l'attend;
> Et par l'ombre du soir la perdrix rassurée
> Redemande aux échos sa compagne égarée.

C'est ici le lieu de parler d'un reproche que M. Michaud nous a fait dans sa dissertation préliminaire ; il combat avec autant de goût que de politesse notre opinion touchant la poésie descriptive. « L'auteur du *Génie du Christianisme*, dit-il, attribue l'*origine* de la poésie descriptive à la religion chrétienne..., qui, en détruisant le charme attaché aux fables mythologiques, a réduit les poëtes à chercher la source de l'intérêt dans la vérité et l'exactitude de leurs tableaux, etc. »

L'auteur du poëme du *Printemps* pense que nous nous sommes trompé.

D'abord nous n'avons point attribué l'*origine* de la poésie descriptive au christianisme ; nous lui avons seulement attribué son *développement*, ce qui nous semble une chose fort différente. De plus nous n'avons eu garde de dire que le christianisme détruit le *charme* des fables mythologiques ; nous avons cherché à prouver au contraire que tout ce qu'il y a de beau dans la mythologie, tel, par exemple, que les *allégories morales*, peut être encore employé par un poëte chrétien, et que la véritable religion n'a privé les Muses que des fictions médiocres ou dégoûtantes du paganisme. La perte des *allégories physiques* est-elle donc si regrettable ! qu'importe que Jupiter soit l'éther, que Junon soir l'air, etc.? Mais puisqu'un critique[1] dont les jugements sont des lois a cru devoir aussi combattre notre opinion sur l'emploi de la mythologie, qu'on nous permette de rappeler le chapitre qui fait l'objet de la discussion.

Après avoir montré que les anciens n'ont presque pas connu la *poésie descriptive* dans le *sens* que nous attachons à ce mot ; après avoir fait voir que ni leurs poëtes, ni leurs philosophes, ni leurs naturalistes, ni leurs historiens n'ont fait de description de la nature, nous ajoutons :

> On ne peut guère soupçonner que des hommes aussi sensibles que l'étoient les anciens aient manqué d'yeux pour voir la nature et de talent pour la peindre. Il faut donc qu'une cause puissante les ait aveuglés. Or, cette cause étoit la mythologie, qui, peuplant l'univers d'élégants fantômes, ôtoit à la création sa gravité, sa grandeur, sa solitude et sa mélancolie. Il a fallu que le

---

[1]. M. DE FONTANES.

christianisme vint chasser tout ce peuple de faunes, de satyres et de nymphes, pour rendre aux grottes leur silence et aux bois leur rêverie. Les déserts ont pris sous notre culte un caractère plus triste, plus vague, plus sublime; le dôme des forêts s'est exhaussé, les fleuves ont brisé leurs petites urnes, pour ne plus verser que les eaux de l'abîme, du sommet des montagnes. Le vrai Dieu, en rentrant dans ses œuvres, a donné son immensité à la nature. . . . .

Des sylvains et des naïades peuvent frapper agréablement l'imagination, pourvu toutefois qu'ils ne soient pas sans cesse reproduits. Nous ne voulons point

> ...Chasser les Tritons de l'empire des eaux,
> Oter à Pan sa flûte, aux Parques leurs ciseaux.

Mais, enfin, qu'est-ce que tout cela laisse au fond de l'âme? qu'en résulte-t-il pour le cœur? quel fruit peut en tirer la pensée? Oh! que le poëte chrétien est bien plus favorisé dans la solitude où Dieu se promène avec lui! Libres de ce troupeau de dieux ridicules, qui les bornoient de toutes parts, les bois se sont remplis d'une Divinité immense. Le don de prophétie et de sagesse, le mystère et la religion, semblent résider éternellement dans leurs profondeurs sacrées. Pénétrez dans ces forêts américaines aussi vieilles que le monde, etc., etc.

Le principe étant ainsi posé, il nous semble qu'il est au moins inattaquable par le fond, mais on peut disputer sur quelques détails. On demandera peut-être si nous ne trouvons rien de beau dans les allégories antiques. Nous avons répondu à cette question dans le chapitre où nous distinguons deux sortes d'allégories, l'allégorie *morale* et l'allégorie *physique*. M. de Fontanes nous a objecté que les anciens connoissoient aussi cette divinité solitaire et formidable qui habite dans les bois. Mais n'en étions-nous pas convenu nous-même? n'avions-nous pas dit : « Quant à ces dieux vagues que les anciens plaçoient dans les bois déserts et sur les sites agrestes, ils étoient d'un bel effet sans doute, mais ils ne tenoient plus au système *mythologique* : l'esprit humain retomboit ici dans la *religion naturelle*. Ce que le voyageur tremblant adoroit en passant dans les solitudes étoit quelque chose d'*ignoré*, quelque chose dont il ne savoit point le nom, et qu'il appeloit la *divinité du lieu*. Quelquefois il lui donnoit le nom de *Pan*, et Pan étoit le *dieu universel*. Les grandes émotions qu'inspire la nature sauvage n'ont point cessé d'exister, et les bois conservent encore pour nous leur formidable divinité [1]. »

L'excellent critique que nous avons déjà cité soutient encore qu'il y

---

1. *Génie du Christianisme,* 2ᵉ partie, livre IV, chap. II.

a des peuples païens qui ont connu la poésie descriptive. Sans doute, et nous avions fait valoir cette circonstance même en faveur de notre opinion, puisque les nations qui n'ont point connu les dieux de la Grèce ont entrevu cette belle et simple nature que masquoit le système mythologique.

On dit que les modernes ont abusé de la poésie descriptive. Avons-nous avancé le contraire? Telles sont encore nos propres paroles : « Peut-être objectera-t-on que les anciens avoient raison de regarder la poésie descriptive comme l'objet *accessoire*, et non comme l'objet *principal* du tableau ; je le pense aussi, et l'on fait de nos jours un grand abus du genre descriptif ; mais il n'en est pas moins vrai que c'est un moyen de plus entre nos mains, et qu'il a étendu la sphère des images poétiques sans nous priver de la peinture des mœurs et des passions, telle que cette peinture existoit pour les anciens [1]. »

Enfin M. Michaud pense que le genre de *poésie descriptive, tel qu'il est aujourd'hui fixé, n'a commencé à être un genre à part que dans le siècle dernier.* Mais est-ce bien là le fond de la question? Cela prouveroit-il que la poésie descriptive n'est pas due à la religion chrétienne? Est-il bien certain d'ailleurs que cette poésie ne remonte qu'au siècle dernier? Dans notre chapitre intitulé *Partie historique de la poésie descriptive chez les modernes,* nous avons suivi les progrès de cette poésie ; nous l'avons vue commencer dans les écrits des Pères du désert ; de là se répandre jusque dans l'histoire, passer chez les romanciers et les poëtes du Bas-Empire ; bientôt se mêler au génie des Maures, et atteindre sous le pinceau de l'Arioste et du Tasse un genre de perfection trop éloigné de la vérité. Nos grands écrivains du siècle de Louis XIV rejetèrent cette poésie descriptive italienne, qui ne parloit que de *roses*, de *claires fontaines* et de *bois touffus*. Les Anglois, en l'adoptant, lui firent perdre son afféterie ; mais ils la jetèrent dans un autre excès, en la surchargeant de détails. Enfin, elle revint en France dans le siècle dernier, se perfectionna sous la muse de MM. Delille, Saint-Lambert et Fontanes, et acquit dans la prose de Buffon et de Bernardin de Saint-Pierre une beauté qu'elle n'avoit point encore connue.

Nous n'en jugerons pas par notre propre sentiment, car il est trop peu de chose, et nous n'avons pas même, comme Chaulieu, *pour le lendemain,*

Un peu de savoir-faire et beaucoup d'espérance ;

[1]. *Génie du Christianisme*, note XVI.

mais nous en appellerons à M. Michaud lui-même. Eût-il rempli ses vers de tant d'agréables descriptions de la nature si le christianisme n'avoit pris soin de débarrasser les bois des vieilles Dryades et des éternels Zéphyrs? L'auteur du poëme du *Printemps* n'auroit-il point été séduit par ses propres succès? Il a fait un usage charmant de la fable dans ses lettres *sur le sentiment de la pitié,* et l'on sait que Pygmalion adora sa statue. « Psyché, dit M. Michaud, voulut voir l'Amour ; elle approcha la lampe fatale, et l'Amour disparut pour toujours. Psyché signifie *âme* dans la langue grecque. L'antiquité a voulu prouver, par cette allégorie, que l'âme voyoit s'évanouir ses plus doux sentiments à mesure qu'elle cherchoit à en pénétrer l'objet. » Cette explication est ingénieuse ; mais l'antiquité a-t-elle vu cela dans la fable de Psyché? Nous avons essayé de prouver que le charme du mystère, dans les sentiments de la vie, est un des bienfaits que nous devons à la délicatesse de notre religion. Si l'antiquité païenne a conçu la fable de Psyché, il nous semble que c'est un chrétien qui l'interprète aujourd'hui.

Il y a plus : le christianisme, en bannissant les fables de la nature, a non-seulement rendu la grandeur aux déserts, mais il a même introduit pour le poëte une autre espèce de mythologie pleine de charmes, nous voulons dire la *personnification* des plantes. Lorsque l'héliotrope étoit toujours Clytie, le mûrier toujours Thisbé, etc., l'imagination du poëte étoit nécessairement bornée ; il n'auroit pu animer la nature par des fictions autres que les fictions consacrées, sans commettre une impiété. Mais la muse moderne transforme à son gré toutes les plantes en nymphes, sans préjudice des anges et des esprits célestes qu'elle peut répandre sur les montagnes, le long des fleuves et dans les forêts. Sans doute il est possible d'abuser encore de la *personnification,* et M. Michaud se moque avec raison du poëte Darwin, qui dans ses *Amours des Plantes* représente le GENISTA, le genêt, *se promenant tranquillement à l'ombre des bosquets de myrte.* Mais si l'auteur anglois est un de ces poëtes dont parle Horace, *qui sont condamnés à faire des vers pour avoir déshonoré* (MINXERIT) *les cendres de leurs pères,* cela ne prouve rien quant au fond de la chose. Qu'un autre poëte, avec plus de goût et de jugement, décrive *Les Amours des Plantes,* elles lui offriront d'agréables tableaux. Lorsque, dans les chapitres que M. Michaud attaque, nous avons dit :

« Voyez dans un profond calme, au lever de l'aurore, toutes les fleurs de cette vallée : immobiles sur leurs tiges, elles se penchent en mille attitudes diverses, et semblent regarder tous les points de l'horizon. Dans ce moment même, où vous croyez que tout est tranquille, un grand mystère s'accomplit; la nature conçoit, et ces plantes sont autant de jeunes mères tournées vers la région mystérieuse d'où leur doit venir la fécondité. Les sylphes ont des sympathies moins aériennes, des communications moins invisibles. Le narcisse livre aux ruisseaux sa race virginale; la violette confie aux zéphyrs sa modeste postérité; une abeille cueille du miel de fleur en fleur, et sans le savoir féconde toute une prairie; un papillon porte un peuple entier sur son aile; un monde descend dans une goutte de rosée. Cependant toutes les amours des plantes ne sont pas également tranquilles; il y en a d'orageuses, comme celles des hommes. Il faut des tempêtes pour marier, sur des hauteurs inaccessibles, le cèdre du Liban au cèdre du Sinaï, tandis qu'au bas de la montagne le plus doux vent suffit pour établir entre les fleurs un commerce de volupté. N'est-ce pas ainsi que le souffle des passions agite les rois de la terre sur leurs trônes, tandis que les bergers vivent heureux à leurs pieds? »

Cela est bien imparfait sans doute, mais du moins on entrevoit par cette faible ébauche ce qu'un poëte habile pourroit tirer d'un pareil sujet.

Ce sont vraisemblablement ces rapports des choses inanimées aux choses animées qui ont été une des premières sources de la mythologie Lorsque l'homme sauvage, errant au milieu des bois, eut satisfait aux premiers besoins de la vie, il sentit un autre besoin dans son cœur, celui d'une puissance surnaturelle pour appuyer sa foiblesse. La chute d'une onde, le murmure du vent solitaire, tous les bruits qui s'élèvent de la nature, tous les mouvements qui animent les déserts, lui parurent tenir à cette cause cachée. Le hasard lia ces effets locaux à quelques circonstances heureuses ou malheureuses de ses chasses. Une couleur particulière, un objet singulier ou nouveau le frappa peut-être en même temps: de là le *manitou* du Canadien et le *fétiche* du Nègre, la première de toutes les mythologies.

Cet élément des fausses croyances une fois développé, on vit s'ouvrir la vaste carrière des superstitions humaines. Les affections du cœur se changèrent bientôt en divinités d'autant plus dangereuses, qu'elles étoient plus aimables. Le sauvage qui avoit élevé le *mont* du tombeau à son ami, la mère qui avoit rendu à la terre son petit enfant, vinrent chaque année, à la chute des feuilles, le premier répandre des larmes, la seconde épancher son lait sur le gazon sacré; tous les deux crurent que ces *absents* si regrettés, et toujours vivants dans leurs pensées, ne pouvoient avoir cessé d'être. Ce fut sans doute l'amitié en pleurs sur un monument qui retrouva le dogme de l'immortalité de l'âme, et proclama la religion des tombeaux.

Cependant l'homme sorti des forêts s'étoit associé à ses semblables. Bientôt la reconnoissance ou la frayeur des peuples plaça des législateurs, des héros et des rois au rang des divinités. En même temps quelques génies aimés du ciel, un Orphée, un Homère, augmentèrent les habitants de l'Olympe; sous leurs pinceaux créateurs les accidents de la nature se transformèrent en esprits célestes. Ces nouveaux dieux régnèrent longtemps sur l'imagination enchantée des hommes : Anaxagore, Démocrite, Épicure, essayèrent toutefois de lever l'étendard contre la religion de leur pays. Mais (triste enchaînement des erreurs humaines!) Jupiter étoit sans doute un dieu abominable, et pourtant des atomes mouvants, une matière éternelle, valoient-ils mieux que ce Jupiter armé de la foudre, et vengeur du crime?

C'étoit à la religion chrétienne qu'il étoit réservé de renverser les autels des faux dieux, sans plonger les peuples dans l'athéisme et sans détruire les charmes de la nature. Car, fût-il certain, comme il est douteux, que le christianisme ne puisse fournir aux poëtes un *merveilleux* aussi riche que celui de la fable, encore est-il vrai (et M. Michaud en conviendra) qu'il a une certaine poésie de l'âme, nous dirions presque une imagination du cœur dont on ne retrouve aucune trace dans la mythologie. Les beautés touchantes qui émanent de cette source feroient seules une ample compensation pour les ingénieux mensonges de l'antiquité. Tout est machine et ressort, tout est extérieur, tout est fait pour les yeux dans les tableaux du paganisme; tout est sentiment et pensée, tout est intérieur, tout est créé pour l'âme dans les peintures de la religion chrétienne. Quel charme de méditation! quelle profondeur de rêverie! Il y a plus d'enchantements dans une de ces larmes divines que le christianisme fait répandre que dans toutes les riantes erreurs de la mythologie. Avec une *Notre-Dame des Douleurs*, une *Mère de Pitié*, quelque saint obscur, patron de l'aveugle, de l'orphelin, du misérable, un auteur peut écrire une page plus attendrissante qu'avec tous les dieux du Panthéon. C'est bien là aussi de la poésie! c'est bien là du *merveilleux!* Mais voulez-vous du merveilleux plus sublime, contemplez la vie et les douleurs du Christ, et souvenez-vous que votre Dieu s'est appelé *le Fils de l'homme*. Nous oserons le prédire, un temps viendra que l'on sera tout étonné d'avoir pu méconnoître les beautés admirables qui existent dans les seuls noms, dans les seules expressions du christianisme, et l'on aura de la peine à comprendre comment on a pu se moquer de cette religion céleste de la raison et du malheur.

SUR L'HISTOIRE

DE

LA VIE DE JÉSUS-CHRIST

DU PÈRE DE LIGNY,

DE LA COMPAGNIE DE JÉSUS.

Juin 1802.

L'histoire de la vie de Jésus-Christ est un des derniers ouvrages que nous devons à cette société célèbre dont presque tous les membres étoient des hommes de lettres distingués. Le père de Ligny, né à Amiens en 1710, survécut à la destruction de son ordre et prolongea jusqu'en 1788 une carrière commencée au temps des malheurs de Louis XIV et finie à l'époque des désastres de Louis XVI. Si vous rencontriez dans le monde un ecclésiastique âgé, plein de savoir, d'esprit, d'aménité, ayant le ton de la bonne compagnie et les manières d'un homme bien élevé, vous étiez disposé à croire que cet ancien prêtre étoit un jésuite. L'abbé Lenfant avoit aussi appartenu à cet ordre, qui a tant donné de martyrs à l'Église. Il avoit été l'ami du père de Ligny, et c'est lui qui le détermina à publier son *Histoire de la Vie de Jésus-Christ.*

Cette histoire n'est qu'un commentaire de l'Évangile, et c'est ce qui fait son mérite à nos yeux. Le père de Ligny cite le texte du Nouveau Testament et paraphrase chaque verset de deux manières : l'une en expliquant moralement et historiquement ce qu'on vient de lire; l'autre en répondant aux objections que l'on a pu faire contre le passage cité. Le premier commentaire court dans la page avec le texte, comme dans la Bible du père de Carrières; le second est rejeté en note au bas de la page. Ainsi l'auteur, offrant de suite et par ordre les divers chapitres des évangiles; faisant observer leurs rapports, ou conciliant leurs apparentes contradictions, développe la vie entière du Rédempteur du monde.

L'ouvrage du père de Ligny étoit devenu rare et la Société Typographique a rendu un véritable service à la religion en réimprimant ce livre utile. On connoît dans les lettres françoises plusieurs *Vies de Jésus-Christ;* mais aucune ne réunit comme celle du père de Ligny les deux avantages d'être à la fois une explication de l'Écriture et une réfutation des sophismes du jour. La *Vie de Jésus-Christ* par Saint-Réal manque d'onction et de simplicité : il est plus aisé d'imiter Salluste et le cardinal de Retz[1] que d'atteindre au ton de l'Évangile. Le père de Montreuil, dans sa *Vie de Jésus-Christ*, retouchée par le père Brignon, a conservé au contraire bien du charme du Nouveau Testament. Son style, un peu vieilli, contribue peut-être à ce charme : l'ancienne langue françoise, et surtout celle qu'on parloit sous Louis XIII, étoit très-propre à rendre l'énergie et la naïveté de l'Écriture. Il seroit bien à désirer qu'on en eût fait une bonne traduction à cette époque : Sacy est venu trop tard. Les deux plus belles versions modernes de la Bible sont les versions espagnole et angloise. La dernière, qui a souvent la force de l'hébreu, est du règne de Jacques Ier; la langue dans laquelle elle est écrite est devenue pour les trois royaumes une espèce de langue sacrée, comme le texte samaritain pour les Juifs : la vénération que les Anglois ont pour l'Écriture en paroît augmentée, et l'ancienneté de l'idiome semble encore ajouter à l'antiquité du livre.

Au reste, il ne faut pas se dissimuler que toutes les histoires de Jésus-Christ qui ne sont pas, comme celle du père de Ligny, un simple commentaire du Nouveau Testament sont en général de mauvais et même de dangereux ouvrages. Cette manière de défigurer l'Évangile nous est venue des protestants, et nous n'avons pas observé qu'elle en a conduit un grand nombre au socinianisme. Jésus-Christ n'est point un homme; on ne doit point écrire sa vie comme celle d'un simple législateur. Vous aurez beau raconter ses œuvres de la manière la plus touchante, vous ne peindrez jamais que son *humanité;* sa divinité vous échappera. Les vertus de l'homme ont quelque chose de *corporel*, si nous osons parler ainsi, que l'écrivain peut saisir; mais il y a dans les vertus du Christ un *intellectuel*, une *spiritualité* qui se dérobe à la

---

1. La *Conjuration du comte de Fiesque*, par le cardinal DE RETZ, semble avoir servi de modèle à la *Conjuration de Venise*, par SAINT-RÉAL : il y a entre ces deux ouvrages la différence qui existe toujours entre l'original et la copie, entre celui qui écrit de verve et de génie, et celui qui à force de travail parvient à imiter cette verve et ce génie avec plus ou moins de ressemblance et de bonheur.

matérialité de nos expressions. C'est cette *vérité* dont parle Pascal, si fine et si déliée, que nos instruments grossiers ne peuvent la toucher sans *en écacher la pointe*[1]. La divinité du Christ n'est donc et ne peut être que dans l'Évangile, où elle brille parmi les sacrements ineffables institués par le Sauveur et au milieu des miracles qu'il a faits. Les apôtres seuls ont pu la rendre, parce qu'ils écrivoient sous l'inspiration de l'Esprit-Saint. Ils avoient été témoins des merveilles opérées par le Fils de l'homme; ils avoient vécu avec lui : quelque chose de sa divinité est demeuré empreint dans leur parole sacrée, comme les traits de ce céleste Messie restèrent, dit-on, imprimés dans le voile mystérieux qui servit à essuyer ses sueurs.

Sous le simple rapport du goût et des lettres, il y a d'ailleurs quelque danger à transformer ainsi l'Évangile en une histoire de Jésus-Christ. En donnant aux faits je ne sais quoi d'humain et de rigoureusement historique; en en appelant sans cesse à une prétendue raison, qui n'est souvent qu'une déplorable folie; en ne voulant prêcher que la morale entièrement dépouillée du dogme, les protestants ont vu périr chez eux la haute éloquence. Ce ne sont en effet ni les Tillotson, ni les Wilkins, ni les Goldsmith, ni les Blair, malgré leur mérite, que l'on peut regarder comme de grands orateurs, et surtout si on les compare aux Basile, aux Chrysostome, aux Ambroise, aux Bourdaloue et aux Massillon. Toute religion qui se fait un devoir d'éloigner le dogme et de bannir la pompe du culte se condamne à la sécheresse. Il ne faut pas croire que le cœur de l'homme privé du secours de l'imagination soit assez abondant de lui-même pour nourrir les flots de l'éloquence. Le sentiment meurt en naissant s'il ne trouve autour de lui rien qui puisse le soutenir, ni images qui prolongent sa durée, ni spectacles qui le fortifient, ni dogmes qui, l'emportant dans la région des mystères, préviennent ainsi son désenchantement. Le protestantisme se vante d'avoir banni la tristesse de la religion chrétienne; mais, dans le culte catholique, Job et ses saintes mélancolies, l'ombre des cloîtres, les pleurs du pénitent sur le rocher, la voix d'un Bossuet autour d'un cercueil, feront plus d'hommes de génie que toutes les maximes d'une morale sans éloquence et aussi nue que le temple où elle est prêchée.

Le père de Ligny avoit donc sagement considéré son sujet lorsqu'il s'est borné dans sa *Vie de Jésus-Christ* à une simple concordance des évangiles. Et qui pourroit se flatter d'ailleurs d'égaler la beauté du Nouveau Testament? Un auteur qui auroit une pareille prétention ne

---

1. *Pensées de Pascal.*

seroit-il pas déjà jugé? Chaque évangéliste a un caractère particulier, excepté saint Marc, dont l'évangile ne semble être que l'abrégé de celui de saint Mathieu. Saint Marc toutefois étoit disciple de saint Pierre, et plusieurs ont pensé qu'il a écrit sous la dictée de ce prince des apôtres. Il est digne de remarque qu'il a raconté aussi la faute de son maître. Cela nous semble un mystère sublime et touchant, que Jésus-Christ ait choisi pour chef de son Église précisément le seul de ses disciples qui l'eût renié. Tout l'esprit du christianisme est là : saint Pierre est l'Adam de la nouvelle loi; il est le père coupable et repentant des nouveaux Israélites; sa chute nous enseigne en outre que la religion chrétienne est une religion de miséricorde, et que Jésus-Christ a établi sa loi parmi les hommes sujets à l'erreur, moins encore pour l'innocence que pour le repentir.

L'évangile de saint Mathieu est surtout précieux pour la morale. C'est un apôtre qui nous a transmis le plus grand nombre de ces préceptes en sentiments, qui sortoient avec tant d'abondance des entrailles de Jésus-Christ.

Saint Jean a quelque chose de plus doux et de plus tendre. On reconnoît en lui *le disciple que Jésus aimoit*, le disciple qu'il voulut avoir auprès de lui au jardin des Oliviers, pendant son agonie. Sublime distinction sans doute! car il n'y a que l'ami de notre âme qui soit digne d'entrer dans le mystère de nos douleurs. Jean fut encore le seul des apôtres qui accompagna le Fils de l'homme jusqu'à la croix. Ce fut là que le Sauveur lui légua sa mère : *Mater, ecce filius tuus; discipulus, ecce mater tua.* Mot céleste! parole ineffable! le disciple bien aimé qui avoit dormi sur le sein de son maître avait gardé de lui une image ineffaçable : aussi le reconnut-il le premier après sa résurrection. Le cœur de Jean ne put se méprendre aux traits de son divin ami, et la foi lui vint de la charité.

Au reste, l'esprit de tout l'évangile de saint Jean est renfermé dans cette maxime qu'il alloit répétant dans sa vieillesse : cet apôtre, rempli de jours et de bonnes œuvres, ne pouvant plus faire de longs discours au nouveau peuple qu'il avoit enfanté à Jésus-Christ, se contentoit de lui dire : *Mes petits enfants, aimez-vous les uns les autres*.

Saint Jérôme prétend que saint Luc étoit médecin, profession si noble et si belle dans l'antiquité, et que son évangile est la médecine de l'âme. Le langage de cet apôtre est pur et élevé : on voit que c'étoit un homme versé dans les lettres, et qui connoissoit les affaires et les hommes de son temps. Il entre dans son récit à la manière des anciens historiens; vous croyez entendre Hérodote :

« 1. Comme plusieurs ont entrepris d'écrire l'histoire des choses qui se sont accomplies parmi nous;

« 2. Suivant le rapport que nous en ont fait ceux qui dès le commencement les ont vues de leurs propres yeux et qui ont été les ministres de la parole,

« 3. J'ai cru que je devois aussi, très-excellent Théophile, après avoir été exactement informé de toutes ces choses, depuis leur commencement, vous en écrire par ordre toute l'histoire. »

Notre ignorance est telle aujourd'hui qu'il y a peut-être des *gens de lettres* qui seront étonnés d'apprendre que saint Luc est un très-grand écrivain, dont l'évangile respire le génie de l'antiquité grecque et hébraïque. Qu'y a-t-il de plus beau que tout le morceau qui précède la naissance de Jésus-Christ?

« Au temps d'Hérode, roi de Judée, il y avoit un prêtre nommé Zacharie, du sang d'Abia : sa femme étoit aussi de la race d'Aaron, et s'appeloit Élisabeth.

« Ils étoient tous deux justes devant Dieu... Ils n'avoient point d'enfants, parce qu'Élisabeth étoit stérile et qu'ils étoient tous deux avancés en âge. »

Zacharaie offre un sacrifice; un ange lui *apparoît debout à côté de l'autel des parfums*. Il lui prédit qu'il aura un fils, que ce fils s'appellera Jean, qu'il sera le précurseur du Messie, *et qu'il réunira le cœur des pères et des enfants*. Le même ange va trouver ensuite *une vierge qui demeuroit en Israel,* et lui dit : « Je vous salue, ô pleine de grâce, le Seigneur est avec vous. » Marie *s'en va dans les montagnes de la Judée;* elle rencontre Élisabeth, et l'enfant que celle-ci portoit dans son sein tressaille à la voix de la Vierge qui devoit mettre au jour le Sauveur du monde. Élisabeth, remplie tout à coup de l'Esprit-Saint, élève la voix, et s'écrie : « Vous êtes bénie entre toutes les femmes, et le fruit de votre sein sera béni.

« D'où me vient le bonheur que la mère de mon Sauveur vienne vers moi?

« Car lorsque vous m'avez saluée, votre voix n'a pas plus tôt frappé mon oreille, que mon enfant a tressailli de joie dans mon sein. »

Marie entonne alors le magnifique cantique : « O mon âme, glorifie le Seigneur. »

L'histoire de la crèche et des bergers vient ensuite. *Une troupe nombreuse de l'armée céleste* chante pendant la nuit : *Gloire à Dieu dans le ciel et paix aux hommes sur la terre!* mot digne des anges, et qui est comme l'abrégé de la religion chrétienne.

Nous croyons connoître un peu l'antiquité, et nous osons assurer qu'on chercheroit longtemps chez les beaux génies de Rome et de la Grèce avant d'y trouver rien qui soit à la fois aussi simple et aussi merveilleux.

Quiconque lira l'Évangile avec un peu d'attention y découvrira à tous moments des choses admirables, qui échappent d'abord, à cause de leur extrême simplicité. Saint Luc, par exemple, en donnant la généalogie du Christ, remonte jusqu'à la naissance du monde. Arrivé aux premières générations, et continuant à nommer les races, il dit : *Caïnan qui fuit Henos, qui fuit Seth, qui fuit Adam, qui fuit* DEI ; le simple mot, *qui fuit Dei*, jeté là, sans commentaire et sans réflexion, pour raconter la création, l'origine, la nature, les fins et le mystère de l'homme, nous semble de la plus grande sublimité.

Il faut louer le père de Ligny, qui a senti qu'on ne devoit rien changer à cette chose, et qu'il n'y avoit qu'un goût égaré et un christianisme mal entendu qui pouvoient ne pas se contenter de pareils traits. Son *Histoire de Jésus-Christ* offre une nouvelle preuve de cette vérité que nous avons avancée ailleurs, savoir que les beaux-arts chez les modernes doivent au culte catholique la majeure partie de leurs succès. Soixante gravures, d'après les maîtres des écoles italienne, françoise et flamande, enrichissent le bel ouvrage que nous annonçons : chose bien remarquable! qu'en voulant ajouter quelques tableaux à une Vie de Jésus-Christ, on s'est trouvé avoir renfermé dans ce cadre tous les chefs-d'œuvre de la peinture moderne[1] !

On ne sauroit trop donner d'éloges à la Société Typographique, qui dans si peu de temps nous a donné avec un goût et un discernement parfait des ouvrages si généralement utiles : les *Sermons choisis de Bossuet et de Fénelon*, les *Lettres de saint François de Sales*, et plusieurs autres excellents livres, sont tous sortis des mêmes presses, et ne laissent rien à désirer pour l'exécution.

L'ouvrage du père de Ligny, embelli par la peinture, doit recevoir encore un autre ornement non moins précieux ; M. de Bonald s'est chargé d'en écrire la préface : ce nom seul promet le talent et les lumières, et commande le respect et l'estime. Eh ! qui pourroit mieux parler des lois et des préceptes de Jésus-Christ que l'auteur du *Divorce*, de la *Législation primitive* et de la *Théorie du pouvoir politique et religieux* ?

N'en doutons point, ce culte *insensé*, cette *folie de la croix*, dont une superbe sagesse nous annonçoit la chute prochaine, va renaître avec

---

1. Raphael, Michel-Ange, le Dominicain, le Carrache, Paul Véronèse, le Titien, Léonard de Vinci, le Guerchin, Lanfranc, le Poussin, Le Sueur, Rubens, etc.

une nouvelle force ; la palme de la religion croît toujours à l'égal des pleurs que répandent les chrétiens, comme l'herbe des champs reverdit dans une terre nouvellement arrosée. C'étoit une insigne erreur de croire que l'Évangile étoit détruit, parce qu'il n'étoit plus défendu par les heureux du monde. La puissance du christianisme est dans la cabane du pauvre, et sa base est aussi durable que la misère de l'homme sur laquelle elle est appuyée. « L'Église, » dit Bossuet (dans un passage qu'on croiroit échappé à la tendresse de Fénelon, s'il n'avoit un tour plus original et plus élevé), « l'Église est fille du Tout-Puissant ; mais son père, qui la soutient au dedans, l'abandonne souvent aux persécuteurs, et, à l'exemple de Jésus-Christ, elle est obligée de crier, dans son agonie : *Mon Dieu ! mon Dieu ! pourquoi m'avez-vous délaissée*[1] ? Son Époux est le plus puissant, comme le plus beau et le plus parfait de tous les enfants des hommes[2] ; mais elle n'a entendu sa voix agréable, elle n'a joui de sa douce et désirable présence qu'un moment[3]. Tout d'un coup il a pris la fuite avec une course rapide : *et plus vite qu'un faon de biche, il s'est élevé au-dessus des plus hautes montagnes*[4]. Semblable à une épouse désolée, l'Église ne fait que gémir ; et le chant de la tourterelle délaissée[5] est dans sa bouche. Enfin, elle est étrangère et comme errante sur la terre, où elle vient recueillir les enfants de Dieu sous ses ailes ; et le monde, qui s'efforce de les lui ravir, ne cesse de traverser son pèlerinage[6]. »

Il peut le traverser, ce pèlerinage, mais non pas l'empêcher de s'accomplir. Si l'auteur de cet article n'en eût pas été persuadé d'avance, il en seroit maintenant convaincu par la scène qui se passe sous ses yeux[7]. Quelle est cette puissance extraordinaire qui promène ces cent mille chrétiens sur ces ruines? Par quel prodige la croix reparoît-elle en triomphe dans cette même cité, où naguère une dérision horrible la traînoit dans la fange ou le sang? D'où renaît cette solennité proscrite? Quel chant de miséricorde a remplacé si soudainement le bruit du canon et les cris des chrétiens foudroyés? Sont-ce les pères, les mères, les frères, les sœurs, les enfants de ces victimes qui prient pour les

---

1. Deus meus! Deus meus! ut quid dereliquisti me?
2. Speciosus forma præ filiis hominum.   (*Psal.* XLIV, 3.)
3. Amicus sponsi, qui stat et audit eum, gaudio gaudet propter vocem sponsi. (JOANN., III, 29.)
4. Fuge, dilecte mi, et assimilare capreæ hinnuloque cervorum super montes aromatum. (*Cant.*, VIII, 14.)
5. Vox turturis audita est in terra nostra. (*Cant.*, II, 12.)
6. *Oraison funèbre de M. Le Tellier.*
7. L'auteur écrivit ceci à Lyon, le jour de la Fête-Dieu.

ennemis de la foi, et que vous voyez à genoux de toutes parts, aux fenêtres de ces maisons délabrées et sur les monceaux de pierres où le sang des martyrs fume encore? Les collines chargées de monastères, non moins religieux, parce qu'ils sont déserts; ces deux fleuves où la cendre des confesseurs de Jésus-Christ a si souvent été jetée, tous les lieux consacrés par les premiers pas du christianisme dans les Gaules; cette grotte de saint Pothin, les catacombes d'Irénée, n'ont point vu de plus grands miracles que celui qui s'opère aujourd'hui. Si en 1793, au moment des *mitraillades* de Lyon, lorsque l'on démolissoit les temples et que l'on massacroit les prêtres; lorsqu'on promenoit dans les rues un âne chargé des ornements sacrés, et que le bourreau, armé de sa hache, accompagnoit cette digne pompe de la Raison, si un homme eût dit alors : « Avant que dix ans se soient écoulés, un prince de l'Église, un archevêque de Lyon, portera publiquement le saint-sacrement dans les mêmes lieux; il sera accompagné d'un nombreux clergé; de jeunes filles vêtues de blanc, des hommes de tout âge et de toute profession, suivront, précéderont la pompe, avec des fleurs et des flambeaux; ces soldats trompés que l'on a armés contre la religion paroîtront dans cette fête pour la protéger; » si un homme, disons-nous, eût tenu un pareil langage, il eût passé pour un visionnaire; et pourtant cet homme n'eût pas dit encore toute la vérité. La veille même de cette pompe, plus de dix mille chrétiens ont voulu recevoir le sceau de la foi : le digne prélat de cette grande commune a paru, comme saint Paul, au milieu d'une foule immense, qui lui demandoit un sacrement si précieux dans les temps d'épreuve, puisqu'il donne la force de confesser l'Évangile. Et ce n'est pas tout encore : des diacres ont été ordonnés, des prêtres ont été sacrés. Dira-t-on que les nouveaux pasteurs cherchent la gloire et la fortune? Où sont les bénéfices qui les attendent, les honneurs qui peuvent les dédommager des travaux qu'exige leur ministère? Une chétive pension alimentaire, quelque presbytère à moitié ruiné, ou un réduit obscur, fruit de la charité des fidèles : voilà tout ce qui leur est promis. Il faut encore qu'ils comptent sur les calomnies, sur les dénonciations, sur les dégoûts de toutes espèces : disons plus, si un homme tout-puissant retiroit sa main aujourd'hui, demain le philosophisme feroit tomber les prêtres sous le glaive de la *tolérance,* ou rouvriroit pour eux les philanthropiques déserts de la Guyane. Ah! lorsque ces enfants d'Aaron sont tombés la face contre terre; lorsque l'archevêque, debout devant l'autel, étendant les mains sur les lévites prosternés, a prononcé ces paroles : *Accipe jugum Domini,* la force de ces mots a pénétré tous les cœurs et rempli tous les yeux de larmes; ils l'ont accepté, *le joug du*

Seigneur, ils le trouveront d'autant plus léger, *onus ejus leve,* que les hommes cherchent à l'appesantir. Ainsi, malgré les prédictions des oracles du siècle, malgré les *progrès* de l'esprit humain, l'Église croît et se perpétue, selon l'oracle bien plus certain de celui qui l'a fondée : et quels que soient les orages qui peuvent encore l'assiéger, elle triomphera des *lumières* des sophistes, comme elle a triomphé des ténèbres des barbares.

SUR UNE NOUVELLE ÉDITION

DES

ŒUVRES COMPLÈTES DE ROLLIN.

Février 1803.

Les amis des lettres observent depuis quelque temps avec un plaisir extrême que l'on commence à revenir de toutes parts à ces principes du goût et de la raison dont on n'auroit jamais dû s'écarter. On abandonne peu à peu les systèmes qui nous ont fait tant de mal; on ose examiner et combattre les jugements incroyables prononcés par la littérature du dix-huitième siècle. La philosophie, jadis trop féconde, semble à présent menacée de stérilité, tandis que la religion fait éclore chaque jour de nouveaux talents et voit se multiplier ses disciples.

Un symptôme non moins équivoque du retour des esprits aux idées saines, c'est la réimpression des livres classiques que l'ignorance et le dédain ridicule des philosophes avoient rejetés. Rollin, par exemple, tout chargé qu'il est des trésors de l'antiquité, ne paroissoit plus digne de servir de guide aux écoliers d'un *siècle de lumière*, qui auroit eu grand besoin lui-même d'être renvoyé à l'école[1].

Des hommes qui avoient passé quarante ans de leur vie à faire en conscience quelques excellents volumes pour l'instruction de la jeunesse; des hommes qui, dans le silence de leur cabinet, vivoient familièrement avec Homère, Démosthène, Cicéron, Virgile; des hommes qui étoient si simplement et si naturellement vertueux, qu'on ne songeoit pas même à louer leurs vertus; des hommes de cette sorte se voyoient préférer une méchante espèce de charlatans sans science, sans gravité, sans mœurs. Les poétiques d'Aristote, d'Horace, de Boileau, étoient remplacées par des poétiques pleines d'ignorance, de mauvais

---

1. On sent qu'il s'agit ici du siècle en général, et non de quelques hommes dont les talents feront toujours la gloire de la France.

goût, de principes erronés et de faux jugements. On répétoit d'après le maître :

> Boileau, correct auteur de quelques bons écrits,
> Zoïle de Quinault. . . . .

On répétoit d'après l'écolier :

> Sans feu, sans verve et sans fécondité,
> Boileau copie. . . . .

Quand le respect pour les modèles est perdu à un tel degré, il ne faut plus s'étonner de voir une nation retourner à la barbarie.

Heureusement l'opinion du siècle qui commence cherche à prendre un autre cours. Dans un moment où l'on s'empresse de revenir aux anciennes méthodes d'enseignement, on apprendra sans doute avec plaisir que l'on prépare une édition des œuvres complètes de Rollin... Cette belle entreprise est dirigée par un homme qui conserve le dépôt sacré des traditions et de l'autorité des siècles, et qui méritera dans la postérité le titre de restaurateur de l'école de Boileau et de Racine.

La vie de Rollin qui doit précéder l'édition de ses Œuvres est déjà imprimée, et nous l'avons sous les yeux : elle est également remarquable par la simplicité et la douce chaleur du style, et par la mesure des opinions, et par la jeunesse des idées. Nous n'aurons qu'un regret en faisant connoître aux lecteurs quelques fragments de cette vie, c'est de ne pouvoir nommer l'auteur, jeune et modeste, à qui nous en sommes redevables.

Après avoir parlé de la naissance de Rollin et de son entrée comme boursier au collége des Dix-huit, l'écrivain de sa vie ajoute :

« Le jeune Rollin ne connut point ces mouvements de fierté qui accompagnent des connoissances nouvellement acquises, et qui cèdent par la suite à une instruction plus étendue. Son bon naturel se développoit avec son intelligence, et on le trouvoit plus aimable à mesure qu'il devenoit plus savant. Il faut dire que ses progrès rapides, dont on ne parloit dans le monde qu'avec une sorte d'étonnement, redoubloient encore la tendresse de son heureuse mère. Et sans doute elle n'étoit pas moins flattée de voir chez elle les personnes les plus considérables par leur rang et leur naissance, qui venoient la féliciter, en lui demandant, comme une faveur, que le jeune étudiant passât les jours de congé avec leurs enfants qui étoient au même collége, et fût associé à leurs plaisirs comme à leurs exercices...

« Les deux fils de M. Le Pelletier, alors ministre, qui étoient de la même classe que Rollin, avoient trouvé un redoutable concurrent dans ce nouveau venu. M. Le Pelletier, qui connoissoit tous les avantages de l'émulation, cherchoit tous les moyens de l'entretenir. Quand le jeune boursier étoit *empereur*, ce qui lui arrivoit souvent, il lui envoyoit la gratification qu'il avoit coutume de donner à ses fils; et ceux-ci aimoient tendrement leur rival. Les jours de congé, ils l'amenoient chez eux dans leur carrosse, le conduisoient chez sa mère s'il le désiroit, et l'attendoient avec complaisance tout le temps qu'il vouloit y rester.

« Un jour elle remarqua que son fils, en montant en voiture, prenoit sans façon la première place. Elle commençoit à lui en faire une réprimande sévère, comme d'un manque de bienséance et de politesse ; mais le précepteur qui étoit là l'interrompit avec douceur, et lui représenta que M. Le Pelletier avoit réglé *qu'on se rangeroit toujours dans le carrosse suivant l'ordre de la classe*. Rollin conserva toute sa vie pour le protecteur de sa jeunesse un respect tendre et une reconnoissance qu'il ne croyoit jamais pouvoir acquitter. Il fut l'ami constant de ses fils, surveilla l'éducation des fils de ses compagnons d'étude, et s'attacha de plus en plus à cette respectable famille, par ce sentiment aimable qui se nourrit des souvenirs de l'enfance et s'étend à tout le reste de la vie. Tel étoit le fruit de cette éducation vraiment sociale. Les jeunes gens, au sortir des études, se dispersoient dans le monde, suivant leurs différentes conditions : mais on y rencontroit un ami de collège avec la joie que l'on éprouve au retour d'un voyageur chéri et longtemps attendu. On se rappeloit la foi jurée, les plaisirs de l'enfance, et souvent ces douces amitiés de collège sont devenues un patronage honorable auquel la France a dû la plupart de ses grands hommes. »

Il nous semble que ce passage est bien touchant : on y entend l'accent d'un cœur françois ; on y trouve quelque chose de grave et de tendre, comme les vieux magistrats, et les jeunes amis de collège dont l'auteur rappelle le souvenir. Il est remarquable que ce n'étoit qu'en France, dans ce pays célèbre par la frivolité de ses habitants, que l'on voyoit ces augustes familles distinguées par la sévérité de leurs mœurs. Les Harlay, les de Thou, les Lamoignon, les d'Aguesseau, formoient un contraste singulier avec le caractère général de la nation. Leurs habitudes sérieuses, leurs vertus intègres, leurs opinions incorruptibles, étoient comme une expiation qu'ils offroient sans cesse pour l'inconstance et la légèreté du peuple. Ils rendoient à l'État des services de plus d'un sorte : ce Mathieu Molé, qui fit entreprendre à Duchesne la collection des historiens de France, exposa plusieurs fois sa vie dans les troubles de la Fronde, comme son père, Édouard Molé,

avoit bravé les fureurs de la Ligue pour assurer la couronne à Henri IV.
C'étoit ce même Mathieu, *plus brave que Gustave et M. le Prince* [1], qui
répondoit, lorsqu'on vouloit l'empêcher de s'exposer à la rage du
peuple : *Six pieds de terre feront toujours raison au plus grand homme
du monde.* C'est agir comme le vieux Caton, et parler comme le vieux
Corneille.

Rollin étoit un homme rare, qui avoit presque du génie à force de
science, de candeur et de bonté. Ce n'est que parmi les titres obscurs
des services rendus à l'enfance que l'on peut trouver les documents
de sa gloire. C'est là que l'auteur de sa vie a cherché les traits dont il
a composé un tableau plein de naïveté et de douceur : il se plaît à
nous montrer Rollin chargé de l'éducation de la jeunesse. Le tendre
respect que le nouveau recteur conservoit pour ses anciens maîtres,
son amour et ses sollicitudes pour les enfants qui lui étoient confiés,
tout cela est peint avec beaucoup de charme, et toujours avec le ton
convenable au sujet. Quand l'auteur parle ensuite des ouvrages de
Rollin, et qu'il entre dans des discussions importantes, il montre un
esprit nourri de bonnes doctrines, et une tête capable de concevoir des
idées fortes et sérieuses. Nous en citerons un exemple.

Dans un passage où il s'agit des principes de l'éducation et des
reproches qu'on a faits à l'ancienne manière d'enseigner, l'auteur dit :

« On a trouvé des inconvénients plus graves dans l'enseignement
de l'université, qui, ramenant sans cesse, a-t-on dit, sous les regards
du jeune homme les héros et les vertus des républiques anciennes,
l'entretient dans des maximes et des pensées contraires à l'ordre
social. Quelques-uns même ont vu sortir des colléges les doctrines
d'anarchie et de révolution. Assurément, tout est mortel à ceux qui
sont déjà malades, et cette remarque accuse le temps où elle a été
faite. Cependant, quoiqu'on puisse la justifier par des exemples particuliers, elle ne peut être une objection contre l'enseignement de l'université que lorsqu'on séparera les objets qu'elle y réunissoit toujours :
je veux dire les exemples d'héroïsme et les maximes propres à exciter
l'enthousiasme de la religion, qui les épure et les conforme à l'ordre.
Aussi Rollin ne les sépare-t-il point. Si quelquefois il abandonne son
disciple à une admiration toute naturelle pour des actions éclatantes,
il est prompt à le retenir dans les bornes légitimes. Il revient sur ses
pas : il examine ce héros *païen* à la clarté d'une lumière plus sûre et
plus pénétrante, et il montre tout ce qui lui a manqué, et par l'excès
et par l'imperfection de ses vertus.

1. *Mémoires du cardinal* DE RETZ.

« C'est donc toujours avec ce divin tempérament que l'on doit proposer au jeune homme des vertus sans convenance et des maximes enivrantes et trop fortes pour sa raison ; mais aussi l'on ne craint plus d'échauffer son cœur lorsqu'on est sûr de la règle qui doit le diriger. Alors l'admiration des héros de l'antiquité, aussi favorable à la vertu que les chefs-d'œuvre où ils sont célébrés, est féconde pour le talent, et toute l'éducation s'accomplit. Cette instruction classique contribue à l'ornement de toute la vie, par une multitude de maximes et de comparaisons qui se mêlent aux diverses situations de l'homme public et répandent sur les actions les plus communes une sorte de dignité qui prépare l'élégance des mœurs. J'aime à croire qu'au milieu de l'étude et des travaux champêtres qui remplissoient leurs loisirs, nos illustres magistrats de la France trouvoient un charme secret dans le souvenir des Fabricius et des Caton, qui avoient été l'objet de l'enthousiasme de leur jeunesse. En un mot, ces instincts vertueux qui défendirent les républiques anciennes contre le vice des institutions et des lois sont comme une excellente nature que la religion achève. Non-seulement elle en réprime l'énergie dangereuse et les ennoblit par des motifs plus purs, mais elle les élève, par la règle même qu'elle leur impose, à une hauteur encore plus héroïque, qui assure la prééminence des caractères que nous admirons dans nos histoires modernes. »

On peut appliquer ici pour jugement à l'auteur la comparaison qui suit immédiatement ce morceau, aussi bien pensé que bien écrit :

« C'est ainsi que dans les ouvrages immortels auxquels nous sommes toujours ramenés par un attrait inépuisable on reconnoît l'expression d'une belle imagination soumise à une raison forte et sévère, mais enrichie de ses privations mêmes, et qui, venant à se déclarer par intervalles, atteste toute la grandeur de la conquête. »

Le reste de la vie de Rollin est rempli par ces petits détails qui plaisoient tant à Plutarque, et qui lui faisoient dire :

« Comme les peintres qui font des portraits cherchent surtout la ressemblance dans les traits du visage, et particulièrement dans les yeux, où éclatent les signes les plus sensibles des mœurs et du naturel, il faut qu'on me permette de rechercher dans l'âme les principaux traits, afin qu'en les rassemblant je fasse de la vie des grands hommes un portrait vivant et animé [1]. »

On nous saura gré de citer en entier le mouvement oratoire par lequel l'auteur termine son ouvrage :

---

1. *In vita Alex.*

« Louis XVI, frappé d'une renommée si touchante, a acquitté ce que nous devions à la mémoire de Rollin : il a élevé son nom jusqu'aux noms les plus fameux, en ordonnant qu'on lui dressât une statue au milieu des Bossuet et des Turenne. Le vénérable pasteur de la jeunesse s'avance vers la postérité au milieu des grands hommes qui ont illustré le beau siècle de la France. S'il ne les a point égalés, il nous apprend à les admirer. Comme eux, il eut dans ses écrits le naturel des anciens, dans sa conduite les vertus qui conservent les forces de l'esprit et deviennent même de véritables talents ; comme eux, il grandira toujours, et la reconnoissance publique ajoutera sans cesse à sa gloire.

« En racontant les travaux et les simples événements qui remplirent la vie de Rollin, nous nous sommes quelquefois reporté à une époque qui s'éloigne de nous tous les jours, et une réflexion douloureuse s'est mêlée à nos récits. Nous avons parlé des études françoises, et il n'y a pas longtemps qu'elles étoient interrompues. Nous avons retracé le gouvernement et la discipline des colléges où s'élevoit une jeunesse heureuse loin des séductions de la société, et la plupart sont encore déserts !... Nous avons rappelé les services de cette université célèbre et vénérable par ses souvenirs, ses antiques honneurs, et cet esprit de corps qui perpétuoit la tradition des bonnes études et les maîtres qui devoient la répandre..., et elle n'est plus, et elle a péri comme tout ce qui étoit grand et utile ! Les quartiers même où florissoit l'université de Paris témoignent le deuil de cette destruction : leur célébrité n'y attire plus sans cesse de nouveaux habitants, et la population s'est écoulée vers d'autres lieux, pour y donner le spectacle d'autres mœurs. Où sont les éducations sévères qui préparoient des âmes fortes et tendres ? Où sont les jeunes gens modestes et savants qui unissoient l'ingénuité de l'enfance aux qualités solides qui annoncent l'homme ? Où est la jeunesse de la France ?... Une génération nouvelle lui a succédé...

« Qui pourroit redire les plaintes et les reproches qui s'élèvent tous les jours contre ces nouveaux venus ? Hélas ! ils croissoient presque à l'insu des pères, au milieu des discordes civiles, et ils sont absous par les malheurs publics, car tout leur a manqué, l'instruction, les remontrances, les bons exemples, et ces douceurs de la maison paternelle qui disposent les enfants aux sentiments vertueux et leur mettent sur les lèvres un sourire qui ne s'efface plus... Cependant, ils n'en témoignent aucun regret, ils ne rejettent point en arrière un regard de tristesse. On les voit errer dans les places publiques et remplir les théâtres comme s'ils n'avoient qu'à se reposer des travaux d'une longue vie. Les ruines les environnent, et ils passent devant elles sans éprouver seulement la curiosité ordinaire à un voyageur : ils ont déjà oublié ces temps d'une éternelle mémoire !...

« Génération vraiment nouvelle, et qui sera toujours distincte et marquée d'un caractère singulier, qui la sépare des temps anciens et des temps à venir, elle ne transmettra point ces traditions qui sont l'honneur des familles, ni ces bienséances qui défendent les mœurs publiques, ni ces usages qui sont les liens de la société. Elle marche vers un terme inconnu, entraînant avec elle nos souvenirs, nos bienséances, nos mœurs, nos usages : les vieillards ont gémi de se trouver plus étrangers à mesure que leurs enfants se multiplient sur la terre...

« Maintenant le jeune homme, jeté comme par un naufrage à l'entrée de sa carrière, en contemple vainement l'étendue. Il n'enfante que des désirs mourants et des projets sans consistance. Il est privé de souvenirs, et il n'a plus le courage de former des espérances. Il se croit désabusé, et il n'a point d'expérience. Son cœur est flétri, et il n'a point eu de passions. Comme il n'a pas rempli les différentes époques de sa vie, il ressent toujours au dedans de lui-même quelque chose d'imparfait qui ne s'achèvera pas. Ses goûts et ses pensées, par un contraste affligeant, appartiennent à la fois à tous les âges, mais sans rappeler le charme de la jeunesse ni la gravité de l'âge mûr. Sa vie entière se présente comme une de ces années orageuses et frappées de stérilité où l'on diroit que le cours des saisons et l'ordre de la nature sont intervertis. Dans cette confusion, les facultés les plus heureuses se sont tournées contre elles-mêmes. La jeunesse a été en proie à des tristesses extraordinaires, aux fausses douceurs d'une imagination bizarre et emportée, au mépris superbe de la vie, à l'indifférence qui naît du désespoir; une grande maladie s'est manifestée sous mille formes diverses. Ceux même qui ont été assez heureux pour échapper à cette contagion des esprits ont attesté toute la violence qu'ils ont soufferte. Ils ont franchi brusquement toutes les époques du premier âge, et se sont assis parmi les anciens, qu'ils ont étonnés par une maturité précoce, mais sans y trouver ce qui avoit manqué à leur jeunesse.

« Peut-être en est-il de ces derniers qui visitent quelquefois ces asiles de la science dont ils ont été exilés. Alors voyant ces vastes enceintes qui retentissent de nouveau du bruit des jeux et des triomphes classiques, ces hautes murailles où on lit toujours les noms à demi effacés de quelques grands hommes de la France, ils sentent revivre en eux des regrets amers et des désirs plus douloureux que les regrets. Ils demandent encore cette éducation qui porte des fruits pour toute la vie, et qui ne se remplace point. Ils demandent tant de plaisirs innocents qu'ils n'ont pas connus; ils demandent jusqu'à ces peines et ces chagrins de l'enfance qui laissent des souvenirs si tendres et si sensibles. Mais c'est inutilement : voilà qu'après avoir consumé bientôt quinze années, cette grande portion de la vie humaine, dans le silence et pourtant au milieu des révolutions des empires, ils n'ont survécu aux compagnons de leur âge, et pour ainsi dire à eux-mêmes, que pour toucher à ce terme où l'on ne fait plus que des pertes sans retour. Ainsi donc, ils seront toujours livrés à un gémissement secret et inconsolable, et désormais ils resteront exposés aux regards d'une autre génération qui les presse, comme des sentinelles qui lui crieront de se détourner des routes funestes où ils se sont égarés.

« Leur voix sera entendue, etc., etc... »

Ce morceau suffiroit seul pour justifier les éloges que nous avons donnés à cette *Vie de Rollin*. On peut y remarquer des beautés du premier ordre, exprimées avec éloquence, et quelques-unes de ces pensées que l'on ne trouve que chez les grands écrivains. Nous ne saurions trop encourager l'auteur à s'abandonner à son génie. Jusqu'à présent une timidité naturelle au vrai talent lui a fait rechercher les sujets les moins élevés ; mais il devroit peut-être essayer de sortir du genre tempéré qui retient son imagination dans des bornes trop étroites. On s'aperçoit aisément dans la *Vie de Rollin* qu'il a sacrifié partout des richesses. En parlant du bon recteur de l'université, il s'est prescrit la modération et la réserve; il a craint de blesser des vertus modestes en répandant sur elles une trop vive lumière : on diroit qu'il s'est souvenu de cette loi des anciens, qui ne permettoit de chanter les dieux que sur le mode le plus grave et le plus doux de la lyre.

SUR

LES ESSAIS DE MORALE

ET DE POLITIQUE.

Décembre 1805.

On peut trouver plusieurs causes du succès prodigieux des romans pendant ces dernières années : il y en a une principale, indépendante du goût et des mœurs. Fatigué des déclamations de la philosophie, on s'est jeté par besoin de repos dans les lectures frivoles; on s'est délassé des erreurs de l'esprit par celles du cœur : les dernières n'ont du moins ni la sécheresse ni l'orgueil des premières; et, à tout considérer, s'il falloit faire un choix dans le mal, la corruption des sentiments seroit peut-être préférable à la corruption des idées : un cœur vicieux peut revenir à la vertu; un esprit pervers ne se corrige jamais.

Mais l'esprit humain tourne sans cesse dans le même cercle, et les romans nous ramèneront aux ouvrages sérieux, comme les ouvrages sérieux nous ont conduits aux romans. En effet, ceux-ci commencent à passer de mode; les auteurs cherchent des sujets plus propres à satisfaire la raison; les livres sérieux reparoissent. Nous avons déjà eu le plaisir d'annoncer la *Législation primitive* de M. de Bonald : entre les jeunes gens distingués par le tour grave de leur esprit, nous avons fait remarquer l'auteur de la *Vie de Rollin* : aujourd'hui les *Essais de Morale et de Politique* sont une nouvelle preuve de notre retour aux études solides.

Cet ouvrage a pour but de montrer qu'une seule forme de gouvernement convient à la nature de l'homme. De là deux parties ou deux divisions dans l'ouvrage : dans la première on pose les faits; dans la seconde on conclut : c'est-à-dire que dans l'une on traite de la nature de l'homme, et que dans l'autre on fait voir quel est le gouvernement le plus conforme à cette nature.

Les facultés dont se compose notre esprit, les causes des égarements de notre esprit, la force de notre volonté, l'ascendant de nos passions, l'amour du beau et du bon, ou notre penchant pour la vertu, sont donc l'objet de la première partie.

Que l'homme doit vivre en société; qu'il y a une sorte de nécessité venant de Dieu; qu'il y a des gouvernements *factices* et un gouvernement *naturel;* que les mœurs sont des habitudes que nous ont données ou nous ont laissés prendre les lois : telles sont à peu près les questions qu'on examine dans la seconde partie.

C'est toucher, comme on le voit, à ce qui fit dans tous les temps l'objet des recherches des plus grands génies. L'auteur a su prouver qu'il n'y a point de matière épuisée pour un homme de talent, et que des principes aussi féconds seront éternellement la source de vérités nouvelles.

Une gravité naturelle et soutenue, un ton ferme sans jactance, noble sans enflure, des vues fines et quelquefois profondes, enfin cette mesure dans les opinions, cette décence de la bonne compagnie, d'autant plus précieuses qu'elles deviennent tous les jours plus rares : telles sont les qualités qui nous paroissent recommander cet ouvrage au public.

Nous choisirons quelques morceaux propres à donner aux lecteurs une idée du style des *Essais*, et de la manière dont l'auteur a traité des sujets si graves. Dans le chapitre intitulé, *Rapports des deux natures de l'homme*, voici comme il parle de l'union de l'âme avec le corps : « Son âme et son corps sont tellement unis, qu'ils sont obligés, pour ainsi dire, d'assister réciproquement à leurs jouissances et d'en modifier la nature, pour qu'ils puissent y participer également. Dans les plaisirs du corps on retrouve ceux de l'âme, et dans les plaisirs de l'âme on retrouve ceux du corps. Le corps exige dans les objets de ses penchants quelques traces de ce beau ou de ce bon, sujet de l'éternel amour de l'âme. Il veut qu'elle lui vante le bonheur dont il jouit, et qu'elle lui applaudisse en le partageant. L'âme, et c'est sa misère, ne peut saisir ce qu'elle aime que sous des formes et par des moyens qui lui sont fournis par le corps... Les deux natures de l'homme confondent ainsi leurs désirs, unissent leurs forces, et se concertent ensemble pour arriver à leurs desseins... L'âme découvre pour le corps une foule de plaisirs qu'il ignoreroit toujours; elle lui conserve la mémoire de ceux qu'il a goûtés, et dans les temps de disette elle le nourrit de l'image des objets qu'elle a chéris... »

Tout cela me semble ingénieux, agréable, bien dit, délicatement observé. On lira avec le même plaisir le chapitre sur les *Causes et* les

Suites des Égarements de l'esprit. Si l'on trouvoit ce portrait de l'*erreur* dans les *Caractères* de La Bruyère, on le remarqueroit peut-être.

« Vainement on calomnie les passions. Elles ne sont que la cause des maux dont l'erreur est le principe. Les passions s'usent; il faut bien qu'elles se reposent : l'erreur est éternelle et ne se fatigue jamais. Les passions entraînent ceux qu'elles tourmentent, les aveuglent, et souvent les abîment. L'erreur conduit avec méthode, conseille avec prudence; elle n'ôte pas la connoissance, et laisse éviter le danger; elle est austère et même inexorable, et le mal qu'elle fait commettre, on l'exécute avec la rigueur du devoir; elle éclaire le crime, elle s'entend avec l'orgueil, et tous les crimes qu'elle fait commettre, l'orgueil les récompense. »

Qui ne reconnoît ici la philosophie du dernier siècle? Pour faire un portrait aussi fidèle, il ne suffisoit pas d'avoir le modèle sous les yeux; il falloit encore posséder, dans un degré éminent, le talent du peintre.

Jusque ici nous n'avons cité que la première partie des *Essais*. Dans la seconde, consacrée à l'examen des gouvernements, on remarquera surtout deux chapitres sur l'Angleterre. L'auteur, cherchant à prouver que la monarchie absolue est le seul gouvernement *naturel* ou conforme à la *nature de l'homme*, fait la peinture de la monarchie angloise, dont le gouvernement, selon lui, n'est pas *naturel*. Par une idée ingénieuse il attribue aux anciennes mœurs des Anglois, c'est-à-dire aux mœurs qui ont précédé leur constitution de 1688, ce qu'il y a de bon parmi eux, tandis qu'il soutient que les vices du peuple et du gouvernement de la Grande-Bretagne naissent pour la plupart de la constitution actuelle de ce pays.

Ce système a l'avantage d'expliquer les contradictions que l'on remarque dans le caractère de la nation britannique. Il est vrai que l'auteur est alors obligé de prouver que les Anglois du temps d'Henri VIII étoient plus heureux et valoient mieux que les Anglois d'aujourd'hui, ce qui pourroit souffrir quelques difficultés; il est encore vrai que l'auteur a contre lui l'*Esprit des Lois*. Montesquieu parle aussi de l'inquiétude des Anglois, de leur orgueil, de leurs changements de partis, des orages de leur liberté; mais il voit tout cela comme des conséquences *nécessaires* et non *funestes* d'une monarchie mixte ou tempérée. On lit dans Tacite ce passage singulier : *Nam cunctas nationes et urbes populus, aut primores, aut singuli regunt : dilecta ex his et constituta reip. forma laudari facilius quam evenire; vel si evenit, haud diuturna esse potest.* D'où il résulte que Tacite avoit conçu l'idée d'un gouvernement à peu près semblable à celui de l'Angleterre, et qu'en le regardant comme le meilleur en théorie, il le jugeoit presque impossible en pratique. Aristote et Cicéron semblent avoir partagé l'opinion de Tacite, ou plutôt Tacite avoit puisé cette opinion dans les écrits du philosophe et de l'orateur. Ces autorités sont de quelque poids, sans doute ; mais l'auteur des *Essais* répondroit avec raison que nous avons aujourd'hui de nouvelles lumières qui nous empêchent de penser comme Aristote, Cicéron, Tacite et Montesquieu. Quoi qu'il en soit, les juges sont maintenant nombreux dans cette cause : plusieurs milliers de François ayant vécu, pendant leur exil, en Angleterre, peuvent avoir appris à connoître le fort et le foible des lois de ce pays.

Le dernier chapitre des *Essais* renferme des considérations sur le génie des peuples, et sur le but de la société, qui est le bonheur. L'auteur pense que l'ordre et le repos sont les deux plus sûrs moyens d'arriver à ce but. Son tableau de l'Égypte nous a rappelé quelque chose des belles pages de Platon sur les Perses et le ton calme, élevé, moral, du philosophe de l'Académie.

Au reste, il y a dans cet ouvrage un assez grand nombre d'opinions que nous ne partageons pas avec l'auteur. Il soutient, par exemple, *qu'il existe un degré de civilisation qui exclut le despotisme et le rend impossible ; qu'il y auroit trop de lumières à éteindre ; qu'il n'y a point de despotisme où l'on crie au despote,* etc.

C'est contredire, il nous semble, le témoignage de l'histoire. Nous seroit-il permis de faire observer à l'auteur que la corruption des mœurs marche de front avec la civilisation des peuples, et que si la dernière présente des moyens de liberté, la première est une source inépuisable d'esclavage?

Il n'y a point de despotisme où l'on crie au despote. Sans doute quand le cri est public, général, violent, quand c'est toute une nation qui parle sans contrainte. Mais dans quel cas cela peut-il avoir lieu? Quand le despote est foible, ou quand, à force de maux, il a poussé à bout ses esclaves. Mais si le despote est fort, que lui importeront les gémissements secrets de la foule ou l'indignation impuissante de quelque honnête homme? Il ne faut pas croire d'ailleurs que le plus rude despotisme produise un silence absolu, excepté chez les nations barbares. A Rome, sous les Néron même et sous les Tibère, on faisoit des satires, et l'on alloit à la mort : *morituri te salutant.*

Dans un autre endroit, l'auteur suppose que la société primitive étant devenue trop nombreuse, *on s'assembla et l'on convint.* C'est donc admettre un *contrat social,* et retomber dans toutes les chimères philosophiques que les *Essais* combattent avec tant de succès !

Quelques points de métaphysique demanderoient aussi plus de développement. On lit page 84 : *Toutes les âmes sont égales; leurs développements ne peuvent dépendre que de la conformation des organes.* Page 21 : *L'esprit est une faculté; une faculté est une puissance... Il n'y a point d'idées fausses, mais des appellations fausses,* etc.

Il y a là-dessus vingt bonnes querelles à faire à l'auteur, et si l'on pressoit un peu ses raisonnements, on les mèneroit à des conséquences dont il seroit lui-même effrayé. Mais nous ne voulons point élever de question intempestive, et quelques propositions douteuses ne gâtent rien à un ouvrage d'ailleurs rempli de principes excellents.

Nous ne nous permettrons plus de combattre qu'une seule définition. *L'imagination se montre dans tous les instants,* dit l'auteur. *Quel que soit l'objet qu'il examine, l'esprit doué de cette qualité est toujours frappé des rapports les moins abstraits.*

L'auteur semble n'avoir été frappé lui-même que d'une des facultés de l'imagination, celle de peindre les objets matériels : il a pris la partie pour le tout. Nous lui soumettons les observations suivantes :

Considérée en elle-même, l'imagination s'applique à tout et revêt toutes les formes : elle a quelquefois l'air du génie, de l'esprit, de la sensibilité, du talent; elle affecte tout, parle tous les langages; elle sait emprunter, quand elle le veut, jusqu'au maintien austère de la sagesse, mais elle ne peut être longtemps sérieuse; elle sourit sous le masque : *patuit dea.*

Prise séparément, l'imagination est donc peu de chose. Mais c'est un don inestimable lorsqu'elle se joint aux autres facultés de l'esprit : c'est elle alors qui donne la chaleur et la vie; elle se combine de mille manières avec le génie, l'esprit, la tendresse du cœur, le talent. Elle achève, pour ainsi dire, les heureuses dispositions qu'on a reçues de la nature, et qui sans l'imagination resteroient incomplètes et stériles. Elle marche, ou plutôt elle vole, devant les facultés auxquelles elle s'allie; elle les encourage à la suivre, les appelle sur sa trace, leur découvre des routes nouvelles. Mariée au génie, elle a créé Homère et Milton, Bossuet et Pascal, Cicéron et Démosthène, Tacite et Montesquieu; unie au talent et à la tendresse de l'âme, elle a formé Virgile et Racine, La Fontaine et Fénelon; de son mélange avec le talent et l'esprit, on a vu naître Horace et Voltaire[1].

L'auteur veut que l'imagination ne soit frappée que des *rapports les moins abstraits.* Jusque ici on lui avoit fait le reproche contraire; on l'avoit accusée d'un trop grand penchant à la contemplation et à la

---

1. Il ne s'agit pas ici de jugements rigoureux. Racine avoit du génie, Bossuet de l'esprit, etc. On n'indique à présent que les traits caractéristiques.

mysticité. C'est sur ses ailes que les âmes ardentes s'élèvent à Dieu ; c'est elle qui a conduit au désert et dans les cloîtres tant d'hommes qui ne vouloient plus s'occuper des *images* de la terre. Bien plus, c'est par la seule imagination que l'on peut concevoir la *spiritualité* de l'âme et l'*immatérialité* des esprits : tant elle est loin de ne saisir que le côté matériel des choses!

Et les plus grands métaphysiciens ne sont-ils pas distingués surtout par l'imagination? N'est-ce pas cette imagination qui a valu à Platon le nom de *rêveur,* et à Descartes celui de *songe-creux?* Platon avec ses harmonies, Descartes avec ses tourbillons, Gassendi avec ses atomes, Leibnitz avec ses monades, n'étoient que des espèces de poëtes qui *imaginoient* beaucoup de choses. Cependant c'étoient aussi de grands géomètres ; car les grands géomètres sont encore des hommes à grande imagination. Enfin, Malebranche, qui voyoit tout en Dieu, et qui passa sa vie à faire la guerre à l'imagination, en étoit lui-même un prodige ; Sénèque, au milieu de ses trésors, écrivoit sur le mépris des richesses.

Mais nous voulons que l'auteur des *Essais* nous serve de preuve contre lui-même. Il s'occupe des sujets les plus sérieux, et cependant son style est plein d'imagination. On lit page 95 ce morceau contre l'égoïsme, qui semble être échappé à l'âme de Fénelon :

« Il faut que l'homme unisse sa vie à quelque autre vie. Sa pensée elle-même a besoin d'une douce union pour devenir féconde. L'égoïsme est court dans ses vues ; il reste sans lumière, solitaire et sans gloire. Nos facultés ne se développent jamais d'une manière aussi heureuse que lorsque le cœur est rempli des sentiments les plus doux. Belle nature d'un être qui ne s'aime jamais tant que lorsqu'il s'oublie, et qui peut trouver son bonheur dans un entier dévouement. »

Nous conseillons à l'auteur de maltraiter un peu moins cette imagination, qui lui prête un si heureux langage. Il seroit trop long de citer tous les morceaux de ce genre que l'on trouve dans les *Essais.* Nous ne pouvons cependant nous refuser à transcrire cet autre passage, parce qu'il fait connoître l'auteur : « Le genre humain, dit-il, paroît blasé. Les générations qui naissent, désenchantées par l'expérience des générations qui les ont précédées, considèrent froidement leur carrière et spéculent sans jouir. Et moi, qu'on doit accuser ici de présomption ou de confiance, j'appartiens à l'une de ces générations tardives, et je n'ai point échappé au malheur commun ; du moins je déplore mes misères, et je n'ose en parler qu'en tremblant. Porté naturellement à l'étude des choses qui font le sujet de cet ouvrage, je fus entraîné à écrire par les goûts de mon esprit et la continuité de mes loisirs : ce sont de simples réflexions que je publie. On y reconnoîtra, j'espère, un amour pur du vrai. J'aimerois mieux les anéantir jusqu'à la moindre trace que d'apprendre qu'elles renferment une opinion qui puisse égarer. »

Rien n'est plus noble, plus touchant, plus aimable que ce mouvement; rien ne fait tant de plaisir que de rencontrer de pareils traits au milieu d'un sujet naturellement sévère. On peut appliquer ici à l'auteur le mot du poëte grec : « Il sied bien à un homme armé de jouer de la lyre. »

On prétend aujourd'hui qu'il faut toujours, dans l'examen des ouvrages, faire une part à la critique : nous l'avons donc faite. Cependant nous l'avouerons, si nous étions condamné à jouer souvent le triste rôle de censeur, ce qu'à Dieu ne plaise, nous aimerions mieux suivre l'exemple d'Aristote, qui, au lieu de blâmer les fautes d'Homère, trouve douze raisons (ἀριθμῷ δώδεκα) pour les excuser. Nous pourrions encore reprocher à l'auteur des *Essais* quelques amphibologies dans l'emploi des pronoms et quelque obscurité dans la construction des phrases; toutefois son livre, où l'on trouve différents genres de mérite, est purgé de ces fautes de goût que tant d'autres laissent échapper dans leurs premiers ouvrages. Racine même ne fut pas exempt d'affectation et de recherche dans sa jeunesse; et le grand, le sublime, le grave Bossuet fut un bel esprit de l'hôtel Rambouillet. Ses premiers sermons sont pleins d'antithèses, de battologies et d'enflure de style. Dans un endroit, il s'écrie tout à coup : « Vive l'Éternel! » Il appelle les enfants la *recrue* continuelle du genre humain; il dit que Dieu nous donne par la mort un *appartement* dans son palais. Mais ce rare génie, épuré par la raison qu'amènent naturellement les années, ne tarda pas à paroître dans toute sa beauté : semblable à un fleuve qui, en s'éloignant de sa source, dépose peu à peu le limon qui troubloit son eau et devient aussi limpide, au milieu de son cours, que profond et majestueux.

Par une modestie peu commune, l'auteur des *Essais*[1] ne s'est point nommé à la tête de son ouvrage; mais on assure que c'est le dernier descendant d'une de ces nobles familles de magistrats qui ont si longtemps illustré la France. Dans ce cas, nous serions moins étonné de l'amour du beau, de l'ordre et de la vertu, qui règne dans les *Essais*; nous ne ferions plus un mérite à l'auteur de posséder un avantage héréditaire, nous ne louerions que son talent.

1. L'auteur des *Essais de morale et de politique* est M. le comte Molé, aujourd'hui ministre d'État, pair de France.

SUR

LES MÉMOIRES DE LOUIS XIV.

Mars 1800.

Depuis quelque temps les journaux nous annonçoient les *Œuvres de Louis XIV.* Ce titre avoit choqué les personnes qui attachent encore quelque prix à la justesse des termes et à la décence du langage. Elles observoient qu'un auteur peut seul appeler *Œuvres* ses propres travaux, lorsqu'il les livre lui-même au public; qu'il faut en outre que cet auteur soit pris dans les rangs ordinaires de la société, et qu'il ait écrit non de simples Mémoires historiques, mais des ouvrages de science ou de littérature; que dans tous les cas un roi n'est point un auteur de profession, et que par conséquent il ne publie jamais des *Œuvres.*

Il est vrai que dans l'antiquité les premiers empereurs romains cultivoient les lettres; mais ces empereurs avoient été de simples citoyens avant de s'asseoir sur la pourpre. César n'étoit qu'un chef de légion lorsqu'il écrivit l'histoire de la conquête des Gaules, et les *Commentaires* du capitaine ont fait depuis la gloire de l'empereur. Si les Maximes de Marc-Aurèle honorent encore aujourd'hui sa mémoire, Claude et Néron s'attirèrent le mépris même du peuple romain pour avoir recherché les triomphes du poëte et du littérateur.

Dans les monarchies chrétiennes, où la dignité royale a été mieux connue, on a vu rarement le souverain descendre dans une lice où la victoire même n'est presque jamais sans honte, parce que l'adversaire est presque toujours sans noblesse. Quelques princes d'Allemagne, qui ont mal gouverné, ou qui ont même perdu leur pays pour s'être livrés à l'étude des sciences, excitent plutôt notre pitié que notre admiration. Denys, maître d'école à Corinthe, étoit aussi un roi homme de lettres. On voit encore à Vienne une Bible chargée de notes de la main de Charlemagne; mais ce monarque ne les avoit écrites que pour lui-même, et pour satisfaire sa piété. Charles V, François Ier, Henri IV, Charles IX, aimèrent les lettres sans avoir la prétention de devenir auteurs. Quelques reines de France ont laissé des vers, des Nouvelles, des Mémoires : on a pardonné à leur dignité en faveur de leur sexe. L'Angleterre, d'où nous sont venus de dangereux exemples, compte seule plusieurs *écrivains* parmi ses monarques : Alfred, Henri VIII, Jacques Ier, ont fait de véritables livres; mais le roi auteur par excellence, dans les siècles modernes, c'est Frédéric. Ce prince a-t-il perdu, a-t-il gagné en renommée à la publication de ses *Œuvres*? Question que nous n'aurions pas de peine à résoudre si nous ne consultions que notre sentiment.

Nous avons été d'abord un peu rassuré en ouvrant le Recueil que nous annonçons. Premièrement, ce ne sont point des *Œuvres*, ce sont de simples Mémoires faits par un père pour l'instruction de son fils. Eh! qui doit veiller à l'éducation de ses enfants, si ce n'est un roi? Peut-on jamais trop inspirer l'amour des devoirs et de la vertu aux princes d'où dépend le bonheur de tant d'hommes? Plein d'un juste respect pour la mémoire de Louis XIV, nous avons ensuite parcouru avec inquiétude les écrits de ce grand monarque. Il eût été cruel de perdre encore une admiration. C'est avec un plaisir extrême que nous avons retrouvé le Louis XIV tel qu'il est parvenu à la postérité, tel que l'a peint Mme de Motteville : « Son grand sens et ses bonnes intentions, dit-elle, firent connoître les semences d'une science universelle, qui avoient été cachées à ceux qui ne le voyoient pas dans le particulier; car il parut tout d'un coup politique dans les affaires de l'État, théologien dans celles de l'Église, exact en celles de finance; parlant juste, prenant toujours le bon parti dans les conseils, sensible aux intérêts des particuliers, mais ennemi de l'intrigue et de la flatterie, et sévère envers les grands de son royaume qu'il soupçonnoit avoir envie de le gouverner. Il étoit aimable de sa personne, honnête et de facile accès à tout le monde, mais avec un air grand et sérieux, qui imprimoit le respect et la crainte dans le public. »

Et telles sont précisément les qualités que l'on trouve et le caractère que l'on sent dans le recueil des pensées de ce prince. Ce recueil se compose :

1° De Mémoires adressés au grand dauphin : ils commencent en 1661, et finissent en 1665;

2° De Mémoires militaires sur les années 1673 et 1678;

3° De Réflexions sur le *métier de roi*;

4° D'instructions à Philippe V;

5° De dix-huit lettres au même prince, et d'une lettre de Mme de Maintenon.

On connoissoit déjà de Louis XIV un recueil de lettres et une traduction des *Commentaires de César*[1]. On croit que Pellisson ou Racine[2] ont revu les Mémoires que l'on vient de publier; mais il est certain, d'ailleurs, que le fond des choses est de Louis XIV. On reconnoît partout ses principes religieux, moraux, politiques; et les notes ajoutées de sa propre main aux marges des Mémoires ne sont inférieures au texte ni pour le style ni pour les pensées.

Et puis c'est un fait attesté par tous les écrivains que Louis XIV s'exprimoit avec une noblesse particulière : « Il parloit peu et bien, dit Mme de Motteville; ses paroles avoient une grande force pour inspirer dans les cœurs et l'amour et la crainte, selon qu'elles étoient douces ou sévères. »

« Il s'exprimoit toujours noblement et avec précision, » dit Voltaire. Il auroit même excellé dans les grâces du langage s'il avoit voulu en faire une étude. Monschenay raconte qu'il lisoit un jour l'épître de Boileau sur le passage du Rhin, devant Mmes de Thiange et de Montespan : « Il la lut avec des *tons si enchanteurs*, que Mme de Montespan lui arracha l'épître des mains, en s'écriant qu'il y avoit là quelque chose de surnaturel, et qu'elle n'avoit jamais rien entendu de si bien prononcé. »

Cette netteté de pensée, cette noblesse d'élocution, cette finesse d'une oreille sensible à la belle poésie, forment déjà un préjugé en faveur du style des Mémoires, et prouveroient (si l'on avoit besoin de preuves) que Louis XIV peut fort bien les avoir écrits. En citant quelques morceaux de ces Mémoires, nous les ferons mieux connoître aux lecteurs.

Le roi, parlant des différentes mesures qu'il prit au commencement de son règne, ajoute :

« Il faut que je vous avoue qu'encore que j'eusse auparavant sujet d'être content de ma propre conduite, les éloges que cette nouveauté m'attiroit me donnoient une continuelle inquiétude, par la crainte que j'avois toujours de ne les pas assez bien mériter.

« Car enfin je suis bien aise de vous avertir, mon fils, que c'est une chose fort délicate que la louange; qu'il est bien malaisé de ne s'en pas laisser

---

1. Voltaire nie que cette traduction soit de Louis XIV.
2. S'il falloit en juger par le style, je croirois que Pellisson a eu la plus grande part à ce travail. Du moins il me semble qu'on peut quelquefois reconnoître sa phrase symétrique et arrangée avec art. Quoi qu'il en soit, les pensées de Louis XIV, mises en ordre par Racine ou Pellisson, sont un assez beau monument. Rose, marquis de Coye, homme de beaucoup d'esprit et secrétaire de Louis XIV, pourroit bien aussi avoir revu les Mémoires.

éblouir, et qu'il faut beaucoup de lumières pour savoir discerner au vrai ceux qui nous flattent d'avec ceux qui nous admirent.

« Mais, quelque obscures que puissent être en cela les intentions de nos courtisans, il y a pourtant un moyen assuré pour profiter de tout ce qu'ils disent à notre avantage, et ce moyen n'est autre chose que de nous examiner sévèrement nous-même sur chacune des louanges que les autres nous donnent. Car, lorsque nous en entendrons quelqu'une que nous ne méritons pas en effet, nous la considérerons aussitôt (suivant l'humeur de ceux qui nous l'auront donnée), ou comme un reproche malin de quelque défaut dont nous tâcherons de nous corriger, ou comme une secrète exhortation à la vertu que nous ne sentons pas en nous. »

On n'a jamais rien dit sur le danger des flatteurs de plus délicat et de mieux observé. Un homme qui connoissoit si bien la valeur des louanges méritoit sans doute d'être beaucoup loué. Ce passage est surtout remarquable par une certaine ressemblance avec quelques préceptes du *Télémaque*. Dans ce grand siècle, la vertu et la raison donnoient au prince et au sujet un même langage.

Le morceau suivant, écrit tout entier de la main de Louis XIV, n'est pas un des moins beaux des Mémoires :

« Ce n'est pas seulement dans les importantes négociations que les princes doivent prendre garde à ce qu'ils disent, c'est même dans les discours les plus familiers et les plus ordinaires. C'est une contrainte sans doute fâcheuse, mais absolument nécessaire à ceux de notre condition, de ne parler de rien à la légère. Il se faut bien garder de penser qu'un souverain, parce qu'il a l'autorité de tout faire, ait aussi la liberté de tout dire : au contraire, plus il est grand et respecté, plus il doit être circonspect. Les choses qui ne seroient rien dans la bouche d'un particulier deviennent souvent importantes dans celle d'un prince. La moindre marque de mépris qu'il donne d'un particulier fait au cœur de cet homme une plaie incurable. Ce qui peut consoler quelqu'un d'une raillerie piquante ou d'une parole de mépris que quelque autre a dite de lui, c'est ou qu'il se promet de trouver bientôt occasion de rendre la pareille, ou qu'il se persuade que ce qu'on a dit ne fera pas d'impression sur l'esprit de ceux qui l'ont entendu. Mais celui de qui le souverain a parlé sent son mal d'autant plus impatiemment, qu'il n'y voit aucune de ces consolations. Car enfin il peut bien dire du mal du prince qui en a dit de lui, mais il ne sauroit le dire qu'en secret, et ne peut pas lui faire savoir ce qu'il en dit, qui est la seule douceur de la vengeance. Il ne peut pas non plus persuader que ce qui a été dit n'aura pas été approuvé ni écouté, parce qu'il sait avec quels applaudissements sont reçus tous les sentiments de ceux qui ont en main l'autorité. »

La générosité de ces sentiments est aussi touchante qu'admirable. Un monarque qui donnoit de pareilles leçons à son fils avoit sans doute un véritable cœur de roi, et il étoit digne de commander à un peuple dont le premier bien est l'honneur.

La pièce intitulée *Le Métier de Roi*, dans le nouveau recueil, avoit été citée dans le *Siècle de Louis XIV*. « *Elle dépose à la postérité*, dit Voltaire, *en faveur de la droiture et de la magnanimité de son âme.* »

Nous sommes fâché que l'éditeur des Mémoires, qui paroît d'ailleurs plein de candeur et de modestie, ait donné à ce morceau le titre de *Métier de Roi*. Louis XIV s'est servi de ce mot dans le cours de ses réflexions; mais il n'est pas vraisemblable qu'il l'ait employé comme *titre*. Il y a plus : il est probable que ce prince eût corrigé cette expression s'il eût prévu que ses écrits seroient un jour publiés. La royauté n'est point un métier, c'est un caractère; l'oint du Seigneur n'est point un acteur qui joue un rôle, c'est un magistrat qui remplit une fonction : on ne fait point le métier de roi comme on fait celui de charlatan. Louis XIV, dans un moment de dégoût, ne songeant qu'aux fatigues de la royauté, a pu l'appeler un *métier*, et un métier très-pénible; mais donnons-nous de garde de prendre ce mot dans un sens absolu. Ce seroit apprendre aux hommes que tout est *métier* ici-bas; que nous sommes tous dans ce monde des espèces d'empiriques montés sur des tréteaux pour vendre notre marchandise aux passants. Une pareille vue de la société mèneroit à des conséquences funestes.

Voltaire avoit encore cité les Instructions à Philippe V, mais il en avoit retranché les premiers articles. Il est malheureux de rencontrer sans cesse cet homme célèbre dans l'histoire littéraire du dernier siècle, et de l'y voir jouer si souvent un rôle peu digne d'un honnête homme et d'un beau génie. On devinera aisément pourquoi l'historien de Louis XIV avoit omis les premiers articles des Instructions; les voici :

1. Ne manquez à aucun de vos devoirs, surtout envers Dieu.

2. Conservez-vous dans la pureté de votre éducation.

3. Faites honorer Dieu partout où vous aurez du pouvoir; procurez sa gloire; donnez-en l'exemple : c'est un des plus grands biens que les rois puissent faire.

4. Déclarez-vous en toute occasion pour la vertu contre le vice.

Saint Louis mourant, étendu sur un lit de cendre devant les ruines de Carthage, donna à peu près les mêmes instructions à son fils.

« Beau fils, la première chose que je t'enseigne et commande à garder, si est que de tout ton cœur tu aimes Dieu et te gardes bien de faire chose qui lui déplaise. Si Dieu t'envoie adversité, reçois-la bénignement, et lui en rends grâces; s'il te donne prospérité, si l'en remercie très-humblement : car on ne doit pas guerroyer Dieu des dons qu'il nous fait. Aie le cœur doux et piteux aux pauvres ; ne boute pas sus trop grans taille ni subsides à ton peuple. Fuis la compagnie des mauvais. »

On aime à voir deux de nos plus grands princes, à deux époques si éloignées l'une de l'autre, donner à leurs fils des principes semblables de religion et de justice. Si la langue de Joinville et celle de Racine ne nous avertissoient que quatre cents ans d'intervalle séparent saint Louis de Louis XIV, on pourroit croire que ces instructions sont du même siècle. Tandis que tout change dans le monde, il est beau que des âmes royales gardent incorruptible le dépôt sacré de la vérité et de la vertu.

Louis XIV, et c'est une des choses les plus attachantes de ses Mémoires, confesse souvent ses fautes et les offre pour leçon à son fils :

« On attaque le cœur d'un prince comme une place. Le premier soin est de s'emparer de tous les postes par où on y peut approcher. Une femme adroite s'attache d'abord à éloigner tout ce qui n'est pas dans ses intérêts, elle donne du soupçon des uns et du dégoût des autres, afin qu'elle seule et ses amis soient favorablement écoutés ; et si nous ne sommes en garde contre cet usage, il faut, pour la contenter elle seule, mécontenter tout le reste du monde.

« Dès lors que vous donnez à une femme la liberté de vous parler de choses importantes, il est impossible qu'elle ne vous fasse faillir.

« La tendresse que nous avons pour elle nous faisant goûter ses plus mauvaises raisons, nous fait tomber insensiblement du côté où elle penche, et la foiblesse qu'elle a naturellement lui faisant souvent préférer des intérêts de bagatelles aux plus solides considérations, lui font presque toujours prendre le mauvais parti.

« Elles sont éloquentes dans leurs expressions, pressantes dans leurs prières, opiniâtres dans leurs sentiments ; et tout cela n'est souvent fondé que sur une aversion qu'elles auront pour quelqu'un, sur le dessein d'en avancer un autre, ou sur une promesse qu'elles auront faite légèrement. »

Cette page est écrite avec une singulière élégance ; et si la main de Racine paroît quelque part, on pourroit peut-être la retrouver ici. Mais l'oserions-nous dire ? Une telle connoissance des femmes prouve que le monarque, en se confessant, n'étoit peut-être pas bien guéri de sa faiblesse. Les anciens disoient de certains prêtres des dieux : « Beaucoup portent le thyrse, et peu sont inspirés. » Il en est ainsi de la passion qui subjuguoit Louis XIV : beaucoup l'affectent, et peu la ressentent ; mais aussi quand elle est réelle on ne peut guère se méprendre à *l'inspiration* de son langage.

Au reste, Louis XIV avoit appris à connoître la juste valeur de ces attachements que le plaisir forme et détruit. Il vit couler les larmes de Mme de La Vallière, et il lui fallut supporter les cris et les reproches de Mme de Montespan. La sœur du fameux comte de Lautrec, abandonnée de François Ier, ne s'emporta point ainsi en plaintes inutiles. Le roi lui ayant fait redemander les joyaux chargés de devises qu'il lui avoit donnés dans les premiers temps de sa tendresse, elle les renvoya fondus et convertis en lingots. « Portez cela au roi, dit-elle. Puisqu'il lui a plu de me révoquer ce qu'il m'avoit donné si libéralement, je les lui rends, et lui renvoie en lingots d'or. Quant aux devises, je les ai si bien empreintes en ma pensée, et les y tiens si chères, que je n'ai pu permettre que personne en disposât et jouît, et en eût de plaisir que moi-même [1]. »

Si nous en croyons Voltaire, la mauvaise éducation de Louis XIV auroit privé ce prince des leçons de l'histoire. Ce défaut de connoissance n'est point du tout sensible dans les Mémoires. Le roi paroît au contraire avoir eu des idées assez étendues sur l'histoire moderne et même sur celle des Grecs et des Romains. Il raisonne en politique avec une sagacité surprenante; il fait parfaitement sentir, à propos de Charles II, roi d'Angleterre, le vice de ces États qui sont gouvernés par des corps délibérants; il parle des désordres de l'anarchie comme un prince qui en avoit été témoin dans sa jeunesse; il savoit fort bien ce qui manquoit à la France, ce qu'elle pouvoit obtenir; quel rang elle devoit occuper parmi les nations : « Étant persuadé, dit-il, que l'infanterie françoise n'avoit pas été jusqu'à présent fort bonne, je voulus chercher les moyens de la rendre meilleure. » Il ajoute ailleurs : « Pourvu qu'un prince ait des sujets, il doit avoir des soldats; et quiconque, ayant un État bien peuplé, manque d'avoir de bonnes troupes, ne se doit plaindre que de sa paresse et de son peu d'application. » On sait en effet que c'est Louis XIV qui a créé notre armée et environné la France de cette ceinture de places fortes qui la rendent inexpugnable. On voit enfin qu'il regrettoit les temps où ses sujets étoient maîtres du monde :

« Lorsque le titre d'empereur fut mis dans notre maison, dit-il, elle possédoit à la fois la France, les Pays-Bas, l'Allemagne, l'Italie, et la meilleure partie de l'Espagne, qu'elle avoit distribuée entre divers particuliers, avec réserve de la souveraineté. Les sanglantes défaites de plusieurs peuples venus du Nord et du Midi avoient porté si loin la terreur de nos armes, que toute la terre trembloit au seul bruit de nos François et de la grandeur impériale. »

1. Brantôme.

Ces passages prouvent que Louis XIV connoissoit la France et qu'il en avoit médité l'histoire. En portant ses regards encore plus haut, ce prince eût vu que les Gaulois, nos premiers ancêtres, avoient pareillement subjugué la terre, et que toutes les fois que nous sortons de nos limites, nous ne faisons que rentrer dans notre héritage. L'épée de fer d'un Gaulois a seule servi de contre-poids à l'empire du monde. « La nouvelle arriva d'Occident en Orient, dit un historien, qu'une nation hyperboréenne avoit pris en Italie une ville *grecque* appelée Rome. » Le nom de Gaulois vouloit dire *voyageur*. A la première apparition de cette race puissante, les Romains déclarèrent qu'elle étoit née pour la ruine des villes et la destruction du genre humain.

Partout où il s'est remué quelque chose de grand, on retrouve nos ancêtres. Les Gaulois seuls ne se turent point à la vue d'Alexandre devant qui la terre se taisoit. « Ne craignez-vous point ma puissance? » dit à leurs députés le vainqueur de l'Asie. « Nous ne craignons qu'une chose, répondirent-ils, c'est que le ciel tombe sur notre tête. » César ne put les vaincre qu'en les divisant, et il mit plus de temps à les dompter qu'à soumettre Pompée et le reste du monde.

Tous les lieux célèbres dans l'univers ont été assujettis à nos pères. Non-seulement ils ont pris Rome, mais ils ont ravagé la Grèce, occupé Byzance, campé sur les ruines de Troie, possédé le royaume de Mithridate, et vaincu au delà du Taurus ces Scythes qui n'avoient été vaincus par personne. La valeur des Gaulois décidoit de toutes parts du sort des empires. L'Asie leur payoit tribut; les princes les plus renommés de cette partie de la terre, les Antiochus, les Antigonus, courtisoient ces guerriers redoutables; et les rois tombés du trône se retiroient à l'abri de leur épée. Ils firent la principale force de l'armée d'Annibal; dix mille d'entre eux défendirent seuls contre Paul-Émile la couronne d'Alexandre, dans le combat où Persée vit passer l'empire des Grecs sous le joug des Latins. A la bataille d'Actium, les Gaulois disposèrent encore du sceptre du monde, puisqu'ils décidèrent la victoire en se rangeant sous les drapeaux d'Auguste.

C'est ainsi que le destin des royaumes paroît attaché dans chaque siècle au sol de la Gaule, comme à une terre fatale et marquée d'un sceau mystérieux. Tous les peuples semblent avoir ouï successivement cette voix qui annonça l'arrivée de Brennus à Rome, et qui disoit à Céditius au milieu de la nuit : « Céditius, va dire aux tribuns que les Gaulois seront demain ici. »

Les Mémoires de Louis XIV augmenteront sa renommée : ils ne dévoilent aucune bassesse, ils ne révèlent aucun de ces honteux secrets que le cœur humain cache trop souvent dans ses abîmes. Vu de plus près et dans l'intimité de la vie, Louis XIV ne cesse point d'être Louis le Grand ; on est charmé qu'un si *beau buste* n'ait point une *tête vide*, et que l'âme réponde à la noblesse des dehors. « C'est un prince, disoit Boileau, qui ne parle jamais sans avoir pensé. Il construit admirablement tout ce qu'il dit ; ses moindres reparties sentent le souverain ; et quand il est dans son domestique, il semble recevoir la loi plutôt que de la donner. » Éloge que les Mémoires confirment de tous points. On connoît cette foule de mots où brille la magnanimité de Louis XIV. Le prince de Condé lui disoit un jour qu'on avoit trouvé une image d'Henri IV attachée à un poteau et traversée d'un poignard avec une inscription odieuse pour le prince régnant. « *Je m'en console*, dit le monarque : *on n'en a pas fait autant contre les rois fainéants.* » On prétend que dans les derniers temps de sa vie il trouva sous son couvert, en se mettant à table, un billet à peu près conçu ainsi : « Le roi est debout à la place des Victoires, à cheval à la place Vendôme : quand sera-t-il couché à Saint-Denis ? » Louis prit le billet, et le jetant par-dessus sa tête, répondit à haute voix : « *Quand il plaira à Dieu.* » Prêt à rendre le dernier soupir, il fit appeler les seigneurs de sa cour : « Messieurs, dit-il, je vous demande pardon des mauvais exemples que je vous ai donnés ; je vous fais mes remercîments de l'amitié que vous m'avez toujours marquée. Je vous demande pour mon petit-fils la même fidélité... Je sens que je m'attendris et que je vous attendris aussi. Adieu, messieurs, souvenez-vous quelquefois de moi. » Il dit à son médecin qui pleuroit : « M'avez-vous cru immortel ? » Mme de La Fayette a écrit de ce prince qu'on le trouvera sans doute « un des plus grands rois, et des plus *honnêtes hommes de son royaume* ». Cela n'empêche pas qu'à ses funérailles le peuple ne chantât des *Te Deum* et n'insultât au cercueil : *numquid cognoscentur mirabilia tua, et justitia tua in terra oblivionis ?*

Que nous reste-t-il à ajouter à la louange d'un prince qui a civilisé l'Europe et jeté tant d'éclat sur la France ? Rien que ce passage tiré de ses Mémoires.

« Vous devez savoir avant toutes choses, mon fils, que nous ne saurions montrer trop de respect pour celui qui nous fait respecter de tant de milliers d'hommes. La première partie de la politique est celle qui nous enseigne à le bien servir. La soumission que nous avons pour lui est la plus belle leçon que nous puissions donner de celle qui nous est due, et nous péchons contre la prudence aussi bien que contre la justice, quand nous manquons de vénération pour celui dont nous ne sommes que les lieutenants.

« Quand nous aurons armé tous nos sujets pour la défense de sa gloire, quand nous aurons relevé ses autels abattus, quand nous aurons fait connoître son nom aux climats les plus reculés de la terre, nous n'aurons fait que l'une des parties de notre devoir, et sans doute nous n'aurons pas fait celle qu'il désire le plus de nous, si nous ne sommes soumis nous-même au joug de ses commandements. Les actions de bruit et d'éclat ne sont pas toujours celles qui le touchent davantage, et ce qui se passe dans le secret de notre cœur est souvent ce qu'il observe avec plus d'attention.

« Il est infiniment jaloux de sa gloire, mais il sait mieux que nous discerner en quoi elle consiste. Il ne nous a peut-être faits si grands qu'afin que nos respects l'honorassent davantage; et si nous manquons de remplir en cela ses desseins, peut-être qu'il nous laissera tomber dans la poussière de laquelle il nous a tirés.

« Plusieurs de mes ancêtres, qui ont voulu donner à leurs successeurs de pareils enseignements, ont attendu pour cela l'extrémité de leur vie; mais je ne suivrai pas en ce point leur exemple. Je vous en parle dès cette heure, mon fils, et vous en parlerai toutes les fois que j'en trouverai l'occasion. Car, outre que j'estime qu'on ne peut de trop bonne heure imprimer dans les jeunes esprits des pensées de cette conséquence, je crois qu'il se peut faire que ce qu'ont dit ces princes dans un état si pressant ait quelquefois été attribué à la vue du péril où ils se trouvoient; au lieu que, vous en parlant maintenant, je suis assuré que la vigueur de mon âge, la liberté de mon esprit, et l'état florissant de mes affaires, ne vous pourront jamais laisser pour ce discours aucun soupçon de foiblesse ou de déguisement. »

C'étoit en 1661 que Louis XIV donnoit cette sublime leçon à son fils.

DES LETTRES
ET
DES GENS DE LETTRES.

RÉPONSE

A UN ARTICLE INSÉRÉ DANS LA GAZETTE DE FRANCE DU 27 AVRIL [1].

Mai 1806.

La *Défense du Génie du Christianisme* est jusqu'à présent la seule réponse que j'aie faite à toutes les critiques dont on a bien voulu m'honorer. J'ai le bonheur ou le malheur de rencontrer mon nom assez souvent dans des ouvrages polémiques, des pamphlets, des satires. Quand la critique est juste, je me corrige; quand le mot est plaisant, je ris; quand il est grossier, je l'oublie. Un nouvel *ennemi* vient de descendre dans la lice. C'est un *chevalier béarnois*. Chose assez singulière, ce chevalier m'accuse de préjugés gothiques et de mépris pour les lettres! J'avoue que je n'entends pas parler de sang-froid de chevalerie; et quand il est question de tournois, de défis, de castilles, de pas d'armes, je me mettrois volontiers comme le seigneur don Quichotte à courir les champs pour réparer les torts. Je me rends donc à l'appel de mon adversaire. Cependant, je pourrois refuser de faire avec lui le coup de lance, puisqu'il n'a pas déclaré son nom ni haussé la visière de son casque après le premier assaut; mais comme il a observé religieusement les autres lois de la joute, en évitant avec soin de frapper à la *tête* et au *cœur*, je le tiens pour loyal chevalier, et je relève le gant.

Cependant, quel est le sujet de notre querelle? Allons-nous nous battre, comme c'est assez l'usage entre les preux, sans trop savoir pourquoi? Je veux bien soutenir que la *dame* de mon cœur est incom-

---

[1]. Cet article est de M. de Baure, auteur d'une *Histoire du Béarn* et beau-frère de M. le comte Daru.

parablement plus belle que celle de mon adversaire. Mais si par hasard nous servions tous deux la même dame? C'est en effet notre aventure. Je suis au fond du même avis, ou plutôt du même amour que le chevalier béarnois, et comme lui je déclare atteint de félonie quiconque manque de respect pour les Muses.

Changeons de langage, et venons au fait. J'ose dire que le critique qui m'attaque avec tant de goût, de savoir et de politesse, mais peut-être avec un peu d'humeur, n'a pas bien compris ma pensée.

Quand je ne veux pas que les rois se mêlent des tracasseries du Parnasse, ai-je donc infiniment tort? Un roi sans doute doit aimer les lettres, les cultiver même, jusqu'à un certain degré, et les protéger dans ses États; mais est-il bien nécessaire qu'il fasse des livres? Le juge souverain peut-il sans inconvénients s'exposer à être jugé? Est-il bon qu'un monarque donne, comme un homme ordinaire, la mesure de son esprit, et réclame l'indulgence de ses sujets dans une préface? Il me semble que les dieux ne doivent pas se montrer si clairement aux hommes : Homère met une barrière de nuages aux portes de l'Olympe.

Quant à cette autre phrase : *un auteur doit être pris dans les rangs ordinaires de la société*, j'en demande pardon à mon censeur, mais cette phrase n'implique pas le sens qu'il y trouve. Dans l'endroit où elle est placée [1], elle se rapporte aux rois, uniquement aux rois. Je ne suis point assez absurde pour vouloir que les lettres soient abandonnées précisément à la partie non *lettrée* de la société. Elles sont du ressort de tout ce qui pense; elles n'appartiennent point à une classe d'hommes particulière; elles ne sont point une attribution des rangs, mais une distinction des esprits. Je n'ignore pas que Montaigne, Malherbe, Descartes, La Rochefoucauld, Fénelon, Bossuet, La Bruyère, Boileau même, Montesquieu et Buffon, ont tenu plus ou moins à l'ancien corps de la noblesse, ou par la robe, ou par l'épée; je sais bien qu'un beau génie ne peut déshonorer un nom illustre; mais, puisque mon critique me force à le dire, je pense qu'il y a toutefois moins de péril à cultiver les Muses dans un état obscur que dans une condition éclatante. L'homme sur qui rien n'attire les regards expose peu de chose au naufrage. S'il ne réussit pas dans les lettres, sa manie d'écrire ne l'aura privé d'aucun avantage réel, et son rang d'auteur oublié n'ajoutera rien à l'oubli naturel qui l'attendoit dans une autre carrière.

Il n'en est pas ainsi de l'homme qui tient une place distinguée dans le monde, ou par sa fortune, ou par ses dignités, ou par les souvenirs qui s'attachent à ses aïeux. Il faut qu'un tel homme balance longtemps

---

1. Voyez l'article sur les *Mémoires de Louis XIV*.

avant de descendre dans une lice où les chutes sont cruelles. Un moment de vanité peut lui enlever le bonheur de toute sa vie. Quand on a beaucoup à perdre, on ne doit écrire que forcé pour ainsi dire par son génie et dompté par la présence du dieu : *fera corda domans*. Un grand talent est une grande raison, et l'on répond à tout avec de la gloire. Mais si l'on ne sent pas en soi ce *mens divinior*, qu'on se garde bien alors de *ces démangeaisons qui nous prennent d'écrire*.

> Et n'allez point quitter, de quoi que l'on vous somme,
> Le nom que dans la cour vous avez d'honnête homme,
> Pour prendre de la main d'un avide imprimeur
> Celui de ridicule et misérable auteur.

Si je voyois quelque Du Guesclin rimailler sans l'aveu d'Apollon un méchant poëme, je lui crierois : « Sire Bertrand, changez votre plume pour l'épée de fer du bon connétable. Quand vous serez sur la brèche, souvenez-vous d'invoquer, comme votre ancêtre, *Notre-Dame Du Guesclin*. Cette Muse n'est pas celle qui chante les villes prises, mais c'est celle qui les fait prendre. »

Mais, au contraire, si le descendant d'une de ces familles qui figurent dans notre histoire s'annonce au monde par un *Essai* plein de force, de chaleur et de gravité, ne craignez pas que je le décourage. Eût-il des opinions contraires aux miennes, son livre blessât-il non-seulement mon esprit, mais mon cœur, je ne verrai que le talent ; je ne serai sensible qu'au mérite de l'ouvrage ; j'introduirai le jeune écrivain dans la carrière. Ma vieille expérience lui en marquera les écueils, et, en bon frère d'armes, je me réjouirai de ses succès.

J'espère que le *chevalier* qui m'attaque approuvera ces sentiments ; mais cela ne suffit pas : je ne veux lui laisser aucun doute sur ma manière de penser à l'égard des lettres et de ceux qui les cultivent. Ceci va m'entraîner dans une discussion de quelque étendue : que l'intérêt du sujet m'en fasse pardonner la longueur.

Eh! comment pourrois-je calomnier les lettres? Je serois bien ingrat, puisqu'elles ont fait le charme de mes jours. J'ai eu mes malheurs comme tant d'autres ; car on peut dire du chagrin parmi les hommes ce que Lucrèce dit du flambeau de la vie :

> . . . Quasi cursores, vitaï lampada tradunt.

J'ai toujours trouvé dans l'étude quelque noble raison de supporter patiemment mes peines. Souvent, assis sur la borne d'un chemin en Allemagne, sans savoir ce que j'allois devenir, j'ai oublié mes maux et les auteurs de mes maux en rêvant à quelque agréable chimère que me présentoient les Muses compatissantes. Je portois pour tout bien avec moi mon manuscrit sur les déserts du Nouveau Monde; et plus d'une fois les tableaux de la nature tracés sous les huttes des Indiens m'ont consolé à la porte d'une chaumière de la Westphalie dont on m'avoit refusé l'entrée.

Rien n'est plus propre que l'étude à dissiper les troubles du cœur, à rétablir dans un concert parfait les harmonies de l'âme. Quand, fatigué des orages du monde, vous vous réfugiez au sanctuaire des Muses, vous sentez que vous entrez dans un air tranquille, dont la bénigne influence a bientôt calmé vos esprits. Cicéron avoit été témoin des malheurs de sa patrie; il avoit vu dans Rome le bourreau s'asseoir auprès de la victime (par hasard échappée au glaive), et jouir de la même considération que cette victime; il avoit vu presser avec la même cordialité et la main qui s'étoit baignée dans le sang des citoyens et la main qui ne s'étoit levée que pour les défendre; il avoit vu la vertu devenir un objet de scandale dans un temps de crime, comme le crime est un objet d'horreur dans un temps de vertu; il avoit vu les Romains, dégénérés, pervertir la langue de Scipion pour excuser leur bassesse, appeler la constance entêtement, la générosité folie, le courage imprudence, et chercher un motif intéressé à des actions honorables, pour n'avoir pas la douleur d'estimer quelque chose; il avoit vu ses amis se refroidir peu à peu pour lui, leurs cœurs se fermer aux épanchements de son cœur, leurs peines cesser d'être communes avec ses peines, leurs opinions changer par degré : ces hommes emportés et brisés tour à tour par la roue de la fortune l'avoient laissé dans une profonde solitude. A ces peines, déjà si grandes, se joignirent des chagrins domestiques. « Ma fille me restoit, écrit-il à Sulpicius; c'étoit un soutien toujours présent, auquel je pouvois avoir recours. Le charme de son entretien me faisoit oublier mes peines; mais l'affreuse blessure que j'ai reçue en la perdant rouvre dans mon cœur toutes celles que j'y croyois fermées... Je suis chassé de ma maison et du Forum. »

Que fit Cicéron dans une position si triste? Il eut recours à l'étude. « Je me suis réconcilié avec mes livres, dit-il à Varron; ils me rappellent à leur ancien commerce; ils me déclarent que vous avez été plus sage que moi de ne pas l'abandonner. »

Les Muses, qui nous permettent de choisir notre société, sont d'un puissant secours dans les chagrins politiques. Quand vous êtes fatigués de vivre au milieu des Tigellin et des Narcisse, elles vous transportent dans la société des Caton et des Fabricius. Pour ce qui est des peines du cœur, l'étude, il est vrai, ne nous rend pas les amis que nous pleurons, mais elle adoucit le chagrin que nous cause leur perte; car elle mêle leur souvenir à tout ce qu'il y a de pur dans les sentiments de la vie et de beau dans les images de la nature.

Examinons maintenant les reproches que l'on fait aux gens de lettres. La plupart me paroissent sans fondement : la médiocrité se console souvent par la calomnie.

On dit : « Les gens de lettres ne sont pas propres au maniement des affaires. » Chose étrange, que le génie nécessaire pour enfanter l'*Esprit des Lois* ne fût pas suffisant pour conduire le bureau d'un ministre! Quoi! ceux qui sondent si habilement les profondeurs du cœur humain ne pourroient démêler autour d'eux les intrigues des passions! Mieux vous connoîtriez les hommes, moins vous seriez capables de les gouverner!

C'est un sophisme démenti par l'expérience. Les deux plus grands hommes d'État de l'antiquité, Démosthène, et surtout Cicéron, étoient deux véritables hommes de lettres, dans toute la rigueur du mot. Il n'y a peut-être jamais eu de plus beau génie littéraire que celui de César, et il paroît que ce petit-fils d'Anchise et de Vénus entendoit assez bien les affaires. On peut citer en Angleterre Thomas Morus, Clarendon, Bacon, Bolingbroke; en France, L'Hôpital, Lamoignon, d'Aguesseau, M. de Malesherbes, et la plupart de nos premiers ministres tirés de l'Église. Rien ne me pourroit persuader que Bossuet n'eût pas une tête capable de conduire un royaume, et que le judicieux et sévère Boileau n'eût pas fait un excellent administrateur.

Le jugement et le bon sens sont surtout les deux qualités nécessaires à l'homme d'État; et remarquez qu'elles doivent aussi dominer dans une tête littéraire sainement organisée. L'imagination et l'esprit ne sont point, comme on le suppose, les bases du véritable talent; c'est le bon sens, je le répète, le bon sens, avec l'expression heureuse. Tout ouvrage, même un ouvrage d'imagination, ne peut vivre si les idées y manquent d'une certaine logique qui les enchaîne et qui donne au lecteur le plaisir de la raison, même au milieu de la folie. Voyez les chefs-d'œuvre de notre littérature : après un mûr examen, vous découvrirez que leur supériorité tient à un bon sens caché, à une raison admirable, qui est comme la charpente de l'édifice. Ce qui est faux finit par déplaire : l'homme a en lui-même un principe de droiture que l'on ne choque pas impunément. De là vient que les ouvrages des sophistes n'obtiennent qu'un succès passager : ils brillent tour à tour d'un faux éclat, et tombent dans l'oubli.

On ne s'est formé cette idée de l'inaptitude des gens de lettres que parce que l'on a confondu les auteurs vulgaires avec les écrivains de mérite. Les premiers ne sont point incapables parce qu'ils sont *hommes de lettres,* mais seulement parce qu'ils sont *hommes médiocres,* et c'est l'excellente remarque de mon critique. Or, ce qui manque aux ouvrages de ces hommes, c'est précisément le jugement et le bon sens. Vous y trouverez peut-être des éclairs d'imagination, de l'esprit, une connoissance plus ou moins grande du *métier,* une habitude plus ou moins formée d'arranger les mots et de tourner la phrase, mais jamais vous n'y rencontrerez le bon sens.

Ces écrivains n'ont pas la force de produire la pensée qu'ils ont un moment conçue. Lorsque vous croyez qu'ils vont prendre une bonne voie, tout à coup un méchant démon les égare : ils changent de direction, et passent auprès des plus grandes beautés sans les apercevoir ; ils mêlent au hasard, sans économie et sans jugement, le grave, le doux, le plaisant, le sévère ; on ne sait ce qu'ils veulent prouver, quel est le but où ils marchent, quelles vérités ils prétendent enseigner. Je conviendrai que de pareils esprits sont peu propres aux affaires humaines ; mais j'en accuserai la *nature* et non pas les *lettres,* et je me donnerai garde surtout de confondre ces auteurs infortunés avec des hommes de génie.

Mais si les premiers talents littéraires peuvent remplir glorieusement les premières places de leur patrie, à Dieu ne plaise que je leur conseille jamais d'envier ces places ! La majorité des hommes bien nés peut faire ce qu'ils feroient eux-mêmes dans un ministère public ; personne ne pourra remplacer les beaux ouvrages dont ils priveroient la postérité, en se livrant à d'autres soins. Ne vaut-il pas mieux aujourd'hui, et pour nous et pour lui-même, que Racine ait fait naître *sous sa main de pompeuses merveilles,* que d'avoir occupé, même avec distinction, la place de Louvois ou de Colbert? Je voudrois que les hommes de talent connussent mieux leur haute destinée ; qu'ils sussent mieux apprécier les dons qu'ils ont reçus du ciel. On ne leur fait point une grâce en les investissant des charges de l'État ; ce sont eux au contraire qui en acceptant ces charges font à leur pays une véritable faveur et un très-grand sacrifice.

Que d'autres s'exposent aux tempêtes, je conseille aux amants de l'étude de les contempler du rivage. « La côte de la mer deviendra un lieu de repos pour les pasteurs, » dit l'Écriture : *Erit funiculus maris requies pastorum.* Écoutons encore l'orateur romain : « J'estime les jours que vous passez à Tusculum, mon cher Varron, autant que l'espace entier de la vie, et je renoncerois de bon cœur à toutes les richesses du monde pour obtenir la liberté de mener une vie si délicieuse... Je l'imite du moins, autant qu'il m'est possible, et je cherche

avec beaucoup de satisfaction mon repos dans mes chères études...
Si de grands hommes ont jugé qu'en faveur de ces études on pouvoit se dispenser des affaires publiques, pourquoi ne choisirois-je pas une occupation si douce? »

Dans une carrière étrangère à leurs mœurs, les gens de lettres n'auroient que les maux de l'ambition sans en avoir les plaisirs. Plus délicats que les autres hommes, combien ne seroient-ils pas blessés à chaque heure de la journée! Que d'horribles choses pour eux à dévorer! Avec quels personnages ne seroient-ils pas obligés de vivre et même de sourire! En butte à la jalousie que font toujours naître les vrais talents, ils seroient incessamment exposés aux calomnies et aux dénonciations de toutes les espèces; ils trouveroient des écueils jusque dans la franchise, la simplicité ou l'élévation de leur caractère; leurs vertus leur feroient plus de mal que des vices, et leur génie même les précipiteroit dans des piéges qu'éviteroit la médiocrité. Heureux s'ils trouvoient quelque occasion favorable de rentrer dans la solitude avant que la mort ou l'exil vînt les punir d'avoir sacrifié leurs talents à l'ingratitude des cours!

> . . . .Poi ch' insieme con l'età fiorita
> Mancò la speme, e la baldanza audace;
> Piansi i reposi di quest' umil vita,
> E sospirai la mia perduta pace.

Je ne sais si je dois relever à présent quelques plaisanteries que l'on est dans l'usage de faire sur les gens de lettres, depuis le temps d'Horace. Le chantre de Lalagé et de Lydie nous raconte qu'il jeta son bouclier aux champs de Philippes; mais l'adroit courtisan se *vante*, et l'on a pris ses vers trop à la lettre. Ce qu'il y a de certain, c'est qu'il parle de la mort avec tant de charme et une si douce philosophie, qu'on a bien de la peine à croire qu'il la craignît :

> Eheu, fugaces, Posthume, Posthume,
> Labuntur anni!

Quoi qu'il en soit du voluptueux solitaire de Tibur, Xénophon et César, génies éminemment littéraires, étoient de grands et intrépides capitaines; Eschyle fit des prodiges de valeur à Salamine; Socrate ne céda le prix du courage qu'à Alcibiade; Tibulle étoit distingué dans les légions de Messala; Pétrone et Sénèque sont célèbres par la fermeté de leur mort. Dans des temps modernes, le Dante vécut au milieu des combats, et le Tasse fut le plus brave des chevaliers. Notre vieux Malherbe vouloit à soixante-treize ans, se battre contre le meurtrier de son fils : *tout vaincu du temps* qu'il étoit, il alla exprès au siége de La Rochelle pour obtenir de Louis XIII la permission d'appeler le chevalier de Piles en champ clos. La Rochefoucauld avoit *fait la guerre aux rois*. De temps immémorial, nos officiers du génie et d'artillerie, si braves à la bouche du canon, ont cultivé les lettres, la plupart avec fruit, quelques-uns avec gloire. On sait que le Breton Saint-Foix entendoit fort mal la raillerie ; et cet autre Breton, surnommé de nos jours le premier grenadier de nos armées, s'occupa de recherches savantes toute sa vie. Enfin, les hommes de lettres que notre révolution a moissonnés ont tous déployé à la mort du sang-froid et du courage. S'il faut en juger par soi-même, je dirai avec la franchise naturelle aux descendants des vieux Celtes : Soldat, voyageur, proscrit, naufragé, je ne me suis point aperçu que l'amour des lettres m'attachât trop à la vie : pour obéir aux arrêts de la religion ou de l'honneur, il suffit d'être chrétien et François.

Les gens de lettres, dit-on encore, ont toujours flatté la puissance ; et selon les vicissitudes de la fortune on les voit chanter et la vertu et le crime, et l'oppresseur et l'opprimé. Lucain disoit à Néron, en parlant des proscriptions et de la guerre civile :

> Heureuse cruauté, fureur officieuse,
> Dont le prix est illustre et la fin glorieuse !
> Crimes trop bien payés, trop aimables hasards,
> Puisque nous vous devons le plus grand des césars !
> Que les dieux conjurés redoublent nos misères !
> Que Leucas sous les flots abîme nos galères !
> Que Pharsale revoie encor nos bataillons
> Du plus beau sang de Rome inonder nos sillons !
> . . . .
> Qu'on voie encore un coup Pérouse désolée !
> Destins, Néron gouverne, et Rome est consolée [1] !

A cela je n'ai point besoin de réponse pour les gens de lettres : je baisse la tête d'horreur et de confusion, en disant, comme le *Médecin* dans Macbeth : *This disease is beyond my practice* : « Ce mal est au-dessus de mon art. »

Cependant ne pourroit-on pas trouver à cette dégradation une excuse bien triste sans doute, mais tirée de la nature même du cœur humain ? Montrez-moi dans les révolutions des empires, dans ces temps malheureux où un peuple entier, comme un cadavre, ne donne plus aucun signe de vie ; montrez-moi, dis-je, une classe d'hommes

---

1. *Pharsale*, traduction de Brébeuf.

toujours fidèle à son honneur, et qui n'ait cédé ni à la force des événements ni à la lassitude des souffrances : je passerai condamnation sur les gens de lettres. Mais si vous ne pouvez trouver cet ordre de citoyens généreux, n'accusez plus en particulier les favoris des Muses : gémissez sur l'humanité tout entière. La seule différence qui existe alors entre l'écrivain et l'homme vulgaire, c'est que la turpitude du premier est connue, et que la lâcheté du second est ignorée. Heureux en effet dans ces jours d'esclavage l'homme médiocre qui peut être vil en sûreté de l'avenir, qui peut impunément se réjouir dans la fange, certain que ses talents ne le livreront point à la postérité, et que le cri de sa bassesse ne passera pas la borne de sa vie !

Il me reste à parler de la célébrité littéraire. Elle marche de pair avec celle des grands rois et des héros : Homère et Alexandre, Virgile et César occupent également les voix de la renommée. Disons de plus que la gloire des Muses est la seule où il n'entre rien d'étranger. On peut toujours rejeter une partie du succès des armes sur les soldats ou sur la fortune : Achille a vaincu les Troyens à l'aide des Grecs ; mais Homère a fait seul l'*Iliade,* et sans Homère nous ne connoîtrions pas Achille. Au reste, je suis si loin d'avoir pour les lettres le mépris qu'on me suppose, que je ne céderois pas facilement la foible portion de renommée qu'elles semblent quelquefois promettre à mes efforts. Je crois n'avoir jamais importuné personne de mes prétentions ; mais, puisqu'il faut le dire une fois, je ne suis point insensible aux applaudissements de mes compatriotes, et je sentirois mal le juste orgueil que doit m'inspirer mon pays si je comptois pour rien l'honneur d'avoir fait connoître avec quelque estime un nom françois de plus aux peuples étrangers.

Enfin, si nous en croyons quelques esprits chagrins, notre littérature est actuellement frappée de stérilité ; il ne paroît rien qui mérite d'être lu : le faux, le trivial, le gigantesque, le mauvais goût, l'ignorance, règnent de toutes parts, et nous sommes menacés de retomber dans la barbarie. Ce qui doit un peu nous rassurer, c'est que dans tous les temps on a fait les mêmes plaintes. Les journaux du siècle de Louis XIV sont remplis de déclamations sur la disette des talents. Les Subligny et les Visé regrettoient le beau temps de Ronsard. L'esprit de dénigrement est une maladie particulière à la France, parce que tout le monde a des prétentions dans ce pays, et que notre amour-propre est sans cesse tourmenté du succès de notre voisin.

Pour moi, qui n'ai pas le droit d'être difficile et qui me contente d'admirer avec la foule, je ne suis point du tout frappé de cette prétendue stérilité de notre littérature. J'ai le bonheur de croire qu'il existe encore en France des écrivains de génie, remarquables par la force de leurs pensées ou le charme de leur style ; des poëtes du premier ordre, des savants distingués, des critiques pleins de goût, dépositaires des saines doctrines, des bonnes traditions. Je nommerois facilement plusieurs ouvrages qui, j'ose le dire, passeront à la postérité. Nous pouvons affecter une humeur superbe à dédaigner les talents qui nous restent ; mais je ne doute point que l'avenir ne soit plus juste envers nous, et qu'il n'admire ce que nous aurons peut-être méprisé. Notre siècle ne démentira point l'expérience commune : les arts et les lettres brillent toujours dans les temps de révolution, hélas ! comme ces fleurs qui croissent parmi les ruines : *feret et rubus asper amomum*.

Je termine ici cette apologie des gens de lettres. J'espère que le *chevalier béarnois* sera satisfait de mes sentiments : plût à Dieu qu'il le fût de mon style ! car, entre nous, je le soupçonne de se connoître en littérature un peu mieux qu'il ne convient à un chevalier du vieux temps. S'il faut dire tout ce que je pense, il pourroit bien, en m'attaquant, n'avoir défendu que sa cause. Son exemple prouveroit, en cas de besoin, qu'un homme qui a joui d'une grande considération dans l'ordre politique et dans la première classe de la société peut être un savant distingué, un critique délicat, un écrivain plein d'aménité, et même un poëte de talent. Ces chevaliers du Béarn ont toujours courtisé les Muses ; et l'on se souvient d'un certain Henri qui se battoit d'ailleurs assez bien, et qui se plaignoit en vers de sa *départie*, lorsqu'il quittoit Gabrielle. Toutefois, puisque mon adversaire n'a pas voulu se découvrir, j'éviterai de le nommer : je veux qu'il sache seulement que je l'ai reconnu à ses couleurs.

Les gens de lettres que j'ai essayé de venger du mépris de l'ignorance me permettront-ils, en finissant, de leur adresser quelques conseils, dont je prendrai moi-même bonne part ? Veulent-ils forcer la calomnie à se taire et s'attirer l'estime même de leurs ennemis, il faut qu'ils se dépouillent d'abord de cette morgue et de ces prétentions exagérées qui les ont rendus insupportables dans le dernier siècle. Soyons modérés dans nos opinions, indulgents dans nos critiques, sincères admirateurs de tout ce qui mérite d'être admiré. Pleins de respect pour la noblesse de notre art, n'abaissons jamais notre caractère ; ne nous plaignons jamais de notre destinée : qui se fait plaindre se fait mépriser ; que les Muses seules, et non le public, sachent si nous sommes riches ou pauvres : le secret de notre indigence doit être le plus délicat et le mieux gardé de nos secrets ; que les malheureux soient sûrs de trouver en nous un appui ; nous sommes les défenseurs naturels des suppliants; notre plus beau droit est de sécher les larmes de l'infortune, et d'en faire couler des yeux de la prospérité : *Dolor ipse disertum fecerat*. Ne prostituons jamais notre talent à la puissance; mais aussi n'ayons jamais d'humeur contre elle : celui qui blâme avec aigreur admirera sans discernement : de l'esprit frondeur à l'adulation il n'y a qu'un pas. Enfin, pour l'intérêt même de notre gloire et la perfection de nos ouvrages, nous ne saurions trop nous attacher à la vertu : c'est la beauté des sentiments qui fait la beauté du style. Quand l'âme est élevée, les paroles tombent d'en haut, et l'expression noble suit toujours la noble pensée. Horace et le Stagyrite n'apprennent pas tout l'art : il y a des délicatesses et des mystères de langage qui ne peuvent être révélés à l'écrivain que par la probité de son cœur, et que n'enseignent point les préceptes de la rhétorique.

SUR

LE VOYAGE PITTORESQUE ET HISTORIQUE

DE L'ESPAGNE,

PAR M. ALEXANDRE DE LABORDE [1].

Juillet 1807.

Il y a des genres de littérature qui semblent appartenir à certaines époques de la société : ainsi, la poésie convient plus particulièrement à l'enfance des peuples, et l'histoire à leur vieillesse. La simplicité des mœurs pastorales ou la grandeur des mœurs héroïques veulent être chantées sur la lyre d'Homère; la raison et la corruption des nations civilisées demandent le pinceau de Thucydide. Cependant la Muse a souvent retracé les crimes des hommes; mais il y a quelque chose de si beau dans le langage du poëte, que les crimes même en paroissent embellis : l'historien seul peut les peindre sans en affoiblir l'horreur. Lorsque, dans le silence de l'abjection, l'on n'entend plus retentir que la chaîne de l'esclave et la voix du délateur; lorsque tout tremble devant le tyran, et qu'il est aussi dangereux d'encourir sa faveur que de mériter sa disgrâce, l'historien paroît chargé de la vengeance des peuples. C'est en vain que Néron prospère, Tacite est déjà né dans l'empire; il croît inconnu auprès des cendres de Germanicus, et déjà l'intègre Providence a livré à un enfant obscur la gloire du maître du monde. Bientôt toutes les fausses vertus seront démasquées par l'auteur des *Annales*; bientôt il ne fera voir dans son tyran déifié que l'histrion, l'incendiaire et le parricide : semblable à ces premiers chrétiens d'Égypte qui au péril de leurs jours pénétroient dans les

---

1. Voici l'article qui fit supprimer le *Mercure*, et qui attira une persécution violente à l'auteur. Comme ce morceau est devenu historique, on n'a pas voulu y toucher, et l'on y a laissé les fragments de l'*Itinéraire* qui s'y trouvent. A cette époque l'*Itinéraire* n'étoit pas publié.

temples de l'idolâtrie, saisissoient au fond d'un sanctuaire ténébreux la divinité que le crime offroit à l'encens de la peur, et traînoient à la lumière du soleil, au lieu d'un dieu, quelque monstre horrible.

Mais si le rôle de l'historien est beau, il est souvent dangereux. Il ne suffit pas toujours, pour peindre les actions des hommes, de se sentir une âme élevée, une imagination forte, un esprit fin et juste, un cœur compatissant et sincère; il faut encore trouver en soi un caractère intrépide; il faut être préparé à tous les malheurs, et avoir fait d'avance le sacrifice de son repos et de sa vie.

Toutefois, il est des parties dans l'histoire qui ne demandent pas le même courage dans l'historien. Les *Voyages,* par exemple, qui tiennent à la fois de la poésie et de l'histoire, comme celui que nous annonçons, peuvent être écrits sans péril. Et néanmoins les ruines et les tombeaux révèlent souvent des vérités qu'on n'apprendroit point ailleurs; car la face des lieux ne change pas comme le visage des hommes : *Non ut hominum vultus ita locorum facies mutantur.*

L'antiquité ne nous a laissé qu'un modèle de ce genre d'histoire : c'est le Voyage de Pausanias; car le *Journal de Néarque* et le *Périple d'Hannon* sont des ouvrages d'un ordre différent. Si la gravure eût été connue du temps de Pausanias, nous posséderions aujourd'hui un trésor inestimable; nous verrions en entier, et comme debout, ces temples dont nous allons encore admirer les débris. Les voyageurs modernes n'ont songé qu'assez tard à fixer par l'art du dessin l'état des lieux et des monuments qu'ils avoient visités. Chardin, Pococke et Tournefort, sont peut-être les premiers qui aient eu cette heureuse idée. Avant eux on trouve, il est vrai, plusieurs relations ornées de planches; mais le travail de ces planches est aussi grossier qu'il est incomplet. Le plus ancien ouvrage de cette espèce que nous nous rappelions est celui de Monconys; et cependant depuis Benjamin de Tudèle jusqu'à nos jours on peut compter à peu près cent trente-trois voyages exécutés dans la seule Palestine.

C'est à M. l'abbé de Saint-Non et à M. de Choiseul-Gouffier qu'il faut donc rapporter l'origine des *voyages pittoresques* proprement dits. Il est bien à désirer pour les arts que M. de Choiseul achève son bel ouvrage, et qu'il reprenne des travaux trop longtemps suspendus par des malheurs : les amis de Cicéron cherchoient à le consoler des peines de la vie, en lui remettant sous les yeux le tableau des ruines de la Grèce.

L'Italie, la Sicile, l'Égypte, la Syrie, l'Asie Mineure, la Dalmatie, ont eu des historiens de leurs chefs-d'œuvre; on compte une foule de *tours* ou de voyages pittoresques d'Angleterre; les monuments de la

France sont gravés ; il ne restoit plus que l'Espagne à peindre, comme le remarque M. de Laborde.

Dans une introduction écrite avec autant d'élégance que de clarté, l'auteur trace ainsi le plan de son voyage :

« L'Espagne est une des contrées les moins connues de l'Europe, et celle qui renferme cependant le plus de variété dans ses monuments et le plus d'intérêt dans son histoire.

« Riche de toutes les productions de la nature, elle est encore embellie par l'industrie de plusieurs âges et le génie de plusieurs peuples. La majesté des temples romains y forme un contraste singulier avec la délicatesse des monuments arabes, et l'architecture gothique avec la beauté simple des édifices modernes.

« Cette réunion de tant de souvenirs, cet héritage de tant de siècles, nous forcent à entrer dans quelques détails sur l'histoire de l'Espagne, pour indiquer la marche que l'on a adoptée dans la description du pays. »

L'auteur, après avoir décrit les différentes époques, ajoute :

« Telle est l'esquisse des principaux événements qui firent passer l'Espagne sous différentes dominations. Les révolutions, les guerres et le temps n'ont pu détruire entièrement les monuments qui ornent cette belle contrée et les arts de quatre peuples différents qui l'ont tour à tour embellie.

« C'est aussi ce qui nous a engagé à diviser la description de l'Espagne en quatre parties, contenant chacune les provinces dont les monuments ont le plus d'analogie entre eux et se rapportent aux quatre époques principales de son histoire.

« Ainsi, le premier volume comprendra la Catalogne, le royaume de Valence, l'Estramadoure, où se trouvent Tarragone, Sagonte, Merida, et la plupart des autres colonies romaines et carthaginoises. Il sera précédé d'une notice historique sur les temps anciens de l'Espagne.

« Le second volume renfermera les antiquités de Grenade et de Cordoue, et la description du reste de l'Andalousie, séjour principal des Maures. Il sera précédé d'un abrégé de l'histoire de ces peuples, tiré en partie des manuscrits arabes de l'Escurial.

« Le troisième, consacré principalement aux édifices gothiques, tels que les cathédrales de Burgos, de Valladolid, de Léon, de Saint-Jacques de Compostelle, offrira aussi les contrées sauvages des Asturies, l'Aragon, la Navarre, la Biscaye, et sera précédé de recherches sur les arts en Espagne avant le siècle de Ferdinand et d'Isabelle.

« Le quatrième volume, en retraçant les beautés de Madrid et des environs, renfermera, de plus, tout ce qui peut servir à faire connoître la nation espagnole telle qu'elle est aujourd'hui : les fêtes, les danses, les usages nationaux. Ce volume comprendra également l'histoire des arts, depuis leur renaissance, sous Ferdinand et Isabelle, Charles Ier et Philippe II, jusqu'à nos jours; il donnera une connoissance suffisante de la peinture espagnole et des chefs-d'œuvre qu'elle a produits : on y ajoutera quelques détails sur les progrès des sciences et de la littérature en Espagne. »

On voit par cet exposé que l'auteur a conçu son plan de la manière la plus heureuse, et qu'il pourra présenter sans confusion une immense galerie de tableaux. M. de Laborde a été favorisé dans ses études; il a examiné les monuments des arts chez un peuple noble et civilisé; il les a vus dans cette belle Espagne, où du moins la foi et l'honneur sont restés lorsque la prospérité et la gloire ont disparu. Il n'a point été obligé de s'enfoncer dans ces pays jadis célèbres, où le cœur du voyageur est flétri à chaque pas, où les ruines vivantes détournent votre attention des ruines de marbre et de pierre. C'est un enfant tout nu, le corps exténué par la faim, le visage défiguré par la misère, qui nous a montré, dans un désert, les portes tombées de Mycènes et le tombeau d'Agamemnon[1]. En vain, dans le Péloponèse, on veut se livrer aux illusions des Muses : la triste vérité vous poursuit. Des loges de boue desséchée, plus propres à servir de retraite à des animaux qu'à des hommes; des femmes et des enfants en haillons, fuyant à l'approche de l'étranger et du janissaire; les chèvres même, effrayées, se dispersant dans la montagne, et les chiens restant seuls pour vous recevoir avec des hurlements : voilà le spectacle qui vous arrache au charme des souvenirs. La Morée est déserte : depuis la guerre des Russes, le joug des Turcs s'est appesanti sur les Moraïtes; les Albanois ont massacré une partie de la population; on ne voit de toutes parts que des villages détruits par le fer et par le feu; dans les villes, comme à Misitra[2], des faubourgs entiers sont abandonnés; nous avons souvent fait quinze lieues dans les campagnes sans rencontrer une seule habitation. De criantes avanies, des outrages de toutes les espèces, achèvent de détruire dans la patrie de Léonidas l'agriculture et la vie. Chasser un paysan grec de sa cabane, s'emparer de sa femme et de ses enfants, le tuer sur le plus léger prétexte, est un jeu pour le moindre aga du plus petit village. Le Moraïte, par-

1. Nous avons découvert un autre tombeau à Mycènes, peut-être celui de Thyeste ou de Clytemnestre. (Voyez PAUSANIAS.) Nous l'avons indiqué à M. Fauvel.

2. Misitra n'est point Sparte. Cette dernière ville se retrouve au village de Magoula, à une lieue et demie de Misitra. Nous avons compté à Sparte dix-sept ruines hors de terre, la plupart au midi de la citadelle, sur le chemin d'Amyclée.

venu au dernier degré du malheur, s'arrache de son pays, et va chercher en Asie un sort moins rigoureux ; mais il ne peut fuir sa destinée : il retrouve des cadis et des pachas jusque dans les sables du Jourdain et dans les déserts de Palmyre.

Nous ne sommes point un de ces intrépides admirateurs de l'antiquité, qu'un vers d'Homère console de tout. Nous n'avons jamais su comprendre le sentiment exprimé par Lucrèce

> Suave mari magno, turbantibus æquora ventis,
> E terra magnum alterius spectare laborem.

Loin d'aimer à contempler du rivage le naufrage des autres, nous souffrons quand nous voyons souffrir des hommes. Les Muses n'ont alors sur nous aucun pouvoir, hors celle qui attire la pitié sur le malheur. A Dieu ne plaise que nous tombions aujourd'hui dans ces déclamations sur la liberté et l'esclavage, qui ont fait tant de mal à la patrie ! Mais si nous avions jamais pensé, avec des hommes dont nous respectons d'ailleurs le caractère et les talents, que le gouvernement absolu est le meilleur des gouvernements possibles, quelques mois de séjour en Turquie nous auroient bien guéri de cette opinion.

Les monuments n'ont pas moins à souffrir que les hommes de la barbarie ottomane. Un épais Tartare habite aujourd'hui la citadelle remplie des chefs-d'œuvre d'Ictinus et de Phidias, sans daigner demander quel peuple a laissé ces débris, sans daigner sortir de la masure qu'il s'est bâtie sous les ruines des monuments de Périclès. Quelquefois seulement le tyran automate se traîne à la porte de sa tanière : assis les jambes croisées sur un sale tapis, tandis que la fumée de sa pipe monte à travers les colonnes du temple de Minerve, il promène stupidement ses regards sur les rives de Salamine et la mer d'Épidaure. Nous ne pourrions peindre les divers sentiments dont nous fûmes agité lorsqu'au milieu de la première nuit que nous passâmes à Athènes nous fûmes réveillé en sursaut par le tambourin et la musette turque, dont les sons discordants partoient des combles des Propylées : en même temps un prêtre *musulman* chantoit en *arabe* l'heure passée à des Grecs *chrétiens* de la ville de *Minerve*. Ce derviche n'avoit pas besoin de nous marquer ainsi la fuite des ans, sa voix seule dans ces lieux annonçoit assez que les siècles s'étoient écoulés.

Cette mobilité des choses humaines est d'autant moins frappante pour le voyageur, qu'elle est en contraste avec l'immobilité du reste de la nature : comme pour insulter à l'instabilité des peuples, les animaux mêmes n'éprouvent ni révolution dans leurs empires ni changements dans leurs mœurs. Le lendemain de notre arrivée à Athènes, on nous fit remarquer des cigognes qui montoient dans les airs, se formoient en bataillon, et prenoient leur vol vers l'Afrique. Depuis le règne de Cécrops jusqu'à nos jours, ces oiseaux ont fait chaque année le même pèlerinage et sont revenus au même lieu. Mais combien de fois ont-ils retrouvé dans les larmes l'hôte qu'ils avoient quitté dans la joie! combien de fois ont-ils cherché vainement cet hôte, et le toit même où ils avoient accoutumé de bâtir leurs nids!

Depuis Athènes jusqu'à Jérusalem, le tableau le plus affligeant s'offre aux regards du voyageur ; tableau dont l'horreur toujours croissante est à son comble en Égypte. C'est là que nous avons vu cinq partis armés se disputer des déserts et des ruines[1] ; c'est là que nous avons vu l'Albanois coucher en joue de malheureux enfants qui couroient se cacher derrière les débris de leurs cabanes, comme accoutumés à ce terrible jeu. Sur cent cinquante villages que l'on compte au bord du Nil, en remontant de Rosette au Caire, il n'y en a pas un seul qui soit entier. Une partie du Delta est en friche ; chose qui ne s'étoit peut-être jamais rencontrée depuis le siècle où Pharaon donna cette terre fertile à la postérité de Jacob ! La plupart des fellahs ont été égorgés ; le reste a passé dans la Haute-Égypte. Les paysans qui n'ont pu se résoudre à quitter leurs champs ont renoncé à élever une famille. L'homme qui naît dans la décadence des empires et qui n'aperçoit dans les temps futurs que des révolutions probables pourroit-il en effet trouver quelque joie à voir croître les héritiers d'un aussi triste avenir ? Il y a des époques où il faut dire avec le prophète : « Bienheureux sont les morts ! »

M. de Laborde ne sera point obligé, dans le cours de son bel ouvrage, de tracer des tableaux aussi affligeants. Dès les premiers pas il s'arrête à d'aimables, à de nobles souvenirs : ce sont les pommes

---

1. Ibrahim-Bey, dans la Haute-Égypte, deux petits beys indépendants, le pacha de la Porte au Caire, un parti d'Albanois insurgés, et El-fy-Bey dans la Basse-Égypte. Il y a un esprit de révolte dans l'Orient qui rend les voyages difficiles et dangereux : les Arabes tuent aujourd'hui les voyageurs, qu'ils se contentoient de dépouiller autrefois. Entre la mer Morte et Jérusalem, dans un espace de quatorze lieues nous avons été attaqués deux fois, et nous essuyâmes sur le Nil la fusillade de la ligne d'El-fy-Bey. Nous étions dans cette dernière affaire avec M. Caffe, négociant de Rosette, qui, déjà sur l'âge et père de famille, n'en risqua pas moins sa vie pour nous avec la générosité d'un François. Nous le nommons avec d'autant plus de plaisir qu'il a rendu beaucoup de services à tous nos compatriotes qui ont eu besoin de ses secours.

d'or des Hespérides ; c'est cette Bétique chantée par Homère et embellie par Fénelon. « Le fleuve Bétis coule dans un pays fertile et sous un ciel doux, qui est toujours serein... Ce pays semble avoir conservé les délices de l'âge d'or [1], etc... » Paroît ensuite cet Annibal, dont la puissante haine franchit les Pyrénées et les Alpes, et ne fut point assouvie dans le sang des milliers de Romains massacrés à Cannes et à Trasymène. Scipion commença en Espagne cette noble carrière dont le terme et la récompense devoient être l'exil et la mort dans l'exil. Sertorius lutta dans les champs ibériens contre l'oppresseur du monde et de sa patrie. Il vouloit marcher à Sylla, et

. . . Au bord du Tibre, une pique à la main,
Lui demander raison pour le peuple romain.

Il succomba dans son entreprise ; mais il est probable qu'il n'avoit point compté sur le succès. Il ne consulta que son devoir et la sainteté de la cause qu'il restoit seul à défendre. Il y a des autels, comme celui de l'honneur, qui bien qu'abandonnés réclament encore des sacrifices ; le Dieu n'est point anéanti parce que le temple est désert. Partout où il reste une chance à la fortune, il n'y a point d'héroïsme à tenter. Les actions magnanimes sont celles dont le résultat prévu est le malheur et la mort. Après tout, qu'importent les revers si notre nom, prononcé dans la postérité, va faire battre un cœur généreux deux mille ans après notre vie ? Nous ne doutons point que du temps de Sertorius les âmes pusillanimes, qui prennent leur bassesse pour de la raison, ne trouvassent ridicule qu'un citoyen obscur osât lutter seul contre toute la puissance de Sylla. Heureusement la postérité juge autrement les actions des hommes : ce n'est pas la lâcheté et le vice qui prononcent en dernier ressort sur le courage et la vertu.

Cette terre d'Espagne produit si naturellement les grands cœurs, que l'on vit le Cantabre belliqueux, *bellicosus Cantaber,* défendre à son tour sa montagne contre les légions d'Auguste ; et le pays qui devoit enfanter un jour le Cid et les chevaliers *sans peur* donna à l'univers romain Trajan, Adrien et Théodose.

Après la description des monuments de cette époque, M. de Laborde passera aux dessins des monuments moresques : c'est la partie la plus riche et la plus neuve de son sujet. Les palais de Grenade nous ont intéressé et surpris, même après avoir vu les mosquées du Caire et les temples d'Athènes. L'Alhambra semble être l'habitation des Génies : c'est un de ces édifices des *Mille et une Nuits* que l'on croit voir moins

---

1. *Télémaque.*

en réalité qu'en songe. On ne peut se faire une juste idée de ces plâtres moulés et découpés à jour, de cette architecture de dentelles, de ces bains, de ces fontaines, de ces jardins intérieurs, où des orangers et des grenadiers sauvages se mêlent à des ruines légères. Rien n'égale la finesse et la variété des arabesques de l'Alhambra. Les murs, chargés de ces ornements, ressemblent à ces étoffes de l'Orient que brodent, dans l'ennui du harem, des femmes esclaves. Quelque chose de voluptueux, de religieux et de guerrier fait le caractère de ce singulier édifice, espèce de cloître de l'amour, où sont encore retracées les aventures des Abencerages; retraites où le plaisir et la cruauté habitoient ensemble, et où le roi maure faisoit souvent tomber dans le bassin de marbre la tête charmante qu'il venoit de caresser. On doit bien désirer qu'un talent délicat et heureux nous peigne quelque jour ces lieux magiques.

La troisième époque du *Voyage pittoresque d'Espagne* renfermera les monuments gothiques. Ils n'ont pas la pureté de style et les proportions admirables de l'architecture grecque et toscane, mais leurs rapports avec nos mœurs leur donnent un intérêt plus touchant. Nous nous rappellerons toujours avec quel plaisir, en descendant dans l'île de Rhodes, nous trouvâmes une petite France au milieu de la Grèce :

> Procedo, et parvam Trojam simulataque magnis
> Pergama, etc.

Nous parcourions avec un souvenir mêlé d'attendrissement une longue rue appelée encore la *rue des Chevaliers :* elle est bordée de palais gothiques, et les murs de ces palais sont parsemés des armoiries des grandes familles de France et de devises en gaulois. Plus loin est une petite chapelle desservie par deux pauvres religieux : elle est dédiée à saint Louis, dont on retrouve l'image dans tout l'Orient, et dont nous avons vu le lit de mort à Carthage. Les Turcs, qui ont mutilé partout les monuments de la Grèce, ont épargné ceux de la chevalerie : l'honneur chrétien a étonné la bravoure infidèle, et les Saladin ont respecté les Couci.

Et quand on a été assez heureux pour recevoir le jour dans le pays de Bayard et de Turenne, pourroit-on être indifférent à la moindre des circonstances qui en rappellent le souvenir? Nous nous trouvions à Bethléem, prêt à partir pour la mer Morte, lorsqu'on nous dit qu'il y avoit un Père françois dans le couvent. Nous désirâmes le voir. On nous présenta un homme d'environ quarante-cinq ans, d'une figure tranquille et sérieuse. Ses premiers accents nous firent tressaillir; car nous n'avons jamais entendu chez l'étranger le son d'une voix françoise sans une vive émotion ; nous sommes toujours prêt à nous écrier, comme Philoctète :

> Ω φίλτατον φώνημα φεῦ τὸ καὶ λαβὼν
> Πρόσφθεγμα τοιοῦδ' ἀνδρὸς ἐν χρόνῳ μακρῷ.
>
> Après un si long temps. . . . .
> Oh ! que cette parole à mon oreille est chère !

Nous fîmes quelques questions à ce religieux. Il nous dit qu'il s'appeloit le père Clément, qu'il étoit des environs de Mayenne ; que se trouvant dans un monastère en Bretagne, il avoit été déporté en Espagne avec une centaine de prêtres comme lui ; qu'ayant reçu d'abord l'hospitalité dans un couvent de son ordre, ses supérieurs l'avoient ensuite envoyé missionnaire en Terre Sainte. Nous lui demandâmes s'il n'avoit point d'envie de revoir sa patrie, et s'il vouloit écrire à sa famille ; il nous répondit avec un sourire amer : « Qui est-ce qui se souvient en France d'un capucin ? Sais-je si j'ai encore des frères et des sœurs ? Monsieur, voici ma patrie. J'espère obtenir, par le mérite de la crèche de mon Sauveur, la force de mourir ici sans importuner personne, et sans songer à un pays où je suis depuis longtemps oublié. »

L'attendrissement du père Clément devint si visible à ces mots, qu'il fut obligé de se retirer. Il courut s'enfermer dans sa cellule, et ne voulut jamais reparoître : notre présence avoit réveillé dans son cœur des sentiments qu'il cherchoit à étouffer. En quel lieu du monde nos tempêtes n'ont-elles pas jeté les enfants de saint Louis ? quel désert ne les a point vus pleurant leur terre natale ? Telles sont les destinées humaines : un François gémit aujourd'hui sur la perte de son pays, aux mêmes bords dont les souvenirs inspirèrent autrefois le plus beau des cantiques sur l'amour de la patrie :

> Super flumina Babylonis !

Hélas ! ces fils d'Aaron qui suspendirent leur cinnor aux saules de Babylone ne rentrèrent pas tous dans la cité de David ; ces filles de Judée qui s'écrioient sur les bords de l'Euphrate :

> O rives du Jourdain ! ô champs aimés des cieux !
> Sacré mont ! fertiles vallées
> Par cent miracles signalées !
> Du doux pays de nos aïeux
> Serons-nous toujours exilées ?

ces compagnes d'Esther ne revirent pas toutes Emmaüs et Béthel ; plusieurs laissèrent leurs dépouilles aux champs de la captivité ; et c'est ainsi que nous rencontrâmes loin de la France le tombeau de deux nouvelles Israélites :

> Lyrnessi domus alta, solo Laurente sepulchrum !

Il nous étoit réservé de retrouver au fond de la mer Adriatique le tombeau de deux filles de rois dont nous avions entendu prononcer l'oraison funèbre dans un grenier à Londres [1]. Ah ! du moins la tombé qui renferme ces nobles dames aura vu une fois interrompre son silence ; le bruit des pas d'un François aura fait tressaillir deux Françoises dans leur cercueil. Les respects d'un pauvre gentilhomme à Versailles n'eussent été rien pour des princesses ; la prière d'un chrétien en terre étrangère aura peut-être été agréable à des saintes.

M. de Laborde nous pardonnera ces digressions. Il est voyageur, nous le sommes comme lui ; et que n'a-t-on pas à conter lorsqu'on vient du pays des Arabes ! A en juger par l'introduction du *Voyage pittoresque*, l'auteur nous paroît surtout éminemment fait pour peindre les siècles des Pélasge et des Alphonse, et pour mettre dans ses dessins l'expression des temps et des mœurs. Les sentiments nobles lui sont familiers ; tout annonce en lui un écrivain qui a du sang dans le cœur. On peut compter sur sa constance dans ses travaux, puisqu'il ne paroît point détourné des sentiers de l'étude par les soucis de l'ambition. Il s'est souvenu des vers du poëte :

> Lieto n'do, esca dolce, aura cortese,
> Bramano i cign', e non si va in Parnasso
> Con le cure mordaci.

Il nous retracera donc dignement ces hauts faits d'armes qui inspirèrent à nos troubadours la chanson de Roland, à nos sires de Joinville leurs vieilles chroniques, à nos comtes de Champagne leurs ballades gauloises, et au Tasse ce poëme plein d'honneur et de chevalerie qui semble écrit sur un bouclier ; il nous dira ces jours où le courage, la foi et la loyauté étoient tout ; où le déloyal et le lâche étoient obligés de s'ensevelir au fond d'un cloître, et ne comptoient plus parmi les vivants. « Il y a deux manières de sortir de la vie, dit Shakespeare : la honte et la mort, *shame and death*. »

Enfin, dans la quatrième époque du Voyage, l'auteur donnera les

---

1. MESDAMES Victoire et Adélaïde de France, tantes de Louis XVI.

vues des monuments modernes de l'Espagne : un des plus remarquables sans doute est l'Escurial, bâti par Philippe II, sur les montagnes désertes de la Vieille-Castille. La cour vient chaque année s'établir dans ce monastère, comme pour donner à des solitaires morts au monde le spectacle de toutes les passions, et recevoir d'eux ces leçons dont les grands ne profitent jamais. C'est là que l'on voit encore la chapelle funèbre où les rois d'Espagne sont ensevelis dans des tombeaux pareils, disposés en échelons les uns au-dessus des autres ; de sorte que toute cette poussière est étiquetée et rangée en ordre comme les richesses d'un muséum. Il y a des sépulcres vides pour les souverains qui ne sont point encore descendus dans ces lieux ; et la reine actuelle a écrit son nom sur celui qu'elle doit occuper!

Non-seulement l'auteur nous donnera les dessins de tant d'édifices ; mais comme il paroît avoir des connoissances très-variées, il ne négligera point la numismatique et les inscriptions. L'Espagne est très-riche dans ce genre ; et quoique Ponce ait fait beaucoup de recherches sur ce sujet, il est loin de l'avoir épuisé. On sait d'ailleurs qu'on peut faire chaque jour, sur le monument le plus connu, des découvertes toutes nouvelles. Ainsi, par exemple, l'institut d'Égypte n'a pu lire sur la colonne de Pompée, à Alexandrie, l'inscription effacée que des sous-lieutenants anglois ont relevée depuis avec du plâtre.

Pococke en avoit rapporté quelques lettres, sans prétendre les expliquer ; plusieurs autres voyageurs l'avoient aperçue, et nous ne connoissons que M. Sonnini qui n'ait pu rien découvrir sur la base où elle est gravée. Pour nous, nous avons déchiffré distinctement à l'œil nu plusieurs traits, et entre autres le commencement de ce mot Διοκ, qui est décisif. Comme cette inscription d'une colonne fameuse est peu ou point connue en France, nous la rapporterons ici :

On lit :

   ΤΟ.... ΩΤΑΤΟΝ ΑΥΤΟΚΡΑΤΟΡΑ
   ΤΟΝ ΠΟΛΙΟΥΧΟΝ ΑΛΕΞΑΝΔΡΕΙΑΣ
  -ΔΙΟΚ. Η. ΙΑΝΟΝΤΟΝ.... ΤΟΝ
   ΠΟ.... ΕΠΑΡΧΟΣ ΑΙΓΥΠΤΟΥ.

Il faut d'abord suppléer à la tête de l'inscription le mot ΠΡΟΣ ; après le premier point, Ν. ΣΟΦ ; après le second, Α ; après le troisième, Τ ; au quatrième, ΑΥΓΟΥΣ ; au cinquième, enfin, il faut ajouter ΛΙΩΝ. On voit qu'il n'y a ici d'arbitraire que le mot ΑΥΓΟΥΡΟΝ, qui est d'ailleurs peu important. Ainsi on peut lire :

   ΤΟΝΣΟΦΩΤΑΤΟΝΑΥΤΟΚΡΑΤΟΡΑ
   ΤΟΝΠΟΛΙΟΥΧΟΝΑΛΕΞΑΝΔΡΕΙΑΣ

ΔΙΟΚΛΗΤΙΑΝΟΝΤΟΝΑΥΓΟΥΣΤΟΝ
ΠΟΛΙΩΝΕΠΑΡΧΟΣΑΙΓΥΠΤΟΥ.

C'est-à-dire :

Au très-sage empereur, protecteur d'Alexandrie, DIOCLÉTIEN AUGUSTE, Pollion, préfet d'Égypte. »

Ainsi, tous les doutes sur la colonne de Pompée sont éclaircis. Mais l'histoire garde-t-elle le silence sur ce sujet? Il nous semble que dans la Vie d'un des Pères du désert, écrite en grec par un contemporain, on lit que pendant un tremblement de terre qui eut lieu à Alexandrie toutes les colonnes tombèrent, excepté celle de Dioclétien.

Nous nous sommes fait un vrai plaisir, malgré le besoin que nous avons de repos, d'annoncer le magnifique ouvrage dont M. de Laborde publie aujourd'hui les deux premières livraisons. On peut y avoir toute confiance. Ce n'est point ici une spéculation de librairie : c'est l'entreprise d'un amateur éclairé, qui apporte à son travail les lumières suffisantes et les restes d'une grande fortune. Employer ainsi les débris de ses richesses, c'est faire un reproche bien noble à cette révolution qui en a tari les principales sources. Quand on se rappelle que les deux frères de M. de Laborde ont péri dans le voyage de M. de La Peyrouse, victimes de l'ardeur de s'instruire, pourroit-on n'être pas touché de voir le dernier rejeton d'une famille amie des arts se consacrer à un genre de fatigues et d'études déjà fatal à ses frères?

> Sic fratres Helenæ. . . .
>   Ventorumque regat pater
> . . . .
>   Navis. . . . . . .
> , . . . Finibus Atticis
> Reddas incolumem, precor!

On se fait aujourd'hui une obligation de trouver des taches dans les ouvrages les plus parfaits. Pour remplir ce triste devoir de la critique, nous dirons que les planches de cette première livraison ont peut-être un peu de sécheresse ; mais on doit observer que ce défaut tient à la nature même des objets représentés. Il eût été facile à l'auteur de commencer sa publication par les dessins de l'Alhambra ou de la cathédrale de Cordoue. Au-dessus de cette petite charlatanerie, il a suivi l'ordre des monuments ; et cet ordre l'a forcé à donner d'abord des perspectives de ville : or, ces perspectives sont naturellement froides de style et vagues d'expression. Barcelone, privée du mouvement et du bruit, ne peut offrir qu'un amas immobile d'édifices.

D'ailleurs, on peut faire le même reproche de sécheresse aux dessins de toutes les villes. Nous avons dans ce moment même sous les yeux une vue de Jérusalem, tirée du *Voyage pittoresque de Syrie* : quel que soit le mérite des artistes, nous ne reconnoissons point là le site terrible et le caractère particulier de la ville sainte.

Vue de la montagne des Oliviers, de l'autre côté de la vallée de Josaphat, Jérusalem présente un plan incliné sur un sol qui descend du couchant au levant. Une muraille crénelée, fortifiée par des tours et par un château gothique, enferme la ville dans son entier, laissant toutefois au dehors une partie de la montagne de Sion, qu'elle embrassoit autrefois.

Dans la région du couchant, et au centre de la ville, vers le Calvaire, les maisons se serrent d'assez près ; mais au levant, le long de la vallée de Cédron, on aperçoit des espaces vides, entre autres l'enceinte qui règne autour de la mosquée bâtie sur les débris du temple, et le terrain presque abandonné où s'élevoit le château Antonia et le second palais d'Hérode.

Les maisons de Jérusalem sont de lourdes masses carrées fort basses, sans cheminées et sans fenêtres ; elles se terminent en terrasses aplaties ou en dômes, et elles ressemblent à des prisons ou à des sépulcres. Tout seroit à l'œil d'un niveau égal si les clochers des églises, les minarets des mosquées, les cimes de quelques cyprès, et les buissons des aloès et des nopals, ne rompaient l'uniformité du plan. A la vue de ces maisons de pierre, renfermées dans un paysage de pierres, on se demande si ce ne sont pas là les monuments confus d'un cimetière au milieu d'un désert.

Entrez dans la ville, rien ne vous consolera de la tristesse extérieure : vous vous égarez dans de petites rues non pavées qui montent et descendent sur un sol inégal, et vous marchez dans des flots de poussière ou parmi des cailloux roulants ; des toiles jetées d'une maison à l'autre augmentent l'obscurité de ce labyrinthe ; des bazars voûtés et infects achèvent d'ôter la lumière à la ville désolée ; quelques chétives boutiques n'étalent aux yeux que la misère, et souvent ces boutiques mêmes sont fermées, dans la crainte du passage d'un cadi ; personne dans les rues, personne aux portes de la ville ; quelquefois seulement un paysan se glisse dans l'ombre, cachant sous ses habits les fruits de son labeur, dans la crainte d'être dépouillé par le soldat ; dans un coin à l'écart, le boucher arabe égorge quelque bête suspendue par les pieds à un mur en ruine ; à l'air hagard et féroce de cet homme, à ses bras ensanglantés, vous croiriez qu'il vient plutôt de tuer son semblable que d'immoler un agneau. Pour tout bruit dans la cité déicide, on entend par intervalles le galop de la cavale du désert; c'est le janissaire qui apporte la tête du bédouin, ou qui va piller le fellah.

Au milieu de cette désolation extraordinaire, il faut s'arrêter un moment pour contempler des choses plus extraordinaires encore. Parmi les ruines de Jérusalem, deux espèces de peuples indépendants trouvent dans leur foi de quoi surmonter tant d'horreurs et de misères. Là vivent des religieux chrétiens que rien ne peut forcer à abandonner le tombeau de Jésus-Christ, ni spoliations, ni mauvais traitements, ni menaces de la mort. Leurs cantiques retentissent nuit et jour autour du Saint-Sépulcre. Dépouillés le matin par un gouverneur turc, le soir les retrouve au pied du Calvaire, priant au lieu où Jésus-Christ souffrit pour le salut des hommes. Leur front est serein, leur bouche riante. Ils reçoivent l'étranger avec joie. Sans forces et sans soldats, ils protègent des villages entiers contre l'iniquité. Pressés par le bâton et par le sabre, les femmes, les enfants, les troupeaux des campagnes se réfugient dans les cloîtres des solitaires. Qui empêche le méchant armé de poursuivre sa proie et de renverser d'aussi foibles remparts? La charité des moines : ils se privent des dernières ressources de la vie pour racheter leurs suppliants. Turcs, Arabes, Grecs, chrétiens schismatiques, tous se jettent sous la protection de quelques pauvres religieux francs, qui ne peuvent se défendre eux-mêmes : c'est ici qu'il faut reconnoître, avec Bossuet, « que des mains levées vers le ciel enfoncent plus de bataillons que des mains armées de javelots ».

Tandis que la nouvelle Jérusalem sort ainsi *du désert brillante de clarté,* jetez les yeux entre la montagne de Sion et le Temple; voyez cet autre petit peuple, qui vit séparé du reste des habitants de la cité. Objet particulier de tous les mépris, il baisse la tête sans se plaindre; il souffre toutes les avanies sans demander justice; il se laisse accabler de coups sans soupirer : on lui demande sa tête, il la présente au cimeterre. Si quelque membre de cette société proscrite vient à mourir, son compagnon ira pendant la nuit l'enterrer furtivement dans la vallée de Josaphat, à l'ombre du temple de Salomon. Pénétrez dans la demeure de ce peuple, vous le trouverez dans une affreuse misère, faisant lire un livre mystérieux à des enfants, qui le feront lire à leur tour à leurs enfants. Ce qu'il faisoit il y a cinq mille ans, ce peuple le fait encore. Il a assisté six fois à la ruine de Jérusalem, et rien ne peut le décourager, rien ne peut l'empêcher de tourner ses regards vers Sion. Quand on voit les Juifs dispersés sur la terre, selon la parole de Dieu, on est surpris sans doute; mais pour être frappé d'un étonnement surnaturel il faut les retrouver à Jérusalem; il faut voir ces légitimes maîtres de la Judée esclaves et étrangers dans leur propre pays; il faut les voir attendant, sous toutes les oppressions, un roi qui doit les délivrer. Écrasés par la croix qui les condamne, et qui est plantée sur leurs têtes, près du Temple, dont il ne reste pas pierre sur pierre, ils demeurent dans leur déplorable aveuglement. Les Perses, les Grecs, les Romains, ont disparu de la terre; et un petit peuple, dont l'origine précéda celle de ces grands peuples, existe encore sans mélange dans les décombres de sa patrie. Si quelque chose parmi les nations porte le caractère du miracle, nous pensons qu'on doit le trouver ici. Et qu'y a-t-il de plus merveilleux, même aux yeux du philosophe, que cette rencontre de l'antique et de la nouvelle Jérusalem au pied du Calvaire : la première s'affligeant à l'aspect du sépulcre de Jésus-Christ ressuscité, la seconde se consolant auprès du seul tombeau qui n'aura rien à rendre à la fin des siècles?

SUR

LES ANNALES LITTÉRAIRES,

OU DE

LA LITTÉRATURE AVANT ET APRÈS LA RESTAURATION,

OUVRAGE DE M. DUSSAULT.

Juin 1819.

Lorsque la France, fatiguée de l'anarchie, chercha le repos dans le despotisme, il se forma une espèce de ligue des hommes de talent pour nous ramener par les saines doctrines littéraires aux doctrines conservatrices de la société. MM. de La Harpe, de Fontanes, de Bonald, M. l'abbé de Vauxcelles, M. Guéneau de Mussy, écrivoient dans le *Mercure* ; MM. Dussault, Féletz, Fiévée, Saint-Victor, Boissonade, Geoffroy, M. l'abbé de Boulogne, combattoient dans le *Journal des Débats*. « On a vu, » dit M. Dussault en parlant de cette époque si remarquable pour les lettres, « on a vu des talents du premier ordre entrer dans cette lice des écrits périodiques, pour y combattre tous les faux systèmes...

« Tout le système de l'opinion publique étoit, pour ainsi dire, à recréer. Le mauvais sens et l'erreur avoient tout infecté en politique, en morale, en littérature ; les vrais principes en tous genres étoient méprisés, proscrits, oubliés ; tout ce qui sert de garantie et de lien à l'ordre social étoit brisé, et les règles du goût, plus unies qu'on ne pense aux autres éléments conservateurs de la société, avoient subi la destinée commune. »

La littérature révolutionnaire fut foudroyée, et le goût reparut dans le style avec l'ordre dans l'État.

Buonaparte favorisoit cette expérience, quoiqu'il sût bien que presque tous ceux qui la soutenoient étoient ennemis de son gouvernement. Il disoit un jour à M. de Fontanes : « Il y a deux littératures en France, la petite et la grande ; j'ai la petite, mais la grande n'est pas pour moi. » Et pourtant il laissoit faire cette grande littérature, qui, de son aveu, n'étoit pas pour lui, mais qui recomposoit les principes de la monarchie en détruisant ceux de la révolution. Or, comme il vouloit régner, peu lui importoit de quelle main il recevoit le pouvoir. Aujourd'hui le gouvernement a aussi pour lui la petite littérature ; la grande se tait.

Il y a un monument précieux de l'état de la littérature sous Buonaparte : c'est le recueil que nous avons déjà cité plus haut. Si on écrivoit aujourd'hui la plupart des articles qui composent les *Annales littéraires*, non-seulement on crieroit au gothicisme, au fanatisme, à la réaction ; mais il est probable que ces articles ne seroient pas admis à la censure. Quel censeur, par exemple, seroit assez téméraire pour laisser passer le morceau suivant ?

« Sans doute nos prudents penseurs, dit l'auteur des *Annales littéraires*, ne doivent point prononcer, sans un secret effroi, le nom de Boileau. Ils doivent craindre qu'il ne sortît de ses cendres pour les démasquer. Quelle matière en effet le siècle dernier n'auroit-il pas offerte à sa verve satirique ! Combien n'auroit-il pas trouvé sous les étendards de la philosophie de mauvais écrivains à railler, de charlatans à dévoiler, de prétentions à confondre, d'injustes réputations à renverser ! De quel œil auroit-il vu, de quels traits de ridicule auroit-il marqué un rhéteur boursouflé comme Thomas, un déclamateur frénétique comme Diderot, un bel-esprit pincé comme d'Alembert, un rêveur de systèmes ridicules comme Helvétius, et ces auteurs de tragédies à la Shakespeare, et ces faiseurs de drames aussi ennuyeux que lugubres, et ces marchands de comédies à la glace, et cette foule d'intrigants littéraires de toutes espèces, qui connoissoient aussi peu l'art d'écrire qu'ils connoissoient bien l'art de se faire des réputations ; cette foule de Cottins et de Pelletiers nouveaux, qui s'emparoient subtilement de l'admiration d'un siècle dont ils ne méritoient que le mépris ? Mais puisque la nature ne prodigue pas les hommes tels que Boileau, et puisqu'elle ne produit pas ordinairement deux talents de cette force dans un espace de temps si borné, qu'on se figure seulement Voltaire, avec le rare talent qu'il avoit pour se servir de l'arme du ridicule, dont il a tant abusé, tournant cette même arme, si redoutable entre ses mains, contre ceux dont il s'étoit déclaré l'appui et le chef, et se moquant d'eux en public, comme il s'en moquoit quelquefois en secret. Croit-on que tout cet édifice de réputations factices, bâties sur le sable et sur la boue, auroit pu résister aux traits qu'il auroit su lancer? S'il avoit seulement dirigé contre la fausse et dangereuse philosophie de son siècle la moitié de l'esprit qu'il a prodigué contre les institutions les plus utiles et les plus sacrées, c'en étoit fait de tant de beaux systèmes, de tant de brillantes renommées, de toute cette sublime doctrine dont nous avons pu apprécier les effets, après en avoir admiré si longtemps et si stupidement les théories. »

Nous le répétons, présentez aujourd'hui de pareils articles à la censure, et l'on y verra, avec une conspiration contre le roi, la destruction de la charte, le rappel des moines et le retour à la féodalité.

Toutefois, à l'époque où l'on manifestoit ces pensées, elles sembloient si naturelles à chacun, qu'elles trouvoient à peine des contradicteurs. M. de Barante, dans un ouvrage remarquable sur la *Littérature françoise pendant le* XVIIIe *siècle,* ne parle pas avec plus de respect des écrivains de cette époque : « Ce sont, dit-il, des écrivains vivant au milieu d'une société frivole, animés de son esprit, organes de ses opinions, excitant et partageant un enthousiasme qui s'appliquoit à la fois aux choses les plus futiles et aux objets les plus sérieux ; jugeant de tout avec facilité, conformément à des impressions rapides et momentanées ; s'enquérant peu des questions qui avoient été autrefois débattues, dédaigneux du passé et de l'érudition, enclins à un doute léger, qui n'étoit point l'indécision philosophique, mais bien plutôt un parti pris d'avance de ne point croire ; enfin, le nom de philosophe ne fut jamais accordé à meilleur marché. »

Les philosophes qui avoient acquis leur nom à si bon marché méritoient bien d'être démasqués par ceux qui ont été les victimes de leurs principes. En voyant la ligue, qui s'étoit formée contre ces premiers auteurs de nos maux, le critique à qui nous devons les *Annales* se croit sûr du triomphe. « On est désabusé, dit-il, du charlatanisme littéraire, de la forfanterie philosophique... Quel singulier spectacle offroit la littérature françoise ! On vit jusqu'à de misérables poëtes, qui n'avoient rien dans la tête que quelques hémistiches ; des faiseurs de mauvaises tragédies pleins d'orgueil et vides d'idées ; de petits auteurs de vers galants, bouffis de suffisance, se croire des législateurs... C'est un public, dit-on, qui manque à notre littérature... Oui, sans doute, messieurs, il manque un public à votre littérature, et ce public lui manquera longtemps, parce qu'on est aujourd'hui pleinement désabusé de toutes vos folles idées, de tous vos vains systèmes. »

Que l'auteur n'a-t-il dit la vérité ! Mais pouvoit-il prévoir que ces doctrines, qui sembloient à jamais détruites, étoient si près de renaître? pouvoit-il deviner que ces filles illégitimes de nos malheurs reparoîtroient avec la légitimité?

Veut-on faire un rapprochement curieux, qu'on lise les articles des *Annales littéraires*, et qu'on les compare à ceux où l'on prêche ouvertement la démocratie dans nos journaux censurés. La censure impériale, qui laissoit passer les articles monarchiques, arrêtoit les articles démocratiques : c'étoit au moins du bon sens dans le despotisme.

En parcourant les *Annales littéraires,* on peut faire encore une autre observation : on y voit partout annoncée la réimpression des auteurs du siècle de Louis XIV ; maintenant ce sont les auteurs du siècle de Louis XV qu'on réimprime : on voulait conserver ; voudroit-on détruire ?

Aujourd'hui que les bonnes études s'en vont avec le reste, la publication des *Annales* est un véritable service rendu aux lettres. On trouve partout dans ce recueil, avec la tradition des saines doctrines, un jugement sûr, un goût formé à la meilleure école, un style clair, excellent surtout dans le sérieux, une verve de critique et un talent qui emprunte de la raison une naturelle éloquence. Il y a cependant dans les *Annales* un principe que nous ne pourrions complétement adopter. L'auteur pense que la critique n'étouffe que les *mauvais écrivains, qu'elle n'est redoutable qu'à la médiocrité.* Nous ne sommes pas tout à fait de cet avis.

Il étoit utile, sans doute, au sortir du siècle de la fausse philosophie, de traiter rigoureusement des livres et des hommes qui nous ont fait tant de mal, de réduire à leur juste valeur tant de réputations usurpées, de faire descendre de leur piédestal tant d'idoles qui reçurent notre encens en attendant nos pleurs. Mais ne seroit-il pas à craindre que cette sévérité continuelle de nos jugements ne nous fît contracter une habitude d'humeur dont il deviendroit malaisé de nous dépouiller ensuite? Le seul moyen d'empêcher que cette humeur prenne sur nous trop d'empire seroit peut-être d'abandonner la petite et facile critique des *défauts,* pour la grande et difficile critique des *beautés.* Les anciens, nos maîtres, nous offrent, en cela comme en tout, leur exemple à suivre. Aristote a consacré le xxivᵉ chapitre de sa *Poétique* à chercher comment on peut excuser certaines fautes d'Homère, et il trouve douze réponses, ni plus ni moins, à faire aux censures ; naïveté charmante dans un aussi grand homme. Horace, dont le goût étoit si délicat, ne veut pas s'offenser de quelques taches : *Non ego paucis offendar maculis.* Quintilien trouve à louer jusque dans les écrivains qu'il condamne ; et s'il blâme dans Lucain l'art du poëte, il lui reconnoît le mérite de l'orateur : *Magis oratoribus quam poetis enumerandus.*

Une censure, fût-elle excellente, manque son but si elle est trop rude. En voulant corriger l'auteur, elle le révolte, et par cela même elle le confirme dans ses défauts ou le décourage ; véritable malheur si l'auteur a du talent.

Il semble donc que l'on doit applaudir avec franchise à ce qu'il y a de bon dans un écrivain, et reprendre ce qu'il y a de mal avec ménagement et politesse. Racine, modèle de naturel et de simplicité dans son âge mûr, n'étoit pas exempt d'affectation et de recherche dans sa jeunesse. Boileau eût-il ramené Racine aux principes du goût s'il n'avoit fait que reprocher durement au jeune poëte les vices de son style ? Mais en même temps qu'il gourmandoit l'auteur de *La Thébaïde*, il adressoit ces vers à l'auteur de *Phèdre* :

> Que peut contre tes vers une ignorance vaine ?
> Le Parnasse françois, ennobli par ta veine,
> Contre tous ces complots saura te maintenir,
> Et soulever pour toi l'équitable avenir.
> Eh ! qui, voyant un jour la douleur vertueuse
> De Phèdre, malgré soi perfide, incestueuse,
> D'un si noble travail justement étonné,
> Ne bénira d'abord le siècle fortuné
> Qui, rendu plus fameux par tes illustres veilles,
> Vit naître sous ta main ces pompeuses merveilles ?

Bossuet fut dans sa jeunesse, ainsi que nous l'avons déjà dit, un des beaux esprits de l'hôtel de Rambouillet. Si la critique, trop choquée de quelques phrases bizarres, eût harcelé un homme aussi ardent que l'évêque de Meaux, croit-on qu'elle l'eût corrigé ? Non, sans doute. Mais ce génie impétueux, ne trouvant d'abord que bienveillance et admiration, se soumit comme de lui-même à cette raison qu'amènent les années. Il s'épura par degrés et ne tarda pas à paroître dans toute sa magnificence : semblable à un fleuve qui en s'éloignant de sa source dépose peu à peu le limon qui troubloit son eau, et devient aussi limpide vers le milieu de son cours qu'il est profond et majestueux.

Ceci n'est point une simple figure de rhétorique, c'est un fait, puisque les endroits les plus vicieux des *Sermons* de Bossuet sont devenus les morceaux les plus parfaits des *Oraisons funèbres*. Si Bossuet ne nous étoit connu aujourd'hui que par les *Sermons*, serions-nous assez justes pour y remarquer les traits que nous admirons dans les *Oraisons funèbres* ? Le mal ne nous empêcheroit-il pas de voir le bien, et ne confondrions-nous pas dans nos dégoûts les défauts et les beautés ?

Une critique trop rigoureuse peut encore nuire d'une autre manière à un écrivain original. Il y a des défauts qui sont inhérents à des beautés, et qui forment, pour ainsi dire, la nature et la constitution de certains esprits. Vous obstinez-vous à faire disparoître les uns, vous détruirez les autres. Otez à La Fontaine ses incorrections, il perdra une partie de sa naïveté ; rendez le style de Corneille moins familier, il deviendra moins sublime. Cela ne veut pas dire qu'il faille être incorrect et sans élégance ; cela veut dire que dans les talents du premier ordre l'incorrection, la familiarité, ou tout autre défaut, peuvent tenir, par des combinaisons inexplicables, à des qualités éminentes. « Quand je vois, dit Montaigne, ces braves formes de s'expliquer, si vives, si profondes, je ne dis pas que c'est bien dire, je dis que c'est bien penser. » Rubens, pressé par la critique, voulut, dans quelques-uns de ses tableaux, dessiner plus savamment : que lui arriva-t-il ? Une chose remarquable : il n'atteignit pas la pureté du dessin, et il perdit l'éclat de la couleur.

Ainsi donc, indulgence ou critique circonspecte pour les *vrais* talents aussitôt qu'ils sont reconnus. Cette indulgence est d'ailleurs un foible dédommagement des chagrins semés dans la carrière des lettres. Un auteur ne jouit pas plus tôt de cette renommée, objet de tous ses désirs, qu'elle lui paroît aussi vide qu'elle l'est en effet pour le bonheur de la vie. Pourroit-elle le consoler du repos qu'elle lui enlève ? Parviendra-t-il même jamais à savoir si cette renommée tient à l'esprit de parti, à des circonstances particulières, ou si c'est une véritable gloire fondée sur des titres réels ? Tant de méchants livres ont eu une vogue si prodigieuse ! quel prix peut-on attacher à une célébrité que l'on partage souvent avec une foule d'hommes médiocres ou déshonorés ? Joignez à cela les peines secrètes dont les Muses se plaisent à affliger ceux qui se vouent à leur culte, la perte des loisirs, le dérangement de la santé. Qui voudroit se charger de tant de maux pour les avantages incertains d'une réputation qu'on n'est pas sûr d'obtenir, qu'on vous contestera du moins pendant votre vie, et que la postérité ne confirmera peut-être pas après votre mort ? Car, quel que soit l'éclat d'un succès, il ne peut jamais vous donner la certitude de votre talent ; il n'y a que la durée de ce succès qui vous révèle ce que vous êtes. Mais, autre misère, le temps, qui fait vivre l'ouvrage, tue l'auteur, et l'on meurt avant de savoir qu'on est immortel.

Si l'on croyoit que nous voulons rabaisser, par ces réflexions, la gloire des lettres, on se tromperoit : c'est la première de toutes les gloires. Disposer de l'opinion publique, maîtriser les esprits, remuer les âmes, étendre ce pouvoir à tous les lieux, à tous les temps, il n'y a point d'empire comparable à celui-là. On peut braver, quand on le possède, toutes les infortunes de la vie. « Épictète, dit l'épitaphe grecque, boiteux, esclave, pauvre comme Irus, étoit pourtant le favori des dieux ! » Mais combien compte-t-on de ces génies qui naissent rois, et à qui la puissance appartient par droit de nature? Sur un nombre immense d'écrivains, si quelques-uns seulement sont favorisés du ciel, faut-il que les autres poursuivent une carrière où, inutiles à la société, ils ne rencontrent que misère, oubli, ridicule, une carrière où l'amour-propre blessé peut les rendre les plus malheureux et quelquefois les plus méchants des hommes? La chance d'un bon billet sur mille mauvais est trop désavantageuse pour la tenter :

Soyons plutôt maçons.

Il nous est arrivé d'annoncer l'avenir politique de la France avec assez de justesse; il nous est plus facile encore de prédire son avenir littéraire. L'espèce d'impuissance dont nous sommes frappés aujourd'hui par le système stérile de notre administration est un accident qui passera avec ce système; mais il restera toujours dans nos lettres l'infirmité de la vieillesse et le dépérissement de la caducité.

Ce n'est donc pas inutilement pour sa renommée, mais inutilement pour nous, que M. Dussault est venu dans ces derniers temps, avec MM. de Fontanes et de La Harpe, éclairer notre littérature; il n'a pu jeter de lumière que sur des ruines. Après le siècle d'Auguste, Quintilien donna des leçons de goût à ceux qui ne pouvoient plus en profiter; on vit aussi sous Adrien les arts reproduire un moment les plus beaux temps de la Grèce :

> Quelquefois un peu de verdure
> Rit sur la glace de nos champs;
> Elle console la nature,
> Mais elle sèche en peu de temps.

Nous irons nous enfonçant de plus en plus dans la barbarie. Tous les genres sont épuisés : les vers, on ne les aime plus, les chefs-d'œuvre de la scène nous ennuieront bientôt, et, comme tous les peuples dégénérés, nous finirons par préférer des pantomimes et des combats de bêtes aux spectacles immortalisés par le génie de Corneille, de Racine et de Voltaire. Nous avons vu à Athènes la hutte d'un santon sur le haut d'une corniche du temple de Jupiter-Olympien; à Jérusalem, le toit d'un chevrier parmi les ruines du temple de Salomon; à Alexandrie, la tente d'un bedouin au pied de la colonne de Pompée; à Carthage, un cimetière des Maures dans les débris du palais de Didon : ainsi finissent les empires.

Nous l'avouerons : nous nous sommes arrêté, avec un plaisir qui n'étoit pas sans un mélange de quelque peine, aux *Annales littéraires;* nous nous sommes souvenu des temps où nous combattions nous-même en faveur de la monarchie avec les seules armes qui nous étoient alors permises, où nous cherchions à réveiller la religion dans le cœur des François, pour leur faire jeter un regard sur le passé, pour les disposer à s'attendrir sur les cendres de leurs pères, pour leur rappeler qu'il existoit encore des rejetons de ces rois sous lesquels la France avoit joui de tant de bonheur et de tant de gloire. L'auteur des *Annales* annonça ces ouvrages, fruit du malheur plutôt que du talent. En relisant ce qu'il vouloit bien dire de nous, en nous reportant à ces jours de jeunesse, d'amitié et d'étude, nous nous surprenons à les regretter ; nous en étions alors à l'espérance.

SUR UN OUVRAGE

DE M. LE C^{TE} DE BOISSY-D'ANGLAS,

INTITULÉ :

*ESSAI SUR LA VIE, LES ÉCRITS ET LES OPINIONS
DE M. DE MALESHERBES.*

Mars 1819.

L'esprit philosophique qui a dénaturé notre littérature a surtout corrompu notre histoire : prenant les mœurs pour des préjugés, il a substitué des maximes à des peintures, une raison absolue à cette raison relative qui sort de la nature des choses et qui forme le génie des siècles.

Ce même esprit, en examinant les hommes, ne les mesure que d'après ses règles : il les juge moins d'après leurs actions que d'après leurs opinions. Il y a tels personnages auxquels il ne pardonne leurs vertus qu'en considération de leurs erreurs.

Ces réflexions ne sont point applicables à l'auteur de l'*Essai sur la vie de M. de Malesherbes*. M. le comte de Boissy-d'Anglas se connoît en courage et en sentiments généreux. Il seroit pourtant à désirer qu'il eût commencé son ouvrage par un morceau moins propre à réveiller l'esprit de parti. Pourquoi tous ces détails sur les souffrances des protestants? Si c'est une instruction paternelle que l'*auteur adresse à ses enfants*, elle est trop longue; si c'est un traité historique, il est trop court. L'histoire veut surtout qu'on ne dissimule rien, et qu'une partie du tableau ne soit pas plongée dans l'ombre, tandis que l'autre reçoit exclusivement la lumière. M. le comte de Boissy-d'Anglas gémit sur les proscriptions des calvinistes et les lois cruelles dont ils furent frappés. Il n'y a pas un honnête homme qui ne partage son indignation; mais pourquoi ne dit-il pas que les protestants de Nîmes avoient égorgé deux fois les catholiques, une première fois en 1567, et une seconde fois en 1569, avant que les catholiques eussent, en 1572, massacré les protestants [1]? Il s'élève contre l'*Apologie de Louis XIV sur la révocation de l'édit de Nantes;* mais cette *Apologie* est pourtant un excellent morceau de critique historique. Si l'abbé de Caveyrac soutient que la journée de la Saint-Barthélemy fut moins sanglante qu'on ne l'a cru, c'est qu'heureusement ce fait est prouvé. Lorsque la Bibliothèque du Vatican étoit à Paris (trésor inappréciable auquel presque personne ne songeoit), j'ai fait faire des recherches; j'ai trouvé sur la journée de la Saint-Barthélemy les documents les plus précieux. Si la vérité doit se rencontrer quelque part, c'est sans doute dans des lettres écrites en chiffres aux souverains pontifes, et qui étoient condamnées à un secret éternel. Il résulte positivement de ces lettres que la Saint-Barthélemy ne fut point préméditée; qu'elle ne fut que la conséquence soudaine de la blessure de l'amiral, et qu'elle n'enveloppa qu'un nombre de victimes, toujours beaucoup trop grand sans doute, mais au-dessous des supputations de quelques historiens passionnés. M. le comte de Boissy-d'Anglas montre partout une sincère horreur pour les excès révolutionnaires : cependant, si son opinion étoit que l'on a exagéré le nombre des personnes sacrifiées, ne seroit-il pas souverainement injuste de dire qu'il fait l'apologie du meurtre et du crime?

Quant aux lois qui pesoient sur les protestants en France, étoient-elles plus rigoureuses que ces fameuses *lois de découverte* (laws of discovery) qui frappent encore aujourd'hui les catholiques en Irlande? Par ces lois, les catholiques sont entièrement désarmés. Ils sont incapables d'acquérir des terres. Si un enfant abjure la religion catholique, il hérite de tout le bien, quoiqu'il soit le plus jeune. Si le fils abjure sa religion, le père n'a aucun pouvoir sur son propre bien, mais il perçoit une pension sur ce bien, qui passe à son fils. Aucun catholique ne peut faire un bail pour plus de trente-et-un ans. Les prêtres qui célébreront la messe seront déportés, et s'ils reviennent, pendus. Si un catholique possède un cheval valant plus de cinq livres sterling, il sera confisqué au profit du dénonciateur.

Que conclure de ces déplorables exemples? Que partout on abuse de la force; que partout catholiques et protestants, lorsque les passions les animent, peuvent se servir des motifs les plus sacrés pour les actes les plus impies; qu'enfin la religion et la philosophie ne sont pas toujours pratiquées par des saints et par des sages.

---

1. Les protestants de Nîmes avoient égorgé deux fois les catholiques, et, à la Saint-Barthélemy les catholiques de la même ville refusèrent de massacrer les protestants. Je pourrois en dire davantage si je voulois parler du commencement de la révolution.

Au reste, ne jugeons point les hommes sur ce qu'ils ont dit, mais d'après ce qu'ils ont fait : voyons M. de Malesherbes sortir de sa retraite à l'âge de soixante-douze ans pour venir offrir à l'ancien maître dont il étoit presque oublié, l'autorité de ses cheveux blancs et le vénérable appui de sa vieillesse. « Lorsque la pompe et la splendeur de Versailles, dit éloquemment M. de Boissy-d'Anglas, étoient remplacées par l'obscurité de la tour du Temple, M. de Malesherbes put devenir pour la troisième fois le conseil de celui qui étoit sans couronne et dans les fers, de celui qui ne pouvoit offrir à personne que la gloire de finir ses jours sur le même échafaud que lui. »

M. de Malesherbes écrivit au président de la Convention pour lui proposer de défendre le roi.

« Je ne vous demande point, lui dit-il dans sa lettre, de faire part à la Convention de mon offre, car je suis bien éloigné de me croire un personnage assez important pour qu'elle s'occupe de moi; mais j'ai été appelé deux fois au conseil de celui qui fut mon maître dans le temps où cette fonction étoit ambitionnée de tout le monde : je lui dois le même service lorsque c'est une fonction que bien des gens trouvent dangereuse. »

Plutarque ne nous a rien transmis d'un héroïsme plus simple. Dans les âmes faites pour la vertu, la vertu est une action naturelle qui s'accomplit sans effort, comme les autres mouvements de la vie.

Louis XVI parut à la barre de la Convention le 26 décembre. M. Desèze termina son plaidoyer par ces mots, qui sont restés dans la mémoire des hommes : « Louis vint au-devant des désirs du peuple par des sacrifices personnels sans nombre, et cependant c'est au nom de ce même peuple qu'on demande aujourd'hui... Citoyens, je n'achève pas; je m'arrête devant l'histoire. »

Ils ne se sont pas arrêtés devant l'histoire! Ils l'ont bravée! Auroient-ils pressenti qu'elle leur réservoit la miséricorde de Louis XVIII?

M. de Malesherbes vint à la Convention avec MM. Desèze et Tronchet pour appuyer la demande d'un sursis, d'un appel au peuple, et pour réclamer contre la manière dont les votes avoient été comptés. Il ne put prononcer que quelques paroles entrecoupées de sanglots. Il avoit sollicité le sacrifice; tout le poids du sacrifice retomba sur lui. Il fut chargé d'annoncer au roi l'arrêt fatal. Écoutons-le lui-même raconter cette scène dans la prison à M. Hue : « Je vois encore le roi (c'est M. de Malesherbes qui parle); il avoit le dos tourné vers la porte, les coudes appuyés sur la table, et le visage couvert de sa main. Au bruit que je fis en entrant, il se leva : « Depuis deux heures, me « dit-il, je recherche en ma mémoire si durant le cours de mon règne

« j'ai donné volontairement à mes sujets quelque juste sujet de plainte
« contre moi ; je vous le jure en toute sincérité, je ne mérite de la part
« des François aucun reproche. »

M. de Malesherbes tomba aux pieds de son maître, et voulut lui annoncer son sort. « Il étoit étouffé par ses sanglots, dit Cléry, et il fut plusieurs moments sans pouvoir parler. Le roi le releva, et le serra contre son sein avec affection. M. de Malesherbes lui apprit le décret de condamnation à la mort : le roi ne fit aucun mouvement qui annonçât de la surprise ou de l'émotion ; il ne parut affecté que de la douleur de ce respectable vieillard, et chercha même à le consoler. »

Les hommes vulgaires tombent et ne se relèvent plus sous le poids du malheur ; les grands hommes, tout chargés qu'ils sont d'adversités, marchent encore : de forts soldats portent légèrement une pesante armure. Après l'accomplissement du crime, le vénérable défenseur du roi se retira à Malesherbes : les bourreaux vinrent bientôt l'y chercher. Il fut enfermé dans la prison de Port-Royal avec presque tous les siens[1]. Son vertueux gendre, M. de Rosambo, périt le premier. Ensuite, le plus intègre des magistrats parut lui-même devant les plus iniques des juges, avec sa fille, Mme de Rosambo, sa petit-fille, Mme de Chateaubriand, femme de mon frère aîné, qui eut aussi les mêmes juges et le même échafaud : qu'on me pardonne cette vanité de famille. M. de Malesherbes est qualifié dans son interrogatoire *de défenseur officieux de celui qui a régné sous le nom de Louis XVI*. On lui demanda si quelqu'un s'étoit chargé de plaider sa cause ; il répondit par un seul mot : Non. Le tribunal lui nomma d'office un défenseur appelé Duchâteau. Ainsi, celui qui avoit défendu volontairement Louis XVI ne trouva point de défenseur volontaire. Dans ces temps, où tout innocent étoit coupable, les avocats reculèrent devant cinquante années de vertus, comme, dans les jours de justice, ils refusent quelquefois de prêter leur ministère à de trop grands crimes. M. de Boissy-d'Anglas dit que l'épouvante avoit glacé tous les cœurs : tous, sans doute, excepté ceux des victimes.

L'homme de bien reçut son arrêt avec le calme le plus profond : on eût dit qu'il ne l'avoit pas entendu, tant il y parut insensible ; mais il s'attendrit sur ses enfants, que frappoit la même sentence. Il sortit de la prison pour aller à la mort, appuyé sur sa fille, Mme de Rosambo, qui étoit elle-même suivie de sa fille et de son gendre. Au moment où ce lugubre cortège alloit franchir le guichet, Mme de Rosambo aperçut

---

1. Mme de Rosambo et son fils, M. et Mme de Chateaubriand, M. et Mme de Tocqueville, M. Le Peletier d'Aunay.

Mlle de Sombreuil, si fameuse par sa piété filiale. « Mademoiselle, lui dit-elle, vous avez eu le bonheur de sauver la vie à votre père, je vais avoir celui de mourir avec le mien. »

« M. de Malesherbes (je ne saurois mieux faire que de transcrire ici un passage de l'ouvrage de M. de Boissy-d'Anglas), M. de Malesherbes avoit vécu comme Socrate, il devoit mourir comme lui. Mais sa mort fut plus douloureuse, puisque, avant de cesser de vivre, il eut sous les yeux l'affreux spectacle de la mort d'une partie de sa famille, et qu'on différa son supplice pour en augmenter la cruauté. »

Ainsi finit de servir sa patrie en même temps qu'il cessa de vivre l'un des hommes les plus dignes de l'estime et de la vénération de ses contemporains et de l'avenir. On peut dire qu'il honora l'espèce humaine par ses hautes et constantes vertus en même temps qu'il la fit aimer par le charme de son caractère. »

L'éloge de M. de Malesherbes ne seroit pas complet si on n'y ajoutoit les paroles du Testament de Louis XVI.

« Je prie MM. de Malesherbes, Tronchet et de Sèze de recevoir ici tous mes remercîments et l'expression de ma sensibilité pour tous les soins et les peines qu'ils se sont donnés pour moi. »

Pourquoi M. le comte de Boissy-d'Anglas, qui a loué si dignement M. de Malesherbes, s'efforce-t-il de nier le changement qui s'étoit opéré dans quelques-unes des opinions de cet homme illustre? Quelle si grande importance met-il à prouver que l'ami et le protecteur de Jean-Jacques Rousseau ne s'est jamais accusé d'avoir contribué par ses idées aux malheurs de la révolution? Cet aveu rendoit-il à ses yeux l'homme moins grand ou la révolution plus petite? Pourquoi rejette-t-il les faits avancés par M. de Molleville et par M. Hue? Pourquoi veut-il balancer, par son opinion étrangère, des traditions de famille? J'ai moi-même entendu M. de Malesherbes, déplorant ses anciennes liaisons avec Condorcet, s'expliquer sur le compte de ce philosophe avec une véhémence qui m'empêche de répéter ici ses propres paroles. M. de Tocqueville, qui a épousé une autre petite-fille de M. de Malesherbes, m'a raconté que cet homme admirable, la veille de sa mort, lui dit : « Mon ami, si vous avez des enfants, élevez-les pour en faire des chrétiens; il n'y a que cela de bon. »

Ainsi, ce fidèle serviteur avoit profité de la leçon de son auguste maître. Le roi captif, en le chargeant d'aller lui chercher un prêtre non assermenté, lui avoit dit : « Mon ami, la religion console tout autrement que la philosophie. »

M. de Malesherbes ne manqua pas de consolations religieuses à ses derniers moments. Il y avoit quelques prêtres, condamnés comme lui, sur le tombereau qui le conduisit au lieu de l'exécution. La tolérance philanthropique avoit trouvé ce moyen de donner des confesseurs aux chrétiens qu'elle envoyoit au supplice.

Mettons d'accord les deux opinions : que la philosophie réclame la première partie de la vie de M. de Malesherbes, la religion se contentera de la dernière.

Quand M. le comte de Boissy-d'Anglas affirme encore que M. de Malesherbes eût approuvé la loi des élections, cela paroît un peu extraordinaire : la loi des élections n'avoit que faire ici. M. de Malesherbes est mort victime des opinions démocratiques : fouiller dans son tombeau pour y découvrir un suffrage favorable à ces opinions, ce n'est peut-être pas là qu'on pouvoit espérer le trouver. S'il n'étoit oiseux de rechercher ce qu'eût été M. de Malesherbes en supposant qu'il eût vécu jusqu'à la restauration, j'aurois sur ce point des idées bien différentes de celles de M. de Boissy-d'Anglas. Il y a deux modérations : l'une est de l'impuissance, l'autre est de la force : avec la première on ne peut marcher, avec la seconde on s'arrête quand on veut ; avec l'une tout fait peur, avec l'autre on est sans crainte. M. de Malesherbes possédoit cette dernière et précieuse modération. Il n'auroit jamais été retenu par le cri éternel des médiocres et des pusillanimes : « Vous allez trop loin. » Il eût donc été un ardent et un zélé royaliste. Il eût voté comme son collègue M. Desèze contre la loi des élections ; les principes ministériels lui auroient paru funestes, et, rangé par cette raison dans la classe des *exclusifs*, il eût grossi la liste des destitués pour services rendus à la cause royale.

M. de Malesherbes fut un homme à part au milieu de son siècle. Ce siècle, précédé des grandeurs de Louis XIV et suivi des crimes de la révolution, disparoît comme écrasé entre ses pères et ses fils. Le règne de Louis XV est l'époque la plus misérable de notre histoire ; quand on en cherche les personnages, on est réduit à fouiller les antichambres de M. le duc de Choiseul, ou les salons de Mme d'Épinay et de Mme Geoffrin. La société entière se décomposoit : les hommes d'État devenoient des gens de lettres, les gens de lettres des hommes d'État, les grands seigneurs des banquiers et les fermiers généraux de grands seigneurs. Les modes étoient aussi ridicules que les arts étoient de mauvais goût, et l'on peignoit des bergères en panier dans les salons où les colonels brodoient au tambour. Et comme pourtant ce peuple françois ne peut jamais être tout à fait obscur, il gagnoit encore la bataille de Fontenoy, pour empêcher la prescription contre la gloire, et Montesquieu, Voltaire, Buffon et Rousseau écrivoient pour maintenir nos droits au génie.

Notre célébrité se réfugia particulièrement dans les lettres; mais il en résulta un autre mal. Les auteurs pullulèrent; on devint fameux avec un gros dictionnaire ou avec un quatrain dans l'*Almanach des Muses*; Dorat et Diderot eurent leur culte. Les poëtes chantoient le temps des *cinq maîtresses* et détruisoient les mœurs; les philosophes bâtissoient l'*Encyclopédie* et démolissoient la France.

Toutefois, des figures respectables se montroient dans les arrière-plans du tableau. Elles appartenoient presque toutes à l'ancienne magistrature. Quelques-unes de nos familles de robe retraçoient, par la naïveté de leurs mœurs, ces temps où Henri III, venant visiter le président de Thou, s'asseyoit, faute de chaise, sur un coffre. M. de Malesherbes conservoit la science, la probité, la bonhomie et la bonne humeur des anciens jours. On raconte mille traits de sa distraction et de sa simplicité. Il rioit souvent : son visage étoit aussi gai que sa conscience étoit sereine. Au premier abord, on auroit pu le prendre pour un homme commun, mais on découvroit bientôt en lui une haute distinction : la vertu porte écrite sur son front la noblesse de sa race. Ce qui prouve le charme et la supériorité de M. de Malesherbes, c'est qu'il conserva ses amis dans les jours de ses succès. Or, le plus grand effort de l'amitié n'est pas de partager nos infortunes, c'est de nous pardonner nos prospérités. Si M. de Malesherbes ne fit que passer dans les affaires, c'est qu'on ne parvient point au pouvoir avec une réputation faite, ou que du moins on n'y reste pas longtemps. Il n'y a que la médiocrité ou le mérite inconnu qui puissent monter et rester aux premières places.

Deux mots échappés à M. de Malesherbes peignent admirablement sa magnanimité. Lorsque le roi fut conduit à la Convention, M. de Malesherbes ne lui parloit qu'en l'appelant *sire* et *votre majesté*. Treilhard l'entendit, et s'écria, furieux : « Qui vous rend si hardi de prononcer ici des mots que la Convention a proscrits? » — « Mon mépris pour vous et pour la vie, » répondit M. de Malesherbes.

Le roi demandoit un jour à son vieil ami comment il pouvoit récompenser MM. Desèze et Tronchet. « J'ai songé à leur faire un legs, disoit l'infortuné monarque, mais le payeroit-on ? » — « Il est payé, sire, répondit M. de Malesherbes : vous les avez choisis pour défenseurs. »

Dans ma jeunesse, j'avois formé le projet de découvrir par terre, au nord de l'Amérique septentrionale, le passage qui établit la communication entre le détroit de Behring et les mers du Groënland. M. de Malesherbes, confident de ce projet, l'adoptoit avec toute la chaleur de son caractère. Je me souviens encore de nos longues dissertations géographiques. Que de choses il me recommandoit! que de plantes je devois lui rapporter pour son jardin de Malesherbes! Je n'ai pas eu le bonheur de l'orner, ce jardin où l'on voyoit :

> Un vieillard tout semblable au vieillard de Virgile,
> Homme égalant les rois, homme approchant des dieux,
> Et, comme ces derniers, satisfait et tranquille.

Mais les beaux cèdres que ce vieillard a plantés, et qui ont grandi comme sa renommée, sont aujourd'hui religieusement cultivés par mon neveu, son filleul et son arrière-petit-fils. C'est avec un plaisir mêlé d'un juste orgueil que je trouve ainsi mon nom uni, dans la retraite d'un sage, au nom de M. de Malesherbes. Si, comme ce nom immortel, le mien ne représente pas la gloire, comme ce même nom du moins il rappellera la fidélité.

PANORAMA DE JÉRUSALEM.

Avril 1819.

M. Prévôt a pris la vue de Jérusalem du haut du couvent de Saint-Sauveur. On découvre de ce point la ville entière et le cercle presque complet de l'horizon. Cet horizon embrasse, à l'orient et au midi, le chemin de Bethléem, les montagnes d'Arabie, un coin de la mer Morte et la montagne des Oliviers; au nord et à l'ouest, les montagnes de Sichem ou de Naplouse, le chemin de Damas et les montagnes de Judée sur la route de Jaffa.

Tous ces lieux, ainsi que les plus petits détails de Jérusalem, sont décrits dans l'*Itinéraire*, et peuvent servir d'explication au Panorama. Qu'il me soit permis seulement de rappeler le tableau général de la ville, en priant le lecteur d'observer deux choses :

1º Mon point de vue, pris de la montagne des Oliviers, est conséquemment tout juste à l'opposé du point de vue de M. Prévôt : dans le Panorama, la montagne des Oliviers est en face; dans ma description, c'est Jérusalem qu'on a devant soi.

2º Je me trouvois en Judée au mois d'octobre ; le soleil étoit ardent; les cieux *étoient devenus d'airain*; les montagnes étoient arides, sèches et brûlées. M. Prévôt a vu Jérusalem en hiver, par un temps pluvieux et sombre, ce qui convient également à la tristesse du site et des souvenirs. A ces petites différences près, les deux tableaux ont l'air d'avoir été calqués l'un sur l'autre. Voyez donc la description extraite de l'*Itinéraire*.

Telle est aujourd'hui Jérusalem, et telle la représente le Panorama. Compagnon naturel de tous les voyageurs, m'associant en pensée à leurs périls et à leurs travaux, j'admire trop les arts, j'aime trop les Muses pour ne pas me faire un devoir de recommander à la France les talents qui la peuvent honorer. Soyons reconnoissants envers l'homme courageux qui a immolé à son art sa santé, son repos et sa fortune. Ce n'est encore là que le moindre des sacrifices de M. Prévôt : il a eu le malheur de perdre son neveu. Ce jeune peintre, de la plus belle espérance, vrai martyr des arts, est mort à la vue de la Grèce, et son corps a été abandonné aux flots de cette mer qui baigne la patrie d'Apelles. Ainsi toutes les peines sont pour les voyageurs, tous les plaisirs pour nous, qui profitons du voyage : nous allons au bout de la terre sans quitter notre patrie. Après tout, c'est toujours là qu'il en faut revenir ; et quand on a vu toutes les villes du monde, on trouve encore que celles de son pays sont les plus belles : c'étoit l'opinion de Montaigne.

« Je responds, dit-il, ordinairement à ceux qui me demandent raison de mes voyages : Je sais bien ce que je fuis, mais non pas ce que je cherche. Si on me dit que parmy les estrangers il y peut avoir aussi peu de santé, et que leurs mœurs ne sont pas mieux nettes que les nostres, je responds que c'est tousjours gain de changer un mauvais estat à un estat incertain, et que les maux d'autruy ne nous doivent pas poindre comme les nostres. Je ne veux pas oublier cecy : que je ne me mutine jamais tant contre la France que je ne regarde Paris de bon œil : elle a mon cœur dès mon enfance, et m'en est advenu comme des choses excellentes. Plus j'ay veu depuis d'autres villes belles, plus la beauté de cette cy peut et gaigne sur mon affection. Je l'ayme tendrement jusques à ses verrues et à ses taches. Je ne suis François que par cette grande cité, grande en peuples, grande en félicité de son assiette, mais surtout grande et incomparable en variété et diversité de commodités, la gloire de la France et l'un des plus nobles ornements du monde. Dieu en chasse loin nos divisions! »

SUR

LE VOYAGE AU LEVANT

DE M. LE COMTE DE FORBIN.

Mai 1819.

M. le comte de Forbin, dans son *Voyage au Levant,* réunit le double mérite du peintre et de l'écrivain : l'*ut pictura poesis* semble avoir été dit pour lui. Nous pouvons affirmer que, dessinés ou écrits, ses tableaux joignent la fidélité à l'élégance. Nous avons vu quelques lieux qu'il n'a point visités, comme Sparte, Rhodes et Carthage ; mais il a parcouru à son tour des ruines qui ont échappé à nos observations, telles que celles de Césarée, d'Ascalon et de Thèbes. A cela près, notre course, quasi la même, a été accomplie dans le même espace de temps. Plus heureux que nous seulement, M. le comte de Forbin avoit un pinceau pour peindre ; et nous, nous n'avions qu'un crayon : un roi légitime lui a donné de grands vaisseaux pour le transporter en haute mer ; et nous, nous possédions à peine la petite barque d'Horace pour raser la terre, *biremis præsidio scaphæ*. Nous sommes forcé d'envier au voyageur jusqu'au château dont il s'est défait pour subvenir aux frais de la route : quant à nous, on avoit eu soin de ne nous laisser à vendre que nos coquilles de pèlerin.

M. le comte de Forbin s'embarqua à Toulon le 22 août 1817, sur la division navale composée de la frégate *la Cléopâtre,* de la corvette *l'Espérance,* des gabarres *la Surveillante* et *l'Active*. Il avoit pour compagnons de voyage : M. l'abbé de Janson, missionnaire, M. Huyot, architecte, M. Prévôt, auteur de beaux Panoramas, et l'infortuné M. Cochereau, peintre et neveu de M. Prévôt. La flotte se trouva le jour de la Saint-Louis à la vue de la côte de Tunis. « M. l'abbé de Janson célébra la messe sur le gaillard d'arrière. Vingt-et-un coups de canon et des cris de *vive le roi !* saluèrent le rivage où saint Louis rendit à Dieu sa grande âme. Ce noble souvenir frappa tout l'équipage. Quel rapprochement en effet, quel spectacle que celui de ce désert qui fut jadis témoin du deuil des lis, et qui conserve aujourd'hui les ruines de Carthage[1]! »

Otez la religion de ce beau tableau, que restera-t-il? Quelques ruines muettes et la poussière d'un roi.

Le 30 août, près la côte de Cérigo, mourut le jeune Cochereau, qui *avoit entrepris le voyage plein de joie et d'ardeur*[2]. Dans les projets de la vie on oublie trop facilement cet accident de la mort, qui abrège tous les projets. C'est pourquoi les hommes ont raisonnablement fixé la patrie au lieu de la naissance, et non pas à celui de la mort, toujours incertain :

Lyrnessi domus alta, solo Laurente sepulchrum.

Les voyageurs débarquent à Milo, où M. Huyot eut le malheur de se casser la jambe. M. le comte de Forbin, demeuré seul avec M. Prévôt, se hâta d'aller visiter Athènes.

Il faut lire la description d'Athènes dans le *Voyage*. M. le comte de Forbin peint avec une expression heureuse ces ouvrages de Périclès, que nous avons nous-même tant admirés. « Chacun d'iceux, dit Plutarque, dès lors qu'il fut parfait, sentoit déjà son antique quant à la beauté; et néanmoins, quant à la grâce et vigueur, il semble jusques aujourd'hui qu'il vienne tout fraîchement d'être fait et parfait, tant il y a je ne sais quoi de florissante nouveauté, qui empêche que l'injure du temps n'en empire la vue, comme si chacun desdits ouvrages avoit au dedans un esprit toujours rajeunissant, et une âme non jamais vieillissante, qui les entretînt en cette vigueur. »

Le voyageur rencontra à Athènes notre ancien hôte M. Fauvel, si digne de faire les honneurs de la Grèce. Nous voyons aussi que l'archevêque d'Athènes alloit marier son neveu à la sœur de l'agent de France de Zéa. Cet agent est apparemment le fils de ce pauvre M. Pengali qui se mouroit de la pierre lorsque nous passâmes dans son île, et qui n'en marioit pas moins une des quatre demoiselles Pengali, lesquelles chantoient en grec : *Ah! vous dirai-je, maman,* pour nous adoucir les regrets de la patrie. Le fils de M. Pengali nous a écrit depuis la restauration; il nous avoit connu persécuté par Buonaparte pour notre attachement à la famille des Bourbons, il se figuroit que nous devions être tout-puissant sous le roi. Nous nous sommes bien donné de garde de solliciter la faveur qu'il demandoit auprès des ministres de Sa Majesté : nous aurions craint de faire destituer ce

---

1. *Voyage dans le Levant,* p. 5.   2. *Idem,* p. 6.

pauvre vice-consul, pour nous avoir jadis reçu, par la volonté des dieux, dans la maison de Simonide.

M. le comte de Forbin nous apprend encore, au sujet d'Athènes, que le docteur Avramiotti a écrit en grec une brochure contre nous. Est-ce qu'il y a des ministériels à Athènes? S'ils sont pour Périclès, nous passons de leur côté; mais s'ils sont pour Hyperbolus ou pour Critias, nous restons dans l'opposition. Nous ignorons ce que nous avons fait au docteur Avramiotti : nous le citons dans l'*Itinéraire* avec toute sorte de considération. Se seroit-il fâché parce que nous avons dit qu'il sembloit un peu fatigué de notre visite? Cela pourtant étoit tout simple : nous devions être très-ennuyeux. Nous sommes donc aujourd'hui la fable et la risée d'Argos? Nous tâcherons de nous en consoler, en songeant que depuis le temps de Clytemnestre on a tenu bien de mauvais propos dans cette ville.

Le voyageur se rembarque et poursuit sa course vers le Bosphore. Il voit en passant le cap Sunium, où nous nous arrêtâmes, prêt à quitter la Grèce. Arrivé à Constantinople, il se rend chez l'ambassadeur de France. « Les nobles qualités de M. de Rivière m'étoient connues, dit-il; mais je découvris en lui chaque jour de plus hautes vertus sous les formes les plus franches et les plus aimables. » Nous n'eûmes point le bonheur de rencontrer M. de Rivière à Constantinople; mais nous y fûmes reçu par M. le général Sebastiani avec une hospitalité que nous nous sommes plu à reconnoître et que le changement des temps ne peut ni ne doit nous faire oublier.

Nous avons beaucoup de descriptions de Constantinople : il y en a peu qu'on puisse comparer, pour l'originalité et la parfaite ressemblance, à celle que l'on trouve dans le *Nouveau Voyage du Levant;* nous ne pouvons résister au plaisir de la transcrire :

« J'ai vu dans cette ville singulière, dit le voyageur, des palais d'une admirable élégance, des fontaines enchantées, des rues sales et étroites, des baraques hideuses et des arbres superbes. J'ai visité Sandalbezestan, Culchilarbezestan, où se vendent les fourrures. Partout le Turc me coudoyoit, le Juif se prosternoit devant moi, le Grec me souriait, l'Arménien vouloit me tromper, les chiens me poursuivoient, et les tourterelles venoient avec confiance se poser sur mon épaule; partout enfin on dansoit et on mouroit autour de nous. J'ai entrevu les mosquées les plus célèbres, leurs parvis, leurs portiques de marbre soutenus par des forêts de colonnes, et rafraîchis par des eaux jaillissantes. Quelques monuments mystérieux, restes de la ville de Constantin, noircis, rougis par les incendies, sont cachés dans des maisons peintes, bariolées et souvent à demi brûlées. Les figures, les costumes, les usages, offrent partout le spectacle le plus pittoresque, le plus varié. C'est Tyr, c'est Bagdad, c'est le grand marché de l'Orient[1]. »

De Constantinople, M. le comte de Forbin descend à Smyrne, où il retrouve M. Huyot chez les Pères de la Mission, « à qui, dit le voyageur, cet artiste doit incontestablement la vie. » On passe de Smyrne aux ruines d'Éphèse, dont la description est un des plus beaux morceaux du *Voyage*.

« Je parvins, dit M. de Forbin, avec assez de difficulté, par une journée brûlante, jusqu'à la vaste enceinte du temple de Diane. L'ensemble paroît être de la grandeur du Louvre et des Tuileries, en y comprenant le jardin.............................
A la vue de ces constructions gigantesques, il est aisé de concevoir les dépenses qu'elles coûtèrent à tous les peuples de la Grèce et de l'Asie. On rencontre derrière le temple de Diane un monument circulaire orné de colonnes; un autre, de forme carrée, et au milieu un emplacement dont le pavé étoit de marbre. Un édifice assis sur des souterrains est entièrement tombé. Ces ruines composent un grand monticule entouré de plusieurs autres, tous formés des débris portant la merveilleuse empreinte du goût exquis des Grecs, à l'époque brillante de leur puissance, de leurs succès dans tous les genres.

« Quel sujet d'émotions plus profondes que celui de cette grande destruction ! Quelle terrible et singulière leçon que cette promenade d'une lieue où l'on marche sans cesse sur les décombres, où des matériaux d'une admirable richesse couvrent des plaines, des montagnes, des vallées, n'offrant d'asile qu'aux loups et à de nombreux sangliers ! La porte de la Persécution est un monument en marbre, construit des arrachements et des restes d'édifices postérieurs, elle me rappela les monuments romains..........................
Le dernier tremblement de terre a renversé cette porte, qui étoit si bien conservée lorsque je la dessinai. On marche pendant un quart de lieue sur un terrain couvert d'un épouvantable chaos de pierres et de marbres amoncelés, empilés : frises, frontons, architraves, métopes, statues, tout ce qui charmoit autrefois les yeux par sa régularité et sa perfection, les effraye aujourd'hui par la confusion de ses débris.

« Je suivis un aqueduc qui réunit dans les montagnes les eaux des sources les plus abondantes : il les amène encore ; mais personne ne va s'y désaltérer. Cette rivière, portée sur des murs élevés, rencontre enfin une brèche chargée de vignes sauvages : elle tombe alors en cascade, et sa nappe limpide se brise sur les dômes des ruines et des bains turcs.

---

1. *Voyage dans le Levant*, p. 44.

« Les siècles les plus reculés et les âges de barbarie ont écrit leurs annales dans ce lieu des regrets, des hautes réflexions, où tout parle si noblement de la mort. . . . .
. . . .
« L'aspect général d'Éphèse me rappeloit celui des marais Pontins. A l'heure où le soleil descendoit dans la mer, l'harmonie des lignes, la vapeur chaude des lointains, le voile de cette heure mystérieuse, formoient un ensemble touchant et mélancolique, supérieur aux plus beaux paysages de Claude Lorrain. Peut-être un jour, me disois-je, un homme des Florides viendra-t-il visiter ainsi les ruines de ma patrie, et, comme dans Éphèse, quelques noms seuls demeureront debout au milieu de la poussière des marbres et de la cendre du cèdre et de l'airain. Je me rappellerai longtemps l'impression douce et triste de cette soirée : les échos, cachés dans des conduits profonds, répétoient alors les moindres bruits ; le frémissement du vent dans les bruyères ressembloit à des clameurs souterraines ; l'imagination croyoit entendre les derniers sons de l'hymne des prêtres de Diane, ou les chants des premiers chrétiens autour de l'apôtre d'Éphèse [1]. »

D'Éphèse on arrive à Saint-Jean-d'Acre ; on suit le voyageur à Césarée, à Jaffa, à Jérusalem, à la mer Morte, au Jourdain ; on revient avec lui à Jaffa ; on l'accompagne avec le plus vif intérêt à Ascalon et dans le désert qu'il traverse pour se rendre à Damiette ; on remonte le Nil avec lui jusqu'au Caire, de là jusqu'à Thèbes, où se termine sa course, comme arrêtée par des monceaux de ruines. L'Égypte ressemble à ses colosses ; renversée dans le sable, l'œil du voyageur qui n'auroit pu l'embrasser tandis qu'elle étoit debout en mesure avec étonnement les proportions gigantesques et les énormes débris. On remarque un contraste singulier dans les monuments égyptiens : immenses en dehors, en dedans leurs dimensions sont resserrées. Dans ce vaste tombeau qui semble écraser la terre, dans cette haute pyramide qu'on aperçoit à quinze lieues de distance, on ne peut entrer qu'en se courbant. Tandis que sa masse indestructible annonce extérieurement la grandeur et l'immortalité du génie, sa capacité intérieure offre à peine la place d'un petit cerceuil : ainsi ce tombeau semble faire le partage exact des deux natures de l'homme.

C'est avec un charme particulier qu'en parcourant les tableaux de M. le comte de Forbin, nous reconnoissons dans ces personnages nos anciens hôtes, ces vertueux Pères de Terre Sainte, encore plus malheureux aujourd'hui qu'ils ne l'étoient lorsqu'ils nous reçurent dans

---

[1]. *Voyage dans le Levant*, p. 60 et suiv.

toute la charité évangélique. Nous avons revu, non sans attendrissement, le nom du père Clément Perez et celui du bon père Munoz au cœur *limpide e bianco;* nous nous sommes réjoui en apercevant que M. Drovetti occupe une place auprès du pacha d'Égypte ; mais puisqu'il devoit adopter une patrie étrangère, nous aurions mieux aimé que celle qu'il a si honorablement servie l'eût reconnu pour son enfant. Homère étoit bien heureux : lui donnoit-on l'hospitalité, il mettoit le nom de son hôte dans ses ouvrages, et voilà *son* hôte immortel : nous autres, obscurs voyageurs, nous ne pouvons payer les soins qu'on a pris de nous que par une stérile reconnoissance.

Nous sommes obligé d'abréger les citations de l'ouvrage de M. le comte de Forbin, parce qu'il faudroit trop citer ; mais nous recommandons particulièrement aux lecteurs les descriptions d'Ascalon et de Césarée, de ces deux villes encore debout, mais sans habitants, telles que le prophète nous représente Jérusalem assise dans la solitude, ou le port de Tyr battu par une mer sans vaisseaux. On verra avec plaisir la touchante histoire d'Ismaïl et de Mariam. Parmi les dessins, il faut remarquer celui de la mosquée d'El-Haram, et une vue de Jérusalem prise de la vallée de Josaphat. En véritable peintre, M. le comte de Forbin a saisi le moment d'un orage, et c'est à la lueur de la foudre qu'il nous montre la cité des miracles. Il nous pardonnera de rappeler quelques lignes de l'*Itinéraire*, qui nous serviront à décrire son tableau : « L'aspect de la vallée de Josaphat est désolé : le côté occidental est une falaise de craie qui soutient les murs gothiques de la ville, au-dessus desquels on aperçoit Jérusalem ; le côté oriental est formé par la montagne des Oliviers et par la montagne du Scandale. . . . . Les pierres du cimetière des Juifs se montrent comme un amas de débris au pied de la montagne. . . . . A la tristesse de Jérusalem, dont il ne s'élève aucune fumée, dont il ne sort aucun bruit ; à la solitude des montagnes, où l'on n'aperçoit pas un être vivant ; au désordre de toutes ces tombes fracassées, brisées, demi-ouvertes, on diroit que la trompette du jugement s'est déjà fait entendre, et que les morts vont se lever dans la vallée de Josaphat. »

On ne sauroit trop louer le voyageur d'avoir porté dans la Terre Sainte des sentiments graves : avec un esprit de doute et de moquerie il n'auroit rien vu, et il auroit tout défiguré. Nous admirons le grand *Voyage d'Egypte* ; nous rendons hommage aux gens de lettres et aux artistes qui l'ont exécuté ; mais nous souffrons quand nous voyons commenter les livres de Moïse avec une assurance qui fait de la peine, pour peu qu'on ait quelque connoissance des langues originales.

Expliquer la colonne de nuée et de feu qui conduisoit les Hébreux dans le désert, *par un réchaud cylindrique dans lequel on entretient un feu vif et brillant, en y brûlant des morceaux très-secs de sapin*, n'est-ce pas une imagination un peu trop philosophique? L'auteur a-t-il trouvé l'histoire de ce réchaud dans quelque antique manuscrit arraché au tombeau d'Osymandué? Non : il s'appuie de l'autorité du XXIV⁰ numéro d'un journal intitulé *Le Courrier de l'Égypte*, imprimé au Caire, où Buonaparte avoit établi la liberté de la presse pour les Arabes. On nous permettra de nous en tenir à la version du Pentateuque. Le texte ne dit point du tout un *réchaud*, mais une *nuée*; nous ne voulons pas citer de l'hébreu. Les Septante et la Vulgate traduisent exactement.

Heureusement il s'en faut beaucoup que tous les Mémoires du magnifique *Voyage d'Égypte* soient écrits dans le même esprit, témoin ce passage où M. de Rozière, ingénieur en chef au corps royal des mines, parle de l'expédition de saint Louis : « Alors, dit-il, la religion sincère, la foi chrétienne touchante et sublime dans les grandes âmes, la brillante chevalerie ignorante et naïve, craignant le blâme plus que la mort, pleine de nobles sentiments et d'illusions magnanimes, guidoient, loin de leur pays, les enfants de la France. » Voilà qui est beau, très-beau. Quand on aspire à l'immortalité, c'est une grande avance que d'être chrétien.

L'ouvrage de M. le comte de Forbin achèvera de prouver qu'on peut faire aujourd'hui promptement et facilement ce qui demandoit autrefois beaucoup de temps et de fatigues. Un voyageur qui noliseroit un vaisseau à Marseille, et qui partiroit par les grands vents de l'équinoxe du printemps, pourroit jeter l'ancre à Jaffa le vingtième jour après son départ, et peut-être même plus tôt; le vingt-et-unième il seroit à Jérusalem; mettons huit jours pour voir les lieux saints, le Jourdain et la mer Morte, six semaines ou deux mois pour le retour : ce voyageur seroit donc revenu dans sa famille avant qu'on eût eu le temps de s'apercevoir de son absence. Qui n'a trois mois à sa disposition? Il ne seroit pas plus long de se rendre chaque année à Athènes, à Thèbes, à Jérusalem, que d'aller passer l'été de château en château aux environs de Paris : on se délasseroit des jardins anglois dans le potager d'Alcinoüs.

Les François peuvent tirer un autre profit de leurs voyages; ils peuvent se convaincre, en parcourant le monde, qu'il n'y a rien de plus beau et de plus illustre que leur patrie. Ils ne sauroient faire un pas dans l'Orient sans retrouver partout les immortels souvenirs de leur race, depuis ces chevaliers qui régnèrent à Constantinople, à

Sparte, à Antioche, à Ptolémaïs, qui combattirent à Ascalon et à Carthage, jusqu'à ces quarante mille voyageurs armés qui vainquirent aux Pyramides et battirent des mains aux ruines de Thèbes. Cette armée, dont l'Arabe du désert raconte encore les hauts faits, vengea les chevaliers de la Massoure; mais elle ne releva point à Jérusalem les deux sentinelles françoises qui gardoient si fidèlement le Saint-Sépulcre : Godefroy de Bouillon et Baudoin son frère.

M. le comte de Forbin se montre partout bon François, et il doit quelques-unes de ses plus belles pages aux inspirations puisées dans l'amour de son pays. Le poëte de Smyrne promet des succès à ceux qui combattoient περὶ πάτρης, pour la patrie.

DE QUELQUES OUVRAGES

HISTORIQUES ET LITTÉRAIRES.

Octobre 1819.

L'excellent ouvrage de critique de M. Dussault (*Annales littéraires*) nous fournit l'année dernière l'occasion de rappeler une partie de la gloire de la France, trop oubliée de nos jours. Du milieu des agitations politiques, nous allons encore cette année jeter un regard sur le paisible monde des Muses, que nous regrettons de ne plus habiter. Cependant, pour goûter le repos des lettres, deux choses sont nécessaires : se compter pour rien et les autres pour tout, être sans prétention et sans envie. Alors on jouit de son propre travail comme d'une occupation qui remplit la vie sans la troubler : l'admiration que l'on n'a pas pour soi, on la garde entière pour les autres; on s'enchante d'un beau livre dont on n'est pas l'auteur; on a le plaisir du succès sans en avoir eu la peine. Y a-t-il une jouissance plus pure que d'environner les talents des hommages qu'ils méritent, que de les signaler, de les faire sortir de la foule, et de forcer l'opinion publique à leur rendre la justice qu'elle leur refuse peut-être?

Examinons quelques-uns des ouvrages nouvellement publiés, et que l'amour des lettres nous console un moment des haines politiques.

Les premières annales des peuples ont été écrites en vers. Les Muses se chargent de raconter les mœurs des nations, tant que ces mœurs sont héroïques et innocentes; mais lorsque les vices et la politique surviennent, ces filles du ciel abandonnent le récit de nos erreurs au langage des hommes. Les ouvrages historiques se multiplient de nos jours, et force nous est de les produire, car l'histoire se plaît dans les révolutions : il lui faut des malheurs pour juger sainement les choses; quand les empires sont debout, sa vue ne peut atteindre leur hauteur; elle n'apprécie l'étendue du monument que lorsqu'elle en peut mesurer les ruines.

L'*Histoire du Béarn* mérite de fixer l'attention des lecteurs; elle renferme dans un excellent volume tout ce que Froissart, Clément, de Marca, Auger-Gaillard, Chappuis, de Vic et dom Vaissette nous ont appris sur les devanciers et sur la patrie d'Henri IV. Ce petit modèle de goût et de clarté n'a pas la majesté historique, mais il a tout le charme des Mémoires : c'est un ouvrage posthume de M. de Baure. L'historien dont les travaux sont destinés à ne paroître qu'après sa mort doit inspirer de la confiance. Quel intérêt auroit-il à se porter en faux témoin au tribunal de la postérité? Voué en secret à l'histoire comme à un sacerdoce redoutable, il n'attend de son vivant aucune récompense. Retranché, pour ainsi dire, derrière sa tombe, il s'y défend contre les passions des hommes, et déjà semble habiter ces régions incorruptibles où tout est vérité en présence de l'éternelle vérité.

L'ouvrage solide et important connu sous le nom d'*Histoire de Venise* fait grand honneur au beau-frère de M. de Baure. En voyant les monuments et les mœurs de l'Italie, on est tenté de croire que des peuples dont le passé est si sérieux et le présent si riant ont été formés par la philosophie d'Horace. D'une part silence et ruines, de l'autre chants et fêtes. Cela ne rappelle-t-il pas ces passages du poëte de Tibur : « Hâtons-nous de jouir... Le temps fuit... Il faudra quitter cette terre... » *Carpe diem... Fugaces labuntur anni... Linquenda tellus...* et toutes ces maximes qui cherchent à donner au plaisir la gravité de la vertu?

L'*Histoire de Venise* n'est peut-être pas sans quelques défauts, mais ces défauts tiennent plus à l'esprit du siècle qu'au bon esprit de l'auteur. On s'imagine aujourd'hui que l'impartialité historique consiste dans l'absence de toute doctrine, que l'historien doit rester impassible entre le vice et la vertu, le juste et l'injuste, la raison et l'erreur, le droit et le fait : c'est remonter à l'enfance de l'art et réduire l'histoire à une table chronologique.

L'esprit moderne croit encore que certains faits religieux sont au-dessous de la dignité de l'histoire; et pourtant l'histoire sans religion ne peut avoir aucune dignité. Il ne s'agit pas de savoir si réellement Attila fut éloigné de Rome par l'intervention divine, mais si les chroniques du temps ont attesté le miracle. Le bras du Tout-Puissant arrêtant le ravageur du monde au pied de ce Capitole que ne défendent plus les Manlius et les Camille; le Fléau de Dieu reculant devant le prêtre de Dieu n'est point un tableau qui déroge à la dignité de l'histoire. Ce sont là les mœurs; il les faut peindre : et si vous ne les peignez pas, vous êtes infidèle. Toute l'antiquité a publié qu'une puissance surnaturelle dispersa les Gaulois aux portes du temple de Delphes. Thucydide, Xénophon, Tite-Live, Tacite, n'ont jamais manqué de raconter les prodiges que les dieux font pour la vertu, ou dont ils épouvantent le crime : l'histoire a cru, comme la conscience de Néron, qu'un bruit de trompettes sortoit du tombeau d'Agrippine.

Nous hasardons ces réflexions plutôt comme des doutes que comme des critiques. Nous cherchons à nous éclairer : nous ne saurions mieux nous adresser, pour obtenir les lumières qui nous manquent, qu'à l'auteur dont l'ouvrage nous occupe dans ce moment. Quelques autres observations nous resteroient à faire; nous les supprimons, dans la crainte d'être soupçonné par M. le comte Daru de n'avoir point oublié l'*Examen du Génie du Christianisme*. Nous ne nous en souvenons néanmoins que pour remercier l'aristarque de la justesse de ses critiques, et de l'indulgence de ses éloges.

Plus heureux ou plus malheureux que M. Daru, M. Royou a consacré ses études à sa patrie. Quand il raconte l'honneur, la fidélité, le dévouement de nos aïeux pour leurs souverains légitimes, on voit qu'il a trouvé dans son cœur les antiques documents de son histoire[1]. Cette loyauté de l'auteur répand un grand intérêt sur l'ouvrage, et il tire de son amour pour nos rois l'énergie que Tacite puisoit dans sa haine pour les tyrans. Au reste, s'il fut jamais moment propre à écrire notre histoire, c'est celui où nous vivons. Placés entre deux empires, dont l'un finit et dont l'autre commence, nous pouvons avec un fruit égal porter nos yeux dans le passé et dans l'avenir. Il reste encore assez de monuments de la monarchie qui tombe pour la bien connoître, tandis que les monuments de la monarchie qui s'élève nous offrent, au milieu des ruines, le spectacle d'un nouvel univers. Plus tard, les traditions seront effacées; un peuple récent foulera, sans les connoître, les tombes des vieux François, les témoins des anciennes mœurs auront disparu, et les débris même de l'empire de saint Louis, emportés par les flots du temps, ne serviront plus à remarquer le lieu du naufrage.

M. Petitot s'est chargé de recueillir une partie de ces débris précieux. Il veut nous donner la collection complète des *Mémoires relatifs à l'Histoire de France*, depuis le siècle de Philippe-Auguste jusqu'au commencement du XVIIe siècle. Cette collection avoit déjà été entreprise. Commencée sur un mauvais plan, conduite avec peu de savoir, de critique et de soin, elle est en tout très-inférieure à celle que M. Petitot publie aujourd'hui. Les deux derniers volumes de cette

---

1. *Histoire de France, depuis Pharamond jusqu'à la vingt-cinquième année du règne de Louis XIV.*

première collection parurent sous le règne de Buonaparte, et sont dédiés au prince Murat.

Toutefois, il eût été désirable que le nouvel éditeur eût travaillé sur un plan plus vaste. Pourquoi ne se seroit-il pas attaché à continuer, avec les autres savants qui s'en occupent, le *Recueil des Historiens* de dom Bouquet? Les Mémoires, et surtout les très-anciens Mémoires, ne s'éloignent guère des histoires générales du même temps. Nous avouons que nous sentons peu la différence qui existe entre les Chroniques de Saint-Denis, celles de Flandre et de Normandie, entre les Chroniques de Froissart et de Monstrelet, et les Mémoires de Villehardouin et de Joinville. Il nous semble donc qu'au lieu de faire deux classes des Histoires et des Mémoires, on devroit les réunir; c'est le même plan que l'on a suivi jusqu'ici pour les trois races, dans le grand recueil de dom Bouquet. En effet, l'Histoire de Grégoire de Tours n'est pas autre chose que des Mémoires, puisqu'on y trouve mêlés les propres aventures de l'auteur et une foule d'anecdotes étrangères à l'histoire générale. Les Gestes de Dagobert, la Vie de Charlemagne par Éginhard, celle de Louis le Débonnaire par l'anonyme *dit* l'Astronome, la Vie de Robert par Helgaud, de Conrad II par Vippon, de Philippe-Auguste par Riggord, sont autant de Mémoires particuliers. A commencer à l'époque des Mémoires françois, c'est-à-dire à l'époque où Villehardouin écrivoit, on auroit pu donner tour à tour un volume des chroniqueurs latins, des Mémoires françois en prose, des Vies ou Chroniques en *carmes* ou vers. C'eût été encore rentrer dans le plan de dom Bouquet. Son recueil contient des extraits des grandes et petites Chroniques de Saint-Denis, des fragments des Chroniques de Normandie, des vers en latin du moyen âge et en vieil allemand, tout aussi barbares que nos poëmes françois historiques. Ces poëmes sont, il est vrai, difficiles à dévorer; mais on y trouve bien des choses, et ils servent à éclairer des points obscurs de notre histoire. Par exemple, sans un poëme sur le combat des Trente, conservé à la Bibliothèque du Roi, nous ignorerions si les champions de ce fameux combat étoient *tous* à cheval, ou si les chevaliers bretons ne durent la victoire qu'à l'avantage qu'obtint Montauban, en combattant *seul* monté sur un coursier. Cela n'étoit guère probable : quand il s'agit d'honneur, on peut s'en fier aux Bretons. Mais enfin le fait étoit resté sans preuve. Un vers du poëme lève toutes les difficultés :

Et d'un côté et d'autre tous à cheval seront [1].

---

[1]. Nous possédons une copie de ce poëme. M. de Penhouet doit l'avoir publié dans un ouvrage sur les antiquités de la Bretagne.

La Bretagne vient d'ériger un monument à la mémoire de ses Trente Héros. On peut toujours dire des Bretons modernes combattant pour leur roi ce qu'on disoit de leurs ancêtres : *On n'a pas fait plus vaillamment depuis le combat des Trente.*

M. Petitot auroit été plus capable qu'un autre d'enrichir un grand travail de savantes préfaces à la manière des Baluze et des Bignon sur les lois des Francs et sur les Capitulaires; des Pithou, des Duchesne, des dom Bouquet, des Valois, des Mabillon sur nos historiens; des de Laurière, des Secousse, des Vilevaut, des Brequigny et des Pastoret sur les ordonnances de nos rois.

Les nouveaux volumes publiés par M. Petitot achèvent l'histoire de Du Guesclin et contiennent les charmants Mémoires de Boucicaut. *Christine de Pisan*, qui avoit précédé ces derniers Mémoires, est à la fois sèche et diffuse. L'éditeur a préféré les *Anciens Mémoires de Du Guesclin*, écrits par Le Febvre, à tous les autres. Il a peut-être eu raison en ce sens qu'ils sont les plus complets; mais ils sont pour ainsi dire modernes, et ils n'ont pas la naïveté de l'*Histoire de Messire Bertrand Du Guesclin, escrite en prose à la requeste de Jean d'Estouville, et mise en lumière par Claude Mesnard*. C'est là qu'on voit, dit Mesnard, *une âme forte, nourrie dans le fer et pétrie sous des palmes*.

Cette histoire de Du Guesclin nous fait souvenir qu'en bon Breton nous avons plusieurs fois été tenté d'écrire la vie du bon connétable. Notre dessein de travailler sur l'Histoire générale de France nous a fait abandonner cette idée. Ensuite l'histoire vivante est venue nous arracher à l'histoire morte. Comment s'occuper du passé quand on n'a pas de présent?

Décembre 1819.

Après avoir traité de l'histoire, il conviendroit de parler des sciences; mais nous manquons de ce courage, si commun aujourd'hui, de raisonner sur des choses que nous n'entendons pas. Dans la crainte de prendre le Pirée pour un homme, nous nous abstiendrons. Néanmoins nous ne pouvons résister à l'envie de dire un mot d'un ouvrage de science que nous avons sous les yeux. Il est intitulé : *De l'Auscultation médiate*. Au moyen d'un tube appliqué aux parties extérieures du corps, notre savant compatriote breton le docteur Laënnec est parvenu à reconnoître, par la nature du bruit de la respiration, la nature des affections du cœur et de la poitrine. Cette belle et grande découverte fera époque dans l'histoire de l'art. Si l'on pouvoit inventer une machine pour entendre ce qui se passe dans la conscience des hommes, cela seroit bien utile dans le temps où nous vivons. « C'est dans son génie que le médecin doit trouver des remèdes, » a dit un autre médecin dans ses ingénieuses *Maximes;* et l'ouvrage du docteur Laënnec prouve la justesse de cette observation. Nous pensons aussi, comme l'*Ecclésiastique,* « que toute médecine vient de Dieu, et qu'un bon ami est la médecine du cœur ». Mais retournons aux choses de notre compétence.

M. de Bonald et M. l'abbé de La Mennais nous ont donné, dans le cours de cette année, le premier, des *Mélanges philosophiques, politiques et littéraires;* le second, des *Réflexions sur l'état de l'Église de France.* Nommer ces deux hommes supérieurs, c'est en faire l'éloge. Les royalistes, qui les comptent avec orgueil dans leurs rangs, les présentent à leurs amis et à leurs ennemis. Ils prouvent l'un et l'autre que les vrais talents sont presque toujours du côté de la vertu, et que la probité est une partie essentielle du génie.

On publie dans ce moment une édition complète des Œuvres de Mme de Staël. Le temps où l'auteur de *Corinne* sera jugé avec impartialité n'est pas encore venu. Pour nous, que le talent séduit et qui ne faisons point la guerre aux tombeaux, nous nous plaisons à reconnoître dans Mme de Staël une femme d'un esprit rare; malgré les défauts de sa manière, elle ajoutera un nom de plus à la liste de ces noms qui ne doivent point mourir. Quand on a connu la fille de M. Necker et toutes les agitations dont elle remplissoit sa vie, combien on est frappé de la vanité des choses humaines! Que de mouvement pour tomber dans un repos sans fin! que de bruit pour arriver à l'éternel silence! Mme de Staël rechercha peut-être un peu trop des succès qu'elle étoit faite pour obtenir sans se donner tant de peines. Fi de la célébrité, s'il faut courir après elle! Le bonhomme La Fontaine traita la gloire comme il conseille de traiter la fortune, il l'attendit en dormant, et la trouva le matin assise à sa porte.

Pour rendre Mme de Staël plus heureuse, et ses ouvrages plus parfaits, il eût suffi de lui ôter un talent. Moins brillante dans la conversation, elle eût moins aimé le monde, qui fait payer cher les plaisirs qu'il donne, et elle eût ignoré les petites passions de ce monde. Ses écrits n'auroient point été entachés de cette politique de parti qui rend cruel le caractère le plus généreux, faux le jugement le plus sain, aveugle l'esprit le plus clairvoyant; de cette politique qui donne de l'aigreur aux sentiments et de l'amertume au style, qui dénature le talent, substitue l'irritation de l'amour-propre à la chaleur de l'âme et remplace les inspirations du génie par les boutades de l'humeur.

Ce n'est pas sans un sentiment pénible que nous retrouvons cette politique dans un dernier ouvrage de M. Ballanche. Cet ouvrage, qui n'est qu'un simple dialogue entre un vieillard et un jeune homme, a quelque chose, dans le style et dans les idées, de calme, de doux et de triste. Le début rappelle celui de la *République*, ou plutôt des *Lois* de Platon. Que l'auteur d'*Antigone* s'abandonne désormais à ses penchants naturels; qu'il apprécie mieux les trésors qu'il possède, et qu'il répande dans ses écrits la sérénité, la candeur, la tranquillité de l'âme : *O fortunatos... sua si bona norint!* Qu'il nous laisse à nous, tristes enfants des orages, le soin d'agiter ces questions d'où sortent à peine quelques vérités arides ; vérités qui souvent ne valent pas les agréables mensonges de ces romans dont nous allons parler.

ROMANS.

Les peuples commencent par la poésie, et finissent par les romans : la fiction marque l'enfance et la vieillesse de la société. De tous les habitants de l'Europe, les François, par leur esprit et leur caractère, se prêtent le moins aux peintures fantastiques. Nos mœurs, qui conviennent aux scènes de la comédie, sont peu propres aux intrigues du roman, tandis que les mœurs angloises, qui se plient à l'art du roman, sont rebelles au génie de la comédie : la France a produit Molière, l'Angleterre Richardson. Faut-il nous plaindre ou nous féliciter de ne pouvoir offrir des personnages au romancier et des modèles à l'artiste? Trop naturels pour les premiers, nous le sommes trop peu pour les seconds. Il n'y a guère que la mauvaise société dont on ait pu supporter le tableau dans les romans françois : *Manon Lescot* en est la preuve. Mme de La Fayette, Le Sage, J.-J. Rousseau, Bernardin de Saint-Pierre, ont été obligés, pour réussir, d'établir leurs théâtres et de prendre leurs personnages hors de leur temps et de leur pays.

Il est possible que l'influence de la révolution change quelque chose à ces vérités générales. Nous remarquons en effet que la société nouvelle, à mesure qu'elle présente moins de sujets à la comédie, fournit plus de matériaux au roman : ainsi la Grèce passa des jeux de Ménandre aux fictions d'Héliodore.

Ces changements s'expliquent : lorsque la société bien organisée a atteint le dernier degré du goût et le plus haut point de la civilisation, les vices, obligés de se cacher, forment avec les convenances du monde un contraste dont la comédie saisit le côté risible; mais lorsque la société se déprave, que de grands malheurs la font rétrograder vers la barbarie, les vices qui se montrent à découvert cessent d'être ridicules en devenant affreux : la comédie, qui ne peut plus les couvrir de son masque, les abandonne au roman pour les exposer dans leur nudité; car, chose singulière! les romans se plaisent aux peintures tragiques : tant l'homme est sérieux, même dans ses fictions!

Les romans du jour sont donc en général d'un intérêt supérieur à celui de nos anciens romans. Des aventures qui ont cessé d'être renfermées dans les boudoirs, des personnages que ne défigurent point les modes du siècle de Louis XV, captivent l'esprit par l'illusion de la vraisemblance. Les passions aussi sont devenues plus vraies à mesure que les mœurs, quoique moins bonnes, sont devenues plus naturelles : c'est ce que l'on sentira à la lecture du *Jean Sbogar* de M. Ch. Nodier, ou de l'épisode du beau *Voyage* de M. de Forbin, ou des *Mémoires d'un Espagnol,* où du *Pétrarque* de Mme de Genlis.

Nous avons eu occasion d'examiner autrefois quelle a été l'influence du christianisme dans les lettres, et comment il a modifié nos pensées et nos sentiments. Presque toutes les fictions des auteurs modernes ont pour base une passion née des combats de la religion contre un penchant irrésistible. Dans *Lionel,* par exemple, cette espèce d'amour, inconnu à l'antiquité païenne, vient remplir la solitude où l'honneur a placé un François fidèle à son roi. Cet ouvrage, qui se fait remarquer par les qualités et les défauts d'un jeune homme, promet un écrivain de talent. Nous louerions davantage le modeste anonyme, si des critiques n'avoient cru devoir avancer qu'il s'est formé à ce qu'ils veulent bien appeler notre école. Nous ne pensons pas que la chose soit vraie; mais, en tous cas, nous inviterions l'auteur de *Lionel* à choisir un meilleur modèle; nous sommes en tout un mauvais guide; et quand on veut parvenir, il faut éviter la route que nous avons suivie.

VOYAGES.

Enfin nous entrons dans notre élément ; nous arrivons aux voyages : *parlons-en tout à notre aise !* Ce n'est pas sans un sentiment de regret et presque d'envie que nous avons lu le récit de la dernière expédition des Anglois au pôle arctique. Nous avions voulu jadis découvrir nous-même, au nord de l'Amérique, les mers vues par Heyne, et depuis par Mackenzie. La narration du capitaine Ross nous a donc rappelé les rêves et les projets de notre jeunesse. Si nous avions été libre, nous aurions sollicité une place sur les vaisseaux qui ont recommencé le voyage cette année ; nous hivernerions maintenant dans une terre inconnue, ou bien quelque baleine auroit fait justice de nos prophéties et de nos courses. Sommes-nous plus en sûreté ici ? Qu'importe d'être écrasé sous les débris d'une montagne de glace ou sous les ruines de la monarchie ?

Une chose touchante dans le journal du dernier voyage à la baie de Baffin est la précaution prise de rappeler les chasseurs anglois quand les Esquimaux de la tribu nouvellement découverte venoient visiter les vaisseaux. Ces sauvages, isolés du reste du monde, ignoroient la guerre, et le capitaine Ross ne vouloit pas leur donner la première idée du meurtre et de la destruction. Au reste, ce sont de grands penseurs que ces Esquimaux ; ils tiennent pour certain que nos esprits s'en vont dans la lune ; c'est aussi l'opinion du chantre de Roland. A voir ce qui se passe aujourd'hui en France, le philosophe Otouniah et le sage Arioste pourroient bien avoir raison.

Laissons ces régions désolées pour suivre notre illustre ami M. le baron de Humboldt dans les belles forêts de la Nouvelle-Grenade. Le *Voyage aux régions équinoxiales du nouveau continent, fait en* 1799-1804, est un des plus importants ouvrages qui aient paru depuis longues années. Le savoir de M. le baron de Humboldt est prodigieux ; mais ce qu'il y a peut-être de plus étonnant encore, c'est le talent avec lequel l'auteur écrit dans une langue qui n'est pas sa langue maternelle. Il peint avec une vérité frappante les scènes de la nature américaine. On croit voguer avec lui sur les fleuves, se perdre avec lui dans la profondeur de ces bois qui n'ont d'autres limites que les rivages de l'Océan et la chaîne des Cordillères ; il vous fait voir les grands déserts dans tous les accidents de la lumière et de l'ombre, et toujours ses descriptions, se rattachant à un ordre de choses plus élevé, ramènent quelque souvenir de l'homme ou des réflexions sur la vie ; c'est le secret de Virgile :

> Optima quæque dies miseris mortalibus ævi
> Prima fugit.

Pour louer dignement ce *Voyage*, le meilleur moyen seroit d'en transcrire les passages ; mais l'ouvrage est si célèbre, la réputation de l'auteur est si universelle, que toute citation devient inutile. M. le baron de Humboldt, bien que protestant de religion, et professant en politique ces sentiments d'une liberté sage que tout homme généreux trouve au fond de son cœur, M. de Humboldt, disons-nous, n'en rend pas moins hommage aux missionnaires qui se consacrent à l'instruction des sauvages. Il juge avec la même équité les mœurs de ces mêmes sauvages ; il les représente telles qu'elles sont, sans dissimuler ce qu'elles peuvent avoir d'innocent et d'heureux, mais sans faire aussi de la hutte d'un Indien la demeure préférée de la vertu et du bonheur. A l'exemple de Tacite, de Montaigne et de Jean-Jacques Rousseau, il ne loue point les barbares pour *satiriser* l'état social. Le discours de Jean-Jacques Rousseau sur l'*Origine de l'Inégalité des Conditions* n'est que la paraphrase éloquente du chapitre de Montaigne sur les *Cannibales*. « Trois d'entre eux, dit-il (trois Iroquois), ignorant combien coustera un jour à leur repos et à leur bonheur la connoissance des corruptions de deçà, et que de ce commerce naistra leur ruine, ... furent à Rouen, du temps que le roy Charles neuviesme y estoit : le roy parla à eux long-temps ; on leur fit voir nostre façon, nostre pompe, la forme d'une belle ville : aprez cela quelqu'un en demanda leur advis, et voulut sçavoir d'eulx ce qu'ils y avoient trouvé de plus admirable : ils respondirent trois choses, dont j'ay perdu la troisiesme, et suis bien marry ; mais j'en ay encores deux en mémoire. Ils dirent. . . . . qu'ils avoient aperceu qu'il y avoit parmy nous des hommes pleins et gorgez de toutes sortes de commoditez, et que leurs moitiez estoient mandiants à leurs portes, descharnez de faim et de pauvreté, et trouvoient estrange comme ces moitiez ici nécessiteuses pouvoient souffrir une telle injustice, qu'ils ne prinssent les aultres à la gorge, ou missent le feu à leurs maisons. Je parlay à l'un d'eulx fort long-temps. . . . . Sur ce que je lui demanday quel fruict il recevoit de la supériorité qu'il avoit parmi les siens, car c'estoit un capitaine, et nos matelots le nommoient roy, il me dict que c'estoit marcher le premier à la guerre; de combien d'hommes il estoit suivi, il me montra une espace de lieu, pour signifier que c'estoit autant qu'il en pourroit en une telle espace, ce pouvoit estre quatre ou cinq mille hommes; si hors la guerre toute son auctorité estoit expirée, il dict qu'il lui en restoit cela, que quand il visitoit les villages qui despendoient de luy, on luy dressoit des sentiers au travers des hayes de leurs bois, par où il peust passer bien à l'ayse. Tout cela ne va pas trop mal : mais quoy ! ils ne portent point de hault de chausses. »

Voilà bien Montaigne et ses tours imprévus, imités depuis par La Bruyère. Ce qui choquoit donc le malin seigneur gascon et l'éloquent sophiste de Genève, étoit ce mélange odieux de rangs et de fortunes, de jouissances extraordinaires et de privations excessives, qui forme en Europe ce qu'on appelle la société.

Mais s'il arrive un temps où les hommes, trop multipliés, ne peuvent plus vivre de leur chasse, il faut alors avoir recours à la culture. La culture entraîne des lois, les lois des abus. Seroit-il raisonnable de dire qu'il ne faut point de lois, parce qu'il y a des abus? Seroit-il sensé de supposer que Dieu a rendu l'état social le pire de tous, lorsque cet état paroît être l'état le plus commun chez les hommes?

Que si ces lois qui nous courbent vers la terre, qui obligent l'un à sacrifier à l'autre, qui font des pauvres et des riches, qui donnent tout à celui-ci, ravissent tout à celui-là; que si ces lois semblent dégrader l'homme en lui enlevant l'indépendance naturelle, c'est par cela même que nous l'emportons sur les sauvages. Les maux, dans la société, sont la source des vertus. Parmi nous la générosité, la pitié céleste, l'amour véritable, le courage dans l'adversité, toutes ces choses divines sont nées de nos misères. Pouvez-vous ne pas admirer le fils qui nourrit de son travail sa mère indigente et infirme? Le prêtre charitable qui va chercher, pour la secourir, l'humanité souffrante, dans les lieux où elle se cache, est-il un objet de mépris? L'homme qui pendant de longues années a lutté noblement contre le malheur est-il moins magnanime que le prisonnier sauvage dont tout le courage consiste à supporter des souffrances de quelques heures? Si les vertus sont des émanations du Tout-Puissant, si elles sont nécessairement plus nombreuses dans l'ordre social que dans l'ordre naturel, l'état de société, qui nous rapproche le plus de la Divinité, est donc un état plus sublime que celui de nature.

M. de Humboldt a été guidé par le sentiment de ces vérités lorsqu'il a parlé des peuples sauvages : la sage économie de ses jugements et la pompe de ses descriptions décèlent un maître qui domine également toutes les parties de son sujet et de son style.

Ici nous terminerons cet article : nous avons payé notre tribut annuel aux Muses. Aux époques les plus orageuses de la révolution, les lettres étoient moins abandonnées qu'elles ne le sont aujourd'hui. Sous l'oppression du Directoire, et même pendant le règne de la terreur, le goût des beaux-arts se montra avec une vivacité singulière. C'est que l'espérance renaissoit de l'excès des maux : notre présent étoit sans joie, mais nous comptions sur un meilleur avenir ; nous nous disions que notre vieillesse *ne seroit pas privée de la lyre* :

> Nec turpem senectam
> Degere me cithara carentem.

Derrière la révolution, on voyoit alors la monarchie légitime ; derrière la monarchie légitime on voit aujourd'hui la révolution. Nous allions vers le bien, nous marchons vers le mal. Et quel moyen de s'occuper de ce qui peut embellir l'existence, au milieu d'une société qui se dissout ? Chacun se prépare aux événements ; chacun songe à sauver du naufrage sa fortune et sa vie ; chacun examine les titres qu'il peut avoir à la proscription, en raison de son plus ou moins de fidélité à la cause royale. Dans cette position, la littérature semble puérilité : on demande de la politique, parce qu'on cherche à connoître ses destinées ; on court entendre non un professeur expliquant en chaire Horace et Virgile, mais M. de Labourdonnaye défendant à la tribune les intérêts publics, faisant de chacun de ses discours un combat contre l'ennemi, et marquant son éloquence de la virilité de son caractère.

SUR

L'HISTOIRE DES DUCS DE BOURGOGNE

DE M. DE BARANTE.

Décembre 1824.

L'histoire de France est aujourd'hui l'objet de tous les travaux littéraires. Nous avons dernièrement encore parlé de la *Collection des Mémoires relatifs à l'histoire de France, depuis l'origine de la monarchie françoise jusqu'au* XIIIe *siècle,* siècle où commence la collection de M. Petitot. L'infatigable président Cousin avoit entrepris pour les historiens de l'empire de l'Occident ce qu'il avoit fait pour les principaux auteurs de l'histoire Byzantine. Sa traduction (dont les deux premiers volumes imprimés contiennent Éginhard, Thégan l'astronome, Nitard, Luitprand, Witikind, et les Annales de Saint-Bertin) étoit à peu près complète : ses manuscrits existent; ils pourroient être d'un grand secours et épargner beaucoup de travail à M. Guizot. Les grandes Chroniques de Saint-Denis, publiées successivement dans le recueil de dom Bouquet, ne sont aussi, pour les premiers siècles de la monarchie, que des traductions des auteurs latins antérieurs à l'établissement de ses Chroniques.

D'un autre côté, M. Buchon a commencé une *Collection des Chroniques écrites en langue-vulgaire du* XIIIe *au* XVIe *siècle;* ouvrage différent de celui de M. Petitot, qui ne publie que les *Mémoires.* Il a débuté par une édition de Froissart, aidé dans ses propres recherches par les recherches de M. Dacier : c'est de tous points un important et consciencieux travail.

Enfin, la grande collection de dom Bouquet se continue : on remarque pourtant avec peine qu'elle a marché moins rapidement depuis la restauration que sous Buonaparte. Quelques savants Bénédictins pendant l'usurpation ne paroissoient survivre à leur société et à la monarchie que pour rendre les derniers honneurs à l'une en achevant d'exhumer l'autre. Quand ces hommes de Clovis et de Charlemagne, que les siècles passés semblent avoir oubliés sur la terre, auront rejoint leurs générations contemporaines, qui parlera la double langue du traité de Strasbourg?

Il nous arrive ce qui est arrivé à tous les peuples : nous nous portons avec un sentiment de regret et de curiosité religieuse à l'étude de nos institutions primitives, par la raison même qu'elles n'existent plus. Il y a dans les ruines quelque chose qui charme notre foiblesse et désarme, en la satisfaisant, la malignité du cœur humain. Aujourd'hui nous connoissons mieux qu'autrefois la vieille monarchie : lorsqu'elle étoit debout, notre œil embrassoit mal ses vastes dimensions; les grands hommes et les grands empires sont comme les colosses de l'Égypte, on ne les mesure bien que lorsqu'ils sont tombés.

Parmi les ouvrages historiques du moment, il faut surtout distinguer celui de M. de Barante.

Rien d'abord de plus heureusement choisi que le sujet.

Toute histoire qui embrasse un trop grand espace de temps manque d'unité et épuise les forces de l'historien. L'*Histoire des ducs de Bourgogne de la maison de Valois* n'a pas ce défaut capital : elle est resserrée tout entière entre deux batailles célèbres, la bataille de Poitiers, où combattit et fut blessé, auprès du roi son père, Philippe le Hardi, premier duc de Bourgogne de la maison de Valois, et la bataille de Nancy, où fut tué Charles le Téméraire, dernier duc de cette race. A la fois biographie et histoire générale, elle auroit pu être écrite par Plutarque et par Tacite. Elle commence et elle finit comme un poëme épique, s'égarant, sans se perdre, dans une multitude d'aventures qui tiennent du merveilleux. Elle embrasse nos guerres civiles et étrangères depuis le roi Jean jusqu'à Louis XI; elle amène tour à tour sur la scène Charles V et Du Guesclin, Édouard III et le Prince Noir; Charles VI et Isabeau de Bavière, Henri V et ses frères, Charles VII, Agnès Sorel, la Pucelle d'Orléans, Richemont, Talbot, La Hire, Xintrailles et Dunois; elle passe à travers les ravages des Compagnies et les horreurs de la Jacquerie, à travers les insurrections populaires, les massacres et les assassinats produits par les rivalités des maisons de Bourgogne et d'Orléans. Et tout à coup cette terrible histoire de quelques cadets de la Maison de France vient expirer aux pieds de ce personnage unique dans nos annales, de ce Louis XI qui faisoit décapiter le connétable et empoisonner les pies et les geais instruits à dire, par les bourgeois de Paris : *Larron, va dehors; va, Pérette*[1], tyran justicier, méprisé et aimé du peuple pour ses mœurs

---

[1]. Moquerie de la sortie de Louis XI de Paris et du traité de Péronne. Voilà comme nous aurions été pour les ministres s'ils étoient parvenus à nous ôter la liberté de la presse : nous aurions eu la ressource des perroquets.

basses et sa haine des nobles; opérant de grandes choses avec de petites gens; transformant ses valets en hérauts d'armes, ses barbiers en ministres, le grand-prévôt en *compère*, et deux bourreaux, dont l'un étoit gai et l'autre triste, en *compagnons*; regagnant par son esprit ce qu'il perdoit par son caractère; réparant comme roi les fautes qui lui échappoient comme homme; brave chevalier à vingt ans et pusillanime vieillard; mourant entouré de gibets, de cages de fer, de chausse-trappes, de broches, de chaînes appelées *les fillettes du roi*, d'ermites, d'empiriques, d'astrologues, après avoir créé l'administration françoise, rendu permanents les offices de judicature, agrandi le royaume par sa politique et ses armes, et vu descendre au tombeau ses rivaux et ses ennemis, Édouard d'Angleterre, Galéas de Milan, Jean d'Aragon, le duc de Bourgogne, et jusqu'à la jeune héritière de ce duc : tant il y avoit quelque chose de fatal attaché à la personne d'un prince qui, par *gentille industrie*, dit Brantôme, empoisonna son frère, le duc de Guyenne, *lorsqu'il y pensoit le moins*, priant la Vierge, *sa bonne dame, sa petite maîtresse, sa grande amie*, de lui obtenir son pardon !

Quand Charles le Téméraire et Louis XI disparaissent, l'Europe féodale tombe avec eux : Constantinople est pris; les lettres renaissent dans l'Occident; l'imprimerie est inventée; l'Amérique découverte; la grandeur de la maison d'Autriche commence par le mariage de l'héritière du duc de Bourgogne avec Maximilien; Léon X, François Ier, Charles-Quint sont à peu de distance; Luther, avec la réformation religieuse et politique, est à la porte; et l'histoire des ducs de Bourgogne, en finissant, vous laisse au bord d'un nouvel univers.

Par un égal bonheur, les sources d'où découle l'histoire des ducs de Bourgogne sont abondantes. Nous avons pour les cinq règnes, compris entre la mort de Philippe de Valois et l'avénement de Charles VIII à la couronne, à peu près cent quatre-vingts manuscrits et cent quarante-trois mémoires et chroniques imprimés. Il faut ajouter à cela la collection des auteurs bourguignons et celle des auteurs anglois depuis Édouard III jusqu'à Édouard V, sans parler des documents du Trésor des Chartes et des Actes de Rymer. Au commencement et à la fin de ces histoires, on trouve Froissart et Philippe de Comines, l'Hérodote et le Thucydide de nos âges gothiques.

Les vignettes des manuscrits donnent l'idée la plus nette des usages du temps. On y voit des batailles, des cérémonies publiques, des prestations de foi et hommage, des intérieurs de maison et de palais, des vaisseaux, des chevaux, des armures, des vêtements de toutes formes et de toutes les classes de la société.

M. de Barante s'est servi de ces matériaux en architecte habile. Il a ramené le goût pur de l'histoire et la simplicité de la bonne école. Point de déclamations, point de prétentions à la sentence ; rien de plus attachant et à la fois de plus grave que son récit. Il peint les mœurs sans avertir qu'il les peint ou qu'il va les peindre.

Lorsqu'on a vu naître parmi nous l'histoire prétendue philosophique, les auteurs nous ont dit : « Jusqu'à présent, on n'a fait que l'histoire des rois, nous allons tracer celle des peuples. Nous nous attacherons surtout à faire connaître les mœurs, etc. »

Et puis, ils ont cru s'élever au-dessus de leurs devanciers en terminant leurs périodes par quelques lieux communs contre les crimes et les tyrans, et en nous disant, à la fin de chaque règne, comment en ce temps-là les habits étoient faits, quelle étoit la coiffure des femmes et la chaussure des hommes, comment on allait à la chasse, ce que l'on servoit dans les repas, etc.

Les mœurs et les usages ne se mettent point à part dans le coin d'une histoire, comme on expose des robes et des ornements dans un vestiaire, ou de vieilles armures dans les cabinets des curieux ; ils doivent se montrer avec les personnages, et donner la couleur du siècle au tableau. Hérodote nous apprend les détails de la vie privée des peuples de sa patrie, digne aujourd'hui de son antique gloire, lorsqu'il nous représente les trois cents Spartiates, avant le combat des Thermopyles, se livrant aux exercices gymniques et peignant leurs cheveux, ou les Grecs assistant aux jeux olympiques après le même combat, et recevant, pour prix de course, une couronne de cet olivier que l'on appeloit l'olivier aux belles couronnes : ἐλαία καλλιστέφανος.

Nous connoissons toute la vie d'un vieux Romain lorsque les députés du sénat, allant annoncer la dictature à Cincinnatus, le trouvent dans son champ de quatre arpents, conduisant la charrue ou creusant un fossé. Ils le saluent, offrent aux dieux des vœux pour sa prospérité et pour celle de la république, et le prient de prendre sa toge pour entendre ce que lui demande le sénat. Cincinnatus, étonné, s'enquiert s'il est arrivé quelque malheur, essuie la poussière et la sueur de son front, et envoie sa femme Racilia chercher sa toge dans sa cabane : *Togam propere e tugurio proferre uxorem Raciliam jubet,* dit Tite-Live.

Nous revoyons dans Tacite les dictateurs, mais les dictateurs perpétuels. Ils n'habitent plus le *tugurium,* mais le *palatium;* et quand ils descendent jusqu'à la *villa*, c'est pour s'y livrer à la débauche ou pour y méditer des forfaits. Le sénat ne leur donne plus le pouvoir suprême pour prix de leurs vertus, mais pour récompense de leurs crimes : *Cuncta scelerum suorum pro egregiis accipi videt.*

Avec nos vieux chroniqueurs on voit tout, on est présent à tout : Froissart nous fait assister aux festins d'Édouard III, aux combats de ses guerriers. La veille de l'affaire du pont de Lussac, où le fameux Jean Chandos fut tué, il s'étoit arrêté sur le chemin dans une hôtellerie : « Il étoit, dit Froissart, dans une grande cuisine près du foyer, et se chauffoit du feu de paille que son héraut lui faisoit, et causoit familièrement à ses gens, et ses gens à lui, qui volontiers l'eussent ôté à sa mélancolie. » Le lendemain, Chandos partit, et rencontra les François, conduits par messire Louis de Saint-Julien et Kerlouet le Breton. « Les Anglois se placèrent sur un tertre, peut-être trois *bouviers* de terre en sus du pont. » On voit que Froissart compte à la manière d'Homère. Le *bouvier* est l'espace que deux bœufs peuvent labourer en un jour. Chandos parle ensuite comme les héros de l'*Iliade*; il raille les ennemis : « Entre nous, François, s'écrie-t-il, vous êtes trop malement bonnes gens d'armes; vous chevauchez partout à tête armée; il semble que le pays soit tout vôtre, et pardieu non est! » Il fut tué en combattant à pied, parce qu'il s'embarrassa « dans un grand vestement qui lui battoit jusqu'à terre, armoyé de son armoirie d'un blanc satin. » « ..... Si commencèrent les Anglois à regretter et à douloter moult, en disant : « Gentil chevalier, fleur de tout honneur! messire Jean Chandos! à mal fut le glaive forgé dont vous êtes navré et mis en péril de mort! » De ses amis et amies fut plaint et regretté monseigneur Jean Chandos; et le roi de France et les seigneurs de France l'eurent tantost pleuré. »

Cet art de nous transporter au milieu des objets se fait remarquer chez nos vieux écrivains jusque dans la satire historique. Thomas Arthus nous représente Henri III couché dans un lit large et spacieux, se plaignant qu'on le réveille trop tôt à midi, ayant un linge et un masque sur le visage, des gants dans les mains, prenant un bouillon et se replongeant dans son lit. Dans une chambre voisine, Caylus, Saint-Mégrin et Maugiron se font friser et achèvent la toilette la plus correcte : on leur arrache le poil des sourcils, on leur met des dents, on leur peint le visage, on passe un temps énorme à les habiller et à les parfumer. Ils partent pour se rendre dans la chambre de Henri III, « branlant tellement le corps, la tête et les jambes, que je croyois à tout propos qu'ils dussent tomber de leur long. . . . . Ils trouvoient cette façon-là de marcher plus belle que pas une autre. »

M. de Barante s'est pénétré de cette importante idée, qu'il faut faire passer les usages et les mœurs dans la narration. Il décrit les batailles avec feu : on y assiste. Il faut lire dans le livre second la fameuse aventure du connétable de Clisson et du duc de Bretagne. Y a-t-il rien de plus animé que la peinture de ce qui advint après la signature du

traité entre le Dauphin et Jean sans Peur, au mois de juillet 1419?
« La paix des princes, dit l'historien, leur avoit causé (aux Parisiens) une grande joie; cependant ils ne voyoient pas qu'on s'occupât beaucoup à faire cesser les désordres. . . . . Mais les esprits furent encore bien plus tristement émus lorsque, le 29 juillet, vers le milieu de la journée, on vit arriver à la porte Saint-Denis une troupe de pauvres fugitifs en désordre et troublés d'épouvante. Les uns étoient blessés et sanglants; les autres tomboient de faim, de soif et de fatigue. On les arrêta à la porte, leur demandant qui ils étoient, et d'où venoit leur désespoir : Nous sommes de Pontoise, répondirent-ils en pleurant; les Anglais ont pris la ville ce matin : ils ont tué ou blessé tout ce qui s'est trouvé devant eux. Bienheureux qui a pu se sauver de leurs mains; jamais les Sarrasins n'ont été si cruels aux chrétiens qu'ils le sont. Pendant qu'ils parloient, arrivoient à chaque instant, vers la porte Saint-Denis et la porte Saint-Lazare, des malheureux à demi nus, de pauvres femmes portant leurs enfants sur les bras et dans une hotte, les unes sans chaperon, les autres avec un corset à demi attaché; des prêtres en surplis et la tête découverte. Tous se lamentoient : O mon Dieu! disoient-ils, préservez-nous du désespoir par votre miséricorde; ce matin nous étions encore dans nos maisons, heureux et tranquilles; à midi, nous voilà, comme gens exilés, cherchant notre pain. — Les uns s'évanouissoient de fatigue; les autres s'asseyoient par terre, ne sachant que devenir; puis ils parloient de ceux qu'ils avoient laissés derrière eux. »

Voilà la vraie manière de l'histoire : c'est excellent.

L'*Histoire des ducs de Bourgogne* est écrite sans esprit de parti, mais non pas avec cette impartialité contraire au génie de l'histoire, qui reste indifférente au vice et à la vertu. On a oublié dans l'école moderne que l'histoire est un tableau, et que si le jugement le compose, c'est l'imagination qui le colore. La véritable impartialité historique consiste à rapporter les événements avec une scrupuleuse exactitude, à respecter la chronologie, à ne pas dénaturer les faits, à ne pas donner à un personnage ce qui appartient à l'autre : le reste est laissé au sentiment libre de l'historien.

C'est ainsi que M. de Barante écrit nécessairement dans les idées qui dominent son système politique. Quand il expose les crimes des classes secondaires de la société, avec autant de sincérité que d'horreur, on sent qu'il y trouve une sorte d'excuse dans l'oppression des peuples et des communes; quand il raconte les vertus des chevaliers, on entrevoit qu'il seroit plus satisfait si ces vertus appartenoient à une autre race d'hommes; mais cela n'ôte rien à l'intégrité de son jugement ni à la fidélité de son pinceau. Chaque historien a son affection : Xénophon, Athénien, est Spartiate dans son histoire; Tite-Live est Pompéien et républicain sous Auguste; Tacite, n'ayant plus que des tyrans à maudire, se compose des modèles de vertus dans quelques hommes privilégiés ou dans les sauvages de la Germanie. En Angleterre, tous les auteurs sont whigs ou tories. Bossuet, parmi nous, dédaigne de prendre des renseignements sur la terre; c'est dans le ciel qu'il va chercher ses chartes. Que lui fait cet empire du monde, *présent de nul prix,* comme il le dit lui-même? S'il est partial, c'est pour le monde éternel : en écrivant l'histoire au pied de la Croix, il écrase les peuples sous le signe de notre salut, comme il asservit les événements à la domination de son génie.

M. de Barante a déjà publié quatre volumes de son histoire, qui font vivement désirer le reste. Il poursuit son ouvrage avec cette patience laborieuse sans laquelle le talent ne jette que des lueurs passagères et ne laisse que des travaux incomplets. L'histoire est la retraite aussi noble que naturelle de l'homme de talent qui est sorti des affaires publiques. Là encore il y a des justices à faire. Nous savons bien que ces justices n'effrayent guère dans ce siècle ceux qui se sont accoutumés au mépris public; il y a des hommes qui ne font pas plus de cas de leur mémoire que de leur cadavre : peu importe qu'on la foule aux pieds, ils ne le sentiront pas; mais ce n'étoit pas pour punir les morts, c'étoit pour épouvanter les vivants que l'on traînoit autrefois sur la claie les corps de certains criminels.

Mai 1825.

Nous avons rendu compte des premiers volumes de cet important et bel ouvrage. Deux autres volumes ont paru depuis cette époque et deux nouveaux volumes sont au moment de paroître. Remettons rapidement sous les yeux du lecteur ce tableau si dramatique et si varié.

Le roi Jean est prisonnier en Angleterre; Philippe de Rouvre, dernier duc de la première maison de Bourgogne, meurt : Jean recueille son héritage, comme si la Providence vouloit rendre au monarque captif autant de puissance et de provinces qu'il alloit en céder à Édouard III pour sa rançon. Mais Jean donna à son fils bien aimé, le jeune Philippe de France, qui avoit combattu et avoit été blessé auprès de lui à la bataille de Poitiers, le duché de Bourgogne; c'est Philippe le Hardi, premier duc de Bourgogne de la maison de Valois.

Sous ce premier duc s'écoule tout le règne de Charles V, ce règne si sage, si fertile en événements et en grands hommes, mais qui devoit se terminer par le règne de Charles VI, où renaissent toutes les calamités de la France.

Philippe le Hardi vit encore commencer la maladie de Charles VI, et cette tutelle orageuse que se disputèrent des oncles ambitieux et une mère dénaturée. Les querelles des Maisons d'Orléans et de Bourgogne éclatèrent. Il y a quelque chose de plus grand dans la Maison de Bourgogne, mais quelque chose de plus attachant dans celle d'Orléans. On se range malgré soi de son parti ; on lui pardonne la foiblesse de ses mœurs, en faveur de son goût pour les arts et de son héroïsme : par sa branche illégitime, on passe de Dunois aux Longueville ; par la branche légitime, on arrive de Valentine de Milan à Louis XII et à François Ier.

Le premier crime vient de la maison de Bourgogne : Jean sans Peur, qui avoit succédé à son père Philippe le Hardi, fait assassiner le duc d'Orléans le 23 novembre 1407. Il semble d'abord nier son crime, et s'en vante ensuite hautement, dernière ressource des hommes qui peuvent être convaincus, mais qui sont trop puissants pour être punis. Le duc de Bourgogne devient populaire à Paris. La reine fuit, emmenant à Tours le roi malade. Valentine de Milan succombe à sa douleur, sans avoir pu obtenir justice.

« Sa vie n'avoit pas été heureuse, dit M. de Barante ; sa beauté, sa grâce, le charme de son esprit et de sa personne n'avoient réussi qu'à exciter la jalousie de la reine et de la duchesse de Bourgogne. Les tendres soins qu'elle avoit pris du roi avoient accrédité encore plus la réputation de magie et de sortilége qu'elle avoit parmi le vulgaire. Elle avoit aimé son mari, et il lui avoit sans cesse et publiquement préféré d'autres femmes. Un horrible assassinat le lui avoit enlevé, et toute justice lui étoit refusée ; son bon droit et sa douleur étoient repoussés par la violence. Sauf la première indignation que le crime avoit produite, elle ne trouvoit partout que des cœurs intéressés, des sentiments froids, ou une opinion malveillante. Dans les derniers temps de sa vie elle avoit pris pour devise : *Rien ne m'est plus, plus ne m'est rien.* C'étoit grande pitié que d'entendre au moment de sa mort ses plaintes et son désespoir. Elle mourut entourée de ses trois fils et de sa fille. Elle vit aussi venir près d'elle Jean, fils bâtard de son mari et de la dame de Cauny. Elle aimoit cet enfant à l'égal des siens, et le faisoit élever avec le plus grand soin. Parfois, le voyant plein d'âme et d'ardeur, elle disoit qu'il lui avoit été dérobé, et qu'aucun de ses enfants à elle n'étoit si bien taillé à venger la mort de son père. Cet enfant fut le comte de Dunois. »

Ce portrait est plein d'intérêt et de charme : le talent de l'auteur se montre surtout dans les détails où la sévérité de l'histoire permet un moment d'abaisser le ton et d'adoucir les couleurs. Les sortiléges de Valentine de Milan étoient ses grâces : cette étrangère, cette Italienne, apportant dans notre rude climat, dans la France à demi barbare, des mœurs civilisées et le goût des arts, dut paroître une magicienne : on l'auroit brûlée pour sa beauté, comme on brûla Jeanne d'Arc pour sa gloire.

Le traité de Chartres donna tout pouvoir au duc de Bourgogne; on trancha la tête au sire de Montaigu, administrateur des finances, ce qui ne remédia à rien; on convoqua une assemblée pour réformer l'État, et l'État n'en alla que plus mal. Les princes mécontents prirent les armes contre le duc de Bourgogne. Le duc d'Orléans, fils du duc assassiné, avoit épousé en secondes noces Bonne d'Armagnac, fille du comte Bernard d'Armagnac, d'où le parti du duc d'Orléans, conduit par le comte Bernard, prit le nom d'*Armagnac*. On traite inutilement à Bicêtre; on se prépare de nouveau à la guerre. Les Armagnacs assiègent Paris; le duc de Bourgogne arrive avec une armée, et en fait lever le siége. A travers tous ces maux, l'ancienne guerre des Anglois continue, et un roi en démence ne reprend par intervalles sa raison que pour pleurer sur les malheurs de ses peuples.

Une sédition éclate dans Paris : les palais du roi et du dauphin sont forcés; la faction des *bouchers* prend le chaperon blanc; le duc de Bourgogne perd son pouvoir, et se retire. On négocie à Arras.

Le roi d'Angleterre descend en France. La bataille d'Azincourt perdue renouvelle tous les malheurs de celles de Crécy et de Poitiers. Paris est livré aux Bourguignons après avoir été gouverné par les Armagnacs; les prisons sont forcées, et les prisonniers massacrés. Les Anglois s'emparent de Rouen, et Henri V prend le titre de roi de France.

Un traité de paix est conclu à Ponceau entre le duc de Bourgogne et le dauphin (1419). Vaine espérance! les inimitiés étoient trop vives : Jean sans Peur est assassiné sur le pont de Montereau.

Le nouveau duc de Bourgogne, Philippe le Bon, s'allie avec les Anglois pour venger son père, Henri V épouse Catherine de France, et Charles VI le reconnoît pour son héritier au préjudice du dauphin. Deux ans après la signature du traité de Troyes, Charles VI mourut à Paris; il avoit été précédé dans la tombe par Henri V. Écoutons l'historien :

« Déjà, depuis longtemps, Charles VI n'avoit plus ni raison ni mémoire; cependant il étoit toujours demeuré chéri et respecté du pauvre peuple; jamais on ne lui avoit imputé aucun des malheurs qui avoient désolé le royaume pendant les quarante-trois années de son règne. On se souvenoit que dans sa jeunesse il avoit su plaire à tous par sa douceur, sa courtoisie, ses manières aimables; que de grandes espérances de bonheur avoient été mises en lui, et qu'il avoit été surnommé le Bien-Aimé. On s'étoit toujours dit que les maux publics, les discordes des princes, les rapines des grands seigneurs, le défaut de bon ordre et de discipline, provenoient de l'état de maladie où étoit tombé ce malheureux prince. La bonté qu'il laissoit voir dans les intervalles de santé avoit augmenté cette idée, et avoit fait de ce roi insensé un objet de vénération, de regret et de pitié ; le peuple sembloit l'aimer de la haine qu'il avoit eue pour tous ceux qui avoient gourverné en son nom. Quelques semaines encore avant sa mort, quand il étoit entré à Paris, les habitants, au milieu de leurs souffrances et sous le dur gouvernement des Anglois, avoient vu avec allégresse leur pauvre roi revenir parmi eux, et l'avoient accueilli par mille cris de *Noël*. C'étoit un sujet de douleur et d'amertume que de le voir ainsi mourir seul, sans qu'aucun prince de France, sans qu'aucun seigneur du royaume lui rendît les derniers soins. En attendant le retour du régent anglois qui suivoit alors le convoi du roi Henri, le roi de France fut laissé à l'hôtel Saint-Paul, où chacun put, durant trois jours, le venir voir à visage découvert et prier pour lui. »

Quoi de plus touchant et de plus philosophique à la fois que ce récit! Le duc de Bedfort revenant des funérailles de Henri V, roi d'Angleterre, pour ordonner celle de Charles VI, roi de France ; cette course entre deux cercueils, du cercueil du plus glorieux comme du plus heureux des monarques au cercueil du plus obscur comme du plus infortuné des souverains : voilà ce que l'historien vous met sous les yeux sans réflexions, sans un vain étalage de moralité. Grande et sérieuse manière d'écrire l'histoire! La leçon est dans le tableau, et le tableau est digne de la leçon.

On sait que l'infortuné monarque, lorsqu'il reprenoit sa raison, ne cessoit de gémir sur les maux de la France, et lorsqu'il éprouvoit une rechute, poursuivi par l'idée que sa folie le rendoit une sorte de fléau pour ses sujets, il soutenoit qu'il n'étoit pas roi, et effaçoit avec fureur son nom et ses armes partout où il les rencontroit.

Le dauphin se trouvoit à Mehun-sur-Yèvres, en Berry, lorsqu'il apprit la mort de son père. « La bannière de France fut levée, dit encore excellemment M. de Barante ; et ce fut dans une pauvre chapelle, dans une bourgade presque inconnue, que pour la première fois Charles VII fut salué du cri de *vive le roi!*... Les Anglois, par dérision, le nommèrent le roi de Bourges ; mais on pouvoit voir dès lors combien il seroit difficile de vaincre son bon droit et d'établir d'une façon durable le pouvoir des anciens ennemis du royaume. »

Richemont, Dunois, Xaintrailles, La Hire, soutiennent d'abord l'honneur françois sans pouvoir arracher la France aux étrangers; mais Jeanne d'Arc paroît, et la patrie est sauvée.

Quelque chose de miraculeux, dans le malheur comme dans la prospérité, se mêle à l'histoire de ces temps : une vision extraordinaire avoit ôté la raison à Charles VI ; des révélations mystérieuses arment le bras de la Pucelle; le royaume de France est enlevé à la race de saint Louis par une cause surnaturelle; il lui est rendu par un prodige.

Il faut lire, dans l'ouvrage de M. de Barante, le morceau entier sur la Pucelle d'Orléans. Il a su conserver dans le caractère de Jeanne d'Arc la naïveté de la paysanne, la foiblesse de la femme, l'inspiration de la sainte et le courage de l'héroïne. On voit la bergère de Domremy planter une échelle contre les retranchements des Anglois devant Orléans, entrer la première dans la bastille attaquée; on la voit blessée, précipitée dans un fossé, pleurer et s'effrayer, mais revenir bientôt à la charge, emporter d'assaut les tourelles, en criant au capitaine anglois qui les défendoit : « Rends-toi au roi des cieux. »

Confiante dans ce succès, sans en être enorgueillie, elle déclare qu'elle va conduire le roi à Reims pour le faire sacrer. « Je ne durerai qu'un an, ou guère plus, répétoit-elle : il me faut donc bien l'employer. » Elle annonçoit qu'après le sacre la puissance des ennemis iroit toujours décroissant. On obéit à la voix de cette femme extraordinaire. Jargeau est escaladé; le fameux Talbot est vaincu et fait prisonnier à Patoi. Cependant, manquant de vivres, et découragée par son petit nombre, l'armée du roi, arrêtée devant Troyes, veut retourner sur la Loire. La Pucelle prédit que Troyes va se soumettre : et Troyes ouvre en effet ses portes. Châlons se rend. Charles VII entre à Reims le 15 juillet 1429 : il est sacré à ces fontaines baptismales de Clovis où, après d'aussi grandes infortunes, Dieu ramène aujourd'hui Charles X.

« Pendant la cérémonie, Jeanne la Pucelle se tint près de l'autel, portant son étendard; et lorsque après le sacre elle se jeta à genoux devant le roi, qu'elle lui baisa les pieds en pleurant, personne ne pouvoit retenir ses larmes en écoutant les paroles qu'elle disoit : « Gentil roi, ores est exécuté le plaisir de Dieu, qui vouloit que vous vinssiez à Reims recevoir votre digne sacre, pour montrer que vous êtes vrai roi, et celui auquel doit appartenir le royaume. »

Cependant Jeanne annonçoit que son pouvoir alloit expirer. « Savez-vous quand vous mourrez, et en quel lieu? » lui disoit le bâtard d'Orléans.

« Je ne sais, répliqua-t-elle ; c'est à la volonté de Dieu : j'ai accompli ce que messire m'a commandé, qui étoit de lever le siége d'Orléans et de faire sacrer le gentil roi. Je voudrois bien qu'il voulût me faire ramener auprès de mes père et mère, qui auroient tant de joie à me revoir. Je garderois leurs brebis et bétail, et ferois ce que j'avois coutume de faire. »

Le roi, entré dans l'Ile-de-France, vient attaquer Paris. Jeanne avoit passé le premier fossé ; elle sondoit le second avec une lance, lorsqu'elle fut atteinte à la jambe d'un coup de flèche. L'armée reçoit l'ordre de faire retraite. « Jeanne, qui vouloit quitter le service, suspendit son armure blanche au tombeau de saint Denis, avec une épée qu'elle avoit conquise sur les Anglois dans l'assaut de Paris. » Elle se battit pourtant encore quelque temps : son avis étoit qu'on ne pouvoit trouver la paix qu'à la pointe de la lance. « La terreur que répandoit son nom devint telle, dit l'historien, que les archers et les gens d'armes qu'on enrôloit en Angleterre prenoient la fuite et se cachoient plutôt que de venir en France combattre contre la Pucelle. » Jeanne alloit retourner à Dieu, dont elle étoit venue.

Dans une sortie vigoureuse qu'elle fit de Compiègne sur les Bourguignons qui assiégeoient cette ville, elle tomba aux mains de ses cruels ennemis. Le jour même où elle fut prise, elle avoit dit : « Je suis trahie, et bientôt je serai livrée à la mort. Je ne pourrai plus servir mon roi ni le noble royaume de France. » Les Anglois, en apprenant la prise de Jeanne, poussèrent des cris de joie ; ils crurent que toute la France étoit à eux. Le duc de Bedfort fit chanter un *Te Deum*.

Sur la demande d'un inquisiteur et de l'évêque de Beauvais, la Pucelle fut livrée aux Anglois par les Bourguignons, ou plutôt vendue pour la somme de dix mille francs. On fit faire une cage de fer où on l'enferma, après lui avoir mis les fers aux pieds : elle fut déposée, ainsi traitée pour la France, dans la grosse tour de Rouen. « Les archers anglois qui gardoient cette pauvre fille l'insultoient grossièrement, et parfois essayèrent de lui faire violence. » Elle fut exposée aux outrages même des seigneurs anglois.

Son procès commença. Environnée de piéges, enlacée dans des mensonges par lesquels on vouloit surprendre sa foi, Jeanne fut trahie même par le premier confesseur qu'on lui envoya. L'évêque de Beauvais et un chanoine de Beauvais conduisoient toute la procédure. « Jeanne commença par subir six interrogatoires de suite devant ce nombreux conseil. Elle y parut peut-être plus courageuse que lorsqu'elle combattoit les ennemis du royaume. Cette pauvre fille si simple, que tout au plus savoit-elle son *Pater* et son *Ave,* ne se troubla pas un seul instant. Les violences ne lui causoient ni frayeur ni colère. On n'avoit voulu lui donner ni avocat ni conseil ; mais sa bonne foi et son bon sens déjouoient toutes les ruses qu'on employoit pour la faire répondre d'une manière qui auroit donné lieu à la soupçonner d'hérésie ou de magie. Elle faisoit souvent de si belles réponses, que les docteurs en demeuroient tout stupéfaits. »

Une fois on l'interrogeoit touchant son étendard.

« Je le portois au lieu de lance, dit-elle, pour éviter de tuer quelqu'un : je n'ai jamais tué personne. »

On voulut savoir quelle vertu elle attribuoit à cette bannière.

« Je disois : Entrez hardiment parmi les Anglois, et j'y entrois moi-même. »

On lui demanda pourquoi au sacre de Reims elle avoit tenu son étendard près de l'autel ; elle répondit :

« Il avoit été à la peine, c'étoit bien raison qu'il fût à l'honneur. »

On voulut avoir d'elle, avant son supplice, une sorte d'aveu public de la justice de sa condamnation. Un prédicateur ayant parlé contre le roi de France, Jeanne l'interrompit en lui disant : « Parlez de moi, mais non pas du roi : j'ose bien dire et jurer, sous peine de la vie, que c'est le plus noble d'entre les chrétiens. »

Elle alloit échapper à ses bourreaux, en réclamant la juridiction ecclésiastique ; elle avoit repris les vêtements de son sexe et promis de les garder : pour lui faire violer cette promesse, on lui enleva ses vêtements pendant son sommeil, et on ne lui laissa qu'un habit d'homme. Obligée par pudeur de s'en revêtir, elle fut jugée relaps, comme telle abandonnée au bras séculier, et condamnée à être brûlée vive.

La sentence fut exécutée. Son second confesseur, qui rachetoit par ses vertus l'infâme trahison du premier, « Frère Martin l'Advenu, étoit monté sur le bûcher avec elle ; il y étoit encore que le bourreau alluma le feu. « Jésus ! » s'écria Jeanne, et elle fit descendre le bon prêtre. « Tenez-vous en bas, dit-elle ; levez la croix devant moi, et dites-moi de pieuses paroles jusqu'à la fin... » Protestant de son innocence et se recommandant au ciel, on l'entendit encore prier à travers la flamme. Le dernier mot qu'on put distinguer fut *Jésus.*

Tel fut le premier trophée élevé par les armes angloises au jeune Henri VI, qui se trouvoit alors à Rouen ! Telle fut la femme qui sauva la France, et l'héroïne qu'un grand poëte a outragée. Ce crime du génie n'a pas même l'excuse du crime de la puissance : l'Angleterre avoit été vaincue par le bras d'une villageoise ; ce bras lui avoit ravi sa proie; le siècle étoit grossier et superstitieux; et, enfin, ce furent des étrangers qui immolèrent Jeanne d'Arc. Mais au xvııı^e siècle! mais un François! mais un Voltaire!... Honneur à l'historien qui venge aujourd'hui d'une manière pathétique tant de vertus et de malheurs!

Disons-le aussi à la louange des temps où nous vivons; une telle débauche du talent ne seroit plus possible. Avant l'établissement de nos nouvelles institutions, nous n'avions que des mœurs privées, aujourd'hui nous avons des mœurs publiques, et partout où celles-ci existent, les grandes insultes à la patrie ne peuvent avoir lieu; la liberté est la sauvegarde de ces renommées nationales qui appartiennent à tous les citoyens.

Henri VI quitta Rouen, et vint à Paris; il fut couronné dans cette cathédrale où devoit être consacrée une autre usurpation : il n'y resta qu'un mois. Le traité d'Arras réconcilia le roi de France et le duc de Bourgogne. Paris ouvrit ses portes au maréchal de l'Ile-Adam (1436), et le roi, un an après, y fit son entrée solennelle. « Le sire Jean Daulon, qui avoit été écuyer de la Pucelle, tenoit le cheval du roi par la bride ; Xaintrailles portoit devant lui le casque royal, orné d'une couronne de fleurs de lis, et le bâtard d'Orléans, le fameux Dunois, couvert d'une armure éclatante d'or et d'argent, menoit l'armée du roi. »

Nous avons été bien malheureux; nos pères l'ont-ils été moins? Après le règne de Charles VI et de Charles VII, M. de Barante nous présentera le tableau de la tyrannie de Louis XI. Les guerres de l'Italie et la captivité de François Ier ne sont pas loin, et les fureurs de la ligue les suivent. La France ne respire enfin qu'après les désordres de la Fronde ; car si les guerres de Louis XIV l'épuisèrent, elles ne troublèrent pas son repos. Cette paix continua sous Louis XV, et il faut remarquer que c'est en avançant vers la civilisation que les peuples voient augmenter la somme de leurs prospérités. L'immense orage de la révolution a éclaté après un siècle et demi de tranquillité intérieure. Il a changé les lois et les mœurs, mais il n'a pas arrêté la civilisation. Une autre histoire va naître, quels en seront les personnages? Souhaitons-leur un historien qui, comme M. de Barante, parle des rois sans humeur, des peuples sans flatterie, et qui ne méprise ni n'estime assez les hommes pour altérer la vérité.

SUR

L'HISTOIRE DES CROISADES,

PAR M. MICHAUD,

DE L'ACADÉMIE FRANÇOISE.

Octobre 1825.

Des choses remarquables se passent sous nos yeux. Tandis qu'un mouvement immense emporte les peuples vers d'autres destinées, tandis qu'une politique en sommeil néglige d'attacher à ce qui reste de croyances et d'institutions anciennes les intérêts d'une société nouvelle, cette société se jette avec une égale ardeur sur le passé pour le connoître, sur l'avenir pour en faire la conquête.

C'est en effet un trait particulier de notre époque que la grande activité politique qui travaille les générations ne se perde plus, comme aux premiers jours de nos expériences, dans le champ des théories : on se résigne, courage bien singulier! au changement des doctrines par l'étude des faits, se précautionnant, pour ne pas s'égarer dans la route qu'on va suivre, de toutes les autorités de l'histoire.

A cette idée de prudence il se mêle aussi une idée de consolation. Cette chaleur de travail et d'instruction historique, cette sorte d'invasion dans les monuments des vieux âges, vient encore du besoin universel d'échapper au présent. Ce présent pèse en effet à toutes les âmes fortes, tant il leur est étranger, tant elles sont peu contemporaines des hommes qui s'agitent et des choses qui se traînent sous nos yeux! Il semble que pour retrouver une France noble et belle, telle que des hommes d'État dignes de ce nom pourroient la faire, il semble qu'on soit obligé d'aller demander à l'histoire de quoi nourrir cet orgueil de nous-mêmes, qui, malgré tout ce qu'on a fait pour le flétrir, ne nous quittera pas. Il faut donc considérer comme une généreuse conspiration de patriotisme cette notable passion de notre époque pour l'étude des souvenirs, des traditions, des monuments nationaux.

Une pensée fraternelle semble animer ceux qui lisent et ceux qui écrivent. L'histoire des vieux temps, tracée par des hommes du nôtre, resserre encore les liens de la parenté. Ceux qui ont des souvenirs, ceux qui ont des espérances, se rapprochent dans ce commerce historique. Par une double rencontre, il devient l'occupation des hommes mûrs qui ont passé par les affaires et des hommes jeunes encore qui doivent y passer ; ils mettent en commun leurs nobles douleurs et leurs ambitions généreuses. Chassés du présent par une politique étroite, ils se retrouvent dans les jours qui ne sont plus.

Il est surtout quelques vieux François à qui la consolation d'écrire sur l'histoire de la monarchie semble aujourd'hui plus particulièrement appartenir. Ce sont ces vétérans de l'exil, refoulés encore loin de ce trône relevé par leur persévérance, chez qui l'habitude des proscriptions n'a fait qu'allumer l'ardeur de nouveaux services, et qui, en s'éloignant du palais des rois, se sont donné rendez-vous sous l'oriflamme, afin d'en redire la gloire.

Retiré sous cette vieille bannière, c'est là que M. Michaud a écrit l'*Histoire des Croisades*. La conception et le succès d'une aussi vaste entreprise témoignent honorablement en sa faveur : il a achevé son ouvrage malgré les fatigues d'une vie mêlée à tous nos orages politiques. Si le public a accueilli cet ouvrage avec un grand sentiment de justice, c'est que l'auteur possède cette fidélité de doctrines, toujours estimable, par laquelle on tient à un parti, cette élévation de sentiments et cette bonne foi de la raison par laquelle on touche à l'opinion de tous les hommes.

L'*Histoire des Croisades*, dont nous annonçons la quatrième édition, est l'heureux fruit de cette heureuse alliance de qualités. Écrite dans des temps différents, par intervalles, par parties détachées, elle forme un tout régulier. C'est le même esprit qui domine tout cet ensemble de récits divers et compliqués.

Nous avons déjà dit ce que nous pensons de cet ouvrage, qui a fait naître une unanimité de suffrages dans des jours de divisions. Cette dernière édition atteste la sollicitude infatigable de l'auteur, qui ajoute, qui modifie, qui, plus pénétré de l'ensemble des faits généraux, redonne à chacun des faits particuliers une physionomie plus marquée et plus précise.

Ayant à peindre l'époque la plus pittoresque de l'histoire moderne, des mœurs pleines de grandeur et de naïveté, de crimes et de vertus, de croyances ardentes, M. Michaud a très-bien senti qu'un tableau si intéressant par les noms, par les souvenirs, par les résultats, n'avoit besoin que de simplicité. Il a senti surtout l'avantage de pouvoir disposer à son gré des chroniqueurs; de mêler quelquefois leur rude expression à l'éclat des faits qu'ils racontent; de faire dire, avec toute la simplicité des ermites, des exploits agrandis par tout le courage des chevaliers : c'est toujours un historien que l'on suit, quelquefois un pèlerin qu'on écoute.

Il y avoit trois difficultés dans l'histoire complète des croisades : c'étoit d'indiquer leur cause première; de retrouver dans la poussière de tant de milliers d'hommes la trace des premiers pas faits vers la Terre Sainte, puis, une fois cette indication préliminaire établie, il falloit mettre de l'ordre et de l'enchaînement dans cette suite de migrations et d'entreprises, qui n'eurent pas toutes plus tard le mobile qu'elles avoient eu d'abord.

Restoit ensuite la tâche du philosophe après celle de l'historien : restoit à juger les résultats, après avoir raconté les événements; à promener des regards tranquilles sur les conséquences terrestres des guerres religieuses, sur l'action puissante de ces temps barbares pour enfanter la civilisation au nom de laquelle on les a trop souvent accusés.

Or, l'historien des croisades nous paroît en avoir bien surpris les causes; elles sont simples, mais il n'y a que beaucoup d'études historiques qui pouvoient mettre sur la voie de ces causes. L'usage, ancien déjà parmi les chrétiens, au moment des croisades, de faire des pèlerinages au tombeau de Jésus-Christ, voilà une bien tranquille origine à cette fougue guerrière qui poussa les populations de l'Europe sur les populations de l'Asie. Mais cette origine est pourtant vraie, et elle est démontrée jusqu'à l'évidence par la gradation que l'auteur introduit dans la narration successive de ces saints voyages, commencés avec le bourdon et continués avec l'épée. Entraîné par l'enchaînement du récit, vous voyez grossir peu à peu la foule, et bientôt les croisades ne nous paroissent plus que des pèlerinages de cinquante mille hommes armés.

Quand, dans un sujet, on va au fond des choses, il est tout simple que la forme, esclave fidèle, se moule sur le sujet choisi par l'écrivain. Il n'y avoit qu'un écueil pour le style dans l'*Histoire des Croisades*, c'étoit d'être entraîné par la poésie du sujet, et de se tromper de Muse. M. Michaud a évité cet écueil; mais en même temps il a su conserver la vie et le mouvement à ses personnages. Dans les circonstances nécessaires, sa diction est éclatante sans cesser d'être naturelle.

Malgré la sobriété des ornements que la gravité de l'historien commandoit à l'inspiration du poëte, on voit souvent un heureux mélange de l'esprit qui éclaire avec l'imagination qui colore. Nous choisirons parmi plusieurs de ces tableaux celui du départ des croisés après le concile de Clermont. Il nous a fait éprouver ce sentiment d'enthousiasme qui n'appartient qu'à la jeunesse des individus comme à celle des nations, et qui faisoit tout quitter aux croisés pour une visite lointaine à un tombeau.

« Dès que le printemps parut, dit l'historien, rien ne put contenir l'impatience des croisés; ils se mirent en marche pour se rendre dans les lieux où ils devoient se rassembler. Le plus grand nombre alloit à pied; quelques cavaliers paroissoient au milieu de la multitude, plusieurs voyageoient montés sur des chars traînés par des bœufs ferrés; d'autres côtoyoient la mer, descendoient les fleuves dans des barques; ils étoient vêtus diversement, armés de lances, d'épées, de javelots, de massues de fer, etc. La foule des croisés offroit un mélange bizarre et confus de toutes les conditions et de tous les rangs : des femmes paroissoient en armes au milieu des guerriers. On voyoit la vieillesse à côté de l'enfance, l'opulence près de la misère; le casque étoit confondu avec le froc, la mitre avec l'épée, le seigneur avec les serfs, le maître avec le serviteur. Près des villes, près des forteresses, dans les plaines, sur les montagnes, s'élevoient des tentes, des pavillons pour les chevaliers, et des autels, dressés à la hâte, pour l'office divin; partout se déployoit un appareil de guerre et de fête solennelle. D'un côté un chef militaire exerçoit ses soldats à la discipline, de l'autre un prédicateur rappeloit à ses auditeurs les vérités de l'Évangile; ici on entendoit le bruit des clairons et des trompettes, plus loin on chantoit des psaumes et des cantiques. Depuis le Tibre jusqu'à l'Océan, et depuis le Rhin jusqu'au delà des Pyrénées, on ne rencontroit que des troupes d'hommes revêtus de la croix, jurant d'exterminer les Sarrasins, et d'avance célébrant leurs conquêtes; de toutes parts retentissoit le cri de guerre des croisés : *Dieu le veut! Dieu le veut!*

« Les pères conduisoient eux-mêmes leurs enfants, et leur faisoient jurer de vaincre ou de mourir pour Jésus-Christ. Les guerriers s'arrachoient des bras de leurs épouses et de leurs familles, et promettoient de revenir victorieux. Les femmes, les vieillards, dont la foiblesse restoit sans appui, accompagnoient leurs fils ou leurs époux dans la ville la plus voisine, et, ne pouvant se séparer des objets de leur affection, prenoient le parti de les suivre jusqu'à Jérusalem. Ceux qui restoient en Europe envioient le sort des croisés, et ne pouvoient retenir leurs larmes; ceux qui alloient chercher la mort en Asie étoient pleins d'espérance et de joie.

« Parmi les pèlerins partis des côtes de la mer, on remarquoit une foule d'hommes qui avoient quitté les îles de l'Océan. Leurs vêtements et leurs armes, qu'on n'avoit jamais vus, excitoient la curiosité et la surprise. Ils parloient une langue qu'on n'entendoit point; et pour montrer qu'ils étoient chrétiens, ils élevoient deux doigts de la main l'un sur l'autre, en forme de croix. Entraînés par leur exemple et par l'esprit d'enthousiasme répandu partout, des familles, des villages entiers partoient pour la Palestine; ils étoient suivis de leurs humbles pénates; ils emportoient leurs provisions, leurs ustensiles, leurs meubles. Les plus pauvres marchoient sans prévoyance, et ne pouvoient croire que celui qui nourrit les petits des oiseaux laissât périr de misère des pèlerins revêtus de sa croix. Leur ignorance ajoutoit à leur illusion, et prêtoit à tout ce qu'ils voyoient un air d'enchantement et de prodige; ils croyoient sans cesse toucher au terme de leur pèlerinage. Les enfants des villageois, lorsqu'une ville ou un château se présentoit à leurs yeux, demandoient si *c'étoit là Jérusalem*. Beaucoup de grands seigneurs, qui avoient passé leur vie dans leurs donjons rustiques, n'en savoient guère plus que leurs vassaux; ils conduisoient avec eux leurs équipages de pêche et de chasse, et marchoient précédés d'une meute, portant leur faucon sur le poing. Ils espéroient atteindre Jérusalem en faisant bonne chère, et montrer à l'Asie le luxe grossier de leurs châteaux.

« Au milieu du délire universel, personne ne s'étonnoit de ce qui fait aujourd'hui notre surprise. Ces scènes si étranges, dans lesquelles tout le monde étoit acteur, ne devoient être un spectacle que pour la postérité. »

Aujourd'hui même on retrouveroit quelque chose de ce sentiment exalté pour une croisade nouvelle : la Grèce réveilleroit facilement le double enthousiasme du chrétien et de l'admirateur de la gloire et des arts. Mais les gouvernements n'ont plus le caractère des peuples, ils s'en séparent; et de cette division naîtront un jour des révolutions inévitables. Pierre l'Ermite souleva le monde par le seul récit des maux qu'enduroient les pèlerins voyageant en Terre Sainte : que des vaisseaux sous pavillon chrétien portent au marché du musulman des femmes chrétiennes et des enfants chrétiens dont les infidèles ont égorgé les maris et les pères, on trouve ce commerce tout naturel; mais la postérité ne le trouvera pas tel. Cette indifférence même d'une politique rétrécie sera punie : la Grèce se sauvera seule, ou par l'influence d'un gouvernement qui saura bien enlever à l'Europe continentale les fruits qu'elle auroit pu tirer d'un effort généreux en faveur d'une nation opprimée.

En attendant, pour trouver des sentiments généreux, relisons l'*Histoire des Croisades*. Les détails de cette histoire existoient, mais dispersés dans des matériaux confus et indigestes. M. Michaud les a rassemblés : c'est un tableau qui a trouvé un peintre.

FIN DES MÉLANGES LITTÉRAIRES.

TABLE.

VOYAGE EN AMÉRIQUE.

	Pages.
Avertissement de l'édition de 1827...........................	3
Préface...	5
Introduction...	43
VOYAGE EN AMÉRIQUE..	49
Les Onondagas...	60
Lacs du Canada...	70
Journal sans date..	75
Description de quelques sites dans les Florides.....	94
HISTOIRE NATURELLE..	100
Castors...	100
Ours...	104
Cerf..	104
Orignal..	105
Bison..	105
Fouine..	106
Renards...	106
Loups..	107
Rat musqué...	107
Carcajou...	107
Oiseaux..	108
Poissons...	108
Serpents...	108
Arbres et Plantes...	109
Abeilles..	110
MOEURS DES SAUVAGES...	110
Mariages, Enfants, Funérailles........................	111

	Pages.
Moissons, Fêtes, Récoltes du sucre d'érable, Pêches, Danses et Jeux.......	120
Moissons........	120
Fêtes........	121
Récolte du sucre d'érable........	125
Pêches........	127
Danses........	128
Jeux........	129
Année. Division et Règlement du temps. Calendrier naturel....	133
Année. — Division du temps........	133
Calendrier naturel........	134
Médecine........	135
Langues indiennes........	139
Chasse........	146
La Guerre........	154
Religion........	172
Gouvernement........	176
Les Natchez........	176
Les Muscogulges........	183
Les Hurons et les Iroquois........	189
État actuel des sauvages de l'Amérique septentrionale........	194
Conclusion........	205
États-Unis........	205
Républiques espagnoles........	212
Fin du Voyage........	221

MÉMOIRES SUR LES RUINES DE L'OHIO.

Premier mémoire........	225
Monuments d'un peuple inconnu trouvés sur les bords de l'Ohio....	235
Deuxième mémoire. — Description des monuments trouvés dans l'État de l'Ohio et autres parties des États-Unis, par M. Caleb-Atwater.	236

TABLE.

	Pages.
I. Antiquités des Indiens de la race actuelle..................	237
II. Antiquités de peuples provenant d'origine européenne.......	238
III. Antiquités du peuple qui habitait jadis les parties occidentales des États-Unis..	240
Sur l'origine et l'époque des monuments anciens de l'Ohio, par M. Malte-Brun...	256
Conclusion...	263

VOYAGE EN ITALIE.

Première lettre à M. Joubert.................................	267
Deuxième lettre à M. Joubert................................	274
Troisième lettre à M. Joubert................................	276
Tivoli et la villa Adriana.....................................	277
Le Vatican..	287
Musée Capitolin...	289
Galerie Doria...	290
Promenade dans Rome au clair de lune......................	292
VOYAGE DE NAPLES...	293
Pouzzoles et la Solfatara.................................	296
Le Vésuve...	297
Patria ou Literne..	302
Baïes..	304
Herculanum, Portici, Pompéia............................	304
A M. de Fontanes..	307

VOYAGE A CLERMONT.

Cinq jours à Clermont (Auvergne)............................	325

VOYAGE AU MONT-BLANC.

Paysages de montagnes......................................	341
Notice sur les fouilles de Pompéi.............................	353
Lettre de M. Taylor à M. C. Nodier sur les villes de Pompéi et d'Herculanum..	359

MÉLANGES LITTÉRAIRES.

	Pages.
Préface.	363
De l'Angleterre et des Anglois.	365
ESSAI SUR LA LITTÉRATURE ANGLOISE.	374
Young.	374
Shakespeare.	385
Beattie.	399
Mackenzie (Voyage de).	406
Sur la Législation primitive.	428
Sulte.	436
Sur le Printemps d'un Proscrit.	452
Sur l'Histoire de la Vie de Jésus-Christ.	467
Sur les Œuvres de Rollin.	476
Sur les Essais de morale et de politique.	484
Sur les Mémoires de Louis XIV.	491
Des Lettres et des Gens de Lettres.	504
Sur le Voyage en Espagne, de M. de Laborde.	512
Sur les Annales littéraires, de M. Dussault.	527
Sur la Vie de Malesherbes, par M. Boissy-d'Anglas.	535
Panorama de Jérusalem.	543
Sur le Voyage au Levant, de M. Forbin.	545
Sur quelques ouvrages historiques et littéraires.	553
Sur quelques Romans.	560
Sur un Voyage de M. de Humboldt.	562
Sur l'Histoire des Ducs de Bourgogne.	566
Sur l'Histoire des Croisades, par M. Michaud.	580

www.ingramcontent.com/pod-product-compliance
Lightning Source LLC
Chambersburg PA
CBHW060306230426
43663CB00009B/1605